संघर्ष की ओर

संघर्ष की ओर

नरेन्द्र कोहली

वाणी प्रकाशन

वाणी प्रकाशन

4695, 21-ए, दरियागंज, नयी दिल्ली 110 002

शाखा

अशोक राजपथ, पटना 800 004

फ़ोन: +91 11 23273167 फ़ैक्स: +91 11 23275710

www.vaniprakashan.in
vaniprakashan@gmail.com

SANGHARSH KI OR
by Narendra Kohli

ISBN : 978-81-8143-189-9

Novel

प्रथम संस्करण 2005

आवृत्ति 2012

मूल्य : ₹ 300

मेहरा ऑफ़सेट, नयी दिल्ली-110002 में मुद्रित

वाणी प्रकाशन का लोगो मक़बूल फ़िदा हुसेन की कूची से

मधुरिमा, कार्त्तिकेय तथा
अगस्त्य के लिए

संघर्ष की ओर

प्रथम खण्ड

1

"ऋषि को आपकी बहुत प्रतीक्षा थी, भद्र!"

राम की कल्पना में प्रातः देखा दृश्य पुनः साकार हो उठा। कुलपति की कुटिया के सम्मुख चबूतरे पर धू-धू जलती हुई चिता। ऊँची-से-ऊँची जलती हुई लपटों के बीच खड़े ऋषि शरभंग। नयन मूँदे, हाथ जोड़े—इस प्रकार शांत मुद्रा में खड़े थे, मानो जल में खड़े सूर्य का ध्यान कर रहे हों। शरीर अग्नि से ऐसे एकाकार हो गया था, जैसे आग की लपटें उन्हें बाहर से न घेरे हों—उनके शरीर से निकलकर, बाहर पड़ी लकड़ियों को जला रही हों।

राम की मण्डली के आने से चिता को चारों ओर से घेरकर खड़े जन-समुदाय में थोड़ी हलचल हुई थी...ऋषि का ध्यान जैसे भंग हो गया था। उनकी आँखें निमिषि-भर के लिए खुलीं। उन्होंने राम को पहचाना, मानो चलने के लिए पग उठाया, कुछ कहने को होंठ फैले...किंतु तभी अचेत होकर गिर पड़े। न आँखें खुली रह सकीं, न होंठ से स्वर निकला और न पग ही आगे बढ़ सका।

राम का अपना ही मन अपने देखे पर संदेह कर रहा था। सूखे काठ के समान धू-धू जलता हुआ, मनुष्य का शरीर क्या किसी को देख और पहचान सकता है; किसी को कुछ कहने का संकल्प कर सकता है?...राम ने उसे अपना भ्रम माना था; किंतु अब सामने बैठे मुनि ज्ञानश्रेष्ठ कह रहे हैं कि ऋषि को राम की प्रतीक्षा थी।

हतप्रभ-से राम चिता से कुछ दूर खड़े रहे गए थे। ऋषि का अचेत, या कदाचित् मृत शरीर सूखे ईंधन के समान जल रहा था।...ऋषि को बचाया नहीं जा सकता

था। चिता में से जीवित अथवा मृत शरीर को खींच लेने का अब कोई लाभ नहीं था।

राम की आँखों में अश्रु आ गए थे। मनुष्य इतना भी असहाय हो उठता है कि अपने जीवित, अनुभूतिप्रवण शरीर को निर्जीव पदार्थ के समान अग्नि में झोंक दे। मन का ताप इतना तीव्र और असह्य हो उठता है कि जलता हुआ तन भी उसकी तुलना में शीतल लगने लगे।...और कोई राम-सा भी अक्षम हो सकता है कि सामने चिता में शरभंग जल रहे हों और राम का हाथ उन तक न पहुँच पाए।

उन्होंने डबडबाई आँखों से अपने आस-पास देखा था—सीता, लक्ष्मण, मुखर तथा उनके साथ आए अत्रि ऋषि के शिष्य—शस्त्रागार से लदे हुए उनके आस-पास आ खड़े हुए थे। सबकी दृष्टि चिता में जलते हुए ऋषि के शव पर थी। चेहरों पर अवसाद, निराशा तथा वितृष्णा के भाव घिर आए थे। आश्रमवासियों की स्थिति उन लोगों से तनिक भी भिन्न नहीं थी।

"ऋषि ने प्रतीक्षा क्यों नहीं की?"

ज्ञानश्रेष्ठ चुपचाप राम को देखते रहे, जैसे कुछ सोच रहे हों। फिर धीमे स्वर में बोले, "ठीक-ठीक बता पाना कठिन है। हाँ, कुछ-कुछ अनुमान किया जा सकता है।"

"कोई विशेष घटना घटी थी क्या?" ज्ञानश्रेष्ठ को मौन हुए विलंब हो गया तो राम ने पूछा।

ज्ञानश्रेष्ठ ने धीरे-धीरे अपनी बोझिल आँखें ऊपर उठाईं और राम के चेहरे पर टिका दीं, "यहाँ तो नित्य ही कुछ-न-कुछ ऐसा घटता रहता है कि व्यक्ति आत्मदाह कर बैठे। यह तो कुलपति का ही साहस था कि आज तक टिक रहे। शरीर का दाह तो उन्होंने आज किया, मन जाने कितनी बार दग्ध हुआ होगा।"

"फिर भी कुछ आभास तो आपको होगा।" लक्ष्मण अपने स्थान से कुछ आगे बढ़ आए।

"मेरा ऐसा अनुमान है कि इसका संबंध खान-श्रमिकों की बस्ती से अवश्य है।" ज्ञानश्रेष्ठ ने सहसा अपनी आत्म-तल्लीनता को त्याग दिया, "ऋषि के पास पिछले दिनों कुछ खान-श्रमिक आए थे। ऋषि ने उनकी बातें सर्वथा एकांत में सुनी थीं। किंतु उसके पश्चात् वे कई बार उनकी बस्तियों में गए थे। वे लोग भी बहुधा उनके पास आने लगे थे। लगता था, श्रमिक ऋषि पर बहुत विश्वास करने लगे थे। उनसे सारी बातें एकांत में ही होती थीं, और उनके जाने के पश्चात् ऋषि बहुधा बहुत चिंतित हो जाया करते थे। उन्हें नींद नहीं आती थी और वे

अपनी कुटिया के सामने के चबूतरे पर बैठकर आधी-आधी रात तक आकाश को घूरा करते थे। या फिर उत्तेजना की स्थिति में उसी चबूतरे की परिक्रमा किया करते थे।...और भद्र राम! उसी अवधि में उन्होंने आपको बहुत याद किया।''

''किस संदर्भ में?'' राम अनुमान लगाने का प्रयत्न कर रहे थे।

''उन दिनों आपकी योजनाओं में उनकी रुचि बहुत बढ़ गई थी।'' ज्ञानश्रेष्ठ बोले, ''आप कहाँ हैं? क्या कर रहे हैं? आप लोगों को संगठित कैसे करते हैं? उन्हें शस्त्रों की शिक्षा कैसे देते हैं? आप साहसी लोगों को कैसे जुटा लेते हैं? आपका शस्त्र-बल और शस्त्र-कौशल किस कोटि का है?...इत्यादि। मुझे स्वयं बड़ा आश्चर्य है कि वे अपनी तपस्या अथवा आध्यात्मिक ज्ञान की चर्चा न कर, शस्त्रों तथा युद्ध की बातों में क्यों रुचि लेने लगे थे।''

राम चुपचाप ज्ञानश्रेष्ठ की ओर देखते रहे।

''तीन दिन पहले सहसा यहाँ स्वयं देवराज इन्द्र पधारे...''

राम, लक्ष्मण, सीता और मुखर की दृष्टियाँ परस्पर टकराईं।

ज्ञानश्रेष्ठ ने अपनी बात आगे बढ़ाई, ''ऋषि इतने प्रसन्न हुए, जैसे उन्हें मोक्ष ही मिल गया हो। आश्रम में किसी अतिथि के आगमन पर ऐसा उत्साह-प्रदर्शन असाधारण था। इस आश्रम में वैसा स्वागत तथा सम्मान आज तक किसी अतिथि का नहीं हुआ। देवराज ने भी ऋषि से एकांत में बात करने की इच्छा प्रकट की। रात के भोजन के पश्चात् ऋषि बड़ी प्रसन्न मुद्रा में देवराज के साथ अपने कुटीर में गए।...हमें कुटीर के निकट जाने की अनुमति नहीं थी। इसलिए हममें से कोई भी नहीं जानता कि उनमें परस्पर क्या वार्तालाप हुआ। किंतु इतना स्पष्ट है कि वार्तालाप सुखद नहीं था। प्रातः बहुत तड़के ही देवराज बहुत जल्दी में प्रस्थान कर गए और ऋषि असाधारण मौन साधे रहें...उन्हें गंभीर कहूँ, चिंतित कहूँ, उदास कहूँ या विक्षिप्त कहूँ...समझ नहीं पा रहा हूँ। वे तो ऐसे हो रहे थे, जैसे जीवन का आधार ही टूट गया हो। वे चिंतन करते रहे, अपने कुटीर में, अथवा उसके सामने इधर-से-उधर टहलते रहे। कभी हममें से किसी से बात कर लेते, कभी स्वयं ही वाचिका चिंतन करने लगते।...इस सारी अवधि में मैं उनके पर्याप्त निकट रहा। मैंने उन्हें अनेक बार विविध प्रकार की बातें कहते सुना है। वे जैसे निंरतर लड़ रहे थे। कभी स्वयं अपने-आपसे लड़ते प्रतीत होते, कभी अपने अनुपस्थित शत्रुओं से। मेरा अनुमान है कि कभी-कभी वे स्वयं देवराज से झगड़ रहे होते थे।...उस दिन और अगली रात ऋषि इसी प्रकार सोचते रहे, बोलते रहे और विक्षिप्तावस्था की ओर बढ़ते रहे। उन्हें सत्य पर, न्याय पर, समता पर, मानवता पर संदेह होने लगा था...यहाँ तक कि उनका स्वयं अपने ऊपर से विश्वास उठ गया था। अपनी

इसी विक्षिप्तावस्था में, रात्रि के अंतिम प्रहर तक उन्होंने आत्मदाह का निश्चय कर डाला। उनका विचार था कि उनके इस शरीर से अब कोई सार्थक कार्य नहीं होगा। उन्होंने गलत व्यक्तियों से आशा लगा, अपने शिष्यों के मन में गलत व्यक्तियों के प्रति भरोसा जगाया है—इसका दण्ड भी उन्हें मिलना ही चाहिए; और अंततः इस क्षेत्र में होने वाले अत्याचार और अन्याय के प्रति जन-सामान्य को जागरूक बनाने के लिए उनको आत्मदाह करना ही होगा।''

''मुनिवर!'' स्थिर दृष्टि से ज्ञानश्रेष्ठ को देखते हुए, गंभीर स्वर में राम बोले, ''अपनी विक्षिप्तावस्था में ऋषि कैसा वाचिक चिंतन करते रहे, इसका कुछ आभास दे सकेंगे?''

ज्ञानश्रेष्ठ अपना मुख कुछ ऊपर उठाए, भावहीन खुली आँखों से शून्य में देखते कुछ सोचते रहे।

''शब्द न भी बता सकें।'' राम पुनः बोले, ''उनका भाव...''

''कुछ आभास तो दे ही सकूँगा।'' ज्ञानश्रेष्ठ स्मरण करने की-सी मुद्रा में बोले, ''वे कह रहे थे—न्याय का क्या होगा...धनवान और सत्तावान तो पहले ही रक्तपान कर रहा है, बुद्धिजीवी भी उन्हीं के षड्यंत्र में सम्मिलित हो जाएगा तो फिर दुर्बल और असहाय मानवता का क्या होगा? ये कर्मकर, ये श्रमिक, ये दास—ये इसी प्रकार मरते-खपते रहेंगे, पशुओं के समान जीवन काटेंगे? मानव की श्रेणी में ये कभी नहीं आएँगे?...कभी नहीं! शायद कभी नहीं। कोई नहीं चाहता, ये मनुष्यों का जीवन जीएँ। रावण बुद्धिजीवियों को खा जाता है, इंद्र उन्हें खरीद लेता है...तो कौन आएगा उनकी सहायता को? कोई भी नहीं...राम! क्या राम? पर यदि राम भी नहीं आया तो? वह भी तो राजकुमार है...''

सबकी आँखें राम पर टिक गईं।

राम का चेहरा अत्यंत गंभीर था और आँखों का दृढ़ संकल्प देखने वाले को हिला देने की क्षमता रखता था।

ज्ञानश्रेष्ठ ने राम को देखा तो उनकी दृष्टि टिकी न रह सकी। घबराकर उन्होंने अपनी आँखें हटा लीं और भूमि को देखते हुए बोले, ''कभी ऋषि कहते, '...यही संसार का सर्वश्रेष्ठ आदर्श है। श्रमिक बहुमूल्य संपत्ति हैं, अतः उनको लूट लो। तुम महान् रक्षक हो। श्रमिकों की रक्षा करते हो; बिल्ली-चूहे का खेल है, खिलाड़ी भी तुम अच्छे हो।...मनुष्य मनुष्य है, श्रीमान्। वह उपकरण नहीं है। तुमने अपना हित पहचान लिया है, तुम बुद्धिमान हो। मैं तो मूर्ख हूँ, न्याय की बात सोचता हूँ, सुविधाओं की बात नहीं करता।...तुम्हारी परिभाषा ठीक है, भाई। बुद्धि वह जो स्वार्थ साधे। स्वार्थ अर्थात् धन। धनार्जन के लिए धूर्तता चाहिए।

जागृत विवेक मनुष्य का अपना शत्रु होता है। ठीक है, ठीक है।...'' ज्ञानश्रेष्ठ ने रुककर फिर एक बार राम को देखा और बोले, ''एक बार तो उन्हें मैंने बड़े आवेश में कहते सुना, '...रुको। रुको। अब भाग क्यों रहे हो! स्वयं को बहुत समर्थ मानते हो तो राम के आने तक रुको...।''

राम ने चौंककर ज्ञानश्रेष्ठ को देखा।

ज्ञानश्रेष्ठ भी राम की ही देख रहे थे, ''वे क्यों कह रहे थे, राम?''

राम ने तत्काल उत्तर नहीं दिया। वे मौन रहे, जैसे स्वयं को संतुलित कर रहे हों।

''यह चुनौती इन्द्र के लिए रही होगी।'' लक्ष्मण बोले।

सहसा राम की कल्पना में पुनः वही बिंब जागा। सूखे काठ-सा जलता शरीर, आँखों में उतरी वह निमिष-भर की पहचान, उठता हुआ पग और खुलते हुए होंठ।

राम की आँखें डबडबा आईं।

आश्रम के ब्रह्मचारी व्यवस्था कर लौट गए थे। राम के साथ आए अत्रि-आश्रम के ब्रह्मचारी, अपने लिए निश्चित कुटीरों में चले गए थे। मध्य के बड़े कुटीर में राम और सीता ठहरे थे; उनके दाएँ-बाएँ के कुटीरों में लक्ष्मण और मुखर थे। अपने शस्त्रागार को उन्होंने इन्हीं तीनों कुटीरों में रखा था।

...लेटे-लेटे काफी समय हो गया था, किंतु राम को नींद नहीं आ रही थी। पिछले कई दिनों से यात्रा-रत रहने से शरीर कुछ थक-सा गया था। मार्ग की घटनाओं में उलझा मन भी थका हुआ था; किंतु आज दिन-भर में जो कुछ घटित हुआ था, उसने मन को झकझोर कर थकाया भी था और जगाया भी था।

सीता लंबे समय तक करवटें बदल-बदलकर अब सो गई थीं। जब तक जगी थीं, काफी विचलित रही थीं। लक्ष्मण और मुखर भी अपने स्थान पर पर्याप्त उद्वेलित रहे होंगे—राम जानते थे।...एक ओर यातना तथा पीड़ा और दूसरी ओर उत्पीड़न एवं क्रूर अत्याचार का सर्वव्यापी साम्राज्य उनके सामने था। वे लोग अन्याय, अत्याचार, शोषण और उत्पीड़न के इतने विविध और भयंकर रूप देख चुके थे कि वह एक स्वयंसिद्ध तथ्य के रूप में उनके सामने था, जिसमें उनके लिए नया कुछ नहीं था; किंतु फिर भी प्रत्येक नई घटना से आत्मा जैसे हिल उठती थी और एक भयंकरतर अत्याचार का रूप उनके सामने साकार हो उठता था। इस नृशंस अमानवीयता की कहीं कोई सीमा नहीं।

सिद्धाश्रम। ताड़कादन। गौतम का आश्रम। जनकपुर। चित्रकूट और अब दण्डक वन। चित्रकूट से चलते हुए, कैसे मन में आया था कि जय और उसके

साथियों के साथ वहीं रह जाएँ। वहाँ उद्घोष था—उसके ग्रामवासी थे। वे लोग कहाँ चाहते थे कि राम उन्हें छोड़कर जाएँ। मुखर और सुमेधा की देखा-देखी सारा गाँव ही सीता को 'दीदी' कहने लग गया था। सीता बन भी तो गई थीं उनकी दीदी। सबकी आवश्यकताएँ और ढेर सारे लोगों के असंख्य मतभेद। कैसा स्नेह था सीता को उनसे! कैसा अधिकार और कैसा अनुशासन!

अनुशासन तो सौमित्र का था। एक आह्वान पर, ग्राम के ग्राम, सैनिक अनुशासन में बँधे हुए स्कंधावार बन जाते थे। खेतों में काम्न करते स्त्री-पुरुष, तत्काल अपना काम छोड़, अपने निश्चित स्थान पर पहुँच जाते थे। बालक पाठशालाओं से निकल आते थे, गृहिणियाँ घर का काम छोड़ उपस्थित हो जाती थीं...

इन सारे आयोजनों के साथ मुखर को संगीतशाला और उद्घोष की मूर्तिशाला भी खूब मजे में चल रही थी। बच्चों के साथ वयस्क भी अपनी इच्छा की शाला में जाकर पढ़ते-लिखते तथा अन्य कलाएँ सीखते थे। उनके शरीरों के साथ, उनकी आत्माएँ भी मुक्त हो गई थीं। वे अपने वर्तमान और भविष्य के विषय में स्वयं सोचते थे। कोई तुंभरण उन्हे वह बनाने से नहीं रोक सकता था, जो वे बनाना चाहते थे। वे स्वयं उत्पादन करते थे, स्वयं उसका उपभोग करते थे, स्वयं अपनी रक्षा करते थे।

ऐसा लगने लगा था कि जीवन व्यवस्थित, स्थिर तथा सुंदर हो गया है। चित्रकूट छोड़ना कितना कठिन हो गया था।...किंतु चित्रकूट छोड़ते ही संसार बदल गया। अत्रि ऋषि के आश्रम पर, ऋषि-दंपित से भेंट हुई। उन लोगों ने अपना जीवन एक ही लक्ष्य को समर्पित कर रखा है। उनके यहाँ खुला वार्तालाप हुआ। वाद-विवाद भी हुआ—परिसंवाद ही कहना चाहिए। किंतु सारी बातचीत में, परिवेश में व्याप्त अनेक प्रकार के अत्याचारों की कोई चर्चा नहीं हुई। उन्होंने अपना ध्यान समाज में नारी-पुरुष-संबंधों पर ही केंद्रित कर रखा है। वृद्धा ऋषि अनसूया के शब्दों ने राम के मन में बड़ी देर तक हलचल मचाए रखी थी, "...राम! स्त्री प्रत्येक समाज में पीड़ित है। दासों की स्त्रियाँ भी पीड़ित हैं और राजाओं की भी। क्या तुम कह सकते हो कि सम्राट् की पत्नी होकर भी तुम्हारी माता पीड़ित नहीं रही? स्त्रियाँ आर्यों के घरों में भी पीड़ित हैं और राक्षसों के घरों में भी। मैंने यह भी देखा है कि मानव-मात्र का उद्धार करने का दम भरने वाला क्रांत-द्रष्टा ऋषि स्वयं अपनी पत्नी का उद्धार नहीं कर पाता, नहीं करता—नहीं करना चाहता। उसे संसार-भर के पीड़ित जीव दिखाई पड़ते हैं, किंतु अपनी शोषित पत्नी की ओर उसकी आँखें देखती ही नहीं। मैं तो कहती हूँ, राम! कि जब तक नारी-पुरुष समभाव से जीने के अभ्यस्त नहीं होंगे, जब तक यह भेद ही अप्रासंगिक नहीं हो जाएगा, तब तक

मानवता का उद्धार नहीं होगा।"

अत्रि-आश्रम का वातावरण अन्य आश्रमों से पर्याप्त भिन्न था, कदाचित् स्वयं ऋषि अनसूया के कारण। इसीलिए वहाँ उनका सत्कार आश्रम के अतिथि के समान कम, गृहस्थ के अतिथि के समान ही अधिक हुआ था।

अत्रि-आश्रम के आगे का वन-भाग अधिक गहन था। वन्य-पशु संख्या में अधिक, आकार में बड़े और प्रकृति से अधिक हिंस्र थे। और उन सबसे अधिक हिंस्र था—विराध। विकट रूप था विराध का। वह अपना भयंकर शूल लेकर, उनके सामने आ खड़ा हुआ था। निश्चित रूप से वह अन्य बहुत-से राक्षसों के समान न तो कायर था और न एकांत में किसी व्यक्ति को असहाय पाकर, घात लगाकर आघात करने वाला। या कदाचित् तपस्वी वेश देखते ही वह व्यक्ति को भीरु मान लेता होगा। मुखर, लक्ष्मण, सीता और स्वयं राम—चारों ही शस्त्रधारी थे। साथ में आए अत्रि-आश्रम के ब्रह्मचारियों ने शस्त्र अवश्य उठा रखे थे, किंतु थे वे निहत्थे ही। शस्त्र उनके लिए प्रहारक शक्ति न होकर बोझ मात्र थे।

ऐसे में विराध भयंकर रूप लिये, आकर उनके सम्मुख खड़ा ही नहीं हुआ, डपटकर बोला भी था, "तपस्वियो! किसकी स्त्री को बहलाकर लिये जा रहे हो?" वेश के तपस्वी और स्वभाव से लंपट! ठहरो, धूर्तो! तुम्हें दण्ड दिए बिना नहीं मानूँगा।"

ब्रह्मचारी भय से पीले पड़ गए थे। वे अत्रि के शिष्य थे, उन्होंने कभी संघर्ष नहीं किया था। मुखर और सीता सावधान हो उठे थे। लक्ष्मण का आक्रोशपूर्ण प्रचण्ड रूप आघात करने के लिए तैयार था। किंतु राम कौतुकपूर्ण स्वर में बोले थे, "हम तो स्त्री-अपहर्ता कपटी तपस्वी हैं, किंतु तुम कौन हो! धर्म के अंग-रक्षक?"

लक्ष्मण भी हँस पड़े थे, "यह दुश्चरित्रता के कोटपाल हैं!"

विराध ने आँखें तरेरते हुए उन्हें डपटा, "मैं 'जव' और 'शतह्रदा' का पुत्र हूँ—'विराध'। मैं राक्षस हूँ। यहाँ मेरा राज्य है। प्रत्येक सुंदरी मेरी भार्या है।"

उसने सबके देखते-ही-देखते किसी अद्‌भुत कौशल से झपटकर सीता को उठा लिया और पलटकर भाग चला।

निमिष मात्र में सब कुछ हो गया। सब जड़वत् खड़े ही रह गए। राम ने पहली बार जाना कि सीता का वियोग उनके लिए क्या अर्थ रखता है। लगा, जैसे किसी ने उनके वक्ष को फाड़, हृदय को ही निकाल लिया है और उनका शरीर पृथ्वी में धँसता जा रहा है।

लक्ष्मण धनुष ताने खड़े थे और मुखर को ओदश दे रहे थे, "सावधान! भाभी पर आघात मत कर बैठना।"

राम ने देखा—सीता के हाथ से शस्त्र गिर गया था। स्वयं से बहुत अधिक

शक्तिशाली पुरुष की भुजाओं में जकड़ी वे असहाय-सी हाथ-पैर मार रही थीं और अत्यंत कातर दृष्टि से राम को देख रही थीं।

सीता की दृष्टि ने राम के डूबते हुए मन में आग धधका दी—अब क्या शेष था राम के पास, जिसकी वे चिंता कर रहे थे। हृदय किसके लिए डूब रहा था? मन क्यों घबरा रहा था?...कैकेयी का मनोरथ पूर्ण हुआ।...अयोध्या से निर्वासन हुआ। पत्नी का हरण हुआ। फिर प्राणों का क्या करना है? चिंता, दुःख और घबराहट किसके लिए? उठ, राम! लड़! शत्रु का वध कर या प्राण दे दे...

राम का अस्तित्व धधकती ज्वाला में बदल गया। मन जैसे भाव-शून्य हो गया। आँखों के सामने शत्रु था, कानों में सीता की कातर पुकार के साथ-साथ विराध का क्रूर अट्टहास। हाथ में खड्ग और पैरों में गति। धनुष से छूटे बाण के समान राम, विराध से जा टकराए। अपने भारी शरीर के कारण विराध तेजी से भाग नहीं सकता था, फिर सीता का बोझ और प्रतिरोध भी उसकी गति बाधित कर रहा था।

लक्ष्मण ने भी स्थिति को देखते हुए धनुष छोड़, खड्ग निकाल लिया था। मुखर विभिन्न शस्त्र थामे तत्पर खड़ा था कि कब आवश्यकता पड़े और वह राम तथा लक्ष्मण को उपयुक्त शस्त्र पकड़ाए; या आवश्यकता पड़ने पर स्वयं प्रहार करे...किंतु यह युद्ध भी विचित्र प्रकार का था। विराध शस्त्र नहीं चला रहा था। उसने अपने दोनों हाथों से सीता को पकड़ रखा था, और जिधर से आघात होता, उसी ओर सीता को सम्मुख कर देता था। सीता के शरीर से वह कवच का काम ले रहा था। राम और लक्ष्मण के प्रहार, आघात से पहले ही निष्फल होते जा रहे थे। मुखर हतप्रभ खड़ा। राम और लक्ष्मण ही आक्रमण नहीं कर पा रहे थे तो वह क्या करता।...अत्रि के शिष्यों की तो साँस भी कठिनाई से चलती दिखाई पड़ती थी।

राम ने लक्ष्मण की ओर देखा। कदाचित् वे भी इस कठिन स्थिति से निकलने के लिए राम की ओर से कोई संकेत चाह रहे थे। निर्णय तत्काल होना चाहिए था। विलंब होने पर विराध को भागने का अवसर मिल सकता था। कहीं से उसके लिए सहायता आ सकती थी। वह प्रत्याघात कर सकता था। विलंब घातक हो सकता था।...

"मल्लयुद्ध!" राम ने लक्ष्मण से कहा और अपना खड्ग मुखर की ओर बढ़ा दिया।

अगले ही क्षण, राम ने विराध की स्थूल भुजा अपनी अँगुलियों की शक्तिशाली जकड़ में ले ली।...विराध की पकड़ ढीली पड़ते ही सीता छूटीं और धरती पर पाँव

पड़ते ही, उन्होंने अपना खड्ग सँभाल लिया।

राम और लक्ष्मण विराध से कुछ इस प्रकार उलझे हुए थे कि कहना कठिन था कि शस्त्र-प्रहार से आहत कौन होगा।...मल्लयुद्ध में कभी राम और लक्ष्मण विराध पर भारी पड़ते थे और कभी विराध उन दोनों पर भारी पड़ने लगता था। कभी लगता था, राम-लक्ष्मण उसे गिरा देंगे और कभी लगता था कि वह उन दोनों को घसीटता हुआ, गहन वन में ले जाएगा।...सहसा लक्ष्मण अपना पैंतरा पा गए। उन्होंने विराध की बाईं भुजा मरोड़ दी। विराध का बल क्षीण होने लगा। उसके पशु जैसे चेहरे पर भी पीड़ा के लक्षण उभरने लगे। स्पष्टतः लक्ष्मण ने उसकी कुछ हड्डियाँ चटखा दी थीं।...राम के लिए इतना समय पर्याप्त था। उन्होंने विराध को भूमि पर पछाड़ दिया और उसके कंठ पर पैर रखकर खड़े हो गए। राम के पैर के दबाव के नीचे उसकी असहायता प्रत्यक्ष थी। जिस ढंग से वह धराशांयी हुआ था, उसी से स्पष्ट था कि उसके आधे प्राण निकल चुके थे। वह अधिक देर तक जीवित नहीं रह सकता था। यह राम का ऐसा दाँव था, जिसमें पड़कर बड़े से बड़ा बलशाली पुरुष भी उससे निकल नहीं सकता था।

विराध पूर्णतः अक्षम हो गया और उसकी ओर से विरोध की कोई संभावना शेष नहीं बची तो सबके चेहरों पर आश्वस्ति का भाव उभर आया। लक्ष्मण का आत्मविश्वास लौटा, सीता की गरिमा; मुखर में उसकी सहजता लौटी और ब्रह्मचारियों को तो उनके प्राण ही वापस मिले।

द्वंद्व की असुरक्षित घड़ियों में राम का ध्यान उस ओर नहीं गया था, किंतु कुछ सहज होते ही उनके मन में अनेक प्रश्न जागने लगे थे।

"तुम कौन हो?" उन्होंने अपने स्थिर, आत्मविश्वास में पूछा।

"मैं विराध हूँ गंधर्व!" उसका स्वर दीन था।

"थोड़ी देर पहले तो तुम राक्षस थे।" लक्ष्मण हँसे, "मार पड़ी तो गंधर्व हो गए। थोड़ी-सी पिटाई और हो गई तो कदाचित् देवता हो जाओगे।"

"नहीं!" विराध के स्वर में शारीरिक पीड़ा का भाव था, "गंधर्व हूँ, गंधर्व ही रहूँगा।"

"पहले स्वयं को राक्षस क्यों कहा था?" राम ने पूछा।

विराध की आँखों में एक क्षण के लिए सोच उतरी और पुनः कंठ पर पड़ते हुए दबाव से वह पीड़ित हो उठा।

राम ने अपने पैर का दबाव कम कर दिया।

"शरीर से मैं अत्यंत बलशाली था।" विराध बोला, "इस क्षेत्र में कोई वैधानिक सुशासन नहीं है। जीविका के बने-बनाए उपयुक्त साधन नहीं हैं। कुछ बिखरे हुए

आश्रम हैं और स्थान-स्थान पर स्थापित राक्षसों के छोटे-बड़े सैनिक स्कंधावार। वे प्रत्येक उचित व्यवस्था को नष्ट करते रहते हैं। मेरे लिए दो में से एक ही मार्ग था—या तो किसी आश्रम में जा रहता। स्वयं को ज्ञान-विज्ञान में दीक्षित करता और आस-पास के क्षेत्र में राक्षसों के विरुद्ध जन-सामान्य का स्वायत्त शासन-स्थापित करने के लिए संघर्ष करता! पर उससे मुझे क्या मिलता? भूख, पीड़ा, चिंता और अंत में मृत्यु!''

''दूसरा मार्ग क्या था?'' लक्ष्मण ने टोका।

''दूसरा मार्ग मैंने अपनाया।'' विराध धीरे से बोला, ''अपनी देह के सुख के लिए लूट-पाट, हत्या-बलात्कार। इसमें वैभव था, विलास था, सुख था...''

''रावण से तुम्हारा कोई संबंध है?'' राम ने जानना चाहा, ''उसने कभी तुम्हारी सहायता की?''

''रावण से मेरा कोई सीधा संबंध नहीं है।'' विराध ने उत्तर दिया, ''उसके सहायकों ने वैसे ही ऐसा वातावरण बना रखा है कि पग-पग पर राक्षसों और राक्षस-नीति का जन्म और पालन-पोषण हो रहा है। न्याय का शासन न हो तो प्रत्येक समर्थ मनुष्य अपने-आप राक्षस बनता चला जाता है और असमर्थ जनता उसका भक्ष्य पदार्थ।...उन्होंने राक्षस बनने में मेरी सहायता की और मैंने राक्षस बनकर उनकी।''

विराध का कंठ सूखने लगा। उसकी आँखों के सम्मुख अंधकार छाने लगा था। वह चुप हो गया।

वे लोग वहाँ अधिक नहीं रुके थे। विराध के प्राण निकलने पर, उसके शव को ठिकाने लगा, वे आगे बढ़ आए। मार्ग में मिले कुछ ग्रामवासियों से उन्हें शरभंग-आश्रम का मार्ग मालूम हुआ था।

राम का मन उदास हो गया। तुंभरण और विराध जैसे अनेक लोग मारे जाएँ, पर क्या उससे अन्याय का नाश हो जाएगा? वे मारे गए, क्योंकि वे संगठित नहीं थे; किंतु उनका क्या होगा, जो रावण के समान संगठित हैं; जिनके पास धन, सत्ता, बल और सेनाएँ हैं। रावण की अनीति की वर्षा होती रही तो कुकुरमुत्तों के समान राक्षस-समूहों का जन्म होता रहेगा। रावण द्वारा उत्पन्न किए गए शोषण के कीचड़ में विराध जैसे राक्षस कीड़ों के समान जन्मते रहेंगे।...

रावण ही क्यों, और भी अनेक हैं...राम की आँखों के सम्मुख प्रातः देखा दृश्य फिर सजीव हो उठा—जलता हुआ जीवित मांस, टूटते हुए स्नायु, वाष्प बनता हुआ रक्त...क्या यह केवल रावण के कारण ही था? रावण का दबाव तो ऋषि कब से सह रहे होंगे। उनका आत्मविश्वास इंद्र से वार्तालाप के पश्चात् टूटा

था।...क्या कह रहे थे शरभंग...रावण बुद्धिजीवियों को खा जाता है और इंद्र उनका क्रय कर लेता है...इंद्र क्या शरभंग का क्रय करने आए थे, किस बात के लिए? क्या चाहते थे इंद्र?

ऋषि को राम की प्रतीक्षा थी। उन्हें राम पर विश्वास रहा होगा—तभी तो अपनी कल्पना में वे इंद्र को, राम के आने तक रुकने की चुनौती देते रहे...सत्य का पक्षधर, किंतु कोमल मन रहा होगा ऋषि का। तभी तो वे राम की प्रतीक्षा में थे; पर राम के आने से पहले ही टूट गए...यह सारा ऋषि समुदाय, बुद्धिजीवी वर्ग कितना कोमल हो गया है...या भीरु! कायर भी कहा जा सकता है।...इतना कुछ सहा इस आश्रम ने, इतना कुछ घटा...कुलपति आत्मदाह कर मर गए...किंतु उनका उत्तराधिकारी ज्ञानश्रेष्ठ आज भी रंच मात्र साहस नहीं कर पा रहा था। संध्या समय, अपनी बातचीत समाप्त कर उसने राम से उनका भावी कार्यक्रम पूछा था। और राम के यह कहने पर कि वे वन में किसी उपयुक्त स्थान पर निवास करना चाहते हैं, वह भयभीत दृष्टि से राम के शस्त्रों को देखता रहा और भीरु कोमल स्वर में कहता रहा कि कुलपति के देहांत के पश्चात् तो आश्रम की व्यवस्था बहुत सुचारु नहीं रही। राम कुछ आगे जाकर सुतीक्ष्ण मुनि के आश्रम में रहें। वह स्थान बहुत सुविधाजनक है।

राम को मात्र विस्यम हुआ था। सीता और मुखर मुनि का आशय समझकर मुस्कराए थे; किंतु लक्ष्मण ने दाँत पीस लिये थे...ज्ञानश्रेष्ठ को आशंका थी कि किसी सशस्त्र व्यक्ति के आश्रम में रहने से राक्षसों को उनकी निरीहता में विश्वास नहीं रहेगा...अर्थात् वे इस विश्वास के साथ राक्षसों की नाक के नीचे रहना चाहते हैं कि वे जब चाहेंगे, उन्हें खा सकेंगे, इसलिए इनकी रक्षा करेंगे।...जागरूक बुद्धिजीवियों की यह दशा, कि विरोध तो दूर, विरोध का आभास भी नहीं देना चाहेंगे...राम समझ नहीं पा रहे थे कि इन पर दया की जाए या रोष...।

प्रातः राम प्रस्थान की तैयारी में थे कि तरुण वय का एक वनवासी उनसे मिलने के लिए आया।

"आप मुझे नहीं पहचानते, भद्र राम!" वह अभिवादन के पश्चात् बोला "किंतु मैं आपको पहचानता हूँ। कह नहीं सकता कि ठीक-ठीक पहचानता हूँ या नहीं।"

"वनवासी ने राम के साथ-साथ उनके साथियों की उत्सुकता भी जगा दी थी।

"आप कौन हैं, आर्य?"

"कोई ऐसा व्यक्ति नहीं हूँ, भद्र! जिसे आप नाम सुनते ही पहचान जाएँ।"

वनवासी मुस्कराया, "वैसे व्यक्ति बुरा नहीं हूँ। धर्मभृत्य के नाम से जाना जाता हूँ। मुनि सुतीक्ष्ण के आश्रम के कुछ और आगे मेरा भी छोटा-सा स्थान है। ज्ञात हुआ है कि आप ठहरने के लिए किसी स्थान की खोज में हैं। मेरी बड़ी इच्छा है कि आप लोग मेरे साथ चलें और संभव हो तो मेरे आश्रम में रहें अथवा उसके निकट अपनी इच्छानुसार आश्रम स्थापित करें।"

राम ने मुस्कराकार सीता और लक्ष्मण की ओर देखा, "मुनि धर्मभृत्य!"

"आप मुझे धर्मभृत्य ही कहें, आर्य!" तरुण बोला, "मैं उसी को अपना सौभाग्य मानूँगा।"

"यही सही, धर्मभृत्य!" राम बोले, "कदाचित् तुमने यह नहीं देखा कि हमारे साथ हमारा शस्त्र-भंडार भी है। यह ऐसा अवांछित अतिथि है, जिसके लिए स्थान तनिक कठिनाई से ही मिलता है।"

धर्मभृत्य इतनी जोर से हँसा कि संकोच और औपचारिकता विलीन हो गए।

"तो आप जान गए, राम!" धर्मभृत्य ने अपनी हँसी के पश्चात् कहा, "यह तथ्य मेरी अपेक्षा से भी जल्दी प्रकट हो गया। वैसे मेरा अपना विचार है कि आपका शस्त्रागार इतना अवांछित भी नहीं है। ऋषि-समुदाय की इच्छा है कि" वह फिर हँसा, "इसका लाभ तो उसे मिले, किंतु हानि न उठानी पड़े। शायद आपको सूचना न हो कि ऋषि शरभंग के आत्मदाह का समाचार सुनकर दूर-दूर से तपस्वी और ग्रामवासी तो इस आश्रम में आए ही हैं, साथ-ही-साथ अनेक लोग यह देखने भी आए हैं कि जिस राम का यश उनके आगे-आगे चल रहा है, वे राम कैसे हैं। वे लोग आपके साथ हैं, यह मैं अभी नहीं कहूँगा। उनमें कई प्रकार के लोग हैं। कुछ तो आपका एक भी साहस भरा कार्य देखते ही आपके साथ हो जाएँगे। शेष सारा ऋषि-समुदाय आपसे रक्षा पाने की इच्छा तो करता है, किंतु आपका पक्ष लेकर वह अपने प्राणों पर खेलकर, आपकी ओर से राक्षसों के विरुद्ध युद्ध करेगा, ऐसा नहीं कहा जा सकता। राक्षसी आतंक के कारण, बुद्धिजीवी बड़ा गणितज्ञ हो गया है। वह देखेगा, परखेगा, तोलेगा कि बल किस ओर अधिक है। जैसे ही आपकी विजय का निश्चित प्रमाण उसे मिलगा, वह स्वयं को आपका आत्मीय घोषित कर देगा।"

"भ्रद! आप स्वयं को किस वर्ग में रखते हैं?" लक्ष्मण मुस्करा रहे थे।

"सीधे प्रश्न का सीधा उत्तर है, सौमित्र!" धर्मभृत्य सहज भाव से बोला, "स्वयं वीर नहीं हूँ, किंतु वीरों की पूजा करता हूँ। स्वभाव से योद्धा नहीं, कवि हूँ। वनवासी हूँ, किंतु आध्यात्मिक साधना को अपना नहीं पाया हूँ। आपको अपने आश्रम पर ले चलना चाहता हूँ, आपके शस्त्रास्त्रों के साथ। अब आप बताएँ, स्वयं को किस

वर्ग में रखूँ?''

राम गंभीर हो गए, ''तुम्हारा विश्लेषण मुझे उचित लगता है, धर्मभृत्य! आतंक गहरा हो जाए तो साहस जगाने में समय लगता है; किंतु जन-सामान्य के साहस में तुम्हें आस्था तो है न?''

''आस्था न होती तो मैं भी आत्मदाह कर लेता!'' धर्मभृत्य बोला, ''आर्य, कृपया अपना निश्चय बता दें। बहुत सारे लोग यात्रा आरंभ करने की प्रतीक्षा में हैं।''

''हम लोग सुतीक्ष्ण मुनि के दर्शनों के लिए जाना चाहते हैं।'' राम स्थिर स्वर में बोले, ''उनसे यह पूछने की इच्छा है कि हमारे ठहरने के लिए कौन-सा स्थान उन्हें उपयुक्त लगता है।''

''यदि अभद्रता न मानें तो मैं अपने मन की बात कहूँ।''

''निस्संकोच कहो।''

''तो आर्य! आप सुतीक्ष्ण मुनि के दर्शन अवश्य करें, किंतु उनके आश्रम में भी आपके लिए स्थान नहीं है। हाँ, आप अन्यत्र रहकर, राक्षसों को समाप्त कर दें। उनका आतंक मिटा दें। वैसी स्थिति में उन्हें आपको अपने आश्रम में ठहराकर अबाध आनंद होगा।''

''यह आपका पूर्वाग्रह तो नहीं, आर्य?'' सीता पहली बार बोलीं।

''देवी स्वयं देख लेंगी।'' धर्मभृत्य बोला, ''जाना मुझे भी उधर ही है। साथ चलने की अनुमति चाहूँगा।''

''क्यों, बंधुओ?'' राम ने अपने साथियों की ओर देखा।

वे सहमत थे।

''हमें कोई आपत्ति नहीं, धर्मभृत्य!'' राम मुस्कराकर बोले, ''किंतु जो लोग हमारे साथ चलते हैं, वे हमारे शस्त्रागार के परिवहन में भी सहयोग करते हैं।''

धर्मभृत्य जोर से हँसा, ''मुझे भी कोई आपत्ति नहीं है।''

आश्रम से विदा हो वे वन में आए तो धर्मभृत्य के कुछ और साथी भी आ मिले। शस्त्रागार के परिवहन में कोई कठिनाई नहीं हुई।...वन में कुछ आगे निकल आने पर उन्होंने देखा कि वे अकेले नहीं थे। उनके पीछे-पीछे ग्रामीणों और वनवासियों की अनेक टोलियाँ थोड़ी-थोड़ी दूरी पर चल रही थीं। किंतु वह दूरी भी अधिक दूर तक बनी नहीं रही। क्रमशः वे लोग निकट आते गए। उन टोलियों की अपनी दूरी भी कम होती रही और वे लोग राम की टोली से भी दूरी कम करते गए।

''मेरा विचार है, थोड़ी देर में वे लोग हमारे साथ आ मिलेंगे।'' लक्ष्मण धीरे-से

बोले।

"यह जन-सामान्य है, जिसके घुमड़ते हुए साहस को ऊपर से दमित कर रखा गया है।" धर्मभृत्य बोला, "आप ऊपर का वह दमन हटा दीजिए, देखिए, इनका साहस उफनकर बाहर आ जाएगा।"

"ठीक कहते हो।" राम बोले, "अकेला व्यक्ति साहस नहीं कर सकता, समूह कर सकता है। किंतु कुछ बातें मेरी अपेक्षा के अत्यंत प्रतिकूल हुई हैं।"

"क्या?" सबकी दृष्टि राम की ओर उठ गई।

"ऋषि शरभंग का आत्मदाह लोगों में विद्रोह नहीं जगा सका है। मुझे लगता है उससे सारे आश्रम में निराशा ही फैली है। संभव है कि अनेक वनवासियों ने मन-ही-मन यह भी मान लिया हो कि उनका अंत भी इसी प्रकार होने जा रहा है—जबकि इस प्रकार का एक सार्वजनिक आत्मदाह लाखों लोगों के मन को धधका देने में समर्थ होना चाहिए।"

"आप ठीक कह रहे हैं।" धर्मभृत्य ने उत्तर दिया, "इसके दो कारण मेरी समझ में आते हैं।"

"क्या?"

"राक्षसों का आतंक और दमन इतना गहरा तथा दूरगामी है कि जन-सामान्य यह मान बैठा है कि वह कभी भी समाप्त नहीं हो सकता। उसके विरोध का अर्थ आत्महत्या है। इसलिए प्रत्येक व्यक्ति अपने मन को ठोक-पीटकर मनवा लेता है कि अपमानित जीवन सम्मानपूर्ण आत्महत्या से अधिक श्रेयस्कर है।"

"और दूसरा कारण?" मुखर ने पूछा।

"वह बताने को उत्सुक तो बहुत हूँ, किंतु भय है कि आप लोग उससे शायद सहमत न हो पाएँ।"

"आप पहले से ऐसा क्यों मान बैठे हैं?" सीता बोलीं।

"मेरा पिछला अनुभव ही कुछ ऐसा है, देवी!" धर्मभृत्यु बोला, "इधर मैं कुछ असंयमी-सा वाग्मी प्रसिद्ध हूँ। ऋषि-परंपरा के अधिकांश लोग मुझसे सहमत नहीं हो पाते।"

"तुम वाग्मी छोड़, वाचाल भी हो, तो भी अपनी बात निर्द्वंद्व होकर कहो।" राम बोले, "हम तुमसे असहमत नहीं होंगे। असहमति की स्थिति में या तो तुम्हें सहमत कर लेंगे, या स्वयं सहमत हो जाएँगे।"

धर्मभृत्य की प्रसन्नता उसके चेहरे पर लक्षित हुई, "पूज्य जन के विरुद्ध बोलने का अपराध क्षमा करेंगे, किंतु मेरा दृढ़ विश्वास है कि हमारे अनेक महान् ऋषि स्वयं ही जन-सामान्य का दमन किए हुए हैं। जनता के साहस के विकसित

हो, फूटकर कर्म-रूप में परिणत होने में अनेक ऋषि स्वयं बाधा-स्वरूप बैठे हैं।''

''यह कैसे संभव है?'' सीता ने आश्चर्य से पूछा।

''देखिए, आप असहमत हो गईं न!''

''यह असहमति नहीं, जिज्ञासा है, मुनि धर्मभृत्य!'' लक्ष्मण मुस्कराए, ''सहमति-असहमति तो थोड़े विलंब से प्रकट होगी। अभी तो वार्तालाप चलेगा।''

''ठीक है। ठीक है। मैं ही जल्दी कर गया।'' धर्मभृत्य हँसा, ''यदि ज्ञानश्रेष्ठ तथा आश्रम के अन्य अधिकारी मुनि, दूर और पास से उमड़ आए इस जन-समुदाय के सम्मुख यह स्पष्ट कर देते कि ऋषि के आत्मदाह का वास्तविक कारण क्या था तथा आत्मदाह के लिए उत्तरदायी व्यक्ति के विरुद्ध खुले अभियान का आह्वान करते तो इस क्षण इस आश्रम से स्वयं आत्मदाह करने को प्रस्तुत सैकड़ों व्यक्तियों की छोटी किंतु अजेय सेना निकलती। किंतु उन मुनियों ने ऋषि के आत्मदाह पर मुँह लटका दिए। उन्होंने अपने परिवेश में हताशा भर दी। वे भयभीत हो उठे कि कहीं आश्रम संगठित तथा आतंकवादी शक्तियों के विरोध का केंद्र न बन जाए; क्योंकि उस स्थिति में उन शक्तियों का कोप उस आश्रम पर गिरेगा और वह आश्रम, जो उनकी संपत्ति है, नष्ट हो जाएगा।''

''आर्य धर्मभृत्य!'' मुखर बोला, ''मुझे लगता है कि आप उनके प्रति अधिक कठोर हो रहे हैं। उन बेचारों को तो स्वयं ही ऋषि के आत्मदाह का कारण मालूम नहीं है।''

''मैं तुमसे सहमत नहीं हूँ, मुखर!'' धर्मभृत्य बोला, ''दिन-रात ऋषि के इतने निकट रहने वालों को ऋषि के मन की पीड़ा का ज्ञान न हो, यह मैं संभव नहीं मानता...''

''मुझे लगता है कि धर्मभृत्यु ठीक कह रहे हैं।'' लक्ष्मण ने बात काटी, ''मुनि ज्ञानश्रेष्ठ ने ऋषि के वाचिक चिंतन की अनेक बातें हमें बताईं। संभव है, बहुत कुछ वे छिपा भी गए हों।''

''एक बात और है।'' धर्मभृत्य कुछ आवेश में बोला, ''अपनी तपस्या से, वे अपने अभावों को भुलाकर, अथवा अपनी किन्हीं उपलब्धियों से—किसी भी कारण से हुए हों, किंतु अनेक लोग अत्यंत शांतिप्रिय हो गए हैं। वे चाहे उसे अपनी आध्यात्मिक सिद्धि मानें, किंतु मेरा विचार है कि वे लोग उस जड़ मानसिक स्थिति तक पहुँच गए हैं, जहाँ तनिक-सी हलचल उनके लिए अशांति का कारण बन जाती है। वे लोग किसी भी मूल्य पर शांति बनाए रखना चाहते हैं। अतः वे प्रत्येक संघर्ष के विरुद्ध हैं, चाहे वह संघर्ष न्याय के लिए ही क्यों न हो। इसी से वे प्रत्येक असंतोष को टालते रहते हैं। संघर्ष की इच्छा का दम घोंटने के लिए निराशा बहुत

अच्छा उपकरण है। वे लोग स्वयं भी निराश रहते हैं और दूसरों को भी निराश हो जाने के लिए प्रेरित करते रहते हैं।''

''आर्य धर्मभृत्य! आप तो अपने-आप में अध्यात्म-विरोधी एक पूर्ण आंदोलन हैं।'' सीता हँसीं।

''देवी ने ठीक कहा।'' धर्मभृत्य गंभीर हो गया, ''मेरा दृढ़ विश्वास है कि भूखे मनुष्य से अध्यात्म की बात करना अपराध भी है और पाप भी।...मैं जिन लोगों के निकट रहता हूँ, उनकी आत्माएँ ही नहीं, शरीर भी भूखे हैं। वे लोग आध्यात्मिक ज्ञान के अभाव में पुनर्जन्म नहीं लेते, भूख तथा रोग से इस जन्म को भी खो देते हैं। वे लोग ब्रह्म को प्राप्त करने के लिए अपना शरीर-रूपी वस्त्र नहीं त्यागते; वे वस्त्रों के अभाव में प्रकृति के शीत-घाम से पीड़ित होकर शरीर त्याग देते हैं...।''

''हमें उनके निकट ले चलो, धर्मभृत्य!'' राम का स्वर बहुत मधुर था।

''आर्य! मेरी भी यही इच्छा है।''

अपनी बातों में लीन होने के कारण किसी का ध्यान, थोड़ी-थोड़ी दूरी पर चलने वाली तपस्वियों तथा ग्रामीणों की विभिन्न टोलियों की ओर नहीं गया था। अब सहसा ही वार्तालाप का तार टूटा तो उन्होंने देखा, उन सारी टोलियों ने मिलकर एक समुदाय का रूप ले लिया था और वह समुदाय उनके इतने निकट होकर चल रहा था, मानो उनके साथ ही हो।

''आर्य धर्मभृत्य केवल एक ऋषि की प्रशंसा करते हैं, भद्र राम!'' उस भीड़ में से एक ग्रामीण आगे आ गया था।

राम मुस्कराए, ''किसकी, भाई?''

''ऋषिश्रेष्ठ अगस्त्य की।'' ग्रामीण के चेहरे पर श्रद्धा का भाव प्रकट हुआ, ''ये उनकी जीवन-कथा लिख रहे हैं और बीच-बीच में हमें सुनाते भी हैं।''

''तुम तो बहुत काम के आदमी हो, भाई।'' लक्ष्मण ने ग्रामीण के कंधे पर आत्मीय ढंग से हाथ रखा, ''क्या नाम है तुम्हारा?''

''भीखन!'' ग्रामीण कदाचित् अपनी वाचालता पर संकुचित हो गया।

''लेखक की बड़ी समस्या है, भाई भीखन।'' लक्ष्मण ने धर्मभृत्य की ओर कटाक्ष से देखा, ''शालीनता का मारा अपनी कृति की चर्चा भी नहीं कर सकता और चर्चा किए बिना रह भी नहीं सकता। परिणामतः एक-न-एक भीखन को साथ लेकर चलना पड़ता है।''

धर्मभृत्य ने जोर का अट्टहास किया। भीखन कुछ न समझकर, जिज्ञासा से

उसकी ओर देखता ही रह गया।

"लक्ष्मण ने लेखक की व्यथा तो ठीक कही," राम मुस्कराए, "फिर भी मैं तुम्हारी रचना सुनना चाहूँगा, धर्मभृत्य! ऋषि भरद्वाज ने बड़ी चिंता से अपनी पुत्री लोपामुद्रा और जामाता अगस्त्य की चर्चा की थी।"

"यह मेरा सौभाग्य होगा, आर्य।" धर्मभृत्य प्रसन्न-मुख बोला, "किंतु इस समय कथा सुनाने के स्थान पर, आपको एक दृश्य दिखाना चाहता हूँ।"

धर्मभृत्य पगडण्डी छोड़, वृक्षों के एक झुण्ड के पीछे चला गया। कुछ लोग उसके साथ और कुछ पीछे-पीछे चले। वृक्षों की ओट समाप्त होते ही सामने का दृश्य देखकर राम स्तब्ध खड़े रहे गए। उनके सम्मुख नर-कंकालों का एक ढेर लगा था।

"यह क्या?" अनेक कंठों से एक साथ प्रश्न फूटा।

"यह उन ऋषियों-मुनियों तथा सामान्य जन के कंकाल हैं, जो राक्षसों के हाथों मारे गए।" धर्मभृत्य का पीड़ा से भरा स्वर गूँजा, "नर-कंकालों का यह ढेर आपको इस क्षेत्र में व्याप्त चरम आतंक की कथा सुनाएगा। इससे प्रकट होगा कि मुनि ज्ञानश्रेष्ठ क्यों नहीं बताता कि ऋषि शरभंग के आत्मदाह का कारण क्या है। यह वह ढेर है, जो इस क्षेत्र के समस्त बुद्धिजीवियों को स्मरण कराता रहता है कि उन्हें अपने आततायियों के विरुद्ध अपनी जिह्वा पर एक शब्द भी नहीं लाना है...।'

सीता ने अपनी आँखें हल्के-से बंद कर लीं और माथे को अपनी अँगुलियों से धीरे-धीरे दबाती हुई बोलीं, "हम शेष चर्चा इस ढेर से कुछ दूर जाकर न कर लें।"

"ठीक है।" राम बोले, "हम चलते-चलते भी चर्चा कर सकते हैं।"

वे लोग चले तो धर्मभृत्य ने एक-एक के चेहरे को ध्यान से देखा। सीता ने अस्थियों के उस ढेर को देखकर थोड़ी दुर्बलता दिखाई थी; किंतु इस समय वे पर्याप्त सँभल गई लग रही थीं। चेहरे पर आवेश भी था और आँखों मे करुणा भी। लक्ष्मण बहुत क्षुब्ध लग रहे थे। उनकी मुट्ठी उनके धनुष पर पूरी तरह कसी हुई थी। मुखर एक क्षण के लिए बहुत उद्वेलित लगता था और दूसरे ही क्षण वह लक्ष्मण का मुख निहारकर उल्लसित हो उठता था। राम की आँखों में अथाह गहराई थी। उन आँखों के भाव शायद शब्दों में प्रकट नहीं हो सकते थे—करुणा, क्रोध, ओज, तेज, पीड़ा, जिज्ञासा, वितृष्णा...जाने क्या-क्या था उन आँखों में। साथ चलने वाली भीड़ के चेहरे पर भी धर्मभृत्य को कुछ-कुछ क्षोभ ही दिखाई पड़ा—हाँ, कुछ लोग बहुत भयभीत भी लग रहे थे।

"इसका क्या अर्थ है।" राम जिज्ञासापूर्ण आँखों से धर्मभृत्य को देख रहे थे।

"आर्य! ठीक-ठीक कहना बहुत कठिन है।" धर्मभृत्य ने अपनी बात आरंभ की, "कुछ लोगों का कहना है कि राक्षस लोग हत्याएँ कर मांस-रहित अथवा मांस-सहित हड्डियाँ यहाँ डाल जाते हैं। एक मत यह है कि मांस का भक्षण कर, अपना आत्मबल बढ़ाने तथा लोगों को आतंकित करने के लिए राक्षस से अस्थियाँ डाल जाते हैं। एक अन्य मत है कि राक्षस शवों अथवा कंकालों को यहाँ छिपा जाते हैं। इधर कुछ आश्रमवासियों का कहना है कि ये अस्थियाँ ऋषि यहां एकत्रित करते रहते हैं, ताकि उन्हें देखकर जन-सामान्य के मन में राक्षसों के विरुद्ध आक्रोश बढ़े। किंतु मैं मानता हूँ कि इनमें से कोई भी मत सत्य नहीं है।"

"सत्य क्या है?" लक्ष्मण के स्वर में क्रुद्ध नाग की-सी फुंकार थी।

"राक्षसों को अस्थियाँ छिपाने की आवश्यकता नहीं है। वे किसी से भयभीत नहीं हैं।" धर्मभृत्य बोला, "उन्हें एकत्रित कर अपना आत्मबल बढ़ाने की भी आवश्यकता उन्हें नहीं है, उनका आत्मबल वैसे ही बहुत बढ़ा हुआ है। ऋषियों-मुनियों में इतना साहस ही नहीं है कि वे उन शवों अथवा अस्थियों को एकत्रित कर, जन-सामान्य में आक्रोश भड़काते। ऐसा करना होता तो यह ढेर, मार्ग से हटकर, पेड़ों की ओट में न होकर, किसी आश्रम के मुख्य द्वार अथवा उसके केंद्र में सभा-स्थान पर होता।"

"सत्य क्या है?" लक्ष्मण पुनः फुँकारे।

धर्मभृत्य ने लक्ष्मण को निहारा, "जब किसी को अपना शत्रु मानकर, राक्षस उसका वध करते हैं, तो उसके सगे-संबंधी भी भयाक्रांत होकर उस व्यक्ति को अपना आत्मीय स्वीकार कर, उसका अंतिम संस्कार करने का साहस नहीं जुटा पाते। वे चोरी-छिपे उस शव को अथवा उसकी अस्थियों को यहाँ फेंक जाते हैं ताकि उस मृत व्यक्ति का पृथक् अस्तित्व भी समाप्त हो जाए—यहाँ तक स्वयं राक्षस भी स्मरण न कर सकें कि उन्होंने किसकी हत्या की थी और उसके संबंधी कौन लोग थे।"

"ओह!" राम के मुख से जैसे अनायास निकला, "अविश्वसनीय।"

"यह संभव नहीं है।" सीता झपटकर बोलीं, "किसी के अपने सगे-संबंधी कैसे इतने क्रूर हो सकते हैं?"

धर्मभृत्य के चेहरे पर एक तिक्त मुस्कान उभरी, "इस क्षेत्र में रहीं, तो देवी अनेक असंभव बातों को संभव होते देखेंगी।" सहसा उसका स्वर आवेशमय हो उठा, "राक्षसी तंत्र और कहते किसको हैं, देवी? राक्षसों का सबसे बड़ा योगदान यही है कि उन्होंने ऐसा वातावरण पैदा कर दिया है कि समस्त मानवीय संबंध

समाप्त हो रहे हैं। सबसे ऊपर आ गया है क्रूर अनगढ़ भौतिक स्वार्थ। स्थिति यह है कि यदि यह पता लग जाए कि किसी एक व्यक्ति पर राक्षसों की अथवा किसी अन्य प्रकार के सत्ताधारियों की कुदृष्टि है, तो उसके संबंधी उस आपात्काल में उसका पक्ष लेकर उसे सहारा देने के स्थान पर ने केवल उससे मिलना-जुलना बंद कर देते हैं, वरन् स्वयं जा-जाकर राक्षसों को विश्वास दिलाते हैं कि उस व्यक्ति से उनका कोई संबंध नहीं है।...आप लोग मुझे क्षमा करेंगे, किंतु सच्चाई यही है कि अनेक ऋषियों के पूज्य—देव जाति के सत्ताधारियों ने भी इसमें राक्षसों की सहायता की है। मुझे तो लगता है कि दुर्बल जन-सामान्य के शोषण के लिए वे लोग परस्पर कोई समझौता कर चुके हैं।''

''यह कैसे संभव है?'' बहुत देर से चुप मुखर, सहसा तड़पकर बोला।

''रुष्ट मत होओ, मेरे मित्र!'' धर्मभृत्य हँसा, ''यदि ऐसा न होता, तो देवराज इंद्र से मिलने के पश्चात् शरभंग को आत्मदाह की आवश्यकता न पड़ती।''

धर्मभृत्य ने अपनी बात कहकर विशेष रूप से राम की ओर देखा। राम बहुत देर से कुछ नहीं बोले थे। वस्तुतः किसी के बोलने के लिए था भी क्या—तब से तो स्वयं धर्मभृत्य ही बोल रहा था। किंतु राम इस सारे वार्तालाप से उदासीन नहीं लग रहे थे। वे सब कुछ सुन रहे थे और मन-ही-मन कुछ बुन रहे थे।

धर्मभृत्या को उधर देखते पाकर, अन्य लोगों ने भी राम की ओर देखा।

''क्या सोच रहे हैं, प्रिय!'' सीता ने जैसे सहचिंतन का निमंत्रण दिया।

राम का चिंतन-क्रम टूटा। वे हल्के-से मुस्कराए, ''...सोच रहा था, समर्थ संगठनों ने बलात् शस्त्र-समर्थित हिंसा से जन-सामान्य का क्रूर दमन कर रखा है; और जब जन-सामान्य दमन-यंत्र की प्रकृति समझकर स्वयं शस्त्र लेकर उठ खड़ा होगा, तो ये ही समर्थ संगठन उस पर आरोप लगाएँगे कि जन-सामान्य हिंसा कर रहा है...''

''वही तो। वही तो।'' धर्मभृत्य के कंठ में जैसे कुछ फँस गया। आँखें डबडबा आईं और चेहरे पर असाधारण उल्लास बिखर गया। शब्दों में कुछ कहना उसके लिए असंभव हो गया।

राम ने उसे देखा और हँसे, ''मार्ग-निर्देशक मुनि धर्मभृत्य! अब सुतीक्ष्ण मुनि का आश्रम कितनी दूर है?''

धर्मभृत्य ने स्वयं को सँभाला। अपनी रोमांचपूर्ण स्थिति से उबरकर बोला, ''बस हम आ ही पहुँचे हैं, राम! सामने के वृक्ष को देखिए। आपको आस-पास ही कहीं आश्रम-जीवन का आभास मिलने लगेगा।''

''आप हमारे ग्राम में नहीं चलेंगे, आर्य राम?'' सहसा भीखन ने पूछा।

राम ने भीखन को देखा। वह आशा और निराशा के बीच टँगा दिखाई दे रहा था। उन्होंने दृष्टि फेरी—भीखन के आस-पास वैसे ही अनेक चेहरे, एक ही भाव लिये घिर आए थे। राम उनकी भावना से आकंठ भीग उठे। ज्ञानश्रेष्ठ उन्हें आश्रम में ठहरने नहीं देना चाहते थे, इसलिए उन्होंने कहा कि ऋषि के आत्मदाह के पश्चात् आश्रम की व्यवस्था बिखर गई है। और ये ग्रामीण किस स्निग्ध भावना से उन्हें अपने साथ ले जाने का आग्रह कर रहे हैं। वे भी जानते हैं कि राम के पास शस्त्र हैं, और वे राक्षसों के क्रोध को आमंत्रित कर सकते हैं...

"ग्रामों में मैं नहीं जाता, भीखन!" राम का स्वर स्नेह से आप्लावित था, "किंतु तुम्हारे निकट आकर अवश्य रहूँगा। हो सकता है, शीघ्र ही आऊँ।"

"भीखन!" धर्मभृत्य ने कहा, "तुम लोग अपने-अपने ग्राम में चलो। सारे ग्राम को बताओ कि राम आ रहे हैं। उन्हें कह दो कि अब राक्षसों से भयभीत होने की आवश्यकता नहीं रही।" धर्मभृत्य ने कुछ सोचकर साथ जोड़ा, "राक्षस चाहे किसी भी जाति के हों—मैं चाहता हूँ कि ऐसा वातावरण तैयार हो जाए कि भ्रद राम को यह कहने को बाध्य न होना पड़े कि जब उन्होंने आह्वान किया तो न्याय के पक्ष में कोई उठकर खड़ा नहीं हुआ।" धर्मभृत्य ने निमिष-भर के विराम के पश्चात् पुनः कहा, "वैसे मुझे पूर्ण आशा है कि राम हमारी अपेक्षा से भी शीघ्र ही हमारे पास आ जाएँगे।"

ग्रामीण-समुदाय को विदा कर, लक्ष्मण को भेज, सुतीक्ष्ण मुनि से शस्त्रों के साथ आश्रम में प्रवेश की अनुमति पा, राम आश्रम के केंद्र की ओर बढ़े। धर्मभृत्य तथा उसके मित्रों के साथ-साथ, मुनि-निकाय अब भी राम के साथ था। उनसे राम की अभी विशेष बातचीत नहीं थी और उनका राम के साथ, किसी ऋषि के आश्रम में रुक जाना कुछ असाधारण भी नहीं था। किंतु फिर भी, राम समझ रहे थे कि मुनि-निकाय की क्या इच्छा है। सामान्य वनवासी मुनियों तथा आश्रमाधिकारी ऋषियों में चिंतन के सामरस्य का अभाव अभी तक राम को सहज नहीं लग रहा था। ये ऋषि जन-भावना की उपेक्षा क्यों करते जा रहे थे? या सामान्य मुनि-सुमदाय ऋषियों के अनुकूल क्यों नहीं चल पा रहा था...?

सुतीक्ष्ण मुनि सहज भाव से सुखासन में बैठे, राम की प्रतीक्षा कर रहे थे। राम ने अत्यंत सशंक भाव-युक्त परीक्षक दृष्टि से मुनि को देखा—उन्हें राम का अपने साथियों सहित, सशस्त्र आश्रम में आना अन्यथा तो नहीं लगा? किंतु मुनि की भंगिमा में ऐसा कोई आभास नहीं था। संभवतः धर्मभृत्य ही अपने पूर्वाग्रह के कारण, उस प्रकार सोच रहा हो।

''स्वागत, राम!'' प्रणाम के उत्तर में मुनि बोले, ''बैठो, भद्र! सब लोग बैठो। ओह! देवी वैदेही भी शस्त्र धारण करती हैं।''

''मुनिवर! राम की पत्नी शस्त्र धारण नहीं करेगी तो वन में राम के साथ निवास कैसे करेगी?''

''ठीक कहती हो, पुत्री!'' मुनि बोले, ''राम के साथ निवास करने वाले व्यक्ति को तो शस्त्र धारण करना ही पड़ेगा।''

लक्ष्मण ने झटके से सिर उठाकर मुनि को देखा। फिर जैसे अपनी जिह्वा को कुछ कह उठने से रोकने के लिए वे अन्य लोगों की ओर देखने लगे। मुखर झीना-सा मुस्करा रहा था, धर्मभृत्य की आँखों में तिक्तता उभर आई थी तथा अनेक आगंतुक मुनि वितृष्णा से इधर-उधर देख रहे थे।

''मुनिवर!'' राम बोले, ''इस क्षेत्र में क्या राक्षसी उपद्रव नहीं हैं? क्या आपको शस्त्रों की आवश्यकता नहीं पड़ती?''

''उपद्रव होते होंगे,'' सुतीक्ष्ण उदासीनता से बोले, ''किंतु उन्हें बहुत महत्त्व देना अनावश्यक है। हम जैसे वनवासी अपने आध्यात्मिक चिंतन में लीन रहते हैं। अनासक्त संन्यासी को इन सांसारिक झगड़ों से क्या लेना। हम तो जल में कमल के समान रहते हैं। जल बहता रहता है, कमल अपने स्थान पर स्थित रहता है।''

राम ने साभिप्राय दृष्टि से मुनि को देखा, ''हमें एक लंबा समय इसी वन में काटना है, मुनिवर! कृपया परामर्श दें, हम अपने निवास के लिए कहाँ कुटिया बनाएँ?''

सुतीक्ष्ण ने सीधे राम की आँखों में देखा—क्या कहना चाहते हैं राम? किंतु राम उन्हें पूरी गंभीरता से मार्ग-निर्देशन की प्रार्थना करते-से लगे।

''वैसे तो मेरा अपना आश्रम ही बहुत सुविधाजनक स्थान है।'' मुनि ने उत्तर दिया, ''जलवायु अच्छी है। फलों के वृक्ष पर्याप्त हैं। पेय जल की सुविधा है। ऋषि समुदाय का आवागमन लगा रहता है। तुम चाहो तो यहीं रह सकते हो...'' राम ने मुनि के स्वर का कंप स्पष्ट अनुभव किया, ''हाँ, कभी-कभी कुछ बलशाली उपद्रवी पशु अवश्य इधर आ जाते हैं। उन्हें इस आश्रम के निवासियों से कोई भय नहीं है। वे आश्रमवासियों की साधना में कुछ विघ्न उपस्थित कर, संतुष्ट हो लौट जाते हैं।''

राम का मस्तिष्क अत्यंत तीव्र गति से मुनि के एक-एक शब्द का विश्लेषण कर उनका अभिप्राय समझ रहा था—स्थान सुविधाजनक था, इसलिए राम चाहें तो यहाँ टिक सकते हैं। किंतु मुनि क्या चाहते हैं?...अर्थात् मुनि की ओर से निमंत्रण

नहीं है।...कुछ शक्तिशाली पशु आश्रम में आते हैं। उन्हें आश्रमवासियों से भय नहीं है; क्योंकि न आश्रमवासी उनका विरोध करते हैं, न उनमें उसकी क्षमता है। वे पशु विघ्न उपस्थित करते हैं—मुनि उन्हें कुछ नहीं कहते, इसलिए स्वयं ही संतुष्ट होकर लौट जाते हैं...। कौन हैं वे पशु? राम यहाँ रहेंगे तो क्या राम भी उनका विघ्न सह लेंगे? उन पशुओं को राम से भी कोई भय नहीं होगा?...

राम ने अपनी शांत मुद्रा में मुनि की ओर देखा, "स्थान तो मुझे भी बहुत पसंद है, मुनिवर! किंतु शस्त्रधारी क्षत्रिय हूँ। आखेट का व्यसन है। यहाँ रहा तो बलशाली पशुओं का उप्रदव सह नहीं सकूँगा। आखेट कर बैठा तो आपके आश्रम की शांति भंग होगी। इसलिए हम लोगों का यहाँ टिकना उचित नहीं है। हम कल प्रातः यहाँ से चले जाएँगे।"

"जैसी तुम्हारी इच्छा, राम!" सुतीक्ष्ण की आँखों में निश्चित विशदता आ गई थी, "तुम लोग रात-भर सुख से आश्रम में विश्राम करो।...इस समय मेरा ध्यान का समय हो गया है।"

राम अपने साथियों के साथ अतिथिशाला में आ गए।

"अब क्या विचार है, राम?" सबसे पहले धर्मभृत्य बोला।

"अब विचार के लिए क्या रह गया है।" उत्तर लक्ष्मण ने दिया, "कोमल और मधुर-भाषी मुनि इससे अधिक स्पष्ट और क्या कह सकते थे कि यदि हमें यहाँ रहना है तो इस प्रकार रहना होगा कि पशुओं को हमसे भय न रहे। पशुओं द्वारा किया उपद्रव हमें भी सहन करना होगा।"

"अर्थ यह कि अपने शस्त्रों को पास ही नदी में प्रवाहित कर आएँ!" मुखर का आवेश फूटा, "और जब राक्षस किसी निरीह व्यक्ति की अथवा स्वयं हमारी हत्या करने आएँ तो हमारा भी ध्यान करने का समय हो जाना चाहिए।"

"कालकाचार्य ने भी यही कहा था कि वैसे तो वे पूर्णतः हमारे साथ हैं," सीता बोलीं, "किंतु हम जहाँ होंगे, वहाँ संघर्ष की संभावना होगी। अतः वे संघर्ष से दूर रहने के लिए हमसे भी दूर रहना चाहते हैं।"

राम मुस्कराए, "क्षुब्ध होने का कोई काम नहीं है, बंधुओ! हम अपने तेज के बिना रह नहीं सकते; और तेज के साथ वे हमें रखेंगे नहीं। तो हम वहीं चलें, जहाँ लोग हमारा स्वागत कर रहे हैं।"

"अर्थात्?" धर्मभृत्य उत्सुक जिज्ञासा से पूछ रहा था।

"उस मुनि निकाय के पास, जो हमें अपने निकट रखना चाहता है। उसके पास, जो अत्याचार सहन कर नहीं पा रहे और उसका प्रतिरोध करने के लिए,

संकट झेलने को प्रस्तुत हैं। भीरु तपस्वियों के भीतर साहस जगाने में अभी समय लगेगा।''

मुनियों के कंठ से उल्लास का स्वर फूटा, ''राम ठीक कह रहे हैं।''

2

धर्मभृत्य के साथ आए हुए दो दिन बीत गए थे। लक्ष्मण के निर्देशन में धर्मभृत्य के ही आश्रम में सबके लिए कुटीरों का निर्माण हो गया था। आस-पास का सारा क्षेत्र वे लोग घूम-फिरकर देख चुके थे; और देखकर विकट रूप से पीड़ित हुए थे। एक ही प्रश्न बार-बार प्रत्येक व्यक्ति के मन में और फिर उनके परस्पर-संवादों में गूँजता था—जहाँ इस प्रकार का असहनीय अत्याचार हो रहा हो; मनुष्य पशु से भी हीन दशा में जीने को बाध्य हो, वहाँ के ऋषि-मुनि, चिंतक-विचारक तथा बुद्धिजीवी अपनी साधनाओं में लगे हुए, आध्यात्मिक शांति की बात कैसे कर सकते हैं...

''मेरा तो मन इन बुद्धिजीवियों के प्रति वितृष्णा से भर उठा है।'' लक्ष्मण ने अपना आक्रोश प्रकट किया।

''क्यों! ऋषि विश्वामित्र को कैसे भूल गए?'' राम मुस्कराए।

''एक ऋषि विश्वामित्र हो गए तो क्या हुआ...''

''एक क्यों!'' धर्मभृत्य ने लक्ष्मण की बात काट दी, ''यहाँ ऋषि अगस्त्य हैं, उनकी पत्नी लोपामुद्रा हैं...''

''ओह, मुनि धर्मभृत्य! आपकी वह अगस्त्य-कथा?'' मुखर बोला।

''हाँ! ठीक याद दिलाया।'' सीता ने बात पकड़ी, ''आप अपनी रचना तो सुनाएँ। अभी कार्य ने गति नहीं पकड़ी, फिर जाने समय मिले, न मिले।''

धर्मभृत्य संकोचपूर्वक मुस्कराया, ''सुनाऊँगा तो लक्ष्मण कहेंगे कि लेखक अपनी कृति सुनाए बिना नहीं रह सकता।''

''नहीं, मैं कुछ नहीं कहूँगा।'' लक्ष्मण ने स्पष्टीकरण प्रस्तुत किया, ''मैं तो स्वयं ही कहता, किंतु तब भैया कहते कि कहानियाँ सुनने की मेरी शैशवकालीन आदत अभी छूटी नहीं है।''

''कौन क्या कहेगा—यह सोचकर कर्म करोगे तो कर चुके अपने मन की।'' राम मुस्कराए, ''चलो, सारा भार मैं अपने ऊपर लेता हूँ। धर्मभृत्य! मैं चाहता हूँ कि तुम अपनी रचना सुनाओ। अब जिसे जो कहना हो, कह ले।''

''मैं अभी आया।'' धर्मभृत्य अपने स्थान से उठा और क्षण-भर में ही अपनी

कुटिया से ग्रंथिबद्ध, लिखित ताड़पत्र ले आया, "रचना बहुत लंबी है। थोड़ी-थोड़ी सुनाने पर कई दिन लग सकते हैं। बाद में कोई यह न कहे कि उसे बाँधकर, मैंने बलात् कथा सुनाई है।"

"नहीं, कोई कुछ नहीं कहेगा। तुम सुनाओ।" राम बोले।

धर्मभृत्य ने खँखारकर कंठ साफ किया और पढ़ने लगा।

आगस्त्य ने ग्राम में प्रवेश किया।

ग्राम के लोग समय से पहले ही जग गए लगते थे। आवागमन भी पर्याप्त दिखाई पड़ रहा था और स्फर्ति भी; जैसे किसी अभियान की तैयारी हो। अगस्त्य आगे बढ़ते रहे। मार्ग में मिलने वाला प्रत्येक व्यक्ति सम्मान से ऋषि का अभिवादन करता और अपने कार्य के लिए आगे बढ़ जाता।

अगस्त्य की चिंता बढ़ती जा रही थी।

प्रातः जब नियत समय पर, प्रवीर आश्रम में उपस्थित नहीं हुआ, अगस्त्य का मन तब भी खटका था। प्रवीर जैसा व्यक्ति अगस्त्य को दिए गए अपने वचन का पालन न करे, तो कोई-न-कोई असाधारण कारण ही होना चाहिए।

पिछले कई वर्षों से खेतों में काम अधिक होते ही ग्राम के बालक आश्रम में आना बंद कर देते थे। उनके लिए खेतों का कार्य अधिक महत्त्वपूर्ण हो उठता था। ऐसे में कौन आश्रम तक आने-जाने तथा वहाँ बैठकर शिक्षा ग्रहण करने का समय निकालता। अगस्त्य भी मानते थे कि खेतों का कार्य अत्यंत महत्त्वपूर्ण था। कृषि-संबंधी धातु के उपकरणों की आवश्यकता भी इन्हीं दिनों बढ़ जाती थी—हल, कुदाल, दराँती, घन और कभी-कभी कुछ अस्त्र भी भट्ठियों में ढाले जाते थे।...ऐसे में अगस्त्य यह अपेक्षा कैसे कर सकते थे कि वे लोग अपना कृषि-संबंधी काम छोड़कर, आश्रम में शिक्षा ग्रहण करने आएँगे। किंतु वे यह भी नहीं चाहते थे कि ग्रामवासी यह मान लें कि शिक्षा जीवन का आवश्यक अंग न होकर, अवकाश के क्षणों का मानसिक विलास है। एक बार यदि ऐसी धारणा बन गई तो इन ग्रामीणों को शिक्षा के प्रति ही अरुचि हो जाएगी।

इसलिए अगस्त्य ने ग्राम में ही पाठशाला चलाने का प्रस्ताव रखा था। उनकी योजना थी कि जहाँ-जहाँ कार्य चल रहा हो, उसी के निकट कहीं शिक्षा की व्यवस्था कर दी जाए; ताकि न तो शिक्षा में व्यतिक्रम हो और न शिक्षा और कृषि-कर्म में विरोध पनपे!...यह निश्चित था कि इस प्रकार की योजनाओं को कार्यान्वित करने के लिए, अगस्त्य को अपने आश्रम से पर्याप्त समय के लिए दूर रहना होगा। उस सारे समय के लिए आश्रम का दायित्व उन्होंने लोपामुद्रा पर छोड़ देने का

निश्चय किया था।

उसी पाठशाला के संबंध में निश्चित व्यवस्था करने के लिए ही आश्रम में विचार-विमर्श की योजना बनाई गई थी।...कहाँ अगस्त्य ने सोचा था कि प्रवीर ही नहीं, अन्य ग्राम-प्रमुख भी अत्यंत उत्साह से उस कार्य में सहयोग देंगे और कहाँ नियत समय बीत जाने पर भी, उनमें से एक भी व्यक्ति नहीं आया।...थोड़ी देर तक अगस्त्य, प्रतीक्षित आगंतुकों की विलंब से आने की प्रकृति के लिए मन में रोष पालते रहे। जब समय अधिक बीत गया तो उनके मन में अन्य संभावनाएँ भी उगने लगीं—संभव है, गाँव में कोई गंभीर रूप से अस्वस्थ हो गया हो, या किसी का देहांत हो गया हो। किंतु ऐसा होता तो किसी एक गाँव के प्रतिनिधि न आते, अन्य लोगों को तो आना चाहिए था।...अंत में वे सोचने लगे थे कि कहीं यह पाठशाला के प्रति अरुचि तो नहीं है या स्वयं उनके प्रति अवज्ञा? संभव है कि इधर ग्रामवासियों में शिक्षा के लिए उतना उत्साह न हो, जितना अगस्त्य देखना चाहते हैं। संभव है, यह उनके अपने मन का उत्साह हो, जो उन्होंने ग्रामवासियों पर आरोपित कर रखा है। ग्रामवासी अब तक उनका विरोध न कर सके हों और उन्होंने ऋषि को टालने के लिए ही यह पद्धति खोज निकाली हो।

किंतु यह विचार भी अधिक देर तक उनके मन में टिका नहीं। ऐसा होता तो कल संध्या तक अनेक ग्राम-प्रमुख इस योजना के संबंध में इतनी उत्साहपूर्ण चर्चा न कर रहे होते। और अपनी उपेक्षा की बात अगस्त्य कैसे सोच सकते हैं। योजनों तक एक भी ग्राम ऐसा नहीं है, जहाँ अगस्त्य का आगमन सौभाग्य का प्रतीक न माना जाता हो।

सहसा अगस्त्य की दृष्टि सामने से आते हुए प्रवीर पर पड़ी। प्रवीर अश्वारूढ़ था और सहज कृषक के वेश में नहीं था। उसने कटि में खड्ग बाँध रखा था और कंधे पर धनुष टँगा था। वह किसी सैनिक अभियान के लिए तैयार हुआ लगता था।

ऋषि को देखते ही प्रवीर घोड़े से उतर गया। उसने झुककर उन्हें प्रणाम किया, "मैं आप ही की ओर जा रहा था।" वह बोला, "आइए, चौपाल में चलें। वहाँ अन्य लोग भी बैठे हैं।"

वह मुड़ा। अगस्त्य भी उसके पीछे-पीछे चले।

चौपाल में अनेक लोग थे। अगस्त्य ने एक ही दृष्टि में देख लिया कि निकट के प्रायः सभी ग्रामों के प्रमुख वहाँ उपस्थित थे।

अगस्त्य के बैठते ही सब लोग बैठ गए। अगस्त्य ने प्रश्नवाचक दृष्टि से प्रवीर की ओर देखा।

"ऋषिवर!" प्रवीर पहले से ही तैयार था, "सबसे पहले तो हम अपने प्रमाद के लिए आपसे क्षमा चाहते हैं कि न हम नियत समय पर आपके निकट उपस्थित हो सके और न हम कोई उचित संवाद आप तक भेज सके।"

"मैं कारण जानने को उत्सुक हूँ, प्रवीर!" गुरु शांत भाव से बोले।

प्रवीर ने ऋषि को देखा तो उसकी दृष्टि में आवेश झलका। उसका स्वर भी उग्र था, "आप सदा इन वानर-ऋक्षों का पक्ष लेते हैं। आप इन्हें शांतिप्रिय समझते हैं। किंतु अवसर मिलते ही वे घात करने से नहीं चूकते। कल रात उन्होंने फिर हम पर आक्रमण किया है। वे हमारे खेत उजाड़ गए हैं, पशु हाँककर ले गए हैं और चार व्यक्तियों की हत्या कर गए हैं।"

ओह...अगस्त्य गंभीर हो उठे..तो ये लोग वानरों से युद्ध की तैयारी में हैं।

"सूचना मिलते ही हमें अनेक कार्य करने पड़े।" प्रवीर बोला, "अपनी रक्षा का प्रबंध। शवों के दाह-संस्कार की तैयारी। मृत लोगों को परिवारों तथा घायलों को सँभालना। वानरों का पीछा करने के लिए दल को भेजना। अन्य ग्रामों को सूचना देना..."

"मुझे सूचना क्यों नहीं दी गई?" अगस्त्य का स्वर कठोर था, "तुम लोगों ने मुझे युद्ध के लिए अयोग्य माना है या शत्रु-पक्ष का समर्थक?"

"नहीं! यह बात नहीं है, गुरुवर!" प्रवीर पुनः बोला, "हम ऐसा दुस्साहस कैसे कर सकते हैं? हमने शस्त्र भी आपसे ही पाया है और शस्त्र-ज्ञान भी। हम आपके रण-कौशल से भी भली-भाँति परिचित हैं; किंतु वानरों, ऋषों तथ अन्य आर्येतर जातियों के प्रति आपका प्रेम किसी से छिपा नहीं है। कुछ लोगों का विचार था कि वानरों के विरोध की योजना में आप हमारा पक्ष नहीं लेंगे।"

अगस्त्य फिर से शांत दीखने लगे थे, "तुम्हारे पास क्या प्रमाण है कि यह आक्रमण वानरों ने ही किया है? तुमने उनका कोई आदमी पकड़ा है?"

"नहीं।" प्रवीर बोला, "किंतु इन चोटियों के पार उन्हीं लोगों के ग्राम हैं। दूसरा कोई कैसे आ सकता है?" सहसा उसका स्वर एक विशेष प्रकार के आवेश से भर गया, "इस बार आप हमें अनुमति दें, ऋषिवर! हम उन्हें ऐसा पाठ पढ़ाएँगे..."

"क्या करने की सोची है तुम लोगों ने?" अगस्त्य मुस्करा रहे थे।

"इस बार हम अकेले नहीं जाएँगे।" प्रवीर का क्रुद्ध स्वर गूँजा, "समस्त आर्य ग्रामों में युद्ध का संदेश भेज दिया गया है। हम एक बड़ी सेना लेकर विंध्याचल के पार जाएँगे। उनके ग्रामों में आग लगा देंगे। एक-एक व्यक्ति की हत्या कर देंगे। भविष्य में वे इस ओर देखने का साहस भी नहीं कर पाएँगे। लौटकर विंध्याचल

की प्रत्येक चोटी पर अपनी सैनिक चौकी बैठाएँगे। फिर विंध्याचल उनके लिए इतना ऊँचा हो जाएगा कि वे कभी उसे पार नहीं कर पाएँगे।...और विंध्याचल के इस ओर एक भी वानर को जीवित नहीं छोड़ेंगे।''

अगस्त्य ने बड़े धैर्य से सब कुछ सुना और फिर उसी धैर्य के साथ बोले, ''रात के आक्रमण के पश्चात् तुम लोगों ने अनेक आर्य-ग्रामों में सूचना भेजी है, और भविष्य की यह योजना भी अनेक आर्य ग्रामों के प्रमुखों ने मिलकर बनाई होगी?''

''जी!'' प्रवीर बोला।

''और तुम लोगों ने न मुझे पिछली घटनाओं की सूचना भेजी, न भविष्य की योजनाओं के विषय मेरे विचार जानने की आवश्यकता समझी। इसका अर्थ क्या है, प्रवीर?''

अगस्त्य ने प्रत्येक उपस्थित व्यक्ति पर दृष्टि डाली, जैसे प्रत्येक व्यक्ति से उत्तर माँग रहे हों; किंतु उनमें से किसी ने भी उत्तर देने की तत्परता नहीं दिखाई।

इस बार अगस्त्य बोले तो उनका स्वर कुछ तीखा था, ''क्या मैं समझ लूँ कि तुम लोग मुझे अपने समाज का अंग नहीं मानते, या मैं यह मान लूँ कि तुमको मेरी बौद्धिक क्षमता पर विश्वास नहीं है?'' अगस्त्य कुछ रुके और बोले, ''यदि इन दोनों में से एक भी बात हो, तो तुम लोगों को स्पष्ट रूप से कहने में संकोच नहीं करना चाहिए। मैं तुमको बाध्य नहीं कर सकता कि तुम लोग प्रत्येक निर्णय से पूर्व मुझसे विचार-विनिमय करो ही। किंतु मैं तुम लोगों का शस्त्र-गुरु हूँ। मुझे पूर्ण अधिकार है कि तुम्हारी शस्त्र-प्रयोग-योजनाओं में मैं हस्तक्षेप करूँ।'' सहसा गुरु प्रवीर की ओर मुड़े, ''मैं तुमसे पूछता हूँ, प्रवीर! तुमने शस्त्र-प्रशिक्षण से पूर्व जो शपथ ली थी और प्रशिक्षण समाप्त करने पर जो वचन मुझे दिया था—क्या तुम उन्हें पूरा कर रहे हो?''

''गुरुदेव! हम आत्म-रक्षा के लिए शस्त्र धारण कर रहे हैं'' प्रवीर साहस कर बोला।

''नहीं!'' गुरु का गर्जन उन्हें हिला गया, ''तुम लोग निरीह, निहत्थे, निःशस्त्र, अर्द्ध-सभ्य वानरों की निर्मम हत्या के लिए शस्त्र-सज्जित हो रहे हो। तुम्हारे पास कोई प्रमाण नहीं है कि आक्रमण करने वाले वानर ही थे।...और तुम लोग न तो शोध का प्रयत्न कर रहे हो, न तर्क और अनुमान का संबल ले रहे हो। तुम्हें भय था कि मैं तुम्हारे कार्य में बाधा दूँगा, इसलिए तुमने सारी योजना मुझसे गुप्त रखी...'' अगस्त्य का स्वर कुछ धीमा हुआ, ''मुझे यह जानकर प्रसन्नता हुई कि तुमने मुझे वानर-ऋक्षों का मित्र माना है—मेरी कामना है कि वे लोग भी मुझे अपना

उतना ही मित्र मानें।'' वे रुककर मुस्कराए, ''थोड़ी देर के लिए अपने शस्त्र ढीले कर, मुझसे संक्षिप्त-सा तर्क युद्ध कर लो। मुझे बताओ कि राम के आक्रमणकारियों के विषय में तुम लोगों ने कोई खोज की है?''

''कैसी खोज?'' नवग्राम के प्रमुख माणिक्य ने पूछा।

''वे लोग पैदल आए थे अथवा उनके पास कोई वाहन था?''

''वे अश्वारूढ़ थे।'' प्रवीर बोला, ''उनके पास एक रथ भी था। वे पैदल आए होते तो हम उन्हें कहीं-न-कहीं पकड़ लेते।''

''तुम लोगों ने आज तक किसी वानर-ग्राम में कोई अश्व देखा है? किष्किंधा के वानर-सम्राट् ऋक्षराज के पास भी कोई अश्व नहीं है। फिर वे अश्वारूढ़ वानर आक्रमणकारी कहाँ से आ गए?'' अगस्त्य रुक गए।

समस्त ग्राम-प्रमुख मौन रहे।

''बोलो!''

''संभव है, उन्होंने अश्व प्राप्त कर लिये हों और हमें उसकी सूचना न हो।'' बहुश्रुत ने भूमि को घूरते हुए धीमे स्वर में कहा।

''कुतर्क मत करो।'' अगस्त्य शांत स्वर में बोले, ''यहाँ ऐसा कोई प्रदेश नहीं है, जहाँ बाहर के यात्रियों का प्रवेश वर्जित हो। साथ ही ऐसा कोई स्थान नहीं है, जहाँ अमिश्रित रूप से केवल एक ही जाति का निवास हो। संपूर्ण क्षेत्र की जातियों के पास ऐसा कोई साधन नहीं है, जिससे वहाँ की घटनाओं के समाचार गुप्त रखे जा सकें। ऐसे में यदि वानरों ने किसी अन्य देश अथवा जाति से अश्व प्राप्त किए हों, अश्वारोहण का अभ्यास किया हो, अश्वारूढ़ होकर शस्त्र-परिचालन का प्रशिक्षण लिया हो—तो तुम्हारा विचार है कि इन समाचारों की हमें गंध भी न मिलती? इतनी ही जटिल और परिष्कृत राज्य-व्यवस्था हो गई है इस प्रदेश की आदिम जातियों की?''

अगस्त्य उत्तर की प्रतीक्षा करते रहे, किंतु कोई कुछ नहीं बोला, तो वे स्वयं ही बोले, ''तुम लोग कहते हो कि रात्रि के अंधकार में, तुम लोगों को सूचना मिलने से पूर्व ही वे खेत भी उजड़ गए, पशुओं को हाँक भी ले गए और चार व्यक्तियों की हत्या भी कर गए। सूचना मिलने पर तुम लोगों ने पीछा किया तो तुम्हें गंध तक नहीं मिली।'' अगस्त्य का स्वर और भी गंभीर हो गया, ''इन तथ्यों का विश्लेषण करोगे तो स्वयं ही समझ जाओगे कि इतने कम समय में इतना विनाश कर हवा हो जाने का अर्थ है—अच्छी संचार व्यवस्था, अच्छे शस्त्र और तीव्रगामी वाहन। और वानरों के पास क्या है? उनके पास न संचार-व्यवस्था है, न शस्त्र हैं, न वाहन।''

''तो आपका क्या विचार है?'' प्रवीर ने पूछा, ''आक्रमणकारी कौन हैं?''

"कुछ आभास मुझे है। कुछ अनुमान कर रहा हूँ।" अगस्त्य बोले, "निश्चित रूप से अभी आक्रमणकारियों के विषय में कुछ नहीं कह सकता किंतु तुम लोगों से अवश्य कुछ कहना चाहता हूँ।"

"आज्ञा कीजिए।" प्रवीर उनके सम्मुख नतमस्तक हो गया।

"तुम लोगों ने मेरी जो उपेक्षा और अवज्ञा की है, उसे मैं क्षमा करता हूँ।" अगस्त्य बोले, "किंतु भविष्य में इसकी पुनरावृत्ति न हो।"

सबके मस्तक झुक गए।

"तुम लोग आत्मरक्षा के लिए सन्नद्ध रहो। चौकन्ने रहकर अपने मनुष्यों, पशुओं और खेती की रक्षा करो। किंतु आक्रमण की योजना स्थगित रखो।...मैं विंध्याचल के पार जा रहा हूँ। जब तक लौटकर न आऊँ, आक्रमण की बात मन में मत लाना। विरोध को मत बढ़ाओ। विंध्याचल को ऊँचा मत करो।" अगस्त्य ने अपनी दृष्टि प्रवीर पर डाली। उनकी आँखों में अग्नि धधक रही थी, "सेनापति! यह मेरा आदेश है।"

"पालन होगा।" प्रवीर ने हाथ जोड़कर, मस्तक उन पर टिका दिया।

"वैसे तो मुझे विश्वास है कि तुम लोग अपने वचन की रक्षा करोगे।" अगस्त्य क्रोधशून्य किंतु दृढ़ स्वर में बोले, "किंतु दुर्बल क्षणों में कहीं पालन न कर सको और विंध्य के पार वानरों पर आक्रमण करने की बात सोचो, तो मेरी एक बात याद रखना।"

सबने गुरु की ओर उत्सुक दृष्टि से देखा।

"यदि सेना लेकर विंध्य के पार आओगे तो वानरों की निरीह हत्या नहीं कर पाओगे। तुम्हें उनकी सशस्त्र सेना तैयार मिलेगी, और उनके सेनापति के स्थान पर अगस्त्य खड़ा होगा।"

अगस्त्य अपनी बात की प्रतिक्रिया देखने के लिए भी नहीं रुके। वे मुड़े और चौपाल से बाहर निकल गए। बाहर निकलते ही सारे ग्राम-प्रमुख भी जैसे उनके मस्तिष्क से निकल गए। मस्तिष्क में एक ही प्रश्न था—विंध्य के पार जाने का निश्चय उन्होंने अकस्मात् ही कर डाला था या यह विचार मस्तिष्क में पहले से कहीं दबा पड़ा था?...अगस्त्य पहली बार विंध्य के पार नहीं जा रहे थे। विंध्य के दक्षिण में भी उतना ही घूमे थे, जितना विंध्य के उत्तर में। विंध्य के दक्षिण के ग्रामों में भी लोग उनसे उतने ही हिले-मिले थे, जितने कि उत्तर में।...पिछले अनेक वर्षों से उन्होंने विंध्य प्रदेश नहीं छोड़ा था। विंध्याचल के उत्तर में अधिकांश ग्राम आर्यों के थे। कुछ ग्राम आर्येतर जातियों के भी थे, किंतु उनकी संख्या बहुत कम थी।

विंध्य की चोटियों के दक्षिण में अनेक आर्येतर जातियाँ रहती थीं। उनके बीच भी कुछ आर्य ऋषि-मुनि और कृषक बस गए थे। किंतु जाने कहाँ से यहाँ परस्पर अविश्वास का भाव भी आकर बस गया था। आर्यों तथा आर्येतर जातियों में तनाव बढ़ने लगा था। उत्तर के आर्येतर लोग दक्षिण की ओर हटते जा रहे थे; और आर्य विंध्य के उत्तर की ओर आ रहे थे। उनमें विरोध निंरतर बढ़ता जा रहा था। अगस्त्य को लगता था, उनके संपूर्ण प्रयत्नों के पश्चात् भी आर्यों तथा आर्येतरों के बीच विरोध का यह विंध्याचल ऊँचा उठता जा रहा था। यदि यह क्रम इसी प्रकार चलता गया, तो एक दिन विंध्याचल आकाश को छूने लगेगा। ये जातियाँ एक-दूसरे के रक्त की प्यासी हो जाएँगी। न कोई उत्तर से दक्षिण जा सकेगा और न कोई दक्षिण से उत्तर की ओर जा सकेगा।

ऐसा क्यों है?...अगस्त्य सोचते जा रहे थे...वे आर्य तथा आर्येतर ग्रामों में खूब घूमे थे। उन्हें सभी स्थानों पर निश्छल प्रेम ही मिला था। उन्होंने पाया था कि आर्य हो या वानर, ऋक्ष हो या गरुड़ या गिद्ध—प्रत्येक जाति का व्यक्ति मूलतः कृषक या कर्मकर श्रमिक था। वह कड़े परिश्रम के पश्चात् अपना और अपने परिवार का पेट भरता था। वह प्रेम और मेल-मिलाप के साथ रहना चहता था। लड़ाई-झगड़े से उसे कोई लाभ नहीं था। लड़ाई में उसके खेत नष्ट हो जाते थे, उसकी कुटिया जल जाती थी। वह घायल होता था, उसके बच्चों का हरण होता था। उसके लिए यह सब बहुत पीड़ादायक था। पर, फिर भी इन लोगों में कभी परस्पर विश्वास नहीं जन्मा। ये लोग अपने आप में शांतिप्रिय होते हुए भी एक-दूसरे को संदेह की दृष्टि से देखते थे।

इसी संदेह के कारण छोटे-मोटे झगड़े होते रहते थे। कभी-कभी रक्तपात भी हो जाता था। दोनों ही पक्ष स्वयं को निर्दोष मानकर, दूसरे को अत्याचारी बताते थे।...और अगस्त्य ने जब-जब खोज की, उसके मन ने दोनों में से किसी का भी अत्याचार स्वीकार नहीं किया। दोनों पक्षों में एक-दूसरे के प्रति सद्भावना भी थी, दोनों शांतिप्रिय भी थे, दोनों बिना एक-दूसरे का शोषण किए अपने श्रम के आधार पर जीवित रहना चाहते थे...किंतु फिर भी न दोनों के झगड़े मिट पाते थे, न संदेह। और प्रमाणों के अभाव में अगस्त्य अपने अनुमानों के आधार पर ही धारणाएँ बनाते-बिगाड़ते रहे थे।...आज यदि वे समय से न पहुँच गए होते, तो अनर्थ ही हो गया था। यदि प्रवीर सचमुच ही सम्मिलित आर्य सेना लेकर विंध्याचल के पार उतर जाता तो निश्चित रूप से वानरों का अपार संहार होता। क्षति आर्यों की भी होती, किंतु वानरों की अपेक्षा बहुत कम। आर्यों का शस्त्र-कौशल, शस्त्र, वाहन—सब कुछ ही वानरों से श्रेष्ठ है। वानर अभी आदिम धरातल पर जी रहे हैं, कहीं-कहीं

वे अर्द्ध-सभ्यावस्था तक पहुँचे हैं। ऐसे में अगस्त्य की आर्यों को दी हुई विद्या यदि वानरों का नाश करती, तो क्या अगस्त्य अपने आपको क्षमा कर पाते?...शायद नहीं। उन्होंने निर्बल-त्राण तथा आततायी के विरोध के लिए ही शस्त्र का सहारा लिया है। अब यदि आर्यों और वानरों का यह झगड़ा नहीं मिटेगा तो वह अघटनीय घटकर रहेगा, जिसे अगस्त्य इतने दिनों से बचाते आ रहे हैं। विरोध के विंध्याचल को नीचे लाना ही होगा।...किंतु कैसे?...उन्होंने प्रवीर से कहा था कि वे विंध्याचल के पार.जा रहे हैं, जब तक लौटकर न आएँ, युद्ध की तैयारियाँ स्थगित रखी जाएँ. ..किंतु विंध्याचल के पार जाने से ही क्या यह समस्या सुलझ जाएगी? विंध्याचल के पार तो वे पहले भी कई बार जा चुके हैं।

सबने आश्चर्य से धर्मभृत्य को देखा।

"रुक क्यों गए, मुनिवर?" लक्ष्मण ने पूछा।

"सोचा, पूछ लूँ—आप लोग ऊब तो नहीं रहे?" धर्मभृत्य मुस्कराया।

"अरे, नहीं, भाई!" राम हँसे, "तुम कैसे लेखक हो, सामने श्रोता बैठे हैं, और तुम पूछ रहे हो कि वे ऊब तो नहीं रहे। पढ़ो।"

अगस्त्य और लोपामुद्रा, विंध्य की चोटियाँ बहुत पीछे छोड़ आए थे।

उन्हें निरंतर चलते हुए दो पहर बीत गए थे। अब थोड़ी-थोड़ी दूर पर वानरों, ऋक्षों, गरुड़ों और गिद्धों के ग्राम, टोले और पुरवे दिखाई पड़ने लगे थे। अगस्त्य को लग रहा था कि आज विंध्य के दक्षिण में भी लोग मस्ती और असावधानीपूर्वक अपने विविध कार्यों में डूबे हुए नहीं थे। लोग सशंक और सचेत थे। आने-जाने वालों को उनकी दृष्टि टोकती थी। संभव है कि अपरिचित व्यक्तियों से कुछ पूछताछ करते हों; किंतु अगस्त्य तथा लोपामुद्रा को पहचानने वाला कोई-न-कोई व्यक्ति प्रत्येक गाँव में मिल ही जाता था। उस क्षेत्र के लिए अगस्त्य अन-पहचाने व्यक्ति नहीं थे। चलते-चलते कभी-कभार 'गुरु', 'ऋषि' या 'अगस्त्य' जैसा कोई शब्द उनके कानों से आ टकराता था। लगता था, उनके थोड़ा-सा आगे-पीछे या साथ-साथ उनका परिचय भी यात्रा कर रहा था।

वे लोग जिस समय शतालु की कुटिया के सम्मुख पहुँचे, साँझ का झुटपुटा धरती पर उतर आया था। शतालु भी अभी-अभी ही बाहर से लौटा लग रहा था। वह कुटिया के द्वार पर बैठा हुआ सुस्ता रहा था।

अगस्त्य और लोपामुद्रा को देखते ही वह उठ खड़ा हुआ, "ऋषि!..." उसके मुख से निकला।

"शतालु!" लोपामुद्रा बोलीं, "हम आज रात के लिए तुम्हारे अतिथि होंगे। व्यवस्था हो सकेगी?"

"मेरा सौभाग्य।" शतालु के हाथ जुड़ गए और आँखें डबडबा आईं, "प्रभा! देख, कौन आया है।"

कुटिया से दस-बारह वर्ष की एक कन्या बाहर आई। क्षण-भर के लिए, वह कुछ अनपेक्षित देख लेने की-सी स्तब्धता में खड़ी रही। फिर आगे बढ़ उसने हाथ जोड़ प्रणाम किया।

"कैसी हो, बिटिया?" लोपामुद्रा के मुख पर स्नेह फैल गया।

"अब एकदम ठीक हूँ, ऋषि माँ!' प्रभा बोली, "अब कोई कष्ट नहीं है। पिछले कई मास से मुझे पीड़ा का आभास भी नहीं हुआ।"

"जा। माँ को सूचित कर, ऋषि माँ आई हैं। गुरुदेव भी साथ हैं।" शतालु बोला, "कब तक उन्हें खड़ा रखेगी। आसन ठीक कर।"

प्रभा कुटिया के भीतर भाग गई।

सब कुछ निमिष-भर में हो गया। शतालु की पत्नी साझा द्वार पर प्रकट हुई और उन्हें सम्मानपूर्वक कुटिया में ले गई।

सब बैठ गए तो साझा आत्म-चिंतन-सा करती हुई बोली, "मैं तो इस लड़की के जीवन से निराश हो गई थी, ऋषि माँ! क्या कहूँ, कैसे तड़पती थी यह। जब पीड़ा उठती थी, पानी से निकाल बालू पर फेंक दी गई मछली के समान भूमि से उठ-उठकर गिरती थी। देखा नहीं जाता था। मन में कई बार आया कि यदि ऐसे ही तड़प-तड़पकर मरना बदा है इसके भाग्य में, तो क्यों न मैं ही कहीं से एक चुटकी विष लाकर इसे खिला दूँ। इस पीड़ा से तो बच जाएगी।"

"मुझे याद है, जब यह अपने पिता के साथ हमारे आश्रम पर आई थी।" लोपामुद्रा की मुस्कान अत्यंत मनोरम थी, "शतालु ने भी यही कहा था, 'ऋषि माँ! या तो इसे ठीक कर दो, या फिर विष देकर इसे इस पीड़ा से मुक्त कर दो।" पर इसे कोई बड़ा रोग नहीं था, साझा!"

"जो भी हो, ऋषि माँ!" शतालु बोला, "हम तो इसका जीवन आपका दिया मानते हैं। अपने परिचय का कोई वैद्य, ओझा, सयाना हमने नहीं छोड़ा था। एक ओर यह अपनी पीड़ा से तड़पती थी और दूसरी ओर ओझा लोग भूत को पीटने के नाम पर इसकी चमड़ी उधेड़ रहे थे। क्या कष्ट नहीं पाया इस बच्ची ने!" शतालु का स्वर भारी हो गया।

"तुमने देख लिया न कि इस पर कोई भूत-प्रेत नहीं था।" लोपामुद्रा ने ममता भरी दृष्टि से प्रभा को देखा, "तुम लोग अपने अज्ञान में ही बेचारी बच्ची

को कष्ट देते रहे। अब तुम अपने आस-पास किसी को भूत-प्रेत को झाड़ने की दुष्टता मत करने देना।''

''अब तो बप्पा की स्थिति यह है, ''प्रभा हँसकर बोली, ''कि कोई भूत का नाम ले तो उन पर भूत सवार हो जाता है।''

सहसा शतालु का ध्यान अगस्त्य की ओर गया, ''गुरुदेव! आप एकदम मौन हैं। क्या बात है?''

अगस्त्य हल्के-से मुस्कराए, ''मुझे तुमसे बहुत अधिक बातें करनी हैं, इसीलिए मौन हूँ!''

''कोई गंभीर बात है क्या, गुरुदेव?''

''बहुत गंभीर।'' अगस्त्य बोले, ''रक्तपात की बात है।''

''आप रक्तपात की बात करने की सोच रहे हैं और यहाँ कल रात बहुत सारा रक्तपात हुआ है।'' शतालु का स्वर भी गंभीर हो गया।

''क्या हुआ?'' लोपामुद्रा ने पूछा, ''कोई झगड़ा हुआ है क्या?''

''झगड़ा!'' शतालु बोला, ''कल रात हमारे अनेक ग्रामों पर आर्यों का आक्रमण हुआ है। उन्होंने हमारे खेतों में आग लगाई है। झोंपड़ियाँ नष्ट की हैं। कई लोगों के प्राण लिये हैं...''

अगस्त्य और लोपामुद्रा की दृष्टि मिली।

''लोग बहुत भड़के हुए हैं।'' शतालु कह रहा था, ''आप पर हमें इतना विश्वास न होता, तो शायद आपका इस क्षेत्र में चलना असंभव हो जाता।''

''इतना विरोध?''

''प्रातः ही अनेक ग्रामों में समाचार भिजवा दिया गया है। कितने ही ग्रामों के मुखिया लोग एकत्रित होकर युद्ध की योजनाएँ बना रहे हैं यूथपति भी आए हुए हैं। संभवतः कोई बड़ा युद्ध होगा।''

''क्या वानरों ने किसी आक्रमणकारी को पकड़ा है? क्या किसी ने देखा है कि आक्रमणकरयिों में से कोई आर्य था?'' अगस्त्य ने पूछा।

''नहीं। जहाँ तक मैं जानता हूँ, कोई आक्रमणकारी नहीं पकड़ा गया। किंतु हम सब यही मानते हैं कि आक्रमण आर्यों ने ही किया होगा। विंध्य के उत्तर में उन्हीं लोगों के ग्राम हैं। उनके पास शस्त्र भी हैं।'' शतालु बोला।

''शतालु! मेरी बात का विश्वास करोगे?''

''मैं आपकी किसी भी बात का विश्वास करूँगा, गुरुदेव!''

''आक्रमणकारी आर्य नहीं थे।'' अगस्त्य बोले, ''कल रात ही आर्यों पर भी आक्रमण हुआ है। उनका अनुमान है कि उन पर आक्रमण करने वाले वानर ही

होंगे।''

शतालु आश्चर्य से अगस्त्य को देखता ही रह गया।

''है न विचित्र बात?'' अगस्त्य मुस्कराए।

''तो आक्रमणकारी कौन हैं?'' साझा ने पूछा।

''अभी कुछ नहीं कह सकता।'' अगस्त्य बोले, ''प्रातः शतालु को अपने साथ ले जाऊँगा। खोज करूँगा। आशा है कि कल संध्या तक बता सकूँगा कि आक्रमणकारी कौन हैं।''

''बिना पूछे आगे पढ़ता जाऊँ न?'' धर्मभृत्य ने फिर पूछा।

''पढ़ो, भाई!'' लक्ष्मण कुछ खीझकर बोले।

''अच्छा-अच्छा।'' धर्मभृत्य हँसकर पुनः पढ़ने लगा।

अगले दिन अगस्त्य प्रातः ही शतालु को लेकर निकल गए। वे अनेक लोगों से मिले और अनेक स्थानों पर गए। कुछ प्रश्न किए और कुछ स्वयं जाँचा-परखा। संध्या के समय, जब शतालु प्रायः थक चुका था, उसे साथ लेकर अगस्त्य बड़े आश्वस्त भाव से यूथपति से मिलने के लिए चले।

यूथपति ने उन्हें तत्काल बुलवा लिया। अभिवादन किया और बोला, ''मैंने आपके विषय में कल दिन-भर में बहुत कुछ सुना है। वानरों का आप पर अद्भुत विश्वास देखकर चमत्कृत हुआ हूँ। मैं जानता हूँ कि आपने अनेक बार वानरों और आर्यों के झगड़े निबटाए हैं। किंतु लगता है कि अब हमें आपकी बात पर विश्वास करना छोड़ देना होगा। आपकी बात आर्य नहीं मानते। वे हमसे शत्रुता का व्यवहार कर रहे हैं।''

''यूथपति ने क्या सोचा है?'' अगस्त्य मुस्कराए।

यूथपति गंभीर हो गया, ''हमारे पास शस्त्र नहीं हैं, फिर भी हम युद्ध करेंगे—हाथों से, पत्थरों से और लाठियों से। हम अपना रक्त बहाकर भी आर्यों का नाश करेंगे। विंध्य की गुफाओं में अपने वीरों को बसाएँगे। कोई आर्य विंध्य की इस ओर आएगा तो उसका वध किया जाएगा। विंध्य को पार करना आर्यों के लिए असंभव हो जाएगा...''

''यूथपति मेरी बात सुनेंगे?'' अगस्त्य अब भी पूर्णतः शांत थे।

''क्यों नहीं।''

''जिस रात वानरों पर आक्रमण हुआ है, उसी रात आर्यों पर भी आक्रमण हुआ है। उनके भी जन और धन की हानि हुई है। उनका विचार है कि यह आक्रमण

वानरों ने किया है। वे तुम्हारा नाश करने की तैयारी कर रहे हैं। वे भी विंध्याचल को आकाश तक उठा हुआ ऊँचा पर्वत बनाना चाहते हैं।...इसका अर्थ समझते हो?'' ऋषि तनिक रुककर बोले, ''यह आक्रमण उन्होंने नहीं किया।''

''तो आक्रमण किसने किया है?'' यूथपति ने अविश्वास के स्वर में पूछा।

''वह भी बताऊँगा। किंतु उससे पूर्व थोड़ा तर्क-वितर्क करना चाहूँगा।'' अगस्त्य बोले, ''तुम लोगों ने किसी आक्रमणकारी को पकड़ा नहीं है। कुछ लोगों ने यह अवश्य देखा है कि उनके पास शस्त्र थे और वे अश्वों पर आरूढ़ थे। उनके पास एक कवच-रक्षित रथ भी था—यह सूचना तुम्हें है?''

''जी।''

''यदि मेरा विश्वास कर सको तो यह सूचना तुम्हें मैं देता हूँ कि विंध्य के उत्तर के आर्यों के पास कोई कवच-रक्षित रथ नहीं है। यहाँ तक कि आर्यों के किसी सम्राट के पास भी ऐसा रथ नहीं है।''

''इसका क्या अर्थ हुआ?''

''आक्रमणकारी आर्य नहीं थे।'' अगस्त्य बोले, ''दूसरी बात और भी महत्त्वपूर्ण है। यदि तुम उनके अश्वों के खुरों के चिह्नों को खोज सको और ध्यान से देखो तो बात और भी स्पष्ट हो जाएगी।''

''क्या?''

''मैं शतालु के साथ गया था। हमने दसियों स्थानों पर आते और जाते अश्वों के खुरों के चिह्नों को खोज निकाला है और उनका परीक्षण किया है। उनको सुरक्षित रखने का प्रबंध भी हम कर आए हैं। यूथपति चाहें तो चलकर स्वयं देख सकते हैं।''

''क्या सिद्ध होता है खुरों के चिह्नों से?'' यूथपति ने पूछा।

''अश्वों के आने और लौटने की दिशाएँ।'' अगस्त्य बोले, ''न वे विंध्य के उत्तर से आए हैं, न विंध्य के उत्तर की ओर लौटे हैं। खुरों के चिह्न स्पष्ट बताते हैं कि अश्वारोही दक्षिण-पश्चिम से आए हैं और उसी ओर लौटे हैं।''

''तो?''

''आक्रमण करने वाले राक्षस थे।'' अगस्त्य का स्वर आवेशमय हो उठा, ''राक्षस न खेती करते हैं, न मजदूरी। वे लूट और हत्या का व्यवसाय करते हैं। वे तुम्हें भी मारते हैं और आर्यों को भी। तुम दोनों एक-दूसरे पर संदेह करते हो और परस्पर झगड़ते हो। उस रात राक्षसों ने विंध्य पार कर, आर्यों पर आक्रमण किया था। लौटते हुए, वे तुम्हारे ग्रामों में भी आग लगाकर लूटपाट मचाते गए। हत्याएँ करते गए। इस समय राक्षस अपने ग्रामों और शिविरों में मस्त सोए होंगे। इधर तुम आर्यों

से लड़ने की तैयारी कर रहे हो और आर्य तुमसे...''

यूथपति और उनके पार्षद मौन रहे। कोई कुछ नहीं बोला। ऐसी बात तो पहले किसी ने सोची ही नहीं थी।

अगस्त्य फिर बोले, ''तुमने कहा है कि आर्य मेरा कहना नहीं मानते। भविष्य में यह वाक्य फिर कोई नहीं कह सकेगा।'' अगस्त्य का स्वर अतिरिक्त रूप से गंभीर था, ''मैंने इस समस्या को सुलझाने का दृढ़ संकल्प किया है और यह कार्य मैं पूर्ण करके रहूँगा—मैं आर्यों से कह आया हूँ कि जब तक मैं वापस न लौटूँ, वे झगड़ा न बढ़ाएँ। उनकी ओर से चिंता का कोई कारण नहीं हैं...अब तुम्हारे सम्मुख एक प्रस्ताव रख रहा हूँ।''

''कहिए।''

''मैं तुम्हारे पास आर्यों की एक धरोहर रखवा देता हूँ। वह धरोहर एक आर्य ऋषि होगा। जिस दिन तुम अपनी आँखों से आर्यों को वानरों पर आक्रमण करते देख लो, उस दिन उस ऋषि की हत्या कर देना। फिर जो तुम्हारे मन में आए, करना। आर्यों का नाश करना, विंध्य को आकाश बराबर ऊँचा कर अलंघ्य कर देना।''

''कौन आर्य ऋषि हमारे बीच रहेगा?'' यूथपति के स्वर में फिर अविश्वास उभरा।

''मैं रहूँगा। मेरी पत्नी लोपामुद्रा रहेगी।'' अगस्त्य बोले, ''हम कभी लौटकर विंध्य के उस पार नहीं जाएँगे। हम तुम्हारे साथ रहेंगे। तुम्हारी संतान को शिक्षा देंगे। तुम्हें शस्त्र बनाना सिखाएँगे। शस्त्र-परिचालन सिखाएँगे। तुम्हारी सहायता से राक्षसों से युद्ध कर उनसे तुम्हारी रक्षा करेंगे।''

''क्या यह सत्य होगा, गुरुदेव?'' शतालु की आँखों में पानी भर आया, ''मुझे विश्वास नहीं होता।''

''यह अगस्त्य की वाणी है, शतालु। असत्य नहीं होगी। अपने ग्रामों के बीच, मुझे आश्रम के लिए स्थान दो और मेरी वाणी को सत्य होता देखो।''

''ऐसा ही हो।'' यूथपति के स्वर में उल्लास था।

3

''क्षण-भर थम जाओ, लेखक बंधु!''

सबने आश्चर्य से मुखर की ओर देखा, वह कथा क्यों रोक रहा है?

मुखर कुछ सुनने की मुद्रा बनाए चुपचाप बैठा रहा, जैसे दूर से आता कोई मंद स्वर उसने सुना हो, जो अब थम गया हो, और वह उसके पुनः उठने की प्रतीक्षा

कर रहा हो।

सहसा उस निस्तब्धता को चीरते हुए एक स्वर सबने सुना। मुखर ने स्वर की दिशा में अँगुली उठा भर दी।

रात के सन्नाटे में वह स्वर भयावना लगता था। सबके कान उसी ओर लग गए। स्वर एक नहीं था, दो थे। पहले वे स्वर धीमे भी थे और अनियमित भी। पहला स्वर पुरुष का था, दूसरा स्त्री का। धीरे-धीरे दोनों स्वर ऊँचा बोलने से, विधिवत् झगड़ते में परिणत हो गए थे। दोनों में से दब कोई भी नहीं रहा था और आवेश की मात्रा निरंतर बढ़ती जा रही थी। सहसा तीसरी ध्वनि उभरी, जैसे किसी ने किसी को थप्पड़ मार दिया हो। क्षण-भर के लिए दोनों स्वर बंद हो गए, किंतु अगले ही क्षण कई बच्चों के रुद्ध कंठ से सहसा फूट आया रोने का सम्मिलित स्वर सारे परिवेश में व्याप्त हो गया। तब पुरुष का जोर से डाँटने का लड़खड़ाता-सा स्वर गूँजा। बच्चे हठात् चुप हो गए, किंतु तभी रुदन और चीत्कार का नारी स्वर आया, "मार ले, दुष्ट! तोड़ दे मेरी हड्डियाँ! घोंट दे मेरा गला! बच्चे तो वैसे ही भूखे मर रहे हैं। सब समाप्त हो जाएँगे, तू बैठकर मदिरा पीना!"

"पति के विरुद्ध बोलती है! नीच! कुकुर-जायी!" वैसा ही लड़खड़ाता पुरुष स्वर आया, "आज मैं भी तुझे चुप कराकर ही रहूँगा। या तू नहीं, या मैं नहीं!"

राम और नहीं सुन सके। वे उठ खड़े हुए। सीता ने उनकी ओर प्रश्न-भरी दृष्टि से देखा।

"मुखर और सौमित्र! तुम लोग यहीं ठहरो।" राम बोले, "सीते! मेरे साथ आओ।"

वे कुटिया से बाहर निकल गए।

राम के पग तीव्र गति से बढ़ रहे थे। उनके कान पार्श्व-संगीत के समान नियमित और निरंतर चलते हुए झगड़े तथा मारपीट के स्वरों को सुन रहे थे और मस्तिष्क विभिन्न प्रकार की स्थितियों के विषय में सोच रहा था।

वे स्त्री और पुरुष पति-पत्नी ही हो सकते हैं। किसी अन्य की पत्नी से न तो कोई इस प्रकार झगड़ सकता है और न ही उस पर हाथ उठा सकता है। स्त्री की बातों में कुछ ऐसे संकेत भी थे...पति-पत्नी के झगड़े में राम कैसे हस्तक्षेप कर सकते हैं?...किंतु वे निष्क्रिय बैठे, स्त्री को पिटते हुए भी कैसे देख सकते हैं?

राम और सीता आश्रम के फाटक से निकलकर, बस्ती की ओर चल पड़े। राम ने अनुभव किया कि बस्ती, और विशेषकर वह कुटिया, आश्रम के भीतर, उनकी

अपनी कुटिया से बहुत निकट है। आश्रम के बाड़े के कारण फाटक से निकलने के लिए, कुटिया की विपरीत दिशा में चलकर, उन्हें वापस लौटना पड़ रहा था।

स्वरों से निर्देशित होते हुए, वे लोग बस्ती के बीचोंबीच आ गए थे। दिन के प्रकाश में देखे हुए बस्ती के मार्ग उनकी सहायता कर रहे थे। कुटिया के पास पहुँचने में उन्हें अधिक देर नहीं लगी।

जिस झोंपड़ी के सामने वे खड़े थे, वह आश्रम के कुटीरों से पर्याप्त भिन्न थी। न तो वह खुली जगह में बना हुआ हवादार आवास था और न ही वन के वृक्षों से काटी गई लकड़ी के बल पर, कलात्मक ढंग से बनाई हुई कुटिया। ऊँची-नीची शिलाओं में प्रकृति द्वारा बनाई गई खोहों के सहारे उनके आगे ही फूस-पत्तों तथा छोटी-बड़ी आकार-रहित लकड़ियों के आधार पर खड़ा कर दिया गया एक ढाँचा, जो न देखने में सुंदर था और न रहने के लिए सुविधाजनक।

जिस समय राम और सीता के पग झोंपड़ी के द्वार पर रुके, भीतर उसी प्रकार धुआँधार लड़ाई चल रही थी। लगता था, इस बीच कई बार पुरुष का हाथ चल चुका था। स्त्री अनेक बार मार खाकर अपना धैर्य खो चुकी थी और अब अपनी सहायता के लिए पड़ोसियों को पुकार रही थी। किंतु आस-पास की किसी भी झोंपड़ी के जीवन पर इस चीत्कार का कोई प्रभाव नहीं पड़ रहा था। सारे काम दैनिक क्रम के ही समान चल रहे थे। सहायता के लिए लगाई गई स्त्री की गुहार जैसे उनके कानों तक पहुँच ही नहीं रही थी।

राम ने आगे बढ़कर, ऊँचे स्वर में पुकारा, "ऐ भाई! झगड़ा बंद कर, तनिक बाहर आओ।"

झगड़े का क्रम टूटा। भीतर स्तब्धता छा गई, जैसे पति-पत्नी दोनों के लिए ही इस प्रकार की पुकार अप्रत्याशित हो। फिर ऐसा लगा, जैसे स्त्री के बाहर निकलने का प्रयत्न किया हो; किंतु पुरुष की ऊँची लड़खड़ाती-सी आज ने उसे डाँट दिया, "बैठी रह यहाँ, कुलटा! देखता हूँ तेरा कौन-सा भर्तार आ गया है!"

एक पुरुष झोंपड़ी के द्वार से बाहर आया।

राम और सीता ने देखा—वह बस्ती के अन्य खान-श्रमिकों से तनिक भी भिन्न नहीं था। साँवले रंग को खान की गंदगी ने और भी काला कर दिया था। मिट्टी और पसीने ने मिलकर, उसकी नंगी चौड़ी छाती और भुजाओं की मछलियों पर अनेक स्थानों पर गारा-सा लगा दिया था। वस्त्र के नाम पर उसने एक मैला-पुराना वस्त्र कटि पर लपेट रखा था। उसकी आँखें, मुद्रा, चाल तथा स्वर—सब ही बता रहे थे कि वह मदिरा पीकर धुत्त था।

"क्या है?" वह अपनी ऐंठती-सी जीभ से बोला, "अपने बाप का घर समझकर

चले आए पुकारने...''

सीता के नयनों से जैसे ज्वाला फूटी। राम के शरीर का सारा रक्त उनके मस्तिष्क की ओर दौड़ा। जी में आया, ऐसा चाँटा लगाएँ कि उसका सारा मद उतर जाए। किंतु राम का विवेक जानता था कि चाँटा इस समस्या का समाधान नहीं है। यथासंभव शांत स्वर में बोले, ''घर तो मैंने तुम्हारा ही समझा है, भाई! पर तुम अपने घर में जो कुछ कर रहे हो, वह न तो अपने घर में करने का कृत्य है, न उससे तुम्हारा घर घर ही रह जाएगा।''

उस व्यक्ति ने पहली बार सिर उठाकर राम को देखा और वैसी ही ऐंठी हुई जीभ से बोला, ''क्या घर-घर लगा रखा है? यहाँ साला कहाँ कोई घर है!'' उसकी आँखें सीता की ओर घूमीं। वह एकटक उन्हें देखता रहा। फिर दुष्टतापूर्वक मुस्कराया, ''समझा। तुम चाहते हो कि मैं अपनी घरवाली को न पीटूँ। इस स्त्री को साथ लाए हो कि इसे पीटूँ। चलो, तुम्हारी ही माने लेता हूँ...''

वह सीता की ओर बढ़ा। किंतु राम ने उसे सीता तक पहुँचने नहीं दिया। बीच में ही उन्होंने अपने दाएँ पंजे में उसकी गर्दन जकड़ ली और बड़े सधे हुए स्वर में बोले, ''यदि कहीं तुम मदिरा के प्रभाव में न होते, तो यह वाक्य तुम्हें बहुत महँगा पड़ता।''

उस व्यक्ति के बलिष्ठ शरीर ने राम का पंजा झटक देना चाहा, किंतु तनिक-से प्रयत्न से ही उसके सोए हुए मस्तिष्क को भी ज्ञात हो गया कि यह कदाचित् उसके लिए संभव नहीं था। उसका शरीर तो मुक्त नहीं हुआ, किंतु जिह्वा मुक्त हो गई, ''यही वाक्य क्या, यहाँ तो सब-कुछ महँगा पड़ रहा है। सस्ता क्या है—मेरा रक्त। वह चाहिए, तो वह भी ले लो। या इसी बहाने मेरी पत्नी का अपहरण करने आए हो? अब वह पहले जैसी संदुरी तो नहीं रही, पर बुरी अब भी नहीं है। ले जाओ, उसे भी ले जाओ। जहाँ इतनी स्त्रियाँ ले गए, वहाँ इसे भी ले जाओ।''

राम ने अपनी अँगुलियाँ ढीली छोड़ दीं।

''क्या बक रहे हो! अपनी पत्नी के लिए कोई इस प्रकार के शब्दों का प्रयोग करता है?''

इस बीच उस व्यक्ति की पत्नी भी भीतर से आकर झोंपड़ी के द्वार पर खड़ी हो गई थी। उसने भी एक मैली-कुचैली धोती से अपने शरीर को किसी प्रकार लपेट रखा था और तीन छोटे-छोटे सहमे-से बच्चे उसकी उसी मैली धोती से चिपके हुए, कुछ विचित्र भाव से उस व्यक्ति को देख रहे थे, जो उनके पिता का प्रताड़क बन, उनकी रक्षा कर रहा था...आस-पास की झोंपड़ियों से भी अनेक लोग निकल आए थे और बड़े अनासक्त भाव से खड़े उन लोगों को देख रहे थे।

उस व्यक्ति का नशा कुछ कम हो गया लगता था, किंतु पूर्णतः मुक्त वह अब भी नहीं हो पाया था। उसका विवेक जैसे बार-बार मदिरा से संघर्ष कर रहा था और बार-बार पराजित हो रहा था।

''तुम कौन हो?'' वह समझौता-सा करता हुआ बोला, ''और मेरे द्वार पर क्या करने आए हो?''

''एक वनवासी हूँ।'' राम मुस्कराए, ''तुम्हारे द्वार पर तुमसे झगड़ा करने नहीं आया था।''

''तो फिर क्या करने आए थे?'' वह खिंचे-से स्वर में बोला।

''केवल इतना कहने आया था कि तुम्हारी पत्नी जहाँ आत्मरक्षा में समर्थ न हो, वहाँ उसकी रक्षा तुम्हारा धर्म है; और तुम उलटे उसे पीट रहे हो।''

''वह मेरी पत्नी है न!'' वह बोला, ''तो उसके साथ कब क्या व्यवहार करना है, यह निर्णय मैं करूँगा। मेरे घरेलू मामलों में हस्तक्षेप करने वाले तुम कौन हो!'' उसका स्वर सहसा ऊँचा हो गया, ''तुम हमारी खान के स्वामी हो या उनके संबंधी कोई अग्निवंशी हो कि हमें अपना पशुधन मानकर अपनी टाँग अड़ाने यहाँ आए हो; या तुम किसी और जाति के राक्षस हो और मेरी पत्नी पर दृष्टि लगाए बैठे हो!''

राम का स्वर और भी शांत और स्निग्ध हो उठा, ''मुझे गलत मत समझो, मित्र! मैं इनमें से कुछ भी नहीं हूँ। तुम पर मेरा कोई अधिकार है तो केवल मानवीय अधिकार है। एक मित्र के नाते मैं तो तुम्हें यह समझाने आया था कि दुर्बल पर अत्याचार मत करो और सबल का अत्याचार मत सहो।''

उसके चेहरे पर विद्रूप की हँसी फैल गई, ''ओह! तुम मांडकर्णि हो।''

''नहीं! मैं राम हूँ। मांडकर्णि कौन है?''

''नहीं। तुम स्वयं को नहीं जानते। तुम मांडकर्णि हो।'' उसकी आँखों में फिर से मदिरा लहरा उठी। उनके स्वर में आवेश नहीं, परिहास था, ''तुम मांडकर्णि हो। तुम अपना प्रासाद बनाने आए हो। तुम मुझसे मेरी पत्नी की रक्षा करने नहीं आए, तुम अपने लिए अप्सराएँ प्राप्त करने आए हो।'' वह राम के निकट आ गया। उनकी नाक के पास अपनी तर्जनी नचाता हुआ बोला, ''मैं अपनी पत्नी को पीटूँ या न पीटूँ, पर इस बार मैं तुम्हें अपना बेटा नहीं दूँगा! तुम मेरे बेटे की बलि देकर अपने लिए अप्सराएँ प्राप्त नहीं कर सकते। तुम किसी भी वेश में आओ, मैं तुम्हें पहचान लूँगा। तुम सब राक्षस हो—सारे खान-स्वामी, सारा अग्निवंश, सारे मांडकर्णि। तुम भी।'' और सहसा वह पूरे आवेश के साथ चीखा, ''जाओ! चले जाओ! और सावधान! फिर कभी मेरे द्वार पर मत आना, नहीं तो सिवाय पश्चातप

के और कुछ हाथ नहीं लगेगा। अनिंद्य बहुत पीड़ित और बहुत हीन होकर भी अभी जीवित है और पर्याप्त शक्तिशाली है...।''

वह अपनी झोंपड़ी की ओर मुड़ा और द्वार पर खड़ी अपनी पत्नी और बच्चों को धकियाता हुआ चुपचाप भीतर चला गया। बाहर एक असाधारण मौन छा गया। बस्ती वालों की भीड़ वहाँ अब भी थी, किंतु सब चुपचाप खड़े अनकही उत्सुकता से देख रहे थे कि अब क्या होगा।

सीता द्वार पर खड़ी उस स्त्री के निकट पहुँची। उसके कंधे पर अपना हाथ रख, धीमे किंतु आत्मीय स्वर में बोली, ''बहन! हम तुम्हारी सहायता के लिए आए थे। तुम्हारे पति से झगड़ा करना हमारा मंतव्य नहीं था। पता नहीं उन्होंने हमें क्या समझा है। वे मेरे पति को मांडकर्णि कह रहे हैं।'' वे मुस्कराईं, ''मेरा नाम सीता है। मैं राम की पत्नी हूँ। किसी प्रकार की आवश्यकता होने पर तुम मुनि धर्मभृत्य के आश्रम में हमसे मिल सकती हो।''

सीता ने माँ से चिपके हुए भीत बच्चों के सिर पर प्यार-भरा हाथ फेरा और राम के पास लौट आईं। स्त्री कुछ नहीं बोली। केवल फटी-फटी आँखों से सीता को देखती रही।

सीता समझ नहीं पाईं कि उस स्त्री ने उनकी बात कितनी सुनी और कितनी समझी।

राम आस-पास खड़े लोगों की ओर मुड़े, ''हम जाएँ? अब झगड़ा तो नहीं होगा?''

भीड़ में से कोई कुछ नहीं बोला।

''क्या बात है, आप लोग बोलते क्यों नहीं?'' राम पुनः बोले, ''आपके सामने एक पुरुष एक स्त्री को पीट रहा था और आप में से किसी ने भी बीच-बचाव नहीं किया। अब मैं आपसे आश्वसन माँग रहा हूँ—तब भी आप चुप हैं—''

भीड़ के लोग इधर-उधर छितराने लगे। बोला फिर भी कोई नहीं। थोड़ी देर में वहाँ कोई भी नहीं था, केवल वह स्त्री अपनी झोंपड़ी के द्वार पर अपने बच्चों को अपने शरीर से चिपकाए हुए, अब भी फटी-फटी आँखों से उनको देख रही थी।

सीता फिर उसके पास चली गईं, ''हम जाएँ, बहन! अब कोई भय तो नहीं है?''

उत्तर में झोंपड़ी के भीतर से दहाड़ता हुआ स्वर आया, ''जाओ भी। नहीं मारूँगा। बहुत भय है, तो इसे भी साथ ले जाओ...!''

स्त्री की आँखों का भाव कुछ बदला। चेहरे की तनी हुई रेखाएँ कुछ ढीली

पड़ीं। उसने सिर हिलाकर सहमति दे दी।

राम और सीता लौटकर आए तो सब लोग उत्साहपूर्वक उनकी प्रतीक्षा कर रहे थे। राम ने उन्हें संक्षेप में घटना के विषय में बता दिया।

''वह मांडकर्णि कौन हैं?'' सीता ने पूछा, ''उसने बार-बार राम को मांडकर्णि कहा है।''

''मांडकर्णि भी एक ऋषि है। इस क्षेत्र का महान ऋषि!'' धर्मभृत्य हँसा, ''अब आप बताएँ, आपको अगस्त्य की कथा सुनाऊँ या मांडकर्णि की?''

''कथा तो हमें दोनों ही सुननी हैं।'' राम बोले, ''किंतु इस समय मांडकर्णि का झगड़ा उठ खड़ा हुआ है। यदि तुम्हारा लेखक बुरा न माने तो अपनी लिखित कथा से पहले यह अलिखित कथा सुना दो।

''चलिए यही सही।'' धर्मभृत्य ने अपनी पोथी बंद कर दी, ''किंतु फिर अगस्त्य–कथा आज आगे नही चल सकेगी...समय की दृष्टि से कह रहा हूँ।''

''ठीक है।'' राम सहमत हो गए।

धर्मभृत्य कुछ देर मौन रहा, जैसे सोच रहा हो कि बात कहाँ से आरंभ करो। मन में कुछ रूपरेखा निश्चित कर उसने बात आरंभ की, ''यहाँ से थोड़ी-सी दूरी के पश्चात् ही खानों का क्षेत्र आरंभ हो जाता है। वहाँ अनेक खानें हैं और उनके स्वामी अनेक जातियों के अनेक लोग हैं। मैं नहीं जानता कि उन्हें किसने उन खानों का स्वामी बनाया है, किंतु स्वामी बनकर वे धनाढ्य हो गए हैं। उन्हीं में से एक खान अग्निवंश के एक कुलवृद्ध अग्निमित्र की भी है। कुछ समय पूर्व मांडकर्णि उस खान में काम करने वाले श्रमिकों के मध्य शिक्षा-कार्य करने के लिए आए थे।...बात यहीं से आरंभ होती है।''

धर्मभृत्य ने दृष्टि उठाकर अपने श्रोताओं को देखा।

''आरंभ तो होती है, पर आगे भी चलती है या नहीं?'' लक्ष्मण ने पूछा।

''इतने वर्षों में सौमित्र की कथा संबंधी उत्सुकता तनिक भी कम नहीं हुई।'' राम हँसे, ''गुरु विश्वामित्र कथा स्थगित करतें थे तो सौमित्र ऐसे ही खीझ उठते थे।''

''चलती कथा के रुकने से मेरा दम घुटने लगता है।'' लक्ष्मण बोले, ''और मुनि धर्मभृत्य श्रोताओं के धैर्य की परीक्षा खूब लेते हैं।''

''मैं नहीं चाहूँगा कि किसी का दम अधिक समय तक घुटे,'' धर्मभृत्य ने बात फिर आरंभ की, ''मांडकर्णि ने इन श्रमिकों के जीवन को प्रत्यक्ष तथा अत्यंत निकट से देखा। श्रमिकों में वानर, ऋक्ष, निषाद, शबर तथा अनेक जातियों के

लोग थे। पुरुष, स्त्रियाँ, बालक, वृद्ध—यहाँ तक कि रोगी भी अपनी आजीविका के लिए खानों में काम करने को बाध्य थे। वे दासों के समान काम करते थे और बंदियों के समान बस्ती में रखे जाते थे। मांडकर्णि उनकी अवस्था देखकर द्रवित हो उठे। उन्होंने अपना आश्रम त्याग, श्रमिकों की बस्ती में रहना आरंभ कर दिया। उन्हें यह देखकर अत्यंत पीड़ा हुई कि इस अत्याचार का विरोध तो श्रमिकों के मन में नहीं ही था, वे लोग अत्याचार के प्रति सजग भी नहीं थे। मांडकर्णि ने उन्हें समझाया कि उनके साथ अत्याचार हो रहा है। उनसे उनकी क्षमता से अधिक काम लिया जा रहा है। काम करने के स्थान पर सुरक्षा का प्रबंध नहीं है। इसी कारण खान-दुर्घटनाओं की संख्या बहुत अधिक है। कम वय के बालकों, दुर्बल स्त्रियों, क्षीण वृद्धों तथा रोगियों से भी ऐसा कठिन काम लिया जाता है, जो उनके स्वास्थ्य और जीवन—दोनों के लिए घातक है। उन्होंने खान-कर्मकारों को यह भी बताया कि न केवल अधिक सुविधाजनक कार्य-परिस्थितियों, अधिक पारिश्रमिक, वरन् उनके द्वारा उत्पादित खनिज पदार्थ पर भी उनका अधिकार है—अग्निवंश से भी अधिक।

"आरंभ में तो किसी ने मांडकर्णि की बात पर विशेष ध्यान नहीं दिया, किंतु एक दिन एक भयंकर दुर्घटना घटी। खान के स्वामियों के हाथ कोई नया बाजार आ गया। विक्रय की संभावनाएँ बहुत अधिक बढ़ जाने के कारण उन्हें अधिक खनिज पदार्थ की आवश्यकता पड़ी। उन लोगों ने सैकड़ों कर्मकर खान में उतार दिए और दुगुनी गति से खुदाई आरंभ करवा दी। मांडकर्णि ने चेतावनी दी कि खान बहुत अधिक गहरी खोदी जा चुकी है, अब यदि इसी प्रकार योजना-विहीन खुदाई चलती रही तो खान की दीवार धसक जाएगी और धरती भीतर धँस जाएगी। ऐसी स्थिति में खान के भीतर उतारा गया एक भी कर्मकर जीवित नहीं बचेगा।

"स्वामियों ने अपने स्वभावानुसार मांडकर्णि की बात नहीं सुनी। कर्मकारों को एक तो इतनी समझ नहीं थी कि वे मांडकर्णि की चेतावनी के सत्यासत्य का निर्णय कर सकते और दूसरे इतना साहस भी नहीं की कि वे स्वामियों का विरोध करते। वे लोग अपने काम पर चले गए। दुगुनी गति से खुदाई होती रही और मांडकर्णि दुगुनी गति से चिल्लाता रहा।...

"सहसा मांडकर्णि की बात सत्य प्रमाणित हो गई। खुदाई के कारण क्रमशः क्षीण होती हुई दीवार गिर पड़ी। धरती हिली और मिट्टी के पहाड़ के पहाड़ खान में धँस गए।...बस्ती में सूचना पहुँची तो प्रत्येक व्यक्ति खान की ओर दौड़ पड़ा। कोई घर ऐसा नहीं था, जिसका कोई-न-कोई सदस्य उस समय खान में न रहा हो। सबने मिलकर खुदाई आरंभ की; किंतु थोड़ी-सी ही खुदाई से स्पष्ट हो गया

कि कितनी ही तेजी से खुदाई क्यों न हो, उस मिट्टी को हटाने में कई सप्ताह लग जाएँगे। संभव है, मास लग जाएँ। और तब तक मिट्टी में दबा हुआ एक भी व्यक्ति जीवित नहीं बचेगा।...खुदाई का प्रयत्न क्रमशः छोड़ दिया गया; और खान में उतरे हुए सैकड़ों कर्मकर जीवित समाधि पा गए। उनमें से एक भी जीवित बचकर नहीं लौटा...

"इस घटना के शोक से जब शेष कर्मकर उबरे, तो उन्हें न केवल मांडकर्णि याद आए, वरन् वे उन्हें सबसे अधिक विश्वसनीय और निकट के मित्र लगे। उस दिन से मांडकर्णि उस खान के कर्मकरों का कुलपति हो गया। उसकी इच्छा उनके लिए विधान हो गई। वे अपने प्राण देकर भी मांडकर्णि की आज्ञा की रक्षा के लिए तत्पर थे।

"इस स्थिति की सूचना अग्निमित्र को मिली तो उसका आसन डोल गया। उसने कर्मकारों को डराया-धमकाया और अंत में निराश होकर फुसलाया भी। किंतु कर्मकरों ने उसकी एक नहीं मानी। उसका विरोध क्रमशः दृढ़ होता जा रहा था। अंत में अग्निमित्र अपने कुलपति देव अग्नि के पास पहुँचा। अग्नि स्वयं चलकर मांडकर्णि के पास आए। वे उसे अपने साथ दूर-दूर के देशों के भ्रमण पर ले गए। उसका सत्कार भी खूब किया। अंत में पंचासर में उन्होंने मांडकर्णि के लिए एक सुंदर भवन का निर्माण करवाया। उसे पाँच सुंदरी अप्सराएँ तथा पुष्कल धन भेंट में दिया। तब से आज तक मांडकर्णि विलास में डूबा है। कर्मकरों और उनके विरुद्ध होने वाले अत्याचारों की बात तक उसे स्मरण नहीं..."

"बिका हुआ बुद्धिजीवी!" लक्ष्मण के जबड़े भिंच गए।

"यह तो उचित नहीं हुआ।" सीता धीरे से बोलीं, "कैसा अधर्मी है यह मांडकर्णि! अपने साथियों के साथ कोई इस प्रकार का विश्वासघात करता है।"

"यह अत्यंत दुर्भाग्यपूर्ण तथ्य है, देवि वैदेही!" धर्मभृत्य बोला, "किंतु यथार्थ यही है। कुछ इसी प्रकार की घटनाएँ और भी हुई हैं। अनेक लोग कर्मकारों से कोई सहानुभूति न होने पर भी, केवल अपने स्वार्थवश, उनका पक्ष लेकर व्यवस्था का विरोध करते हैं। व्यवस्था उनके सम्मुख कोई-न-कोई छोटा या बड़ा टुकड़ा डाल देती है। वे लपककर अपना टुकड़ा उठा, श्रमिकों को उग्र दमन का सामना करने के लिए असहाय छोड़, भाग जाते हैं। पुरस्कार पाने के लोभ में विरोध करने वाले अनेक जन पैदा हो गए हैं; विरोध करने का मूल्य चुकाकर भी न्याय के लिए संघर्ष करने वाले लोग विरल ही हैं।"

"मांडकर्णि का क्या हुआ, मुनिवर?" लक्ष्मण ने धर्मभृत्य को उसकी बात के मध्य में टोका। "मांडकर्णि की कथा तो इतनी ही है।" धर्ममृत्य बोला, "कभी

उधर जाओ तो पंचासर के मध्य बने भवन में से आती नूपुर-ध्वनि सुन लेना।... आगे की कथा तो उन कर्मकरों की यातना की कथा है। मार्ग-निर्देशन देने वाला कोई रहा नहीं। स्वयं वे समर्थ नहीं थे। अग्निमित्र को अवसर मिला, उसने अपने विरोध का पूरा प्रतिशोध लिया। कार्य के घंटे बढ़ा दिए। पारिश्रमिक कम कर दिया। हिंसा की घटनाएँ तो अनेक बार हुईं। संघर्ष में अग्रणी अनेक कर्मकरों की स्त्रियों के साथ अत्याचार किया गया और कुछ की संतानों को राक्षसों के हाथ बेच दिया गया..."

"राक्षसों के साथ सहयोग!" राम ने आश्चर्य से पूछा।

धर्मभृत्य विद्रूप-मिश्रित मुस्कान चेहरे पर ले आया, "राक्षस क्या होता है, भद्र राम! यहाँ अनेक खानें हैं। उनके स्वामी विभिन्न जातियों के हैं। राक्षस भी हैं, देव भी, यक्ष भी हैं और आर्य भी—पर वे सब धनाढ्य हैं। उनमें कहीं कोई अंतर है क्या? धन और स्वर्ण ने उनकी आँखों पर जो चर्बी चढ़ाई है, उससे वे मनुष्य की यातना देख नही पाते। उनकी संवेदनशीलता समाप्त हो गई है। वे सब राक्षस हो गए हैं। खानों के स्वामी ही क्यों, सारे भूपति, वणिक-व्यापारी, सामंत, नित्य-प्रति युद्ध की विभीषिका छेड़ने वाले सेना-व्यवसायी, अर्थ-लोलुप धर्माधीश—सब-के-सब राक्षस हो गए हैं। वे शक्तिशाली हैं, संगठित हैं, उन्हें महाशक्तियों का संरक्षण प्राप्त है। वैसे देव और राक्षस महाशक्तियाँ एक-दूसरे की विरोधी हैं, किंतु निःसहाय जनता के शोषण के लिए, अपना स्वार्थ साधने के लिए, वे परस्पर सहयोग भी करती हैं... ।"

"फिर क्या हुआ, मुनिवर?" लक्ष्मण ने पुनः पूछा।

"इन सारी घटनाओं की सूचना कुलपति ऋषि शरभंग को भी हुई। स्वयं को सर्वथा असहाय पाकर, कुछ कर्मकर उनके पास भी गए। वे अत्यंत क्षुब्ध हो उठे। मांडकर्णि पर तो उन्होंने धिक्कार भेजा ही, वे देव अग्नि पर भी कुपित हुए। उन्होंने शपथ ली कि वे अग्निमित्र की खान के ही नहीं, समस्त खान-कर्मकरों को संगठित करेंगे। उनका नेतृत्व वे स्वयं अपने हाथ में लेंगे और तब तक संघर्ष चलाएँगे, जब तक खानों का स्वयं कर्मकरों का ही स्वामित्व स्थापित न हो जाए।"

लक्ष्मण और मुखर की मुद्राएँ उत्साहित हो उठीं।

"ऋषि ने कर्मकरों की बस्तियों में जाना आरंभ किया। उन्होंने श्रमिकों को अपनी ओर आकृष्ट किया, उनके विश्वासपात्र बने और आंदोलन के लिए कुछ समितियाँ भी बनाईं।" धर्मभृत्य तनिक रुक कर बोला, "और भद्र राम! इसके पश्चात् उन्होंने आत्मदाह कर लिया।"

"फिर वही समस्या।" राम जैसे अपने-आप से बोले, "ऋषि शरभंग ने आत्मदाह

क्यों किया?''

सहसा मुखर की उबासी ने राम का ध्यान आकृष्ट किया।

''देर हो गई, मुखर?'' राम मुस्कराए, ''अच्छा, अब सो जाओ।''

अगले दिन धर्मभृत्य के आश्रम के प्रथम अतिथि अनिंद्य तथा उसकी पत्नी थे। धर्मभृत्य, लक्ष्मण तथा मुखर—तीनों ही बाहर गए हुए थे। आश्रम में कुछ ब्रह्मचारी तथा राम और सीता थे। वे लोग राम और सीता से मिलने आए थे। राम ने देखा, यद्यपि वे नहा-धोकर स्वच्छ वस्त्र पहनकर आए थे, फिर भी उनकी निर्धनता छिप नहीं रही थी। हाँ, अनिंद्य सजग और सचेत था तथा उसकी पत्नी इस समय भयभीत नहीं थी। वे दोनों ही रूप-रंग की दृष्टि से कल की अपेक्षा कहीं अधिक आकर्षक लग रहे थे।

प्रणाम कर अनिंद्य बोला, ''मैं आर्य से क्षमा माँगने आया हूँ। कल मैंने आपके साथ अपमानजनक व्यवहार किया।'' वह सीता की ओर मुड़ा, ''आर्या! मुझे याद भी नहीं है कि मैंने आपको क्या-क्या कहा, किंतु सुधा...'' उसने अपनी पत्नी की ओर इंगित किया, ''कहती है कि मैंने आपके प्रति अभद्र और अशिष्ट व्यवहार किया था। कृपया आप दोनों ही मुझे क्षमा करें।''

''हमें तो तुमने कुछ अपमानजनक शब्द ही कहे थे,'' सीता बोलीं, ''पर अपनी पत्नी को तुमने इतना पीटा कि उसकी गुहार हमें यहाँ अपनी कुटिया में बैठे द्रवित कर गई थी। तुमने उससे क्षमा माँग ली?''

''अनिंद्य ने खिसियाकर सिर झुका लिया।

''क्यों बहन! तुमने क्षमा कर दिया?''

''देवि!...''

''देवी नहीं, दीदी कहो।'' सीता ने साधिकार कहा।

''दीदी!'' सुधा बोली, ''ये मुझसे कितनी बार क्षमा माँगेंगे और कितनी बार मैं क्षमा करूँगी।''

''क्यों, यह बहुधा ऐसा ही व्यवहार करता है? क्यों अनिंद्य?'' राम ने पूछा।

''आर्य! अब आपसे क्या कहूँ।'' अनिंद्य लज्जित भी था और उदास भी, ''अपना तो जीवन ही ऐसे बीत जाएगा। कुछ अभद्र व्यवहार सहकर, कुछ दूसरों के साथ अभद्र बनकर।''

''क्यों, तुम भले आदमी के समान अपनी पत्नी और बच्चों के साथ सुख से नहीं रह सकते? मदिरा में धुत्त होकर बच्चों को पीटना बहुत आवश्यक है?''

अनिंद्य ने आँखें उठाकर राम को देखा—उन आँखों में आक्रोश था, जैसे कोई

कठोर बात कहने वाला हो; किंतु जब बोला तो उसका स्वर पीड़ा से भीगा हुआ था, "इच्छा तो मेरी भी होती है, राम! कि भला आदमी बन जाऊँ। पर न कोई भला बनने देता है, न आदमी। पहले पता होता कि ऐसा होगा तो गृहस्थ होने के स्थान पर वनवासी हो गया होता।"

"राम चुपचाप उसे देखते रहे, कुछ बोले नहीं।

"जो काम मैं करता हूँ, और जितना काम करना पड़ता है, उसके पश्चात् मन और शरीर इतने थक जाते हैं कि किसी मनोरंजन की, सुख के कुछ क्षणों की, प्यार-भरे कुछ बोलों की तीव्र इच्छा होने लगती है। किंतु घर लौटते ही किसी-न-किसी वस्तु का अभाव प्रेत के समान रक्त चूसने लगता है। हमारी आकांक्षाएँ बहुत ऊँची नहीं हैं। किंतु अपने तथा अपने परिवार के लिए भोजन और वस्त्र भी तो नहीं जुटा पाता अपने पारिश्रमिक में से। बस्ती के बनिए का उधार चुकाकर शेष बची राशि को देखता हूँ तो लगता है कि वह इतनी कम है कि उससे परिवार की कोई आवश्यकता पूरी नहीं होगी। घर लौटकर वही पुराना झगड़ा उठ खड़ा होगा। सोच-सोचकर जब सिर की नसें टूटने लगती हैं तो बची हुई राशि की मदिरा पी जाता हूँ।... किसी भले आदमी को कहिए कि इतने कम पारिश्रमिक में इतना काम करे और फिर भला आदमी बनकर दिखाए।"

"मुझे क्षमा करना, मित्र!" राम का स्वर अत्यंत स्निग्ध था, "मैं तुम्हारी अवस्था नहीं जानता था। तुम सत्य कह रहे हो...।" उन्होंने प्रश्नभरी दृष्टि से देखा, "तुम्हारी खान के स्वामी तुम लोगों की अवस्था नहीं जानते क्या?"

"उन्होंने ही तो यह अवस्था बना रखी है, जानेंगे कैसे नहीं?"

"तुम लोग अपनी स्थिति सुधारने के लिए उनसे नहीं कहते?" सीता बोलीं।

"देवी!..."

"देवी नहीं, दीदी।" सीता ने टोका।

"मुझे देवी ही कहने दें।" अनिंद्य कुछ कटु होकर बोला, "मैं बड़ा भावुक व्यक्ति हूँ। ऊपरी संबंध बनाना नहीं जानता। संबंधों को सच मान लेता हूँ तो उनके टूटने पर बड़ी पीड़ा होती है।...अभी आपको जानता नहीं, दीदी कैसे मान लूँ?"

"तुम तो अत्यंत आहत प्रतीत होते हो, अनिंद्य!"

"ऐसा आहत न होता, राम! तो मदिरा पीकर अपनी पत्नी और बच्चों का रक्त पीने जैसा कर्म कैसे करता।" अपने स्नेहभरी दृष्टि अपनी पत्नी पर डाली, "यह तो सुधा ही है, जो ऐसे में भी मुझे सँभाले हुए है; नहीं तो कब का कुछ कर चुका होता।"

"तुम अपनी स्थिति सुधारने के विषय में कुछ कह रहे थे?" राम ने चेताया।

"हाँ!" अनिंद्य बोला, "मांडकर्णि ने आकर हमें बताया था कि हमारे भी कुछ अधिकार हैं। हमारा पारिश्रमिक बढ़ना चाहिए। हमारे लिए साफ-सुथरे आवास बनने चाहिए। हमें कम मूल्य पर खाद्यान्न मिलना चाहिए। प्रत्येक बस्ती में एक चिकित्सालय और एक पाठशाला होनी चाहिए। हमने मांडकर्णि को अपना त्राता माना। हमने उसकी पूजा की। मैंने अपना ज्येष्ठ पुत्र मांडकर्णि के साथ कर दिया, ताकि वह उसकी सेवा करे।...और जब हमने अपने अधिकार माँगे तो मांडकर्णि को पंचासर में भव्य भवन मिला, अप्सराएँ मिलीं, धन मिला। और हमें...मुझे आज तक पता नहीं चला कि मेरा पुत्र कहाँ है—देवभूमि में किस की सेवा कर रहा है, या किसी राक्षस का दास है, अथवा कोई उसे मारकर खा गया है...।"

"ओह!" राम के स्वर में हलका कँप था, "तभी कल तुम कह रहे थे कि मैं मांडकर्णि हूँ, तुम मुझे अपना पुत्र नहीं दोगे।"

"जी! संभव है कहा हो। मुझे अब उसका चेतन नहीं है।" वह बोला, "क्या बताऊँ आपको...इन लोगों ने जीवित मनुष्य जलाए हैं। स्त्रियों का अपहरण किया हैं...सारे संघर्ष का परिणाम यह हुआ है कि बस्ती में मदिरा की दुकानें बढ़ गई हैं बनिया अधिक धनी हो गया है, श्रमिक के शरीर पर मांस और भी सूख गया है। मन का साहस समाप्त हो गया है, इच्छाएँ मर गई हैं। वह समझ गया है कि स्वामी धनी है, और धनी शक्तिशाली है—उसके पास सेना और साधन हैं। उसके मित्र देवभूमि में भी हैं और लंका में भी।...हमारा कोई नहीं है। निर्धन का भी कभी कोई मित्र हुआ है?"

"क्यों?" ऋषि अगस्त्य..."

"हाँ! उनके विषय में सुना है।" वह बोला, "किंतु उनसे अभी हमारा संपर्क नहीं हुआ है।...मांडकर्णि का मैं सबसे उग्र अनुयायी था। उनके विश्वासघात के पश्चात् मैं कुछ साथियों के साथ ऋषि शरभंग के पास गया था। वे बहुत आशावान थे। उन्होंने कुछ संघर्ष-समितियाँ भी बनाईं थीं। किंतु ऐसे समय में देव तथा राक्षस खान-स्वामी अपने मतभेद भूल गए। उन्होंने समितियों के सदस्यों पर संयुक्त हिंसक आक्रमण किए। उनके पास धन है, शस्त्र हैं। वे कुछ भी कर सकते हैं। उन्होंने ऋषि शरभंग पर भी आक्रमण किया। ऋषि बहुत पीड़ित हुए। सुना है, उन्होंने देवराज इन्द्र के पास भी सूचना भिजवाई थी। पर देवराज के पास तो अग्निवेश ने भी सूचना भिजवाई होगी। ऋषि ने सोचा था कि देवराज उनकी धन और शस्त्रों से सहायता करेंगे; पर मैं जानता हूँ, देवराज ने उन्हें डाँटा होगा, और ऋषि का मन टूट गया होगा। ऋषि थे, आत्मदाह कर लिया। हम तो वह भी नहीं कर

सकते... ।''

राम चौंके, ''तुम्हारा विचार है कि देवराज से निराश होकर ऋषि ने आत्मदाह किया था?''

''मैं तो यही समझता हूँ।'' अनिंद्य पूर्ण आत्मविश्वास के साथ बोला, ''इन्द्र ने पहले ऋषि को पंचासर जैसे भवन तथा अप्सराओं का लोभ दिया होगा। ऋषि मान जाते तो आज वे भी किसी प्रासाद में बैठे मदिरा पी रहे होते और नूपुरों की झंकार सुन रहे होते। नहीं माने, तो इंद्र ने धमकाया होगा। ऋषि में कुछ स्वाभमिान था, इसलिए यह सोचकर आत्मदाह कर लिया होगा कि हमें क्या मुख दिखाएँगे... ।''

राम की स्मृति में ज्ञानश्रेष्ठ द्वारा बनाए गए ऋषि के शब्द गूँजने लगे—'रावण बुद्धिजीवियों को खा जाता है, इंद्र उन्हें खरीद लेता है...'

राम और अनिंद्य दोनों की चुप थे, जैसे मन-ही-मन कुछ सोच रहे हों।

''बच्चे किसके पास छोड़कर आई हो, सुधा?'' सहसा सीता ने मौन तोड़ा।

''घर पर ही हैं।'' सुधा धीरे से बोली, ''किसके पास छोड़ती।''

''अकेले?''

''अकेले क्यों? बड़ा, छोटा दोनों के साथ है। सबसे बड़ा अब रहा नहीं।'' उसकी आँखें डबडबा आईं।

''अच्छा, आर्य!'' अनिंद्य सहसा उठ खड़ा हुआ, ''मैं तो केवल आपसे क्षमा माँगने आया था। इतनी बातें करने का विचार नहीं था।''

''कोई जल्दी है क्या?'' राम ने पूछा, ''तुमने बहुत कुछ नया मालूम हुआ है। रुकते तो और बातें होतीं।''

''मैं फिर आ जाऊँगा।'' अनिंद्य पहली बार मुस्कराया, ''अभी तो मुझे काम पर जाना है। यह न हो स्वामियों को मेरा काम छुड़वाने का एक बहाना मिल जाए।''

''ऐसी बात है तो जाओ।'' राम भी मुस्कराए, ''फिर आना।''

''तुम भी आना, सुधा!'' सीता बोलीं, ''बच्चों को भी लाना।''

''अच्छा, दीदी!''

अनिंद्य और सुधा चले गए तो राम और सीता, दोनों अपनी-अपनी सोच में चुपचाप बैठे रहे।

एक दुर्बल आदमी को दीन-हीन, थका-हारा देखना भी कष्टदायक होता है—राम सोच रहे थे—किंतु एक समर्थ पुरुष अपने भीतर से टूटकर हताश हो जाए, उसकी पीड़ा और गहरी होती है। एक भयभीत खरहे को देखना करुणाजनक होता है, किंतु

एक सिंह की आँखों में भय को जमा हुआ देखना अधिक सकरुण है। अनिंद्य की आँखें उन्हें भीत सिंह की आँखें ही लगी थीं। वे अनिंद्य की अदम्य जिजीविषा को स्पष्ट देख रहे थे, तनिक-सी आशा देखते ही वह संघर्ष के लिए उठ खड़ा होगा। किंतु इस समय तो उसकी आत्मा जैसे तड़प-तड़पकर मृत्यु की ओर बढ़ने का स्पष्ट अभिनय कर रही है।...

सीता की आँखों के सामने से सुधा का चित्र नहीं हटता था—स्थान-स्थान से फटी हुई गंदी धोती में लिपटी हुई स्त्री, जिसके शरीर से भय से काले-पीले पड़े हुए तीन नंग-धड़ंग बच्चे चिपके हुए थे। क्या होगा इन बच्चों का और उनके माता-पिता का? एक ओर बच्चे राज-प्रासादों और सामंतों की हवेलियों में पलते हैं, और दूसरी ओर ये बच्चे...यदि खेत में पड़ी, रोती हुई एक बच्ची को राजा जनक ने उठाकर अपनी संतान के समान न पाला होता तो कदाचित् सीता की स्थिति आज सुधा से भी गई-बीती होती। तब वे भी या तो किसी धनी की कामुकता की पीड़ा झेल रही होतीं या किसी श्रमिक की झुग्गी में इसी प्रकार अपने नंग-धड़ंग बच्चों को अपने शरीर से चिपकाए, चिंता और भय की दृष्टि से शून्य को घूर रही होतीं...

सीता के शरीर में सिहरन दौड़ गई।

दूर से लक्ष्मण, मुखर तथा धर्मभृत्य की बातचीत का स्वर आया। वे लोग नहा-धोकर लौट रहे थे और बातचीत की ध्वनि से बहुत प्रसन्न लग रहे थे।

"क्या बात है, भैया?" निकट आते ही लक्ष्मण बोले, "आप दोनों प्रणय-मान का अभिनय क्यों कर रहे हैं?"

"प्रामाणिक अनुभूति न हो तो शास्त्र-ज्ञान इसी प्रकार मानसिक विलास बनकर कुंठित होता रहता है, देवर!" सीता अपने सहज भाव में लौट आई थीं, "काव्यशास्त्र को कुंठित करने के लिए अनेक निठल्ले बैठे हैं। तुम अपना काम किए चलो।"

"चलो! भाभी का तेज तो जागा।" लक्ष्मण हँसे, "नहीं तो सुबह-सुबह विषाद की मूर्ति बनी बैठी थीं। कभी-कभी मैं यह भी सोचता हूँ, भाभी..."

"क्या सोचते हो?"

"छोड़िए! आप बुरा मान जाएँगी।"

"हाँ! यही कहोगे अब। कोई ढंग की बात सूझ नहीं रही होगी न!"

"नहीं। बात तो बड़े ढंग की है।" लक्ष्मण बोले, "सोचता हूँ, चुनौती के रूप में मैं सामने न होता तो आपका प्रत्युत्पन्नमतित्व भी कुंठित ही रहता।"

"दूसरों के गुणों का श्रेय भी स्वयं ले लेना कोई तुमसे सीखे।" सीता बोलीं।

"आप कुछ चिंतित लग रहे हैं, भद्र राम!" धर्मभृत्य ने परिहास-शृंखला में विघ्न उपस्थित किया।

"देवर-भाभी का मति-शोधक व्यायाम समाप्त हो, तो मैं भी अपनी चिंता कहूँ।" राम मुस्कराए, "अनिंद्य और सुधा कल की घटना के लिए क्षमा माँगने आए थे।"

"तो इसमें चिंतित होने की क्या बात है?" धर्मभृत्य भी मुस्कराया, "किसी को क्षमा-याचना तो चिंतनीय नहीं है।"

"नहीं! चिंतनीय उनकी दशा है।" राम बोले, "उनका कष्ट देखा नहीं जाता।"

"तो क्या करना चाहते हैं?" धर्मभृत्य की रुचि जग गई।

"सबसे पहले तो उनमें मानव-चेतना जगानी होगी। वे मनुष्य होकर भी पशुओं के समान जी रहे हैं।"

"आप जानते हैं कि ऐसी किसी भी बात से वे आपको मांडकर्णि के तुल्य मानकर आपसे दूर भागेंगे।" धर्मभृत्य बोला।

"मेरा विचार है कि उनको साफ-सुथरे घर बनाने की प्रेरणा देनी चाहिए।" मुखर बोला, "ऐसी गंदी झुग्गियाँ देखकर मुझे बहुत कष्ट होता है।"

"उनका तो सारा रहन-सहन ही वैसा है।" सीता बोलीं, "बच्चे तो नंग-धड़ंग हैं ही, स्त्रियों के पास भी वस्त्र नहीं हैं। उनका भोजन मैंने देखा नहीं, पर उसकी स्थिति भी अच्छी नहीं होगी।"

"आरंभ तो कहीं से भी हो सकता है।" धर्मभृत्य बोला, "बड़ों की चेतना, बच्चों की शिक्षा, घर, वस्त्र, अन्न, सफाई, रोगों का निदान—बात एक ही है। जब कभी इन अधिकारों की माँग की गई, स्वामियों से उन्हें दमन और अत्याचार ही मिला। मुझे लगता है, बस्तीवाले आपकी बात सुनेंगे ही नहीं।"

"वे संघर्ष के लिए तैयार नहीं होंगे?" राम ने पूछा।

"नहीं।"

"तो हम उन्हें उस मार्ग से ले चलें, जिसमें संघर्ष नहीं है।"

"जैसे?"

"मुखर की बात मान लेते हैं। हम कल से उनके लिए रहने का स्वच्छ स्थान बनाने का कार्य आरंभ कर देंगे। यदि हम वन से लकड़ियाँ काटकर उनके लिए आश्रमों में बनाई जाने वाली कुटिया के समान कुटीर बना दें तो उन्हें क्या आपत्ति हो सकती है?" राम ने पूछा।

"कुटीर-निर्माण?" लक्ष्मण की रुचि गहरी हो गई, "पूरी बस्ती के लिए कुटीर

बनाने के लिए अनेक लोगों की आवश्यकता होगी।''

''क्या? धर्मभृत्य के ब्रह्मचारी यह कार्य नहीं करेंगे क्या?''

''ब्रह्मचारियों को क्या आपत्ति होगी।'' धर्मभृत्य बोला, ''पर अभी तक आश्रमों की ओर से ऐसा कार्य करने की बात कभी सोची नहीं गई।''

''यह एक दोष रहा है तुम्हारे आश्रमवासियों में!'' लक्ष्मण बोले, ''बुरा मत मानना, मुनि धर्मभृत्य! किंतु मुझे लगता है कि ऋषियों-मुनियों के सारे कार्यक्रम, उनका सारा चिंतन अपने आश्रमों तक ही सीमित है। बुद्धिजीवियों का आंदोलन जन-सामान्य को साथ लेकर न चले तो वह आंदोलन किसके लिए है? तुम लोग अपने पृथक् संप्रदाय बनाते जा रहे हो।''

''सौमित्र तो एकदम ही रुष्ट हो गए!'' धर्मभृत्य हँसा, ''चलिए, कल से यही कार्य किया जाए। किंतु किसी प्रकार के विरोध की कोई संभावना तो नहीं है?''

''कैसा विरोध?'' सीता ने आश्चर्य से पूछा, ''कुछ लोगों को रहने के लिए अच्छा स्थान मिल जाए, इसमें किसी को क्या आपत्ति हो सकती है?''

''नहीं, यह बात नहीं है।'' धर्मभृत्य कुछ संकुचित होकर बोला, ''यहाँ रहकर मनःस्थिति ही कुछ ऐसी हो गई है कि प्रत्येक शुभ काम में कोई-न-कोई विघ्न होगा, ऐसी आशंका बनी रहती है।''

''अब आशंकाएँ छोड़ो।'' राम हँसे, ''बस्ती में सूचना भिजवा दो कि कल हम उनके लिए कुटीर बनाने का कार्य करेंगे। यथासंभव वे भी हमारी सहायता करें।''

''अभी भिजवा देता हूँ।''

''किंतु,'' राम पुनः बोले, ''शस्त्रागार की रक्षा के लिए आश्रम में कौन रहेगा?''

''सब एक-दूसरे की ओर देखने लगे, स्पष्ट था कि अपनी इच्छा से पीछे कोई नहीं रहेगा।

''मेरा विचार है कि आप और देवी वैदेही ही आश्रम में रहें।'' अंत में धर्मभृत्य बोला, ''शस्त्रागार की रक्षा भी हो जाएगी और भोजन भी...।''

''तुम लोगों ने मुझे ही सबसे निकम्मा समझ रखा है?'' राम मुस्कराए।

''आपको इतना बड़ा काम सौंप रहे हैं।'' धर्मभृत्य ने जीभ दाँतों में दबा ली, ''और आप स्वयं को निकम्मा कह रहे हैं।''

''चलो, यही सही।'' राम हँसे, ''सीते! तुम्हें स्वीकार है?''

सीता ने स्वीकृति में सिर हिला दिया, ''मुनिवर! जाते हुए अपनी 'अगस्त्य-कथा'

देते जाइएगा। हम बैठे हुए उसे पढ़ेंगे।''

''वह कथा तो मुझे भी सुननी है।'' लक्ष्मण बोले।

''तो तुम आश्रम मे रुककर कथा पढ़ लो, हम वन चले जाएँगे।'' राम बोले।

''नहीं-नहीं! ठीक है। मैं बाद में पढ़ लूँगा।'' लक्ष्मण ने अपना विचार बदल दिया।

4

प्रातः लक्ष्मण, मुखर, धर्मभृत्य तथा आश्रम के अनेक ब्रह्मचारी लकड़ियाँ काटने के लिए वन की ओर चले गए। राम और सीता ने पीछे रह गए ब्रह्मचारियों के साथ मिलकर आश्रम की सफाई की। पशुओं को दाना-पानी दिया। पौधों की सिंचाई की। तब शस्त्र-परिचालन के अभ्यास की बारी आई। राम और सीता ने ब्रह्मचारियों को भी शस्त्रों संबंधी कुछ सैद्धांतिक बातें बताई। काठ के खड्ग से कुछ अभ्यास कराया और उन्हें स्वतंत्र रूप से अभ्यास करने के लिए मुक्त कर दिया।

सीता धर्मभृत्य की 'अगस्त्य-कथा' उठा लाई और एक वृक्ष की छाया में बैठकर पढ़ने लगीं।

मुर्तू बहुत दिनों के पश्चात् अपने गाँव लौटा था।

जब गाँव से गया था तो बहुत छोटा था—इतना छोटा कि यदि आज वह किसी को न बताए कि वह भास्वर का पुत्र मुर्तू है, तो कोई भी उसे पहचान नहीं पाएगा। शायद किसी को उसके वापस गाँव लौटने की आशा भी शेष नहीं रह गई होगी। संभव है कि उसके गाँववालों ने, यहाँ तक कि उसके अपने माता-पिता ने भी स्वीकार कर लिया हो कि वह अब जीवित नहीं है।

वह गया भी तो कुछ इसी ढंग से था। यद्यपि तब वह छोटा था और उस बात को अब पंद्रह वर्ष हो चुके हैं; किंतु वह दिन उसके मन पर कुछ इतना स्पष्ट रूप से अंकित है कि आज भी उसे एक-एक बात याद है।

वह वन में अपने मित्रों के साथ पशु चरा रहा था। तभी उनके ग्राम पर आक्रमण हुआ था। आक्रमण होना कोई नई बात नहीं थी। यह तो होता ही रहता था। कई बार बाहर से उनके गाँव पर आक्रमण होता था और कई बार उसके अपने गाँववाले प्रतिशोध के लिए दूसरों पर आक्रमण करने जाते थे। आक्रमण की अवधि में योद्धाओं को केवल शत्रुओं का ही पता रहता था। गाँव के अन्य लोग उस समय

कहाँ हैं, इसकी चेतना किसी को नहीं होती थी।

उस दिन गाँव में क्या हुआ, मुर्तू नहीं जानता। वन में तीन-चार योद्धा घुस आए थे। उनके पास खड्ग के अतिरिक्त भी कई प्रकार के शस्त्र थे, जिनके विषय में तब तक मुर्तू कुछ नहीं जानता था। योद्धा हृष्ट-पुष्ट थे। उनके वर्ण मिले-जुले थे—गोरे, पीले और काले। किंतु वे अपने आकार-प्रकार से एक समान थे। उनमें से प्रत्येक मुर्तू के देखे हुए ग्रामीणों से अधिक लंबा-चौड़ा था।

आक्रमणकारी मुर्तू और उसके मित्रों को घेरकर धकिया ले गए। बच्चे भय से पीले पड़े, चुपचाप आक्रमणकारियों के संकेतों पर चलते रहे। किंतु आक्रमणकारी उन्हें गाँव की ओर न ले जाकर, समुद्र की ओर लिये जा रहे थे। समुद्र और उनके गाँव के मध्य पड़ने वाले खेत और दो गाँव पार कर, वे लोग उन्हें समुद्र-तट पर ले आए।

मुर्तू समझ नहीं पा रहा था कि आक्रमणकारी उन्हें समुद्र-तट पर क्यों लाये हैं। वह पहले कई बार अपने ग्रामवासियों के साथ समुद्र-तट पर आया था, किंतु वे लोग यहाँ केवल पूजा के लिए आया करते थे—पूजा चाहे समुद्र की हो, समुद्र में से उगते या डूबते सूर्य अथवा चंद्रमा की हो, या किसी अन्य देवी-देवता की। किंतु यह न तो सूर्योदय का समय था, न सूर्यास्त का। और यदि आक्रमणकारी सागर अथवा सूर्य की पूजा ही करना चाहते हैं तो वन से घेरकर इन बच्चों को यहाँ लाने की क्या आवश्यकता थी?

समुद्र-तट पर पहुँचकर वे लोग रुक गए। न आक्रमणकारी आपस में बातें कर रहे थे और भय के मारे न कोई बच्चा ही बोल रहा था। आक्रमणकारी उत्सुकतापूर्वक व्यग्र दृष्टि से समुद्र की ओर देख रहे थे; और बच्चे कभी एक-दूसरे को तथा कभी उन क्रूर आक्रमणकारियों का चेहरा देख लेते थे।

तभी समुद्र में से एक बड़ी नौका जैसी वस्तु उनकी ओर आती दिखाई दी। आक्रमणकारियों के चेहरे प्रसन्न हो गए। मुर्तू चकित रह गया। वह वस्तु सचमुच ही एक बहुत बड़ी नौका निकली, जिसमें अनेक लोग बैठे हुए थे और अपने हाथों में पकड़ी लकड़ियों से पानी को हटा रहे थे। वह नौका चल रही थी।

उसने अपने बाबा से कई बार समुद्र और नौकाओं के संबंध में अनेक बातें सुनी थीं।

उसके गाँववाले ही नहीं, उसका सारा यूथ ही समुद्र की पूजा करता था और उसे सर्वशक्तिमान् देवता मानता था। मसुद्र को प्रसन्न रखना उन लोगों के लिए बहुत आवश्यक था। समुद्र के क्रुद्ध होते ही उसकी लहरें अपनी मर्यादा छोड़ आगे बढ़ने लगतीं और उनके यूथ का कोई-न-कोई गाँव डूबने लगता। समुद्र को प्रसन्न

रखने के विचार से, उनके यूथ के लोगों ने, समुद्र की सीमा का अतिक्रमण कभी नहीं किया था। उनमें से कोई भी व्यक्ति कभी घुटने भर पानी से आगे नहीं गया था।

किंतु मुर्तू के बाबा ने उसे बताया था कि उनके बचपन में गाँव के एक व्यक्ति ने समुद्र की सीमा का अतिक्रमण किया था। उसका नाम नीलाद्रि था। था तो वह उन्हीं के यूथ का सदस्य, किंतु गाँव में टिकने की अपेक्षा उसे भ्रमण अधिक प्रिय था। गाँव छोड़कर कहीं निकलता तो वर्ष-दो वर्ष से कम में नहीं लौटता था। एक बार ऐसे ही भ्रमण से लौटकर नीलाद्रि ने बताया था कि पृथ्वी-तल पर ही नहीं, समुद्र के जल में भी यात्रा संभव है। वह स्वयं भी ऐसी यात्रा करके लौटा था। उसने बताया था कि जिस वस्तु में बैठकर यात्रा करते हैं, वह लकड़ी से बनाई जाती है उसे नौका कहते हैं। वह समुद्र के वक्ष पर चलती है और समुद्र की लहरें उसका कुछ नहीं बिगाड़ सकतीं।

गाँव के अधिकांश लोगों ने उसे पागल ही समझा था। क्या पता उसने कोई स्वप्न देखा हो और उसे सच मान बैठा हो। पागल तो वह था ही—नहीं तो अपना घर-बार छोड़कर दुनिया-भर की धूल फाँकता, इधर-उधर क्यों भटकता फिरता। पागल न होता तो टिककर गाँव में रहता। अपने यूथ की किसी सुंदरी से विवाह करता, अपने भाग के खेत लेकर खेती करता और अपनी संतान का पालन-पोषण करता।

नीलाद्रि को इस प्रकार स्वयं को पागल समझा जाना अच्छा नहीं लगा था। उसने अपनी बात प्रमाणित कर दिखाने के लिए, पूरे एक मास का समय लगाकर, एक पेड़ के तने को खोखला कर, वह वस्तु बनाई, जिसे नौका कहता था। उसके साथ ही उसने कुछ वैसी लकड़ियाँ भी बनाईं, जिनसे नौका चलानी थी। नौका को उठवाकर, धूमधाम से वह समुद्र-तट पर ले गया। सारा यूथ उस स्थान पर एकत्रित हुआ। सबके सम्मुख नीलाद्रि ने समुद्र की पूजा कर, अपनी नौका जल में उतार दी और स्वयं उसमें बैठ गया। उसने अपनी लकड़ियों से नौका को आगे भी बढ़ाया। पर तभी एक जोर की लहर आई और नौका को एक भरपूर टक्कर लगी, जैसे किसी विराट् शक्ति ने उसे एक करारा चाँटा लगाया हो। नीलाद्रि की नौका उलट गई और वह समुद्र के जल में जा पड़ा।

यूथ के लोग बहुत प्रसन्न हुए। वे जानते थे कि यही होना था। समुद्र जैसे शक्तिशाली देवता का अपमान कोई कैसे कर सकता था। यह कैसे संभव था कि नीलाद्रि जैसा एक साधारण वानर समुद्र के वक्ष पर अपनी नौका चलाए और समुद्र कुछ न कहे।

थोड़ी ही देर में दूसरी लहर आई और उसने नीलाद्रि और उसकी नौका को

उठाकर किनारे पर पटक दिया। तट पर खड़ा पूरा यूथ और भी प्रसन्न हुआ कि एक तो समुद्र देवता ने उनकी श्रद्धा को प्रमाणित कर दिया था और दूसरे अपने अपमान से कुपित हो नीलाद्रि के प्राण ले लेने के स्थान पर उसे क्षमा कर, तट पर पटक दिया था। यदि ऐसा न हुआ होता तो नीलाद्रि के लिए दण्ड प्रस्तावित करने का कार्य यूथ के पुरोहित को करना पड़ता; जाने पुरोहित क्या दंड प्रस्तावित करता।

नीलाद्रि ने फिर समुद्र में जाने का प्रयत्न किया था, किंतु पूरे यूथ में से एक भी व्यक्ति उससे सहमत नहीं हुआ। उन्होने बलात् उसे रोक लिया और उसकी नौका नष्ट कर दी। कहीं ऐसा न हो कि वह छिपकर समुद्र का अपमान करने का प्रयत्न करे और उसके दण्ड-स्वरूप समुद्र अपनी मर्यादा छोड़ उनके ग्रामों में घुस आए और उन्हें नष्ट कर दे।

इस घटना से नीलाद्रि बहुत दुःखी हुआ। कितने ही दिन वह अपने घर में अकेला पड़ा रहा और फिर ग्राम छोड़कर कहीं चला गया। वह कभी लौटकर नहीं आया। गाँववालों का विश्वास है कि उसने फिर किसी अन्य स्थान पर समुद्र का अपमान करने का प्रयत्न किया होगा और समुद्र ने उसके प्राण ले लिये होंगे।...

किंतु आज मुर्तू देख रहा था कि नीलाद्रि ने जो कुछ कहा था, वह सच था। ये आक्रमणकारी नौका में ही आए थे। समुद्र की लहरें नौका से टकरा रही थीं, किंतु वे उसका कुछ बिगाड़ नहीं पा रही थीं। उसमें बैठे मनुष्य न तो सागर से भयभीत थे, न उसके कारण अरक्षित...उसे लगा, इस नौका में बैठे मनुष्य जैसे समुद्र से भी अधिक शक्तिशाली थे, जबकि समुद्र देवता था और नाव में बैठे लोग मनुष्य। यह नौका एक वृक्ष के तने को खोखला कर बनाई गई नहीं लगती। वह एक वृक्ष से बहुत बड़ी थी। उसमें पहले से अनेक लोग बैठे हुए थे। उनकी वेशभूषा और आकृति-प्रकृति आक्रमणकरियों के ही समान थी; और अब हाँककर लाए गए बच्चों को उसमें बैठाया जा रहा था।

नौका में बैठते ही एक बार मुर्तू का भयभीत मन अनिष्ट की आशंका से एकदम जड़ हो गया। उसने अपना पैर पीछे हटा लिया। किंतु तभी साथ आए आक्रमणकारियों में से एक ने उसे जोर से ठोकर लगाई और क्रुद्ध स्वर में कुछ कहा। मुर्तू बिना सोचे-समझे ही आगे बढ़कर नौका में बैठ गया।

उसने दृष्टि उठाकर देखा—सभी बालक निर्जीव पदार्थों के समान जड़ बने बैठे थे। भय के मारे उनके चेहरे घबरा गए थे और उनकी जकड़ में आँखें भी भाव-शून्य हो गई थीं।

मुर्तू के अपने मन में भी अथाह भय था; उसे पता ही नहीं था कि अन्य बच्चों के मन में क्या है; किंतु उसके मन में दो प्रकार के भय आपस में टकरा रहे थे—समुद्र क्रुद्ध होगा तो उठाकर उन्हे तट पर फेंक आएगा, या तो बहुत संभव है उन्हें मार ही डाले; किंतु ये आक्रमणकारी न तो उसे तट पर फेंक आएँगे, न उसे मार डालेंगे; वे जीवित रखेंगे और वैसे ही ठोकर जमायेंगे, जैसे एक आक्रमणकारी ने अभी जमाई थी। या संभव है, किसी अन्य प्रकार से पीड़ित करें...और फिर समुद्र देवता है, वह मन की बात जानता है। वह जानता है कि मुर्तू अपनी इच्छा से उसका अपमान नहीं कर रहा है। संभव है, वह उसे क्षमा भी कर दें; किंतु ये आक्रमणकारी उसे क्षमा नहीं करेंगे।...कदाचित् आक्रमणकारियों का भय भी बड़ा भय था...

सब लोग बैठ गए तो नौका चल पड़ी।

मुर्तू सोच रहा था—उसका मित्रों सहित अपहरण हुआ था। अपहरणकर्ता यथासंभव राक्षस ही थे। वानरों के युद्ध अधिकांशतः आपसी युद्ध होते थे। उनमें न तो छिपकर आक्रमण होते थे, न अपहरण। कुछ युद्ध आर्यों के साथ भी होते थे। उनमें हत्याएँ तो होती थीं, किंतु अपहरण उनमें भी उन्हीं होते थे। अपहरण केवल राक्षसों द्वारा ही होते थे। यह युद्ध-नीति भी उन्हीं की थी। मुर्तू ने यह भी सुना था कि अपहृत लोगों का या तो वध होता था, या उन्हें बेच दिया जाता था, या फिर उनसे इतना कठोर काम लिया जाता था कि जीवन मृत्यु से भी अधिक पीड़ादायक हो जाता था।...

किंतु अपहरण के पश्चात् पीड़ा और मृत्यु के इस त्रास के भी ऊपर उसके मन में नौका और समुद्र को लेकर अनेक जिज्ञासाएँ उथल-पुथल मचा रही थीं। वह किसी से भी पूछने के लिए उत्कंठित था कि क्या सचमुच यह नौका समुद्र द्वारा न तोड़ी जाएगी, रेत पर न फेंकी जाएगी? क्या सचमुच यह समुद्र का वक्ष चीरती रहेगी और समुद्र उसका कुछ भी नहीं बिगाड़ पाएगा? क्या ये अपहरणकर्ता राक्षस सदा इसी प्रकार समुद्री यात्राएँ करते रहते हैं और समुद्र उन्हें कुछ नहीं कहता? क्या सचमुच मनुष्य देवताओं से बड़ा हो गया है...

उसे लगा, वह और भी बहुत सारी बातें जानना चाहता है...यह नौका कैसे बनती है? किस पेड़ की लकड़ी से बनती है? क्या नीलाद्रि की नौका इसलिए डूबी थी कि उसने ठीक पेड़ की लकड़ी नहीं चुनी थी? इस नौका को कैसे चलाते हैं?...

वह अपने साथियों, अपने अपहरण और आसन्न विपत्तियों को भूला, अपनी उधेड़बुन में उलझा बैठा था। उसने नहीं देखा कि उसके अपहरणकर्ता कहाँ बैठे

हैं और क्या कर रहे हैं। नौका किधर जा रही है, और समुद्र की लहरें उसके साथ कैसा व्यवहार कर रही हैं? वह अपनी नौका-यात्रा में ही इतना अभिभूत हो चुका था कि उसके लिए और किसी वस्तु का अस्तित्व ही नहीं रह गया था।...

नौका रुकी तो उसका ध्यान टूटा। उसने आँखें उठाकर देखा तो आँखें फटी-की-फटी रह गईं। उनकी नौका, एक अन्य बहुत बड़ी नौका—उसे बाद में मालूम हुआ कि उसे जलपोत कहते हैं—के साथ लगी खड़ी थी। जलपोत इतना बड़ा था कि जैसे समुद्र का कोई द्वीप ही हो। और भी अनेक बड़ी-बड़ी नौकाएँ जलपोत के साथ लगी खड़ी थीं। उनमें से भी मुर्तू की ही नौका के समान अनेक स्त्रियाँ, पुरुष और बच्चे उतारे जा रहे थे। उन लोगों के प्रति सैनिकों के व्यवहार से ही लगता था कि वे लोग भी बंदी हैं। पुरुषों के हाथ पीठ के पीछे बँधे हुए थे और उनके पैरों में एक प्रकार रस्सियाँ बाँधी गई थीं कि वे लोग धीरे-धीरे चल तो सकें, किंतु भाग न सकें।

सारी भीड़ को जलपोत के मध्य एकत्रित किया जाता रहा। अंतिम नौका भी खाली हो गई तो सारी नौकाओं को रस्सियों से खींचकर जलपोत पर चढ़ा लिया गया और जलपोत चल पड़ा।

जलपोत का चलना मुर्तू के लिए और भी बड़ा आश्चर्य था। नौका चलती थी तो समझ में आता था कि नाविक लोग अपने हाथ की लकड़ियों से पानी को धकेलकर नौका को चला रहे थे; किंतु जलपोत कैसे चल रहा था! थोड़ी-थोड़ी देर में किसी अपरिचित भाषा में किसी का आदेश-भरा स्वर गूँजता था और लोगों में हलचल मच जाती थी। कुछ लोग इधर-उधर भागते दिखाई पड़ते थे, कुछ लोग जलपोत के भीतर कहीं घुस जाते थे, कुछ स्तंभों पर चढ़कर ऊपर के वस्त्रों को ठीक करने लगते थे।

मुर्तू के बाल-मन के लिए यह सब कुछ अद्भुत था। उसके सम्मुख एक नया संसार खुल गया था और वह स्वयं ही अपनी स्थिति को देख-देखकर चकित था। उसे स्वयं नहीं मालूम था कि आज तक जिस समुद्र को देवता मानकर उसने अपने दैनिक जीवन से बहुत दूर कर रखा था, उसमें उसकी इतनी रुचि थी। उस समुद्र में चलने वाली इन छोटी-बड़ी नौकाओं के प्रति उसे मन में उठी उत्सुकता और जिज्ञासाओं ने, उसके अपनी मृत्यु के भय को भी आच्छादित कर लिया था। उसके मन में अब उन आक्रमणकारियों के प्रति भी कोई वैर भावना नहीं थी, जो उसे अपहृत कर लाये थे।...उन्होंने उसका अपहंरण न किया होता तो वह यह सब कैसे देखता? वह अपने गाँव की सीमा में बँधा घर, खेत, समुद्र-तट तथा वन में भटकता हुआ ही मर जाता।...

जलपोत की गति कुछ नियमित हुई तो सैनिकों का ध्यान बंदियों की ओर गया। पहले वे एक-एक कर रोती-चिल्लाती स्त्रियों को वहाँ से घसीटकर ले गए। जलपोत इतना बड़ा था, और मुर्तू अपने स्थान से हिल भी नहीं सकता था। पता नहीं, वे उन्हें कहाँ ले जा रहे थे और उनका क्या करना चाहते थे। उनमें से जब किसी एक को शेष से अलग किया जाता था तो वह बुरी तरह चिल्लाने लगती थी। मूर्तु का मन भी उसके साथ रोने को हो आता था, किंतु सैनिक रोती हुई स्त्रियों को देखकर मुस्कराते थे। अपरिचित भाषा में हँस-हँसकर कुछ कहते थे। कभी स्त्रियों के वस्त्र खींचते, कभी बाँह पकड़कर घसीटते और कभी-कभी किसी को गोद में उठाकर ले जाते। स्त्रियों का रोना-चिल्लाना उनके विनोद का साधन था।

अंतिम स्त्री के जाते ही सैनिकों का मनोरंजन समाप्त हो गया। उनकी मुद्राएँ बदल गईं। चेहरे कस गए और वे अधिक सचेत-सजग दिखाई पड़ने लगे। उनके हाथों में कशा तथा भाले आ गए। लगा, जैसे वे किसी युद्ध की तैयारी कर रहे हों।" "आगे पढ़ूँ?" सहसा रुककर सीता ने पूछा।

"क्यों, थक गई क्या?" राम बोले।

"नहीं। थकने की क्या बात है।" और सीता ने पुनः पढ़ना आरंभ कर दिया।

मुर्तू को गाँव के भीतर आते ही लगा—यहाँ सब कुछ ऐसा ही था, जैसा वह छोड़कर गया था। वह तो भूल ही गया कि उसका गाँव, गाँव तथा यूथ के लोग ऐसे थे। मुर्तू को धक्का-सा लगा। उसके जलपोत की नौका ने उसे जहाँ उतारा था, वहाँ से गाँव तक आने के लिए उसे कोई उचित सवारी नहीं मिली थी। राज-मार्ग तो दूर, यहाँ ढंग का कोई पथ अथवा वीथि तक नहीं मिली थी। धूल-धक्कड़ से भरी हुई संकरी पगडंडियाँ ही आवागमन का एकमात्र साधन थीं।

अपने घर तक आते-आते मार्ग में जितने भी लोग उसे दिखे थे, उनमें से किसी ने भी उसे नहीं पहचाना था। हाँ, सबने उसे कुछ आश्चर्य से देखा था कि वह कौन व्यक्ति है। मुर्तू स्वयं भी समझ रहा था कि उनकी वेशभूषा और चाल-ढाल किसी भी स्थानीय व्यक्ति से भिन्न थी। किंतु मार्ग में किसी ने उसे टोका नहीं था। वह चुपचाप, अपने कंधे पर सामान रखे हुए, अपने घर तक चला आया।

समुद्र-तट से, जहाँ उसके जलपोत की नौका ने उसे उतारा था, कंधे पर सामान रखकर चलते ही, उसके मन में खीझ जन्मने लगी थी। क्या अब यह मुर्तू के लिए उपयुक्त है कि वह अपने कंधे पर, अपना सामान रखकर, गंदी पगडंडियों पर पैदल चले। कहाँ वह रावण के साम्राज्य के बड़े-से-बड़े जलपोत का नियंत्रक और अभियंता

और कहाँ एक साधारण देहाती या वनवासी के समान अपना सामान कंधे पर रखे, धूल-धक्कड़ में अँटा, चलता चला आ रहा है। वह कितना भी धन व्यय करने को उद्यत हो, किंतु उसे जीवन की साधारण सुविधाएँ भी नहीं मिलेंगी। राक्षसों के साम्राज्य में किसी छोटे-से-छोटे स्थान पर भी व्यक्ति सुविधाएँ ही नहीं, जीवन का आनंद भी खरीद सकता है। और यहाँ...उसकी जाति इतनी पिछड़ी हुई है, तभी तो अन्य जातियाँ उन्हें वानर कहती हैं।...

अपने घर के सामने आकर वह रुक गया। उसके मन में कहीं तनिक-सी भी इच्छा नहीं थी कि इस कुरूप, गंदी और असुविधाजनक कुटिया को वह अपना घर कहे। अधिक-से-अधिक इसे वह अपने निर्धन माता-पिता की कुटिया मान सकता था।

उसने द्वार खटखटाया।

भास्वर ने द्वार खोला। क्षण-भर अचकचाकर, असाधारण रूप में संभ्रांत लगने वाले, अपरिचित व्यक्ति को देखा और फिर न पहचानकर, प्रश्नवाचक दृष्टि से उसकी ओर ताका।

"नहीं पहचाना, बाबा?" मुर्तू बोला, "मैं हूँ आपका मुर्तू।"

अपरिचित युवक में से भास्वर ने अपने बेटे को पहचाना, "मुर्तू!" उसके स्वर में तनिक संदेह था, "तू अब तक कहाँ था रे?" और सहसा आगे बढ़कर उसने मुर्तू को अपनी बाँहों में जकड़ लिया, "मेरा बेटा!"

मुर्तू के आह्लाद को धक्का लगा। उसका गले मिलने का अभ्यास कब से छूट चुका था। बहुत दिनों से वह लोगों द्वारा झुक-झुककर किए गए नमस्कारों को स्वीकार करने और स्वयं अपने अधिकारियों के सम्मुख प्रणाम की मुद्रा में झुक जाने का अभ्यस्त रह गया था। अपने शरीर को इस प्रकार छुए जाना उसे अभद्रता-सी लगी। किंतु अपने बूढ़े पिता को क्या कहता। वे लोग अभी तक उस प्रकार मिलने की प्रथा निभाए जा रहे थे।

"आओ, मेरे पुनर्जीवित हुए पुत्र!" भास्वर ने मार्ग दिया, "हम तो तुम्हें सदा के लिए खो गया मान चुके थे।"

मुर्तू ने पिता के पीछे-पीछे कुटिया में प्रवेश किया।

"बैठो, बेटा!" भास्वर ने कहा।

मुर्तू चकित दृष्टि से इधर-उधर देखता रहा—कहाँ बैठे? उसे बैठने की कोई उचित व्यवस्था दिखाई नहीं पड़ रही थी। न पीढ़ा, न मंच, न आसन, न पर्यंक...

भास्वर ने चटाई खोलकर बिछाई, "आओ, पुत्र!"

मुर्तू के थके पाँव आराम के लोभ में यंत्रवत् आगे बढ़े; किंतु उसके मन ने कोई अपना कशा फटकारा, "कहाँ चला आया तू, मूर्ख? यह क्या रहने का स्थान है? यहाँ जी पाएगा तू?"

किंतु तभी उसका विवेक जाग उठा—'यह मेरा घर है, मेरे माता-पिता का घर। वह मेरा गाँव है। यही मेरा यूथ है। मेरा जन्म यहीं हुआ था।'

विवेक का स्वर भीरु था—कोमल और दबा हुआ, जैसे वह अपने विरोधी स्वर से आँखें न मिला पा रहा हो। और मन का स्वर क्रुद्ध था, फुफकारता हुआ—उद्दण्ड और संघर्ष के लिए प्रस्तुत! 'किसी का जन्म मल के ढेर में हो तो क्या उसे उसी से चिपके रहना चाहिए? इन मूर्ख वानरों को तो संसार का कुछ पता ही नहीं है। शाखा-मृगों के समान अपने-अपने वृक्ष से चिपके हैं। तूने तो दुनिया देखी है। तू यहाँ क्या करने आया है?'

"अब तक तुम कहाँ थे, पुत्र? कभी अपना समाचार भी नहीं दिया?" भास्वर ने स्नेह-भरी आँखों से उसे देखा।

मुर्तू सोच रहा था—क्या बताए? क्या न बताए? इतनी लंबी कहानी थी? कहाँ से आरंभ करे?...और सब से बड़ी बात तो यह थी कि जो कुछ उसने सोचा था, वैसा कुछ भी नहीं हुआ था। पिता को देखकर उसका मन बह नहीं निकला। उसके मन में एक बार भी नहीं आया कि वह पिता की छाती से लग जाए, या उनके चरणों पर लोट जाए। कोई भावात्मक तार मिल नहीं पा रहा था। उसका विवेक बार-बार प्रयत्न कर रहा था और उसका मन बार-बार पछाड़ खाकर भी पीछे नहीं हट रहा था; वरन् जैसे-जैसे घर और गाँव की स्थिति स्पष्ट होती जा रही थी, मन का धिक्कार उग्र होता जा रहा था।

तभी द्वार पर एक परछाईं दिखाई पड़ी और उसके पैरों से जुड़ी एक वृद्ध देहाती स्त्री सिर पर पानी का घड़ा उठाए भीतर आई। उसने रुककर भर-दृष्टि मुर्तू को देखा, जैसे पहचानने का प्रयत्न कर रही हो; पर उसकी आँखों में पहचान नहीं जन्मी।

"यह तुम्हारी माँ है, पुत्र!" भास्वर ने कहा।

मुर्तू ने अपनी माँ को देखा—वह एक-वस्त्रा स्त्री उसकी माँ थी, जो लंका के किसी साधारण गृहस्थ की दासी से भी गंदी धोती पहने हुए थी। उसके शरीर पर दूसरा वस्त्र नहीं था, आभूषण तो क्या होता। तेल सने, सिर से चिपके और कसी कंघी किए हुए बाल। किसी भी प्रकार की स्निग्धता से हीन, रूखी त्वचा, खुरदरे बेडौल हाथ और बिवाइयाँ फटे हुए साधारण-से अधिक बड़े पाँव...

"तूने पहचाना नहीं, मुर्तू की माँ!" क्षण-भर बाद भास्वर पुनः बोला, "यह

तुम्हारा मुर्तू है।''

माँ के हाथ से घड़ा गिरते-गिरते बचा। उसने किसी प्रकार घड़ा यथास्थान रखा और दौड़कर आ, मुर्तू के सामने घुटनों के बल बैठ गई। उसने मुर्तू का मुख मण्डल अपने दोनों हाथों में ले लिया, ''वही है, वही। एकदम वही।''

माँ के होंठ मुर्तू के माथे से जा जुड़े।

किंतु मुर्तू साफ-साफ देख रहा था कि उसके भीतर का कुछ नहीं पिघला था। माँ के हाथों का स्पर्श उसे गिलगिला-सा लगा और उसका चुंबन घिनौना...उसके भीतर बार-बार प्रश्न उठ रहा था—आखिर वह यहाँ क्या करने आया है? यहाँ रहना है तो इन्हीं लोगों के बीच, इन्हीं परिस्थितियों में रहना होगा...रह पाएगा वह?

''तुम कहाँ थे, बेटा? कभी कोई समाचार भी नहीं भिजवाया।'' माँ ने भी वही प्रश्न किया।

इस प्रश्न का उत्तर तो मुर्तू को देना ही होगा, चाहे जितने भी संक्षिप्त रूप में दे।

''मुझे राक्षस सैनिक उठाकर ले गए थे।'' मुर्तू बोला, ''अब तक उन्हीं के राज्य में विभिन्न नगरों में रहा।''

''उन्होंने तुम्हें जीवित कैसे छोड़ दिया?'' भास्वर ने पूछा, ''हमने सुना है कि वे लोग अपन शत्रुओं को मार तो डालते ही हैं, कभी-कभी उन्हें खा भी जाते हैं।''

''आपने दोनों बातें ठीक सुनी हैं।'' मुर्तू ने बात को टालते हुए कहा, ''किंतु मैं उनके काम का व्यक्ति हो गया था, इसलिए उन्होंने मुझे जीवित छोड़ दिया।''

''मेरा लाल!'' माँ ने आगे बढ़कर फिर से उसे चूम लिया, ''इतने सुंदर बच्चे को कोई मार ही कैसे सकता था। और काम तो तुम सबका ही कर दिया करते थे, बेटा। जब तुम यहाँ थे तो गाँव के किसी भी व्यक्ति के लिए वन से फल तोड़कर ला दिया करते थे।...

मुर्तू के भीतर खीझ का विस्फोट हुआ—कैसी है उसकी माँ? उस माँ को कभी वह समझा सकेगा कि अब लोगों के लिए वन से फल-फूल लाने तक की ही उसकी सार्थकता नहीं है...

''तुमने कभी समाचार भी नहीं भिजवाया।'' भास्वर का स्वर भर्राया हुआ था, ''हम तो स्वयं को समझा चुके थे कि तुम हम से सदा के लिए बिछुड़ गए।''

''पहले तो मैं उसका दास था, इसलिए सूचना नहीं भेज सका। जब मुक्त हुआ तो पता चला कि सूचना भिजवाने की इधर कोई व्यवस्था ही नहीं है।'' मुर्तू

का स्वर खीझ के कारण कुछ ऊँचा हो गया, ''और वहाँ से कोई व्यक्ति इधर आता-जाता भी नहीं है। मैं ही जाने कैसे आ गया...''

''कोई बात नहीं, बेटा।'' माँ बोली, ''अब तो तू आ ही गया है, हमें सारे समाचार मिल गए।''

''हाँ, और क्या?'' भास्वर ने समर्थन किया, ''वे दिन तो किसी-न-किसी प्रकार कट ही गए हैं।'' और वह मुड़ा, ''मुर्तू की माँ! पड़ोस के किसी बच्चे को कहकर ग्राम में मुर्तू के आने की सूचना भिजवा दे।''

एक हथेली भूमि पर टेक, दूसरी घुटने पर रखकर माँ उठी और कुटिया से बाहर चली गई।

थोड़ी ही देर में गाँव के विभिन्न स्त्री, पुरुष और बच्चे मुर्तू से मिलने के लिए आने लगे; जैसे वे सब घर में एकदम खाली ही बैठे थे, समाचार मिलते ही उठकर भागे चले आए। मुर्तू को लगा, उसकी स्थिति गाँव में नए आए किसी अद्भुत जंतु की-सी थी, जिसे प्रत्येक व्यक्ति कौतुक की दृष्टि से देख रहा था। कोई उसकी धोती को देख रहा था, कोई उसकी चादर को, कोई उसके अलंकारों को और कोई केश-सज्जा को। उनके लिए वह मात्र मुर्तू था, गाँव का एक खोया हुआ लड़का, जो अनेक वर्षों के पश्चात् घर लौटा था; और वह दूर-दूर के अनेक देश अपनी आँखों से देखकर आया था तथा वहाँ के अद्भुत वस्त्र और अलंकार लाया था। उनके लिए यह तनिक भी महत्त्वपूर्ण नहीं था कि मुर्तू क्या है, उसकी क्षमता क्या है, उसकी शिक्षा क्या है, उसका पद क्या है?...

पहला झुण्ड कुटिया छोड़कर गया तो अन्य झुण्ड आ गया। इसमें लड़कियाँ ही लड़कियाँ थीं।

माँ ने धीरे से मुर्तू के कान में कहा, ''जो लड़की पंसद आए, बता देना। कल ही विवाह की बात पक्की कर दूँगी।''

मुर्तू संकुचित हो उठा। क्या इसलिए इन लड़कियों को माँ बुला लाई है? क्या ये लड़कियाँ भी इसीलिए उसे देखने के लिए आई हैं?...पहले झुण्ड ने उसे कौतुक की दृष्टि से देखा था, यह झुण्ड उसे तृष्णा की दृष्टि से देख रहा था। लड़कियाँ वय से किशोरियाँ तथा तरुणियाँ थीं। नयन-नक्श अच्छे थे, किंतु पहनने-ओढ़ने की समझ जैसे किसी को थी ही नहीं। अब-की-सब एकवस्त्रा थीं—उसकी माँ के समान। सीधी-सादी एक सफेद धोती में किसी प्रकार शरीर को लपेट रखा था। बालों में ढेर सारा तेल डाल, सिर से चिपकाकर, चपटी कंघी कर, उन्हें खींचकर बाँध रखा था—किसी ने वेणी के रूप में, किसी ने जूड़े के रूप में।

न कोई सौंदर्य-बोध, न शरीर के आकर्षण का पता, न प्रसाधन की सजगता...

"लंका की लड़कियाँ क्या बहुत सुंदर होती हैं?" एक तरुणी ने बड़ा प्रयास कर अत्यंत सलज्ज भाव से पूछा।

मुर्तू को लगा, उसकी आँखों की भाषा पढ़ी गई है, जैसे वह तरुणी उससे पूछ रही थी कि उसने किस बल-बूते पर सोच लिया कि न उनमें सौंदर्य-बोध है...

"नहीं। कुछ विशेष नहीं।" मुर्तू धीरे से बोला, "हाँ, उनमें से अधिकांश गौरवर्णी होते हैं।"

"किंतु गौर वर्ण सौंदर्य का पर्याय तो नहीं है।" उस तरुणी ने अपांग से मुर्तू को देखा।

"मेरा अभिप्राय भी वह नहीं था।"

फिर किसी ने कुछ नहीं पूछा। वे चुपचाप चली गईं—जैसे उसे देख गई हों और स्वयं को दिखा गई हों...किंतु वह छोटा-सा प्रश्न बड़ी देर तक उसके मन में उमड़ता-घूमड़ता रहा...लंका की किशोरियाँ, तरुणियाँ, नवयुवतियाँ, युवतियाँ, प्रौढ़ाएँ और वृद्धाएँ...वे चाहे जैसी भी हों, पर क्या वे इस प्रकार रहेंगी—एकवस्त्रा, सफेद धोती, चिकने-चिपटे-कसे बालों की वेणी...

मुर्तू के सम्मुख लंका के हाटों-पण्यों की वे दुकानें घूम गईं—देश-विदेश के, रंग-बिरंगे वस्त्रों के ढेर। उनके आकार-प्रकार, बेल-बूटे, कढ़ाई-बुनाई का वैविध्य। एक-एक तरुणी सैकड़ों वस्त्र उलट-पलटकर देखती और तब कहीं एक-आध उसको लुभाता। वस्त्रों की शोभा के लिए होने वाले काम...रजत तथा स्वर्ण की तारों से बनी फूल-पत्तियाँ...पूरा हाट ही खुला था। और प्रसाधन? सहस्त्रों प्रकार के सुगंधित द्रव और चूर्ण। काजल और मस्सी। केशों में लगाने वाले तेल। केशों का प्रसाधन। त्वचा की देखभाल। नखों का रँगना, अंगों की चित्रकारी। शरीर का आकार सुधारने और अंगों को सुडौल बनाने वाले विभिन्न प्रकार के व्यायाम...एक-एक कर बहुत सारे चित्र उसकी खुली आँखों के सम्मुख घूमते रहे...

संध्या समय भोजन करने बैठे तो भास्वर ने स्नेह-आप्लावित स्वर में धीरे से कहा, "पुत्र ! तुम थके होगे। आज भोजन के पश्चात् आराम करना। कल तुम्हें गुरु अगस्त्य के पास भी चले चलूँगा और ग्राम-प्रमुख के पास भी। तुम्हारे भाग की भूमि मिल जाए तो तुम खेती आरंभ करो। पहली उपज होते ही तुम्हारा विवाह हो जाएगा..."

मुर्तू कुछ कहने को ही था कि माँ ने भोजन परोस दिया। पिता और पुत्र—दोनों

के सामने पत्तल रख, उसने मिट्टी की हांड़ियों में से भात और उबली हुई मछली परस दी। पत्तल के एक किनारे पर थोड़ा-सा नमक भी रख दिया।

जहाँ तक उसे अपने शैशव की स्मृति थी—इससे अच्छा भोजन उसे कभी नहीं मिला था। अधिकांशतः वे लोग किसी शाक-भाजी को भात में मिला—फीका अथवा नमक उपलब्ध होने पर, नमक के साथ खाया करते थे। भात, मछली और अपनी इच्छानुसार नमक तो कभी किसी समारोह के दिन ही मिल पाता था।

...किंतु आज यह सब देख मुर्तू को उबकायी आ रही थी। उसे लग रहा था—यह सब तो वह नहीं ही खा पाएगा, जो कुछ उसके पेट में है वह भी बाहर आ जाएगा।...अब ऐसा भोजन वह नहीं खा सकता, न ऐसे ढंग से खा सकता है।...लंका में उसके दास-दासियाँ भी मंच पर बैठकर, धातु के बर्तनों में भोजन करते हैं...

यदि वह कह दे कि यह भोजन उसके लिए अखाद्य है तो उसके माता-पिता को कैसा लगेगा? निश्चित रूप से उनका मन टूट जाएगा। संभव है, उन्होंने अपनी क्षमता से बढ़कर व्यय कर, यह भोजन उपलब्ध कराया हो...वह इनते दिनों के बाद, इतनी दूर से, अपने माता-पिता को क्या यह कहने के लिए आया है कि वह उनके घर में उनके साथ रह नहीं सकता, उनका भोजन खा नहीं सकता, उनके समान जी नहीं सकता...

मुर्तू अनमाना-सा मुँह चलाता रहा। किसी प्रकार उसने कुछ कौर चबाए और उठ गया...

"क्या हुआ, बेटा ?" उसे उठते देख माँ अचकचा गई।

"कुछ नहीं। थका हुआ हूँ। खाने का मन नहीं हो रहा।"

मुर्तू ने कुटिया के बाहर चारपाई डाली और लेट गया। माता-पिता दोनों ने ही उसे थका जानकर कुछ नहीं कहा।

मुर्तू लेटा तो उसका मन सरपट भाग चला...

वह यहाँ क्या करने आया है? जहाँ जीवन के सुख और सुविधाएँ तो दूर, मनुष्य की आवश्यकताएँ भी पूरी न हों—पूरी होने की कौन कहे, उनके प्रति चेतना भी न हो, वहाँ लोग कैसे जीते हैं? मुर्तू अपने पशुओं को भी इस ढंग से रखना स्वीकार नहीं करेगा...

और यदि यह सब वह सह भी जाए, मान ले कि इस भौतिक स्थितियों को सुधारा भी जा सकता है। वह यहाँ रहेगा और इन्हें सुधार लेगा। अपने यूथ और गाँव को न सही, अपने घर को तो सुधार ही लेगा। किंतु इन लोगों का क्या करेगा? गाँव के लोगों को छोड़ो, उसके अपने माता-पिता तक ने नहीं पूछा कि

इतने दिन वह वहाँ क्या करता रहा, और यहाँ अब क्या करना चाहता है? उनका संसार अत्यंत सीमित है—धरती और स्त्री तक। कल ग्राम-प्रमुख से मिलकर वे उसे धरती दिलवाएँगे और पहली उपज के पश्चात् गाँव की कोई लड़की उसकी पत्नी हो जाएगी। वह अपनी एक पृथक् कुटिया बना लेगा और इस मिट्टी पर नंगी लोटने के लिए संतानें उत्पन्न करेगा...

मुर्तू को जोर की झुरझुरी आई, जैसे किसी ने उसकी चारपाई पकड़कर हिला डाली हो। ऐसा जीवन उसके लिए अकल्पनीय था। ऐसा जीवन वह नहीं जी सकता...

बड़े-बड़े जलपोतों को बनाने और चलाने वाले व्यक्ति के लिए खेत की मिट्टी किस काम की? वह इस मिट्टी का क्या करेगा? अपने बच्चों को खेलने के लिए जलपोतों के नमूने बनाएगा?...ये खेत उसके किसी काम के नहीं हैं, और वह इस गाँव के लिए किसी काम का नहीं है। वानरों के पास रत्नों का क्या मूल्य? वह कितना ही बहुमूल्य रत्न क्यों न हो—वानर उसका मूल्य कौड़ी-भर न आँकेंगे।...और उनकी सोना उगलने वाली धरती के लिए वह स्वयं वानर हो गया है। उस मिट्टी का उसके लिए कोई मूल्य नहीं है। उसे तो समुद्र की आवश्यकता है, जिसके लिए वह जलपोत बनाए और उन्हें समुद्र के वक्ष पर चलाए...

उसे लौट जाना चाहिए।

उसे लगा, लौटने की बात से उसके माता-पिता की तो जो अवस्था होगी, वह होगी ही, उसके अपने भीतर भी कोई दीवार गिर पड़ती है। क्या यह अच्छा नहीं था कि वह घर न लौटता और अपने माता-पिता को यही समझकर जीने देता कि वह तो अपने बचपन में ही राक्षसों द्वारा मार डाला गया था।...इतने वर्षों के बाद वह लौटकर आया है, उनके मन में अपने जीवित होने की आशा ही अंकुरित नहीं की, उन्हें अपने जीवित होने का विश्वास दिलाया है। और अब, जब वे इस विश्वास पर अपने जीवन को आश्रित कर चुके हैं, अपने वंश को पल्लवित-पुष्पित करने के लिए उसके विवाह के स्वप्न देख रहे हैं; उन्हें अपनी वृद्धावस्था में अपने पास एक समर्थ पुत्र ही नहीं, पौत्र भी दिखाई पड़ने लगे हैं—वह उन्हें छोड़कर चला जाए? उनके नवांकुरित जीवन को कुचल जाए?...

वह इतना कठोर हो सकेगा क्या?

नहीं तो क्या वह अपनी आत्मा को कुचल दें?...आज तक जीवन में उसने जो कुछ भी देखा-सुना, सीखा और अर्जित किया, उस सबकी हत्या कर, इन लोगों के बीच—इन्हीं का-सा, पशुओं-सरीखा जीवन व्यतीत करे?

क्या अधिक महत्त्वपूर्ण है—क्षमताओं तथा संभावनाओं से भरा उसका अपना

जीवन अथवा उसके वृद्ध और नासमझ माता-पिता की अर्थहीन इच्छाएँ?...किसका किस पर बलिदान करे?...

और यह कौन है—गुरु अगस्त्य? पिताजी ने कहा है कि वे कल उससे भी मिलाने ले जाएँगे। कोई-न-कोई ठग इस या उस ग्राम में पड़ा ही रहता है, और इन भोले देहातियों का शोषण करता रहता है। कल मुर्तू उसे भी देखेगा कि वह कौन है और पिताजी उसे उसके पास क्यों ले जाना चाहते हैं?...

रात को मुर्तू बड़ी देर से सोया। किंतु प्रातः उठते ही कल वाली खीझ पुनः लौट आई। एक-एक क्षण में, बात-बात पर उसे किसी-न-किसी प्रकार की बाधा का अनुभव हो रहा था...पता नहीं ये लोग किस प्रकार मनुष्य कहलाते हैं। न हाथ-मुँह धोने की व्यवस्था, न स्नान करने की। पशुओं के समान खुले में स्नान...मुर्तू का इस गाँव में रुकने का निर्णय पल-पल में डोल रहा था...

भास्वर बड़े समारोह से चलने को तैयार हुआ था। वह भास्वर, जिसका वर्षों से कोई पुत्र नहीं था, आज अपने युवा पुत्र के साथ गाँव में निकलेगा। वह उसे ग्राम-प्रमुख से मिलाएगा और गुरु अगस्त्य के पास भी ले जाएगा। भास्वर से अधिक भाग्यशाली और कौन होगा।

माँ ने भी उसकी समारोह से अल्पाहार तैयार किया था। रात का बासी भात, जो पानी में डुबोकर रखा गया था, पानी निकाल नमक मिला, हरी मिर्च के साथ पिता-पुत्र के सम्मुख परोस दिया था। साथ ही उसने पड़ोसियों द्वारा भिजवाएँ गए कुछ फल भी रख दिए थे।

भात खाने का मुर्तू का मन नहीं हुआ। उसने बचपन में खाये गए फलों की स्मृति ताजा करने के लिए दो-तीन फल खा लिये और उठ गया। माँ कहती ही रह गई कि अपने शैशव में मुर्तू को बासी पानी-भात बहुत अच्छा लगता था...

ग्राम-प्रमुख उनसे बड़ी तत्परता से मिला। उसे यह जानकर बड़ी प्रसन्नता हुई कि मुर्तू आज तक जीवित है और अपने गाँव में लौट आया। उसने शीघ्र ही उसके खेतों के लिए भूमि देने का वचन देकर, बात समाप्त कर दी। वह मुर्तू के विषय में जानने से अधिक अपने गाँव की प्रगति के विषय में बताने में उत्सुक था। उसने बड़े उल्लास के साथ बताया कि गुरु अगस्त्य के इस ओर चले आने से, उन्हें कितनी बातों की सुविधा हो गई है। अब आर्यों की बस्तियों के साथ उनके युद्ध सर्वथा बंद हैं और व्यर्थ का रक्तपात एकदम नहीं होता। राक्षसों से अवश्य

उनकी दो-चार छोटी-मोटी मुठभेड़ें हुई हैं, किंतु उनमें भी वानरों की अधिक क्षति नहीं हुई है। गुरु अगस्त्य के आश्रम में आर्य-आर्येतर अनेक अन्य यूथों के साथ, इस यूथ के युवकों को भी सैनिक प्रशिक्षण दिया जाता है। अब सागर-तट तथा अपने यूथ के सीमांतों पर सैनिक-प्रहरी रहते हैं। तनिक-सी भी हलचल हो, तो अगस्त्य-आश्रम में सूचना पहुँच जाती है। सूचना पाते ही गुरु तत्काल आवश्यक कार्यवाही करते हैं। वैसे भी आश्रम के प्रशिक्षकों ने खेती करने के ढंग सुधार दिए हैं, पशु-पालन अब अधिक श्रेष्ठ ढंग से होता है, मछलियाँ अधिक संख्या में पकड़ी जाती हैं; और सबसे बड़ी बात यह है कि उन लोगों को समुद्र के जल से नमक बनाना आ गया है। अब न तो उन्हें दूसरे यूथों से नमक खरीदना पड़ता है और न उसकी कमी है...

ग्राम-प्रमुख धारा-प्रवाह बोलता रहा और मुर्तू सोचता रहा कि उसे भी गुरु अगस्त्य से मिल लेना चाहिए। कौन है यह व्यक्ति? क्या चाहता है? उसे याद पड़ता है कि सागर-तट के ग्रामों में छापा मारने वाली नौकाओं के नाविकों के बीच कभी-कभी अगस्त्य का नाम सुना है। सचमुच यह व्यक्ति महत्त्वपूर्ण है या इन देहातियों को मूर्ख बनाकर अपना उल्लू सीख कर रहा है?

जो भी हो, ग्राम-प्रमुख से बातचीत कर, चींटी की गति से ही सही, किंतु सभ्यता थोड़ी रेंगती दिखाई पड़ी है। पिछले दिन से छाई उसकी निराशा कुछ कम हुई। यहाँ उतनी जड़ता नहीं है, जितनी वह समझे बैठा था। यदि गति है तो उसे तीव्रतर भी किया जा सकता है। उसे यहाँ से भागने की इतनी जल्दी नहीं करनी चाहिए...

सीता रुक गईं, ''अब भोजन का प्रबंध कर लें?''

''हाँ। पहले वही करना चाहिए।'' राम उठ बैठे, ''कहीं यह न हो कि वे लोग आ जाएँ और भोजन तैयार ही न हो।''

5

सीता ने आग जलाई। ब्रह्मचारी अन्न और शाक-भाजी ले आए। उन्हें धो-धोकर आग पर चढ़ा दिया गया। राम इस सारे समय में चुपचाप उन्हें देखते रहे।

''क्या बात है, प्रिय?''

''कुछ नहीं।'' राम ने जैसे अपना अनमनापर झाड़कर अलग किया, ''गुरु

अगस्त्य के विषय में सोच रहा था। इस सारे क्षेत्र में मुझे किसी भी आश्रम में शस्त्र-शिक्षा का आभास तक नहीं मिला है, किंतु धर्मभृत्य ने उनके आश्रम में शस्त्र-प्रशिक्षण की बात कही है। मुझे उनकी योजना अच्छी लगी—चेतना, आर्थिक उन्नति तथा आत्म-रक्षा। यदि वे तीन मंत्र जन-सामान्य तक पहुँच जाएँ तो फिर उनका शोषण असंभव हो जाएगा।''

''मुझे तो लग रहा है कि मुर्तू भी ग्राम में रह जाएगा और अपने यूथ के लोगों की उन्नति में महत्त्वपूर्ण सहायक होगा।'' सीता चूल्हे की आग उकसाते हुए बोलीं।

''मेरा विचार है, ऐसा नहीं होगा।'' राम का स्वर उदास था, ''वह लंका का वैभव देख आया है, वह उसके बिना नहीं रह सकेगा। मुझे उसके चरित्र में त्याग की प्रवृत्ति भी दिखाई नहीं पड़ती...वह लौट जाएगा।''

''कौन लौट जाएगा?'' बाहर से आते हुए लक्ष्मण ने पूछा, ''मैं तो भोजन किये बिना नहीं लौटूँगा।''

राम और सीता ने पलटकर देखा, वन गया हुआ आश्रम का दल लौट आया था; किंतु उनके साथ कुछ अपरिचित लोग भी थे, जिनके सिरों पर लकड़ियों के बड़े-बड़े गट्ठर थे, जो उनकी क्षमता के लिए बहुत भारी थे।

''यह क्या, सौमित्र?'' राम चकित थे।

''अभी बताता हूँ।'' लक्ष्मण बोले, और उन अपरिचितों की ओर मुड़े, ''लकड़ियाँ उतार दो। उन्हें ठीक से सँवारकर रख दो और इधर धूप में खड़े हो जाओ।''

राम उन्हें देख रहे थे—वे लोग न तो खान-श्रमिक लगते थे, न साधारण ग्रामवासी या वनवासी। वे संपन्न नागरिक थे। ऐसे लोग इन वनों में कहाँ से आ गए? बहुमूल्य वस्त्रों तथा स्वर्ण आभूषणों से सुसज्जित वे हृष्ट-पुष्ट व्यक्ति चेहरे के भावों से पिटे हुए लग रहे थे।

''ये कौन हैं, सौमित्र?''

लक्ष्मण ने उन लोगों पर दृष्टि डाली—वे उनके आदेश के अनुसार धूप में खड़े पसीना पोंछ रहे थे।

''ये उस खान के स्वामी हैं, जिसके श्रमिक इस बस्ती में रहते हैं।'' लक्ष्मण बोले, ''हमने वन में लकड़ियाँ काटनी आरंभ कीं तो इनमें से एक हमसे आ टकराया। उसने हमें अपना काम बंद करने का आदेश दिया। कारण पूछा, तो बोला कि वह वन का रक्षक है। हमने उसकी बात नहीं मानी तो वह जाकर वन के स्वामी और अन्य रक्षकों का बुला लाया। उन्हें अपने खड्गों का बहुत भरोसा था। थोड़ा-सा युद्ध भी हुआ, किंतु अकेला मुखर ही इन पर भारी पड़ रहा था। मुझे अधिक कष्ट

नहीं करना पड़ा। उन्हें बंदी किया। उनसे काम क़रवाया और यहाँ ले आए।... इनके साथ कुछ और बंदी भी हैं।''

''कौन?'' राम अपनी सोच में से चौंके।

''धर्मभृत्य और उनके ब्रह्मचारी।'' लक्ष्मण हँसे, ''हमारा चमत्कार देखकर वे हमारे आजीवन बंदी हो गए हैं।''

राम ने दृष्टि उठाकर देखा, धर्मभृत्य मुस्करा रहा था।

''सौमित्र! इन्हें ले तो आए।'' सीता बोलीं, ''तनिक मेरी ओर से भी सोचा होता। अब इनके लिए भोजन कहाँ से लाऊँ?''

''अरे भाभी! ये इतने मुटल्ले हैं कि दस-बीस दिन भोजन न ही करें तो अच्छा है। कुछ चर्बी तो छँटेगी।''

''नहीं! उन्हें भोजन देना होगा।'' राम बोले, ''उन्हें यहाँ बुलाओ।''

लक्ष्मण ने उन्हें संकेत किया। वे समीप आए तो लक्ष्मण बोले, ''ये हमारे कुलपति हैं—राम! यहाँ इनका आदेश चलता है। ये चाहेंगे तो तुम्हें मृत्युदण्ड मिलेगा।''

बंदियों ने सामूहिक रूप में घुटनों के बल पृथ्वी पर बैठ, माथा टेक दिया।

''तुम्हारा नेता कौन है?'' राम ने पूछा।

''मैं हूँ।'' एक स्थूलकाय युवक आगे आया, ''मैं आर्य अग्निमित्र का भतीजा उग्राग्नि हूँ। उनकी ओर से खान के स्वामित्व की देखभाल करता हूँ।''

वह भय से पीला पड़ रहा था। उसे डराया जाता तो संभवतः अचेत होकर भूमि पर गिर पड़ता।

''तुम लोगों ने सौमित्र को वन में से लड़कियाँ काटने से क्यों रोका?'' राम ने उसे तीव्र दृष्टि से देखा।

''आर्य कुलपति...''

''मुझे राम कहो।''

''भद्र राम! वन में जो कोई चाहे लकड़ी काट ले, हमें क्या आपत्ति है।'' उग्राग्नि काँपते-से स्वर में बोला, ''किंतु आप स्वयं सोचिए, ये खान-श्रमिकों के लिए कुटीर बनाना चाहते हैं। एक बार वे स्वच्छ घरों में रहने के अभ्यस्त हो गए तो क्या वे स्वच्छ वस्त्र और स्वच्छ भोजन नहीं चाहेंगे? उनकी आदतें बिगाड़ने का लाभ?''

''स्वच्छ ढंग से रहना बिगड़ी आदतों का प्रमाण है?'' राम मुस्कराए।

''उनके लिए तो है ही।'' वह बोला।

''तुम्हारे लिए क्यों नहीं?''

''मेरी बात और है। मैं खान का स्वामी हूँ।''

"तुम खान के स्वामी कैसे हो?" राम का स्वर कुछ कठोर हुआ, "क्या तुमने खान बनाई है?"

"यह मुझे मालूम नहीं। मैं तो यही जानता हूँ कि खान आर्य अग्निमित्र की है। उन्होंने मुझसे कहा था कि मैं स्वामी के समान उसकी देखभाल करूँ।"

"तो वन की देखभाल करने क्यों चले गए?" राम बोले।

"आर्य! आप सब कुछ जानते हुए भी मुझसे पूछ रहे हैं।" उग्राग्नि का स्वर चाटुकारितापूर्ण हो उठा, "एक बार उनकी स्वच्छ ढंग से रहने की उच्चाकांक्षा जाग उठी तो वे पशुओं के समान खान में कार्य नहीं कर सकेंगे।"

राम का तेज जागा, "दुष्ट राक्षस! तुम अपने स्वार्थ के लिए अनेक मनुष्यों को पशु बनाए रखना चाहते हो। तुम्हें तो उससे भी कठोर दण्ड मिलना चाहिए, जो लक्ष्मण ने कहा है।"

उग्राग्नि राम के पैरों में गिर पड़ा। उसके हाथ जुड़ गए। मुख से शब्द नहीं निकला।

राम मुस्कराए, "अपने प्राणों का इतना मोह है, अन्य मनुष्यों के प्राणों की कोई चिंता नहीं है।"

"आर्य जो कहेंगे वही होगा।" वह काँपते हुए स्वर में बोला, "मैं स्वयं वन से लकड़ी कटवाकर बस्ती में भिजवा दूँगा। आप उनके लिए अपनी इच्छानुसार कुटीर बनवा दें।"

"प्रिय! भोजन!" सीता ने संकेत किया।

"अच्छा!" राम मुड़े, "अपने साथियों को बुला लो। हमारे साथ भोजन करो ओर मेरी बात सुनो।"

"नहीं, आर्य! ठीक है। हम अपने ग्राम में ही भोजन करेंगे।" वह गिड़गिड़ाया।

"नहीं। बुलाओ उन्हें। युद्ध-बंदियों को भोजन दिया जाएगा।"

भोजन के लिए सब लोग वृत्ताकार बैठ गए; किंतु स्पष्ट दीख रहा था कि उग्राग्नि तथा उसके साथियों को न खाने की इच्छा हो रही थी, न वे खा पाने की स्थिति में थे। उसकी आँखें राम के चेहरे पर टँगी हुई थीं, वे कब क्या कहते हैं...

"सुनो, उग्राग्नि!" राम ने अपनी बात आरंभ की, "तुम कहते हो, हम खान-श्रमिकों के लिए कुटीर बनवा दें, तुम्हें कोई आपत्ति नहीं है; पर मेरा विचार है कि अब वह स्थिति नहीं रही। मांडकर्णि ने तुमसे कहा था, श्रमिकों का पारिश्रमिक बढ़ाओ और उन्हें उनके अधिकार दो। तुमने श्रमिकों को तनिक भी सुविधा नहीं दी और मांडकर्णि को पंचासर में भवन बनवा दिया। ऋषि शरभंग ने वही बात

कही तो तुमने इंद्र के माध्यम से उन्हें इतना पीड़ित किया कि वे आत्मदाह कर बैठे। इसलिए अब मैं केवल वही बात नहीं कहूँगा।...''

उग्राग्नि के साथ-ही-साथ अन्य लोगों ने भी राम की ओर देखा—क्या कहेंगे वे?

''हम यह मानते हैं कि खान तुम्हारी नहीं है, वह किसी की भी नहीं है। यदि कहोगे कि वह अग्निमित्र ने किसी से खरीदी थी तो हम कहेंगे कि जब खान का कोई स्वामी ही नहीं है, तो कोई उसको बेच कैसे सकता है?...''

''यही तो...।'' धर्मभृत्य ने कुछ कहना चाहा।

राम मुस्कराए, ''और खरीदनेवाले के पास जो संचित धन है, वह भी उसका स्वार्जित नहीं है। इसलिए खान तुम्हारी नहीं है। श्रमिकों को अधिक पारिश्रमिक अथवा कोई भी सुविधा देने वाले तुम कोई नहीं हो। इन थोड़े से छोटे-मोटे सुधारों से श्रमिकों की अवस्था में कोई विशेष परिवर्तन नहीं हो सकता। अतः न्यायाधृत मूलभूत परिवर्तन की आवश्यकता है। हम वही करेंगे। खान उन सबकी है, जो उसमें अपना पसीना बहा, खनिज-पदार्थ उत्पन्न करते हैं...क्यों बंधुओ! सहमत हो?''

''पूर्णतः।''

उग्राग्नि के साथियों के सिवाय, सभी लोग सहमत थे।

''अब से खान का स्वामित्व सारे श्रमिकों का है। तुम लोग भी चाहे तो खान में उचित परिश्रम कर, उसके स्वामित्व के भागी हो सकते हो। अब से खान से उत्पादित धन सारे श्रमिकों का होगा और उसका वितरण सबकी सामूहिक इच्छा से होगा।''

पहले तो लगा कि उग्राग्नि अचेत होने वाला है; किंतु तुरंत ही वह उत्तेजित हो उठा, ''उनसे खान चलेगी भी! वे उसे नष्ट कर देंगे।''

''तुमसे चली क्या?'' लक्ष्मण उच्च स्वर में बोले, ''मनुष्यों को पशु बना रखने को खान चलाना कहते हैं!''

उग्राग्नि की संज्ञा लौटने में समय लगा। होंठों पर जीभ फेरकर, भीत स्वर में बोला, ''मुझे कोई आपत्ति नहीं है, आर्य! किंतु यह सुनकर देव अग्नि तथा देवराज इंद्र आपसे प्रसन्न नहीं होंगे।''

''दीर्घकाल से हमारी कामना है कि वे अप्रसन्न होकर, हमें दण्डित करने आएँ, किंतु वे गणित के पक्के हैं। अपनी दूरी हमसे निरंतर बनाए रखते हैं। प्रत्येक स्थान से हमारे पहुँचने के पहले ही चल देते हैं।'' लक्ष्मण मुस्कराए।

''आप चाहे इसे परिहास में टाल दें, किंतु मैं आपको पूरी गंभीरता से चेतावनी दे रहा हूँ।'' उग्राग्नि का स्वर भीत आवेश से काँप रहा था, ''राक्षस सेनाएँ इसके

लिए आपको कभी क्षमा नहीं करेंगी।''

''राक्षस सेनाएँ?'' राम चकित हुए, ''उनका इस खान से क्या प्रयोजन?''

''हम सारा खनिज राक्षस व्यापारियों के हाथ ही बेचते हैं। खान छिन जाने से उनकी ही तो हानि है।'' उग्राग्नि मानो सम्मोहनावस्था में बोल रहा था, ''एक यही खान तो हमारी है, शेष खानों के स्वामी तो राक्षस ही हैं। यदि एक खान की व्यवस्था इस प्रकार टूटेगी तो शेष खानों के स्वामी क्या अपनी खानों के लिए भयभीत नहीं होंगे? आप देखिएगा, सूचना मिलते ही वे आप पर आक्रमण करेंगे।''

''उसकी चिंता तुम न करो।'' लक्ष्मण बोले, ''तुम लोग अब भोजन करो। देखो, अपने श्रम से अर्जित भोजन कितना स्वादिष्ट होता है। वन से लकड़ियाँ ढोकर यहाँ तक लाने में तुमने कम परिश्रम नहीं किया है...!''

''हम खा चुके हैं।'' उग्राग्नि बोला, ''हमें जाने की अनुमति मिले।''

''तुमने और तुम्हारे साथियों ने अभी एक कौर भी नहीं खाया है।'' राम बोले, ''पर यदि तुम जाना चाहो तो जा सकते हो।''

दोपहर के भोजन के पश्चात् थोड़ा-सा विश्राम कर, लकड़ियाँ काटने वाला दल पुनः वन की ओर चला गया। राम और सीता ने बहुत चाहा कि इस बार मुखर और लक्ष्मण शस्त्रागार की सुरक्षा के लिए आश्रम में रह जाएँ और उनके स्थान पर वे लोग वन जाएँ; किंतु उसके लिए न लक्ष्मण सहमत हुए, न मुखर। कुटीर-निर्माण और उसके लिए आवश्यक लकड़ियों का ज्ञान राम से अधिक लक्ष्मण को था। अब तक वे ही यह कार्य करते भी आए थे। राम इस विषय में हठ नहीं करते थे।

आश्रम में पड़े शस्त्रागार को असैनिक ब्रह्मारियों के भरोसे छोड़कर जाना एकदम उचित नहीं था। यह क्षेत्र वैसे ही राक्षसी कृत्यों के लिए कुख्यात था; और अभी-अभी वे लोग उग्राग्नि तथा उसके साथियों को पकड़कर लाये भी थे। पता नहीं, घटनाएँ आगे कौन-सी करवट लें।...अंततः सुबह वाला दल पुनः लकड़ियाँ काटने वन में चला गया और राम और सीता पुनः कुछ ब्रह्मचारियों के साथ आश्रम में रह गए।

राम अनेक संभावित दिशाओं में सोच रहे थे—उग्राग्नि क्या करेगा? क्या वह उनके कहे अनुसार स्वीकार कर लेगा कि खान पर सब श्रमिकों का समान अधिकार है? यदि खान पर श्रमिकों का स्वामित्व मान लिया गया तो कार्य अत्यंत सरल हो जाएगा। अन्य खानों के श्रमिक भी इसी प्रकार की माँग अपने स्वामियों के सम्मुख रखेंगे और उन पर दबाव डालेंगे...किंतु राम का तर्क कहता है कि उग्राग्नि इसे कदापि स्वीकार नहीं करेगा।...आदर्श तो बहुत अच्छा है कि प्रत्येक व्यक्ति

अपने अधिकार में आई संपत्ति से अपना आधिपत्य हटा ले; किंतु जिनके हाथ में संपत्ति है, जिन्हें संपत्ति के अबाध भोग का सुख मिल चुका है, जो उसके कारण सुविधाओं के साथ-साथ सीमारहित सत्ता के स्वामी बन बैठे हैं, वे क्यों उसका त्याग करेंगे? संपत्ति के त्याग के पश्चात् परिश्रम करना पड़ता है—शरीर को कष्ट देना पड़ता है, विलास छोड़ना पड़ता है...संपत्ति का त्याग करने के लिए उदार आत्मा तथा अनासक्त विवेक की आवश्यकता होती हैं वह इस खान-स्वामियों में नहीं है। यदि उदारता अथवा त्याग का एक कण भी उनमें होता तो वे लोग श्रमिकों का ऐसा शोषण न करते...

यदि वे अपना अधिकार छोड़ना नहीं चाहेंगे तो अधिकार छिन जाने के भय से अधिक क्रूर हो उठेंगे। स्वयं राम के अपने पिता—सत्ता छिन जाने की एक हल्की-सी आशंका से कितने कठोर हो उठे थे।...उग्राग्नि धमकी दे गया है कि अन्य खानों के स्वामी मिलकर इस परिवर्तन का विरोध करेंगे। विरोध का स्वरूप क्या होगा? यदि एक-एक खान में दस-बीस सशस्त्र प्रहरी होंगे तो सारी खानों के प्रहरी सामूहिक आक्रमण करने पर भी राम तथा उनके साथियों के सामने घड़ी भर भी टिक नहीं पाएँगे।...

किंतु अगले ही क्षण राम का ध्यान बस्ती की ओर चला गया।...यदि खान-स्वामियों ने बस्ती के लोगों से प्रतिशोध लेना चाहा, अथवा आश्रम के ब्रह्मचारियों से...निश्चित रूप से उन लोगों की सुरक्षा का प्रबंध करना होगा...

"सीते!"

सीता ने उनकी ओर देखा। बोलीं कुछ नहीं।

"यात्रा की थकान मिट गई या अभी और विश्राम चाहिए?"

सीता हँस पड़ी, "चिंता न करें। मैं स्वयं ही कल से कुटीर-निर्माण के काम में अपना पूरा दायित्व निभाने की बात सोच रही हूँ। संभवतः कुछ लोग हमारे काम में बाधा देंगे। अनेक बार स्त्रियाँ ऐसे कामों में अड़ जाती हैं। उन्हें समझाना भी पड़ेगा।"

"अच्छा, तुम यह सोच रही हो। मैं स्त्रियों के सैनिक-प्रशिक्षण की बात सोच रहा था।" राम बोले, "मुझे आशंका है कि कहीं खान-स्वामियों की ओर से आक्रमण का आयोजन न हो।"

"ओह!" सीता हँसीं, "हाथ में धनुष और पीठ पर तूणीर हो तो सिवाय आक्रमण और प्रत्याक्रमण के और क्या सूझेगा? मेरी बात मानिए, कुछ दिनों तक शस्त्रों और युद्ध को भूल जाइए। जीवन में और भी बहुत कुछ है।"

"सामान्य अवस्था में तो इसे अपनी प्रिया का प्रेम-निमंत्रण मान लेता।"

राम मुस्कराए, "किंतु मुझे वे नर-कंकाल नहीं भूलते, जो धर्मभृत्य ने दिखाए थे। उन कंकालों को देखकर धनुष मेरे हाथ से चिपक गया है। उनकी रक्षा तो नहीं हो सकी, किंतु बस्ती में रहने वाले इन जीवित कंकालों की रक्षा प्रत्येक स्थिति में करनी ही है। आज दोपहर की घटना के पश्चात् वे लोग मुझे बहुत सुरक्षित नहीं लगते।" राम तनिक रुककर बोले, "और विराध को तुम कैसे भूल गईं, प्रिये?"

"अर्थात् धनुष नहीं छोड़ा जा सकता?"

"अभी नहीं!"

"ठीक है। फिर सीता भी कल से धनुष ही धारण करेगी। सीता बोलीं, "किंतु विराध जैसे लोगों के साथ युद्ध में जहाँ बात शारीरिक शक्ति पर आ टिकी है, वहाँ सीता का शस्त्र-कौशल क्या करेगा?"

"यह बात अवश्य गंभीर है।" राम बोले, "मेरे मन में भी यह समस्या आई है। वैसे तो शस्त्र-कौशल ही इसमें है कि व्यक्ति अपने विरोधी की शक्ति को स्वयं पर भारी न पड़ने दे; किंतु युद्ध में कई बार शरीर-शक्ति अत्यंत महत्त्वपूर्ण हो उठती है। तुम्हें इस दृष्टि से भी थोड़ा-सा व्यायाम करना होगा, सीते!"

संध्या समय लक्ष्मण की टोली लौटी तो बातों और चिंतन की दिशा बदल गई। वे लोग श्रम करके आए थे और भूखे थे। सीता के निर्देशन में एक दल भोजन का प्रबंध करने में जुट गया। दूसरा दल वन से लाई हुई लकड़ियों को उनके रूपाकार के अनुसार अलग-अलग ढेरों में सरियाने लगा।

काम समाप्त कर वे लोग एक स्थान पर एकत्रित हो बैठे। धर्मभृत्य को बड़ी चिंता थी कि यदि राक्षसों को यह सूचना मिल गई कि लकड़ियाँ किस प्रयोजन से आई हैं तो संभवतः वे उन्हें नष्ट करने का प्रयत्न करेंगे।

धर्मभृत्य अपनी चिंता व्यक्त कर रहा था कि राम को अनिंद्य के आने की सूचना दी गई।

अनिंद्य की मुद्रा देखकर राम कुछ चौंके। वह आज प्रातः आया था तो कैसा सहज लग रहा था, और इस समय...

"क्या बात है, अनिंद्य?"

"भद्र राम! कल शाम की अभद्रता के लिए, आज प्रातः आपसे क्षमा-याचना करके गया हूँ, और अब पुनः कुछ अशिष्ट बातें कहने के लिए उपस्थित हुआ हूँ।"

सबने आश्चर्य से उसे देखा।

"अनिंद्य!..." धर्मभृत्य ने कुछ कहना चाहा।

किंतु राम ने उसे रोक दिया, ''बोला, अनिंद्य!'' राम हँसे, ''लक्ष्मण और मुखर! तुम लोग अपने धनुष अलग रख दो; और सीते! तुम भी भृकुटियों को विश्राम दो।''

''आर्य!'' अनिंद्य बोला, ''आप लोग क्यों नहीं चाहते कि हम कुछ दिन शांति से जिएँ?''

''स्पष्ट कहो, अनिंद्य! क्या बात है?'' राम मुस्कराए।

''हम कष्ट में हैं—इसमें कोई संदेह नहीं।'' अनिंद्य बोला, ''किंतु आप लोग हमारे कष्टों को कम तो नंही करते। पहले माँडकर्णि आए, उन्होंने हमें आशाएँ दिलाईं और फिर वे प्रासाद में जा बैठे और हमारे प्राणों पर आ बनी। हमारी स्त्रियों का अपमान हुआ और हमारे बच्चे हमसे छीन गए...'' लगता था क्रोध के मारे अनिंद्य रो देगा, ''फिर शरभंग आए। अब आप आए हैं। आप लोग बार-बार हमारे स्वामियों को हमारे विरुद्ध भड़का देते हैं—उससे हमें क्या मिलेगा?''

लक्ष्मण कुछ उत्सुक हो, अनिंद्य के निकट खिसक आए, जैसे उनकी रुचि की बात अब आई हो, ''बीच में बोलना बुरा लगे तो क्षमा करना, मित्र! पिछली बातों को जाने दो। यह बताओ कि तुम्हारे स्वामियों ने आज क्या कहा है?''

अनिंद्य रुद्ध क्रोध आँखों में लिये लक्ष्मण को घूरता रहा, ''हमारे स्वामियों ने निश्चय किया है कि रात को खान में आग लगा दी जाए। खान के साथ जितने श्रमिक नष्ट हो सकें, उन्हें नष्ट कर दिया जाए। जो बच जाएँ, उनसे दूसरे किसी ढंग से निबटा जाए।''

''यह सूचना कितनी विश्वसनीय है?'' राम ने अनिंद्य को देखा।

''आप विश्वसनीयता का प्रमाण ढूँढ़ते रहेंगे और हम सब नष्ट हो जाएँगे...''

''धैर्य रखो, अनिंद्य! और मुझ पर थोड़ा विश्वास भी।''

अनिंद्य के शरीर में जैसे सिहरन दौड़ गई—कितना क्रोध था राम के स्वर में और कितना स्नेह। अनिंद्य चकित दृष्टि से राम को देखता रहा—इस व्यक्ति की निर्भीक, ईमानदार, आत्मविश्वास तथा दृढ़ संकल्पात्मक मुद्रा सम्मुख आए किसी भी व्यक्ति को सम्मोहित कर सकती थी। अनिंद्य के क्षोभ, भय तथा आशंकाओं के ज्वार का आवेश कुछ कम हुआ। उसे लगा, राम का आत्मविश्वास उसमें भी संचरण कर गया है।

''सूचना को विश्वसनीय ही समझिए! बस्ती के लोग बहुत डरे हुए हैं।''

''सुरक्षा का प्रबंध तो वैसे भी करना ही होगा।'' लक्ष्मण बोले, ''अनिंद्य! तुम्हारी बस्ती में कितने लोग लड़ सकते हैं?''

"कोई नहीं! कोई नहीं!" अनिंद्य फिर से अपना संतुलन खो बैठा, "हमारी बस्ती में से कोई नहीं लड़ेगा, किसकी अपनी जान प्यारी नहीं है?"

"तब तुम अपनी बस्ती के लोगों को नहीं जानते।" राम शांतिपूर्वक मुस्कराए, "तुम्हारी बस्ती का एक-एक व्यक्ति लड़ेगा। उन्हें युद्ध-नीति, संगठन, नेतृत्व, कार्यक्रम तथा शस्त्र मिलें, तो एक-एक व्यक्ति लड़ेगा।"

अनिंद्य अविश्वास की मुद्रा में राम को देखता रहा।

राम पुनः मुस्कराए, "विश्वास नहीं होता?"

"नहीं!" अनिंद्य ने अस्वीकार में सिर हिला दिया।

"सामान्यतः मनुष्य लड़ना नहीं चाहता, क्योंकि वह मूलतः मनुष्य है—हिंस्र पशु नहीं। जब तक उसे युद्ध से बचने का मार्ग दिखाई पड़ता है, तब तक वह उससे बचता है; किंतु जब यह स्पष्ट हो जाता है कि घर के भीतर छिपा रहकर वह भूख से मर जाएगा और बाहर निकलकर शत्रु के शस्त्र से—मरना उसे है ही, मार्ग वह स्वयं चुन ले; तो वह लड़कर मरने का गौरवपूर्ण ढंग चुनता है।" राम ने रुककर अनिंद्य को देखा, "नहीं लड़ोगे तो जीवन नहीं है, मृत्यु ही मृत्यु है—अपमान जनक तथा पीड़ादायक मृत्यु! लड़ोगे तो मृत्यु गौरवपूर्ण होगी और जीवन सुखदायक। आज चुनाव की घड़ी आ गई है।"

अनिंद्य चुपचाप राम को देखता रहा।

"जाओ! बस्तीवालों से पूछो, वे क्या कहते हैं।" राम बोले, "तब तक हम रक्षा का आयोजन करते हैं।"

"अनिंद्य चुपचाप उठा और चला गया।

"मुखर!" राम बोले, "युद्ध-आयोजन के व्यावहारिक प्रशिक्षण का क्षण है। युद्ध-पद्धति निर्धारित करो।"

"क्या युद्ध अनिवार्य है?" धर्मभृत्य का स्वर बहुत मंद था।

लक्ष्मण ने ठहाका लगाया, "क्या हो गया, मुनिवर!"

"कुछ नहीं!" धर्मभृत्य भी हँसा, "मुनि की कोमल वृत्ति जाग उठी है। रक्तपात सम्मुख देखकर मन घबरा गया है।"

"विवेक से जिस वस्तु को अनिवार्य मानते हो, धर्मभृत्य!" राम दृढ़ स्वर में बोले, "उसे संवेदना और व्यवहार के धरातल पर भी स्वीकार करो। जाओ, आश्रम के मुनियों और ब्रह्मचारियों को एकत्रित करो।"

धर्मभृत्य के उठ जाने पर राम ने पुनः मुखर को देखा।

"आर्य! तीन स्थानों की रक्षा अनिवार्य है।" मुखर धीरे से बोला, "खान, बस्ती और आश्रम।"

"मैं मुखर से सहमत हूँ।" लक्ष्मण बोले।

"मैं भी!" सीता ने भी अपनी सहमति दे दी।

"ठीक है।" राम बोले, "आगे बढ़ो।"

"आप और दीदी आश्रम में रहें..."

"मैं आश्रम में नहीं रहूँगी" सीता बोली, "हर बार..."

"ठहरो, सीते!" राम बोले, "अभी मुखर अपनी योजना प्रस्तुत कर रहा है। यह अंतिम निर्णय नहीं है। तुम्हें भी अपनी बात कहने का पूरा अवसर दिया जाएगा।"

"आप और दीदी आश्रम में रहें।" मुखर बोला, "सौमित्र बस्ती में रहें और मैं खान पर जाऊँ। आश्रम के ब्रह्मचारी तथा बस्ती के श्रमिक हमारी सहायता करें।"

"योजना बुरी नहीं है।" राम बोले, "किंतु दो बातों की ओर तुम्हारा ध्यान दिलाऊँगा। पहली तो यह कि शत्रु को कभी दुर्बल नहीं समझना चाहिए। दूसरे, योजना तुम बना रहे हो, इसलिए अधिकतम जोखिम तुम ही उठाओ—यह कर्तव्यनिष्ठा तो हो सकती है, अच्छी युद्ध-नीति नहीं।"

"तो?"

"बोलो, सौमित्र।"

"यदि संभव हो तो बस्तीवालों को हम आज रात के लिए आश्रम में ले आएँ। ऐसी स्थिति में आप और भाभी आश्रम में रहें और मैं तथा मुखर खान पर जाएँ।"

"यदि बस्ती के लोग आश्रम में न आएँ तो?" सीता ने पूछा।

"तो आप बस्ती में रहें। मुखर आपकी सहायता करे। भैया आश्रम में रहें और मैं खान पर जाऊँ।"

"मैं चाहता हूँ कि इन योजनाओं को मिला दिया जाए।" राम बोले, "हम धर्मभृत्य तथा आश्रमवासियों और अनिंद्य तथा श्रमिकों को भी जोड़ लें। मेरी इच्छा है कि बस्ती की स्त्रियाँ और बच्चे आश्रम में आ जाएँ। तब आश्रम तथा खान को श्रमिकों और ब्रह्मचारियों की सहायता से इस प्रकार घेरा जाए कि धर्मभृत्य और उसके ब्रह्मचारी आश्रम के निकट रहें और अनिंद्य तथा श्रमिक खान के निकट। मैं और सीता आश्रम में रहेंगे और बस्ती के लोगों, आश्रम तथा शस्त्रागार की रक्षा करेंगे। लक्ष्मण और मुखर खान पर जाएँ। तुम लोग खान तथा श्रमिकों की रक्षा करो। मुखर किसी भी अवस्था में खान नहीं छोड़ेगा और सीता किसी भी अवस्था में आश्रम नहीं छोड़ेगी। यदि खान पर आवश्यकता पड़ी, तो सहायता के लिए मैं पहुँचूँगा तथा आश्रम में आवश्यकता हुई तो लक्ष्मण इधर आएँगे।"

राम ने बारी-बारी सबको देखा—सब ही संतुष्ट थे।

"तो कार्य आरंभ करो।" राम बोले, "मुखर, तुम धर्मसत्य के पास जाओ और सौमित्र! तुम अनिंद्य के पास।"

थोड़ी ही देर में सारी स्थिति बदल गई थी। अनिंद्य की आशंका भ्रमित प्रमाणित हुई थी। बस्ती के लोगों ने युद्ध की चुनौती को सहास स्वीकार किया था और बिना तनिक भी बाधा के वे दो भागों में बँट गए थे। पुरुष खान की ओर चले गए थे और स्त्रियाँ तथा बच्चे आश्रम के भीतर आ गए थे। ब्रह्मचारियों ने आश्रम छोड़कर बाहर वन में इस प्रकार अर्द्ध-वृत्ताकार घेरा डाला था कि बस्ती तथा आश्रम घेरे के भीतर आ गए थे और खान के अर्द्ध-वृत्ताकार घेरे के साथ दोनों दिशाओं में उनका संपर्क बना हुआ था।

दिन-भर वन में काटी गई लकड़ियों में से, बहुत भारी खंडों को छोड़कर, शेष शस्त्रों के रूप में लोगों के हाथों में चली गई थीं। कुछ बलिष्ठ श्रमिकों को, राम ने शस्त्रागार में से शूल देने का आदेश दिया था। खड्ग तथा धनुष-बाण का अभ्यास न होने के कारण वे शस्त्र किसी को नहीं दिए गए।

सब लोग अपने-अपने स्थान पर पहुँचकर सन्नद्ध हो गए तो सीता ने धनुष कंधे पर टाँगा और सुधा तथा उसकी सखियों की सहायता से भोजन परोसने का कार्य हाथ में लिया। जितना भोजन पहले से बनाया गया था, वह पर्याप्त नहीं था, अतः वह बच्चों और वृद्धों को परोस दिया गया। दूसरी बार का भोजन भी युद्ध की-सी तत्परता से पकाया गया।

अनेक टुकड़ियाँ बन गईं और विभिन्न प्रकार के कार्य उन्होंने सँभाल लिये। भोजन पकाने वाली टुकड़ी, खान तक भोजन पहुँचाने वाली टुकड़ी, वन में ब्रह्मचारियों तक भोजन ले जाने वाली टुकड़ी, वन में परिभ्रमण करने वाली टुकड़ी तथा संदेश लाने और ले जाने वाली टुकड़ी...

प्रत्येक व्यक्ति अपने-अपने कर्तव्य में लगा, अपने स्थान पर सन्नद्ध था। उसे वहीं आवश्यक वस्तुएँ उपलब्ध हो रही थीं, सूचनाएँ मिल रही थीं। आदेश मिल रहे थे। सारा उपस्थित समुदाय एक यंत्र में बदल गया था, प्रत्येक व्यक्ति उस विराट् यंत्र का एक अंग मात्र था।

प्रायः आधी रात के समय खान की ओर से सूचना मिली कि बीस-पचीस आदमी वन से निकलकर खान की ओर बढ़ते देखे गए हैं। किंतु खान की रक्षा के लिए इतने सजग प्रहरियों को देखकर जाने वे कहाँ विलीन हो गए। खान तक कोई भी नहीं पहुँचा। लक्ष्मण तथा मुखर बार-बार आश्रम में राम के पास सूचनाएँ भिजवाते रहे कि अभी कोई नहीं आया।

क्रमशः राम ने बच्चों और स्त्रियों को विश्राम करने का आदेश दिया। फिर प्रहरियों को भी छोटे-छोटे गुटों में एकत्रित हो बारी-बारी सोने और जागने का आदेश दिया गया...खान और आश्रम के इस घेरे में युद्ध-शिविर की-सी गतिविधियाँ चलती रहीं, किंतु कोई आक्रमणकारी नहीं आया और वन के पक्षियों ने चीख-चीखकर भोर हो जाने की घोषणा कर दी।

सूर्य का प्रकाश फैलने के साथ-ही-साथ रक्षा-व्यवस्था भी शिथिल कर दी गई, किंतु उचित दूरी रखकर स्थान-स्थान पर चौकियाँ बैठा दी गईं; ताकि कोई भी नई गतिविधि होते ही तुरंत आश्रम में सूचना पहुँचाई जा सके। सामान्यतः लोग बड़े उत्फुल्ल दिखाई पड़ रहे थे किंतु राम को भविष्य की व्यवस्था की चिंता थी और लक्ष्मण को शत्रु के निकल जाने की निराशा।

दोपहर तक सामान्य दिनचर्या के कार्य चलते रहे; और एक अबूझ-सी प्रतीक्षा मन में बनी रही। अपराह्न तक प्रतीक्षा करने के पश्चात् राम को भविष्य के कार्यक्रम के लिए सोच-विचार तथा विचार-विनिमय आवश्यक लगा। कुछ अनावश्यक स्थानों पर खड़े प्रहरियों को छोड़कर, बस्ती और आश्रम के सभी सदस्य, आश्रम के मध्य एकत्रित हुए।

राम कुछ कहें, उससे पूर्व ही अनिंद्य उठ खड़ा हुआ, "भद्र राम! मुझे कुछ कहने की अनुमति मिले।"

राम मुस्कराए, "कहो।"

"हमने खान-स्वामी से कुछ सुविधाएँ माँगी थीं, किंतु वह तो खान ही छोड़कर भाग गया।" अनिंद्य जोर से हँसा, "अब यह स्वामी-हीनता की स्थिति बड़ी विचित्र है। बस्ती के सारे श्रमिकों ने इस विषय में सोच-विचार किया है। हम लोगों ने निश्चय किया है कि हम इस खान का स्वामी राम को स्वीकार करें और उनसे प्रार्थना करें कि वे हमारी रक्षा करें।"

उपस्थित समुदाय ने अपनी हार्दिक प्रसन्नता प्रकट की। बड़ी देर तक तालियाँ और हर्ष-सूचक कंठ-स्वर गूँजते रहे।

"अब आप लोग मेरी बात सुनें।" राम गंभीर स्वर में बोले, "आप लोगों ने स्थिति को जितना सरल समझा है, वह उतनी सरल नहीं है। आपने खान के स्वामी से कहा था कि हम मित्र बनकर साथ रहें; किंतु उग्राग्नि आपको शत्रु समझकर भाग गया। मुझे पूरा विश्वास है कि राम के समय यदि आप लोग इतने सजग न हुए होते तो वे लोग अवश्य ही खान को हानि पहुँचाते और आपसे भी शत्रु का-सा व्यवहार करते। इसका अर्थ यह हुआ कि वह मन में शत्रुता पाले हुए हैं

और कभी भी न आपका मित्र बनेगा, न आपको भूलेगा। आप देखेंगे कि कुछ दिनों के पश्चात् वह अपने सहायकों को लेकर आएगा। वह नहीं आया तो अन्य खानों के स्वामी आप पर आक्रमण करेंगे और इस आश्रम को ही नहीं, जहाँ-जहाँ ऋषि-मुनि-बुद्धिजीवी बसते हैं, उन्हें नष्ट करने का प्रयत्न करेंगे। वे लोग संगठित हैं। संभव है कि रावण की राक्षसी सेना से भी उन्हें सहायता मिले। राक्षसराज कभी नहीं चाहेगा कि सामान्य-जन इतना समर्थ हो कि मनुष्य के समान सम्मान और सुविधा से जी सके...।"

"तो हम क्या करें?" अनिंद्य का पड़ोसी भूलर उठ खड़ा हुआ।

"वही बता रहा हूँ।" राम बोले, "संयोग से आपका क्षेत्र मुक्त हो गया है। मुक्त करना अथवा मुक्त होना कठिन नहीं है, किंतु मुक्ति की रक्षा अत्यंत कठिन है। उसके लिए आपको सजग रहना होगा। इसका अर्थ है कि आज ही से मुक्त-क्षेत्र के प्रत्येक स्त्री-पुरुष बच्चे के लिए शस्त्र तथा शस्त्र-परिचालन की शिक्षा। मुक्त-क्षेत्र का प्रत्येक व्यक्ति स्वयं को सैनिक माने--वनवासी भी और श्रमिक भी। उन्हें सैनिक बनाने का दायित्व लक्ष्मण अपने ऊपर लें।"

लक्ष्मण ने मुस्कराकर स्वीकृति दी।

"दूसरी बात ध्यान देने की यह है," राम पुनः बोले, "कि आस-पास राक्षस अथवा राक्षेसतर धनाढ्य-सत्ताधारी-सेनापति इस मुक्त-क्षेत्र को सहन नहीं कर पाएँगे। ऐसा संभव नहीं है कि राक्षसों का आतंक और आपका मुक्त-क्षेत्र दोनों सह-अस्तित्व की स्थिति में रह सकें। इन दोनों में लंबा संघर्ष होगा, जब तक कि दोनों में से एक समाप्त न हो जाए। आपने आज से एक ऐसा संघर्ष आरंभ किया है, जिसमें या तो विजय है अथवा मृत्यु! मध्यम मार्ग आपके लिए नहीं है।"

"हमें ऐसी मुक्ति का क्या लाभ, जिसमें लड़ना-ही-लड़ना पड़े?" भूलर पुनः उठ खड़ा हुआ।

"मुक्त केवल वही है, जो संघर्ष के लिए प्रस्तुत है।" राम बोले, "यह प्रकृति का नियम है। यदि आप संघर्ष से पीछे हटेंगे, तो मुक्ति भी आपके हाथ से निकल जाएगी।" राम कुछ क्षण रुककर पुनः बोले, "मुक्ति को बनाए रखने के लिए सतत जागरूक चेतना की आवश्यकता होती है, अतः आप सबके लिए शिक्षा की व्यवस्था भी आज से ही आरंभ करनी होगी। शिक्षा के लिए आश्रम भी हैं तथा मुनि भी। किंतु इस परंपरागत शिक्षा को कुछ गतिशील बनाना होगा। मैं चाहूँगा कि धर्मभृत्य और सीता मिलकर इस काम को अपने हाथ में लें। और अंतिम, किंतु सबसे आवश्यक वस्तु है आर्थिक पक्ष। सारा झगड़ा खान को लेकर आरंभ हुआ है। खान का अर्थ है खनिज-पदार्थ अर्थात् धन! इस धन का वितरण कैसे

हो...?"

"राम खान के स्वामी हों।" अनिंद्य खड़ा हो गया, गला फाड़कर चिल्लाया, "राम खान के स्वामी हों।"

"नहीं!" राम का ओजस्वी स्वर वायुमण्डल में गूँज गया, "किसी भी एक व्यक्ति को खान का स्वामी बनाओगे तो वह धन का बल पाकर, सत्ता को हथिया लेगा। अपने लिए सुख और सुविधाएँ जुटाएगा और तुम्हें वंचित करेगा। अंततः वह भी मनुष्य नहीं, पशु समझेगा। वह भी राक्षस हो जाएगा और तुम्हारा रक्त पिएगा, हड्डियाँ चबा जाएगा..." राम का स्वर सहसा कोमल हो गया, "और राम अयोध्या का राज्य इसलिए छोड़कर नहीं आया कि दण्डक वन में एक खान का स्वामी बनकर बैठ जाए।"

राम चुप हो गए। और कोई भी नहीं बोला।

राम पुनः बोले, "खान तुम्हारी है। तुम खान के स्वामी हो। उसका प्रबंध तुम करो, उससे उत्पादन तुम करो, उसका भोग तुम करो।"

"कैसे? कैसे?" कई लोग चिल्ला उठे।

"यह तुम्हें मुखर सिखाएगा।" राम मुस्कराए, "आज से मुक्त होकर नये समाज का निर्माण करो।"

6

भूलर आश्रम में बैठा, अपनी टोली के साथ अक्षर-ज्ञान प्राप्त कर रहा था। धर्मभृत्य का शिष्य ब्रह्मचारी शुभबुद्धि उन्हें बार-बार अक्षरों की बनावट समझा रहा था। जब चौथी बार भी भूलर का अक्षर ठीक नहीं बना और शुभबुद्धि ने उसे सुधारने के लिए कहा तो वह उठ खड़ा हुआ, "मुझे क्या करना है तुम्हारे अक्षरों को सीखकर। मुझे कुदाल चलानी है खान में—उसमें मुझे क्या लाभ होगा तुम्हारे अक्षरों से।" फिर जैसे कुछ सोचकर उसने अपना अंतिम निर्णय सुना दिया, "मैं तो अपने बच्चे को भी पढ़ने से रोक दूँगा। या तो वह मेरे समान अक्षर सीख नहीं पाएगा, या फिर सीख गया तो खान में काम करने नहीं जाएगा। तुम्हारे समान ब्रह्मचारी बनकर किसी आश्रम में बैठ जाएगा। मुझे यह एकदम पसंद नहीं है।"

भूलर चल पड़ा।

शुभबुद्धि ने देखा, शेष लोगों का मन भी चंचल हो रहा था, कदाचित् वे लोग भी अक्षरों की बनावट से उलझते-उलझते थक चुके थे और भागने का बहाना

सोच रहे थे।

शुभबुद्धि ने आगे बढ़कर भूलर का मार्ग रोक लिया, "कहाँ जा रहे हो?"

"घर जा रहा हूँ। मुझे पढ़ना नहीं है।"

"क्यों? तुम्हें पढ़ना चाहिए। पढ़ोगे नहीं तो ज्ञान कहाँ से पाओगे?"

"नहीं चाहिए मुझे तुम्हारा ज्ञान!" भूलर बोला, "मुझे जाने दो। मैं नहीं चाहता तो तुम मुझे बलात् पढ़ाओगे क्या?"

"तुम्हें ज्ञान चाहिए।" शुभबुद्धि ने उसे समझाया।

"क्यों?"

"क्योंकि राम चाहते हैं।" शुभबुद्धि को और कोई उत्तर नहीं सूझा।

भूलर हँसा, "पहले हम काम करते थे, क्योंकि उग्राग्नि चाहता था। अब काम करें, क्योंकि राम चाहते हैं। हम मुक्त कैसे हुए? हमारे जीवन में क्या अंतर आया? पहले एक था, अब दूसरा है। हमारे सिर पर तो कोई-न-कोई आरूढ़ ही है।"

भूलर चल दिया।

शुभबुद्धि ने हतप्रभ-सी असहाय दृष्टि से उसे देखा। कुछ नहीं सूझा तो वह भागता हुआ, कुछ दूरी पर वृक्षों की छाया में स्त्रियों को शस्त्रों के विषय मे बताती हुई सीता के पास जा पहुँचा।

"दीदी! भूलर और उसके साथी पढ़ना नहीं चाहतें वे जा रहे हैं।" वह हाँफता हुआ जल्दी-जल्दी बोला।

सीता ने देखा, भूलर सचमुच जा रहा था और अन्य लोग भी जाने के लिए उठ खड़े हुए थे।

"सुधा! तुम इन्हें अभ्यास कराओ।" सीता बोलीं, "मैं अभी आती हूँ।"

सीता ने मार्ग में ही भूलर को रोक लिया, "क्या बात है, भूलर! कहाँ जा रहे हो?"

भूलर हँसा, "एक खा़न-श्रमिक पढ़-लिखकर क्या करेगा? घर जा रहा हूँ।"

"अब पढ़ाई नहीं होगी। आओ, मेरे साथ।" सीता बोलीं, "सबके साथ मिलकर थोड़ी देर दीदी से कुछ बातचीत करने में तो कोई आपत्ति नहीं है न!"

अपनी इच्छा के विरुद्ध बलात् पढ़ाए जाने की भावना के कारण मन में आया रोष भूलर को पिघलता हुआ लगा।

"दीदी से बातचीत करने में क्या आपत्ति है!"

वे लोग टोली के शेष लोगों के पास आ गए। अन्य लोग भी जाने का विचार छोड़कर बैठ गए—बातचीत में किसी को भी क्या आपत्ति हो सकती थी।

"शिक्षा बंद!" सीता बैठती हुई बोलीं, "कुछ आपसी शिकायतें करेंगे, जैसे शुभबुद्धि की शिकायत है कि भूलर अक्षर सीखना नहीं चाहता।"

"ठीक बात है, दीदी!" भूलर निर्द्वंद्व स्वर में बोला, "मैं सीखना नहीं चाहता। मुझे कौन-से शास्त्र पढ़ने हैं। मेरा कुदाल ही ठीक है। अक्षर शुभबुद्धि को सीखने दो।"

"ठीक कहते हो, भूलर!" सीता मुस्करायीं, "तुम्हें अक्षर सीखकर क्या करना है। तुम कुदाल चलाते रहो, खान में से खनिज निकालते रहो और किसी ऐसे व्यक्ति को देते रहो, जो शिक्षित हो। मान लो वह व्यक्ति ब्रह्मचारी शुभबुद्धि ही है। शुभबुद्धि सोचता-समझता रहेगा, अपना संगठन बनाता रहेगा, तुम जैसे लोगों से काम करवाता रहेगा। अंततः वह तुमसे एकदम भिन्न कोटि का जीव हो जाएगा और मानने लगेगा कि वह तुम जैसे लोगों से कहीं श्रेष्ठ है। परिणामतः स्वयं को वह मनुष्य मानेगा और तुम्हें पशु। तुम्हारा सुख-दुःख उसे स्पर्श भी नहीं करेगा। वह मानेगा कि उसकी सुविधा के लिए मरना-खपना तुम्हारा धर्म है। इस प्रकार वह राक्षस हो जाएगा। दूसरी ओर तुम अक्षर-ज्ञान से शून्य, लिखने-पढ़ने से कटे हुए, विचार, चिंतन और चेतना से रिक्त होकर, उसके संगठन के नीचे पिसते हुए यह सोचते रहोगे कि तुम पशु हो और तुम किसी मानवीय अधिकार के योगय नहीं हो। शुभबुद्धि यदि तुम्हें रोटी का टुकड़ा डाल दे तो वह उसकी कृपा है, नहीं तो भूखे रहकर उसके लिए काम करना तुम्हारा धर्म है...।"

"यह तो आपने बात का बतंगड़ बना दिया, दीदी!" भूलर हँसा, "अक्षर-ज्ञान न होने से कहीं आदमी पशु बन जाता है।"

"अक्षर-ज्ञान चेतना का आरंभ है," सीता बोलीं, "और चेतना न हो तो मनुष्य सरलता से दमित होता चला जाता है।"

"ओह! यह बात है।" भूलर कुछ सोचता हुआ बोला, "तो शुभबुद्धि ने यह क्यों नहीं बताया। वह कहता रहा कि हमें अक्षर-ज्ञान होना चाहिए, क्योंकि राम ऐसा चाहते हैं।"

सीता हँसीं, "ऐसा कहा शुभबुद्धि ने! वह जानता है कि ज्ञान हमारी रक्षा करता है; किंतु किस प्रकार करता है, यह वह समझा नहीं पाया होगा।"

सहसा भूलर के मन में एक और जिज्ञासा उठी, "एक बात और बताओ, दीदी!"

"बोलो।"

"हम खान में भी काम करेंगे और यहाँ पढ़ेंगे भी। ब्रह्मचारीगण अपने काम के साथ क्या करेंगे?"

"बताओ, शुभबुद्धि!" सीता हँसीं, "उत्पादक श्रम के रूप में तुम्हें क्या काम मिला है?"

"कुछ लोग खान में काम करेंगे, कुछ खेत में, दीदी!" वह प्रसन्नतापूर्वक बोला।

"मैं समझ गया।" भूलर ने उल्लसित स्वर में कहा, "राम चाहते हैं कि श्रमिक और ऋषि-मुनि में कोई भेद न रहे; और राक्षस तो कोई बन ही न पाए।"

"ठीक समझे!" सीता बोलीं, "अब मैं जाऊँ?"

"जाइए, दीदी! हम मन लगाकर पढ़ेंगे।"

लक्ष्मण पिछले कई घंटों से धातु-कर्मियों के साथ लगे, उन्हें नये ढंग का काम सिखा रहे थे। भट्ठियाँ तो उनके पास पहले भी थीं, किंतु उन भट्ठियों से लक्ष्मण का काम नहीं चल रहा था। उन्होंने भट्ठियों को कुछ बड़ा भी करवाया था और उसके आकार-प्रकार में अपनी आवश्यकतानुसार कुछ परिवर्तन भी करवाए थे। भट्ठी बन जाने के पश्चात् उसमें कच्चा लोहा पिघलाया गया था और उसके पश्चात् उन्हें विशषे साँचों में ढालकर शस्त्र बनाए जा रहे थे। धातुकर्मी अपने काम में पर्याप्त दक्ष थे, केवल उनकी पद्धति में थोड़े-से सुधार की आवश्यकता थी—वह लक्ष्मण ने कर दी थी।

"क्यों, शतरूप! अब आगे का काम अपने-आप कर लोगे?" लक्ष्मण ने पूछा। शतरूप आश्वासन देते हुए मुस्कराया भर।

लक्ष्मण, शतरूप के कुटीर से बाहर निकल आए। उन्होंने आकाश की ओर देखा—सूर्य काफी चढ़ आया था। उन्हें बस्ती में पहुँचना था। आज कुटीर-निर्माण का कार्य अवश्य होना चाहिए था, अन्यथा बस्ती के लोगों को एक ओर तो गंदी झुग्गियों में रहना पड़ता और दूसरी ओर रात को सुरक्षा के लिए पुनः आश्रम में शरण लेनी पड़ती। अनावश्यक असुविधा।

वे झपटते हुए बस्ती में पहुँचे।

कुटीर-निर्माण-कार्य पूरी गति से चल रहा था, किंतु लक्ष्मण को देखकर आश्चर्य हुआ कि इस समय वहाँ एक भी पुरुष उपस्थित नहीं था। पूरा-का-पूरा काम बस्ती की स्त्रियाँ कर रही थीं। वे बड़े सहज भाव से प्रसन्न मन अपना काम करती जा रही थीं। अर्द्ध-गोलाकार क्षेत्र में बनने वाले कुटीरों की एक पंक्ति बनती जा रही थी।

लक्ष्मण एक कोने में चुपचाप बैठे मुखर के पास जाकर रुक गए।

"यह क्या हो रहा है?"

"कुटीर-निर्माण!" वह मुस्कराया।

"वह तो ठीक है।" लक्ष्मण भी मुस्कराए, "किंतु सारे पुरुष कहाँ भाग गए?"

"खान में काम करने का समय हो गया था।" मुखर बोला, "वे लोग अपने काम पर चले गए हैं।...पर सौमित्र! ये स्त्रियाँ बहुत प्रशिक्षित मालूम होती हैं। मुझे न तो ये काम करने दे रही हैं, न ही कुछ बताना पड़ रहा है। ये अपने-आप ही काम करती जा रही हैं।"

"तो तुम यहाँ बैठे क्या कर रहे हो?" लक्ष्मण मुस्कराए।

"रक्षा। और आपकी प्रतीक्षा। यदि अनुमति हो तो जाऊँ?"

"नहीं-नहीं!" लक्ष्मण बोले, "अभी यह स्थान इतना सुरक्षित नहीं है। तुम यहीं ठहरो।"

लक्ष्मण पास जाकर बनते हुए कुटीरों पर निरीक्षण करते रहे। कुटीर उनके बताए हुए ढंग पर, चट्टानों के भीतर-भीतर अर्द्ध-वृत्ताकार रूप में बन रहे थे। वे साफ-सुथरे, हवादार तथा आकर्षक लग रहे थे। इसी गति से काम चलता रहे तो संध्या तक प्रत्येक परिवार के लिए, एक-एक अच्छा कुटीर तैयार हो जाने की संभावना थी।

"नेतृ कौन है?" लक्ष्मण ने काम करती हुई एक लड़की से पूछा।

"सुधा!"

"अनिंद्य की पत्नी?"

"हाँ!" लड़की ने सिर हिला दिया।

"इस समय कहाँ है?"

लड़की ने एक प्राकृतिक गुफा की ओर संकेत कर दिया, "भोजन की तैयारी कर रही है।"

लक्ष्मण सुधा को खोजते हुए गुफा तक पहुँचे। सुधा दो-तीन महिलाओं की सहायता से भोजन तैयार करवाने में लगी हुई थी। वे सब संभ्रम-से उठ खड़ी हुईं।

"कैसा चल रहा है?"

"आप देखें।" सुधा संकोचपूर्वक बोलीं, "कोई त्रुटि हो तो बता दें। हम सुधार कर लेंगी।"

"नहीं। कोई त्रुटि नहीं है।" लक्ष्मण मुस्कराए, "मैं तो यह पूछने आया था कि यदि तुम लोग स्वयं इतने अच्छे कुटीर बना सकती थीं तो अब तक उन गंदी झुग्गियों में क्यों रह रही थीं?"

"स्थान और सामग्री, सौमित्र!" सुधा का स्वर कुछ खुला, "उग्राग्नि न हमें पर्याप्त स्थान घेरने देता था और न वन से लकड़ियाँ काटने देता था। ऐसी स्थिति में हम सिवाय गुफाओं के और कोई स्थान ही नहीं खोज पाते थे।"

"ठीक है।" लक्ष्मण हँसे, "घर तो अच्छे बन रहे हैं, किंतु बस्ती के पुरुषों का भोजन खान पर कैसे पहुँचेगा? यह भोजन तो मुझे बहुत थोड़ा-सा लग रहा है।"

"उनको भोजन सीता दीदी आश्रम से भेजेंगी।" सुधा ने बताया, "यह उन्हीं की व्यवस्था है कि जब तक हम लोग दिन-भर कुटीर-निर्माण का कार्य करेंगी, पुरुषों के भोजन का दायित्व हम पर नहीं होगा। कुटीर बन जाएँगे तो हम अपने-अपने घर में चूल्हा जलाएँगी।"

"अच्छा! मैं चल रहा हूँ, तुम लोग अपना काम करो।" लक्ष्मण चलने लगे, "मेरा विचार है, तुम लोगों को अपने काम के लिए किसी सहायता की आवश्यकता नहीं है।"

"आर्य सौमित्र!" पीछे से सुधा ने पुकारा, "आप चाहें तो आर्य मुखर को भी ले जाएँ। वे बेचारे बैठे-बैठे ऊब रहे हैं।"

"और तुम्हारी रक्षा?"

"दिन के समय हम अपनी रक्षा कर लेंगी।" सुधा हँसी, "हमारे पास ढेर सारी लकड़ियाँ हैं—कुछ कुल्हाड़ियाँ, हँसिया और गंडासे भी हैं।"

"तुम लोग काफी समर्थ हो गई हो।" लक्ष्मण मुस्कराए, "अच्छा, मैं मुखर को भी ले जा रहा हूँ। पर तुम लोग कुटीरों के साथ-साथ संध्या तक दो-तीन मचान भी बना लेना, ताकि कम प्रहरियों से काम चल सके।"

लक्ष्मण और मुखर आश्रम में लौट आए। मुखर अपनी कुटिया में चला गया, उसे अनेक व्यवस्थाएँ देखनी थीं; और लक्ष्मण आश्रम के केंद्र से कुछ हटकर बनी हुई बाल-बाड़ी की ओर बढ़ गए।

"सौमित्र आ गए! सौमित्र आ गए!" बच्चों में शोर मच गया और वे लोग अपनी-अपनी जगह पर उठ खड़े हुए।

"बैठो-बैठो!" लक्ष्मण ने उनके सिर पर हाथ फेरा, "बताओ कि तुम लोगों ने अब तक कितना काम किया है?"

बच्चे बड़े दायित्वपूर्ण भाव से अपने-अपने स्थान पर लौट गए।

पाँच-छह वर्ष की आयु से लेकर बारह-तेरह वर्ष तक के बच्चे वहाँ थे—लड़के भी और लड़कियाँ भी। उनकी अलग-अलग टोलियाँ बनाई गई थीं। टोली का एक नेता था। प्रत्येक नेता लक्ष्मण के पास आकर अपनी टोली के काम का विवरण दे रहा था। उन्हें लकड़ी के खड्ग तथा सरकंडों के बाण बनाने का काम सौंपा गया था। लक्ष्मण उनके द्वारा बनाई गई वस्तुओं का निरीक्षण कर रहे थे। वे उनकी

अपेक्षा के अनुकूल ही थीं। नव-प्रशिक्षित सैनिकों के अभ्यास के लिए वे बाण और खड्ग, दोनों ही ठीक काम कर सकते थे।

निरीक्षण हो चुका तो लक्ष्मण ने पूछा,"आज तुम लोगों ने और क्या-क्या किया?"

"प्रातः खेल और व्यायाम!" दस वर्षीय धीर बोला, "फिर ब्रह्मचारी भैया ने अक्षर सिखाए और गिनती थी। और फिर हमने युद्ध-प्रशिक्षण सामग्री तैयार की।"

लक्ष्मण ने प्रशंसा के भाव से उसे देखा—धीर पर्याप्त गंभीर और दायित्वपूर्ण वयस्क के समान बात कर रहा था। महत्त्व का भाव, प्रायः बच्चों के चेहरों पर दिखाई पड़ रहा था।

"भोजन हो गया?"

"हाँ!"

"निरीक्षक कौन थे?"

कई बच्चे अपने स्थानों से खिसककर आगे आ गए। वे सब दस-बारह वर्ष की आयु के बच्चे थे।

"छोटे बच्चों को ठीक से, उनके पास बैठकर खिला दिया था न?"

"अच्छी प्रकार!" नौ वर्षीय मिता ने आश्वस्त कंठ से कहा, "सीता दीदी ने अच्छा काम करने के लिए हमारे विषय में विशेष रूप से प्रशस्ति वचन कहे हैं।"

"सच! तब तो तुम लोग योग्य बच्चे हो।" लक्ष्मण हँसे, "अब यह बताओ कि किस-किस को माता-पिता की याद आई और किस-किस को यह काम अच्छा नहीं लगा?"

"कोई भी नहीं रोया।" धीर ने बताया।

"और काम?"

"काम सबको खेल के समान प्रिय लगा।" मिता बोली।

"अच्छा, एक प्रश्न का उत्तर दो।" लक्ष्मण क्षण-भर रुककर बोले, "तुम सब इधर-उधर व्यर्थ घूमने वाले, आपस में मारपीट करने वाले, माता-पिता को तंग करने वाले बच्चे हो..."

"नहीं!" लक्ष्मण का प्रश्न पूरा होने से पहले ही प्रायः बच्चे समवेत स्वर में बोले, "हम समाज के उपयोगी अंग हैं। हम समाज का व्यर्थ बोझ नहीं, सार्थक अंग हैं।"

"छोटे बच्चों की रक्षा कौन करेगा?"

"बड़े बच्चे!"

"जो दुर्बल और असहाय को सताएगा, वह क्या कहलाएगा?"

"राक्षस!"

"क्या तुम राक्षस बनना चाहते हो?"

"नहीं! हम राक्षसों का नाश करना चाहते हैं।"

लक्ष्मण मुस्कराए, "तुम लोग सचमुच योग्य बच्चे हो। तुम्हारे विषय में विशेष रूप से प्रशस्ति-वचन कहे ही जाने चाहिए।" वे रुके, "मैं जा रहा हूँ। तुम लोग अब क्या करोगे?"

"बड़े बच्चे, छोटे बच्चों को सुलाकर, स्वयं अपना पाठ याद करेंगे।"

"अच्छा, अब कल मिलेंगे।"

वन के जिस भाग से कुटीरों के लिए लकड़ियाँ कटी थीं, वहीं राम अपनी टोली के साथ वन की सफाई कर रहे थे। उनकी टोली में बीस पुरुष थे—दस श्रमिक और दस ब्रह्मचारी। ये बीस व्यक्ति कठोर कर्मक्षमता के आधार पर चुने गए थे। यह टोली इस क्षेत्र की जन-वाहिनी का मेरुदण्ड बनने जा रही थी।

वे लोग प्रातः से ही राम के साथ थे। राम ने उन्हें बताया था कि वैसे तो समस्त श्रमिकों तथा आश्रमवासियों को सैनिक-प्रशिक्षण प्राप्त करना था, किंतु उन्हें मुख्य रूप से श्रमिक अथवा ब्रह्मचारी ही रहना था। उन्हें अपने स्थान पर रहकर, अपना काम करते हुए अपनी, अपने समाज की तथा सामाजिक संपत्ति की रक्षा करनी थी। किंतु राम की इस टोली को मुख्यतः सैनिक-कर्म करना था तथा आवश्यकतानुसार अन्य स्थानों पर जाकर वहाँ जन-सामान्य की रक्षा करनी थी। अपने खाली समय में उन्हें सामाजिक उत्पादन के क्षेत्र में अपना योगदान करना था।

संयोग से वन के इस भाग से लकड़ी काटने के कारण वन छीज गया था। वैसे भी यह स्थान बस्ती, आश्रम तथा खान—प्रायः तीनों के ही समीप था। राम ने अपनी टोली के सामाजिक उत्पादन-श्रम के लिए इसी स्थान को पसंद किया था। उन लोगों ने अपनी सुविधा के अनुसार कुछ बड़े-बड़े वृक्ष छोड़कर, शेष पेड़-पौधों को काट दिया था। उनकी जड़ें खोद डाली थीं और झाड़-झंखाड़ साफ कर दिए थे। सारा क्षेत्र साफ कर, वे एक पेड़ के नीचे आ बैठे थे और राम उन्हें समझा रहे थे, "इस क्षेत्र में हमें दो काम करने हैं—सैनिक व्यायाम के लिए स्थान तथा उपकरण बनाना और शेष भूमि को खेतों में बदल देना। वे खेत हमारी टोली, अर्थात् जन-सेवा के खेत होंगे। हमें प्रयत्न करना होगा कि हम अपने खेतों में अपनी आवश्यकता के लिए पर्याप्त अन्न उत्पन्न करें, ताकि हमारी आवश्यकताओं का

बोझ हमारे साथियों पर न पड़े।''

''एक प्रश्न!'' ब्रह्मचारी कृतसंकल्प ने अपनी जिज्ञासा प्रकट की।

''पूछो।''

''यदि हम समाज की सुरक्षा के लिए सैनिक-कर्म करेंगे, तो हमारी आवश्यकताओं का बोझ हमारे समाज पर पड़े तो क्या बुराई है? हम अपना रक्त समाज के लिए बहाएँगे तो क्या यह समाज का दायित्व नहीं है कि वह हमारी आवश्यकताओं की पूर्ति करे! यदि हम स्वयें अपने लिए अन्न उत्पन्न करेंगे तो हम समाज का कृषक-अंग हो गए। उसके बाद यदि हम सैनिक कर्म करते हैं, तो हम दुगुना काम करते हैं। क्या आपको नहीं लगता कि समाज द्वारा यह हमारा शोषण होगा?''

राम मुस्कराए, ''तुम्हारा प्रश्न बहुत ही उपयुक्त है, कृतसंकल्प! ऐसी कोई ग्रंथि रह जाएगी तो काम में तुम्हारा मन नहीं लगेगा।'' राम रुककर बोले, ''इस प्रश्न का उत्तर कौन देगा?''

कोई भी उत्तर देने को प्रस्तुत नहीं हुआ।

''इसका अर्थ यह हुआ कि शेष लोग भी कृतसंकल्प से सहमत हो सकते हैं।'' राम बोले, ''कृतसंकल्प ने अपने विचार आपके सामने रखे हैं। अब मैं अपने विचार रख रहा हूँ। मेरा और कृतसंकल्प का कोई विरोध नहीं है; किंतु इस मतभेद में से जो विचार हमें ठीक लगे, उसे ही अंगीकार करना है।''

''ठीक है।''

''एक समाज होता है, ''राम बोले, ''जो स्वार्थ-बुद्धि से चलता है, दूसरा समाज है जो परिवार-बुद्धि से चलता है। स्वार्थ-बुद्धि से चलने वाला समाज राक्षसी समाज है। उसमें प्रत्येक व्यक्ति यह सोचता है कि किस काम से उसे कौन-सा निजी लाभ होगा। जिस काम में उसे निजी लाभ होगा, उसे वह अवश्य करेगा, चाहे लोगों की उससे कितनी ही हानि क्यों न हो और जिस काम में उसको कोई लाभ न हो, किंतु अन्य सहस्रों लोगों का लाभ होता हो—उस काम को वह कभी नहीं करेगा। दूसरी ओर वह समाज है, जो परिवार-बुद्धि से चलता है। आप अपने परिवार का उदाहरण लें। दोषपूर्ण अपवादों को छोड़ दें तो परिवार में सामान्यतः एक-दूसरे के प्रति सद्भावपूर्ण व्यवहार होता है। माता-पिता आजीविका उपार्जित करते हैं, या केवल पिता धर्नाजन करता है, किंतु सबसे अधिक व्यय बच्चों पर किया जाता है। यदि एक व्यक्ति रुग्ण हो जाए, तो हम उसके भाग का कार्य भी कर देते हैं। पिता समर्थ है, अतः वह बाहर का काम कर आजीविका अर्जित करता है; घर में जो कठिन कार्य है—जिसे पत्नी और बच्चे नहीं कर सकते, वह भी करता है, और यथा-आवश्यकता अपने परिवार की रक्षा भी करता है। कारण? वह समर्थ

है और स्वयं को परिवार से भिन्न नहीं मानता। यदि किसी दुर्घटनावश पति पंगु हो जाए तो पत्नी बाहर का काम कर धनार्जन भी करती है, पति की सेवा भी करती है, बच्चों को भी देखती है और घर का खाना-पकाना भी करती हैं यदि किसी परिवार के सदस्यों का परस्पर व्यवहार स्वार्थ-बुद्धि से परिचालित हो तो क्या वह परिवार सुचारु रूप से चल पाएगा? क्यों, कृतसंकल्प?''

''नहीं, आर्य!'' कृतसंकल्प का स्वर कुछ संकुचित था, ''वह परिवार नहीं चल पाएगा; किंतु परिवार और समाज में पर्याप्त भेद है, राम!''

''भेद तो है। पर इतना ही कि एक छोटा है, दूसरा बड़ा है।'' राम बोले, ''यदि स्वार्थ-बुद्धि से सोचोगे तो पहली बात तुम्हारे मन में आएगी कि तुम इस क्षेत्र के रक्षक हो, समर्थ हो, शक्तिशाली हो। इसलिए तुम कोई अन्य काम नहीं करोगे। परिणामतः समाज पर बोझ ही नहीं रहोगे, उसका शोषण भी करोगे। अपने शस्त्र-बल से वही कार्य करोगे, जो उग्राग्नि और उसके साथी कर रहे थे, अथवा अन्य खानों के स्वामी कर रहे हैं। दूसरी ओर परिवार-बुद्धि से सोचोगे तो मानोगे कि यह समाज तुम्हारा परिवार है, तुम इसके रक्षक हो, पिता हो। पिता रक्षण के साथ पोषण भी करता है, अर्जन भी करता है। श्रम स्वयं करता है और उसका लाभ परिवार को देता है। उसका स्वार्थ इतना ही है कि वह अपने परिवार से प्रेम करता है; और जिससे हम प्रेम करते हैं, उसे सुखी देखना चाहते हैं। यदि समाज को तुम अपने परिवार के रूप में देखोगे, तो तुम्हारा स्वार्थ भी समाज को प्रसन्न रखने मात्र में ही सिद्ध हो जाएगा।''

''हम तो समाज को परिवार समझकर उसके लिए काम करें और अन्य लोग अपने ही परिवार का लाभ देखें तो हम उदार होकर भी मूर्ख ही बनेंगे न! किसी को उसके दोष के लिए दण्ड मिले—यह तो समझ में आता है; किंतु अपने गुणों के लिए हम दण्डित हों, यह समझ में नहीं आया।''

''मैं तुमसे पूर्णतः सहमत हूँ।'' राम पुनः मुस्कराए, ''इस प्रकार की स्थिति कभी-कभी परिवार में भी उपस्थित हो सकती है। ऐसे में हम क्या करते हैं? उस व्यक्ति को समझाते हैं और सारे प्रयत्नों के बाद भी वह न समझे तो उसका बहिष्कार करते हैं। यही स्थिति समाज में भी हो सकती है।'' राम जैसे साँस लेने के लिए रुके, ''और सच तो यह है कि जिस प्रकार का समाज हम बनाना चाहते हैं, वह एक व्यक्ति का काम नहीं है। जब तक परिवार-बुद्धि से समाज को चलाने वाला एक वर्ग एकमत से उठकर खड़ा नहीं होगा, तब तक ऐसे समाज का निर्माण संभव नहीं है।''

''एक प्रश्न मेरा भी है।'' श्रमिक अभेद बोला, ''वह इस विवाद से अलग

है।''

''यदि चल रहे विवाद के विषय में सबकी संतुष्टि हो गई तो और किसी को कुछ पूछना न हो तो नया प्रश्न करो।''

अभेद ने प्रतीक्षा की, किंतु किसी ने कोई प्रश्न नहीं किया।

''तो मैं पूछूँ?''

''पूछो।''

''यदि हमारे अपने खेत होंगे, हम उनमें अन्न का उत्पादन करेंगे, तो हममें और साधारण कृषक में कोई भेद होगा क्या?'' वह बोला, ''क्योंकि आवश्यकतानुसार तो सामान्य कृषक भी युद्ध में भाग लेगा ही।''

''मैंने क़हा कि ये खेत तुम्हारे होंगे।'' राम बोले, ''शायद मैंने स्पष्ट नहीं किया कि तुम्हारे से मेरा तात्पर्य यह था कि ये खेत किसी व्यक्ति—राम, कृतसंकल्प अथवा अभेद के नहीं होंगे। वे जन-वाहिनी के होंगे। आज तुम्हारी टुकड़ी यहाँ है, तो तुम उन खेतों की देखभाल करोगे। मान लो तुम्हें राक्षसों के विरोध के संदर्भ में कहीं और जाना पड़े तो तुम वहाँ के खेतों की देखभाल करोगे और यहाँ कोई और टुकड़ी इन खेतों में कार्य करेगी। ये सामूहिक खेत है।''

''मैं समझा।'' कृतसंकल्प के चेहरे पर समझ का प्रकाश आया, ''इस प्रकार आप हमारे समाज को उन करों और शुल्कों से बचा रहे हैं, जो सेनाओं के रख-रखाव के लिए समाज को वहन करने पड़ते हैं।''

''एकदम ठीक!'' राम बोले, ''जन-वाहिनी, किसी सम्राट् की सेना न होकर, समाज की अपनी सेना है। वह समाज की सहायक न होकर, उस पर बोझ क्यों हो?'' राम ने रुककर क्षण-भर सबको देखा और बोले, ''अब मेरे एक प्रश्न का उत्तर दो, बंधुओ! तुम लोग राक्षसों से डरते तो नहीं हो?''

''पहले कुछ भय था।'' अभेद सबसे पहले बोला, ''किंतु आपके संपर्क में आने के बाद से कोई भय नहीं रहा।''

''कोई राक्षसों से भयभीत है?'' राम ने पुनः पूछा।

सब मौन रहे।

''अर्थात् कोई भी भयभीत नहीं है।'' राम ने कहा, ''फिर भी कुछ बातें आपसे कहना चाहूँगा। पहली बात तो यह है कि राक्षस न्याय के लिए नहीं, दूसरों के शोषण और दमन के लिए लड़ते हैं, इसलिए युद्ध के समय उनमे नैतिक बल बहुत कम होता है। वे विलासी हैं, आपके समान परिश्रमी नहीं; इसलिए वे कठिन परिस्थितियों में नहीं लड़ सकते। किंतु उनके पास सुविधाएँ और शस्त्र-बल है। क्रमशः शस्त्र-बल आप भी प्राप्त करें—ऐसा मेरा प्रयत्न है। किंतु जब तक ऐसा

नहीं होता, तब तक आपको कुछ बातों का ध्यान रखना है। शस्त्र नहीं लड़ता, मनुष्य लड़ता है; फिर भी आपको शस्त्र-शक्ति में स्वयं से श्रेष्ठ शत्रु से सीधे नहीं लड़ना चाहिए। प्रयत्न यही करें कि आप किसी प्रकार शत्रु के शस्त्र छीनने में सफल हो जाएँ। शत्रु का शस्त्रागार आपका सर्वश्रेष्ठ शस्त्रदाता है। किंतु यदि शत्रु के पास दिव्यास्त्र हों और उनको छीनने का कोई मार्ग न हो तो उससे न लड़ें। जब तक आप स्वयं समर्थ न हों, तक तक दिव्यास्त्रों का युद्ध मुझ पर छोड़ दें।''

''यदि हमें साधारण शस्त्रधारी राक्षसों से भी भिड़ना पड़े तो हम तनिक भी भयभीत् नहीं होंगे।'' अनिंद्य आवेशपूर्वक बोला।

''तो यही हो। तम इस संपूर्ण क्षेत्र में राक्षसों का आतंक समाप्त करो।'' राम मुस्कराए, ''आओ, अब थोड़ा शस्त्राभ्यास करें।''

संध्या समय मुखर ने अपनी संगीतशाला का उद्घाटन किया। उसे अपने कवि-पिता के रचे अनेक गीत कंठस्थ तो थे ही, आज जैसे वे उबल-उबलकर बाहर आ रहे थे। सुबह से वह अत्यंत व्यस्त रहा था। कार्य ने कुछ ऐसी गति पकड़ ली थी, जैसे नदी किसी ऊँची चट्टान से नीचे गिरने पर पकड़ लेती है। तनिक भी अवकाश नहीं मिला था और वह मन-ही-मन कई बार दुहरा चुका था, 'सिर खुजाने का भी अवकाश नहीं मिला।' किंतु साथ की उसके मन में एक तृप्ति ने जन्म लिया था, कर्म की तृप्ति ने। वह एक विशाल चक्र का महत्त्वपूर्ण अंग था—यह चक्र जहाँ-जहाँ चलेगा, लोगों को राक्षसी आतंक से मुक्त करेगा।...निष्क्रिय रहकर उसे सदा ऊब हुई है। आज मन कैसा भरा-भरा था—आश्वस्त और तृप्त! जैसे उसका अस्तित्व अपनी सार्थकता जान गया हो...

कदाचित् इसी भावना से प्रेरित होकर उसे अपने पिता के रचे गीत याद आ रहे थे। गीत उसके मस्तिष्क में मचलते थे और फिर हृदय की पीड़ा में डूबकर कंठ से फूट पड़ते थे। वह जानता था, उनमें शास्त्रीयता नहीं थी, ऊँचे ज्ञान अथवा असाधारणता का उनमें कोई आभास नहीं था—उनमें पीड़ा थी और ओज था। एक सरल मन की पीड़ा और एक सच्चे व्यक्ति का ओज। उसके पिता का प्रिय गीत था—

''तुम न्याय की बात मत करो। तुम नहीं जानते कि न्याय क्या है।...तुमने अपनी सुविधा के लिए, दूसरों को वंचित करने के उद्देश्य से कुछ नियम बनाकर प्रचारित कर दिए हैं...अब उनकी अनुकूलता न्याय हो गई है और प्रतिकूलता विद्रोह!...तुम न्याय की बात करने के अधिकारी नहीं हो।...लाखों लोगों के मन की अनासक्त कामना न्याय या विवेकहीन होकर स्वार्थवश गढ़े गए नियमों से जुड़े

रहने की जड़ राक्षसी भावना?...तुम न्याय की बात मत करो। तुम नहीं जानते कि न्याय क्या है...''

अपने जीवन के पिछले संदर्भों से जुड़ा, मुखर का मन बार-बार भर आता था और उसके कंठ में संगीत घुल जाता था। आस-पास के अनेक लोग संगीतशाला में एकत्रित हो गए थे और तन्मय होकर मुखर के गीतों को सुन रहे थे...

मुखर के पश्चात् अनेक ब्रह्मचारियों ने भी गीत सुनाए और श्रमिकों ने भी। अंत में सबने मिलकर मुखर का गीत गाया—'तुम न्याय की बात मत करो। तुम नहीं जानते कि न्याय क्या है...'

सभा के बाद कुछ विचार-विमर्श भी हुआ। कुछ लोग स्वयं संगीत सीखना चाहते थे; और कुछ उत्सुक थे कि उनके बच्चे संगीत सीखें। बस्ती में गाने वाले अधिक थे, किंतु अभी तक कभी किसी ने सोचा नहीं था कि एक संगीतशाला भी बनाई जा सकती है, जहाँ बैठकर लोग संगीत का आनंद ले सकते हैं, सीख सकते हैं और सिखा सकते हैं...किंतु मुखर अभी बहुत व्यस्त था। वह प्रतिदिन समय नहीं दे सकता था। वैसे भी वह शस्त्र-प्रशिक्षण के साथ-साथ संगीत-प्रशिक्षण का काम करना चाहता था। शस्त्र को छोड़, संगीत को अधिक समय देना उसके मनोकूल नहीं था। फिर भी उसने आश्वासन दिया कि शिक्षा-समिति के सामने वह संगीत-प्रशिक्षण की बात अवश्य रखेगा और प्रयत्न करेगा कि कोई-न-कोई व्यवस्था अवश्य हो जाए...

रात के भोजन के पश्चात् सब लोग विचार-विमर्श के लिए बैठे तो मुखर ने संगीत-शिक्षा की बात चलाई।

धर्मभृत्य ने कुछ असहायता से मुखर की ओर देखा और बोला, ''संगीत से किसी को कोई विरोध नहीं हो सकता, किंतु पहली बात तो यह है कि हमारे पास संगीत सिखाने वाला कोई व्यक्ति नहीं है। आप पर पहले ही इतने दायित्व हैं। यदि आप संगीत सिखाने लग जाएँगे, तो या तो आप अपने अन्य दायित्व पूर्णतः निभा नहीं पाएँगे या फिर संगीत-शिक्षा ही शिथिल रह जाएगी। आप बाहर से कोई व्यक्ति बुलाना चाहें तो वाल्मीकि आश्रम से इधर शायद ही आपको कोई अच्छा शिक्षक मिले। इधर तो सदा ही राक्षसों का ऊधम चलता रहा है, इसलिए संगीत की ओर किसी ने ध्यान नहीं दिया है।...और फिर,'' धर्मभृत्य ने एक विचित्र दृष्टि से मुखर की ओर देखा, ''जिस वातावरण में हम जी रहे हैं, क्या अच्छा नहीं है कि जब तक हम राक्षसों से पूर्णतः निबट नहीं लेते, संगीत जैसी वस्तुओं में अपना समय और ऊर्जा नष्ट करने की बात न सोचें।''

"संगीत..."

"ठहरो, मुखर!" सीता बोलीं, "हम एक बार भली प्रकार यही विचार क्यों न कर लें कि हमें बच्चों को किस-किस विषय की शिक्षा देनी है...।"

"वह तो ठीक है, दीदी!" मुखर स्वयं को रोक नहीं पाया, "यह कहना कि संगीत में समय और ऊर्जा नष्ट होती है...।"

आवेश के कारण मुखर पूरी बात भी नहीं कह पाया।

"कुछ मैं भी कह सकता हूँ?" लक्ष्मण ने पूछा।

"नहीं!" राम बोले, "यह शिक्षा-समिति का विषय है। बीच में मत बोलो। मैं भी तो चुप ही हूँ।"

लक्ष्मण हँसकर चुप रह गए।

"मैं तुम्हारी बात समझती हूँ, मुखर!" सीता बोलीं, "संगीत में समय और ऊर्जा नष्ट नहीं होते। और वस्तुतः बात मात्र संगीत की ही नहीं, उस प्रकार की समस्त विद्याओं तथा उपविद्याओं की है। मान यह लिया जाता है कि ऐसी सौंदर्य-प्रधान विद्याएँ खाली समय का मानसिक विलास हैं—जबकि ऐसा है नहीं। दूसरी ओर मुनि धर्मभृत्य का कदाचित् यह विचार है कि हम असामान्य स्थिति में जी रहे हैं, इसलिए थोड़े समय के लिए युद्ध तथा युद्ध-प्रशिक्षण के सिवाय सब कुछ अप्रासंगिक हो जाता है...।"

"यही! एकदम यही!" धर्मभृत्य बोला, "मैं यही कहना चाह रहा था।"

"बात यह है, मुनिवर!" सीता मुस्करायी, "कि यदि राक्षसों से आपका मुक्ति-युद्ध दो दिनों में समाप्त होने वाला हो, फिर तो कोई बात नहीं, आप युद्ध के सिवाय शेष सारी गतिविधियों को स्थगित कर दीजिए।...पर जहाँ तक मैं समझती हूँ, यह मुक्ति-युद्ध इतना अल्पकालीन नहीं है। आज आपने एक मुक्त-क्षेत्र स्थापित किया है, कल राक्षस-सेनाओं का आक्रमण होगा और यह नष्ट हो जाएगा। आप पुनः स्थापना करेंगे और वे पुनः नष्ट करेंगे। यह तब तक चलेगा, जब तक आप लंका की राक्षसी शक्ति को ही नष्ट न कर दें। इसलिए लोगों को एक ऐसा वातावरण देना होगा, जिसमें वे लंबे समय तक जी सकें। आपको अल्पकालिक आपात् स्थिति के स्थान पर, दीर्घकालीन युद्ध के बीच जीने वाली एक जीवन-पद्धति का विकास करना होगा..."

"मेरा संगीत से कोई विरोध नहीं है, दीदी!" धर्मभृत्य संकुचित स्वर में बोला, "जो कह गया, अपने अज्ञान में कह गया। मेरा अल्प वय देख मुझे क्षमा करें तथा 'मुनिवर' संबोधित कर, सौमित्र के समान मेरा परिहास न करें।"

"मेरा प्रसंग आ गया है।" लक्ष्मण बोले, "भाभी! अब तो मेरा बोलना

अप्रासंगिक नहीं होगा?''

''वस्तुतः तुम्हारा चुप रहना अप्रासंगिक होता है...।'' राम मुस्कराए।

''दो-दो आरोप!'' लक्ष्मण ने विरोध का अभिनय किया, ''मुझे कोई भी ठीक-ठीक नहीं समझता। मेरे मैत्रीपूर्ण संबोधन को मित्र धर्मभृत्य ने परिहास समझा और मेरी वाक्‌विदग्धता को भैया ने मेरा प्रलाप...ओह! लक्ष्मण! हत्‌भाग्'' लक्ष्मण सीता की ओर मुड़े, ''भाभी! यह कविता हुई कि नहीं।''

''तुम्हारे स्तर की तो हो गई!'' सीता मुस्कराकर पुनः अपने विषय पर लौट आईं, ''भाई धर्मभृत्य! मैंने भी तुम्हारा परिहास नहीं किया था। वस्तुतः बात इतनी-सी है कि जैसे लंबे गंभीर विवेचन से ऊब पैदा होती है और बीच में लक्ष्मण की तथाकथित वाक्‌विदग्धता से मस्तिष्क को स्फूर्ति का अनुभव होता है...।''

''भाभी!...''

सीता ने संकेत से ही लक्ष्मण को रोका और अपनी बात कहती गईं, ''ठीक वैसे ही युद्धाच्छादित लंबी जीवन-पद्धति में संगीत तथा अन्य सौंदर्य-प्रधान विद्याएँ जीवन को सरस बनाती हैं। हाँ, एक बात का ध्यान रखना पड़ता है कि उन विद्याओं का समुचित प्रयोग हो। वे हमारी दृष्टि अपने लक्ष्य से हटाएँ नहीं, वरन् हमें उस ओर प्रेरित करती रहें।''

''यही तो...'' मुखर के चेहरे पर तृप्ति का तेज था।

''मैं फिर कहूँ, मुझे कोई आपत्ति नहीं है। जैसा सब लोग मिलकर निर्णय करें, मैं उनके साथ हूँ।'' धर्मभृत्य बोला, ''वस्तुतः मैं अपनी सीमा स्वीकार कर लेता हूँ। आश्रम में ऋषि-पद्धति की शिक्षा पाई है—वह भी बहुत योग्य जनों से नहीं। इतना मौलिक व्यक्तित्व मेरा है ही नहीं कि उस पद्धति में परिवर्तन की बात सोचूँ। मैं तो शिक्षा के नाम पर अध्यात्म, व्याकरण तथा काव्यशास्त्र के विषय ही जानता हूँ। राक्षसों के दमन और आतंक के कारण एक शस्त्र-शिक्षा की आवश्यकता अवश्य अनुभव करता रहा हूँ। वह अब प्रायः पूरी हो गई है। मेरा आश्रम, आश्रम के स्थान पर युद्ध-शिविर हो गया है। मैं उसके आगे कुछ भी सोच नहीं पाता हूँ।''

''देवी वैदेही! क्षमा करें, मैं अनाधिकृत हस्तक्षेप कर रहा हूँ।'' राम बोले, ''धर्मभृत्य की सच्चाई और सत्य को स्वीकार करने की अद्‌भुत क्षमता की प्रशंसा करने का मन हुआ है। मेरी प्रशंसा उस तक पहुँचा दें।''

धर्मभृत्य ने संभ्रम से सिर झुका लिया।

''धर्मभृत्य में अनेक गुण हैं, राम! वे धीरे-धीरे आपके सम्मुख प्रकट होंगे।'' सीता मुस्करायीं, ''देखो, धर्मभृत्य! परंपरागत आश्रम-शिक्षा से इस क्षेत्र का भला नहीं होगा; अन्यथा कोई कारण नहीं था कि इतने आश्रमों के होते हुए भी, इतने

ऋषियों-मुनियों की उपस्थिति में भी यह क्षेत्र जाग न पाता और इतना पिछड़ा रहता।"

"मैं दीदी से पूर्णतः सहमत हूँ।" मुखर बोला।

"सहमत तो मैं भी हूँ, किंतु मैं कारणों का विश्लेषण नहीं कर पाता।" धर्मभृत्य धीरे से बोला।

"कारण मैं बताती हूँ।" सीता बोलीं, "आश्रमों में आंदोलन बुद्धिजीवियों में ही सीमित रहे, क्योंकि उन्होंने न जन-सामान्य की आवश्यकताओं को समझा और न अपने जीवन को उनके जीवन से मिलाने का प्रयत्न किया। यही कारण है कि न वे राक्षसों के आतंक से स्वयं को मुक्त कर पाए और न जन-साधारण की जीवन-पद्धति और जीवन-स्तर में कोई सुधार कर पाए। तुम ध्यान देकर देखो, जहाँ-जहाँ ऋषियों ने स्वयं को जन-सामान्य के जीवन से जोड़ा, वहाँ-वहाँ अल्पकाल में ही चमत्कार होते दीख पड़े...।"

"कहाँ?" धर्मभृत्य ने पूछा।

"तुम्हारी लिखी कथा के अगस्त्य के कर्म-क्षेत्र में।"

"मैंने कथा लिखी, किंतु स्वयं ही उस पर विचार नहीं किया, "धर्मभृत्य कुछ सोचता हुआ बोला, "मैंने कहा न कि मैं देखता हूँ और अनुभव भी करता हूँ किंतु कारणों का ठीक-ठीक विश्लेषण नहीं कर पाता।"

"कोई बात नहीं। देख लेते हो तो विश्लेषण भी कर लोगे," सीता बोलीं, "दूसरा उदाहरण तुम्हारे सामने है—राम तथा लक्ष्मण द्वारा तुम्हारे आश्रम तथा बस्ती में परिवर्तन। तुमने देखा—यहाँ भी श्रमिकों और बुद्धिजीवियों को पहले एक किया गया..."

"आज भाभी की विश्लेषण-बुद्धि विशेष रूप से तेजोद्दीप्त है।" लक्ष्मण बोले बिना नहीं रह सके।

"ऐसा नहीं है, देवर! व्यक्ति अनावश्यक बोलने से बचे और अपनी ऊर्जा संचित करे तो सार्थक बोलने पर बुद्धि तेजोद्दीप्त हो ही जाती है।" सीता बोलीं, "अब यदि देवर बीच में न बोले तो हम शिक्षा की बात कर लें।"

"अवश्य।" लक्ष्मण बोले, "बीच में बोलना न पड़े, इसलिए अभी ही पूछ लूँ कि अगस्त्य-कथा आगे कब सुनने को मिलेगी? पिछला अंश सुने तो बहुत समय बीत गया।"

"हाँ, भई! वह कथा तो मुझे भी सुननी है।" राम बोले।

"यदि सब लोग सहमत हों तो शिक्षा संबंधी बातचीत के पश्चात् मैं अगस्त्य-कथा सुनाऊँगा।" धर्मभृत्य ने कहा।

"यह ठीक रहेगा।" सीता बोलीं, "ऋषि अगस्त्य की ही बात लो। तुमने

स्वयं अपनी कथा में स्वीकार किया है, धर्मभृत्य! कि ऋषि ने शस्त्र-शिक्षा के साथ-साथ वानर-यूथों को कृषि में सुधार करना, मछली पकड़ने के अच्छे ढंग तथा नमक बनाना इत्यादि सिखाया।''

''हाँ, दीदी!''

''यह तो परंपरागत आश्रम-शिक्षा नहीं है न!'' सीता अपनी बात पर आईं, ''ऋषि थोड़े ही समय में वानर-यूथों का विश्वास जीत पाए और उनकी स्थिति को सुधार पाए, क्योंकि उन्होंने उन्हें परंपरागत आश्रम-शिक्षा देकर विद्वान और ऋषि बनाने के स्थान पर वह शिक्षा दी, जो उनकी आर्थिक समस्याएँ सुलझाकर उनका आर्थिक स्तर ऊँचा उठा सके।''

''ठीक है।''

''और यह स्वीकार करोगे, धर्मभृत्य! अर्थोत्पादन के साधन प्रत्येक स्थान पर भिन्न होते हैं। ऋषि ने वानर-यूथों को मछलियाँ पकड़ने के ढंग सिखाए, क्योंकि वे यूथ सागर-तट पर रह रहे थे; किंतु तुम्हारा क्षेत्र सागर-तट पर नहीं है। अतः हमें देखना होगा कि यहाँ क्या हो सकता है।''

''यहाँ खनिज-पदार्थों का उतपादन होता है।'' मुखर बोला।

''एकदम ठीक!'' सीता बोलीं, ''यहाँ के बालकों को पहली शिक्षा खनिज उत्पादन, उनकी सफाई, ढलाई तथा उन खनिजों पर आधृत अन्य उद्योगों के विषय में दी जानी चाहिए। उन उद्योगों की शिक्षा का यहाँ के बच्चों को क्या लाभ होगा, जिनके लिए साधन यहाँ न होकर, अयोध्या अथवा जनकपुर में होते हैं।''

''आप ठीक कहती हैं, किंतु इससे ये बच्चे कभी भी विद्वान् नहीं हो सकेंगे।'' बहुत देर से चुपचाप सुनता हुआ शुभबुद्धि अब स्वयं का रोक नहीं पाया, ''यदि बच्चे बड़े होकर, ऋषि न बन, धातुकर्मी बनेंगे तो शिक्षा का क्या लाभ?''

''ऋषि को किसी एक चिंतन-क्षेत्र में सीमित करना भूल है, शुभबुद्धि!'' सीता बोलीं, ''ऋषि ज्ञान-विज्ञान की प्रत्येक शाखा में प्रादुर्भूत होते हैं। और यदि हम 'ऋषि' की तुम्हारी परंपरावादी जड़ व्याख्या मान भी लें, तो मैं कहना चाहूँगी कि स्वयं भूखे मरने वाले ऋषि से कई लोगों का पेट पालने वाला धातुकर्मी कहीं अधिक पूज्य है। शिक्षा का कोई एक सार्वभौम, सार्वकालिक रूप नहीं हो सकता। प्रत्येक देश-काल में हमें उसे अपनी आवश्यकताओं के अनुरूप ढालना पड़ता है।'' सीता रुकीं, ''अब जैसे हमने खनिज के उत्पादन, शोधन तथा उससे अन्य वस्तुओं के निर्माण पर आधृत एक नवीन शिक्षा-प्रणाली का विकास किया, तो इस निर्धन तथा पिछड़े हुए क्षेत्र को उसके माध्यम से आत्मनिर्भर बनने में सहायता तो मिलेगी,

किंतु उसमें कुछ समय लगेगा। अतः कुछ अल्पकालिक तथा शीघ्र परिणाम दिखाने वाले मार्ग भी खोजने होंगे। कुछ स्थानीय उद्योगों को प्रोत्साहित करना होगा जैसे मिट्टी के बर्तनों का उत्पादन, घास के आसन, काठ की वस्तुएँ, वस्त्रोत्पादन के लिए करघा इत्यादि। ऐसी ही अनेक छोटी-बड़ी वस्तुएँ हैं, जिन्हें स्त्रियाँ तथा पुरुष अपने अवकाश के समय तथा बालक-बालिकाएँ खेल-खेल में ही बना सकते हैं। दूसरी ओर साथ-ही-साथ कृषि की भी उचित शिक्षा दी जा सकती है।''

''पर दीदी! संगीत?'' मुखर बोला।

''यहीं संगीत भी आएगा।'' सीता अपने प्रवाह में बोलती गईं, ''विकास के इस दीर्घ तथा कठिन समय में जीवन कठोर परिश्रम की स्थिति में से निकलेगा। शरीर और मन थकेंगे और संभव है कि कठोर जीवन से भागकर विलास के पतनशील मार्ग की ओर मुड़ना चाहें। अतः आवश्यक होगा कि मस्तिष्क का उचित नियंत्रण रहे; वह नियंत्रण रस, प्रेरणा तथा ऊर्जा देता रहे। मस्तिष्क को तत्पर रखने के लिए साहित्य, संगीत, सामाजिक अध्ययन तथा मानव-संस्कृति का अध्ययन इत्यादि महत्त्वपूर्ण उपकरण है। साहित्य होगा तो व्याकरण और काव्यशास्त्र की भी आवश्यकता होगी, धर्मभृत्य!'' सीता ने सहसा अपनी बात समाप्त की।

''आप शिक्षा को वहाँ समाप्त कर रही हैं, हम जहाँ से आरंभ करते हैं।'' धर्मभृत्य भी हँसा।

''आदि और अंत नहीं। वे साथ-साथ चलें! क्यों, दीदी?'' मुखर ने कहा।

''ठीक! एकदम साथ-साथ।''

''तो हम शिक्षा की सारी व्यवस्था आश्रम में न कर, उसे विकेंद्रित कर दें।'' धर्मभृत्य बोला, ''थोड़ी-सी आश्रम में, थोड़ी धातुकर्मी की भट्ठी पर, थोड़ी खान की मिट्टी में, थोड़ी कुम्हार के चाक के पास, थोड़ी बुनकर के करघे...। कल से इस योजना पर कार्य आरंभ कर दें।''

''मैं तुमसे पूर्णतः सहमत हूँ, मित्र!'' लक्ष्मण बोले, ''पर मेरा विचार है कि शिक्षा पर बहुत विचार हो चुका, अब अगस्त्य-कथा ले आओ।''

धर्मभृत्य ने मुखर और सीता की ओर देखा—दोनों ने मुस्कराकर सहमति दे दी।

धर्मभृत्य अपनी कुटिया में गया और अपना ग्रंथ उठा लाया।

''पढ़ूँ?''

''पढ़ो।''

धर्मभृत्य ने कंठ साफ कर पढ़ना आरंभ किया।

7

"आओ, भास्वर! स्वागत, मुर्तू!" अगस्त्य मुस्करा रहे थे।

मुर्तू ने चौंककर अगस्त्य को देखा, "आपको मेरा नाम कहाँ से ज्ञात हुआ?"

"क्या वह कोई गोपनीय वस्तु है?" ऋषि अब भी मुस्करा रहे थे।

"नहीं! पर..." मुर्तू समझ नहीं पा रहा था कि क्या कहे, "...आपका इस क्षेत्र के जन-जीवन से इतना अधिक संपर्क है कि किसी एक गाँव के किसी एक साधारण व्यक्ति का खोया हुआ बेटा लौट आए तो उसकी सूचना आपको हो जाए।"

गुरु की मुस्कान कुछ और गहरी हुई, "वैसे तो किसी के खोये हुए बेटे का घर लौट आना भी मानव-जीवन की बहुत बड़ी घटना है; किंतु इस समाचार को हमारे आश्रम ने दूसरे ही प्रकार से देखा है। समाचार यह नहीं है कि भास्वर का बेटा मुर्तू घर लौट आया है...।"

"तो क्या समाचार है...?" मुर्तू अचकचाया-या गुरु को देख रहा था।

"समाचार है..." गुरु की मुस्कान स्निग्ध थी, "कि राक्षसों का एक जलपोत समुद्र में चुपचाप ठहर गया। उसमें से एक नाव जल में उतारी गई और वह नाव एक व्यक्ति को समुद्र तट पर उतारकर चुपके से लौट गई। वह व्यक्ति जो तट पर उतारा गया, भास्वर का बेटा मुर्तू तो है ही, रावण के अनेक विशाल जलपोतों का निर्माता तथा नियंत्रक रहा है; और जल-परिवहन के साधनों का अधिकारी विद्वान है...।"

"क्या?" मुर्तू का मुख आश्चर्य से खुल गया, "आप यह कैसे जानते हैं? ये तथ्य मेरे माता-पिता तक नहीं जानते। उन्होंने कभी यह जानने की चिंता ही नहीं की!..."

"उन्हें इन बातों की भी चिंता करनी चाहिए, यह मैं उन्हें सिखा रहा हूँ।"

"पर आपको ये सूचनाएँ कैसी मिलीं?"

"मेरे अपने साधन हैं, पुत्र! समय आने पर तुम्हें ज्ञात हो जाएगा।" गुरु मुस्कराए, "बताओ, तुम्हारा कार्यक्रम क्या है? मेरा तात्पर्य है कि रावण के साम्राज्य का वैभव देखने के पश्चात् तुम इस वानर-यूथ के सदस्य बनकर यहाँ रहना चाहोगे? रह सकोगे? या लौट जाओगे?"

मुर्तू ने आश्चर्य से गुरु को देखा, एक साधारण-सा प्रौढ़ व्यक्ति उसके सामने बैठा था, जो अपनी वेशभूषा से, गाँव के किसी भी साधारण जन से भिन्न नहीं लगता था, सिवाय इसके कि तपस्वी होने के कारण उसके सिर पर केशों का जटाजूट था। किंतु कितना भिन्न है वह। वह जानता है कि मुर्तू गाँव में आया है। वह

जानता है कि मुर्तू का महत्त्व क्या है। वह जानता है कि मुर्तू की कठिनाई क्या है और मुर्तू के मन में कैसा द्वंद्व चल रहा है...दूसरी ओर उसका अपना पिता है, जो अपने पुत्र के विषय में भी रंचमात्र कुछ नहीं जानता...

"बाधा तो मुझे यहाँ है ही, ऋषिवर!" मुर्तू का स्वर अनायास ही सम्मानपूर्ण हो गया, "मुझे यहाँ रुकने में तो कोई लाभ नहीं दिखता।"

"लाभ किस दृष्टि से, पुत्र?" ऋषि ने पूछा, "तुम्हारी आर्थिक समृद्धि की दृष्टि से, तुम्हारे माता-पिता के सुख की दृष्टि से अथवा तुम्हारे जनपद और यूथ की प्रगति की दृष्टि से?"

मुर्तू क्षण-भर के लिए मौन रहा, फिर बोला, "मैंने इस ढंग से सोचा ही नहीं है। मैंने केवल अपने लाभ की बात कही है; और लाभ से मेरा अभिप्राय है सुख, जो भौतिक समृद्धि से ही मिल सकता है।"

"तुमने बहुत ठीक सोचा है, पुत्र!" ऋषि बोला, "रावण के साम्राज्य के किसी भी जलपत्तन में तुम्हें अपने ज्ञान और कौशल को बेचने पर पुष्कल धन प्राप्त होगा। संभव है कि तुम्हारे हाथ में कुछ प्रस्ताव भी हों और तुम उन्हीं को ध्यान में रखकर सुख-सुविधा को नाप रहे हो।"

"आप ठीक कह रहे हैं।" मुर्तू ने सहज ही स्वीकार कर लिया, "वस्तुतः मेरे पास अनेक जलपत्तनाधिकारियों के ही प्रस्ताव नहीं हैं, साम्राज्य की जल-सेना ने भी मुझसे जलपोतों के निर्माण के लिए अनुरोध किया है। मैं उनमें से किसी एक प्रस्ताव को भी मान लूँ तो मुझ अकेले के पास इतना धन हो जाएगा, जितना इस सारे जनपद के पास नहीं है।"

"तुम्हारे सुख के लिए यही उचित भी है।" अगस्त्य कुछ वक्र होकर बोले, "मेरा परामर्श है कि तुम वापस लौट जाओ। रावण की जल-सेना के लिए नये, दृढ़, शक्तिशाली तथा अधिक प्रहारक जलपोतों का निर्माण करो। उसकी सेना उन जलपेतों को लेकर आएगी और इस सारे समुद्र-तट पर आक्रमण करेगी। यहाँ से स्त्रियों, पुरुषों तथा बच्चों का उसी प्रकार अपहरण करेगी, जिस प्रकार उन्होंने एक दिन तुम्हारा अपहरण किया था। यहाँ की उपज वह लूटकर ले जाएगी। यहाँ के घर, खेत और उद्यान नष्ट करेगी। यहाँ किसी को नौका तक का पता नहीं है, युद्ध पोतों का क्या कहना। कोई उनको रोक नहीं पाएगा और वे सकुशल लौट जाएँगे।..."

"ऋषिवर!..." मुर्तू ने कुछ कहना चाहा।

"पूरी बात सुन लो, पुत्र!" अगस्त्य शांत स्वर में बोले, "उन अपहृत लोगों में तुम्हारे वृद्ध माता-पिता भी हो सकते हैं। तुम्हारी माँ युवती नहीं है, अतः वह

किसी की भोग्या नहीं हो सकती। तुम्हारा पिता किसी के यहाँ श्रमिक नहीं हो सकता। उन्हें या तो वे लोग खरीदेंगे, जो उनकी हत्या कर उनका मांस बेचेंगे, या वे भूखे-प्यासे मरने को छोड़ दिए जाएँगे। उनके पास अन्न के लिए धन नहीं होगा। अतः वे किसी मार्ग पर घिसटते-घिसटते संज्ञाशून्य होकर गिर पड़ेंगे और मर जाएँगे। उनके शवों को भी कोई उठाकर ले जाएगा और पशु-मांस में मिलाकर उनका मांस बेच देगा। तुम्हारा दास उसे खरीदकर लाएगा और पकाकर तुम्हें खिलाएगा..."

"गुरुदेव! बस करें!" मुर्तू जैसे आविष्ट हो उठा, "बस करें।"

अगस्त्य चुप हो गए। अन्य लोग भी चुप थे। आश्रम में एक उत्तेजक मौन छा गया। भास्वर चुपचाप अपनी दृष्टि एक चेहरे से दूसरे चेहरे तक घुमा रहा था, जैसे उसकी समझ में कुछ न आ रहा हो।

मुर्तू ने आँखें उठाकर स्थिर दृष्टि से गुरु को देखा, जैसे चुनौती दे रहा हो, "मैं जानता हूँ कि आपकी बात अतिशयोक्तिपूर्ण है; फिर भी मैं मान लेता हूँ कि मेरे लौट जाने से ऐसा ही होगा। इसलिए मैं नहीं जाऊँगा। मैं यहीं रहूँगा और जो काम यूथपति, ग्राम-प्रमुख या आप कहेंगे, वही करूँगा। आप बताइए, अपने काम का जितना पारिश्रमिक मुझे लंका में मिलता है, उससे अधिक न सही, उतना भी मुझे मेरा जनपद देगा? पारिश्रमिक तो छोड़िए, काम करने की वे सुविधाएँ भी देगा?..."

गुरु अप्रतिहत ढंग से मुस्कराते रहे, "नहीं देगा। न उतना पारिश्रमिक, न उतनी सुविधाएँ। यदि तुम्हारी जन्मभूमि और तुम्हारा यूथ उतना पारिश्रमिक तथा सुविधाएँ दे सकते, तो तुम्हें कुछ भी सोचने की आवश्यकता ही कहाँ थी। तब तुम ही क्या, रावण के निजी पोत-निर्माता भी बिना बुलाए यहाँ आते और हमसे काम माँगते। तब तुम ही यहाँ आते तो क्या बड़ा काम करते?"

"तो आप क्या चाहते हैं," मुर्तू ने कुछ आक्रोश के साथ कहा, "मैं जन्मभूमि के प्रेम को ही ओढ़ूँ-बिछाऊँ। ऐसा मूर्ख व्यापारी बनूँ कि जहाँ माल का मोल न मिले, अपना माल वहीं फेंक जाऊँ? क्या मुझे अपने विकास का अधिकार नहीं है? मैं अपने क्षेत्र का अधिक ज्ञान प्राप्त करने का प्रयत्न न करूँ? वहाँ न जाऊँ, जहाँ मेरे तुल्य और अधिक ज्ञान रखने वाले लोग हैं? अपने सीमित ज्ञान का अपमान करवाता इस संकीर्ण स्थान में पड़ा सड़ता रहूँ?..."

"तुम आवेश में हो, पुत्र!" अगस्त्य अपनी सहज मुद्रा में बोले, "और आवेश में संतुलित तर्क-वितर्क नहीं हो सकता। वैसे भी तुमने अनेक प्रश्न एक साथ कर डाले हैं।" वे क्षण-भर रुककर मुस्कराए, "मैं न तो ज्ञानार्जन का विरोधी हूँ,

न ज्ञान के विकास का। ज्ञानार्जन के लिए तुम्हें ब्रह्माण्ड के किसी कोने में जाना पड़े, जाओ; किंतु पुत्र! एक बात मुझसे समझ लो।''

''कहिए!'' स्वयं को संयत करने के लिए, मुर्तू को अब भी प्रयत्न करना पड़ रहा था।

''ज्ञान के क्षेत्र में दो प्रकार के लोग होते हैं'' ऋषि बोले, ''एक वे, जो ज्ञान की किसी एक शाखा में अधिकाधिक सूचनाएँ और दक्षता प्राप्त कर लेते हैं, किंतु उसके साथ अपने मानवीय व्यक्तित्व का विकास नहीं कर पाते। दूसरे वे, जो ज्ञान की किसी शाखा में सैद्धांतिक तथा व्यावहारिक दक्षता तो प्राप्त करते ही हैं, साथ-ही-साथ अपने मानवीय व्यक्तित्व का पोषण भी करते हैं। पहला वर्ग विद्वानों का है, दूसरा वर्ग ज्ञानियों का। विद्वान् लीक पर चलता है और अपनी विद्या में वृद्धि करता है, किंतु न तो इतर विद्याओं से अपना संबंध संतुलित कर पाता है और न मानव के रूप में अपना कर्तव्य निश्चित कर पाता है; जबकि ज्ञानी अपनी विद्या को आजीविका का साधन मात्र न मान, उसे ज्ञान में परिणत करता है। अन्य विद्याओं के साथ अपनी विद्या के संबंध का संतुलन स्थापित कर, रूढ़ि से हटकर मौलिक ढंग से सोचता है। वह संवेदनशील होता है, अतः मानवता के प्रति अपने कर्त्तव्य का निश्चय करता है। वह विद्या का व्यापारी नहीं, मानवता का सहायक और उद्धारक है। उसका चिंतन व्यक्तिगत स्वार्थ का चिंतन नहीं, मानवता के स्वार्थ का चिंतन है। वह किसी भी मूल्य पर अपनी विद्या को ऐसे व्यक्ति, देश या राज्य के हाथ में नहीं बेचेगा, जिससे मानवता का अहित होता हो। उसका अपना स्वार्थ ही जन-कल्याण में है...तुम पहले अपने वर्ग का निर्णय करो, पुत्र! तभी तुम अपने कर्तव्य का निश्चय भी कर सकोगे।''

अगस्त्य की बात बहुत स्पष्ट होकर मुर्तू के सामने उभरी थी। क्या कहे वह कि उसकी विद्या रावण के हाथों बिककर, समस्त पिछड़ी जन-जातियों के शोषण के काम आने के लिए ही है; या अपनी विद्या और प्रशिक्षण का बहुत कम मूल्य पाकर, स्वयं को समस्त सुख-सुविधाओं से वंचित करके भी, वह अपने इस पिछड़े जनपद के थोड़े से विकास के लिए अपने-आपको समर्पित करने को प्रस्तुत है। पहले को उसकी बुद्धि स्वीकार नहीं करती और दूसरे को उसकी महत्त्वाकांक्षा नहीं मानती।

''आपका कथन सत्य है, ऋषिश्रेष्ठ!'' कुछ समय लेकर, मुर्तू भीरु स्वर में बोला, ''किंतु इस ग्राम में रहना? आप मुझे क्षमा करें, किंतु मैं अपने ही संबंधियों के विषय में कहने को बाध्य हूँ कि कितने गंदे, फूहड़ और अपरिष्कृत लोग हैं ये। सभ्य संसार के सम्मुख इन्हें अपना कहने में भी लज्जा का अनुभव होता है।''

"तुम ठीक कहते हो, पुत्र! ये लोग गंदे, फूहड़ और अपरिष्कृत हैं।" ऋषि उच्च स्वर में हँसे, "एक बात बताओ, तुम्हारे पास कितनी धोतियाँ हैं?"

"ठीक-ठीक संख्या नहीं बता सकता।" मुर्तू कुछ संकुचित हुआ, "किंतु पर्याप्त है।"

"एक धोती स्वयं रख लो, शेष मुझे दे जाओ," गुरु बोले, "और फिर प्रतिदिन खेतों में काम करो, वन में से लकड़ियाँ और फल लाओ या समुद्र में से मछलियाँ पकड़ो। तुम्हारी धोती कितने दिनों तक स्वच्छ बनी रह सकती है?"

"कदाचित् उसका स्वच्छ बने रहना संभव नहीं है।" मुर्तू और भी संकुचित हुआ।

"यही स्थिति इस जनपद के वासियों की है।" अगस्त्य के मुख-मण्डल पर करुणा थी, "उनके पास सुविधाएँ नहीं हैं कि स्वच्छ रह सकें। पीढ़ियों से यही स्थिति है। ऐसे में यदि उन्हें इस गंदे परिवेश में जीन का अभ्यास हो जाए तो तुम उन्हें दोषी मानोगे?"

"शायद नहीं।" मुर्तू बहुत धीमे स्वर में बोला।

"तुम अपने विषय में सोचो, "अगस्त्य कह रहे थे, "अपने शैशव में जब तुम यहाँ रहते थे, क्या तुम्हें कभी लगा है कि तुम्हारे वस्त्र गंदे हैं, या तुम्हारा आचरण बहुत शिष्ट नहीं है? नहीं लगता होगा, क्योंकि इन बातों की चेतना तब होती है, जब तुम्हारे पास समय हो, साधन हों और सामने कोई उदाहरण हो। राक्षसों के संपन्न राज्य में, उनके रहन-सहन को देखकर तुम्हारी भी वैसे ही रहने की इच्छा हुई होगी; किंतु जब तक तुम्हारे पास साधन नहीं जुटे, क्या तुम उनके समान रह सके?

"नहीं।"

"नहीं रह सकते।"

"किंतु राक्षसों ने भी तो साधन जुटाए ही हैं।" मुर्तू बोला, "हम क्यों नहीं जुटा सकते?"

"मैं यह तो नहीं कहता कि वानर अच्छे जीवन-स्तर के साधन जुटा नहीं सकते," अगस्त्य बोले, "किंतु राक्षसों के विषय में इतना ही कहना चाहता हूँ कि उनके उस अतिशय समृद्ध और विलासी जीवन-स्तर का मूल्य अनेक जातियों और देशों को चुकाना पड़ता है। सैकड़ों वानरों के तन से वस्त्र छीनते हैं, तब कहीं एक राक्षस का स्वर्णिम उत्तरीय बनता है। तुम्हारे सैकड़ों बच्चों को निराहार रहना पड़ता है, तभी राक्षसों के बच्चों को पकवान उपलब्ध होते हैं। प्रत्येक ग्राम का मुर्तू अपहृत होता है, तभी राक्षसों के समुद्री बेड़े चलते हैं..."

मुर्तू ने कुछ नहीं कहा। वह कुछ सोच रहा था, जैसे मन में बात अभी स्पष्ट न हुई हो। गुरु भी चुप ही रहे, जैसे मुर्तू को अपनी सुविधानुसार सोचने और पूछने का अवकाश दे रहे हों; और भास्वर ने तो आरंभ से ही असाधारण मौन धारण कर रखा था।

अंत में मुर्तू ही बोला, "मैं आपसे तनिक असहमत नहीं हो पा रहा हूँ; किंतु आपकी बातचीत से लगता है, जैसे राक्षस बहुत क्रूर और दुष्ट होंगे। आप मेरा विश्वास करें—मैं उन लोगों के साथ रहकर आया हूँ। वे लोग तनिक भी कठोर नहीं लगते, बल्कि कभी-कभी तो वे अत्यंत करुणामय और दयालु लगते हैं।"

गुरु हँसे, "सच कहते हो, पुत्र! अपनी मान्यताओं के अनुसार तो वे लोग तनिक भी कठोर नहीं हैं। सिंह को कहाँ लगता है कि वह अन्य दुर्बल जंतुओं के प्रति कठोर है। वह तो उनको खा जाना अपना अधिकार मानता है।...वैसे भी उस साम्राज्य के साधारण नागरिक को क्या मालूम है कि उनके सैनिक सीमाओं के बाहर, दूसरे देशों में, अन्य जातियों के साथ क्या व्यवहार करते हैं। साम्राज्यों की शिष्टता के विषय में उनकी अधीनस्थ शोषित जातियों से पूछना चाहिए।"

"आप शायद ठीक कह रहे हैं।" मुर्तू स्वयं अपने-आप से बोला, "लंका में रहते हुए, मुझे अपने गाँव और अपने यूथ की स्थिति का क्या पता लगता..."

"इसलिए तुम्हारा अपने गाँव में रहना दो कारणों से बहुत आवश्यक है, पुत्र!" गुरु बोले, "तुम यहाँ रहोगे तो देखोगे कि इन लोगों की पीड़ा और अभाव के मूल में कितना इनका अपना अज्ञान है और कितना उन्नत जातियों का शोषण है। दूसरे, तुम्हें देखकर इनमें चेतना फैलेगी। वे तुमसे सीखेंगे और आगे बढ़ने का प्रयत्न करेंगे।"

मुर्तू के मन का द्वंद्व भयंकर हो उठा था। समुद्र के ज्वार के समान वह ऊँचे से ऊँचा उठता जा रहा था। किंतु मुर्तू का मन जानता था कि अगस्त्य के सम्मुख बैठकर अगस्त्य-चिंतन के विपरीत निश्चय करना संभव ही नहीं था।

लौटते हुए मुर्तू ने पाया कि अनायास ही वह अगस्त्य के विषय में सोच रहा था। वह उनकी कही हुई बातों को उन्हीं पर घटा रहा था। उसकी बुद्धि और चिंतन। मुर्तू इस प्रकार किसी से कम ही प्रभावित हुआ था।...उन्हें इस सारे प्रदेश में घटने वाली प्रत्येक छोटी-बड़ी घटना की सूचना है। इतने विस्तृत सागर-तट पर एक अकेले व्यक्ति का उतरना भी उनकी दृष्टि से छिपा नहीं रहा।...कैसे जाना होगा उन्होंने कि वह कौन है, कहाँ से आया है और क्या है? उससे तो किसी ने पूछा तक

नहीं—उसने स्वयं किसी को बताया भी नहीं। गुरु को यह सूचना उन नाविकों से ही मिल सकती है, जो उसे तट पर उतारकर लौट गए थे। तो क्या समुद्र के जल के भीतर उनसे संपर्क स्थापित किया गया होगा? कैसे? गुरु ने कहा था, उनके अपने साधन हैं। क्या उनके पास अपनी नौकाएँ और जल-सैनिक हैं? क्या यह संभव है?...मुर्तू को पता लगाना होगा।

उतनी क्षमताओं वाले इस गुरु अगस्त्य ने प्रयत्न किया होता तो किसी साम्राज्य के महामंत्री हुए होते। मुर्तू तो जलपोत-निर्माता होकर ही अपनी निर्धन और पीड़ित जाति को भूल गया। जीवन का लक्ष्य सुख, सुविधा और समृद्धि में ढूँढ़ने लग गया। आया भी तो सुविधाएँ न देखकर वापस लौट जाने की बात सोचने लग गया।...सच ही कितना मादक है राक्षसी परिवेश। मैं भी राक्षस होते-हाते बच गया...

अगस्त्य! कैसे जीत लिया होगा उन्होंने अपनी भौतिक महत्त्वाकांक्षाओं को? वनवासी का जीवन! इतने अभावग्रस्त क्षेत्र में! अनथक प्रयत्न किया है आर्यों और आर्येतर जातियों में भ्रातृभाव स्थापित करने और फिर उसे बनाए रखने में; और अब इस क्षेत्र में आर्थिक उन्नति के प्रयत्न में लगे हैं। यदि वह भी सहयोग दे? पोत-निर्माण का कार्य आरंभ करे? अनेक लोगों को आजीविका मिलेगी। सैनिक और असैनिक कार्यों के लिए जलपोत बाहर जाएँगे। उसके यूथ के लोग और इस जनपद के अन्य निवासियों को अपनी उपज व्यापार के लिए बाहर भेजने का अवसर मिलेगा...

किंतु मुर्तू आगे नहीं सोच सका। उनके जलपोतों का खुले समुद्र में इस प्रकार व्यापार करते फिरना, रावण के सैनिक और व्यापारिक बेड़े सहन कर लेंगे क्या? कभी नहीं। वह उनके साथ रहा है। उनकी स्मृति में कितनी ही ऐसी घटनाएँ सुरक्षित हैं, जब राक्षस जलसेना ने अन्य राज्यों के व्यापारिक बेड़े इसलिए लूट लिये, जला डाले अथवा डुबो दिए कि उनके कारण लंका के व्यापारियों को चुनौती का सामना करना पड़ रहा था।...वे कभी यह सहन नहीं करेंगे कि वानर भी व्यापार करें और उनके व्यापार को तनिक भी हेठा होना पड़े...

ऐसी स्थिति में व्यापारिक बेड़ों की सुरक्षा के लिए सैनिक बेड़ा भी चाहिए... मुर्तू जैसे स्वयं पर ही हँसा...क्या सोच रहा है वह! जिन लोगों ने आज तक समुद्र में एक नौका चलाकर नहीं देखी, वह उनके व्यापारिक और सैनिक बेड़ों की बात सोच रहा है।...ठीक कहते हैं गुरु अगस्त्य। वानर चाहें भी तो क्या राक्षस उन्हें उन्नति करने देंगे? उसने कभी सोचा भी नहीं था कि पिछड़ी, निर्धन और अविकसित जातियों की परतंत्रता का यह भी एक रूप है। लंका के नागरिकों

को सचमुच कैसे मालूम हो सकता है कि सारे संसार का धन उनके कोषों की ओर बहता रहे, इसका मूल्य संसार में किस-किस को कहाँ-कहाँ चुकाना पड़ रहा है। निर्बल भी कभी स्वतंत्र हुआ है? व्यक्ति हो या जाति...

पर गुरु अगस्त्य! उनको देखकर तो नहीं लगता कि उनका उत्साह कभी दमित हो सकता है—किसी भी शक्तिशाली व्यक्ति के द्वारा या राष्ट्र के द्वारा। तभी तो वे अविकसित जातियों के विकास के लिए निकले हैं...

घर लौटकर मुर्तू ने अपने पिता के सम्मुख सारी स्थिति स्पष्ट कर रखने का प्रयत्न किया। खेती का उसे तनिक भी ज्ञान नहीं था—न मिट्टी का, न बीज का, न पशु का, न उपज का। यदि वह खेती करे भी तो एक घटिया किसान सिद्ध होगा, जबकि नौकाओं और पोतों के निर्माण में वह एक दक्ष अभियंता है। यदि वह नौका-निर्माण से अपना कार्य आरंभ करे और क्रमशः पोत-निर्माण तक पहुँचना अपना लक्ष्य मानकर चले तो यह एक लाभकारी काम होगा, जो इस सारे जनपद में और कोई नहीं कर सकता। नौकाओं को पाकर समुद्र भी उनके लिए उतना ही उपयोगी हो जाएगा, जितनी कि धरती है। अनेक लोगों के लिए आजीविका के नये मार्ग खुल जाएँगे और जनपद का जीवन-स्तर अवश्य सुधरेगा।

भास्वर चकित होकर अपने पुत्र की बातें किसी अन्य लोक की बातों के समान सुनता रहा। वह इसी तथ्य से अभिभूत था कि गुरु अगस्त्य के साथ मुर्तू ने कुछ ऐसी बातें की थीं, जो उसकी समझ में नहीं आई थीं। जनपद भर का कोई भी युवक गुरु से इस प्रकार का वार्तालाप नहीं कर सकता था। यहाँ वानरों के साथ-साथ अन्य जातियों की भी बस्तियाँ थीं। भास्वर ने अनेक बार देखा था, वे सब भी गुरु के सम्मुख किस पूज्य भाव से नतमस्तक होते थे। किंतु जलपोत-निर्माण की बात तो आज तक किसी ने नहीं कही थी। उसका पुत्र क्या कुछ ऐसा कर सकता है, जो यहाँ आज तक किसी ने नहीं किया?...यहाँ का प्रत्येक युवक होश सँभालते ही अपने लिए धरती माँगता है; और मुर्तू को धरती नहीं चाहिए। मुर्तू को चाहिए समुद्र, जो' यहाँ किसी को नहीं चाहिए।...किंतु मुर्तू अपनी नौकाएँ समुद्र पर चलाना चाहता है। समुद्र पर—देवता पर। समुद्र रुष्ट हो गया तो? किंतु मुर्तू कहता है कि समुद्र पर राक्षसों के अनेक बेड़े चलते हैं। देवता उनसे रुष्ट नहीं होता?...फिर भी यह ऐसा प्रसंग था, जिसके लिए ग्राम-प्रमुख से ही नहीं, यूथपति और समुद्र देवता के पुजारी से भी अनुमति लेनी पड़ेगी...

मुर्तू ने रात-भर नौका-निर्माण के विषय में इतना सोचा कि प्रातः उसके लिए कार्य आरंभ करना अनिवार्य हो गया। उसकी इच्छा थी कि भोर होते ही वह लकड़ियाँ

क्टवानी आरंभ कर दे और कुछ तीव्रगामी नौकाओं का निर्माण कर डाले। सप्ताह-भर के भीतर दो-एक बड़ी और क्षिप्र गति वाली नौकाएँ समुद्र में डाल दे ताकि उसके गाँव और यूथवालों को उसकी उपयोगिता का ज्ञान हो...

किंतु भास्वर इसके लिए तैयार नहीं था कि बिना ग्राम-प्रमुख तथा यूथपति की अनुमति लिये, मुर्तू चुपचाप अपना काम आरंभ कर दे। यह अकेले व्यक्ति का तो काम था नहीं। लकड़ियाँ काटने से लेकर, नौका को समुद्र के जल में उतारने तक गाँववालों की सहायता की आवश्यकता पड़ेगी। यदि मुर्तू ग्राम-प्रमुख और यूथपति से अनुमति नहीं लेगा तो उसकी सहायता को कौन आएगा? फिर मुर्तू तो नौकाएँ और पोत बनाएगा मात्र। उनको चलाने और उनके उपयोग का काम तो सारे यूथ को ही अपने हाथों में लेना पड़ेगा। यदि मुर्तू ने यूथ के सहयोग के बिना एक-आध नौका बना भी ली तो वह उस नौका का क्या करेगा?

मुर्तू को भी पिता से सहमत होना पड़ा। इस सामाजिक-राजनीतिक व्यवस्था में उसका अकेले इस प्रकार का कार्य आरंभ करना हितकर नहीं था। विशेषकर ऐसा कार्य, जिसे शून्य से आरंभ करना था, जिसकी उपयोगिता का अभी यहाँ किसी को भी ज्ञान नहीं था।

वे लोग ग्राम-प्रमुख के पास पहुँचे। ग्रान-प्रमुख, मुर्तू को देखकर, कल के समान प्रसन्न नहीं हुआ।

"तुम्हें भूमि मिल जाएगी।" वह अभिवादन का उत्तर देता हुआ बोला, "किंतु खेती-योग्य भूमि एक दिन में तैयार नहीं हो सकती।"

"मैं भूमि के लिए नहीं आया।" मुर्तू बोला।

"तो?"

"मैं आपसे यह कहने आया हूँ कि मुझे भूमि नहीं चाहिए।" मुर्तू ने उत्तर दिया, "मुझे आपसे एक दूसरी ही बात कहनी है।"

"भूमि नहीं चाहिए। दूसरी ही बात कहनी है।" ग्राम-प्रमुख के चेहरे से अप्रसन्नता की रेखाएँ कम हो गईं, "आओ, बैठो।"

भास्वर और मुर्तू बैठ गए।

"देखिए, ग्राम-प्रमुख महोदय!" मुर्तू ने बात आरंभ की, "खेती बहुत अच्छा काम है, और आवश्यक भी। किंतु केवल खेती से न तो जीवन की आवश्यकताएँ पूरी हो सकती हैं और न उसमें आनंद आ सकता है।"

"ठीक कहते हो।" ग्राम-प्रमुख एकदम सहमत हो गया, "तभी तो गुरु अगस्त्य के कहने पर हमने करघे पर कपड़ा बुनना और समुद्र के जल से नमक बनाना आरंभ किया है।"

"यह आपने बहुत अच्छा किया है।" मुर्तू ने बात आगे बढ़ाई, "अब मान लीजिए कि हमारा यूथ बहुत अधिक नमक बनाने लगता है। वह नमक यूथ की आवश्यकता से अधिक होता है। क्रमशः वह नमक आपके पास एकत्रित होता जाता है। तब हमें सोचना पड़ेगा कि उस नमक का हम क्या करें?"

"इसमें सोचने की क्या बात है।" ग्राम-प्रमुख तुरंत बोला, "हम नमक बनाना बंद कर देंगे।"

"हाँ। आप यह भी कर सकते हैं, किंतु उससे नमक बनाने का कार्य करने वाले श्रमिक बेकार हो जाएँगे।" मुर्तू बोला, "आप यह भी कर सकते हैं कि उस अतिरिक्त नमक को अपने यूथ से बाहर बेचकर, उसके स्थान पर उनसे वे वस्तुएँ प्राप्त करें जो हमारे यूथ के पास नहीं हैं।"

"हाँ, यह भी हो सकता है।" ग्राम-प्रमुख ने उत्तर दिया, "पर इसमें झंझट बहुत है।"

वह मुर्तू की बात से तनिक भी उत्साहित नहीं दीख रहा था।

"एक और बात है।" मुर्तू ने बात दूसरे सूत्र से आरंभ की।

"क्या?"

"यद्यपि अब मछलियाँ पहले से बहुत अधिक पकड़ी जाती हैं, फिर भी अपने यूथ के उपयोग के लिए पर्याप्त नहीं हैं। हमें कुछ ऐसा काम करना चाहिए कि मछलियाँ और अधिक मात्रा और संख्या में पकड़ी जाएँ, ताकि सब लोगों को अपनी आवश्यकतानुसार मछलियाँ सस्ते दामों में मिल सकें।"

"हाँ, यह बात ठीक है।" ग्राम-प्रमुख इस बात से प्रभावित दिखाई पड़ रहा था, "गाँव के लोग मछली कम होने की शिकायत करते रहते हैं।"

"यह काम आप मुझे सौंप दीजिए।" मुर्तू बोला, "मैं खेती नहीं करूँगा, यही काम करूँगा।"

"अवश्य, अवश्य।" ग्राम-प्रमुख अब स्पष्ट ही प्रसन्न हो उठा था।

"मैं प्रयत्न करूँगा कि जो जाल हम समुद्र-तट पर लगाते हैं, उसे कुछ आगे ले जाकर, समुद्र के कुछ गहरे पानी में लगाया जाए। वहाँ हमारे जाल में अधिक मछलियाँ फँसेंगी।" मुर्तू ने अपनी योजना बताई।

"ठीक है! ठीक है!" ग्प्रम-प्रमुख हँस रहा था, "अच्छा विचार है। तुम यही काम करो।"

"समुद्र के भीतर जाकर जाल लगाने के लिए मैं नौकाएँ बनाऊँगा।"

"नौकाएँ क्या?" ग्राम-प्रमुख ने पूछा।

"लकड़ी का ऐसा वाहन, जो समुद्र में डूबे बिना, जल के ऊपर तैर सके।"

मुर्तू ने बताया।

"तुम उसे समुद्र में चलाओगे?"

"हाँ।"

"उससे देवता का अपमान नहीं होगा?" ग्राम-प्रमुख कुछ रुष्ट होता-सा प्रतीत हुआ, "तुम ऐसी बात सोच भी कैसे सकते हो?"

"क्यों, आप समुद्र से नमक नहीं लेते? उसके लिए उसका पानी नहीं सुखाते?" मुर्तू बोला, "उससे देवता का अपमान नहीं होता."

"समुद्र हमारा देवता है।" ग्राम-प्रमुख गंभीर मुद्रा में बोला, "वह अपनी इच्छा से हमें नमक देता है, मछलियाँ देता है।"

"पर उसके लिए आप समुद्र के भीतर जाते हैं।"

"हाँ। जहाँ तक हम बिना डूबे समुद्र में जा सकते हैं, वहाँ तक जाने का अधिकार हमें देवता ने दिया है। उसमें उसका अपमान नहीं होता।"

"इस अधिकार के विषय में आपको किसने बताया है?" मुर्तू बोला, "मेरे बचपन में तो समुद्र के जल को अपने पैरों से छूना ही देवता का अपमान था।"

"इस अधिकार की बात हमें गुरु अगस्त्य ने बताई है। उनका कहना है कि जहाँ तक जाने से देवता रुष्ट होकर हमें नष्ट नहीं करता, वहाँ तक जाने का अधिकार स्वयं देवता भी स्वीकार करता है।" ग्राम-प्रमुख का मत इस विषय में अत्यंत स्पष्ट था।

"यानी बिना डूबे मैं और आगे तक जाने लगूँ, तो इसका अर्थ यह हुआ कि मुझे और आगे तक जाने का अधिकार हैं यदि मेरी नौका न डूबे तो मुझे नौका चलाने का भी अधिकार है?" मुर्तू ने पूछा।

"हाँ-हाँ! क्यों नहीं..." ग्राम-प्रमुख कहते-कहते रुक गया, "भाई! ये बातें मेरे बस की नहीं हैं। समुद्र न तो हमारे ग्राम का है और न वह केवल हमारा देवता है। इस विषय में तो तुम यूथपति अथवा गुरु अगस्त्य से बात कर लो।"

"गुरु अगस्त्य ने तो मुझे अनुमति दे दी है।" मुर्तू ने बताया।

"तो यूथपति भी मना नहीं करेंगे। पर तुम उनसे पूछ लो। मैं इस विषय में स्वयं कोई अनुमति नहीं दे सकता।"

ग्राम-प्रमुख ने अपनी ओर से बात समाप्त कर दी थी। अब उससे अधिक तर्क करने का कोई लाभ नहीं था। यदि उसे काम करना ही था तो यूथपति के पास जाना ही होगा। वह उठ खड़ा हुआ।

पर मुर्तू का मन खट्टा हो गया था। ये कैसे लोग हैं और कैसा इनका प्रशासन है—अपना ही भला-बुरा नहीं समझते। जिस जाति की राजनीति सत्ता ऐसे मूढ़ लोगों

के हाथों में हो, वह अपनी प्रगति की क्या आशा कर सकती है? ये अपनी जड़ता के कारण इस जनपद को कभी आगे नहीं बढ़ने देंगे और विकसित जातियाँ इनका शोषण करती ही रहेंगी।

भास्वर ने बेटे को उदास देखा तो उसका मन भी हिल गया। वह समझ नहीं पा रहा था कि वह पुत्र को क्या कहकर सांत्वना दे। उसका तर्क किसी ठिकाने नहीं पहुँच रहा था। यदि मुर्तू कहता ही है तो आखिर ग्राम-प्रमुख उसे अनुमति क्यों नहीं दे देता? और यदि ग्राम-प्रमुख नहीं मानता, तो मुर्तू ही उसकी बात मान ले। वह ऐसा काम ही क्यों करना चाहता है, जिससे देवता के रुष्ट होने की संभावना है। देवता के रुष्ट होते ही ग्रामवासी, ग्राम-प्रमुख और यूथपति—सब ही रुष्ट हो जाएँगे। तब मुर्तू के लिए ही नहीं, भास्वर के लिए भी यहाँ रहना असंभव हो जाएगा।

किंतु मुर्तू कहता है कि यहाँ से अपहृत होने के बाद, वह आज तक नौकाओं और जलपोतों में ही यात्राएँ करता रहा है। उससे देवता कभी रुष्ट नहीं हुए, नहीं तो मुर्तू अब तक जीवित कैसे रहता!...भास्वर का मन होता था कि वह उसकी बात मान ले और ग्राम-प्रमुख को अपनी ओर से भी कुछ कहे...पर कहने का क्या लाभ? जब अनुमति देने का अधिकार यूथपति को ही है तो उन्हीं से बात की जाए।

"तुम उदास मत होओ, पुत्र!" अंत में भास्वर बोला, "मुझे आशा है कि यूथपति तुम्हें अवश्य ही अनुमति दे देंगे। यदि वे अनुमति न भी दें, तो हम गुरु अगस्त्य के पास जा सकते हैं। उनमें लोगों को समझाने की अद्भुत क्षमता है। कई बार उनके समझाने पर यूथपति भी अपनी हठ से टल जाते हैं। और बेटा!..." वह रुकते-रुकते बोला, "यदि वे लोग अनुमति न ही दें तो इसे अपने कल्याण की दृष्टि से ठीक ही मानो। देवता रुष्ट हो गए तो सचमुच अनर्थ हो जाएगा।"

मुर्तू ने पिता को देखा। वृद्ध के चेहरे पर पुत्र का स्नेह और देवता का भय—दोनों ही वर्तमान थे।

उसने पिता की बात का कोई उत्तर नहीं दिया। वह सोच रहा था कि एक बार यूथपति से मिल ही लिया जाए।

यूथपति से मिलना, ग्राम-प्रमुख से मिलने के समान सरल नहीं था। उसका शासन एक गाँव तक ही सीमित नहीं था। उस पर प्रशासनिक के साथ-साथ सैनिक दायित्व भी थे। और मुर्तू ने देखा कि उसके पास ग्राम-प्रमुख से कहीं अधिक विलास-सामग्री

भी थी। उन सबके लिए भी उसे समय की आवश्यकता थी।

मुर्तू मन-ही-मन स्वयं को अपमानित-सा पा रहा था। लंका में शायद उसे स्वयं सम्राट् से मिलने में इतनी बाधाएँ न झेलनी पड़तीं, जितनी यहाँ यूथपति से मिलने के लिए उसके मार्ग में आ रही थीं। उसे लगा, उसका उत्साह कम होता जा रहा है। जहाँ कोई उसका महत्त्व ही नहीं समझता, वहाँ वह काम किसके लिए करे?...पर दूसरे ही क्षण उसने स्वयं को समझाया—ऐसे तो कोई भी बात नहीं बनेगी। लोग उसका मूल्य नहीं समझते तथा स्वयं को अधिक महत्त्वपूर्ण मानते हैं; और वह अपने अहंकार को दबाकर स्वयं को यह नहीं समझा पाता कि वह अपनी मातृभूमि के हित के लिए कुछ करना चाहता है। यदि वह अपनी जाति पर कृपा करना चाहता है तो यहाँ किसी को उसकी आवश्यकता नहीं है; कोई उससे याचना करने नहीं गया था। उसे स्वयं को ही समझाकर चलना पड़ेगा...

उसने संकल्प किया कि वह यूथपति से मिलकर ही जाएगा, मार्ग में चाहे कितनी ही बाधाएँ क्यों न हों। यदि वह बुद्धि-मेधा की दृष्टि से विशिष्ट है, तो उसे व्यवहार में प्रमाणित भी करना होगा। यदि वह इस अर्द्ध-सभ्य प्रशासन के छोटे-मोटे सैनिकों और नायकों से पार न पा सका तो उसकी विशिष्टता ही कैसी?

थोड़े से ही प्रयत्न से बात स्पष्ट हो गई कि अनुमति का मूल्य क्या है। मुर्तू ने एक रजत-मुद्रा नायक की मुट्ठी में थमा दी। नायक ने एक बार उस मुद्रा को देखा और भौंचक-सा मुँह खोले मुर्तू को देखता रह गया। उसने अब तक जैसे मुर्तू का इतना मूल्य नही आँका था। अब उसका महत्त्व समझते ही वह सचेष्ट हो उठा और तत्काल उसने मुर्तू के लिए यूथपति से मिलने की अनुमति प्राप्त कर ली।

मुर्तू एक सैनिक के साथ, यूथपति से मिलने के लिए चला तो मन में ग्लानि का भाव लिये हुए था।...वह अपने स्वार्थ के लिए कुछ नहीं चाहता। वह कोई व्यापार कर अपने लिए वैभव एकत्रित करने नहीं आया है। वह तो अपने यूथ और इस जनपद की उन्नति के लिए शुभ कार्य करना चाहता है।...उसके लिए उसे उत्कोच देना पड़ा है।...उत्कोच! उसने यह ठीक किया? क्या यह अनुचित नहीं था? उसने अनेक शासनों के विभिन्न कार्यालयों नें अनेक धन-लोलुप व्यापारियों को अपना स्वार्थ सिद्ध करने के लिए उत्कोच देते देख, उनके प्रति घृणा का अनुभव किया है।...और आज उसने स्वयं वही किया।...उसने स्वार्थ-सिद्धि के लिए ऐसा नहीं किया, किंतु उच्च लक्ष्य के लिए कैसा निकृष्ट माध्यम! मुर्तू के मन की ग्लानि धुल नहीं पा रही थी।...

यूथपति हृष्ट-पुष्ट और स्वस्थ व्यक्ति था। उसके रख-रखाव को देखकर मुर्तू

को लगा कि इस निर्धन यूथ के पति के लिए इतना वैभव अननुपातिक था।...अगस्त्य ने राक्षसों के विषय में जो कुछ कहा था, क्या वह इस यूथपति पर भी लागू नहीं होता? उसके वैभव का मोल चुकाने के लिए साधारण वानरों को नंगे-भूखे नही रहना पड़ता? क्या अगस्त्य की दृष्टि इस ओर नहीं गई; या वे यूथपति से कह नहीं सके कि यदि उसके लिए यह प्रासाद न बनता तो यूथ के आधे लोगों के लिए पक्के मकान बन जाते...

यूथपति ने उसे देखा, "क्या काम है?"

मुर्तू ने उसे उस प्रकार समझाने का प्रयत्न नहीं किया, जैसे उसने ग्राम-प्रमुख को समझाया था। उसने स्पष्ट कहा, "मैं समुद्र में चलने के लिए नौकाओं के निर्माण की अनुमति चाहता हूँ।"

"अनुमति!" यूथपति अपने होंठों में बुदबुदाया। फिर उसने पास खड़े सैनिक की ओर देखा और आदेश दिया, "पुरोहित को बुलाओ।"

सैनिक चला गया। यूथपति कुछ इस भाव से बैठा रहा, जैसे मुर्तू का कोई अस्तित्व ही न हो और वह अपने कक्ष में अकेला हो।

पुरोहित शीघ्र ही आ गया। कदाचित् वह कहीं पास ही उपलब्ध था।

"यह व्यक्ति किसी बात की अनुमति चाहता है।" यूथपति ने उसे बताया।

पुरोहित ने मुर्तू की ओर देखा, "तुम कौन हो? मैंने तुम्हें पहले कभी नहीं देखा।"

मुर्तू सचेत हुआ। यह व्यक्ति यूथपति के समान मूर्ख नहीं था। उसने अपना परिचय दिया और अंत में नौका-निर्माण की अनुमति की बात कही।

अपनी बात के अंत तक आते-आते मुर्तू ने देखा कि पुरोहित पहले जैसा सहज नहीं रह गया था। वह उसे कुछ क्षुब्ध भी लगा और भयभीत भी।

मुर्तू की बात समाप्त होते ही, पुरोहित स्पष्ट और दृढ़ स्वर में बोला, "तुम राक्षसों के राज्य में से राक्षसी विद्याएँ सीखकर आए हो। अपने राज्य में उन विद्याओं का प्रयोग करने की अनुमति देकर, अपने देवता को रुष्ट कर अपनी प्रजा का नाश हम नहीं करवाएँगे। तुम्हें इसकी अनुमति नहीं दी जा सकती।"

"देवता रुष्ट नहीं होंगे..."

पुरोहित ने मुर्तू को अपनी बात पूरी भी नहीं करने दी, "देवता किस बात से रुष्ट होते हैं, किससे नहीं, इसको तुमसे बहुत अधिक मैं जानता हूँ। मैं समुद्र देवता का पुजारी और पुरोहित हूँ। उनकी इच्छा मेरे मन में उदित होती है और मेरी जिह्वा से प्रकट होती है।...तुम्हें अनुमति नहीं दी जा सकती।"

पुरोहित ने यूथपति की ओर देखा और यूथपति ने तत्काल अपना समर्थन

प्रकट किया, "पुरोहित ठीक कह रहे हैं।"

मुर्तू लौट पड़ा। वह अत्यंत पीड़ित था। उसकी संपूर्ण आस्था जैसे हिल उठी थी।

8

धर्मभृत्य ने पढ़ना बंद कर, आगंतुक की ओर देखा, "क्या बात है, भीखन?"

सबका ध्यान भीखन की ओर चला गया—उसकी साँस धातुकर्मी की धौंकनी के समान चल रही थी और वह स्वेद से नहाया हुआ था।

"मुझे लगता है कि यह मुर्तू को समझाने के लिए इतनी दूर से भागता आया है। क्यों भीखन भैया!" लक्ष्मण ने मुस्कराकर उसे देखा, किंतु वे छिपा नहीं पाए कि कथा के प्रवाह में भीखन का इस प्रकार बाधा-स्वरूप उपस्थित होना उन्हें एकदम अच्छा नहीं लगा था।

"मुर्तू कौन है?" भीखन ने आश्चर्य से पूछा।

"पहले तुम बताओ कि इस समय हाँफते हुए कैसे आए?" राम बोले, "क्या दौड़ते हुए आए हो?"

"हाँ, भद्र राम!" भीखन बैठ गया, "थोड़ा दम लेकर बताता हूँ। बहुत महत्त्वपूर्ण सूचना लेकर आया हूँ।"

महत्त्वपूर्ण सूचना की चर्चा से सबने भीखन की ओर देखा; और भीखन एकदम चुप होकर बैठ गया।

शरभंग के आश्रम से सुतीक्ष्ण के आश्रम तक और उसके पश्चात् अपने गाँव की सीमा तक भीखन उनके साथ आया था। राम सोच रहे थे—इसी भीखन ने बताया था कि धर्मभृत्य लेखक भी है और उसने अगस्त्य-कथा लिखी है। अवश्य ही भीखन धर्मभृत्य के निकट संपर्क में रहा है, यद्यपि उसका गाँव यहाँ से बहुत निकट नहीं है...

भीखन का श्वास कुछ स्थिर हुआ तो उसने दो-तीन लंबी साँसें लीं—बैठने की भंगिमा बदली और बोला, "यदि थोड़ा जल मिल जाता।"

एक ब्रह्मचारी द्वारा लाया गया जल पीकर उसकी मुद्रा कुछ सहज हुई तो बोला, "भद्र राम! बात यह है कि हमारा जो भू-स्वामी है न भूधर, उसके भवन में शस्त्र चमक रहे हैं। उसके घर में काम करने वाला एक अनुचर मेरा मित्र है। उसी ने मुझे यह सूचना दी है कि भूधर के अनेक मित्र मिलकर सैनिक एकत्रित

कर रहे हैं। कदाचित् उनके पास जनस्थान से राक्षस सैनिकों की कोई टुकड़ी भी आ पहुँची है। उन्होंने मुनि धर्मभृत्य के मित्र मुनि आनंदसागर के आश्रम पर आक्रमण कर उन्हें बंदी कर लिया है और अब वे आपके आश्रम पर आक्रमण करने की योजना बना रहे हैं।''

''आनंदसागर के आश्रम पर आक्रमण क्यों हुआ?''

''वे मुनि धर्मभृत्य के मित्र हैं।''

''किंतु भूधर की धर्मभृत्य से क्या शत्रुता!'' लक्ष्मण बोले।

''शत्रुता क्यों नहीं है।'' भीखन बोला, ''धर्मभृत्य राम को बुलाकर लाए हैं, उन्होंने राम को अपने आश्रम में ठहराया है। राम ने उग्राग्नि को खदेड़कर खान के श्रमिकों को मुक्त कर दिया है...। जो श्रमिक सिर उठाकर कभी आकाश नहीं देखता था, वह अब खान का स्वामी हो गया है...''

''किंतु उग्राग्नि तो राक्षस नहीं था, उसके खदेड़े जाने से भूधर को क्या कष्ट है?'' शुभबुद्धि समझ नहीं पा रहा था।

''वैसे तो खान-श्रमिक भी आर्य नहीं हैं।'' भीखन बोला।

राम मुस्कराए, ''भीखन ने बात स्पष्ट कर दी है। जाति कोई अर्थ नहीं रखती, मूल बात व्यवस्था की है। उग्राग्नि की व्यवस्था राक्षसी व्यवस्था थी, जिसमें एक व्यक्ति अनेक मनुष्यों के श्रम की आय को झपटकर उन्हें भूखा मारना चाहता है तथा स्वयं अपने लिए उस आय से विलास की सामग्री एकत्रित करना चाहता है। यदि कोई उसका विरोध करे तो वह हिंसा पर उतर आता है। शस्त्र-शक्ति द्वारा दमन से वह अपने शोशण का क्रम चलाए रखना चाहता है। हमने उग्राग्नि की व्यवस्था नष्ट कर दी है—उससे अन्य शोषकों को अपनी व्यवस्था के लिए संकट दिखाई पड़ने लगा है।'' राम हँस पड़े, ''है न अद्भुत बात। अग्निवंश के अत्याचार को बनाए रखने के लिए जनस्थान से राक्षसी सेना आई है।''

''पर वैसे देव जातियों और राक्षसों में घोर शत्रुता है।'' सीता ने कटु स्वर में टिप्पणी की।

'वह शत्रुता अपने स्थान पर है, किंतु न इन्द्र चाहेगा और न रावण कि इस क्षेत्र की ये जन-जातियाँ समर्थ होकर अपने पैरों पर खड़ी हो जाएँ।'' राम शांत स्वर में बोले, ''ऐसा आभास मुझे चित्रकूट से ही होता चला आ रहा है; अन्यथा इन्द्र और उसके पुत्र की स्थान-स्थान पर उपस्थिति के प्रमाण होते हुए भी, सामान्य-जन राक्षसों के कारण इतना असुरक्षित और पीड़ित क्यों होता?'' वे भीखन की ओर मुड़े, ''भीखन! उनकी योजना क्या है?''

''योजना का तो मुझे पता नहीं, आर्य! केवल इतनी ही सूचना मिली है कि

वे उस आश्रम को अपने सैनिक शिविरों में बदल चुके हैं और इस आश्रम को नष्ट कर देना चाहते हैं। उन्हें शायद कुछ और भूस्वामियों की सेनाओं की प्रतीक्षा है। उनके आते ही वे आक्रमण करेंगे।''

''तो क्रम आरंभ हो गया है।'' राम वाचिक चिंतन-सा करते हुए बोले, ''अत्याचारी सेनाएँ अपना पंजा फैलाने को उद्यत हो रही हैं; अब जन-सेना के रूप में आश्रम-वाहिनियों और ग्राम-वाहिनियों का भी निर्माण होना ही चाहिए।'' सहसा वे लक्ष्मण की ओर मुड़े, ''अपनी सीमा के मचान बन गए हैं?''

''वे संध्या समय ही तैयार हो चुके थे।'' लक्ष्मण बोले, ''मुखर ने सीमा-संचार की व्यवस्था भी कर दी थी।''

''तो मुखर! सीमा-संचार वालों को सावधानी-संदेश भेज दो; और यह अवश्य कहला देना कि उन्हें बिना आदेश पाए, राक्षस-सेना का विरोध नहीं करना हैं केवल हमें सूचना देनी है।''

मुखर उठकर चला गया।

''कृतसंकल्प!'' राम बोले, ''मुख्य वाहिनी के सदस्यों को उनके शस्त्रों सहित आश्रम के मध्य में एकत्रित होने का संदेश दो। सौमित्र! तुम बस्ती में मोर्चा बाँधो। सीते! तुम आश्रम की सुरक्षा तथा शस्त्रागार की व्यवस्था सँभालो। धर्मभृत्य! आवश्यकता के अनुसार आपूर्ति का काम तुम करो।''

राम उठ खड़े हुए।

तत्काल सारी व्यवस्था की गई। आश्रम और बस्ती का सारा क्षेत्र युद्ध-शिविर में परिवर्तित हो गया।

सारी रात प्रतीक्षा होती रही। चेतावनियाँ, सूचनाएँ और आदेश लेकर लोग इधर-उधर भागते रहे। किंतु उजाला फूटने तक राक्षसों के आने का कहीं दूर-दूर तक पता नहीं था। उग्राग्नि की धमकी के पश्चात् यह दूसरी रात थी, जो प्रतीक्षा में जागकर बिताई गई, किंतु आक्रमणकारी नहीं आए।

उजाला फूटते ही, पुनः नई सूचनाएँ आने-जाने लगीं। रात के प्रहरी बदल दिए गए। मचान पर बैठ चौकसी करने का काम, अधिकांशतः रात को नींद लेने वाली स्त्रियों और किशोरों को सौंपा गया। रात को जगे हुए लोग अल्पकालिक विश्राम के लिए चले गए।

राम ने अपनी वाहिनी को मध्याह्न तक के विश्राम के लिए भेज दिया।

थोड़े से अंतराल के पश्चात्, स्नान इत्यादि कर लक्ष्मण, मुखर, सीता, धर्मभृत्य, कृतसंकल्प, अनिंद्य तथा भीखन इत्यादि लोग आश्रम में एकत्रित हुए तो उन्होंने

देखा कि राम अभी तक उसी प्रकार चिंतन की मुद्रा में बैठे थे। कदाचित् उनके मन में कुछ योजनाएँ आकार ले रही थीं।

"क्या सोच रहे हैं, प्रिय?"

चौंककर राम ने उन लोगों को देखा। दो-चार बार पलकें झपककर मुस्कराए, "आ गए तुम लोग। बैठो, कुछ बातें करनी हैं।"

उनके बैठने पर राम बोले, "भीखन, तुम्हारा क्या विचार है, क्या सचमुच आनन्दसागर के आश्रम में राक्षस सैनिक शस्त्रों सहित एकत्रित हैं?"

"यह बात उतनी ही सच है, जितना मेरा यहाँ उपस्थित होना। यदि मैं इतना निश्चिंत न होता तो इतनी दूर आकर आप सबको रात-भर जागने का कष्ट न देता।"

"तो उन्होंने आक्रमण क्यों नहीं किया?"

"आर्य! ठीक-ठीक कारण तो वे लोग स्वयं ही बता सकते हैं।" भीखन गंभीर स्वर में बोला, "किंतु मेरा ऐसा अनुमान है कि जिन सैनिकों की वे प्रतीक्षा कर रहे थे, वे शायद अभी पहुँचे नहीं; अन्यथा आक्रमण एकदम निश्चित था।"

"इसका अर्थ यह हुआ कि उनका आक्रमण-काल किसी अन्य सैनिक सहायता पर निर्भर होने के कारण अनिश्चित है। किंतु हम यहाँ बैठे प्रतीक्षा नहीं कर सकते। उनको अधिक समय देने से आनन्दसागर तथा उनके सहयोगियों के प्राणों का संकट बढ़ता जाएगा।" राम बोले, "अच्छा भीखन! यह बताओ कि यदि आनन्दसागर के आश्रम पर ठहरी हुई सेना पर आक्रमण हो, तो तुम्हारे ग्रामवासियों की क्या प्रतिक्रिया होगी? क्या ग्रामवासी भूधर की रक्षा के लिए आएँगे?"

भीखन जोर से हँसा, "ग्रामवासी सरल अवश्य होते हैं, राम! किंतु इतने मूर्ख नहीं होते कि अपना पक्ष ही न पहचानें। वर्ष-भर के श्रम से उपजाया हुआ अन्न जो कर के नाम कर छीन लेता है; जिसने प्रत्येक घर की कोई-न-कोई बहू-बेटी छीनकर बेच दी है, गाँववाले उसका पक्ष लेकर क्यों लड़ेंगे?"

"प्रत्येक घर की बहू-बेटी बेच दी है?" सीता चकित थीं।

"हाँ, देवि!"

"कैसे?"

"सीते! थोड़ी देर धैर्य करो।" राम बोले, "बताओ, भीखन! यदि ग्रामवासी भीखन की ओर से लड़ेंगे तो क्या वे तटस्थ रहेंगे?"

"नहीं, राम!" भीखन बोला, "सच्ची बात तो यह है कि ग्रामवासी अपनी ओर से तैयार हैं कि अवसर मिलते ही वे भूधर से प्रतिशोध लें। देखा जाय तो ग्रामवासियों के पास इतना जनबल तथा मनोबल है कि वे भूधर और उसके सैनिकों

से निबट लें; किंतु भूधर के विरुद्ध स्वर उठाते ही अन्य स्थानों से राक्षस सैनिकों की टोलियाँ जमा हो जाती हैं। तब ग्रामवासियों की पीड़ा और भी बढ़ जाती हैं।''

''बड़ी सरल बात है।'' राम बोले, ''राक्षस संगठित हैं और सामान्य-जन संगठित नहीं है। उनकी सहायता के लिए उनके पक्षधर और सेनाएँ आती हैं; सामान्य-जन के न पक्षधर आते हैं और न सेनाएँ। संघर्ष में संगठन सदा जीतता है।'' राम ने रुककर एक बार सबको देखा, ''अब स्थिति यह है कि वे लोग हम पर आक्रमण करने की तैयारी में हैं। हमारे सामने एक विकल्प तो यह है कि हम सतर्क रहकर प्रतीक्षा करें। रातों को जागें और दिन में प्रतीक्षा का तनाव झेलें। शत्रु को पूरा अवसर दें कि वह आनन्दसागर तथा उनके साथियों की अपनी इच्छानुसार हत्या कर लें और अपनी सुविधा से अपनी निश्चित कार्य-पद्धति के अनुसार, इच्छित सैन्य शक्ति लेकर, हमसे लड़ें और यदि हमें असावधानी के क्षण में घेर सकें तो अपनी कामनानुसार हमारा नाश कर लौट जाएँ...।''

''और दूसरा विकल्प?'' लक्ष्मण मुस्करा रहे थे।

''दूसरा विकल्प यह है कि यदि तुम लोग यहाँ की रक्षा सँभालो, मुझे और मेरी जन-वाहिनी को मुक्त करो और भीखन ग्रामवासियों द्वारा हमारी सहायता का वचन दें तो हम अपनी सुविधा से उन पर आक्रमण करें और उन्हें अपनी रणनीति के अनुरूप लड़ने को बाध्य करें।...मैं चाहता हूँ कि एक तो हम आनन्दसागर तथा उनके साथियों को जीवित मुक्त करने का प्रयत्न करें और इससे पूर्व कि भूधर को कहीं से सहायता मिले, हम उनको नष्ट कर दें।''

''आप राक्षसों की सेना पर आक्रमण करेंगे!'' शुभबुद्धि का स्वर चिंतित था, ''क्या यह उचित होगा? आत्म-रक्षा की बात और है।''

''किंतु आनन्दसागर की रक्षा भी तो आत्म-रक्षा ही है।'' धर्मभृत्य बोला।

मुखर हँसा, ''अपने बिल में मृत्यु की प्रतीक्षा में दुबके रहना आत्म-रक्षा और शत्रु के घर को ध्वस्त कर निश्चिंत हो जाना अनावश्यक हिंसा?''

''ठहरो, मुखर!'' राम बोले, ''देखो, शुभबुद्धि! यह युद्ध है। प्रतिरक्षात्मक युद्ध केवल अपनी मृत्यु के साथ समाप्त होता है, जबकि आक्रमण युद्ध शत्रु की मृत्यु के साथ ही समाप्त हो सकता है। इस क्षेत्र का अब तक का संघर्ष आत्म-रक्षात्मक ही रहा है; यहाँ तक कि आनन्दसागर आश्रम पर आक्रमण होने की स्थिति में धर्मभृत्य के आश्रम से सहायता तक नहीं गई है। यह आत्म-रक्षा के संकुचित अर्थ की चरम सीमा है—जिस पर प्रहार हो, वही सहन करे। परिणामतः राक्षसों का स्थान सदा सुरक्षित रहा है; और वे कभी पराजित नहीं हुए। हमें अपने दृष्टिकोण की इस भूल को समझना होगा। वैसे भी सुविधाओं का युद्ध रक्षात्मक हो सकता है,

न्याय का युद्ध रक्षात्मक कैसे होगा?"

"आप क्या सोच रहे हैं, भैया?" लक्ष्मण बोले, "हमें यहाँ छोड़कर, स्वयं अकेले जाना चाहते हैं?"

"नहीं। मैं युद्ध के मोर्चे का विस्तार करना चाह रहा हूँ।" राम बोले, "युद्ध यहाँ से वहाँ तक होगा। तुम अपनी टुकड़ियों के साथ यहाँ रहो, मैं अपनी जन-वाहिनी के साथ वहाँ जाऊँगा। वैसे भी इस मुक्त-क्षेत्र का विस्तार न हुआ तो हम घेरकर समाप्त कर दिए जाएँगे।"

"कब जाना चाहते हैं?" सीता ने प्रश्न किया।

"भीखन! तुम्हें ग्रामवासियों को तैयार करने में कितना समय लगेगा?"

"अभी चल दूँ तो मध्याह्न तक सब-कुछ तैयार होगा।"

"तो तुम कुछ खा-पीकर चल पड़ो।" राम बोले, "मैं मध्याह्न के पश्चात् चलूँगा। संध्या-समय हमें गाँव की सीमा पर मिल जाना।"

"ठीक है।" भीखन ने कुछ दबे स्वर में कहा, "पर पक्की बात है न?"

"पुष्टि की आवश्यकता नहीं है।" राम हँसे, "सीते! भीखन के भोजन का प्रबंध कर दो।"

सीता ने भोजन परोसते हुए कहा, "भीखन भैया! मेरा प्रश्न बीच में ही रह गया था। भूधर कैसे ग्राम की बहू-बेटियाँ छीनकर बेच देता था?"

"ओह! वह!" भीखन खाते हुए बोला, "ऐसा है, देवी वैदेही! ग्रामीण बहुत निर्धन हैं। जी-तोड़ परिश्रम करते हैं। उपज भी अचछी होती है; किंतु कुछ कर के नाम पर, कुछ शुल्क के नाम पर तथा कुछ तंत्र-मंत्र और भगवान के नाम पर—भूधर तथा उसके सहयोगी हमसे इतना छीन लेते हैं कि हमारे पास दो समय का भोजन भी कठिनाई से बचता है। ऐसे में जब विवाह इत्यादि का अवसर आता है तो वर को कन्या के पिता को देने के लिए धन की आवश्यकता होती है। तब ऋण के लिए भूधर के पास जाना पड़ता है। वह हितू के रूप में धन की सहायता करता है और विवाह करवा देता है..."

"ठहरो!" सीता बोलीं, "तुमने कहा, कन्या के पिता को देने के लिए वर को धन की आवश्यकता है?"

"हाँ, देवि!"

"ओह! किंतु किसलिए?"

"कन्या का मूल्य चुकाने के लिए!"

"भीखन भैया! हमारे यहाँ तो कन्या का पिता कन्या की ओर से वर को

दहेज देता है।''

''हमारी रीति इसके विपरीत है, देवि! कन्या का मूल्य चुकाए बिना विवाह नहीं हो सकता।''

''अच्छा! तो फिर?''

''विवाह के पश्चात् ऋण चुकाने के समय तक खेत भूधर के हो जाते हैं। अपना पेट पालने के लिए हम अपने ही खेतों में भूधर के दासों के समान कार्य करते हैं। उससे दो समय का भोजन मिल जाता है...''

''अर्थात् अपने खेतों में स्वयं ही परिश्रम कर, अन्न उपजा, दो समय का भोजन अपने लिए रख, शेष भूधर को दे देते हो?''

''इतना ही नहीं, देवि! ऋण फिर भी हम पर चढ़ा रहता है।''

''खाते चलो, भीखन!'' सीता बोलीं, ''फिर?''

''फिर क्या! थोड़े ही समय में निर्धनता तथा परिश्रम की मार से पति-पत्नी झगड़ने लगते हैं। भूधर ऋण चुकाने के लिए अलग तंग करता है। जल्दी ही ऐसी स्थिति आ जाती है कि आदमी जीवन से ऊब जाता है।'' भीखन बोलता गया, ''तब भूधर के चेले-चाटे सुझाते हैं कि 'ऋण से मुक्ति चाहते हो, तो अपनी पत्नी भूधर के हाथ बेच दो। जब पैसे होंगे, छुड़ा लेना। तुम भी तो उसका मूल्य चुकाकर ही उसे लाये हो।' आपको क्या बताऊँ, देवि! लोग इतने दुखी हो चुके होते हैं कि उनकी बात मान जाते हैं। भूधर अनेक स्त्रियों का इसी प्रकार क्रय कर कहीं दूर जाकर बेच आता है। पता नहीं वह उनसे वेश्यावृत्ति कराता है या...''

''तुम लोग यह सब देखते-जानते-समझते हो, भीखन भैया! और फिर भी सहे जाते हो?'' सीता के नयनों में ज्वाला जल उठी, ''यह तो अच्छा ही हुआ कि राम तुम्हारे ग्राम जाने की योजना बनाए बैठे हैं, नहीं तो धनुष-बाण लेकर मुझे जाना पड़ता।''

''देवी वैदेही! हम सब बहुत दुखी हैं, किंतु शरभंग तथा सुतीक्ष्ण जैसे दिग्गज ऋषियों की असमर्थता देखकर भयभीत हुए बैठे हैं। प्रश्न यह है कि बिल्ली के गले में घंटी कौन बाँधे?...'' भीखन हँसा, ''किंतु शायद अब परिस्थितियाँ बदल गई हैं। इस आश्रम तथा साथ-ही-साथ खान और बस्ती की मुक्ति ने लोगों में साहस भर दिया है। ग्रामीण जन तो प्रस्तुत ही हैं, गाँव से कुछ कोस आगे मुनि धर्मभृत्य के ही मित्र मुनि सुखप्रिय का आश्रम है। वे भी राम को अपने आश्रम में आमंत्रित करने की इच्छा प्रकट कर चुके हैं।...मैंने अकारण ही भद्र राम को आश्वासन नहीं दिया है, देवि!''

''ऐसी स्थिति में तुम्हारा सफल होना अनिवार्य है।'' सीता तेजस्वी में बोलीं,

"समझते हो न, असफलता का परिणाम क्या होगा?"

"भली प्रकार समझते हैं, देवि!"

भीखन ग्राम की सीमा से इधर ही वन में राम को मिल गया।

"सब ठीक है, भीखन!"

"आर्य! सारा ग्राम आपकी प्रतीक्षा कर रहा है; और भूधर अपने राक्षस सैनिकों की।"

"पहले कौन पहुँचा?"

"आप!"

"तो विजय भी हमारी ही होगी।" राम मुस्कराए, "भीखन! तुम्हें भय तो नहीं लग रहा है? मेरे साथ केवल बीस व्यक्ति हैं।"

भीखन भी मुस्कराया, "इतना ही भीत प्रकृति का होता तो ऋषि सुतीक्ष्ण के आश्रम में तपस्या कर रहा होता, राम को बुलाने धर्मभृत्य के आश्रम में न जाता।"

"स्वस्ति, भीखन! तुम वीर हो।" राम बोले, "अब ग्राम में आओ। जिसको जो प्रहारक वस्तु मिले, लेकर प्रस्तुत रहो। आश्रम पर आक्रमण का संकेत मिलते ही भूधर के भवन पर जा टूटो। प्रयत्न यह हो कि उनके अधिक-से-अधिक शस्त्र छीन सको। भूधर के भवन में अधिक सैनिक तो नहीं हैं?"

"नहीं, आर्य! दो-चार साधारण प्रहरी हैं।"

"तो ठीक है। जाओ।"

भीखन वृक्षों के पीछे अदृश्य हो गया तो राम भी आश्रम की ओर मुड़े। राम के पीछे उनके बीस जन-सैनिक निःशब्द चल रहे थे। सैनिकों के पास खड्ग थे; और राम सावधानी से अपना धनुष पकड़े, किसी भी आकस्मिक आक्रमण के लिए तैयार थे।

वे लोग निर्विघ्न आश्रम के निकटतर होते गए; किंतु एक दूरी से ही आश्रम में होने वाले कोलाहल का आभास उन्हें मिलने लगा था। राम को समझते देर नहीं लगी कि राक्षस अपनी विजय का आनंदोत्सव मना रहे थे। राम के होंठ एक अस्पष्ट-सी मुस्कान की मुद्रा में शिथिल हो गए—शत्रु चतुर तो नहीं ही था, सावधान भी नहीं था। आततायी जन-शत्रु अपने विलास के कारण ही अधिकांशतः असावधानी में मारा जाता है।

राक्षसों को राम के आने का पता तब चला, जब वे आश्रम के केंद्र में एकत्रित सभा के सामने जा खड़े हुए। एक राक्षस का नशे में लड़खड़ाता स्वर आया, "आ

गई! आ गई! तुम्हारी प्रतीक्षित सेना आ गई, भूधर! चलो, अब धर्मभृत्य के आश्रम को लूटें। वहाँ अनेक श्रमिक सुंदरियों के साथ, राम की अत्यंत सुंदरी सीता भी हाथ लगेगी...''

वे लोग मदिरा पीकर धुत्त थे। उन्हें अपना-पराया कुछ नहीं सूझ रहा था। वैसे वे सब सशस्त्र थे। कुछ के पास शूल थे, कुछ के पास करवाल तथा तीन-चार धनुर्धारी भी थे।

''अरे! यह तो वे लोग नहीं लगते।'' एक राक्षस आँखों पर अपनी हथेली की छाया कर उन्हें पहचानने का प्रयत्न कर रहा था, ''नहीं तो यह तपस्वी...''

''मैं राम हूँ।'' राम ने मुक्त कंठ से घोषणा की, ''तुम्हें धर्मभृत्य के आश्रम तक नहीं जाना पड़ेगा।''

''राम!'' उनमें से एक चिल्लाया, ''मारो! मारो! राक्षसद्रोही आ गया। वानरों का साथी, कंगला राजकुमार...''

''सावधान!'' राम ने अपने साथियों को संकेत किया; और इससे पूर्व कि राक्षस उन पर झपटते, राम के धनुष से बाण छूटने लगे और दो क्षणों से ही चारों धनुर्धारी राक्षस अपने धनुषों के साथ भूमि पर आ रहे। उनके कंठों से निकले पीड़ा-प्लावित चीत्कार हवा में दूर तक तैरते चले गए।

...गाँव की दिशा से भी भीड़ का आक्रमण उद्घोष आरंभ हो गया।

राम समझ गए कि भूधर के भवन पर आक्रमण आरंभ हो गया है। भीखन अपनी बात का धनी निकला था।

आक्रमणों की आकस्मिकता तथा समसामयिकता से राक्षसों के कान खड़े हो गए। उनके चेहरों का निश्‍चिंत उल्लास विलीन हो गया। युद्ध के लिए असमजंस का भाव उनकी मुद्राओं पर स्पष्ट अंकित था। किंतु फिर भी अभ्यस्त सैनिकों के समान उनके शस्त्र उठे और वे लोग आगे बढ़े।

किंतु राम के लिए राक्षसों की हतप्रभता से अधिक आश्चर्यजनक आश्रम-वाहिनी का उत्साह था। ये वे लोग थे, जिन्होंने कभी युद्धों में भाग नहीं लिया था और सदा ही राक्षसों से आतंकित रहे थे।...इस अनिंद्य ने कहा था कि खान-श्रमिक कभी भी नहीं लड़ेंगे, किसी अवस्था में नहीं—अपने अधिकार के लिए भी नहीं...और वही अनिंद्य अपना खड्ग उठाकर राक्षसों पर इस प्रकार झपट रहा था, जैसे उसके सम्मुख जो जीव खड़ा है, उसके हाथ में मानो शस्त्र ही न हो...

राक्षसों के अपने ही शस्त्र उनके लिए भारी हो गए थे, उठाए उठते नहीं थे; और उठते थे तो उनकी इच्छा के अनुसार चलते नहीं थे...केवल एक पक्ष कुछ

स्फूर्ति दिखा रहा था और उनका दबाव राम की वाहिनी पर बढ़ रहा था—कदाचित् वे जनस्थान की सेना की नियमित टुकड़ी के सदस्य थे।

राम ने धनुष की डोरी खींची। एक के पश्चात् एक बाण छूटते गए और सैनिक टुकड़ी के अधिकांश योद्धा धराशायी हो गए। राक्षस धनुर्धारी पहले ही मारे जा चुके थे। उनके पास ऐसा कोई शस्त्र शेष नहीं था, जो राम के बाणों से उनकी रक्षा करता...

सहसा भूधर ने अपना शूल भूमि पर डाल दिया और घुटनों के बल बैठ उसने अपने हाथ जोड़ दिए।

"हमारे प्राण मत लो।" उसने रुदन रोकने का प्रयत्न करते हुए काँपते-से स्वर में कहा।

"अपने साथियों को शस्त्र त्यागने का आदेश दो।" राम बोले।

भूधर के आदेश के बिना ही राक्षसों ने अपने शस्त्र त्याग दिए।

"अनिंद्य!" राम ने कहा, "इनके शस्त्र अपने अधिकार में ले लो।" और वे राक्षसों की ओर मुड़े, "तुम सब एक-दूसरे से सटकर बैठ जाओ और मेरे प्रश्नों का उत्तर दो।"

राक्षसों ने तत्काल आज्ञा का पालन किया।

"मुनि आनन्दसागर और उनके ब्रह्मचारी कहाँ है?"

"हमने उनमें से केवल कुछ की हत्या की है, शेष को बाँधकर कुटीर में डाल दिया है।" भूधर बोला, "आप चाहें तो उन्हें मुक्त कर लें। हम विरोध नहीं करेंगे। हमें अपने ग्राम जाने दीजिए।"

"उन्हें मुक्त करो, भूधर!" राम ने कहा और भूधर की ओर मुड़े, "तुमने उनमें से कुछ की हत्या क्यों की?"

"वे लोग हमारा विरोध कर रहे थे।"

"तुम भी तो शस्त्र लेकर हमारा विरोध कर रहे थे," राम की वाणी शांत तथा स्थिर थी, "हम भी तुममें से कुछ की हत्या कर दें?"

"नहीं।" राक्षसों में सिहरन दौड़ गई। उनमें से अनेक के रंग पीले पड़ गए।

"क्यों?"

राक्षसों की ओर से कोई उत्तर नहीं आया।

राम मुस्कराए, "तुमने आश्रम पर आक्रमण क्यों किया?"

"आश्रम वाले ग्रामीणों को मेरे विरुद्ध भड़काते थे।" भूधर बोला।

"क्या कहते थे?"

"वे उन्हें सिखाते थे कि सब मनुष्य समान हैं। अब आप ही बताइए कि

भू-स्वामी और भू-दास समान कैसे हो सकते हैं! कितनी मूर्खता की बात है न!'' भूधर के चेहरे पर एक चाटुकार मुस्कान फैल गई, ''आप ही बताएँ कि आप अयोध्या के राजकुमार राम और आपका यह सैनिक क्या समान हैं?''

राम मुस्कराए, ''तुम्हें कैसे लगा कि हम समान नहीं? वह भी मनुष्य है और मैं भी मनुष्य हूँ।''

''तो फिर आप अपना धनुष-बाण उसे पकड़ा दीजिए।'' भूधर धृष्टता से मुस्कराया, ''और उसे कहिए कि वह आदेश दे और आप उसका पालन कीजिए।''

राम का स्वर कुछ और गहरा हो गया, ''यदि तुम्हारे स्थान पर मैं खड़ा होत और मेरे स्थान पर तुम, तो निश्चित है कि इतनी बात कहने पर तुम मेरी हत्य कर देते...।''

''स्वामी!'' भूधर का माथा भूमि से आ लगा।

''डरो मत।'' राम बोले, ''इस बात के लिए मैं तुम्हारा वध नहीं करूँगा।...मैं तुम्हारे प्रश्न का उत्तर दूँगा। तुमने कहा है कि यदि सब मनुष्य समान हैं तो मैं धनुष-बाण अनिंद्य को देकर उसकी आज्ञा का पालन क्यों नहीं करता तुम शायद यह नहीं जानते कि मैं अनिंद्य जैसे लाखों ईमानदार श्रमजीवियों तथ आनंदसागर जैसे अनासक्त बुद्धिजीवियों की आज्ञा का पालन करने के लिए ह यहाँ आया हूँ। तुम्हारे ग्राम के भू-दास भीखन के मैत्रीपूर्ण आदेश पर यहाँ उपस्थि हुआ हूँ।...और आया भी इसीलिए हूँ कि प्रत्येक अनिंद्य और भीखन के हाथ अपना धनुष-बाण पकड़ा दूँ। तुम मेरा विश्वास नहीं करोगे, किंतु सत्य यही है वि उनके हाथों में धनुष पकड़ाए बिना यहाँ से नहीं जाऊँगा। और भूधर...!'' रा तनिक रुककर बोले, ''तुम्हारी समझ में शायद न आए, किंतु यह प्राकृतिक सत है कि प्रत्येक मनुष्य समान है। जो इसका विरोध करता है, वह प्रकृति के सत का विरोध करता है। प्रकृति के यंत्र में प्रत्येक छोटा-बड़ा उपकरण अलग-अल कार्य करता है; किंतु उन सबका महत्त्व समान होता है। यदि मैं तुम्हारे ग्राम रहूँगा तो अपने लिए उतनी ही भूमि लूँगा, जितनी भीखन अथवा अनिंद्य को दूँगा तुम्हारे समान सारी भूमि स्वयं हड़पकर, उस पर उनसे श्रम करवा, उस अन्न व बेच अपने लिए विलास-सामग्री एकत्रित नहीं करूँगा।'' राम रुके, ''मैंने तुम्ह प्रश्न का उत्तर दे दिया है। अब तुम मेरे प्रश्न का उत्तर दो। तुम श्रमिकों अथ बुद्धिजीवियों की हत्याएँ क्यों करते रहे हो?''

''यह काम इतना सरल था कि कभी कुछ सोचा ही नहीं।'' भूधर अनाय ही कह गया, ''वे इतने निर्धन और असुरक्षित थे कि उन्हें नष्ट करने की इच होने लगती थी।''

"तुमने कभी नहीं सोचा कि तुमसे इसका प्रतिशोध भी लिया जा सकता है?"

"कौन लेगा प्रतिशोध!" भूधर चकित था, "आज तक तो कोई उनकी रक्षा के लिए भी नहीं आया। और हमें तनिक भी आशंका होती थी तो हम जनस्थान तक..."

भूधर की बात पूरी नहीं हुई। अनेक कुटीरों से निकल-निकलकर ब्रह्मचारी उनकी ओर आ रहे थे—कदाचित् वे लोग अब तक एक-दूसरे को मुक्त करने में भूधर की सहायता कर रहे थे।

"आप बड़े समय से आए, राम!" मुनि आनन्दसागर ने निकट आकर कहा, "अन्यथा ये राक्षस हम सबकी हत्या कर देते।"

"इसका श्रेय भीखन को है!" राम बोले, "न वह आता, न हमें पता लगता।"

"भीखन पर धर्मभृत्य का प्रभाव हमें बचा गया।" मुनि अपने पीले पड़े चेहरे पर सूखे होंठों से मुस्कराए, "नहीं तो आज तक यहाँ इस प्रकार कौन बचा है।"

"आप तनिक विश्राम करें, मुनिवर!" राम तनिक रुके, "...आप 'मुनिवर' संबोधन का बुरा तो नहीं मानेंगे; धर्मभृत्य इस संबोधन को परिहास मान लेता है।"

"नहीं!" आनन्दसागर बोले, "किंतु आप मुझे नाम से ही पुकारें। वह मुझे अधिक भाएगा।"

"अच्छा! आप विश्राम करें। तब तक हम इनकी कुछ व्यवस्था कर लें।" राम अनिंद्य की ओर मुड़े, "जिन रस्सियों से ब्रह्मचारियों को बाँधा गया था, उन्हीं से इन राक्षसों के हाथ-पैर बाँध दो। तब तक भीखन तथा उसके साथी भी पहुँचेंगे।" राम ने अपना स्वर ऊँचा कर, राक्षसों को सुनाते हुए कहा, "एक-एक कर
बुलाओ और उनके हाथ-पैर बाँधकर भूमि पर डाल दो। जो विघ्न डाले
करे, उसका वध कर दो।"

राम की धमकी का अनुकूल प्रभाव पड़ा। राक्षसों ने चुपचाप
बँधवा लिये। यह कार्य पूरा होते-होते, भीखन भी आ
था। लगता था, जैसे सारा गाँव ही उठकर चल
बूढ़े...और उस भीड़ के आगे-आगे चार व्य
ओर बँधे थे और वे हाँककर लाये जा
थे। लगता था, उन्हें पीटा तो ग
था। वे लोग सुविधापूर्वक अ
की स्थिति ही नहीं आ

ग्रामवासियों के आते ही स्थिति बदल गई। उन्होंने भूधर के घर से पकड़े गए प्रहरियों को भी बंदी राक्षसों के पास ला पटका तथा बिना किसी योजना के ही राक्षसों से छीने गए शस्त्र उठाकर स्वयं को शस्त्र-सुसज्जित कर लिया। उनकी मुद्राएँ प्रहारक थीं, और उन्होंने बंदी राक्षसों को चारों ओर से घेर रखा था।

निमिष-भर में ही राक्षसों को अपनी स्थिति का ज्ञान हो गया और उनके पीले पड़ते हुए चेहरे उनके मनोबल को व्यक्त करने लगे।

सहसा भीखन आगे बढ़ आया, "राम! ग्रामवासियों की इच्छा है कि इन राक्षसों को आप हमें सौंप दें। हम इनका न्याय करेंगे।"

"भीखन! ये युद्ध-बंदी हैं।" राम बोले।

"किंतु इनका न्याय तो होना ही चाहिए।" भीखन बोला, "इन्होंने जब चाहा, हमारे साथ मनमाना अत्याचार किया, क्योंकि हम युद्ध-बंदी नहीं, साधारण बंदी थे। यह कौन-सा न्याय हुआ कि निःशस्त्र व्यक्ति को पकड़कर उसे राक्षसी यातना दो और सशस्त्र व्यक्ति को पकड़ो तो उसे युद्ध-बंदी मानकर कुछ न कहो। आप क्या इन्हें मुक्त करने की बात सोच रहे हैं?"

"नहीं! मैं अपनी ओर से कुछ विशेष नहीं सोच रहा।" राम बोले, "न्याय तुम ही लोग करोगे। मैं केवल इतना ही कहना चाहता हूँ कि बिना आरोप को सिद्ध किए, बिना कोई भेद किए सबका वध करना उचित नहीं होगा। इस समय ये बंदी हैं। तुम्हें कोई जल्दी नहीं है। एक-एक ग्रामवासी तथा आश्रमवासी अपना अभियोग प्रस्तुत करे तथा उसी के अनुरूप एक-एक व्यक्ति को दण्ड दिया जाए—यदि अनिवार्य समझा जाए तो मृत्यु-दण्ड भी।"

"राम!" सहसा भूधर चीत्कार कर उठा, "हमने युद्ध में शस्त्र त्यागे हैं। हमने आपके सम्मुख समर्पण किया है—हम आपकी शरण में आए हैं।...हम कुलीन राक्षस हैं, हमें इन गँवारों की दया पर न छोड़ें।"

"अधिक रक्तपात न ही हो तो अच्छा है।" ब्रह्मचारी समुद्रदत्त कोमल-से स्वर में बोला, "यदि ये अपनी भूल स्वीकार करते हैं तो इन्हें क्षमा कर दिया जाना..."

"नहीं-नहीं!" अनेक दिशाओं से जैसे प्रेम जाग उठे, "इन्हें क्षमा नहीं किया जा सकता।"

और सहसा एक वृद्ध आगे बढ़ा। उसके हाथ में राक्षसों से छीना हुआ एक शूल था।...और इससे पहले कि कोई कुछ कहता, उसने अपने शरीर का सारा बल लगाकर शूल भूधर के वक्ष में उतार दिया...

"यह लो क्षमा! जिस दिन तुमने मुझे बाँधकर, मेरी आँखों के सम्मुख मेरी

संतान की हत्या की थी, उस दिन क्षमा कहाँ थी...!''

सब ओर सन्नाटा छा गया।

वृद्ध धीरे-धीरे चलकर आया और राम के सम्मुख खड़ा हो गया, ''मेरा अभियोग है कि इसने मेरे निरपराध और निरीह दो-दो पुत्रों की हत्या की है और मुझ पर आरोप है कि मैंने इस अपराधी की केवल एक बार हत्या की है। मेरा न्याय कहता है कि मैं उसकी अभी एक बार और हत्या कर सकता हूँ। तुम्हारा न्याय क्या है—बोलो, राम! तुम्हारा मन मुझे अपराधी माने तो मैं दण्ड के लिए प्रस्तुत हूँ।''

''नहीं, बाबा! तुम अपराधी नहीं हो।'' राम शांत स्वर में बोले, ''किंतु तुमने कुछ त्वरा से काम लिया, कदाचित् अपने आवेश के कारण। यदि अपना आरोप लगाकर न्याय जन-न्यायालय पर छोड़ देते, तो भी तुम देखते कि तुम्हारे पुत्रों की हत्या के अपराध में यह मृत्यु-दण्ड से कम नहीं छूटता। अच्छा...'' राम ने अपना स्वर ऊँचा किया, ''मेरा प्रस्ताव है कि भीखन तथा आनंदसागर मिलकर कुछ लोगों की समिति बनाएँ और इन युद्ध-बंदियों के लिए कारागार की उचित व्यवस्था करें। फिर एक-एक व्यक्ति पर जन-न्यायालयों में अभियोग चलाकर उनका उचित न्याय करें। आप लोग यदि सहमत हों तो अपना समर्थन प्रकट करें।''

उपस्थित लोगों ने समर्थन में उल्लसित कोलाहल किया।

''ठीक है।'' राम पुनः बोले, ''दूसरा निर्णय यह करना है कि अब जब आपके पास शस्त्र भी हैं और आप मुक्त भी हैं; आपकी रक्षा के लिए हम यहाँ ठहरें या अपने आश्रम में लौट जाएँ।''

भीड़ चुप रही। कोई कुछ नहीं बोला।

''आत्म-रक्षा तो हम कर लेंगे।'' थोड़ी देर के पश्चात् भीखन् बोला, ''किंतु आप यहाँ ठहरें तो...''

''यदि तुम लोग अपनी रक्षा कर लोगे तो आज मैं लौटना चाहूँगा।'' राम मुस्कराए, ''मैं फिर आऊँगा। और इस बार जब आऊँगा, तुम्हें अपने आश्रम और ग्राम से इस जन-वाहिनी के लिए बीस सैनिक देने होंगे।''

''देंगे। देंगे।'' भीड़ ने हर्ष के साथ कहा।

''तो अब हमें चलना चाहिए। अनुमति दीजिए।'' राम अपना धनुष पकड़कर उठ खड़े हुए।

लौटते हुए राम की जन-वाहिनी के सारे सैनिक बहुत प्रसन्न थे। आज उन्होंने जीवन में पहला युद्ध किया था और उसमें वे विजयी रहे थे। युद्ध भी राक्षसों से, जो न केवल स्वयं सशस्त्र थे, वरन् जिनके साथ नियमित राक्षसी सेना की टुकड़ी

भी थी। उन लोगों ने पहली बार अपनी वीरता का आत्म-साक्षात्कार किया था।...उनके वार्तालाप में बार-बार मांडकर्णि का नाम आ रहा था। वे लोग अनेक बार मांडकर्णि और राम की तुलना कर रहे थे। जब मांडकर्णि ने अपना संगठन और संघर्ष आरंभ किया था, तब भी उन्होंने आनंद और उल्लास का अनुभव किया था; किंतु शीघ्र ही उन्हें मालूम हो गया था कि वह उल्लास केवल काल्पनिक ही था—भौतिक रूप में अपने जीवन पर उन्हें उस संघर्ष का कोई प्रभाव दिखाई नहीं पड़ा था, जबकि राम के संघर्ष की ओर बढ़ते ही उन्हें अपने जीवन की परिवर्तित स्थिति दिखाई पड़ने लगी थी। खान-स्वामियों के साथ कोई छोटा-मोटा समझौता होते ही मांडकर्णि कहा करते थे कि श्रमिकों की एक महान विजय हुई है; किंतु उन विजयों की महानता कभी श्रमिकों की समझ में ही नहीं आई। किंतु राम की एक विजय...लगता है कि विश्व-विजय की ओर एक पग बढ़ गया है...

अनमने-से राम अपने साथियों की बातें सुनते रहे...उनकी बातों की गति और तल्लीनता बढ़ती जा रही थी। वे राम की उपस्थिति को सर्वथा भूले हुए, अपने भूत की स्मृति के साथ-साथ भविष्य की कल्पनाएँ करते जा रहे थे...और राम भी क्रमशः बाहरी वातावरण से स्वयं को पृथक् कर, आत्मलीन होते गए...आज उन्हें भी अनिंद्य, भूलर या कृतसंकल्प के समान अपने भूत, वर्तमान तथा भविष्य की विभिन्न परतों में अनायास तैरने की इच्छा हो रही थी—जैसे सागर की लहरों पर झूलता हुआ काठ का कोई टुकड़ा तैरता है...

...अपने शैशव में राम ने राजमहल के संपन्न वातावरण में मानवीय भावों की उपेक्षा और प्रताड़ना देखी थी। वह भी एक यातना थी और उस यातना ने राम के भीतर मानवीय भावना का विकास किया था। तब राम ने कभी नहीं सोचा था कि मानव-जीवन में किसी और कारण से भी कोई कष्ट हो सकता है।...तभी से राम ने कुछ स्वप्न देखे थे, मन में कुछ आदर्श पाले थे—पारिवारिक और सामाजिक संबंधों के। पति और पत्नी का संबंध! पिता और पुत्र का संबंध!...उन्होंने सोचा था कि समर्थ होते ही वे इन्हें सुधारने का काम करेंगे। अपने जीवन में वे एक-पत्नीव्रत निभाएँगे, ताकि ऐसी समस्याएँ ही नहीं उठें।...और होश सँभालते-सँभालते उन्हें अयोध्या के राजतंत्र में अनेक दोष दिखाई पड़ने लगे थे—कहीं अव्यवस्था, कहीं अज्ञान, कहीं असावधानी, कहीं स्वार्थ और कहीं-कहीं अत्याचार भी। राम ने अपनी क्षमता-भर उसके विरुद्ध संघर्ष आरंभ किया था। लक्ष्मण उनके साथ थे; माता सुमित्रा उनका बल थीं...किंतु शासन उनका नहीं, चक्रवर्ती का था। राम चिंतन ही करते रहे कि उस व्यवस्था में सुधार की आवश्यकता है। शासन का कार्य कुछ ईमानदार लोगों को देना चाहिए, पुरानी परम्पराओं और रूढ़ियों को तोड़ना चाहिए...

और तब गुरु विश्वामित्र आए थे। राम और लक्ष्मण ने पहली बार अपनी खुली आँखों से एक नया संसार देखा था। उन्होंने अन्याय और अत्याचार का नया रूप देखा था—कैसे शासक स्वयं ही अपने अधिकारों का दुरुपयोग कर, अपनी प्रजा का रक्त पीने लगता है। अपनी शक्ति का प्रयोग, प्रजा की रक्षा के लिए न कर, अपने लिए विलास के साधन जुटाने के लिए करता है—और साथ ही, तब पहली बार उन्होंने राक्षसों को देखा था, राक्षसी अत्याचार देखा था...तब तक राम ने केवल अपनी मानवीय और न्याय-भावना से काम किया था। आज यदि कोई उनसे पूछे कि जिस प्रकार की व्यवस्था वे इन ग्रामों, बस्तियों, खानों तथा आश्रमों के लिए करना चाहते हैं—वैसी राजनीतिक व्यवस्था की बात उन्होंने अयोध्या के लिए क्यों नहीं सोची?...भूलर ने उनसे पूछा था कि यदि सारे मनुष्य समान है तो वे अपना धनुष अनिंद्य के हाथों में क्यों नहीं देते? क्या सचमुच ही वे स्वयं को विशिष्ट जन नहीं मानते रहे?

राम के नयन अनायास ही मुँद गए। उनका मन गुरु विश्वामित्र के लिए श्रद्धा से भर आया—मैं क्या जानता था, गुरुदेव! क्या-क्या है आपके मन में। आपने वन से परिचय न कराया होता, वन जाने का वचन न लिया होता—तो राम कैसे जान पाता कि वास्तविक अन्याय क्या होता है। अयोध्या में बैठा राम शायद सोच भी न पाता कि मानव की समता क्या होती है और सामान्य-जन को कैसे शासन की आवश्यकता है। ऋषि ने वन न भेजा होता, तो राम कैसे जानते कि सामान्य-जन को सुखी बनाने के लिए एक नई सामाजिक और राजनीतिक व्यवस्था की आवश्यकता है। अयोध्या में रहकर वे कैसे जान पाते कि ये समस्त भू-स्वामी, खान-स्वामी, सामंत तथा अन्य प्रकार के धन, सत्ता तथा कहीं-कहीं विद्या के स्वामी, क्रमशः राक्षस हो चुके हैं। वे कैसे जान पाते कि कोई व्यवस्था जब अपने विकास के अंतिम चरण पर पहुँचकर सड़ने लगती है तो उसके गुणों का नहीं, दुर्गुणों का ही विकास करती जाती है; और उसका विष निरंतर वर्धमान होता चलता है...आयोध्या में रहते हुए उनके मन में भावना मात्र थी—विचार नहीं थे, योजनाएँ नहीं थीं...ये तो उन्हें वन में से मिले हैं—इन वनवासियों से, ग्रामीणों से, आश्रमों से...राम ने कितना कुछ नया सीखा है। यदि उन्हें अयोध्या से निकलने में विलंब हो जाता—यदि अयोध्या के परंपरागत राजतंत्र में लंबे समय तक निरंतर साँस लेने के कारण उनके मस्तिष्क के तंतु पककर अपरिवर्तनशील हो जाते, तो राम कदाचित् इस नई मानवता का साक्षात्कार ही न कर पाते और यदि कर पाते तो उसे अंगीकार न कर पाते...

सहसा राम का मन सशंक हो उठा—जिस नये समाज का निर्माण वे करना चाहते हैं, उस समाज को साम्राज्यों की संगठित सेनाएँ जीवित रहने देंगी क्या?

यदि सारे दण्डक वन में मानवीय समता पर आधृत सामाजिक तथा राजनीतिक जन-व्यवस्था स्थापित हो जाए, तो रावण उसे कितने दिन चलने देगा? उसकी सेना का सामना करने के लिए यह व्यवस्था समर्थ हो पाएगी क्या? या उस साम्राज्य की शक्ति को ध्वस्त कर उन्हें भी नई व्यवस्था की ओर प्रेरित करना होगा?... राम का मन कहता है कि रावण के साम्राज्य को ध्वस्त किए बिना प्रत्येक समाज अपनी इचछा और आवश्यकता के अनुसार विकसित होने का स्वपन नहीं देख सकता...साम्राज्य केवल अपना स्वार्थ देखता है, मानव की प्रसन्नता तथा गरिमा से उसका कोई प्रयोजन नहीं है...

9

प्रातः के शस्त्राभ्यास के पश्चात् मुखर, आश्रम के कुछ ब्रह्मचारियों के साथ खान में काम करने के लिए जा चुका था। सीता भी उन स्त्रियों तथा शस्त्राभ्यास के लिए बस्ती में चली गई थीं, जो अपने छोटे बच्चों अथवा किसी अन्य बाध्यता के कारण आश्रम में नहीं आ सकती थीं। लक्ष्मण उन श्रमिकों को शस्त्राभ्यास करवा रहे थे, जिन्हें आज खान से छुट्टी थी। किंतु उनके व्यवहार की उतावली स्पष्ट कर रह रही थी। कि उनके मन में अपना अगला कार्यक्रम इतना प्रबल हो उठा कि वे इस शस्त्राभ्यास को शीघ्र पूर्ण करना चाह रहे थे...

राम धीरे-धीरे चलते हुए लक्ष्मण के पास आए, "सौमित्र! अभ्यास अभी कुछ समय तक चलेगा क्या?"

"अधिक नहीं।" लक्ष्मण अपनी उतावली से जूझते हुए बोले, "अन्न-भंडारी ने सूचना दी है कि अन्न का भंडार कम हो रहा है। मुझे निकट के कुछ ग्रामों में जाना है। खनिज के विनिमय में कुछ अन्न का प्रबंध करना होगा।"

"ओह!" राम कुछ सोचते हुए बोले, "मेरी खेती-श्रम-पाली का समय हो गया है। यहाँ शस्त्रागार के पहरे का प्रबंध भी देखना होगा।"

"आप जाइए!" लक्ष्मण बोले, "मैं मुखर अथवा भाभी के आ जाने के पश्चात् ही जाऊँगा।"

राम की जन-सेना प्रातः ही अपना शस्त्राभ्यास कर चुकी थी। अब उनके सैनिक अच्छी प्रकार खड्ग चला लेते थे, शूल का प्रहार भली-भाँति कर लेते थे और धनुर्विद्या का अभ्यास आरंभ कर चुके थे। किंतु इस समय बीस सैनिक चार टुकड़ियों में

बँटकर अलग-अलग कार्यों के लिए जा रहे थे। राम अपनी टुकड़ी के साथ खेतों पर जा रहे थे, अनिंद्य अपनी टुकड़ी को धातुकर्मी की भट्ठी पर ले गया था, भूलर को इस समय कुंभकार के चाक पर होना चाहिए था और कृत-संकल्प को बुनकर के करघे के पास।

कुछ काम तो सुचारु ढंग से चल रहे थे—राम सोच रहे थे—बस्ती में साफ-सुथरे सुंदर कुटीर बन जाने से यद्यपि उन्हें कोई प्रासाद नहीं मिले थे, किंतु खुले हवादार घर अवश्य मिल गए थे। करघे के प्रशिक्षण और आर्थिक स्थिति के थोड़े से सुधार से, लोगों के वस्त्रों की स्थिति पहले से पर्याप्त सुधर गई थी। छोटे बच्चे नग्न घूमने के स्थान पर छोटी-छोटी धोतियों में दिखाई पड़ते थे। कुंभकार के बर्तनों का रूप भी बदल गया था और प्रायः घरों मे सुंदर बर्तनों का प्रचलन हो गया था।...किंतु अन्न!...राम के चिंतन में विघ्न उपस्थित हुआ—अन्न की समस्या का पूर्ण समाधान नहीं हो पाया था। लक्ष्मण बता रहे थे कि अन्न का भंडार कम हो रहा था। उसका एक कारण तो निकट के कुछ पुरवों-टोलों तथा आश्रमों में सहायतार्थ अन्न भिजवाने की बाध्यता भी हो सकती है—किंतु साथ ही अन्न के उत्पादक की पद्धति भी उसके लिए उत्तरदायी थी। सिंचाई के उचित साधनों का भी अभाव था तथा अभी तक कृषि-कर्म मानव-श्रम पर ही टिका हुआ था। उसमें पशुओं की सहायता अभी नहीं ली गई थी। केवल कुदाल से मनुष्य भूमि को कितना उपजाऊ बनाएगा और उसके लिए कितना श्रम करेगा?...हल तो उन्होंने धातुकर्मी से कहकर तैयार करवा लिया है, किंतु बैल? बस्ती में न गाय है, न बैल। इन खान-श्रमिकों को जीवन के दबाव ने कभी यह भी नहीं सोचने दिया कि यदि उन्हें नहीं तो उनके बच्चों को गाय के दूध की आवश्यकता है। जिन्हें दो समय का भोजन कठिनाई से मिलता था—वे दूध की बात कहाँ से सोचते? किंतु अब दूध के विषय में सोचना होगा। आश्रम में पशु-पालन का कार्य भी आरंभ करना होगा। और पशुओं का प्रबंध?...कदाचित् पशुओं को दूर से मँगवाना पड़ेगा—भारद्वाज के आश्रम से...या...

राम और उनके साथी अपने खेतों में पहुँचकर अपने काम में लग गए।...अभी थोड़े से क्षेत्र की खुदाई शेष थी। फिर ढेले तोड़ने थे। पत्थर निकालने थे। कहीं-कहीं तो भूमि कुछ अधिक ही पथरीली थी।...क्यारियाँ बनानी थीं...फिर सैनिकों को कृष-कर्म के लिए पूरा समय भी नहीं मिल पाता था...

...काम के बीच में से सहसा दृष्टि उठाकर राम ने देखा, कोई व्यक्ति उनकी ओर आ रहा था। राम ने कुदाल रोक लिया। सीधे खड़े होकर ध्यान से देखा—दूर से तो वह भीखन ही लग रहा था; किंतु कैसा बदला हुआ-सा था। कुछ निकट आने पर पुष्टि हो गई—वह भीखन ही था। उसके चेहरे के भाव इतने बदले हुए

थे कि उसे पहचानना भी कठिन हो रहा था।

"क्या बात है, भीखन?"

भीखन चुपचाप मार खाई हुई-सी दृष्टि से राम की ओर देखता रहा। लगता था, जैसे अभी रो देगा।

"क्या हुआ?" तुम इतने दुखी क्यों हो, भाई?"

राम ने कुदाल वहीं भूमि पर छोड़ दिया। भीखन को उसकी बाँह से पकड़ा और खेत के किनारे पेड़ की छाया में ले आए। जब दोनों छाया में बैठ गए तो राम ने पुनः भीखन की ओर देखा।

"आपको याद होगा, राम!" भीखन बड़े मरियल स्वर में बोला, "जब पिछली बार मैं आपको लेने आया था और आप हमारे गाँव गए थे, तब मैंने कहा था कि राक्षस अपनी किसी सहायक सेना की प्रतीक्षा में हैं।"

"याद है।" राम बोले।

"वह सेना कल रात हमारे गाँव में पहुँची थी..." भीखन मरियल स्वर में बोला।

"क्या?" राम चौंक पड़े।

"हाँ, राम! रात को उन्होंने आक्रमण...नहीं, उसे आकमण नहीं कहना चाहिए वे लोग चोरी से छिपकर आए और सारे युद्ध-बंदियों को छुड़ाकर ले गए। और..."

"और क्या?"

"आपको वह वृद्ध भी याद होगा, जिसने भूधर की हत्या की थी। वे लोग उसे अपने साथ ले गए हैं। निश्चय ही वे उसे बहुत यातनापूर्ण मृत्यु-दण्ड देंगे...।"

राम गहरी चिंता में पड़ गए...इसका अर्थ है यह कि उन्होंने कुछ उतावली दिखाई थी। न तो आनन्दसागर के आश्रम और न ही भीखन के ग्राम में ऐसा संगठन बन गया था कि वे लोग अपनी रक्षा में समर्थ हो पाते—किंतु राम उन्हें छोड़कर चले आए...

"और कोई क्षति तो नहीं हुई?"

"राम के दो प्रहरी गंभीर रूप से घायल हुए हैं।" भीखन बोला, "मुझे खेद है, राम!..."

"किस बात का?"

"मैंने कह तो दिया कि हम अपनी रक्षा कर लेंगे, किंतु कर नहीं पाए।"

"ओह!" राम अपनी गंभीरता के बीच मुस्कराए, "उसके लिए तुम्हें कोई

दोषी नहीं ठहराएगा। हममें से दोषी कोई नहीं है। किंतु असावधानी हुई है और वह मुझसे हुई है।''

''नहीं, राम!''

''हाँ। असावधानी मेरी है।'' राम बोले, ''तुम्हारे आश्वासन के बाद भी, राक्षसों के आक्रमण की संभावना और तुम्हारी आत्म-रक्षा की क्षमता पर मुझे विचार करना चाहिए था।...तुमने मुझे सूचना दी थी कि वे लोग राक्षसों की किसी सैनिक टुकड़ी की प्रतीक्षा कर रहे हैं। तुम्हारे आश्रम से लौटने की उतावली में उस टुकड़ी को मैंने सर्वथा भुला दिया। यह तो बहुत अच्छा हुआ कि वे केवल अपने साथियों को चुपके से छुड़ाकर ले गए, उन्होंने ग्राम पर आक्रमण नहीं किया; नहीं तो जाने मैं कितनी हत्याओं का दोषी होता...किंतु वह वृद्ध...'' राम का स्वर भीग गया, ''उसने अपने पुत्रों की निरीह हत्या का प्रतिशोध चाहा था, किंतु...''

थोड़ी देर तक मन-ही-मन कुछ सोचते हुए राम शून्य को धूरते रहे और फिर बोले, ''आश्रम और ग्राम की क्या स्थिति है? वहाँ अब किसका अधिकार है?''

''वहाँ पूर्ण हताशा का वातावरण है।'' भीखन बोला, ''राक्षस वहाँ रुके ही नहीं इसलिए उनका नियंत्रण तो नहीं है; किंतु ग्रामवासियों ने भी पुनः अपना नियंत्रण स्थापित करने का कोई प्रयत्न नहीं किया है।''

''तुम ऐसा करो, भीखन!'' राम के स्वर की सहजता कुछ लौटी, ''मुखर को अपने साथ ले जाओ और अपने ग्राम तथा आश्रम में सामान्य गतिविधियों को चलाओ। मुखर संचार की व्यवस्था करेगा। तुम्हारा ग्राम, आनन्दसागर आश्रम, अनिंद्य की बस्ती, खान का क्षेत्र तथा धर्मभृत्य का आश्रम—इन सबके बीच संचार-व्यवस्था इतनी त्वरित और सघन होनी चाहिए कि एक स्थान पर पत्ता भी हिले तो, तो शेष स्थानों पर तत्काल सूचना हो जाए। संचार-व्यवस्था के अभाव में सारे क्षेत्र को संगठित करना बहुत कठिन होगा।'' राम रुककर पुनः बोले, ''यहाँ कुछ अत्यंत महत्त्वपूर्ण कार्य हैं। उन्हें यथाशीघ्र निबटाकर मैं, सीता और लक्ष्मण के साथ आनन्दसागर के आश्रम में पहुँच जाऊँगा। कुछ समय तक हम सब वहीं रहेंगे और इस क्षेत्र के निर्माण का प्रयत्न करेंगे।''

भीखन भी कुछ आश्वस्त हुआ, ''आपके आते ही ग्रामवासियों का आत्मविश्वास भी लौट आएगा। जल्दी आएँगे न?''

''यथाशीघ्र!'' राम बोले, ''तुम चलकर आश्रम में विश्राम करो। मुखर भी आ चुका होगा। उससे भी बात कर लो। मैं खेत का काम करके लौटता हूँ।''

चिंतनग्रस्त भीखन बिना कुछ कहे आश्रम की ओर चल पड़ा। राम लौटकर अपने खेत में आए और उन्होंने पुनः कुदाल उठा लिया।

दोपहर को राम के आश्रम में लौटने तक, भीखन के ग्राम की चर्चा वहाँ पर्याप्त मात्रा में हो चुकी थी। परिणामतः मुखर को भीखन के साथ भेजने की योजना पर अधिक वाद-विवाद नहीं हुआ। दोपहर के भोजन के पश्चात् सब लोग अपने-अपने काम पर चले गए तो राम ने मुखर को भीखन के साथ भेजने की व्यवस्था की। उसे योजना और अपनी आवश्यकताएँ समझाईं; कुछ ब्रह्मचारी और आवश्यकता की वस्तुएँ साथ कीं। मुखर के विदा होते-होते प्रायः संध्या हो चुकी थी...

अकेले होते ही राम के चिंतन और आत्मविलेषण की प्रक्रिया चल पड़ी।...उन्होंने आनन्दसागर आश्रम से लौटने में इतनी जल्दी क्यों की? वहाँ रुककर उसकी रक्षा का समुचित प्रबंध क्यों नहीं किया? यह क्यों नहीं सोचा कि एक उत्साहित भीड़ तथा एक प्रशिक्षित सेना में पर्याप्त अंतर होता है। भीड़ न तो सावधान हो सकती है, न समर्थ!...राम क्यों नहीं रुके?...क्या वे यह सोचकर गए थे कि उनका कार्य एक बाहरी सहायक का-सा है...जितना करने को उनसे कहा गया, उतना उन्होंने कर दिया...उसके पश्चात् उनका कोई दायित्व नहीं रह जाता, या परिणाम में उनकी कोई रुचि नहीं है।...किंतु बाहरी सहायक का क्या अर्थ? इस संघर्ष से पृथक् उनका अपना क्या है? वे इस संघर्ष से एकाकार नहीं है क्या?

तो फिर क्यों चले आए वे? क्या उन्होंने शत्रु को बहुत नगण्य मान लिया था? शत्रु की शक्ति की उपेक्षा राम ने कभी नहीं की। वे बहुत स्पष्ट रूप से जानते हैं कि युद्ध में शत्रु की शक्ति को कम आँकने की प्रवृत्ति अपनी पराजय का मार्ग प्रशस्त करने का सरल और सीधा रास्ता है...

क्या उन्हें आश्रम में लौट आने की जल्दी थी? किंतु क्यों? क्या अंधकार हो जाने के पश्चात् उन्हें वन-मार्ग की यात्रा संकटपूर्ण लगती है? नहीं! यदि वे वन तथा वन-मार्ग के संकटों से इतना ही भयभीत थे, तो उन्हें वन में आने की आवश्यकता ही क्या थी? इन चुनौतियों से जूझने ही तो वे वन में आए थे। और अंधकार से क्या डरना? चारों ओर फैले इस राक्षसी आतंक, अन्याय और अत्याचार के अंधकार के विरुद्ध ही तो उनका अभियान है। ऐसे में सामान्य प्राकृतिक अंधकार से घबराकर, वे एक आश्रम और ग्राम को राक्षसों का ग्रास बनने के लिए असुरक्षित छोड़ जाएँगे?

आश्रम में रखे शस्त्रागार की सुरक्षा की चिंता उन्हें अवश्य रहती है, जिसके कारण वे अधिक देर तक बाहर नहीं रहते। किंतु उस दिन आश्रम में न केवल लक्ष्मण, सीता, मुखर तथा अन्य लोग थे—वरन् आश्रम और बस्ती के सब लोग सजग तथा सन्नद्ध थे। फिर शस्त्रागार की सुरक्षा की कौन-सी चिंता थी?...क्या सीता की सुरक्षा की चिंता थी?...हाँ, यह संभव है। यदि वे रात-भर आनन्दसागर आश्रम में रुक जाते, तो कदाचित् अब तक के वनवासी जीवन में सीता से अलग

रहने की वह पहली रात होती।...

राम का मस्तिष्क कुछ देर के लिए शून्य हो गया—विचारों का प्रवाह ही बाधित नहीं हुआ, विचार समाप्त ही हो गए। किंतु शून्य की स्थिति अधिक देर तक नहीं चली। शून्य का वाष्प जैसे ठण्डा होकर तरल में परिवर्तित हो गया और प्रवाह फिर से बह निकला।

...बात सीता की सुरक्षा की थी, या सीता से अलग रहने की? सीता स्वयं भी समर्थ हैं, उनकी रक्षा के लिए लक्ष्मण वहाँ थे, मुखर था—आश्रम तथा बस्ती के सारे लोग थे। यदि पीछे राक्षसों का आक्रमण होता तो सीता की सुरक्षा का ही सबसे अधिक ध्यान रखा जाता। तो फिर? क्या राम स्वयं ही कुछ घण्टों के लिए सीता से दूर नहीं रह सकते? अयोध्या में तो अनेक बार सीता को छोड़ छोटी-छोटी यात्राओं पर चले जाते थे; किंतु वनवास के इन कुछ वर्षों में निरंतर साथ रहने और कभी भी अलग न रहने के कारण क्या वे अपने मन से इतने बँध गए हैं कि सीता के वियोग की संभावना के जन्मते ही वे अचेतन रूप से ही भाग खड़े होते हैं...

सहसा राम की कल्पना में विरोध आ खड़ा हुआ। उसने सीता को अपने हाथों में पकड़, उठाकर अपने कंधे पर डाल लिया...कैसे हो गए थे राम तब? शरीर की सारी ऊर्जा जैसे किसी ने खींच ली थी। हृदय डूबने लगा था। आँखों में अश्रु आ गए थे।...कैसे हार बैठे थे सीता के वियोग की संभावना मात्र से!...और यदि कहीं सचमुच ही सीता का हरण हो गया? यह कुछ ऐसा असंभव तो नहीं...राम के शरीर की प्रत्येक शिरा झनझना उठी...नहीं! सीता का हरण हो गया तो राम का जीवित रहना कठिन हो जाएगा...क्या है यह? काम? अथवा संगति का बंधन—साहचर्य का प्रेम? राम कुछ भी निर्णय नहीं कर पाते...नहीं, यह मात्र काम नहीं है। काम तो एक सामान्य, आकारहीन भावना है; विशिष्ट में केंद्रित होकर वही प्रेम हो जाता है। प्रेम में काम भी समाहित है...राम इसे अस्वीकार नहीं करते।. ..उन्हें मान लेना चाहिए कि सीता का प्रेम उनकी दुर्बलता बन गया है। उसी दुर्बलता के कारण उनसे प्रमाद हो गया था।...

तो?

भविष्य में उन्हें शत्रुओं से सीता की रक्षा के लिए अधिक सावधान रहना होगा; और ऐसे प्रमाद से अपनी रक्षा के लिए भी। राम न तो सीता के प्रति असावधान रह सकते हैं, न इस प्रेम के कारण प्रमाद का पाप कर सकते हैं...उन्हें अपनी इस प्रवृत्ति से अतिरिक्त रूप में सावधान रहना पड़ेगा, और जो कुछ हुआ है, उसका प्रायश्चित भी करना होगा...

सहसा राम का एकांत-चिंतन भंग हो गया। उन्हें कई लोगों के एक साथ, अपनी कुटिया की ओर आने का-सा आभास हुआ। आनेवालों की बातचीत का स्वर भी सम्मिलित और ऊँचा था। अधिकांश स्वर नारी-कंठ के ही थे।...

वे अपनी कुटिया के बाहर निकल आए।

बस्ती की अनेक स्त्रियाँ उधर ही आ रही थीं। राम पर दृष्टि पड़ते ही उनका कोलाहल एक सम्मानजनक, अनुशासनबद्ध मौन में बदल गया।

निकट आ, रुककर उन्होंने अभिवादन किया। सुधा उस भीड़ में से कुछ आगे बढ़ आई और बोली, "भद्र राम! हमारी कुछ समस्याएँ हैं। उनके विषय में हम आपसे कुछ विचार-विमर्श करना चाहती हैं।"

राम मुस्कराए, "बात कुछ गंभीर मालूम होती है।"

"हमारे लिए तो गंभीर ही है।" राम की ठहरी हुई मुस्कान ने सुधा की उत्तेजना का हरण कर लिया था। उसका स्वर ही शांत हो गया, "इस समय आपके पास थोड़ा समय होगा?"

"क्यों नहीं। अकेला बैठा काल्पनिक रुई धुन रहा था।" राम बोले, "कुटिया से अपने लिए एक-एक आसन उठा लीजिए और यहाँ बैठ जाइए।"

"महिलाओं ने एक-एक आसन उठाया और अर्द्ध-वृत्ताकार पंक्तियों में बैठ गईं। राम का ध्यान उधर जाए बिना नहीं रह सका। पिछले एक वर्ष के अध्ययन सैनिक प्रशिक्षण, आर्थिक स्वतंत्रता तथा परिवेश में हुए विभिन्न परिवर्तनों के कारण इन महिलाओं में कितना अंतर आ गया था। जब पहली बार मारपीट और रोने-धोने के स्वरों को सुनकर राम और सीता अनिंद्य के घर गए थे तो यही सुधा कितनी भिन्न थी। तब तक वह गंदी धोती में लिपटी एक-वस्त्रा सुधा, चेहरे पर निरुत्साह तथा हताशा लिये हुए, अपनी आँखों में मृत्यु की छाया पाल रही थी। यही स्थिति अन्य महिलाओं की भी थी। किंतु आज वे ही महिलाएँ सादे किंतु स्वच्छ वस्त्रों में, चेहरों जीवन की सार्थकता का भाव लिये, आँखों में भविष्य के प्रति एक आस्था का पोषण करती, कितनी जींवत लग रही थीं...अपनी समस्याओं को समझाने की चेतना उनमें आ गई थी, पूर्ण आत्मविश्वास के साथ वे उनका विश्लेषण करती हैं, वाद-विवाद करती हैं; और आज अपनी कोई समस्या लेकर स्वयं उनके पास आई हैं।...कितने अनुशासनबद्ध ढंग से अपना-अपना आसन उठा पंक्ति में बैठी हैं। कोई व्यर्थ की बात नहीं, कोई कोलाहल नहीं—कितने दायित्वपूर्ण ढंग से चुपचाप बैठी हैं।...इन्हीं मनुष्यों को उन राक्षसों ने कीचड़ में बिलबिलाते कीड़े बना रखा था...

"हाँ, भई! बोलो, क्या बात है?"

"भद्र राम!" सुधा बोली, "हम लोग इस विश्वास के साथ आपके पास आई हैं कि आप हमारी समस्याओं को 'केवल स्त्रियों की समस्या' कहकर नहीं टालेंगे और न ही उसे चर्चा के लिए महिला-मण्डल में लौटाने की बात कहेंगे। हमने परस्पर बहुत तर्क-वितर्क कर लिया है। सीता दीदी से भी अनेक बार चर्चा हुई है। अभी दीदी काम से लौटेंगी तो वे स्वयं भी आपको बताएँगी।"

"बात क्या है?" राम पुनः मुस्कराए।

"सीधी बात यह है," सुधा बोली, "कि आप हमें बताएँ कि आपके समाज में स्त्री और पुरुष बराबर हैं या नहीं?"

राम गंभीर हो गए, "यह प्रश्न क्यों उठा?"

"यह प्रश्न एक बार नही उठा, प्रतिदिन उठता है और बार-बार उठता है।" सुधा पुनः बोली, "इस समय इसका तुरंत कारण मंती है।" वह एक स्त्री की ओर संबोधित हुई, "आगे आओ, मंती!"

"मंती उठकर आगे आई। उसके चेहरे पर कुछ असाधारण था...कदाचित् वह बहुत रोयी थी।

"बैठो, बहन!" राम बोले, "मुझे पूरी बात बताओ।"

मंती बैठ गई। उसने क्षण-भर अपनी सूजी हुई लाल आँखों से राम को देखा और बोली, "सामान्य बात तो यह है, आर्य! कि मेरा पति खान में काम करता है, आश्रम की शाला में पढ़ता है, सैनिक-प्रशिक्षण प्राप्त करता है और शायद कभी-कभी खेतों में भी काम करता है। मैं भी शाला में पढ़ती हूँ, सैनिक-प्रशिक्षण प्राप्त करती हूँ, खेतों में काम करती हूँ और घर का खाना-बनाना, सफाई-धुलाई इत्यादि करती हूँ। अब आप बताएँ कि ऐसा कौन-सा काम है, जिसके कारण वह स्वयं को श्रेष्ठ समझता है, और घर लौटते हुए मदिरा पीकर आता है और मुझे आज्ञा पर आज्ञा देता है। यदि किसी बात से अप्रसन्न हो जाता है तो अपनी इच्छानुसार थप्पड़ों, घूँसों या छड़ी से मुझे पीटता है और शारीरिक शक्ति में कम होने के कारण मेरा सैनिक-प्रशिक्षण भी मेरे काम नहीं आता...।"

"ठहरो, मंती!" राम ने उसे बीच में ही टोक दिया, "मुझे दो बातें निश्चित तथा स्पष्ट रूप से बताओ—क्या वह मदिरा पीकर आता है? और क्या वह प्रायः पीटता है?"

"हाँ, भद्र!" मंती ने उत्तर दिया, "मदिरा भी पीता है और पीटता भी है। इसीलिए तो मैं कहती हूँ कि पुरुष तो राक्षसों से मुक्त हो गए हैं, किंतु हमारी स्थिति तो अब भी वही है!"

"उसे मदिरा कहाँ से मिलती है?" राम के स्वर में किंचित् आवेश था।

"वह एक अलग बात है, राम!" सुधा बीच में बोली, "उसकी सूचना भी आज की बातचीत की सूची में है। उसके विषय में आपको विस्तार से बताएँगी, पहले आप इस विषय में निर्णय दें। बताएँ, पुरुष ऐसा कौन-सा सार्थक काम करते हैं, जो स्त्रियाँ नहीं करतीं?"

"इस विषय में निर्णय की क्या बात है, सुधा?" राम शांत स्वर में बोले, "क्या एक स्त्री और एक पुरुष की दिनचर्या यह सिद्ध नहीं कर देती कि दोनों समान रूप से समाज के लिए उपयोगी और सार्थक कार्य करते हैं। इसलिए समाज में दोनों का महत्त्व, सम्मान, अधिकार, दायित्व—सब कुछ समान है। यदि मंती का पति यह मानता है कि खान का काम अधिक महत्त्वपूर्ण है और इस कारण वह स्वयं अधिक महत्त्वपूर्ण है तो कल से वह घर का काम सँभाले, मंती बाहर का कोई कार्य कर लेगी।..."

"यही तो..." सुधा की बात बीच में ही रुक गई। उसकी दृष्टि कुटिया की ओर बढ़ती हुई सीता पर पड़ गई थी, "दीदी आ गईं।"

सीता पास आईं तो उनके थके हुए चेहरे पर हल्की-सी मुस्कान आ गई, "तो स्त्री-चर्चा राम तक पहुँचा दी गई?"

"धर्मभृत्य नहीं आया," राम ने पूछा।

"आ ही रहा है।" सीता बोलीं, "नई शाला की व्यवस्था संबंधी कुछ कार्य शेष था। वह थोड़ी देरे के लिए रुक गया है।"

"बहुत थक न गई हो तो आओ, तुम भी चर्चा में भाग लो।" राम बोले।

"आओ, दीदी!"

"आई।"

कुटिया में से सीता अपने लिए आसन ले आईं और राम के साथ बैठ गईं।

"मैं यह कह रहा था, "राम ने अपनी बात का सूत्र फिर उठाया, "कि यह समस्या मात्र महिलाओं की नहीं, पूर्ण समाज की समस्या है।"

"मैंने भी यही कहा था, "सीता बोलीं, "स्त्री और पुरुष परस्पर-विरोधी तो हैं नहीं कि स्त्रियाँ पुरुषों के विरुद्ध कोई आंदोलन खड़ा करें। अच्छा होता कि पुरुषों को भी बीच में बैठाकर सारी बातचीत होती।"

"वह भी हो जाएगा, दीदी।" सुधा बोली, "हम लोग पहले भद्र राम का विचार जान लेना चाहती थीं।"

"मेरा मत अत्यंत स्पष्ट है।" राम बोले, "मैं उन समस्त भेदों का विरोध हूँ, जो एक मानव को दूसरे के शोषण का अधिकार देते हैं। स्त्रियों और पुरुषों

के लिए घर और बाहर के कार्य का यह विभाजन भी सर्वथा कृत्रिम है। नए समाज के निर्माण के साथ इसे भी बदलना चाहिए—स्त्री-पुरुष दोनों मिलकर घर का काम करें और दोनों ही बाहर का काम करें। हमने यहाँ यदि ये परिवर्तन नहीं किए हैं, तो उसका कारण केवल इतना ही है कि परंपरा से स्त्रियाँ जो काम करती रही हैं, उसे सुविधा से कर लेती हैं, अतः उन्हें अन्य शिक्षाओं के लिए समय मिल जाता है। इसका अर्थ मंती के पति...क्या नाम है उसका, मंती?''

मंती ने मुस्कराकर राम की ओर देखा और सिर झुका लिया।

''वह अपने पति का नाम अपने मुख से उच्चरित नहीं करेगी।'' सुधा ने बताया।

''क्यों? क्या वह तुम्हारा शत्रु है कि उसका नाम भी नहीं लोगी?'' राम बोले।

''नहीं!'' मंती जल्दी से बोली, ''सम्मान के कारण।''

''तुम स्वयं ही उसे कारण और अवसर दे रही हो कि वह स्वयं को तुमसे श्रेष्ठ समझे।'' राम ने कहा, ''यह सम्मान नहीं, जड़ता है। सीता मुझे नाम से संबोधित करे तो इसका अर्थ हुआ कि वह मेरा सम्मान नहीं करती। मैं सीता का नाम लेता हूँ तो उसका अर्थ यह कैसे हो गया कि मैं सीता का सम्मान नहीं करता। तुम अपने पति से कम नहीं हो, उसके बराबर हो। वह तुम्हारा नाम लेता है?''

''हाँ!'' मंती ने सिर हिलाया।

''तो तुम भी उसका नाम ले सकती हो—लेना चाहिए। यह सुविधाजनक है। बोलो...!''

मंती ने राम की ओर देखा, मानो इस कठिन आदेश को लौटा लेने की प्रार्थना कर रही हो। फिर जैसे सारा आत्मबल बटोरकर बोली, ''आतुर!''

उसका मुख लज्जा और संकोच से आरक्त हो गया था।

''बाहर का काम करने का यह अर्थ नहीं है कि आतुर मंती से श्रेष्ठ है; और उसे मंती को पीड़ित करने का अधिकार है। अपनी पत्नी को पीटना भी वैसा ही अपराध है, जैसा किसी अन्य व्यक्ति को पीटना। मंती को चाहिए कि वह इस घटना को बस्ती की पंचायत के सम्मुख न्यायार्थ प्रस्तुत करे।''

''नहीं-नहीं!'' मंती बोली, ''उसकी आवश्यकता नहीं, आर्य! वह बेचारा अपने अभ्यासवश ही ऐसा करता आ रहा है। अब मैं उसे समझा दूँगी। हाँ, यदि भविष्य में फिर कभी उसने मुझे मारा तो मैं आपको वचन देती हूँ कि अवश्य ही उस प्रकरण को पंचायत के सम्मुख प्रस्तुत करूँगी।''

''यही सही!'' राम मुस्कराए, ''किंतु यदि भविष्य में ऐसा हुआ और तुमने पंचायत में शिकायत नहीं की तो पंचायत स्वयं ही उस प्रकरण पर विचार करने

को स्वतंत्र होगी।"

मंती ने सहमति में सिर हिला दिया।

इस बार सुधा उठी, "तो हमें अनुमति दें..."

"अभी मदिरा वाला प्रसंग शेष हैं।" राम ने बाधा दी, "आतुर को मदिरा कहाँ से मिलती है?"

"जहाँ से अन्य पुरुषों को मिलती है।" सुधा ने सहज भाव से कहा, "इसमें आतुर की ही क्या विशेष बात है।"

"शेष पुरुषों को कहाँ से मिलती है?"

"यह तो आपको अनिंद्य ही बता सकते हैं।" सुधा धीमे स्वर में बोली, "वे स्वयं की साप्ताहिक गोष्ठी में इस विषय को लेकर आपके पास आने वाले हैं।"

"तो ठीक है। मैं उसी से बात कर लूँगा।"

बस्ती की महिलाएँ चली गईं। राम भी कुटिया के भीतर चले आए।

अभी तक न लक्ष्मण लौटे थे, न धर्मभृत्य ही आया था। मुखर भीखन के साथ उसके गाँव जा चुका था। राम का मन फिर से जैसे अन्यमनस्क-सा इधर-उधर भटकने लग गया था।

सीता आकर उनके पास बैठ गईं, "आज कुछ उदास हैं?"

"हाँ!" राम ने सीता की ओर देखा, "कदाचित् ग्लानि का भाव उदासी बनकर मन पर छा गया है।"

"कैसी ग्लानि?"

"भीखन के ग्राम की घटना को लेकर।"

"उसमें ग्लानि की क्या बात है?"

"मैं उस रात लौट न आया होता तो कदाचित् भीखन के ग्राम में वह दुर्घटना न हुई होती।"

"किंतु आपको क्या पता था कि ऐसा होगा।"

राम उदास मन से मुस्कराए, "मेरा मन रखने की बात न करो सीते! शत्रु को छोड़कर, असावधान हो जाना, क्या सेनापति की योग्यता का प्रमाण है? और मेरे मन में तो बात योग्यता-अयोग्यता की भी नहीं है। यह तो प्रमाद ही हुआ—और वह भी किस कारण? इसलिए कि मैं अपनी प्रिया से कुछ समय के लिए अलग नहीं रहना चाहता था? तुम इसे प्रमाद नहीं कहोगी?"

"मैं इसे ठीक-ठीक प्रमाद नहीं कहूँगी।" सीता ने अपांग से राम को देखा, "मैं इसे प्यार कहूँगी।"

"किंतु प्यार को जनहित के विपरीत नहीं जाना चाहिए," सीता के अपांग से अप्रभावित राम बोले, "एक बार चित्रकूट में भरत के आने पर, मैं अपने परिवार के प्यार में घिरकर वनवासियों से दूर हो गया था और राक्षसों ने उन्हें कष्ट दिए थे। अब अपनी प्रिया के प्यार में बँधकर उनसे दूर हो गया...!"

"प्रिय!" सीता भी गंभीर हो गईं, "शृंगार को जीवन में अतिरिक्त महत्त्व न दो, किंतु उसको अपने जीवन से काटकर फेंका भी तो नहीं जा सकता। यदि राम भी अपनी भूलों पर पश्चाताप ही करते रहेंगे, तो भूलों से शिक्षा ग्रहण करने की प्रक्रिया किस पर लागू होगी..." सीता रुककर मुस्करायीं, "और राम से ऐसी भूलें नहीं होंगी तो सीता अपने प्रिय की प्रेम-भावना पर रीझेगी कैसे?"

सीता खिलखिलाकर हँस पड़ी।

"ठीक कहती हो, प्रिये!" राम बोले, "राम को अपनी भूलों से शिक्षा ग्रहण करनी होगी—सुधार करना होगा, रणनीति में भी और प्रेमाभिव्यक्ति की इस दूषित पद्धति में भी।...सोचता हूँ अब हमें शीघ्र ही आनंदसागर आश्रम के लिए प्रस्थान करना चाहिए।"

"यहाँ का संगठन-कार्य पूर्ण हो गया?"

"सर्वथा पूर्ण तो नहीं हुआ" किंतु अब वहाँ हमारी उपस्थिति अधिक आवश्यक है।" राम बोले, "वैसे संचार-व्यवस्था स्थापित कर लेने पर वहाँ अथवा यहाँ कहीं भी रहा जा सकता है..." सहसा राम रुके, "क्या बात है, अभी सौमित्र नहीं आए?"

"संभवतः कहीं प्रेमाभिव्यक्ति की संचार-व्यवस्था स्थापित कर रहे हों।" सीता पुनः खिलखिलाकर हँस पड़ी।

"ऐसी कोई सूचना मिली है क्या?" राम गंभीर थे।

"नहीं-नहीं! आप तो सच मान गए। मैंने तो परिहास में कहा था।"

"ओह!" राम बोले, "वस्तुतः मैं अपने विषय में सोचते-सोचते, सौमित्र के विषय में भी सोचता रहा हूँ। वह पचीस वर्ष पूरे कर चुका है। हम अयोध्या में होते तो उसके विवाह की चर्चा वहाँ सर्वाधिक महत्त्वपूर्ण विषय होता।"

"तो आप लक्ष्मण से पूछ लें।" सीता भी गंभीर हो गईं, "यदि उनकी दृष्टि किसी कन्या पर हो..."

कुटिया के बाहर से लक्ष्मण का स्वर आया, "भैया!"

"आ गए, सौमित्र!"

राम और सीता कुटिया से बाहर निकल आए।

लक्ष्मण वृक्ष के तने से पीठ लगाए, थके-से भूमि पर बैठे थे। उन्होंने न केवल हाथ की कुल्हाड़ी भूमि पर रख दी थीं, वरन् कमर से खड्ग तथा कंधों से तूणीर

भी उतारकर भूमि पर डाल दिए थे।

"आज बहुत काम किया।" सीता बोलीं, "जल लाऊँ?"

लक्ष्मण सचमुच बहुत थके हुए थे। अपने सहज रूप में मुस्कराकर, स्वभावानुसार कोई कटाक्ष नहीं कर सके; केवल सिर हिलाकार सहमति दे दी।

जल पीकर उनमें कुछ स्फूर्ति आई। वे सीधे होकर बैठ गए, "भैया! यहाँ से आनंदसागर आश्रम तथा भीखन के गाँव तक ही नहीं, उसके भी बहुत आगे तक अनेक छोटे-छोटे ग्रामों और आश्रमों को घेरकर, हमने संचार-प्रबंध किया है..."

"पर तुम तो अन्न का प्रबंध करने के लिए जाने वाले थे।" सीता बोलीं।

"वह भी कर दिया है।" लक्ष्मण धीमे से बोले, "किंतु भीखन के आ जाने से स्थिति बदल गई थी। शस्त्रागार की सुरक्षा का प्रबंध कर, मैं भी मुखर के साथ चला गया था। कुछ चौकियाँ स्थापित कर दी हैं और प्रशिक्षकों का एक दल काम पर लगा दिया है। मेरा विचार है कि सप्ताह-भर में ऐसी स्थिति हो जाएगी कि इस क्षेत्र में किसी राक्षस के घुसते ही वन का पत्ता-पत्ता झनझना उठेगा।"

"इसकी बहुत आवश्यकता थी, लक्ष्मण!" राम बोले, "अब यह क्षेत्र पुनः राक्षसों की शोषण-भूमि नहीं बनने दिया जाएगा।"

प्रायः सभी लोग अपने-अपने कार्य से शीघ्र लौट आए थे। संध्या समय साप्ताहिक गोष्ठी थी, जिसमें पहले सप्ताह किए गए कार्य की प्रगति पर विचार होना था; और आगे का कार्यक्रम निश्चित होना था।

आश्रम के केंद्र में सभी प्रमुख लोग वृत्ताकार बैठे थे, बस्ती तथा आश्रम के अनेक लोग भी गोष्ठी में होने वाली चर्चा को सुनने आए थे। आवश्यकतानुसार विचार-विमर्श में भाग लेने की अनुमति सबको ही थी, इसलिए प्रायः ऐसी भीड़ हो जाया करती थी।

"भद्र राम!" कार्यवाही आरंभ होते ही अनिंद्य बोला, "आज प्रातः से ही यह सूचना बहुत प्रचारित हुई है कि आप इस आश्रम को छोड़ अन्यत्र जाना चाहते हैं..."

"अनिंद्य!" राम ने मुस्कराकर उसे टोक दिया, "क्या यह उचित नहीं कि समाचारों की पुष्टि-अपुष्टि का कार्य अंत के लिए छोड़ दिया जाए?"

अनिंद्य बिना कुछ कहे बैठ गया और विचार-विमर्श आरंभ हो गया। राम बीच-बीच में दृष्टि उठाकर अनिंद्य तथा अन्य लोगों को देख लेते थे। स्पष्ट था कि उन लोगों का मन चर्चा में नहीं लग रहा था। फिर भी सामान्य शिक्षा, सैनिक-शिक्षा,

शस्त्र-निर्माण, कृषि, संचार, उद्योग इत्यादि की प्रगति के विषय में बातचीत होती रही।

चर्चा समाप्त हुई तो अनिंद्य फिर कुछ पूछने को उद्यत हुआ; किंतु राम ने पुनः बाधा दी, "यदि अनिंद्य को मेरे आश्रम-निवास की अवधि के विषय में पूछना है तो उससे अधिक महत्त्वपूर्ण प्रश्न मुझे पूछना है।"

"आप पहले पूछ लीजिए।" अनिंद्य बोला।

"मुझे बताओ कि आतुर तथा अन्य लोगों को मदिरा कहाँ से मिलती है?"

"यह प्रश्न मुझे भी पूछना है।" धर्मभृत्य ने कहा।

"ओह! हाँ।" अनिंद्य बोला, "यह चर्चा तो मैं स्वयं भी करना चाहता था; किंतु आपके प्रस्थान का समाचार सुनकर सब कुछ भूल गया। बस्ती में इस समस्या पर पर्याप्त गंभीरता से सोचा जा रहा है। मदिरा का व्यापार करने वाला अब कोई बाहर का व्यक्ति नहीं है। वह हममें से ही एक है—उजास। वह घर पर मदिरा बनाकर, साँझ ढले अंधकार में छिपकर बेचता है।"

"तुम लोगों को मालूम है कि वह ऐसा करता है तो उसके विरुद्ध कार्यवाही क्यों नहीं की गई?" लक्ष्मण ने अपना आक्रोश प्रकट किया।

"अनेक कारण हैं।" अनिंद्य कुछ संकुचित-से स्वर में बोला, "पहली बात तो यह है कि वह राक्षस नहीं है, हममें से ही एक है। दूसरी बात यह है कि वह उसका व्यवसाय है। किसी का व्यवसाय बंद कर हम उसके पेट पर लात नहीं मार सकते।"

इससे पहले कि अनिंद्य अपनी बात आगे बढ़ाता या कोई और व्यक्ति कुछ कहता, दर्शकों की भीड़ में से मंती उठी और चर्चा करने वालों के बीच आ खड़ी हुई।

"भद्र राम! मेरी अशिष्टता क्षमा करें, किंतु मुझे कुछ कहना है।"

"कहो, मंती!"

मंती ने एक सिंह-दृष्टि बस्ती के पुरुषों पर डाली और बोली, "ये लोग उजास के पेट पर लात मारना नहीं चाहते, क्योंकि ये अपनी पत्नियों की पीठ पर लात मारना चाहते हैं। भद्र राम! कल हम सारी स्त्रियाँ आपके पास इस शिकायत को लेकर आई थीं। आपने कहा भी था कि मैं अपने पति की शिकायत पंचायत में करूँ, किंतु मैं ही टाल गई थी। पर वह कल रात भी पीकर आया था। मैंने उसे समझाना चाहा तो उसने मुझे पटककर लातों से मारा।...मेरा यह आरोप है कि यह इन सारे पुरुषों की मिली-भगत है। पहले चाहे ये किसी बाध्यता में पीते हों, किंतु अब इन्हें चस्का लग गया है। ये लोग अपनी तृष्णा-शांति के लिए उजास

को यह व्यवसाय चलाने में सहयोग दे रहे हैं और इसीलिए यह बात अब तक आपसे छिपी हुई थी।..."

मंती चुप हो गई, किंतु वह क्रोध तथा आवेश में हाँफ रही थी।

"मैं इनसे सहमत हूँ।" लक्ष्मण सबसे पहले बोले, "मेरा अनुमान है कि यही सत्य है; अन्यथा हमारी संचार-व्यवस्था ऐसी नहीं है कि बस्ती में होने वाली गतिविधियाँ हमसे छिपी रह सकें। आप स्वयं अनिंद्य से पूछिए कि क्या हमारी व्यवस्था ऐसी नहीं है कि एक बालक के भी सहायतार्थ पुकारने पर वन का एक-एक पत्ता झनझनाने लगे?"

"ठीक है, सौमित्र?" राम ने शांति की मुद्रा में अपनी हथेली उठाई, "मंती और तुम्हारी बात से सहमत होते हुए भी, हमें अनिंद्य द्वारा दिए गए तर्कों पर विचार करना होगा।..." राम रुककर बोले, "जो लोग उजास के विरुद्ध कार्यवाही इसलिए नहीं कर पा रहे, क्योंकि वह राक्षस नहीं है, वे मुझे बताएँ कि वे राक्षस किसको कहते हैं? क्या मनुष्य अपने कर्म से राक्षस नहीं बनता? किसी अन्य ग्राम का व्यक्ति यहाँ आकर मदिरा बेचे, तुम्हारी दुर्बलता और अज्ञान का लाभ उठाकर तुम्हारा शोषण करे तो तुम उसे राक्षस कहोगे और वही काम तुम्हारी अपनी बस्ती का आदमी करे तो उसे अपना बंधु कहोगे?"

"नहीं।" दर्शकों की भीड़ ने चीत्कार किया।

"उसे भी राक्षस मानोगे?"

"हाँ।"

"ऐसी स्थिति में उजास को भी दण्डित किया जाना चाहिए।" राम पुनः बोले, "दूसरी बात उसके व्यवसाय की है। व्यवसाय भी दो प्रकार के होते हैं—जब कोई हमारी आवश्यकता तथा लाभ की वस्तुएँ उपलब्ध करा, उससे अपनी आजीविका प्राप्त करे, तो यह विक्रेता और ग्राहक दोनों पक्षों के लिए हितकर व्यवसाय है। दूसरी ओर, जब कोई अपने स्वार्थ के लिए हमें हानिकारक वस्तुओं की ओर प्रवृत्त कर अपना लाभ कमाता है, तो वह व्यवसाय नहीं, रक्त-शोषण है। आप ध्यान दीजिए कि जो व्यवसाय जन-सामान्य के लिए जितना अहितकर होगा, उसमें व्यवसायी को उतना ही अधिक लाभ होगा। जो व्यक्ति अपने लाभ के लिए अपने समाज की क्षति करता है, वह राक्षस क्यों नहीं है? आज वह अपने स्वार्थ के लिए आपको मदिरा पिलाकर आपके शारीरिक, पारिवारिक और सामाजिक स्वास्थ्य पर आघात कर रहा है; कल वह अपने इसी लोभ में राक्षसों को आपकी सुरक्षा-व्यवस्था के विषय में सूचनाएँ देकर, आपको पुनः उनका दास बना देगा। जो अपने स्वार्थ के मोह में न्याय-अन्याय नहीं देखता, वह राक्षस नहीं तो क्या है—वह दण्ड का भागी है

या नहीं?"

"है।" सबने अपना समर्थन व्यक्त किया।

सहसा भीड़ में से अपना मार्ग बनाता हुआ स्वयं उजास प्रकट हुआ। वह हाथ जोड़कर खड़ा हो गया, "भद्र राम! मैं मूर्ख आदमी हूँ। यह सब कुछ नहीं सोचता, जो आपने कहा है। मैं तो केवल यह जानता हूँ कि परिवार के पोषण के लिए मैं यह व्यवसाय करता हूँ। मैं अपने समाज का शत्रु नहीं हूँ। मैं किसी का बुरा नहीं चाहता, किंतु मेरे पास दूसरा कोई व्यवसाय नहीं है।"

"तुमने दूसरा व्यवसाय करने का प्रयत्न नहीं किया।" राम तीखे स्वर में बोले, "अन्यथा तुम्हें खान अथवा खेत में परिश्रम करने से कौन रोक सकता था।"

"खान अथवा खेत में श्रम करने का मुझे अभ्यास नहीं है।" उजास बोला, "मैं इतना कठिन परिश्रम नहीं कर सकता।"

"अभ्यस्त नहीं हो, इसका अर्थ यह हुआ कि तुम अपनी सुविधा के लिए सारी बस्ती में विष घोलोगे?" राम आक्रोशपूर्ण स्वर में बोले, "अन्य लोगों द्वारा कठिन श्रम से उत्पादित द्रव की लूट को अपनी आजीविका बनाना सबसे सुविधाजनक है; किंतु हम उसे व्यवसाय नहीं मानते। मेरे मत से तुम निश्चित रूप से दण्डनीय हो। फिर भी मैं उपस्थित समाज से निवेदन करूँगा कि तुम्हें सुधरने और श्रमार्जित आजीविका उपलब्ध करने का एक अवसर दिया जाए...और यदि तुम अब भी नहीं सुधरे तो समाज-द्रोह के अपराध में मृत्यु-दण्ड।"

"ठीक है! ठीक है!" चारों ओर से समर्थन की ध्वनियाँ आईं।

"किंतु राम!" इस बार आतुर बोला, "जिन लोगों को मदिरा का चस्का हो, संध्या होते ही जिनकी अंतड़ियाँ चटखने लगती हैं, मन व्याकुल होकर पागलों के समान टक्करें मारने लगता है, वे क्या करें?"

"वे अपनी पत्नी के हाथ में एक डण्डा देकर उसके सम्मुख सिर झुकाकर बैठ जाएँ।" मंती उच्च स्वर में बोली, "उनके मन को उनकी पत्नियाँ समझा देंगी।"

"मंती ने ठीक कहा।" लक्ष्मण ने अपना उल्लास प्रकट किया।

"मैं भी मंती से सहमत हूँ।" सीता बोलीं, "किंतु बहन! अभी इन्हें इतना कठोर दण्ड न दो। जिस व्यक्ति को मदिरा के बिना व्याकुलता अनुभव हो, उसे दण्ड-श्रम के नियम के अंतर्गत खेतों अथवा खान पर भेज दिया जाए। उससे भी यदि उसका मन संयत न हो तो मंती द्वारा बताया गया उपचार ही उपयुक्त है।"

"यही ठीक है।" राम बोले, "यदि उपस्थित समाज सहमत हो तो यही नियम लागू कर दिया जाए। इसके साथ मेरा प्रस्ताव है कि अपनी पत्नी को पीटने के अपराध में आतुर को एक सप्ताह तक बस्ती के ईंधन की आवश्यकता के लिए

वन से लकड़ियाँ काटकर लाने का अतिरिक्त काम सौंपा जाए। परिश्रम ही बहके हुए मन की उचित औषधि है।''

''उचित है।'' लोगों ने सहमति प्रकट कर दी।

''तुम्हें तो कोई आपत्ति नहीं, अनिंद्य''

''नहीं, आर्य! मुझे क्या आपत्ति हो सकती है।'' अनिंद्य शांत मन से बोला, ''मैंने तो केवल यह कहा था कि हमें मार्ग नहीं सूझ रहा। तो बात मेरे तथा मेरे साथियों के मन में स्पष्ट नहीं थी, वह इस जनमत ने स्पष्ट कर दी है...आर्य!'' वह रुका, ''मेरा विचार है कि आज की सभा के विचारार्थ सारी बातें समाप्त हो चुकी हैं। अब मैं अपना प्रश्न पूछूँ?''

''पूछो।''

''क्या आप यह आश्रम छोड़कर जा रहे हैं?''

राम ने दृष्टि उठाकर देखा—लोग सुनने की उत्सुकता में कुछ-कुछ आगे खिसक आए थे।

''सत्य यह है, अनिंद्य! कि मैं इस आश्रम को छोड़ नहीं रहा, न मैं यहाँ से जा रहा हूँ। मैं अपने कार्य-क्षेत्र का विस्तार करना चाहता हूँ; और विस्तार-कार्य में व्यक्ति एक स्थान पर स्थिर नहीं रह सकता। मैं यहाँ स्थिर नहीं रहूँगा; वस्तुतः मैं किसी भी एक स्थान पर स्थिर रहने के लिए घर से नहीं चला था। अन्याय और अत्याचार के विरोध का लक्ष्य लेकर चला था। अन्याय भीखन के ग्राम में भी हो रहा है और आनन्दसागर आश्रम में भी। क्या तुम यह नहीं चाहोगे कि जैसी व्यवस्था यहाँ हो गई है, वैसी वहाँ भी हो जाए। जिस प्रकार तुम लोग यहाँ स्वतंत्र हो गए हो, उसी प्रकार भीखन के ग्राम के लोग और आनन्दसागर आश्रम के ब्रह्मचारी भी हों?''

''क्यो नहीं चाहेंगे? हम चाहेंगे कि सारे मानव-समाज में ऐसी ही व्यवस्था स्थापित हो जाए।''

''तो फिर उनकी सहायता करो। हम उनकी सहायता करने ही जा रहे हैं हम तुमसे दूर नहीं होंगे तुमसे पृथक् नहीं होंगे। सहायता के लिए तुम्हें ही पुकारेंगे। आवश्यकता होने पर तुम लोग ही वहाँ आकर राक्षसों से उनकी रक्षा करोगे।''

''पर हमारी रक्षा का क्या होगा?'' भूलर बोला।

''तुम समर्थ नहीं हो क्या?'' राम मुस्कराए, ''आज तुम्हारा प्रत्येक बालक सैनिक भी है और सशस्त्र भी। छोटे-मोटे आक्रमणों को तुम हँसते हुए टाल दोगे और यदि राक्षसों की कोई बड़ी सेना आई तो चाहे यहाँ आए; चाहे वहाँ आए या किसी भी ग्राम अथवा आश्रम में आए—हम सबको मिलकर ही लड़ना होगा। उसी

के लिए संगठन की आवश्यकता है और उसी के लिए संचार की व्यवस्था है।'

राम रुक गए। उन्होंने देखा, सब ही चुप थे। उनके चेहरों से स्पष्ट था कि चाहे वे सशब्द विरोध नहीं कर रहे थे; किंतु उनका मन सहमत नहीं हो पा रहा था।

''जाओ। अब अपने-अपने घर जाओ।'' राम स्निग्ध स्वर में बोले, ''हम एक सप्ताह यहाँ और ठहरेंगे; और यह एक सप्ताह बहुत कठिन और त्वरित कार्यों का होगा।''

10

रात के भोजन के पश्चात् वे लोग आश्रम के मध्य के खुले मैदान में बैठे ही थे कि लक्ष्मण ने धर्मभृत्य को संबोधित किया, ''मुनिवर! एक सप्ताह में हमें चल पड़ना है, अगस्त्य-कथा बीच में ही रह जाएगी। तनिक नियम से पढ़कर कथा तो पूरी सुना दो।''

''कथा तो अभी पूरी लिखी ही नहीं गई।'' धर्मभृत्य बोला, ''पूरी सुना कैसे दूँ?''

''तो पूरी लिखते क्यों नहीं?'' लक्ष्मण बोले, ''कठिनाई क्या है?''

''लेखकीय कठिनाई है।'' धर्मभृत्य गंभीर स्वर में बोला, ''मेरे ज्ञान की अपनी सीमाएँ हैं। क्रम से लिखने में अनेक ऐसे प्रसंग आ जाते हैं, जहाँ मैं अपने ज्ञान की सीमा के कारण रुक जाता हूँ। सोचता हूँ कि पहले उस क्षेत्र का ज्ञान प्राप्त कर लूँ, तब लिखूँ। किंतु उन कामों के लिए समय ही नहीं मिल पाता, इसलिए कथा के बीच-बीच के खण्ड लिखे हैं।''

''कौन-सी सीमा है तुम्हारे ज्ञान की, धर्मभृत्य?'' राम ने पूछा।

''आपने ध्यान दिया होगा कि मुर्तू की कथा में मैंने यह तो बताया है कि उसका अपहरण हुआ और जब वह लौटा है तो जल-परिवहन का अधिकारी अभियंता है, किंतु यह नहीं बताया कि वह अभियंता बन कैसे गया?''

''हाँ! ठीक है।'' राम ने सिर हिलाया।

''वस्तुतः हुआ यह कि जलपोत के चलने पर मुर्तू को पोत-नियंत्रक की निजी सेवा के लिए नियुक्त किया गया। वृद्ध पोत-नियंत्रक की मुर्तू ने बहुत सेवा की। उसी यात्रा में पोत-नियंत्रक कुछ अस्वस्थ भी हो गया। मुर्तू ने अपनी अथक सेवा से उसका मन जीत लिया। परिणामतः वृद्ध को मुर्तू से स्नेह हो गया। लंका

में पहुँचकर वृद्ध ने मुर्तू को क्रय कर मरने से बचा लिया और स्थायी रूप से अपने साथ रख लिया। वृद्ध के साथ रहने के कारण मुर्तू जलपोतों के निर्माण के विषय में अनेक बातें सीख गया। वृद्ध को यह देखकर सुखद आश्चर्य हुआ कि मुर्तू में जलपोत-विद्या सीखने की विचित्र प्रतिभा थी। उसका अन्यथा अविकसित मस्तिष्क इस विद्या के लिए बहुत प्रखर निकला। वृद्ध ने अपने स्नेही सेवक के स्थान पर मुर्तू में अपना योग्य सहायक पाया। उसने और भी अधिक मन लगाकर मुर्तू को अपनी विद्या सिखाई। परिणामतः मुर्तू श्रेष्ठ कोटि का जलपोत-अभियंता बन गया। वृद्ध का अंतिम समय आया तो निःसंतान होने के कारण अपनी धन-संपत्ति भी मुर्तू को ही दे गया।'' धर्मभृत्य रुका, ''यह सारा प्रसंग मुझसे लिखा नहीं जा रहा।''

''तुमने सुना तो दिया।'' लक्ष्मण बोले, ''फिर ज्ञान की सीमा कहाँ है?''

''यही तो लेखकीय चमत्कार है। अपना अज्ञान बता भी दिया और छिपा भी लिया।'' धर्मभृत्य हँसा, ''यदि इस प्रसंग को लिखूँ तो मुझे जलपोतों के निर्माण तथा उनके परिचालन की विस्तृत जानकारी होनी चाहिए। तभी तो बता पाऊँगा कि मुर्तू ने वृद्ध जलपोत-नियंत्रक से क्या सीखा। किंतु मैंने कभी जलपोत देखा ही नहीं है।''

''ओह! यह बात है!'' लक्ष्मण कुछ सोच में पड़ गए।

''मेरा विचार है कि तुमने भगवती लोपामुद्रा के विषय में भी बहुत कम चर्चा की है।'' सीता बोलीं, ''क्या यह भी तुम्हारे ज्ञान की सीमा है?''

''आपने ठीक पकड़ा, दीदी! यह भी मेरी अगति का क्षेत्र है।''

''चलो, मुनिवर!'' लक्ष्मण बोले, ''वह तो सुनाओ, जो तुमने लिख लिया है।''

''वह अभी सुना देता हूँ।''

धर्मभृत्य अपनी कुटिया से पांडुलिपि ले आया।

''पढ़ूँ?'' उसने राम की ओर देखा।

''पढ़ो।''

मुर्तू बहुत दुखी मन से घर लौटा। आज तक वह केवल अपनी विद्या के विषय में सोचता-पढ़ता रहा था। अपनी आँखें उठाकर उसने किसी अन्य क्षेत्र की ओर देखा भी नहीं था। किंतु गुरु अगस्त्य के साथ हुए वार्तालाप ने उसकी आँखें कुछ खोली थीं उन्होंने उसे विद्वान् और ज्ञानी का भेद बताया था। तभी उसके मन में आया था कि उन्नत राजनीति के बिना कोई समाज किसी भी अन्य क्षेत्र में आगे नहीं बढ़ सकता। उसने तभी यह भी अनुभव किया था कि उन्नत राजनीतिक शक्तियाँ

पिछड़ी हुई जातियों को किसी भी क्षेत्र में आगे नहीं बढ़ने देंगी।...और मुर्तू को यह सोचकर विचित्र-सी अनुभूति हुई थी कि उसकी पोत-विद्या जैसी शुद्ध निर्माण-विद्या के पीछे भी राजनीति है। तभी उसने सोचा था कि पोत-निर्माता होने पर भी उसे राजनीति के विषय में कुछ सोचना-समझना चाहिए।...आज वह यूथपति से मिलकर आया था, उसने पुरोहित को देखा था, उससे बातें की थीं और आज राजनीति, पिछड़ी हुई राजनीति का वास्तविक रूप स्पष्ट होकर उसके सामने आया था...जिस प्रस्ताव के लिए यूथपति ने उसका तिरस्कार किया था, उसी प्रस्ताव के लिए राक्षस-साम्राज्य के बड़े-बड़े अधिकारी लालायित थे—उरपुर हो या लंका...सभी स्थानों पर मुर्तू का स्वागत किया जाएगा। राक्षस अपनी उन्नत राजनीति के कारण, अपनी जल-सेना के माध्यम से, अन्य जातियों को लूट-लूटकर धनी हो रहे हैं और दूसरी ओर वानरों की मूर्ख राजनीति है कि अपने लाभ के प्रस्तावों का तिरस्कार कर, राक्षसों द्वारा सदा पीड़ित होते रहेंगे। क्या सारी वानर जाति की यही इच्छा है, जाति तो दूर रही, क्या उसके अपने सारे यूथ की यही इच्छा है? नहीं! सारा यूथ या जाति कभी नहीं चाहेगी कि वे लोग इस प्रकार पिछड़े रहकर पीड़ित होते रहें...

तो कौन चाहता है यह?

यूथपति?

या पुरोहित?

मुर्तू को लगा कि यूथपति यह नहीं चाहता, क्योंकि वह परामर्श के लिए पुरोहित पर आश्रित है। वह मूर्ख है, नहीं जानता कि किस बात में उसकी, उसके यूथ की अथवा उसकी जाति की भलाई है। वह अपने अज्ञान के कारण अपनी जाति का अहित कर रहा है—किंतु पुरोहित?

निश्चित रूप से पुरोहित अज्ञानी नहीं, धूर्त है। वह जानता है कि जलपोत चलाने से समुद्र के रुष्ट होने की कोई संभावना नहीं है; किंतु समुद्र में यदि जलपोत चलने लगे, अथवा किसी अन्य रूप में समुद्र पर वानरों का अधिकार बढ़ जाए तो उसके देवता होने का भ्रम टूट जाएगा। समुद्र-पूजन की परंपरा समाप्त हो जाएगी और पूजा के माध्यम से होने वाली पुरोहित की आय समाप्त हो जाएगी...

मुर्तू का मन आक्रोश से जल उठा—एक नीच व्यक्ति, अपने क्षुद्र स्वार्थ के लिए, एक पूरी जाति की प्रगति को रोके बैठा है और कोई उसे कुछ नहीं कह सकता। स्वार्थ भी कैसा? एक निर्धन जाति द्वारा चढ़ावे में चढ़ने वाले नगण्य-से धन का?...मुर्तू के जी में आया, इस पुरोहित के रोम-रोम को तप्त लौह शलाका से दग्ध करे...

कहीं ऐसा तो नहीं कि स्वयं राक्षसों ने पुरोहित को उत्कोच दिया हो कि वह वानरों को समुद्र की ओर न बढ़ने दे...नहीं! मुर्तू ने सोचा—यह उसकी अपनी कल्पना की खींच-तान है...किंतु राजनीति में कुछ भी असंभव नहीं। राजनीति से कटकर, किसी भी क्षेत्र का ज्ञान असमर्थ हो जाता है। किसी भी क्षेत्र में प्रगति के लिए पहले राजनीति को ठीक करना होगा...अगस्त्य ऋषि के चिंतन का कोण ही ठीक कोण है...मुर्तू को अगस्त्य के पास ही जाना होगा। उन्हीं को अपनी समस्या बतानी होगी और उन्हीं से समाधान पाना होगा।...कहाँ उसने आरंभ में अगस्त्य को कोई धूर्त समझा था, जो उसके यूथ के भोले और अनजान लोगों को ठग रहा था और कहाँ आज वह अनुभव कर रहा है कि अगस्त्य उसके यूथ के सबसे बड़े हितैषी हैं—यूथपति से भी अधिक, पुरोहित से भी अधिक।

अगले दिन मुर्तू अकेला अगस्त्य के आश्रम में पहुँचा।

"कहो, मुर्तू! कैसे आए?"

"ऋषिवर!" मुर्तू अत्यंत व्यथित स्वर में बोला, "पिछली बार मैं अपनी इच्छा से आपके पास नहीं आया था। पिताजी मुझे लाए थे और मेरे मन में आपके प्रति तनिक भी सम्मान नहीं था। किंतु आज मैं अपनी इच्छा से आया हूँ और आपको अपना सबसे बड़ा मित्र मानकर आया हूँ।"

"मुर्तू! इस आश्रम में तब भी तुम्हारा स्वागत हुआ था, आज भी स्वागत है।" अगस्त्य मुस्करा रहे थे, "अपनी समस्या कहो। प्रयत्न करूँगा कि तुम्हारी सहायता कर सकूँ।"

मुर्तू ने यूथपति तथा पुरोहित से अपनी भेंट की सारी कथा कह सुनाई।

"तो?" ऋषि ने अपनी प्रश्नवाचक दृष्टि उस पर डाली।

"मैं इस बाधक राजनीति से कैसे लड़ सकता हूँ?" मुर्तू बोला, "मैं तो अपने यूथ के लिए कुछ कार्य करना चाहता हूँ और आप देख रहे हैं कि मैं जिनके लाभ के लिए काम करना चाहता हूँ—वे स्वयं ही मेरे मार्ग की बाधा बन रहे हैं। मैं विघ्न-पूर्ण परिस्थितियों में कार्य करने का अभ्यस्त नहीं हूँ। ऐसे में मेरा मन यहाँ से भाग जाने को होता है। यदि मैं आपसे न मिला होता और आपने ऐसी तीखी बातें न कही होतीं, तो कदाचित् मैं अब तक न रुका रहता। मुझे ऐसा लग रहा है कि यहाँ की प्रत्येक वस्तु मुझे धकेलकर राक्षसों के राज्य में फेंक देना चाहती है—केवल आप मुझे थामे हुए हैं।"

ऋषि उसके चेहरे को पढ़ते रहे और मन-ही-मन कुछ सोचते रहे। फिर शांत स्वर में बोले, "मुझे तुमसे अधिक कुछ नहीं कहना है, पुत्र! कहने-योग्य प्रायः सारी

बातें मैंने पहली ही भेंट में कह दी थीं। आज केवल इतना ही कहना है कि अपने मन को स्थिर करो। तुम देख ही रहे हो कि इस पिछड़ी, स्वार्थी और लोलुप राजनीति के धुएँ में प्रतिभा का दम घुटता है। यही कारण है कि यहाँ प्रतिभा विकसित नहीं होती। यह विचित्र संयोग है कि तुम्हारे शत्रुओं ने तुम्हारी प्रतिभा को विकसित कर दिया है। मैं यहाँ धुएँ से लड़ रहा हूँ, ताकि इस जाति की प्रतिभा विकसित हो और यह राक्षसी अंधकार से लड़ सके। यदि तुम अपने जीवन का गंतव्य अंधकार से युद्ध बना लो, तो यहाँ टिक सकते हो और यदि तुम स्वार्थजीवी हो तो यहाँ एक सप्ताह भी नहीं टिक पाओगे...।''

सहसा एक तरुणी ने कुटिया में प्रवेश किया। मुर्तू की दृष्टि उस पर टिकी। वह आर्य कन्या नहीं थी। वस्त्रों तथा आकृति से वह निश्चित रूप से वानर कन्या थी। किंतु वह सामान्य वानर-कन्या से कितनी भिन्न थी। उसके मुख-मण्डल पर ऋषि-कन्या का-सा सात्विक तेज था।

'ओह! हो गया न आरंभ...!'' सहसा लक्ष्मण बोले।

''क्या?'' धर्मभृत्य ने आश्चर्य से उनकी ओर देखा।

''लेखकीय धंधा!'' लक्ष्मण बोले, ''वही प्रेम! कितनी भी गंभीर स्थिति हो, जातियों का भविष्य निर्धारित हो रहा हो, मानवता का युद्ध चल रहा हो—किंतु बीच में सात्विक तेज वाली कन्या अवश्य आ जाएगी...''

''मैंने सायास नहीं किया है।'' धर्मभृत्य स्पष्टीकरण देता हुआ-सा बोला, ''वह प्रभा है। शतालु की पुत्री। आश्रम में ही रहती है।''

''किसी की भी पुत्री हो।'' लक्ष्मण अपने उद्धत स्वर में बोले, ''तुम लेखक लोग...''

''तो इसमें चिढ़ने की क्या बात है, सौमित्र!'' सीता मुस्करायीं, ''अब इन दिनों तुम क्या कम गंभीर कार्यों में लगे हो। मैं नहीं जानती कि तुम्हारे कार्यों से मानवता का भविष्य निर्मित होगा या नहीं—पर प्रयत्न तो तुम कर ही रहे हो। ऐसे में यदि कोई तरुणी—कोई वनवासिनी, कोई ऋषि-कन्या, कोई राजकुमारी, कोई स्वप्न-सुंदरी आ जाए, तो तुम्हें उसके मुख-मण्डल पर सात्विक तेज दिखाई नहीं पड़ेगा?''

''परिहास के लिए तो ठीक है, भाभी!'' लक्ष्मण अपनी गंभीरता छोड़ने को तैयार नहीं थे, ''किंतु इतने आश्रम हमने भी देखे हैं—कहीं आपको कोई स्वप्न-सुंदरी दिखाई पड़ी? फिर इस मनःस्थिति में किसका ध्यान उस ओर जाता है...''

''सौमित्र! तुम्हारी संघर्ष-वृत्ति कुछ अधिक ही उग्र हो गई है।'' राम बोले,

"जीवन में कोमलता का विषय आते ही उसके विरुद्ध धर्मयुद्ध घोषित कर देते हो और कल तुम्हारी भाभी कह रही थीं कि तुम्हारा वय अब गृहस्थाश्रम में प्रवेश करने का हो गया है..."

"भाभी को अपने लिए कोई सहायिका चाहिए होगी।" लक्ष्मण बोले, "किंतु जब तक हम इस राक्षसी अंधकार के निरोध का कोई स्थायी प्रबंध नहीं कर लेते, तब तक मैं प्रेम, शृंगार या विवाह की बात सोच भी नहीं सकता।"

"चलो। अच्छा किया, इसी बहाने तुमने अपने मन की बात बता दी।" सीता मुस्करायीं, "नहीं तो मैं अनुमान ही लगाती रहती कि देवर के जीवन में कोई स्वप्न-सुदरी आई या नहीं।..अब कथा सुनने दोगे या नहीं?"

"सुनाइए, मुनिवर! सुनाइए।" लक्ष्मण पुनः सुनने की मुद्रा में बैठ गए, "चाहे स्वप्न-सुंदरी की ही कथा क्यों न हो।"

"यह प्रभा है।" ऋषि ने बताया, "शतालु की पुत्री। आश्रम में अपनी ऋषि माँ के पास रहकर आयुर्वेद का अभ्यास कर रही है—विशेष रूप से शल्य-चिकित्सा का।" उन्होंने मुर्तू की ओर संकेत किया, "यह आयुष्मान् मुर्तू है—जल-परिवहन का पण्डित। इसका अपना जीवन-पोत अनिर्णय के झंझावात में फँसा हुआ डगमगा रहा है।"

प्रभा ने उसे नमस्कार किया। मुर्तू ने उत्तर में हल्का-सा प्रति-नमस्कार किया, किंतु उसके मन में प्रभा का रूप, उसके प्रति अपने मन के प्रश्न और अपने परिचय में कहा गया गुरु का वाक्य—सब-कुछ उलझकर रह गया था। और मुर्तू जैसे उनसे पृथक् खड़ा उनका मल्लयुद्ध देख रहा था।...उसके मन में बार-बार लंका की सुंदरियों और प्रभा के रूप की तुलना हो रही थी। पहले दिन अपने पिता की कुटिया में जिन वानर-कन्याओं को देखा था, वे उसे फूहड़, देहाती और गँवार लगी थीं। प्रभा में पर्याप्त परिष्कर और सुरुचि के दर्शन हो रहे थे, यद्यपि उसकी वेशभूषा भी प्रायः वही थी। वह राक्षस-सुंदरियों से भी पर्याप्त भिन्न लग रही थी—उनमें तड़क-भड़क, शृंगार और आडंबर की उत्तेजना थी; किंतु प्रभा में शांति और सार्थकता की शीतलता थी...

मुर्तू ने सुना ही नहीं कि प्रभा ने क्या पूछा और गुरु ने क्या कहा। वह अन्य वानर-कन्याओं के साथ प्रभा की तुलना कर रहा था। यदि शिक्षा और सुसंस्कृत संगति से प्रभा में इतना परिष्कार आ सकता है, तो अन्य लोगों में सुधार क्यों नहीं हो सकता!...वह छोटी-मोटी विघ्न-बाधाओं से घबरा क्यों जाता है? भागने की क्यों सोचता है? वह भी गुरु अगस्त्य के समान यहाँ टिककर, इन बाधाओं से लड़कर

उनका मुँह मोड़ देने की बात क्यों नहीं सोचता? क्या दुर्बलता उसके अपने मन के भीतर नहीं है? तभी तो गुरु ने कहा कि अपने जीवन का पोत अनिर्णय के झंझावात में फँसा डगमगा रहा है।...वह अपने मन को स्थिर क्यों नहीं करता? क्यों सुविधा-स्वार्थजीवी बनना चाहता है—सेवा का मार्ग सुविधा और स्वार्थ के बीच में से होकर नहीं जाता।

उसने आँखें उठाकर गुरु की ओर देखा—वे स्थिर दृष्टि से उसकी ओर देख रहे थे।

"तुम कुछ सोच रहे थे, पुत्र!"

"आपके आश्रम में आते ही मन जमने लगता है, बाधाओं से लड़ने की इच्छा होने लगती है। अभी भी मन को स्थिर कर रहा था कि मुझे यहीं रहना है—किसी भी अवस्था में।"

"यदि मेरे आश्रम के बाहर, इस पिछड़े तथा अस्त-व्यस्त जीवन की बाधाओं में भी मन जमा रहे और यहीं बस जाने का निर्णय कर लो तो मुझे बताना। प्रभा के पिता शतालु से कहूँगा कि वह भास्वर से तुम लोगों के विवाह की बात निश्चित कर ले।"

मुर्तू अचकचाकर उठ खड़ा हुआ, "अच्छा, गुरुवर! अब अनुमति दें।"

वह प्रणाम कर बाहर चला आया। ऋषि अंतर्यामी हैं, या वे मनुष्य की दृष्टि की भाषा को समझते हैं? उसने प्रभा को एक बार उल्लास से देखा था और फिर अपने भीतर डूब गया था। ऋषि ने इतने में ही उसके विषय में अपनी धारणा बना ली। संभव है कि प्रभा के भी कुछ ऐसे ही भाव रहे हों—मुर्तू ने उसे तो देखा ही नहीं।

गुरु कहते हैं कि जब वह स्थिर हो जाए, तब प्रभा के विवाह की बात निश्चित हो।...किंतु ऐसा क्यों संभव नहीं है कि उसे स्थिर करने के लिए प्रभा का उसके साथ विवाह कर दिया जाए? उसका जीवन-पोत यदि डगमगा रहा है तो वह लंगर के समान उसके जीवन में क्यों नहीं आ सकती?

सहसा मुर्तू का चिंतन रुका। उसे स्वयं अपने ऊपर आश्चर्य हो रहा था—क्या सचमुच एक झलक देखकर ही उसने प्रभा से विवाह का निर्णय कर लिया है? उसने लंका, अशिमपुर और उरपुर में एक से बढ़कर एक सुंदरियाँ देखी हैं, किंतु उसका मन कभी ऐसा पराभूत तो नहीं हुआ। क्या है यह? मरुभूमि में एक साधारण-सा फूल देखकर उसका मन मचल गया है; या अपनी जाति से किसी प्रकार का पुनः भावात्मक स्तर पर बँध जाने की इच्छा; या वह अपने जातिगत सौंदर्य-संस्कारों से इतना बँधा हुआ है कि किसी इतर जाति की सुंदरी का रूप उसके मन को अभिभूत

कर ही नहीं पाया? उसने अनेक सुंदरियों को सराहा था, उनकी कामना भी की थी—किंतु विवाह की बात सोची तक नहीं थी। यह उसके सौंदर्यगत संस्कार थे अथवा अगस्त्य-आश्रम का प्रभाव—कि वह पत्नी-रूप में वानर कन्या की ही कल्पना कर सका था—अनघड़ वानर-कन्या नहीं, सुरुचि-संपन्न तथा परिष्कृत वानर-कन्या!

घर लौटने तक मुर्तू की मनःस्थिति पर्याप्त मात्रा में बदल चुकी थी। मन स्थिर हो चुका था—उसे यहीं रहना था और अपना काम करना था। यदि कुछ मूर्ख और स्वार्थी लोग उसका महत्त्व नहीं समझते और उसे प्रोत्साहित नहीं करते, तो उसका दण्ड वह अपने यूथ अथवा अपनी जाति को नहीं दे सकता। पहली अवस्था में वह चाहता था कि उसका यूथ उसको सारी सुविधाएँ दे, उसे महत्त्वपूर्ण व्यक्ति माने, उसकी अभ्यर्थना करे, तब ही वह अपने यूथ में रहेगा, किंतु उसने देख लिया था कि उसके यूथ का राजनीतिक नेतृत्व करने वाले लोगों में न तो इतनी समझ है और न इससे उनका कोई स्वार्थ सधता है कि वे उसकी अभ्यर्थना करें। यूथ की मनःस्थिति बदलने के लिए, पहले उसे अपनी मनःस्थिति बदलनी होगी।...वह बाहरी व्यक्ति के समान अपना स्वागत और सुविधाएँ नहीं चाहेगा, घर के सदस्य के समान अपना अधिकार मानकर यहीं रहेगा और काम करेगा।. ..यूथ के राजनीतिक नेताओं को अपना दृष्टिकोण समझाने के लिए, उन्हें अपने काम की उपयोगिता समझानी होगी। वे समझना न चाहें तो संपूर्ण यूथ के सम्मुख अपनी उपयोगिता सिद्ध कर, जन-सामान्य के माध्यम से नेताओं पर दबाव डालना होगा।

योजना तैयार करने में मुर्तू ने बहुत समय लगाया। निश्चित रूप से, जलपोत अथवा कोई बहुत बड़ी नौका बनाने की बात वह अभी नहीं सोच सकता। उसके लिए लंबा समय लगेगा, और अभी तो कोई सहयोगी भी नहीं मिलेगा। उसे कोई छोटी और हल्की वस्तु बनानी चाहिए, जो यूथ के असहयोग के रहते हुए भी, थोड़े-से समय में वह अकेला ही बना ले और उससे निर्विवाद रूप में अपनी उपयोगिता सिद्ध कर सके...कोई तीव्रगामी नौका, हल्की और लाभदायक...

मुर्तू का मन नौका की विशेषताओं का चयन करता रहा, फिर उसने उसके आकार-प्रकार के विषय में सोचा। बैठने का स्थान, भार उठाने की क्षमता, चालक का स्थान, चप्पुओं का आकार, उनका नाप...और अंत में मछलियाँ पकड़ने का जाल लगाने का स्थान और विधि...दो व्यक्ति भी चप्पू लेकर बैठ जाएँ और आधी घड़ी समुद्र की सैर करें तो लौटने पर समुद्र देवता के प्रसाद फलस्वरूप जाल में ढेरों

मछलियाँ फँसी होंगी। सारे यूथ के एक दिन के भोजन के लिए पर्याप्त।

मुर्तू मन में अपनी योजना लिये, नौका के लिए उपयुक्त लकड़ी की खोज में वन में भटकता रहा। उचित वृक्ष खोज लेने पर उसे काटने की समस्या सामने आई। मुर्तू को वन के वृक्ष काटने का अब अभ्यास नहीं था। वह अभियंता था, लकड़हारा नहीं। यूथ के किसी अन्य व्यक्ति से सहायता की कोई आशा नहीं थी। न जाने कैसे उसके पड़ोसियों को भी पता लग गया था कि वह कोई ऐसा काम करने पर लगा हुआ है, जिसे यूथपति और पुरोहित की स्वीकृति प्राप्त नहीं है, इसलिए किसी भी ओर से सहायता की कोई संभावना नहीं थी। पिछले दो दिनों में, उसके घर में मिलने वाले लोग अन्य दिनों की अपेक्षा इतने कम आए थे कि लगता था कि उसके परिवार का सामाजिक बहिष्कार किया जा रहा है। संभवतः यह यूथपति की अप्रसन्नता प्रचारित हो जाने के कारण ही था।

अंत में स्वयं बूढ़े भास्वर ने उसकी सहायता का निश्चय किया। वह वृद्ध हो गया था, किंतु उसका लकड़ियाँ काटने का अभ्यास अभी छूटा नहीं था। कुल्हाड़ी लेकर पिता और पुत्र दोनों ही वन में पहुँचे। मुर्तू ने वृक्ष दिखाया और भास्वर ने प्रहार के लिए कुल्हाड़ी उठाई। किंतु वह प्रहार कर नहीं पाया। विभिन्न वृक्षों के पीछे से कुछ दण्डधर निकल आए। निश्चित रूप से वे यूथपति के सैनिक थे।

मुर्तू ने आश्चर्य से उन लोगों को देखा। इसका अर्थ यह हुआ कि उसकी चौकसी की जा रही थी। यूथपति को उसकी गतिविधियों की पूरी सूचना मिलती रही थी। वे लोग इसी प्रतीक्षा में रहे होंगे कि वह कार्य आरंभ करे तो वे लोग उसे रोकें।

वे निकट आए।

"तुम वृक्ष नहीं काट सकते। यह पुरोहित का आदेश है।"

मुर्तू को लगा, उसका इससे अधिक अपमान नहीं हो सकता! एक फूहड़, मूर्ख तथा स्वार्थी पुरोहित के आदेश से, विश्व के सर्वश्रेष्ठ पोत-अभियंताओं में से एक—मुर्तू को लकड़ी काटने से रोका जा रहा है। उसकी इच्छा हुई कि अपने पिता के हाथ से कुल्हाड़ी लेकर वह सामने खड़े इस दण्डधर का सिर धड़ से अलग कर दे।...किंतु कितनों के सिर धड़ से पृथक् करेगा वह? सामने खड़ा व्यक्ति व्यक्ति नहीं है—वह राज-शक्ति का प्रतीक है, और राज-शक्ति इस एक व्यक्ति के मरने से समाप्त नहीं होगी...

"और यदि मैं काटूँ तो?"

"आदेश है कि तुम्हें बंदी कर, घसीटते हुए, पुरोहित के पास पहुँचा दें, किंतु ऋषि अगस्त्य का तुम्हें बंदी करने का निषेध है। अतः हठ करने पर तुम्हें ससम्मान

पुरोहित के पास पहुँचाना होगा।''

मुर्तू का मन जैसे फट गया। वह किन के उत्थान तथा उज्ज्वल भविष्य के लिए कार्य करना चाहता है—इनके, जो उसके साथ अभद्रतम व्यवहार करना चाहते हैं।

''आइए, पिताजी! चलें!'' मुर्तू घर की ओर मुड़ा।

भास्वर भी चुपचाप उसके पीछे चला आया।

मुर्तू के मन में ऐसा झंझावात उठा था, जैसा उसने कभी स्वयं सागर में उठता नहीं देखा था...दण्डधर की बात से स्पष्ट था कि पुरोहित ने उसे अपमानजनक ढंग से बंदी करने का आदेश दे रखा था, किंतु गुरु अगस्त्य को इसकी आशंका पहले से रही होगी। तभी तो उन्होंने उसे बंदी करने का निषेध कर दिया था...और गुरु कदाचित् इतने सामान्य थे कि उनकी अवज्ञा का साहस पुरोहित में भी नहीं था...किंतु गुरु कहाँ-कहाँ उसकी रक्षा करेंगे, कहाँ-कहाँ उसे अपमान की पीड़ा से बचाएँगे—लंका में दण्डधर तो क्या, किसी सैनिक ने भी इस अशिष्ट ढंग से उससे बात की होती तो वह कभी जीवित न बचता...और यहाँ उसके सम्मान की रक्षा के लिए भी गुरु को सतर्क रहना पड़ता है...

मुर्तू ऐसे स्थान में नहीं रह सकता। किसी भी अवस्था में नहीं रह सकता। उसे कोई नहीं रोक सकता—न गुरु, न माता-पिता, न यूथ, न जाति और न प्रभा...हाँ! प्रभा भी नहीं। वह यहाँ अपमानित होने के लिए नहीं रुकेगा...

भास्वर को मुर्तू बहुत पीड़ित लगा। उसकी समझ में नहीं आया कि वह क्या कहकर पुत्र को समझाए। यह तो यहाँ के जीवन की सामान्य-सी बात थी। ऐसा तो होता ही रहता है। यूथपति या पुरोहित की आज्ञा कैसे टाली जा सकती है। एक गुरु ही हैं, जो सबको समझा लेते हैं।''

''पुत्र! कल ऋषि के पास चले जाना। वे अवश्य ही कोई मार्ग निकाल देंगे।'' वह धीरे-से बोला।

मुर्तू ने उत्तर नहीं दिया। वह चुपचाप चलता रहा।...शायद पिताजी ठीक कह रहे हैं—गुरु कोई मार्ग निकाल ही लेंगे। किंतु गुरु के पास जाकर उसका यहाँ रहने का संकल्प फिर उभर आएगा। जाने उस आश्रम में क्या था कि वह जब-जब वहाँ जाता था, यहीं बस जाने का विचार प्रबल हो जाता था। इस बार भी यदि यही हुआ तो वह फिर रुक जाएगा।...वह रुक गया और फिर कहीं उसका ऐसा ही अपमान हुआ तो उसका वक्ष फट जाएगा...वह अपमान से पीड़ित हो मर जाने के लिए यहाँ रुकना नहीं चाहता। वह आज रात ही चुपचाप यहाँ से चल देगा—बिना किसी को बताए।

उसने रुककर पीछे-पीछे आते अपने बूढ़े पिता को देखा। पिता कितने उदास हो गए थे—पुत्र के अपमान से? या उसे दुःखी देखकर? कदाचित् उसे दुःखी देखकर। उनके वश में होता तो वे अपने पुत्र को प्रसन्न करने के लिए सारा वन कटवा समुद्र में तैरा देते...किंतु उनके वश में था क्या?

उसके चले जाने से माता-पिता को बहुत कष्ट होगा—वह जानता था—किंतु उसका अपना कष्ट इतना बड़ा था कि अब वह किसी के कष्ट की चिंता नहीं कर सकता, किसी के भी कष्ट की नहीं।

धर्मभृत्य ने पाण्डुलिपि बंद कर दृष्टि उठाई, "आज यहीं तक।"

"चला गया न?" लक्ष्मण ने पूछा।

"हाँ।"

"उसे जाना ही था। मुझे मालूम था।" वे अपनी किसी सोच में डूब गए।

11

आनन्दसागर आश्रम में पहुँचकर राम ने जो देखा, वह उनके लिए सर्वथा अनपेक्षित था। पिछली बार जब वे आश्रम में आए थे तो यहाँ कितना उत्साह था; और आज घोर हताशा। जैसे राम के आने की भी उन्हें कोई प्रसन्नता नहीं हुई। केवल मुखर उनसे आकर ऐसे मिला, जैसे वर्षों पश्चात् उसने अपने किसी प्रिय व्यक्ति को देखा हो। उसने उत्साहपूर्वक सबके ठहरने की व्यवस्था की। अन्य आश्रमों के समान उन्हें यहाँ आते ही कुटीरों की व्यवस्था नहीं करनी पड़ी। मुखर ने पहले ही व्यवस्था कर रखी थी।

शस्त्रों को शस्त्रागार में स्थापित कर, राम कुछ निश्चिंत हो बाहर आ बैठे। सीता, लक्ष्मण तथा मुखर भी वहीं आ गए। आनन्दसागर तथा भीखन कदाचित् उनके अवकाश पा जाने की ही प्रतीक्षा कर रहे थे।

"हाँ, मुखर!" राम ने पूछा, 'क्या स्थिति है?"

"कोई विशेष घटना यहाँ नहीं घटी, इसका अनुमान तो आपने लगा ही लिया होगा।" मुखर बोला, "कुछ घटित हुआ होता तो आपको सूचना मिलती ही। किंतु मेरी समझ में नहीं आता कि यहाँ के लोग किस मिट्टी के बने हैं। पिछली बार आपके जाने के पश्चात् राक्षसों की सैनिक टुकड़ी ने आक्रमण क्या किया कि अब प्रत्येक मुख पर एक ही बात है—हमारे कुछ भी करने से क्या होगा? राक्षस फिर

आएँगे और लूट-पाटकर ले जाएँगें पिछली बार तो वे लोग यहाँ ठहरे ही नहीं; यदि अधिक ठहर गए तो हत्याएँ भी करेंगे।"

"यही बात है, भीखन!" राम ने पूछा।

"कुछ ऐसा ही हो गया है, राम।" भीखन का स्वर भी पर्याप्त उत्साहशून्य था, "कितना भी प्रयत्न करो—कहीं उत्साह नहीं जागता। मेरा अपना मन भी कुछ उदासीन-सा हो रहा है। प्रत्येक व्यक्ति पूछता है कि राम यहाँ कब तक रहेंगे, कब तक वे राक्षसों से लड़ेंगे? अंत में वे चले ही जाएँगे। फिर हम होंगे और ये राक्षस! राक्षस दण्डक वन में हैं, जन-स्थान में हैं, लंका में हैं। उनकी सेनाएँ आएँगी और हमें अपने पैरों तले रौंद जाएँगी—तो फिर उनके विरोध का क्या लाभ? हम जितना बैर बढ़ाएँगे—अंत में उतना ही कष्ट पाएँगे। उनकी स्पर्धा तो हम कर नहीं पाएँगे।"

"और आप क्या कहते हैं, मुनि आनन्दसागर?"

"मुझे क्या कहना है, भद्र!" आनन्दसागर ठहरे हुए शांत स्वर में बोले, "सचमुच राक्षसों के पिछले आक्रमण से इस क्षेत्र में बहुत ही बुरा प्रभाव पड़ा है।"

"भूधर की भूमि का आप लोगों ने क्या किया है?" राम ने पूछा।

"कुछ नहीं। वैसी ही पड़ी हैं" भीखन ने बताया, "उस भूमि पर कोई हल चलाने का साहस ही नहीं करता। मान लीजिए, आज हम उस पर खेती आरंभ करते हैं और कल ग्राम पर राक्षसों का आक्रमण होता है तो वे खेतों में खड़ी फसल या जला जाएँगे या काटकर ले जाएँगे; उस भूमि पर नियंत्रण करने के अपराध में हत्याएँ अलग कर जाएँगे।"

"तो तुम्हें गाँव की भूमि भी नहीं चाहिए?" मुखर जैसे चकित होकर बीच में ही फूट पड़ा।

"राक्षसों की भूमि नहीं चाहिए।"

"वह भूमि राक्षसों की नहीं, तुम्हारी है!" लक्ष्मण कुछ आवेश के साथ बोले।

"जिसकी भी हो!" भीखन बोला, "वह भूमि हमें नहीं चाहिए।"

"अच्छी बात है!" राम बोले, "इस प्रकार हतोत्साहित होकर न तो तुम अत्याचार का विरोध कर सकते हो और न अपने अधिकार ही पा सकते हो! जहाँ तक हम लोगों के यहाँ ठहरने का प्रश्न है, तुम जानते हो कि किसी भी स्थान पर स्थायी रूप से वहाँ का निवासी ही रहता है। बाहरी सहायता के रूप में जो कोई भी आएगा, वह थोड़े समय के लिए ही आएगा। अपने अधिकारों तथा न्याय का युद्ध तो तुम्हें स्वयं ही लड़ना होगा।" राम ने तनिक रुककर भीखन को देखा, "किंतु अपने ग्रामवासियों से भूमि के विषय में ठीक से पूछकर मुझे बता देना।"

"भूधर की भूमि लेने का जोखिम कोई नहीं उठाएगा।" भीखन वैसे ही उदासीन

स्वर में बोला।

"अच्छा! लोगों की बात छोड़ो।" सहसा राम का सवर करारा हो उठा, "अपनी बात कहो। क्या तुम भी वैसे ही हताश हो चुके हो? तुम भी राक्षसों को मनमानी करने के लिए मुक्त छोड़, सदा के लिए उनके मार्ग से हट जाना चाहते हो?"

राम के स्वर ने अपना प्रभाव दिखाया। भीखन के चेहरे का वर्ण कुछ सजीव हुआ। उसने एक बार इधर-उधर देखा और धीरे-से बोला, "राम! मेरा अपना मन आज भी वही है, किंतु लगता है कि सारे गाँव में अकेला पड़ गया हूँ। इधर यह भी सुनने में आया है कि यहाँ की राई-रत्ती सूचना राक्षसों तक पहुँच रही है। ग्राम के ही कुछ लोग उनके भेदिए हो गए हैं। इसलिए सब कुछ सोच-समझकर ही चलना पड़ता है।"

राम ने मुखर की ओर देखा, "क्या यह सच है?

"यह इनका भ्रम है।" मुखर ने पूर्ण विश्वस्त स्वर में कहा।

"और आप, मुनिवर?" राम मुस्कराए, "आप राक्षसों से समझौता करने के पक्ष में हैं?"

"नहीं, राम!" आनन्दसागर मुस्कराए, "मेरी कलाइयों के बंधन आपने खोले थे—वे कलाइयाँ अब बँधना नहीं चाहतीं। किंतु मैं धर्मभृतय के समान साहसी नहीं हो पा रहा हूँ। अकेला चना भाड़ नहीं फोड़ता।"

राम कुछ सोचते रहे। लक्ष्मण की दृष्टि उन पर टिकी रही।

"यदि आपको आपत्ति नहीं है," राम बोले, "तो साहस के संचार के लिए कल से आश्रम में शस्त्रों का प्रशिक्षण तो आरंभ कर ही दीजिए। मेरा विचार है कि आश्रम तथा ग्राम के वासियों की निराशा उससे कुछ कम हो जाएगी। जब तक हम यहाँ हैं, तब तक तो रावण की सारी सेना भी आ जाए तो आपका कुछ नहीं बिगाड़ पाएगी?" राम का स्वर ओजपूर्ण हो उठा, "और जब हम यहाँ से प्रस्थान करेंगे, तब यदि आपको राक्षसों का कोई भय व्यापे तो आप हमारे साथ चलें। आपकी सुरक्षा का दायित्व हम पर है।"

राम ने लक्ष्मण की ओर देखा। वे पूर्णतः संतुष्ट दीख रहे थे।

"और मेरा दूसरा प्रस्ताव है कि भीखन अब गाँव में जाकर यह सूचना प्रचारित कर दे कि राम भूधर की भूमि अपनी जन-सेना में वितरित कर रहे हैं। यह सूचना जितनी अधिक प्रचारित हो, उतना ही अच्छा। राक्षसों तक जा पहुँचे तो और भी अच्छा।"

"इससे क्या होगा?" आनन्दसागर बोले।

"देखना है कि भय के नीचे दबे, उनके भूमि-प्रेम पर क्या प्रभाव पड़ता हैं

कल प्रातः तक उनका भाव स्पष्ट हो जाएगा।'' राम मुड़े, ''मुखर! अब तुम्हारी संचार-व्यवस्था की परीक्षा है। अनिंद्य को संदेश भेजो। कल प्रातः तक वह अपने साथियों के साथ कुछ हल-बैल और कुदाल लेकर यहाँ उपस्थित हो जाए।''

''गाँववाले बाहर के लोगों को अपनी भूमि जोतते देख नहीं पाएँगे।'' सीता बोलीं।

''उनके इसी भाव को जगाना है।'' राम बोले, ''इन पर भय का रंग कुछ अधिक ही गहरा है।''

प्रातः यद्यपि आश्रमवासियों में कुछ उत्साह नहीं था, फिर भी आश्रम का वातावरण पर्याप्त बदला हुआ था। ब्रह्मचारियों की तीन टुकड़ियाँ बना दी गईं थीं और एक-एक टुकड़ी लक्ष्मण, सीता तथा मुखर के नेतृत्व में शस्त्राभ्यास कर रही थी। राम अपनी जन-सेना तथा उनके साथ आए हुए हल-कुदाल के साथ खेतों पर जाने के लिए उद्यत थे; केवल भीखन की प्रतीक्षा थी।

भीखन आया तो उसने ग्राम का समाचार दिया। भूमि-वितरण की सूचना ग्राम में प्रचारित कर दी गई थी। लोगों में कुछ उत्सुकता तो जाग्रत हुई थी, किंतु कोई स्पष्ट प्रतिक्रिया नहीं हुई। किसी ने भी गाँव के बाहर के लोगों में गाँव की भूमि वितरित करने का कोई स्पष्ट विरोध नहीं किया था, जैसी कि राम की अपेक्षा थी।

राम कुछ देर सोचते रहे। फिर बोले, ''आओ, भीखन! हम खेतों पर ही चलें।''

वे लोग खेतों की ओर चले।

''उत्सुकता तो उनमें जागी है।'' राम बोले, ''इसका अर्थ यह हुआ कि भूमि में उनकी रुचि तो है, किंतु राक्षसों के आतंक के कारण भूमि ग्रहण करने का साहस नहीं कर रहे हैं। या फिर कदाचित् उन्हें लगा हो कि भूमि-वितरण की बात केवल बात ही है, उन्हें विश्वास नहीं कि भूमि राक्षसों के सिवाय किसी अन्य व्यक्ति को मिल सकती है। हमें अपने वचन को कर्म-रूप में परिणत करना होगा—कर्म से बड़ा प्रमाण दूसरा नहीं होता।''

राम ने दूर से देखा, खेतों के आस-पास दो-चार लोग मँडरा रहे थे। राम ने भीखन की ओर प्रश्नवाचक दृष्टि से देखा।

भीखन भी उन्हीं को देख रहा था और उसके मुख पर आश्चर्य का भाव स्पष्ट था।

''ये तो हमारे ही गाँव के लोग हैं।'' भीखन जैसे अपने-आप से कह रहा था, ''ये यहाँ क्या कर रहे हैं? ये तो कह रहे थे कि राम जिसे चाहें, भूमि दे दें,

भूधर की भूमि का उन्हें क्या करना है।''

राम मुस्कराए, ''संभवतः वे लोग देखने आए हैं कि सत्य ही भूमि-वितरण होना है या केवल बातें-ही-बातें हैं।''

राम खेतों के पास आए तो ग्रामीण पीछे कुछ दूर हट गए, जैसे वे लोग राम और उनके साथियों के संपर्क में नहीं आना चाहते हों।

''अरे, ये कहाँ भागे जा रहे हैं?'' भीखन एक बार फिर चकित हुआ, ''मैं उन्हें बुलाऊँ क्या?''

''नहीं!'' राम बोले, ''उन्हें दूर से ही देखने दो। वे अपनी इच्छा से ही निकट आएँगे।''

राम ने ग्रामीणों को अनदेखा-सा कर अपना कार्य आरंभ किया। सबने मिलकर भूमि की नाप-जोख की और उसे चार समान भागों में बाँट दिया। जन-सेना के चौबीस व्यक्तियों की चार टुकड़ियाँ बनाकर, भूमि का एक-एक भाग उन्हें सौंप दिया गया। भूलर, कृतसंकल्प, पुनीत तथा वायुगति एक-एक टुकड़ी के नेता बने। राम चारों टुकड़ियों के सम्मिलित नेता थे और अनिंद्य उनका सहायक।

राम सोच रहे थे—भूमि बहुत अधिक थी। इतनी अधिक कि जन-सेना के इतने थोड़े-से लोग उस भूमि से पूरी उपज प्राप्त करने के लिए पर्याप्त नहीं थे। यह सारी भूमि अकेले भूधर की थी। सारा ग्राम अपना स्वेद बहाता था और उपज का स्वामी भूधर था। अब ग्रामवासी उस भूमि पर काम करने के लिए सहमत नहीं थे। इस प्रकार तो भूमि का एक बड़ा भाग परती पड़ा रह जाएगा।...आश्रम के लोगों को भी खेती में लगाना होगा। पर उन्हें भी राक्षसों के आतंक ने बाधित किया तो?...

चारों टोलियों ने अपना-अपना कार्य आरंभ किया, किंतु थोड़ी ही देर में राम के मन की बात सबके सम्मुख प्रकट हो गई—इतने बड़े भू-भाग के लिए न तो उनके पास पर्याप्त व्यक्ति थे, न हल, न बैल। फिर भी चारों टोलियाँ होड़ लगाकर काम कर रही थीं। जो टोली पीछे छूटती दिखाई पड़ती थी, राम और अनिंद्य उसमें जा मिलते थे। उसके अन्य टोलियों के बराबर आते ही, वे दोनों उसमें से हट जाते थे...

दूर खड़े ग्रामीण, अपनी उत्सुकता में क्रमशः खिसकते-खिसकते खेतों के पास आ गए। राम ने उनके चेहरों पर अंकित उनकी विवशता देखी—एक ओर अपनी भूमि पर काम करने की आतुरता, दूसरी ओर अपनी भूमि पर बाहरी लोगों को अधिकार स्थापित करते देखने के विरुद्ध आक्रोश! साथ-साथ राक्षसों का अनाम-अज्ञात आतंक!...

भय आदमी को कितना बौना बना देता है—राम सोच रहे थे। मनुष्य मनुष्य न रहकर भूमि पर रेंगने वाला कीड़ा बन जाता है। यदि यह भय उनके मन में से निकाल दिया जाए, तो वह किसी भी अन्याय से जा टकराएगा, किसी भी अत्याचारी को पीस डालेगा। किंतु इसके मन में पीढ़ियों से बसा हुआ यह आतंक मिटेगा कैसे?...

सहसा भीखन ने हाँक लगाई, "आ जाओ, भैया! तुम लोग भी आ जाओ! भूमि तुम्हारी ही है, क्यों संकोच करते हो?"

उनके निमंत्रण का विपरीत प्रभाव हुआ। लोग अपने भीतरी आकर्षण से खिंचे हुए, अजाने ही निकट आ गए थे। भीखन ने उनको उस दुर्बलता के प्रति सचेत कर दिया था। मन का भाव प्रकट हो जाने का संकोच तथा राक्षसों का आतंक—दोनों ही साथ-साथ जागे और उन्हें धकेलकर खेतों से दूर गाँव की ओर ले गए।

भीखन खिसियाया-सा राम के पास आया, "मैंने तो सोचा था कि..."

"कोई बात नहीं।" राम ने उसे आश्वस्त किया, "किंतु अब सावधान रहना। हमें उनके हठ को बढ़ाने का उपकरण नहीं बनना है।"

मध्याह्न में सब लोग आश्रम में लौट आए। आश्रम की स्थिति पहले से अच्छी थी। प्रातः खेतों पर जाने से पहले राम को आश्रम में अजाने भय की जो छाया दिखाई पड़ी थी, वह अब नहीं थी। ब्रह्मचारी तथा स्वयं मुनि आनन्दसागर अब पर्याप्त सहज दिखाई पड़ रहे थे। कदाचित् आश्रम में शस्त्रागार की उपस्थिति, लक्ष्मण, सीता तथा मुखर के शस्त्र-परिचालन-कौशल और सबसे बढ़कर उनके अपने शस्त्र-प्रशिक्षण के आरंभ ने उन्हें साहसी बना दिया था। अब ऐसा नहीं लग रहा था कि वे राक्षसों के आक्रमण के भय की छाया में जी रहे हैं। और शायद सबसे बड़ी बात यह थी कि भय की स्थिति में वे लोग राम के दल के साथ ही संक्रमण की बात सोच रहे थे। ग्रामवासी अपनी भूमि के मोह में कहीं और जाने की बात सोच भी नहीं सकते थे, किंतु भीखन भी कल से आज तक में पर्याप्त बदल गया था। वह भी जैसे राम की संगति में निर्द्वंद्व हो चुका था।

भोजन के पश्चात् जब वे लोग विचार-विमर्श के लिए बैठे तो उसके मन की बात और भी स्पष्ट होकर सामने आई।

"मुनिवर! मैं सोच रहा हूँ," उसने आनन्दसागर से कहा, "मैं भी गाँव छोड़कर आश्रम में ही रह जाऊँ। ग्रामवासियों का व्यवहार मुझे कुछ जँच नहीं रहा।"

मुनि ने एक विचित्र द्वंद्व की-सी स्थिति में उसकी ओर देखा और तत्काल ही अपनी दृष्टि राम की ओर फेरी।

किंतु राम से पहले लक्ष्मण बोले, "मुनिवर! यदि अशिष्टता न मानें तो भीखन

की इस इच्छा के संदर्भ में मैं अपना विचार कह डालूँ।''

''कहिए।''

''भीखन भाई! रुष्ट न होना।'' लक्ष्मण हँसकर बोले, ''किंतु मुझे लगता है कि तुम भी ग्राम को असुरक्षित मानकर वहाँ रहने से डर रहे हो।''

''नहीं...'' भीखन ने कहना चाहा।

''नहीं। हमारा भीखन इतना भीरु नहीं है।'' राम बोले, ''वैसे भीखन को दिन में थोड़े से समय के लिए आश्रम में ही रहना चाहिए, अन्यथा उसका शस्त्र-प्रशिक्षण रह जाएगा। वैसे उसे अपनी पत्नी और बच्चों के साथ गाँव में अपने घर पर ही रहना चाहिए।''

''क्यों?'' मेरे आश्रम में रहने में आप लोगों को क्या आपत्ति है?'' भीखन बाधा से कुछ रुष्ट होकर बोला।

''कारण अनेक हैं।'' राम बोले, ''सबसे पहले तो तुम्हारा आश्रम में आ जाना ग्रामवासियों के भय में वृद्धि करेगा। वे यह मान लेंगे कि भूधर की भूमि पर खेती कर, ग्राम में रहना असुरक्षित है। दूसरी बात यह है कि इससे तुम्हारे और ग्रामवासियों के बीच भेद बढ़ेगा। वे तुम्हें स्वयं में से एक न मानकर अलग मानेंगे। तुम्हारे माध्यम से उनके साथ बना हुआ हमारा संपर्क भी टूट जाएगा। दूसरी ओर तुम यदि गाँव में रहोगे तो बिना कहे ही यह सिद्ध होगा कि भूधर की भूमि पर खेती करना किसी विकट जोखिम का काम नहीं है। इससे ग्रामवासियों का मनोबल और आत्मविश्वास बढ़ेगा।''

''किंतु, हमसे अलग, गाँव में अकेले रहने के कारण, किसी समय भीखन अपने परिवार समेत कठिनाई में पड़ सकता है।'' सीता ने शंका की।

''कोई राक्षस भीखन के घर तक पहुँच जाए और हमें सूचना न हो, यह संभव नहीं है।'' मुखर बोला, ''हाँ, यदि आपका अभिप्राय ग्रामीण समाज की किसी कठिनाई से है, तो मैं कह नहीं सकता।''

''मेरा विचार है कि आश्रम से भीखन के घर, अतिथियों का आवागमन अधिक हो जाना चाहिए।'' राम धीरे-से बोले, ''लक्ष्मण, मुखर, अनिंद्य तथा सीता भी—भीखन के घर, दिन में एक-आध बार अवश्य जाएँ; तथा कोई-न-कोई, दो जन-सैनिक बारी-बारी, अतिथि के रूप में उसके घर पर रहें। इससे भीखन के परिवार के साथ-साथ ग्रामवासियों में भी सुरक्षा की भावना बढ़ेगी। ग्रामवासियों से हमारा संपर्क भी बढ़ेगा। सीता का आवागमन अधिक होगा तो स्त्रियों का साहस भी जागेगा। आवश्यक होने पर सुधा को भी कुछ दिनों के लिए यहाँ बुलाया जा सकता है। मेरा स्पष्ट मत है कि दूरी होने पर भी, अपनी गतिविधियों से हमें भीखन के घर को आश्रम

का अंग बना लेना चाहिए।''

''यह ठीक है।'' सबसे पहले भीखन ने ही सहमति प्रकट की।

''यदि भीखन भाई का निवास-स्थान तय हो गया हो तो एक सूचना मुझे भी देनी है।'' अवसर पाते ही मुखर बोला।

''कहो-कहो।'' राम बोले, ''तुम अपनी सूचना सबसे पहले कहा करो। शेष गतिविधियाँ तो तुम्हारी सूचनाओं पर ही निर्भर हैं।''

''कुछ अपरिचित लोगों को हमारी सूचना-सीमा के आस-पास मँडराते देखा गया है।'' मुखर बोला, ''और राक्षस-सेना की एक बड़ी टुकड़ी, जिसमें दो-ढाई सौ सैनिक होने चाहिए, दक्षिण-पश्चिम की ओर से बढ़ रही है। किंतु वह हमसे अभी बहुत दूर है, और उसने अभी तक अपनी शीघ्रगामिता का कोई लक्षण नहीं दिखाया है।''

''अर्थात् अभी कुछ समय लगेगा।'' राम बोले, ''लक्ष्मण! प्रशिक्षण का समय कुछ बढ़ा दो और क्षिप्र-शिक्षण आरंभ करो। अनिंद्य! तुम भी अपने सैनिकों के अभ्यास-काल में वृद्धि करो।'' अंत में वे आनंदसागर की ओर मुड़े, ''मुनिवर! आप मुझे कम-से-कम पच्चीस ब्रह्मचारी ऐसे दें, जिनकी सैनिक-प्रशिक्षण में विशेष रुचि हो।''

''आज प्रातः आप पाँच ब्रह्मचारी भी माँगते तो कदाचित् मुझे निराशा प्रकट करनी पड़ती।'' आनन्दसागर हँसे, ''किंतु एक ही दिन के प्रशिक्षण से लोगों में इतना उत्साह भर आया है कि आप पचास ब्रह्मचारी भी माँगें तो कठिनाई नहीं होगी।''

''अच्छा, एक बात और है!'' सहसा राम गंभीर हो गए, ''भीखन! तुम बता सकते हो कि साधारण ग्रामवासी के पास अन्न की क्या स्थिति है?''

''आपने अच्छा किया, यह पूछ लिया।'' भीखन बोला, ''मैं स्वयं भी सोच रहा था कि इस विषय में आपसे बात करूँ।''

राम चुपचाप उसे देखते रहे।

''ग्रामवासियों की स्थिति अच्छी नहीं है।'' भीखन ने कहा, ''मुझ जैसे बहुत कम ऐसे लोग हैं, जिनके पास थोड़ी-सी अपनी भूमि है। उसकी उपज पर भी भूधर इतना अधिक कर लगाता था कि कृषक के पास कठिनाई से दो समय खाने को बचता था। अधिकांश लोग ऐसे हैं, जिनके पास अपनी भूमि नहीं थी। वे भूधर की भूमि पर काम करते थे; और उससे पारिश्रमिक में अन्न पाते थे। वह अन्न इतना नहीं होता था कि खाते भी और बचाते भी। इधर भूधर की मृत्यु और विशेषकर राक्षसों के आक्रमण के बाद से गाँव के प्रायः लोगों की स्थिति खराब है। उन्हें

वन के फूलों पर रहना पड़ रहा है। अभी तक वे निराहार नहीं हैं, किंतु वैसी स्थिति शीघ्र ही आ जाने की आशंका है।''

''मुखर!'' राम बोले, ''अपनी संचार-व्यवस्था का थोड़ा-सा बल इधर भी लगाओ। बाहरी शत्रुओं का हमें पता रहे, यह तो बहुत आवश्यक है ही, किंतु इन भीतरी शत्रुओं—भूख तथा बीमारी—की भी सूचना मिलती रहनी चाहिए।''

''आज से ही प्रबंध करूँगा।'' मुखर ने आश्वासन दिया।

''गाँव में भूधर के भवन में कुछ अन्न है क्या?'' राम ने पूछा।

''कह नहीं सकता।'' भीखन बोला, ''किंतु आशा कम ही है। वे लोग बंदियों को छुड़ाकर ले गए हैं तो क्या अन्न छोड़ गए होंगे।''

''ऐसा है, मुनि आनन्दसागर!'' राम बोले, ''कि अन्न-प्राप्ति तथा अन्न के उत्पादन के लिए हमें विशेष रूप से सावधान रहना होगा। पहले तो आप देखिए कि आश्रम में कितना अन्न है। लक्ष्मण! तुम आज किसी समय जाकर भूधर के भवन का परीक्षण करो। मुखर तथा भीखन से विभिन्न घरों की स्थिति जानकर, अपने भंडार तथा उनकी आवश्यकता के अनुसार, उन्हें खाद्य-सामग्री देने की कुछ व्यवस्था हमें करनी होगी। चाहे अन्न पहुँचाएँ, चाहे वन के फल अथवा कंद-मूल; किंतु भूख से मरने की स्थिति हम नहीं आने देंगे। आवश्यकता पड़े तो धर्मभृत्य के पास भी समाचार भेज दो। संभवतः वर्तमान तो इस रूप में सँभल जाएगा, किंतु भविष्य की चिंता मुझे और भी अधिक है...।''

''भविष्य की क्यों?'' लक्ष्मण ने पूछा।

''भूमि किसी के भी अधिकार में हो, उसे जोता-बोया नहीं जाएगा तो अन्न कैसे उत्पन्न होगा? ग्रामवासियों में से केवल एक भीखन हमारे साथ है। पचीस जन-सैनिक, भीखन और मैं अपने सारे श्रम के बाद भी एक-चौथाई भूमि ही कृषि-योग्य बना पाएँगे। शेष भूमि परती रह जाएगी। फिर अन्न की कमी के कारण बीज का अभाव भी हो सकता है। ऐसे में यदि पर्याप्त अन्न नहीं उपजा तो अगले वर्ष यहाँ अकाल पड़ेगा या नहीं?''

राम ने रुककर देखा, सभी जैसे स्तब्ध बैठे थे। राक्षसों के आक्रमण की बात तो वे उत्सुकता तथा किंचित् भय से सुनते थे, किंतु अकाल...

''उससे बचने का एक ही मार्ग है।'' राम बोले, ''हम अकाल की संभावना से भी उसी तत्परता से लड़ें, जैसे राक्षसों के विरुद्ध लड़ते हैं।''

''पर कैसे?'' आनन्दसागर ने पूछा।

''कल से जन-सैनिकों के साथ सारा आश्रम भी पूरी तत्परता से खेती में लगे...'' आनन्दसागर के चेहरे के भाव देखकर राम ने अपना वाक्य पूरा छोड़ दिया,

"क्या बात है, आप सहमत नहीं हैं?"

"कैसे सहमत हो सकता हूँ!" आनन्दसागर के स्वर में कुछ कटुता थी, "आश्रम से तात्पर्य है आश्रम के ब्रह्मचारी, आचार्य और मुनि! और इनमें से किसी का भी काम खेती नहीं है। इनमें से किसी की भी महत्त्वाकांक्षा कृषि-कर्म नहीं है। हम लोग अपनी मानवता के नाते, अपनी सहानुभूति के कारण ग्रामवासियों की सहायता कर दें—वह एक पृथक् बात है, और अपना सारा पाठ्यक्रम छोड़ अपनी आध्यात्मिक साधना को तिलांजलि देकर, अधिक बुद्धिमान, अधिक ज्ञानी तथा मुक्त जीव होने के स्थान पर हम कृषक बन जाएँ, तो हम अपने लक्ष्य से भ्रष्ट हो जाएँगे।"

राम की दृष्टि अनायास ही लक्ष्मण पर पड़ी, वे विस्फोटक की सीमा तक पहुँचे हुए लग रहे थे। इसके पहले कि लक्ष्मण कुछ कह बैठते, राम बोले, "सौमित्र! मेरी बात पहले सुन लेना।"

लक्ष्मण अपनी अवस्था के प्रति सजग हो गए। उन्होंने मुख में आई बात गटक ली और सायास मुस्कराकर बोले, "आप निश्चिंत रहें।"

"आप कह चुके, मुनि आनन्दसागर?"

"जी!"

"तो अब मेरी बात सुनें!" राम बोले, "भिन्न मत होने के कारण, आपको अनुकूल न पड़े तो क्षमा करें।"

"नहीं-नहीं। आप कहिए।" आनन्दसागर भी कदाचित् अपना आवेश पी गए थें

"यह ठीक है कि आश्रम के ब्रह्मचारी, आचार्य तथा मुनि अधिक बुद्धिमान, ज्ञानी तथा मुक्त होने के लिए अध्ययन तथा साधना करते हैं। इन्हीं के लिए आश्रम की स्थापना होती है।" राम बोले, "किंतु आप मुझे बताएँगे कि यह बुद्धिमत्ता, ज्ञान तथा मुक्ति—समाज से निरपेक्ष होकर भी कोई अर्थ रखती है? सामाजिक प्रासंगिकता से बढ़कर भी कोई बुद्धि, ज्ञान अथवा कोई अन्य साधना होती है? क्या करेंगे आप ऐसे ज्ञान और बुद्धि का, जो आपके समाज के काम नहीं आ रही! क्या आध्यात्मिकता का अर्थ अपने भौतिक स्वार्थों से मुक्त होने के सिवाय भी और कुछ है? समाज-निरपेक्ष शून्य अध्यात्म का भी कोई अस्तित्व है क्या? क्या अध्यात्म का सुख अपने स्वार्थों से मुक्ति तथा अपने समाज के लिए उपयोगी होकर, उसको सुखी कर, स्वयं सुखी होने से अलग भी कुछ है? यह कैसी विडंबना है कि जिस समाज के विकास तथा सुख के लिए व्यक्ति बुद्धि और ज्ञान की साधना करता है, वह अपनी साधना की प्रगति के साथ-साथ उस समाज से असंपृक्त हो, आत्मसीमित तथा स्वार्थी होता जाता है। जब आपके आस-पास का मानव-समाज

अकाल की स्थिति में भूख से तड़प-तड़पकर मर जाएगा तो आपका तप, साधना, ज्ञान, अध्ययन—यह सब किसके काम आएगा?" लक्ष्मण के आवेश को टालने के लिए सतर्क राम का अपना स्वर आवेशपूर्ण हो उठा, "यह एक पक्ष है। इसका दूसरा पक्ष राक्षस-संस्कृति और चिंतन है। क्या आप यह नहीं मानते कि इस समय स्वार्थजीवी ज्ञानी, विज्ञानी और बुद्धिजीवी ही राक्षस-संस्कृति के मूल में हैं। उन्होंने समस्त मानवीय ज्ञान-विज्ञान, चिंतन-मनन इत्यादि को समाज-निरपेक्ष तथा स्वार्थ-सापेक्ष कर रखा है। यदि आप भी उसी मार्ग पर चलकर अपनी एकांत-साधना को बौद्धिक ऊँचाइयों तक ले जाना चाहते हैं तो उसका कोई लाभ नहीं है। शक्ति चाहे शारीरिक हो, चाहे बौद्धिक—जब समाज और मानवता-निरपेक्ष हो जाती है, न्याय-अन्याय का विचार छोड़, असमर्थ के विरुद्ध, समर्थ के पक्ष में खड़ी हो जाती है, तो वह राक्षसी शक्ति है। क्या आपने ऐसे बुद्धि-ज्ञान के विकास के लिए यह आश्रम बना रखा है?..."

राम तीखी आँखों से मुनि को देख रहे थे और मुनि को लग रहा था कि वे राम के सम्मुख दृष्टि उठा नहीं पा रहे।

मौन के एक अंतराल के पश्चात् आनन्दसागर धीरे-से बोले, "मैंने कभी इस पर विचार नहीं किया।"

राम का स्वर शांत हुआ, "सोचकर देखिए, मुनि आनंदसागर! बुद्धि और श्रम यदि असंपृक्त दिशाओं में बढ़ेंगे, ज्ञानी जन-समाज से कटकर अपने में सीमित हो जाएँगे तो क्या वे परस्पर शत्रु नहीं हो जाएँगे? बुद्धि श्रम से घृणा नहीं करने लगेगी? ज्ञानी जन अज्ञ समाज को हीन भाव से नहीं देखेंगे? और ऐसे में वे उनके शोषण का साधन बनकर स्वयं राक्षस नहीं हो जाएँगे?"

12

अपराह्न में आश्रम की गतिविधियों का रूप एकदम बदल गया था। आवश्यक कामों में नियुक्त सदस्यों को छोड़कर, शेष सारे आश्रमवासी आश्रम के अन्न के वितरण के काम में लग गए थे। आश्रम में उपलब्ध अन्न ग्रामों तक पहुँचाया जाता रहा और प्रत्येक द्वार पर रुक, उनके परिवार के सदस्यों की संख्या पूछ, उनकी आवश्यकता के अनुसार अन्न दिया जाता रहा।

ग्रामवासियों के लिए यह अद्‌भुत घटना थी। आज तक तो कभी ऐसा नहीं हुआ था कि बिना कठिन परिश्रम कराए हुए, किसी ने उन्हें अन्न की एक मुट्ठी

भी दी हो। अधिक श्रम कर, कम पारिश्रमिक पाना उनके लिए सामान्य बात थी, किंतु इस प्रकार बिना श्रम किए, घर बैठे अन्न पाना...और फिर देने वाले आश्रम के ब्रह्मचारी थे, जो कृषक नहीं थे। अपने भोजन के लिए वे वन के फलों तथा आसपास के ग्रामवासियों की उदारता पर निर्भर करते थे। खलिहान से फसल घर लाने अथवा किसी पर्व-त्योहार के अवसर पर ग्रामवासी ही आश्रम में अन्न पहुँचा दें—यह बात तो उनकी समझ में आती थी, किंतु यह विलोम प्रक्रिया...कि आश्रम से अन्न ग्राम में आए...

तो क्या यह भी भीखन के उन साथियों का प्रभाव है, जो आश्रम में ठहरे हुए हैं? राम को ग्रामवासी जानते थे। राम पहले भी आए थे। तब आश्रम में युद्ध हुआ था। ग्रामवासियों ने राम का साथ दिया था। तभी भूधर की हत्या हुई थी। राम उसी संध्या लौट गए थे। ग्रामवासियों को भीखन ने समझाया था कि वे अब पूर्णतः स्वतंत्र हैं। भूधर मारा गया है और उसके साथी बंदी हो गए है। वे लोग अपने ग्राम का शासन जैसे चाहें, अपने ढंग से चला सकते हैं। आवश्यकता पड़ने पर मुनि आनन्दसागर से सहायता भी ले सकते हैं।...किंतु कुछ ही दिनों में राक्षसों की सैनिक टुकड़ी का आक्रमण हुआ। वे अपने बंदी छुड़ाकर ले गए और जाते-जाते खेतों में जहाँ कहीं फसल थी, उसे नष्ट करते गए। विचित्र संयोग था कि उस दिन उन्होंने किसी की हत्या नहीं की थी। वे लोग बहुत जल्दी में थे, या राम से डरे हुए थे। और तब से ग्रामवासियों को पता नहीं था कि वे स्वतंत्र हैं या नहीं? भूधर के स्थान पर उनका स्वामी कौन था? वे खेत उनके थे या नहीं? उन्हें उन खेतों में काम करना चाहिए या नहीं? कर देना है या नहीं, देना है तो किसे देना है और किस रूप में देना है? अन्न उनके पास था नहीं—कर के रूप में परिश्रम वे किसके खेत पर जाकर करें?...भीखन उन्हें बार-बार कहता था कि वे लोग राम के पास चलें, राम से सहायता माँगें, राम से सहयोग करें...किंतु राम के नाम के साथ एक भय जुड़ गया था। राम आए थे तो भूधर मारा गया था। उसका प्रतिशोध लेने के लिए राक्षसों ने आक्रमण किया था और ग्रामवासी वर्तमान स्थिति में धकेल दिए गए थे। इस बार राम से सहयोग...और अब अकस्मात् ही राम के आ जाने से क्रमशः अकाल की ओर बढ़ते हुए ग्राम में आश्रम द्वारा अन्न पहुँचाया जा रहा था। आश्रमवासियों को त्यागी माना जाता था, किंतु उनसे ऐसे त्याग की अपेक्षा नहीं की जा सकती थी कि वे लोग अपनी आवश्यकता के लिए इधर-उधर से जुटाया हुआ अन्न ग्रामवासियों को खिला देंगे। वह उदारता उनमें कहाँ से आई? राम से? और अपने लिए अन्न की व्यवस्था किए बिना, अपना अन्न देकर अनिश्चित भविष्य से टकराने का साहस उन्होंने किसके भरोसे किया? राम के भरोसे?...ऐसा तो पहले

कभी नहीं हुआ।

आश्रमवासियों के लिए भी यह अद्‌भुत अनुभव था। उन्होंने सदा त्याग का पाठ पढ़ा और पढ़ाया था। किंतु इस प्रकार का त्याग?...अपने सामने से भोजन की थाली उठाकर अपने से अधिक भूखे की ओर बढ़ा देना...ऐसा तो उन्होंने कभी नहीं किया था। यह करवाया था राम ने। मुनि आनन्दसागर का कहना था कि राम के तर्कों का मेरे पास कोई उत्तर नहीं है, अतः उनकी बात अनिवार्यतः मानी जानी चाहिए। वह त्याग ही क्या, जिससे अपने लिए कठिनाई पैदा न हो। फिर अपने लिए एकत्रित अन्न भूखे ग्रामवासियों को क्यों न दिया जाए?

संध्या तक स्थिति कुछ और बदली। लक्ष्मण अपनी टोली के साथ भूधर के भवन से लौटे तो समाचार लाए कि भवन में पुष्कल मात्रा में छिपाया हुआ अन्न मिल गया है। वह अन्न इतना अधिक था कि अगली उपज के आने तक, उससे ग्राम और आश्रम दोनों की ही आवश्यकताएँ पूरी हो सकती थीं।

लक्ष्मण से समाचार पाकर, राम का चिंतित मन कुछ ढीला हुआ। वे इस आश्रम में न आए होते, इस स्थिति की सूचना उन्हें न होती, तो और बात थी—किंतु एक बार ग्रामवासियों की भूख की सूचना मिल जाने पर वे कैसे यह मान लेते कि ग्रामवासियों को अन्न उपलब्ध कराना उनका काम नहीं था।...अब चिंता केवल अगली उपज की थी...

प्रातः ब्रह्मचारियों तथा जन-सैनिकों का पुनर्विभाजन किया गया। निश्चित यह हुआ कि दो बड़े वर्ग बनाए जाएँ। पहला वर्ग आश्रम में शस्त्राभ्यास करे तो दूसरा वर्ग खेतों में काम करे। मध्याह्न के पश्चात् पहला वर्ग खेतों में चला जाए, दूसरा वर्ग आश्रम में शस्त्राभ्यास करे।

राम जन-सैनिकों के साथ, बड़ी संख्या में ब्रह्मचारियों को लेकर खेतों में पहुँचे। आज उन्हें खेतों के पास, कुछ अधिक ग्रामवासी खड़े मिले। राम को लगा, इन ग्रामीणों में उनका विश्वास असत्य नहीं था। बात इतनी-सी थी कि उन पर आतंक की परत कुछ अधिक मोटी होकर जमी थी। उसे उधेड़कर उन्हें अपनी अकृत्रिम रूप में लाने के लिए कुछ अधिक प्रयत्न की आवश्यकता थी। आज कल से अधिक ग्रामवासी आए थे। वे राम तथा उनके साथियों को देख भड़ककर पीछे भी नहीं हटे थे। उन्होंने राम को कल जैसी आतंकित दृष्टि से भी नहीं देखा था। और आज वे भीखन से भी अधिक आत्मीयता से वार्तालाप कर रहे थे।

राम आश्वस्त हुए—लक्षण अच्छे थे। मेड़ों के निकट आए लोगों से अभिवादन

के आदान-प्रदान के पश्चात् राम ने जन-सैनिकों तथा ब्रह्मचारियों को खेतों में बिखेर दिया। काम आरंभ हो गया। काम करने वालों की संख्या अधिक होने के कारण आज ऐसा नहीं लग रहा था कि काम आगे बढ़ ही नहीं रहा और सारे खेत परती पड़े रह जाएँगे...एक के पश्चात् एक क्यारी उधड़ती जा रही थी, नीचे की मिट्टी ऊपर और ऊपर की नीचे जा रही थी। टोलियों में होड़ लगी हुई थी। चार टोलियों में से प्रत्येक के पास एक हल तथा अनेक कुदाल थे। कोई टोली स्पर्धा में पीछे छूटने को तैयार नहीं थी...

सूर्य ऊपर चढ़ आया। धूप चुभने लगी और स्वेद की मात्रा बढ़ गई तो एक-एक टोली एक-एक पेड़ की छाया में, अपने काम की समीक्षा के लिए आ जुटी।

राम अपनी कुदाल भूमि पर रख बैठे ही थे कि अनेक ग्रामवासी उनके निकट सरक आए। राम ने उन्हें देखा...वे लोग इन्हें घेरकर इस प्रकार खड़े थे, जैसे कुछ कहना चाहते हों, किंतु कह नहीं पा रहे हों।

"क्या बात है?" राम उन्हें देखकर मुस्कराए।

भीड़ में अनेक लोगों की आँखें एक-दूसरे की ओर उठीं।

अंत में एक व्यक्ति कुछ कहने की मुद्रा में आगे बढ़ आया। लगता था, किसी अत्यंत साहसिक कार्य का संकल्प किए हुए हो।

"मैं भीखन का भाई माखन हूँ।" वह अपनी थूक गटक, गले में फँसी किसी काल्पनिक वस्तु को नीचे धकेलकर बोला।

राम ने पहचान-भरी मुस्कान से उसका स्वागत किया।

"हम भी खेतों में काम करना चाहते हैं।"

लगा, जैसे भीड़ के सिर से बोझ टल गया—जैसे कोई भारी काम संपन्न हुआ हो।

उनकी अनुकूलता का अहसास राम को प्रातः से ही था, किंतु यह वाक्य उन्हें भी चकित कर गया। क्या ये लोग एक ही दिन में अपने भय से मुक्ति पा गए हैं?

"अत्यंत प्रसन्नता की बात है।" राम के मुख से अनायास ही निकला, "किंतु भीखन ने तो मुझसे कुछ कहा ही नहीं।"

"हमने भीखन भैया से कहा था।" माखन बोला, "पर उन्होंने कहा कि उन्हें हमारा कोई भरोसा नहीं है। हम लोग समय पर पीछे हट जाते हैं। इसलिए हम लोग सीधे आपसे ही बात करें।

राम हँसे, "लगता है, भीखन तुमसे रुष्ट हो गया है। तुमने भाई होकर उसका पक्ष-समर्थन नहीं किया!"

"नहीं, वे इसलिए रुष्ट नहीं हैं।" माखन ने बातया, "उसका दूसरा कारण है।"

"क्या कारण है?"

"वे कहते हैं, भूमि गाँववालों की है। गाँववाले भूमि ले लें और उसमें खेती करें, किंतु हम लोग यह नहीं चाहते।"

"तुम लोग क्या चाहते हो?"

"हम लोग चाहते हैं कि भूमि आपकी ही रहें हम लोग आपका काम कर दिया करें और आप हमें हमारा पारिश्रमिक दे दें।"

राम ने पुनः चकित होकर उन्हें देखा—ये कैसे कृषक थे, जिन्हें भूमि का लोभ नहीं था। उन्हें भूमि मिल रही थी और वे लपककर उसकी ओर बढ़ नहीं रहे थे।

"किंतु भूमि तुम्हारी है। तुम उसे लेना क्यों नहीं चाहते?"

माखन सकपकाया-सा चुप खड़ा रहा।

"क्या तुम्हें भूमि प्रिय नहीं?" राम ने पूछा।

"बात यह है, आर्य!" माखन अपने संकोच से लड़ता हुआ बोला, "भूमि भूधर और उसके बंधुओं की थी। भूधर तो मर गया, किंतु हमारा अनुमान है कि उसके भाई-बंधु अवश्य लौटेंगे। इस बार जब लौटेंगे, उनके साथ राक्षस सेना भी होगी। निश्चित रूप से जिनके पास उनकी भूमि होगी, उसे वे अपना शत्रु मानकर..." वह रुक गया।

"ओह!" राम मुस्कराए, "तुम लोग राक्षसों के लौट आने की आशंका से भयभीत हो। तुम चाहते हो कि यदि वे लौटें तो उन्हें यह सूचना मिले कि उनकी भूमि पर राम ने आधिपत्य जमा रखा है और वे मेरे शत्रु हो जाएँ।...यही बात है?"

"हम आपका अहित नहीं चाहते, राम!" राम बोला, "किंतु आप समर्थ हैं। हम राक्षसों की अपेक्षा बहुत दुर्बल हैं।"

राम चुपचाप उन्हें देखते रहे, जैसे उनकी सच्चाई को परख रहे हों और बोले, "यदि तुम्हारी यही इच्छा है तो यही करो। मैं नहीं चाहता कि तुम्हारे लिए भय और संकट का कारण बनूँ, किंतु दो-एक बातें समझने का प्रयत्न अवश्य करो।"

वे लोग उत्सुक दृष्टि से राम को देखते रहे।

"पहली बात तो यह है कि यह भूमि भूधर और उसके बंधुओं की नहीं थी। वह भूमि तुम्हारी ही थी और तुम्हारी ही है। भूमि उन्हीं की होती है, जो उसे जोतते-बोते हैं। तुम उसे जोतोगे-बोओगे तो वह अब भी तुम्हारी ही होगी। जैसे नदी और उसका जल किसी एक व्यक्ति का नहीं होता, किंतु यह व्यक्तिगत इच्छा अथवा आवश्यकता

पर निर्भर करता है कि कोई व्यक्ति कुआँ खोदकर उसमें से पानी पीता है। उसी प्रकार तुम में से कोई कृषि-कर्म छोड़कर कोई अन्य उद्योग आरंभ कर दें—यह उसकी इच्छा है, अन्यथा भूमि तुम्हारी ही है।'' राम क्षण-भर रुककर बोले, ''किसी समय भूधर या उसके पूर्वजों ने अपनी धूर्तता से वह भूमि तुमसे छीन ली होगी...''

''उसके पूर्वजों ने भी छीनी थी और भूधर भी छीन रहा था।'' भीड़ में से एक स्वर आया।

''भूमि तो भूमि, वह तो हमारी बहू-बेटियाँ तक छीन रहा था।'' माखन बोला।

''मुझे भीखन ने बताया था।'' राम बोले, ''अब तुम ही बोलो, इस प्रकार के षड्यंत्रों से वह तुम्हारी स्त्रियों को छीन लेगा तो क्या वे उसकी हो जाएँगी?''

''नहीं।''

''तो फिर तुम्हारी भूमि कैसे उसकी हो गई?''

''भूमि की बात और है...'' माखन बोला।

राम समझ गए, लोहा अभी गर्म नहीं हुआ। बोले, ''आओ, काम करें। विश्राम बहुत हो गया।''

ग्रामवासियों की एक पृथक् टोली भी बन सकती थी, किंतु राम ने जान-बूझकर ऐसा नहीं किया। उन्हें भी पूर्ववर्ती टोलियों में ही मिला दिया गया। वे अभ्यस्त और दक्ष कृषक थे। ब्रह्मचारी कृषि-कर्म से अनभिज्ञ थे और जन-सैनिक भी मूलतः श्रमिक अथवा ब्रह्मचारी थे। उन्हें खेती का काम करते हुए कुछ समय अवश्य हो गया था, किंतु अभी वे पूर्णतः किसान नहीं बने थे। ग्रामवासियों की पृथक् टोली बना दी जाती, तो अन्य टोलियाँ उनसे स्पर्धा नहीं कर पातीं।

ग्रामीणों के टोलियों में सम्मिलित हो जाने से काम की गति बहुत बढ़ गई।...वे लोग स्वयं भी कार्य कर रहे थे और अपने साथियों का निर्देशन भी करते जा रहे थे। उनकी कार्य-पद्धति सुचारु भी थी और तीव्रगामी भी। राम देख रहे थे, अनायास ही ब्रह्मचारियों तथा जन-सैनिक को प्रथम कोटि का कृषि-प्रशिक्षण प्राप्त हो रहा था...

13

आज फिर आश्रम के दैनिक कार्य में कुछ व्यतिक्रम करना पड़ा था।

पहले कुछ दिनों से लक्ष्मण और मुखर अधिक-से-अधिक व्यस्त होते गए

थे। वे लोग थोड़-थोड़े समय के पश्चात् राक्षसों की सैनिक टुकड़ियों की गतिविधियों की सूचनाएँ ला रहे थे। सूचनाओं से लगता था कि राक्षस बड़ी सावधानी से योजनाबद्ध रूप में आगे बढ़ रहे थे, और उनकी इच्छा बड़े तथा आकस्मिक आक्रमण की थी।

ग्रामवासी क्रमशः अपना भय छोड़ते गए थे और उनमें से खेतों में काम करने वालों की संख्या बढ़ती चलती गई थी। शीघ्र ही गाँव की पूरी जनसंख्या कृषि-कर्म में सम्मिलित हो गई थी। जैसे-जैसे उनका भय कम हुआ था, स्त्रियाँ और बच्चे भी उस सामूहिक जीवन में सहभागी हो गए थे। करघे चलने लगे थे, कुंभकार का चाक घूमने लगा था और लगे लकड़ी का विविध प्रकार का सामान बनने लगा था। अन्य प्रकार की शालाओं के साथ-साथ मुखर की संगीतशाला भी बहुत लोकप्रिय हो गई थी।...किंतु इतना होते हुए भी माखन और उसके साथी न तो भूमि को अपना मानने को तैयार थे और न वे लोग आश्रम के सैनिक प्रशिक्षण में सम्मिलित होने को सहमत हुए थे। इन दो कामों के लिए राम ने जब-जब प्रयत्न किया, असफल रहे। ग्राम का धातुकर्मी आश्रम के लिए शस्त्र बना देता था, किंतु अपने पास एक खड्ग रखने के लिए भी कभी तत्पर नहीं हुआ।

इसलिए राम को ग्रामीणों की अधिक चिंता थी। अभी तक कुछ निश्चित नहीं था कि राक्षस कितनी संख्या में आएँगे और एक ही स्थान पर आक्रमण करेंगे अथवा एकाधिक टुकड़ियों में बँटकर, अनेक स्थानों पर धावा बोलेंगे...वैसे तो अनिंद्य की बस्ती, धर्मभृत्य का आश्रम, भीखन का ग्राम तथा आनंदसागर का आश्रम ऐसी संचार-व्यवस्था में बँधे हुए थे कि छोटी-छोटी घटनाओं की सूचनाएँ भी तत्काल एक स्थान से दूसरे स्थान तक पहुँच रही थीं—फिर भी यदि ग्रामवासी किसी ऐसे स्थान पर घिर गए, जहाँ तत्काल सहायता पहुँचाना संभव नहीं हुआ तो शस्त्रहीन होने के कारण वे लोग तनिक भी प्रतिरोध नहीं कर पाएँगे...। दूसरी कठिनाई यह थी कि वे नहीं चाहते थे कि राक्षस उन्हें राम के पक्ष में मानें, इसलिए वे अपनी सुरक्षा के लिए भी, आश्रम में आने को प्रस्तुत नहीं थे...

आश्रम में युद्ध-समिति बैठी और विभिन्न कोणों से विचार-विमर्श किया गया। सुरक्षा की दृष्टि से खान, बस्ती, धर्मभृत्य का आश्रम, भीखन का गाँव, आनन्दसागर का आश्रम तथा खेत सब ही महत्त्वपूर्ण स्थान थे। किंतु सबसे महत्त्वपूर्ण थी जनसंख्या। जन-प्राण की रक्षा सबसे अधिक आवश्यकता थी, दूसरी कोटि में थी प्राकृतिक संपत्ति अर्थात् खान और खेत। आनन्दसागर आश्रम में रखा हुआ शस्त्रागार भी महत्त्वपूर्ण था, किंतु राम का तत्संबंधी प्रस्ताव मान लिया गया कि समस्त शस्त्र योद्धा अपने साथ रखें—आवश्यक होने पर एकाधिक शस्त्र रखें, ताकि न शस्त्रागार की समस्या रहे, न ये शस्त्र शत्रुओं के हाथ पड़ें।

"मेरा विचार है कि मेरी बस्ती के सारे लोग शस्त्रबल होकर खान पर चले जाएँ।" अनिंद्य बोला, "इससे जन-प्राण और प्राकृतिक संपत्ति एक ही स्थान पर होने के कारण हमें दो स्थानों की रक्षा नहीं करनी पड़ेगी।"

"अनिंद्य ठीक कह रहा है।" लक्ष्मण बोले, "इस दृष्टि से भीखन के सारे ग्रामवासियों को खेत में रखा जाना चाहिए।"

"आश्रमवासी कहाँ जाएँ?"

"यदि हम अनिंद्य की बस्ती और भीखन के ग्राम का मोह छोड़ रहे हैं, तो हमें खाली कर दिए गए आश्रमों का मोह भी त्याग देना चाहिए।" राम बोले, "अन्यथा हम बहुत छोटी-छोटी टोलियों में बँट जाएँगे।"

"मुझे कोई आपत्ति नहीं है।" धर्मभृत्य ने अपना मत दिया, "मैंने देख लिया है कि सौमित्र के नेतृत्व में कुटीर कितनी सुविधा और शीघ्रता से बनते हैं।"

"तो फिर ऐसा ही हो।" राम बोले, "अनिंद्य की बस्ती तथा धर्मभृत्य के आश्रम के सब लोग खान पर एकत्रित हों तथा भीखन के ग्रामवासी तथा आनंदसागर आश्रम के ब्रह्मचारी यहाँ खेतों में रहें। किंतु भीखन के ग्रामवासी न सशस्त्र हैं, न प्रशिक्षित। वैसे भी आक्रमणकारी भूधर का प्रतिशोध लेने के लिए आ रहे हैं, इसलिए वे आक्रमण इसी ग्राम पर करेंगे, अतः सारे जन-सैनिक यहीं रहें। यदि राक्षसों ने खान पर आक्रमण करने की प्रवृत्ति दिखाई तो जन-सैनिकों को तत्काल वहाँ पहुँचना होगा।"

"ठीक है।" धर्मभृत्य बोला, "यही ठीक रहेगा।"

"दूसरी बात शस्त्रों के विषय में है।" राम पुनः बोले, "जन-सैनिकों को धनुष-बाण दो, ताकि वे अन्य लोगों को दूर से ही संरक्षण दे सकें। उन्हें इतना अभ्यास हो चुका है कि वे युद्ध में भली-भाँति धनुष-बाण का प्रयोग कर सकें। पचास धनुर्धारी ये होंगे। उसके अतिरिक्त मैं, लक्ष्मण, सीता, मुखर तथा धर्मभृत्य भी मुख्यतः धनुष-बाण से ही लड़ेंगे। भीखन और आनन्दसागर अपनी इच्छा से धनुष-बाण ले सकते हैं...।"

"नहीं! अभी मुझे अभ्यास नहीं है।" आनन्दसागर ने कहा।

"मुझे भी।" भीखन ने स्वीकार किया।

"तो तुम लोग भी खड्ग अथवा शूल से युद्ध करो। शेष लोगों को भी ये ही शस्त्र दिए जाएँ।"

युद्ध समिति ने तत्काल निर्देश जारी कर दिए। उन्हीं के अनुरूप व्यवस्था की गई। सब लोग अपने-अपने स्थान पर जा पहुँचे। किंतु भीखन के ग्रामवासियों की समस्या

अभी तक नहीं सुलझी थी।

वे लोग अपनी इच्छा से नित्य दिनचर्या के अनुसार, प्रातः ही खेतों में आ गए थे और काम कर रहे थे। जब तक वे खेतों में थे, तब तक कोई विशेष कठिनाई नहीं थी—राम सोच रहे थे—आश्रम के ब्रह्मचारी शस्त्रबद्ध थे। पचास जन-सैनिक भी वहाँ थे। स्वयं राम, लक्ष्मण, सीता तथा मुखर भी वहीं वर्तमान थे।...किंतु यदि संध्या समय तक राक्षसों का आक्रमण न हुआ और ग्रामीणों ने अपने घरों में लौट जाने का हठ किया, तो उनकी सुरक्षा के लिए सारी सैनिक शक्ति को ग्राम में लगाना पड़ेगा। ऐसी स्थिति में खेतों के असुरक्षित छूट जाने का भय था।

किंतु इसकी संभावना शायद कम थी। राक्षसों की गतिविधियों की सूचना राम को निरंतर मिल रही थी, वे लोग आश्रम की सूचना-सीमा के भीतर प्रवेश कर चुके थे और निरंतर आगे बढ़ रहे थे। वे रुककर प्रतीक्षा करने की स्थिति में नहीं थे। और यदि वे इसी प्रकार आगे बढ़ते रहे तो अपराह्न तक यहाँ आ पहुँचेंगे। उनके बढ़ने की दिशा अनिंद्य की बस्ती अथवा धर्मभृत्य का आश्रम नहीं था...

राम अपनी योजना को धीरे-धीरे कार्यान्वित कर रहे थे...क्रमशः सारे ग्रामवासी खेतों के केंद्र में पहुँच गए थे और आश्रम के शस्त्रबद्ध सदस्य किनारों पर आ गए थे। ग्रामवासी सशस्त्र सैनिकों के घेरे में सुरक्षित थे। आज समस्त शालाओं की छुट्टी कर छोटे-बडे सभी बच्चों को भी खेतों पर ही बुला लिया गया था।

खेतों की चारों दिशाओं में से एक-एक ओर स्वयं राम, लक्ष्मण, सीता तथा मुखर थे। जन-सैनिक भी दस टुकड़ियों में बँटकर अपने-अपने नायकों के साथ-साथ, विभिन्न वृक्षों के ऊपर अथवा उनकी ओट में सन्नद्ध खड़े थे...राम ने प्रयत्न किया था कि इन दस टुकड़ियों से छोटे और बड़े...दुहरे वृत्त बन जाएँ। बाहरी वृत्त को आरंभिक आक्रमण का आदेश नहीं था। यदि अपनी असावधानी के कारण राक्षस इन दोनों वृत्तों के बीच आ जाएँ तो दोनों वृत्तों को एक साथ आक्रमण करने का आदेश था। जब शत्रु पर दोहरी मार पड़ रही हो, तभी शेष लोगों के लिए उनसे भिड़ने का उचित अवसर था...

अब सूचनाएँ और भी कम अंतराल से आने लगी थीं।...राक्षस निकट आ रहे थे, उनकी संख्या पाँच सौ के लगभग थी। वे अलग-अलग स्थानों पर आक्रमण करने के स्थान पर, एक ही मोर्चे पर युद्ध करने की योजना के साथ बढ़ रहे थे।

"मुखर!" राम बोले, "धर्मभृत्य को संदेश भेज दो कि आक्रमण यहीं होगा, अतः वह अपनी कुछ अतिरिक्त टुकड़ियाँ तुरंत इधर भेज दे।"

"अच्छा, राम!"

मुखर ने उसी क्षण एक लड़का, अगली चौकी तक दौड़ा दिया। राक्षसों के

निकट होने के कारण दूराह्वान से काम नहीं लिया जा रहा था, अन्यथा वही सरल मार्ग था।

देखने से यही लगता था कि सारे क्षेत्र का जीवन सामान्य गति से चल रहा था। खेतों में काम भी हो रहा था और लोग आ-जा भी रहे थे, किंतु सभी जानते थे कि युद्ध समीप आ रहा है। उसकी दिशा और समय का आभास भी थोड़ा-बहुत सभी को था। खेतों में काम करने वाले ग्रामवासी—जो अभी तक राम और राक्षसों के इस युद्ध में स्वयं को तटस्थ मान रहे थे—भी जानते थे कि युद्ध क्रमशः निकट आ रहा है। उनका द्वंद्व भी कोई समाधान खोज नहीं पा रहा था। अपने भय के कारण वे राक्षसों का विरोध करने का साहस नहीं कर पा रहे थे और इतने दिनों तक राम तथा उनके साथियों के संपर्क में रहने के कारण उन्हें छोड़ना नहीं चाहते थे...

सूचना आई कि राक्षस ग्राम तक आ पहुँचे हैं। दूसरी ओर सूचना पहुँची कि धर्मभृत्य अपनी आश्रम-वाहिनी के साथ क्षिप्र गति से बढ़ता चला आ रहा है।

राम ने मन में गणना की—युद्ध आधी घड़ी भी चला तो धर्मभृत्य पीछे से आ पहुँचेंगे, तब राक्षसों का टिकना कठिन हो जाएगा।

फिर सूचना मिली कि ग्राम को जन-शून्य पाकर राक्षस अत्यंत निराश हुए हैं। उन्होंने दो-एक घरों को आग भी लगाई थी, किंतु कुछ सोचकर उन्होंने अग्निदाह रोक दिया है और वे खेतों की ओर बढ़ रहे हैं।

राम ने आदेश देने आरंभ किए...अनिंद्य खेतों के साथ लगती बाहरी सीमा पर अपनी धनुर्धर टुकड़ी के साथ था, किंतु उसे तब तक प्रहार नहीं करना था, जब तक कि राक्षस आगे बढ़कर खेतों के परे स्थित राम तथा उनकी आश्रम-वाहिनी से न जूझने लगें। लक्ष्मण भीतरी सीमा के वृत्त की जनवाहिनी के साथ थे। उन्हें राक्षसों पर पहले प्रहार करना था, ताकि राक्षस पूरी क्षमता के साथ आश्रमवाहिनी पर न टूट पड़ें।

सब कुछ सध गया। खेतों में काम करते माखन और उसके ग्रामवासियों को भी प्रयत्यक्षतः ज्ञात हो गया कि जिन राक्षसों के लौट आने की संभावना से वे आज तक आतंकित रहे हैं—वे राक्षस न कवेल लौट आए हैं, वरन् सेना लेकर आए हैं और युद्ध की इच्छा से आए हैं।

राम का मन व्यूह-रचना में उलझा था और दृष्टि ग्रामवासियों की प्रतिक्रिया पर थी। किंतु जैसे-जैसे समय बीतता जा रहा था, उनका विश्वास बढ़ता ही जा रहा था कि ग्रामवासी वहाँ से भागेंगे नहीं। यदि वे लोग भाग खड़े होते तो उनकी सुरक्षा की एक अतिरिक्त समस्या सामने आती।...किंतु दूसरा प्रश्न अभी भी राम

के मस्तिष्क में बवंडर मचाए हुए था—वास्तविक युद्ध के समय यदि ग्रामवासी खेतों में उपस्थित रहे तो उनका व्यवहार क्या होगा?

राक्षस सेना ने अपने भरपूर आत्मविश्वास में अपना आक्रमण गुप्त नहीं रखा। वे पर्याप्त कोलाहल करते हुए ,आए और भयंकर क्रोधपूर्ण वेग के साथ उन्होंने धावा किया। उनकी सेना का रूप देखते ही राम के होंठों पर एक शांत मुस्कान फैल गई। उनके पास पाँच धुनर्धारियों की एक छोटी टुकड़ी थी, जो सारी सेना के आगे-आगे भाग रही थी। शेष सैनिकों के पास खड्ग तथा शूल थे। यह सेना शस्त्रहीन कृषकों अथवा आश्रमवासियों के लिए अत्यंत भयंकर प्रतीत हो सकती थी। उनका प्रभाव माखन तथा उसके साथियों के चेहरों पर स्पष्ट देखा जा सकता था। किंतु राम एक क्षण में निश्चय कर चुके थे कि युद्ध-कौशल की दृष्टि से यह सेना अधिक शक्तिशाली नहीं थी।

राक्षस सैनिक आगे बढ़े और राम का पहला आदेश लक्ष्मण के लिए था। राक्षस धनुर्धर टुकड़ी ने प्रथम आघात के लिए अपने धनुषों की प्रत्यंचाएँ खींची ही थीं कि लक्ष्मण की टुकड़ी ने बाण छोड़ दिए।...राक्षस धनुर्धारियों के मुख आश्चर्य से खुल गए। एक तो उन्हें बाणों के आने की दिशा का ज्ञान नहीं हुआ और दूसरे शायद उन्होंने धनुर्विद्या से इस कौशल की कल्पना नहीं की थी...उन्होंने भौंचक्क दृष्टि से अपने शत्रुओं की खोज का प्रयत्न किया और फिर अपने पीछे आने वाले अपने ही सैनिकों के धक्के से वे आगे बढ़ गए। भागते हुए उन्होंने अपनी कटि से खड्ग खींच लिये, जिसका अर्थ था कि उनके पास और धनुष नहीं थे।

राम की इच्छा हुई, वे राक्षसों के इस युद्ध-कौशल पर खिलखिलाकर हँस पड़ें।

किंतु यही युद्ध की निर्णायक घड़ी भी थी। राक्षसों की सेना अपने धावे में आगे बढ़ती गई, राम के सम्मुख तक आ पहुँची। खेतों में काम करती हुई आश्रम-वाहिनी अपने हल-कुदाल छोड़कर, खेतों से आगे बढ गई। पीछे खेतों में केवल ग्रामवासी ही रह गए थे।

सम्मुख युद्ध में पहले राम ने धनुष उठाया। गोह के चमड़े के दस्ताने पहने उनकी अँगुलियाँ बाण छोड़ने लगीं। उसी समय सेना के पिछले भाग पर अनिंद्य तथा भूलर की धुनर्धर टुकड़ियाँ टूट पड़ीं। मध्य भाग पर लक्ष्मण और उनके साथी आक्रमण कर रहे थे। बाईं ओर से सीता अपनी टुकड़ी को लेकर आईं और दाहिनी ओर से मुखर।

राम के मन में युद्ध का परिणाम आरंभ से ही स्पष्ट था—राक्षसों की सेना शुद्ध पशु-शक्ति थीं न उनके पास योजना थी, न संगठन, न उनके पास धनुर्धर थे, न उचित नेतृत्व। वह तो हत्या, बलात्कार, अग्निदाह तथा लूटपाट करने वाले

पशुओं की एक टोली थी, जिन्हें योद्धा नहीं कहा जा सकता था।

राम की आश्रमवाहिनी विकट आत्मबल से युद्ध कर रही थी। उनके जन-सैनिकों तथा अन्य धनुर्धारी को प्रतिरोध का सामना नहीं करना पड़ रहा था।

सहसा राक्षसों का एक दल युद्ध छोड़कर खेतों की ओर भागा। उनके हाथों में अग्निकाष्ठ थे—निश्चित रूप से वे खेतों में खड़ी फसल को अग्निसात करना चाहते थे। इस प्रकार की घटना की कल्पना राम ने नहीं की थी कि राक्षस मनुष्यों को छोड़ खेतों से लड़ने लगेंगे, न ही उसे रोकने की कोई योजना राम के मन में थी।...एक ही मार्ग था कि अपने व्यूह को परिवर्तित कर, वे दो टुकड़ियों को उनके पीछे दौड़ाएँ...

राम ने भूलर की टुकड़ी को संकेत किया। भूलर के साथी वृक्षों से नीचे कूदे और भागते हुए राक्षसों की पीठ पर उन्होंने बाण छोड़ दिए।...दो राक्षस गिरे भी, किंतु शेष अपने अग्निकाष्ठों के साथ, खेतों की ओर निरंतर भागते रहे।...और जब लगा कि वे खेतों में घुसकर अग्निदाह आरंभ कर देंगे और जीता हुआ युद्ध भी इस रूप में पर्याप्त क्षति दे जाएगा—राम का ध्यान सहसा खेतों में स्तब्ध खड़े ग्रामवासियों की ओर चला गया। ग्रामवासियों की दृष्टि भी खेतों की ओर भागते हुए उन राक्षसों की ओर थी, जिनके हाथों में अग्निकाष्ठ थे।...जिस आकस्मिक ढंग से राक्षस युद्ध छोड़कर भागे थे, उसी आकस्मिकता से ग्रामवासियों ने अपनी प्रतिक्रिया भी प्रकट की।...सहसा उनके कुदाल उठ गए और वे खेतों को छोड़, राक्षसों के सामने आ खड़े हुए।

राम ने आश्चर्य से देखा—उन सबके आगे माखन था और उसी ने आगे वाले राक्षस पर अपने कुदाल का पहला वार किया। राक्षस के हाथ से छूटकर अग्निकाष्ठ दूर जा गिरा और वह अपनी कलाई पकड़ते हुए भूमि पर लोट गया। दोनों ओर से प्रहार पर प्रहार होने लगे। प्रायः सारे ग्रामवासी माखन के आस-पास आ डटे थे और अपने खेतों को बचाने के लिए पूर्णतः कटिबद्ध थे।

तब तक मुखर की टोली उनके सिर पर आ पहुँची और उसने पीछे से राक्षसों को धर दबोचा। एक-एक करके राक्षस धराशायी हो गए। उनके अग्निकाष्ठ बुझा दिए गए। किंतु माखन तथा अन्य ग्रामवासी जैसे मुक्त तथा निर्भय हो चुके थे। वे अपने कुदाल उठाए हुए राक्षसों की पिटती हुई सेना से जा टकराए।

"माखन!" राम चिल्लाए, "तुम लोग पीछे हटो।"

किंतु उनमें से किसी ने कुछ नहीं सुना। राम का हृदय काँप गया—वे लोग निःशस्त्र भी थे और अप्रशिक्षित भी।

धनुर्धर जन-सैनिकों से घिरी तथा पिटती हुई राक्षस-सेना ने ग्रामवासियों को

घेर लिया था।...अब रुकना असंभव था। तनिक से विलंब से भी अनर्थ हो जाता...

"लक्ष्मण! तुम यहाँ सँभालो।"

राम अपनी छोटी-सी टोली लिये, घेरे के भीतर जा घुसे। बाण चलाने को अपनी स्फूर्ति पर वे स्वयं ही चकित थे। तूणीर पर तूणीर समाप्त हो रहे थे, किंतु शस्त्रों का वितरण इस प्रकार किया गया था कि नया तूणीर आने में तनिक भी समय नहीं लगता था। उनके बाणों ने सघन हो आए राक्षसों के बीच से मार्ग बना डाला।...राम तत्काल भीतर धँस गए। उनकी टोली, ग्रामवासियों के चारों ओर, प्राचीर बनकर खड़ी हो गई। परिणामतः राक्षसों को पीछे हटना पड़ा, किंतु जाते-जाते भी वे अनेक लोगों को घायल कर गए। एक खड्ग राम के बाएँ कंधे पर भी लगा और कवच को चीर घाव कर गया। इतने निकट से धनुष-युद्ध की अपनी सीमाएँ थीं...

राम के साथी राक्षसों को धकेलते जा रहे थे। पीछे से अनिंद्य, भूलर तथा मुखर थे और सामने से सीता, लक्ष्मण तथा आनंदसागर।...तभी दूर से धर्मभृत्य अपनी आश्रमवाहिनी के साथ प्रकट हुआ।...राक्षस चारों ओर से घिर गए थे और युद्ध अपनी पराकाष्ठा पर जा पहुँचा था। राक्षस सैनिक वीरता से लड़े, किंतु एक-एक कर समाप्त होते गए।

युद्ध शीघ्र ही समाप्त हो गया। कुछ राक्षसों का हठ और कुछ जन-वाहिनी का आक्रोश—केवल एक ही जीवित युद्ध-बंदी पकड़ा जा सका।

माखन राक्षसों के घेरे से जीवित नहीं निकल पाया। उसके अनेक साथी भी घायल हुए थे। उनके घिर जाने की गंभीरता को समझकर, राम इस प्रकार राक्षसों के बीच न जा धँसे होते, तो कदाचित् उनमें से एक भी व्यक्ति जीवित नहीं बच पाता।

युद्ध समाप्त होते ही दोनों आश्रमों की सम्मिलित जन-वाहिनी घायलों की देखभाल में लग गई। शेष लोगों ने शवों का अंतिम-संस्कार किया। राक्षसों के सारे शस्त्र बटोरे, उनकी गणना कर, आवश्यकतानुसार उन्हें विभिन्न टोलियों में बाँटा और युद्ध-क्षेत्र छोड़ दिया।

आश्रम में अगला दिन विचार-विमर्श से आरंभ हुआ। यद्यपि माखन की मृत्यु से भीखन अत्यंत दुखी था तथा अन्य ग्रामवासी भी किसी-न-किसी रूप में इस मृत्यु से पीड़ित थे, आश्रम तथा गाँव के अनेक लोग घायल भी थे, फिर भी विचार-विमर्श के समय प्रत्येक व्यक्ति आश्रम में उपस्थित था।

"ग्रामवासियों ने निर्णय किया है, राम!" भीखन ने बात आरंभ की, "कि अब उनके लिए आपका कोई भी सुझाव अमान्य नहीं हैं वे आज से इस भूमि को भूधर की भूमि नहीं, ग्राम की भूमि मानेंगे और आपकी इच्छा के अनुसार उसके स्वामी बनकर खेती करेंगे।"

"यह निर्णय हमारे लिए युद्ध की विजय से भी बड़ी उपलब्धि है।" राम गंभीर स्वर में बोले, "इसका अनुमान कल मुझे उसी समय हो गया था, जब ग्रामवासी राक्षसों को देखकर कायरों के समान भागने के स्थान पर शस्त्रहीन होते हुए भी उनसे जा भिड़े। यह कैसे हुआ—यह मेरे लिए भी अभी रहस्य है।"

"राम! हम देख रहे थे कि राक्षस हमें नष्ट करने आए हैं।" तोरू बोला, "हम यह भी देख रहे थे कि आप हमारी रक्षा कर रहे हैं। यदि आप पराजित हो जाते तो हम पुनः राक्षसों के दास हो जाते। पिछले कुछ मास जो हमने आपके संरक्षण में स्वतंत्रता तथा सम्मान के साथ बिताए हैं—हमारे लिए स्वप्न हो जातें यह सब हम समझ रहे थे और परस्पर इस प्रकार की बातचीत भी कर रहे थे, किंतु राक्षसों से लड़ जाने का साहस हम फिर भी नहीं जुटा पा रहे थे। फिर वह शस्त्रों का युद्ध था। हम—जैसा कि अभी आपने कहा—निःशस्त्र थे। पर जब हमने देखा कि वे राक्षस उस अन्न को भी नष्ट कर देना चाहते थे, जो हमारे जीवन का आधार था, तो स्थिति हमारे सामने स्पष्ट हो उठी। चुनाव स्वतंत्र जीवन और दासता के जीवन के बीच नहीं था। चुनाव जीवन और मृत्यु के बीच था। हम युद्ध न करते तो भी हमें मरना ही था फिर लड़कर ही क्यों न मरा जाए। सबसे पहले माखन ही उठा था। उसने कहा था, "मैंने आज तक भीखन भैया की बात नहीं मानी, किंतु अब रुक नहीं सकता। राक्षस हमारे खेत जला जाएँ और हम अपने बच्चों को अकाल में भूख से तड़प-तड़पकर मरते हुए देखने के लिए कायरों के समान खड़े रह जाएँ—यह नहीं होगा। जो मौन खड़ा रहे, उस पर धिक्कार।' और माखन कुदाल के साथ, राक्षसों की ओर भागा। तब हम कैसे पीछे रह सकते थे! आवेश का धक्का कायरता की जड़ता को तोड़ गया।"

"यह तो अच्छा हुआ।" राम बोले, "किंतु राक्षसों से निहत्थे भिड़ जाने का परिणाम अच्छा नहीं हुआ। मुझे भी तुम लोगों के इस अकुशल रण के कारण दण्डक वन में पहला घाव मिला है।"

राम ने अपना दायाँ हाथ बाएँ कंधे की पट्टी पर फेरा।

"हमें खेद है, राम!..."

"मेरा अभिप्राय यह नहीं था।" राम बोले, "मैं तो केवल यह चाहता हूँ कि आप लोग भी आश्रमवाहिनी के साथ-साथ शस्त्र-परिचालन का अभ्यास करें, ताकि

भविष्य में फिर इस प्रकार निहत्थे लड़ने का अवसर ही न आए।''

''नहीं! वह निश्चय तो कल ही हो चुका।'' भीखन बोला, ''अब सारा ग्राम शस्त्र-शिक्षा ग्रहण करेगा। किंतु राम! क्या उनसे फिर युद्ध की संभावना है?''

''युद्ध की संभावना जिस दिन समाप्त हो जाएगी, वह मानव-इतिहास के लिए गौरव का दिन होगा।'' राम बोले, ''किंतु अभी तुम्हारे लिए तो काफी संभावना है।''

''क्यों? हमने तो सारे राक्षस मार दिए।'' तोरू बोला, ''अब लड़ने कौन आएगा!''

राम मुस्कराए, ''बड़े भोले हो, तोरू! एक व्यक्ति जब जन-सामान्य से पृथक् हो राक्षस हो जाता है और शेष जन पर अत्याचार करने लगता है—तो क्या वह अपने बल पर करता है? कभी-कभी वैसा भी होता है—जैसे विराध! किंतु सामान्यतः अत्याचार संगठन का होता है। अत्याचारी जानता है कि उसकी सहायता के लिए दण्डधर आएँगे, उनकी सहायता के लिए अंगरक्षक आएँगे, उनकी सहायता के लिए सैनिक टोली आएगी और अंत में टोली की सहायता के लिए साम्राज्य की सेना आएगी। भूधर का प्रतिशोध लेने के लिए यह सैनिक टुकड़ी आई थी। इनका प्रतिशोध लेने के लिए जन-स्थान की सेना आ सकती है, और यदि आप उन्हें भी पराजित कर दें, तो लंका की सेना भी आ सकती है। अतः अब आपको तत्पर और सन्नद्ध ही रहना है। जब तक लंका का राक्षसी साम्राज्य वर्तमान है, तब तक राक्षसी आतंक समाप्त नहीं हो सकता।''

''अर्थात् यह अनवरत तथा दीर्घ संघर्ष है।''

''तुमने ठीक समझा, तोरू!''

''तो हम सब शस्त्राभ्यास करेंगे।''

''ठीक है। सारा गाँव शस्त्राभ्यास करे और पचीस कुशल योद्धा जन-सेना में सम्मिलित हों, जिन्हें धनुर्विद्या का विशेष अभ्यास कराया जाएगा। सशस्त्र जन-सामान्य तथा जन-सेना—दोनों ही अंग एक-दूसरे से पूरक के रूप में विकसित नहीं होंगे तो संघर्ष की सफलता संदिग्ध हो जाएगी।''

''हमें स्वीकार है।''

अंत में लक्ष्मण ने एकमात्र युद्ध-बंदी को सभा के सम्मुख प्रस्तुत किया।

राम ने पहली बार उसे ध्यान से देखा—वह अब तक देखे गए राक्षसों से सर्वथा भिन्न था। उसके शरीर पर न तो विलास की चर्बी थी और न उसकी वेशभूषा में संपन्नता का कोई चिह्न। एक साधारण धोती में लिपटा वह पतला-दुबला व्यक्ति

साधारण श्रमिक से भिन्न नहीं था।

"तुम कौन हो?" राम ने पूछा।

"मैं ओगरू हूँ। कर्कश का दास।"

"और यह कर्कश कौन है?"

"हमारे ग्राम का स्वामी।"

"तुम युद्ध करने आए थे?"

"नहीं! मुझे स्वामी ने भेजा था कि मैं स्वयं देखकर उसे बताऊँ कि राम के पास कैसे-कैसे शस्त्र हैं और राम कैसे युद्ध करते हैं। राक्षस सेना एक रात हमारे गाँव में भी ठहरी थी, तभी स्वामी ने मुझे उनके साथ कर दिया था।"

"यह सब देखकर तुम क्या करते?"

"वैसे शस्त्र बनाकर स्वामी को देता।" ओगरू बोला, "मैं स्वामी के लिए शस्त्रों का निर्माण करता हूँ।"

लक्ष्मण मुस्कराए, "तुम शस्त्र बनाकर स्वामी को देते, ताकि वह कर्कश उन्हीं शस्त्रों के बल पर तुम्हारा और तुम्हारे पक्षधरों का दमन कर तुम लोगों को और अधिक पीड़ित करता।"

"जी?"

"बात यह है, ओगरू!" राम बोले, "तुम खान-स्वामी नही हो, भू-स्वामी नहीं हो, तुम दूसरों का शोषण नहीं करते, अपने श्रम की रोटी खाते हो।...इन्हें देख रहे हो?" राम ने उपस्थित लोगों की ओर संकेत किया, "ये सब तुम्हारे ही समान अपने श्रम पर जीवित रहने वाले लोग हैं। फिर तुम उस राक्षस कर्कश का पक्ष लेकर, न्याय के समर्थक अपने ही वर्ग के लोगों के विरुद्ध क्यों लड़ रहे हो?"

"वह हमारा स्वामी है।" ओगरू पूरी निष्ठा के साथ बोला।

"उसे तुम्हारा स्वामी किसने बनाया?"

"देवी ने!"

राम ने चौंककर उसे देखा, "किस देवी ने?"

ओगरू थोड़ी देर तक चुपचाप खड़ा कुछ सोचता रहा, फिर बोला, "पहले कर्कश भी हमारे ही समान साधारण श्रमिक था। एक दिन उसने सारे ग्राम के लोगों को एकत्रित कर बताया कि रात को उसे देवी ने स्वप्न में दर्शन दिए हैं। स्वप्न में देवी ने उससे कहा कि वह गाँव के तालाब में बाएँ कोने में बंदिनी पड़ी है। यदि कर्कश वहाँ से देवी का उद्धार कर देगा तो वह कर्कश को गाँव का स्वामी बना देगी।...हम सब लोग कर्कश के साथ तालाब पर गए। उसने हमारे सामने तालाब के बाएँ कोने में घुसकर, पानी के भीतर से देवी की दो हाथ ऊँची मूर्ति

का उद्धार किया। उस मूर्ति को लाकर ग्राम में स्थापित किया गया। ग्रामवालों ने वहाँ मंदिर बनाया और कर्कश को देवी का पुजारी बना दिया। उस दिन से कर्कश पर देवी की कृपा है। मंदिर में खूब चढ़ावा आता है। कर्कश ने एक-एक कर गाँव के सारे खेत खरीद लिये हैं। एक-एक कर, लोग ऋण के कारण उसके दास हो गए हैं। वह हमारा स्वामी है, राजा है, पुरोहित है। हम उसकी बात कैसे टाल सकते हैं?''

आस-पास बैठे लोगों में दृष्टियों का आदान-प्रदान हुआ।

''अर्थात् एक धूर्त व्यक्ति भोले देहातियों को मूर्ख बना रहा है।'' सीता धीरे से बोलीं।

ओगरू ने सीता का वाक्य सुन लिया।

''नहीं!'' वह चीत्कारपूर्ण स्वर में बोला, ''वह देवी का भक्त है। उस पर देवी की कृपा है।''

''कौन-सी देवी? कैसी देवी?'' सहसा राम का तेजस्वी स्वर गूँजा, ''ओगरू! मैं तुम्हारी और तुम्हारे ग्राम के लोगों की भावना का अपमान नहीं करना चाहता, किंतु तुम स्वयं सोचकर बताओ कि वह कैसी देवी है, जिसे तुम ईश्वर की शक्ति मानते हो और वह पत्थर की एक मूर्ति में बंदिनी है, उस मूर्ति में, जो गाँव के तालाब में दो हाथ पानी के नीचे डूबी हुई है और देवी स्वयं को वहाँ से बाहर नहीं निकाल सकती तथा इतने-से कार्य के लिए कर्कश से सहायता माँगती है।''

ओगरू तनिक भी हतप्रभ नहीं हुआ। वह तर्क पर उतर आया, ''तो कर्कश को ग्राम का स्वामी किसने बनाया?''

''तुम्हारे अज्ञान ने।'' राम बोले, ''तुम लोगों ने स्वयं अपने धन से मंदिर का निर्माण कर कर्कश को उसका पुरोहित बनाया। तुमने अपना पेट काटकर, अपने बच्चों को भूखा रख, अपने श्रम की कमाई पुरोहित को चढ़ाई। पुरोहित ने तुम्हारे द्वारा दान दिए गए धन से तुम लोगों को ऋण दिया और ऋण में तुम्हारे हाथ-पैर बाँधकर तुम्हारी भूमि खरीद ली। अब वह तुम्हीं से शस्त्र बनवाकर तुम्हारा ही नहीं, तुम्हारा पक्ष लेने वाले लोगों का भी दमन करना चाहता है।''

''नहीं!'' ओगरू जैसे आविष्टावस्था में चीखा, ''ऐसा नहीं है। उस पर सचमुच देवी की कृपा है। वह देवी भक्त है। उसके पास दैवी-शक्ति है।''

राम चुपचाप ओगरू को देखते रहे। ओगरू अपनी बात से पूर्णतः आश्वस्त था।

''यदि मैं तुम्हें इन ग्रामवासियों को सौंप दूँ, जिन पर आक्रमण करने तुम राक्षसों के साथ आए थे तो तुम्हारा कर्कश अपनी दैवी-शक्ति से तुम्हें बचा लेगा

क्या?"

"ओगरू कुछ नहीं बोला। वह भीत दृष्टि से कभी राम को और कभी उपस्थित लोगों को देखता रहा।

राम ने भीखन को संकेत किया। भीखन ने अपने खड्ग की नोक ओगरू के कंठ पर रख दी।

ओगरू के शरीर से पसीना छूट गया।

राम का गंभीर सवर गूँजा, "इस समय कर्कश की दैवी-शक्ति तुम्हें नहीं बचा सकती, किंतु मैं अपनी मानवी-शक्ति के आधार पर, तुम्हें मुक्त करने का प्रस्ताव इस सभा के सम्मुख रखता हूँ।" राम ने ऊँचे स्वर में बोला, "आप लोग सहमत हैं?"

"सहमत हैं।"

भीखन ने अपना खड्ग हटा लिया।

"हम तुम्हें मुक्त कर रहे हैं, ओगरू!" राम बोले, "अब तुम अपने गाँव जाओ और उस कर्कश को पकड़कर उसी तालाब में फेंक दो, जिसमें से उसने देवी का उद्धार किया था। तब उससे कहना कि वह दैवी-शक्ति से अपना उद्धार कर ले।"

"यदि तुम लोग यह नहीं कर पाए तो हम तुम्हारे ग्राम में आकर, उसके साथ यही व्यवहार करेंगे।" लक्ष्मण ने अपनी टिप्पणी दी।

"जाओ। तुम मुक्त हो!" राम पुनः बोले।

ओगरू को जैसे अभी एक विश्वास नहीं हो रहा था कि उसके कंठ पर से खड्ग की नोक सचमुच हट गई है और वह अपनी इच्छानुसार कहीं भी जा सकता है। वह चुपचाप खड़ा भावहीन जड़ दृष्टि से राम को देखता रहा। जब उसने देखा कि वस्तुतः उसे कोई रोक नहीं रहा और भीड़ उसे मार्ग देती जा रही है तो उसकी गति का वेग बढ़ गया। वह भीड़ को पार कर बाहर निकल आया। खुले मैदान में आकर उसने पलटकर देखा कि कोई उसे पकड़ने तो नही आ रहा और जब उसे पूर्ण विश्वास हो गया कि कोई उसके पीछे नहीं आ रहा तो वह पूरी शक्ति से भाग खड़ा हुआ।

अगला दिन भी बहुत व्यस्तता का था। धर्मभृत्य और अनिंद्य अपने साथियों के साथ अपने आश्रम लौट गए थे। आनंदसागर-आश्रम स्वयं को नई दिनचर्या में ढाल रहा था। खेतों को उनकी स्थिति के आधार पर चार बड़े भागों में बाँटकर, उन्हें कृषकों की टोलियों को दे दिया गया। आज से सारी भूमि ग्रामवासियों की

थी। ग्राम का नेतृत्व तोरू कर रहा था।...फिर पचीस जन-सैनिक चुने गए। उनका नेतृतव भीखन ने ग्रहण किया। शेष लोगों को उनके वय तथा सामर्थ्य के अनुसार, टोलियों में बाँटकर, शस्त्र-शिक्षा के लिए प्रशिक्षकों को सौंपा गया। शस्त्रागार की पुनर्व्यस्था हुई। गाँव के बच्चों के लिए उनके वय के अनुसार पाठशालाओं का भी नया प्रबंध किया गया। लक्ष्मण तथा मुखर मुनि आनंदसागर के साथ-साथ निर्माण-कार्य की आवश्यकताओं को देखते रहे और उसके लिए प्रबंध करते रहे। सीता सारा दिन महिलाओं के साथ गाँव में ही रहीं। गाँव की महिलाएँ अनिंध की बस्ती की महिलाओं से भिन्न थीं। वे अपने पतियों के साथ खुले खेतों में काम करने की अभ्यस्त थीं। उनमें आत्मविश्वास तथा आत्मबल कुछ अधिक था। विचारों और मान्यताओं को लेकर वे भी बहुत पिछड़ी हुई थीं, किंतु उनकी नया सीखने की प्रबल इच्छा को देखते हुए सीता को अपना कार्य कठिन नहीं लग रहा था।

कुछ ही दिनों में राम ने अनुभव किया कि भीखन का ग्राम भी तीव्र गति से अपना रूप बदल रहा था। लोगों में आत्मविश्वास के साथ-साथ आत्मसम्मान भी लौट आया था। उनकी बौद्धिक जिज्ञासा भी जाग उठी थी। वे पूछना और जानना सीख गए थे। वे अपनी रक्षा में समर्थ हो चुके थे और आर्थिक स्थिति को सुधारने की ओर बढ़ रहे थे। ग्राम में खेती के साथ-साथ छोटे-मोटे अनेक उद्योग-धंधे खुल गए थे।

ग्राम और आश्रम में सभी लोग व्यस्त थे। और कितनी सार्थक थी वह व्यस्तता। ग्रामवासियों में से ही विभिन्न कार्यों का दायित्व सँभालने तथा नेतृत्व करने वाले लोग क्रमशः आगे बढ़ रहे थे। राम, लक्ष्मण, सीता तथा मुखर अपने कार्य नये आने वाले नेताओं को सौंपते जा रहे थे।

...तभी एक दिन संध्या समय, सुतीक्ष्ण-आश्रम से एक युवा ब्रह्मचारी कुलपति का पत्र लेकर आया। पत्र अत्यंत संक्षिप्त था—मात्र एक वाक्य। मुनि ने लिखा था, "उपद्रवी मृग राम के यश की गंध पाकर भाग गए हैं और सुतीक्ष्ण कस्तूरी मृग के समान राम को खोज रहा है।"

पत्र पढ़ते ही राम को धर्मभृत्य का स्मरण हो आया। ठीक कहा था धर्मभृत्य ने—'तो आर्य! आप सुतीक्ष्ण मुनि के दर्शन अवश्य करें, किंतु उनके आश्रम में आपके लिए अभी स्थान न होगा। हाँ, आप अन्यत्र रहकर राक्षसों का आतंक मिटा दें तो उन्हें आपको अपने आश्रम में ठहराकर अबाध आनंद होगा।'

आश्रम में समाचार प्रचारित हो गया कि सुतीक्ष्ण मुनि ने राम को आमंत्रित किया है।...संध्या का समय था, आश्रमवासी अपने कामों से लौट आए थे।...राम की कुटिया के सम्मुख भीड़ बढ़ने लगी।

"आप जा रहे हैं, राम?" स्वरों में कितनी आशंका थी।

राम मुस्कराए, "आप लोग बैठिए। थोड़े से विचार-विमर्श की विशेष आवश्यकता आ पड़ी है।"

लोग बैठ गए। वातावरण व्यवस्थित हो गया।

"आप जानते हैं कि हमें किसी एक स्थान पर स्थायी रूप से नहीं रहना है।" राम बोले, "हमें इस सारे क्षेत्र को राक्षसी आतंक से मुक्त करना है। वस्तुतः यह एक संगठन-यात्रा है। संगठन की इस यात्रा में हमारा मुख्य पड़ाव ऋषि अगस्त्य का आश्रम है। मार्ग में सुतीक्ष्ण-आश्रम है। मेरी समस्या इस आश्रम को छोड़ने या नहीं छोड़ने की नहीं है, मेरी समस्या है कि मुनि के पिछले व्यवहार को देखते हुए, अब मुझे वहाँ जाना चाहिए या नहीं?"

"राम!" सबसे पहले भीखन बोला, "कोई और समस्या होती तो कदाचित् मैं कुछ न कहता अथवा सबके पीछे कहता, किंतु इस विषय में बोलने का मेरा पहला अधिकार है।"

"तुम ही बोलो, भीखन!" राम बोले।

"मैंने शरभंग ऋषि के आश्रम से आपके साथ यात्रा की थी। सुतीक्ष्ण आश्रम में भी मैं आपके निकट था। मैं जानता हूँ कि उन्होंने आपका स्वागत नहीं किया था, किंतु मेरे अपने गाँव में भी तो किसी ने आपका स्वागत नहीं किया था। आपने माना कि ग्रामवासी भीरु तथा राक्षसों से आतंकित थे। आपने धैर्यपूर्वक उचित अवसर की प्रतीक्षा की और ग्रामवासियों के प्रत्यक्ष असहयोग को देखते हुए भी उनकी सहायता की। क्या सुतीक्ष्ण मुनि को भीरु मानकर आप उन्हें क्षमा नहीं कर सकते, और जब वे आपको बुला रहे हैं तथा राक्षस-विरोधी संगठन में आपके सहायक हो सकते हैं, आप उनका निमंत्रण क्यों स्वीकार नहीं कर रहे हैं?"

"भीखन भैया ठीक कह रहे हैं!" सीता बोलीं, "किसी भी भीरुता को दोष तो माना जा सकता है, उसका विरोध नहीं।"

"हाँ! यदि यह निमंत्रण किसी लोभवश नहीं है तो।" लक्ष्मण ने कहा।

"लोभ कैसा?" आनन्दसागर ने पूछा।

"कुछ लोग अपने लाभ और लोभ को देखते हुए प्रत्येक उगती हुई शक्ति की सहायता के लिए तत्पर रहते हैं।" लक्ष्मण बोले, "जब पहली बार हम उनके आश्रम में गए थे, तब राक्षस शक्तिशाली थे। अब राक्षस-विरोधी लोग प्रबल हो रहे हैं।"

"लक्ष्मण का तर्क मुनि पर लागू नहीं होता।" राम बोले, "मुनि ने राक्षसों का पक्ष-समर्थन कभी नहीं किया। उनका व्यवहार उनकी भीरुता का ही परिचायक था। फिर रावण के जीवित रहते राक्षस-विरोधियों को बलशाली मानने का कोई विशेष

कारण मैं नहीं देखता और राम से किसी को क्या लाभ होगा। मेरे पास न शासन है, न संपत्ति। एक सिद्धांत है..."

"इसीलिए मैंने कहा था कि आपको मुनि का निमंत्रण स्वीकार कर लेना चाहिए।" भीखन पुनः बोला।

"क्यों सौमित्र?" राम ने लक्ष्मण की ओर देखा।

"मुझे क्या आपत्ति हो सकती है!" लक्ष्मण मुस्कराए।

"सीता तो अपनी सहमति प्रकट कर ही चुकी हैं।" राम बोले, "तुम क्या कहते हो, मुखर?"

"मेरे मन में तो एक ही बात है," मुखर बोला, "कि मैं अपने गाँव की ओर बढ़ता जाऊँ।"

"तो तुम्हारी ही बात रही, भीखन!" राम बोले, "यहाँ का कार्य अब समाप्त-प्राय ही है। कुछ दिनों में स्थिति और सँभल जाएगी। तब हम सुतीक्ष्ण-आश्रम की ओर ही बढ़ेंगे।"

सुतीक्ष्ण-आश्रम के ब्रह्मचारी को विदा हुए तीन दिन बीते थे। संध्या के समय, ग्राम के उत्पादनों के क्रय-विक्रय तथा व्यापार संबंधी विचार-विमर्श समाप्त हुआ ही था, सभा पूर्णतः विसर्जित भी नहीं हुई थी कि एक व्यक्ति आकर राम के सम्मुख नमस्कार की मुद्रा में खड़ा हो गया।

राम ने आगंतुक को देखा। उन्होंने इस व्यक्ति को कदाचित् देखा तो था, पर...वे चौंके—ओह! यह तो ओगरू था, किंतु कितना बदला हुआ। आज उसने साफ-सुथरी धोती के साथ एक स्वच्छ उत्तरीय भी ले रखा था। पाँव में लकड़ी की खड़ाऊँ थीं और केश-सज्जा भी प्रयत्नपूर्वक की हुई लग रही थी।

"ओगरू! तुम!"

"हाँ, आर्य!"

"कैसे हो?"

"आप देख रहे हैं, पहले से पर्याप्त अच्छी स्थिति में हूँ।" वह मुस्कराया।

"क्या देवी के पुरोहित की कृपा हुई है?" लक्ष्मण का स्वर कुछ तीखा था।

"नहीं, भद्र! स्वयं देवी की कृपा हुई है।"

"स्पष्ट कहो, ओगरू!" राम ने शांत स्वर में पूछा।

"आर्य! आपने जो कुछ कहा था, उसके विषय में सोचता हुआ मैं अपने गाँव लौटा।" ओगरू ने बताया, "पहले तो इस बात पर विश्वास ही नहीं कर पा रहा था कि आप लोगों ने न केवल मुझे जीवित छोड़ दिया है, वरन् मुक्त भी कर

दिया हैं इस विषय में मैं जितना सोचता रहा, उतना ही सहमत होता गया कि आप लोग सामान्य समर्थ लोगों से भिन्न हैं। आपने साधारण ग्रामवासियों तथा भीरु आश्रमवासियों को जिस प्रकार आत्म-रक्षा में समर्थ जन-सेना में बदल दिया था—मुझे तो उसमें ही कोई दैवी-शक्ति दिखाई पड़ने लगी। आपने कहा था, आप अपनी मानवी-शक्ति के आधार पर मुझे मुक्त करने का प्रस्ताव सभा के सम्मुख रख रहे हैं—मुझे आपकी मानवी-शक्ति कर्कश की दैवी-शक्ति से अधिक सच्ची लगी। कर्कश ने अपनी दैवी-शक्ति के नाम पर ग्राम की समृद्धि को नष्ट कर हमें अपना दास बनाया था, और आपने अपनी मानवी-शक्ति से इस क्षेत्र को कितना समृद्ध बना दिया था।...अंत में मैंने आपके सुझाव के अनुसार, कर्कश की दैवी-शक्ति की परीक्षा लेने का निश्चय किया। मैंने अपने गाँववालों से इस विषय में बातचीत की, किंतु उनमें से कोई भी सहमत नहीं हुआ। किंतु मुझे शांति नहीं मिल रही थी। अंततः मैंने स्वयं ही साहस किया। एक रात अँधेरे में अपने हथौड़े से उस पर प्रहार किया। वह संज्ञाशून्य हो गया। मैंने उसके हाथ-पैर बाँधे और उसे उस पोखर में डाल दिया, जिसका जल पीने के कार्य में नहीं आता था।''

ओगरू रुक गया।

''फिर क्या हुआ?'' लक्ष्मण ने पूछा।

''गाँव में ढेर कोलाहल हुआ। बार-बार पूछा गया कि कर्कश कहाँ गया? मैंने उन्हें बताया कि वह मुझसे कहकर देवी के पास गया है। तीसरे ही दिन कुछ राक्षस सैनिक भी गाँव में घूमते दिखाई दिए। वे उसी के विषय में पूछताछ कर रहे थे। उन्होंने बताया कि वे किसी सैनिक छावनी से आए हैं। बहुत ढूँढ़ने पर भी कर्कश उन्हें नहीं मिला। संध्या समय तक कर्कश अपनी दैवी-शक्ति से तालाब के पानी से उबर आया...।''

''क्या?'' मुखर के मुख से अनायास ही निकल गया।

''हाँ! वह अपनी दैवी-शक्ति से पानी पर तैर रहा था।'' ओगरू बोला, ''उसका शव फूलकर बैल के बराबर हो गया था...''

''वस्तुतः यह दैवी-शक्ति का चमत्कार था।'' लक्ष्मण मुस्कराए।

''किंतु राक्षस सैनिक को किसी ने बता दिया कि कर्कश, ओगरू को बताकर, देवी के पास गया था। उन लोगों को मुझ पर संदेह हो गया और उन्होंने मुझे पकड़ लिया। कर्कश की दैवी-शक्ति का भेद खुल जाने से मैं इतना निर्भीक हो गया था कि मैंने स्वीकार कर लिया कि मैंने ही कर्कश को बाँधकर तालाब में डाला था। उनके यह पूछने पर कि मुझे प्रेरणा किसने दी, मैंने कह दिया कि राम ने मुझे ऐसा करने के लिए कहा था।...राम का नाम सुनते ही सैनिकों के चेहरे

पीले पड़े गए। उन्होंने मुझे छोड़ दिया और गाँव से चले गए। उनके इस व्यवहार से मानो सारा गाँव ही मुक्त हो गया।...अब गाँववालों ने मुझे आपके पास भेजा है। बताइए, अब हम क्या करें?"

"रात को यहाँ विश्राम करो।" राम मुस्कराए, "कल तुम्हारे साथ मुखर और लक्ष्मण जाएँगे। कुछ ब्रह्मचारी भी साथ होंगे। धर्मभृत्य और अनिंद्य को भी सूचित कर देंगे। कुछ लोगों को वे भेज देंगे। ये लोग तुम्हारे ग्राम को उत्पादन, शिक्षा, रक्षा तथा संचार के सिद्धांतों पर नव-निर्माण में सुशिक्षित करेंगे। फलतः ग्राम में से कर्कश की रही-सही दैवी-शक्ति भी समाप्त हो जाएगी।"

14

सुतीक्ष्ण-आश्रम से बहुत पहले ही, मुनि के शिष्य अगवानी के लिए राम के दल से आ मिले।

राम, लक्ष्मण, सीता तथा मुखर के साथ, उन्हें सुतीक्ष्ण-आश्रम तक पहुँचाने के लिए भीखन के गाँव और आनन्दसागर-आश्रम के लोग ही नहीं, धर्मभृत्य-आश्रम, अनिंद्य की बस्ती तथा ओगरू के ग्राम से भी जन-सैनिक साथ आए थे। राक्षसी आतंक के हट जाने से संचार-व्यवस्था विकसित हो गई थी और मार्ग सुगम हो गए थे। जन-सैनिक तो अपने प्रशिक्षण तथा अभ्यास की प्रक्रिया में प्रायः यह सारा क्षेत्र घूमा करते थे, ताकि स्थानीय भूगोल से उनका प्रगाढ़ परिचय हो जाए।

शस्त्रागार के परिवहन के लिए, पहले जैसी सावधानी की आवश्यकता अब नहीं रही थी, किंतु फिर भी राम उस ओर से असावधान नहीं थे। अब ऋषि के शिष्य भी आ मिले थे, अतः मार्ग में विशेष कठिनाई की संभावना नहीं थी।

"भैया! हमारा कथाकार तो वहीं छूट गया।" लक्ष्मण कह रहे थे, "अब हमें अगस्त्य-कथा कौन सुनाएगा?"

"कौन-सा कथाकार, आर्य?" एक ब्रह्मचारी ने पूछा।

"भद्र! सौमित्र मुनि धर्मभृत्य की चर्चा कर रहे हैं।" राम बोले, "उन्होंने ऋषि अगस्त्य की कथा लिखी है।"

"अगस्त्य की कथा तो आपको कुलपति सुतीक्ष्ण भी सुना देंगे।" ब्रह्मचारी बोला, "वे ऋषि के शिष्य हैं।"

"अगस्त्य के शिष्य सुतीक्ष्ण?" लक्ष्मण आश्चर्य से बोले, "असंभव। अगस्त्य संघर्षशील जुझारू ऋषि हैं। उनके विषय में जहाँ-जहाँ सुना, यही सुना कि वे राक्षसों

से भयभीत नहीं हुए। वे सदा उनसे जा टकराए और सुतीक्ष्ण मुनि तो शस्त्र से ही घबराते हैं।''

''आपका कथन सत्य है, आर्य!'' ब्रह्मचारी बोला, ''गुरु में अनेक गुण होते हैं। आवश्यक नहीं कि शिष्य उन सारे गुणों को अंगीकार कर स्वयं में उनका विकास कर सके।...वैसे पिछले दिनों कुलपति में अद्‌भुत परिवर्तन हुआ हैं वे अपने अध्यात्म तथा आत्मलीनता से बाहर निकलने लगे हैं। शस्त्रों की आवश्यकता और उनके प्रशिक्षण तथा चिंतन करने लगे हैं। उग्राग्नि, भूधर तथा कर्कश की कथाएँ हमारे आश्रम में भी बहु-प्रचारित हैं। कुलपति बहुत दिनों से गुरु अगस्त्य से भेंट करने भी नहीं गए थे—अब वे उनके पास जाने की भी योजना बना रहे हैं। संभवतः वे आपके साथ ही जाएँ।''

''तो परिवेश बदल रहा है?'' लक्ष्मण बोले।

''त्वरित गति से, आर्य!''

''और तपस्वियों की हड्डियों का ढेर?'' मुखर ने पूछा।

''उसकी ऊँचाई में तनिक भी वृद्धि नहीं हुई है।'' ब्रह्मचारी बोला।

''इसका अर्थ यह हुआ कि इस क्षेत्र में राक्षसों का अत्याचार समाप्त हो गया है।'' सीता ने कहा।

''देवी का अनुमान सत्य है।'' ब्रह्मचारी से समर्थन किया, ''स्फुट अत्याचार प्रायः समाप्त हैं।''

''स्फुट अत्याचार ही क्यों, ब्रह्मचारी?'' सहसा राम ने अपनी अन्यमनस्कता छोड़कर पूछा।

''कुलपति का विचार है कि इन स्फुट अत्यचारों की समाप्ति का कारण मात्र इतना ही है कि इधर-उधर बसने वाले इक्के-दुक्के राक्षस यहाँ से भाग खड़े हुए हैं; किंतु राक्षस-सेनाएँ तो अब भी अपने शिविरों में पड़ी हैं और कदाचित् पहले से अधिक संगठित एवं सजग-सचेत हैं।''

''अर्थात् स्फुट घटनाओं का बंद होना किसी बड़ी दुर्धटना की भूमिका है?'' राम ने पूछा।

''कदाचित् ऐसा ही है, आर्य! छोटी-छोटी टोलियाँ अपना पक्ष देखकर व्यापक संगठनों का अंग बनती जा रही हैं।'

''राक्षस सेनाओं के शिविर कहाँ हैं?'' लक्ष्मण ने जिज्ञासा की।

''मुझे उसका ज्ञान नहीं, भद्र!'' ब्रह्मचारी बोला, ''यह तो आपको कुलपति ही बता सकेंगे।...वैसे भी हम आश्रम के पर्याप्त निकट पहुँच चुके हैं। आप लोग आश्रम में चलकर विश्राम करें।''

आश्रम में प्रवेश करते ही राम को लगा, जैसे सारा आश्रम ही परिवर्तित हो चुका था। आध्यात्मिक साधना का वातावरण तो अब भी वहाँ था; किंतु साथ ही शस्त्राभ्यास करती हुई विभिन्न टोलियाँ भी पहली ही दृष्टि में ध्यान आकर्षित करती थीं। आते-जाते प्रायः ब्रह्मचारी सशस्त्र थे तथा उनकी चाल-ढाल में सैनिक प्रशिक्षण का स्पष्ट आभास मिलता था।

ऋषि ने अपनी कुटिया से बाहर निकलकर स्वागत किया।

"स्वागत, राम!" सुतीक्ष्ण का स्वर उल्लसित था, "मुझे भय था कि कहीं मेरे पिछले व्यवहार की छाया तुम लोगों के मार्ग की बाधा न बने।"

"सद्भावना के प्रकाश में छायाएँ ठहर नहीं पातीं, ऋषिवर!" राम मुस्कराए, "छायाएँ चाहे कितनी ही घनी क्यों न हों।"

ऋषि ने सबको आसन देकर सम्मानपूर्वक बैठाया और बोले, "वह समय भी क्या था, राम! राक्षसों का आतंक जैसे हमारी हड्डी-हड्डी, मज्जा-मज्जा में धँसकर बैठ गया था। आज सोचता हूँ तो आश्चर्य होता है। किस बात से भयभीत थे हम? मृत्यु से? राक्षस हमें मार तो वैसे भी डालते—हम उनका विरोध करते, न करते। हम लोग जो मनुष्य को सम्मानपूर्वक मानवीय जीवन जीने का संदेश देते हैं—स्वयं ही कितना अपमानजनक तथा कायरतापूर्ण जीवन जी रहे थे। स्वयं ही चकित हूँ कि ऐसा कैसे हो गया था। मैं गुरु अगस्त्य का शिष्य—स्वयं जाज्वल्यमान अग्नि से उसका तेज ग्रहण करने वाला मैं—कैसा भीरू हो गया था कि स्वयं तो कोई साहस कर ही नहीं पाता था; तुम जब साक्षात् वीरता सरीखें अपने शस्त्रागार के साथ मेरे आश्रम में पधारे तो मेरा मन चीत्कार करता रहा, 'राम! मैं तुम्हारी प्रतीक्षा में था। तुम मेरे निकट रहो, मुझसे दूर मत जाना।' और जिह्वा से मैं ऐसे वाक्य कहता रहा, जिनको सुनकर कोई स्वाभिमानी व्यक्ति मेरा मुख न देखना चाहता।..."

"अब क्या हो गया है, आर्य कुलपति?" लक्ष्मण मुस्करा रहे थे।

"तुम्हें मुस्कराने का अधिकार है, सौमित्र। प्रत्येक व्यक्ति को मुझ पर मुस्कराने का अधिकार है।" ऋषि गंभीर स्वर में बोले, "हम लोग सचमुच इतने बौने हो गए थे कि आज स्वयं भी अपने-आप पर मुस्कराने का मन होता हैं अपनी ही दृष्टि में पतित तथा घृणित होने का इससे बड़ा और क्या कारण हो सकता है कि मन से सदा जिनके पक्षधर थे, आज उन्हें अपनी पक्षधरता का विश्वास दिलाने के लिए, अपने मुख से कह-कहकर स्वयं को हास्यास्पद बना रहे हैं...।"

"ऋषिवर! सौमित्र का यह अभिप्राय नहीं था।" राम ने उन्हें बीच में ही टोक दिया, "यह उसकी ही नहीं, हम सबकी जिज्ञासा है कि उस राक्षसी आतंक

के इस प्रकार विलीन हो जाने का क्या कारण है, जिसने अनेक महान् आत्माओं को वामन बना रखा था।''

''उस आतंक को तुमने तोड़ा है, राम!'' ऋषि बोले, ''हमारे मन के आतंक को शरभंग का आत्मबलिदान भी नहीं तोड़ सका। गुरु अगस्त्य का आदेश और साहस भी हमारे तेज को जाग्रत नहीं कर सका; किंतु तुम्हारे एक-एक कृत्य ने घोषणा कि जब जन-सामान्य का विश्वास जाग उठता है तो राक्षस उनके सामने ठहर नहीं पाते, शत्रुओं की सैनिक टुकड़ियाँ उनके निकट नहीं फटकतीं तथा बड़े-बड़े महारथी सेनापतियों में इतना साहस नहीं होता कि अपनी सेनाओं को जागरूक जन-सामान्य के सम्मुख खड़ा कर दें...तुम्हारी आस्था, साहस, जन-भावना और कौशल के सम्मुख राक्षसी आतंक काल्पनिक सिंह प्रमाणित हुआ।...प्रत्येक चिंतनशील व्यक्ति सोचता है कि तुम अद्भुत हो, राम! तुम्हारा साहस, वीरता तथा क्षमता अद्भुत है। तुम्हारे पास रावण का साम्राज्य और सेना नहीं है, इन्द्र के उन्नत साधन नहीं हैं; किंतु फिर भी तुम्हारा नाम सुनते ही इन्द्र भाग खड़ा होता है और रावण दूर-दूर से ही अपने गुर्गों को उकसाता रहता है।...वही राम हमारे पक्ष में है। वह जनता का उद्बोधन करता घूम रहा है। तो फिर हम भयभीत क्यों हैं? यदि इस समय भी हम अपने स्वाभिमान, अपनी स्वतंत्रता तथा अपने मानवीय अधिकारों के लिए नहीं लड़ सके, तो फिर यह अवसर कभी नहीं आएगा। सम्मानपूर्वक जीने का अवसर आए और उसके लिए कोई उठ खड़ा न हो—ऐसा मूर्ख कौन होगा?''

''यह आपकी उदारता है, आर्य कुलपति!'' ऋषि के मौन होने पर राम विनीत स्वर में बोले, ''अन्यथा यदि जन-सामान्य में स्वयं तेज न हो तो राम क्या करेगा और सौमित्र क्या करेगा! प्रकृति के नियम अपना कार्य पहले से ही कर रहे थे। जहाँ जितना भयंकर दमन होता है, वहाँ उसी अनुपात में भयंकर विद्रोह भी होता है। यहाँ पृष्ठभूमि पहले से ही प्रस्तुत थी। हमने बहुत किया तो लोगों की भावना को कर्म का रूप दिया।'' राम कुछ रुके, ''आपके आश्रम के निकटवर्ती ग्रामवासियों की क्या मनःस्थिति है?''

''अभी तक हमारा आंदोलन अपने आश्रम तक ही सीमित है।'' सुतीक्ष्ण धीरे-से बोले, ''ग्रामवासियों तथा अन्य वनवासियों तक पहुँचने का औचित्य अभी मेरे मन में स्पष्ट नहीं है।''

''क्यों?'' राम ने चकित होकर पूछा।

''कह नहीं सकता कि वे लोग हमारे सिद्धांतों और हमारे लक्ष्य की गंभीरता को समझेंगे भी या नहीं।''

राम ने कुलपति को अपनी आँखों में तौला और स्थिर स्वर में बोले, ''आर्य

कुलपति! यदि अपने वय और स्थिति की सीमा का अतिक्रमण करूँ तो क्षमा कीजिएगा।''

''कहो, राम!''

''यदि साधारण-जन की न्यायप्रियता, बुद्धि तथा शक्ति में आपका विश्वास नहीं है तो आप उनके निकट कैसे जा सकते हैं? और यदि आपका आंदोलन जन-साधारण तक नहीं पहुँचेगा तो वह सफल कैसे होगा?'' राम बोले, ''ऋषिवर! आप मेरी बात को अन्यथा न लें तो कहना चाहूँगा कि अनेक आंदोलन, अभियान अथवा संघर्ष केवल इस कारण सफल नहीं होते, क्योंकि वे जन-सामान्य पर विश्वास नहीं कर पाते और इसीलिए वे सीमित तथा सांप्रदायिक होकर रह जाते हैं।''

''क्या कहते हो, राम?'' इस बार चकित होने की बारी सुतीक्ष्ण की थी, ''तुम समझते हो कि जन-सामान्य न्याय-अन्याय के उच्च सिद्धांतों को समझता है?''

''साधारण पढ़ा-लिखा अथवा अनपढ़ व्यक्ति नीतिशासत्र की शास्त्रीयता अथवा दार्शनिकता को चाहे न समझे, किंतु न्याय और अन्याय को केवल वही समझता है।'' राम का स्वर कुछ दृढ़ हो आया था, ''क्योंकि वह स्वार्थ को छोड़कर सोचता है। आपके कृत्यों का न्यायोचित होना भी जन-सामान्य ही सिद्ध करेगा। यदि जन-सामान्य आपके संघर्ष में आपका साथ नहीं देता, यदि उसकी सहानुभूति आपके साथ नहीं है तो निश्चित रूप से आपका संघर्ष न्यायोचित नहीं हो सकता...।''

''बीच में बोलने के लिए मुझे क्षमा करें।'' सहसा लक्ष्मण बोले, ''बहुत देर से गुरु अगस्त्य की चर्चा करना चाह रहा हूँ। वे आपके गुरु हैं। क्या वे जन-सामान्य में अपनी गहरी आस्था के बिना ही, विंध्याचल पार कर दक्षिण के अपरिचित वानर-यूथों के बीच आकर बस गए थे?''

राम, सीता और मुखर—तीनों के चेहरों पर लक्ष्मण के अनुमोदन का भाव था।

सुतीक्ष्ण अपने विचारों में उलझे, देर तक मौन बैठे रहे। क्रमशः अपनी उलझन में से निकलते हुए बोले, ''लगता है, सचमुच ही मैं अपने गुरु की आत्मा को पहचान नहीं पाया। जिस मानवीय विश्वास के बल पर वे अपरिचित लोगों में धँसते चले गए, उसे मैं कभी ग्रहण नहीं कर पाया। जब कभी उन्होंने इस प्रकार का संकेत भी किया, मैं उसे उनकी सनक समझकर उपेक्षा कर गया। किंतु...''

''वह विश्वास उनकी सनक नहीं, कर्म का मूल मंत्र है।'' राम धीरे-से बोले, ''इसीलिए तो मैं उनसे मिलने के लिए इतना लालायित हूँ। मुझे तो ऐसा लगता है, आर्य कुलपति! कि जो ऋषि, चिंतक, राजेनता अथवा किसी भी प्रकार का संगठनकर्ता जन-सामान्य पर विश्वास नहीं कर पाता, वह जन-साधारण से ही नहीं,

सत्य से भी कटता जाता है; और अंततः अपने झूठ में घिरकर, अंधकार में विलीन हो जाता है।''

''यह आस्था और विश्वास मुझे भी प्राप्त करना होगा, राम!'' ऋषि के चेहरे पर उल्लास का भाव गहराया, ''कदाचित् इसी के अभाव में, कुछ वर्ष पूर्व, जब तुम लोग मेरे आश्रम आए थे, मैं तुम्हारी उपेक्षा कर गया। इन पिछले वर्षों में मैंने बहुत कुछ नया सीखा है। बार-बार गुरु का स्मरण किया—उनके वचनों का विश्लेषण किया है और उनके चारित्र्य को पहचानने का प्रयत्न किया है। किंतु लगता है कि अभी भी बहुत कुछ शेष है।''

''यदि ऐसी बात है तो मेरा एक अनुरोध है आपसे।'' लक्ष्मण बोले।

''कहो, सौमित्र!''

''हमारा मित्र धर्मभृत्य अपने आश्रम में रह गया है और ऋषि अगस्त्य की कथा...।''

''सौमित्र को कथा चाहिए।'' सीता ने बात काट दी।

''अगस्त्य-कथा।'' मुखर बोला।

सुतीक्ष्ण मुस्कराए, ''सौमित्र! तुम्हारे अनुरोध की पूर्ति तो मेरी अपनी इच्छा की पूर्ति है। इसी ब्याज से मैं अपने गुरु के कृत्यों को शब्दों में दुहराऊँगा, उनके चारित्र्य को स्मरण करूँगा। किंतु...''

''किंतु?''

''किंतु,'' ऋषि बोले, ''तुमने अब तक की कथा धर्मभृत्य से सुनी है, और धर्मभृत्य कथाकार है। मैं तो सीधे-सीधे शब्दों में घटनाओं का विवरण मात्र दे सकता हूँ।''

''उसकी आप चिंता न करें।'' लक्ष्मण हँसे, ''शिल्प पर मेरा ध्यान कभी नहीं रहा, वरन् कथाकारों के प्रेम-वर्णनों से मुझे वैसे ही चिढ़ होने लगती है। मैं तो जानना चाहता हूँ कि मुर्तू के जाने के पश्चात् क्या हुआ?''

''तो यही सही।'' सुतीक्ष्ण बोले, ''संध्या के भोजन के पश्चात् मुर्तू के जाने के बाद की घटना मैं संक्षेप में सुना दूँगा।''

संध्या के भोजन के पश्चात् अपने वचन के अनुसार ऋषि सुतीक्ष्ण ने अगस्त्य-कथा आरंभ की।

मुर्तू गाँव छोड़कर चला गया था, यह सबको मालूम था; किंतु ठीक-ठीक किसी को ज्ञात नहीं था कि वह कहाँ गया है। अनुमान यही था कि यह राक्षसों के राज्य में चला गया होगा। राक्षसों ने उसे उसकी इच्छानुसार पारिश्रमिक देकर अपने यहाँ

काम पर लगा लिया होगा। वह उनके किसी भी नगर में हो सकता था।

गाँव के अधिकांश लोगों के लिए यह घटना इतने ही महत्त्व की थी कि उनके गाँव का एक व्यक्ति अपना घर छोड़ गया था। जिन लोगों का उससे कुछ घनिष्ठ स्नेह-संबंध था, उन्हें उसकी स्मृति कभी-कभी विह्वल करेगी। उनके मन में यह आशा बनी रहेगी कि वह कभी लौटकर, उनसे मिलने आएगा...किंतु कुछ दूसरे लोगों के लिए यह घटना अधिक गंभीर थी। उनका विचार था कि आज जो मुर्तू ने किया था, कल वही गाँव के अन्य युवक करेंगे। गाँव का प्रत्येक बच्चा गाँव का अन्न खाएगा, गाँव की भूमि पर रहेगा, गाँव के करघे से वस्त्र प्राप्त करेगा, गाँव के समाज द्वारा सुरक्षित रहकर गाँव की पाठशाला में अथवा गुरु अगस्त्य के आश्रम में अध्ययन कर युवक बनेगा और युवावस्था को प्राप्त होते ही कुछ सीखने, अध्ययन करने अथवा आजीविका कमाने के बहाने राक्षसों के राज्य में चला जाएगा तो गाँव की भूमि पर खेती कौन करेगा? गाँव की रक्षा के लिए प्राण कौन देगा? गाँव की कन्याओं का पाणिग्रहण कौन करेगा? और गाँव की अगली पीढ़ी के रूप में संतान को जन्म दे, उनका पालन-पोषण कौन करेगा?

किंतु गुरु अगस्त्य के लिए समस्या का रूप एकदम भिन्न था। वे मुर्तू के मन के द्वंद्व से अच्छी प्रकार परिचित थे और जिस रात वह गाँव छोड़ गया था, उस संध्या पुरोहित के दण्डधरों द्वारा हुए उसके अपमान की सूचना भी उन्हें मिल गई थी। उसके ग्राम-त्याग के अनेक कारण थे—अगस्त्य जानते थे। किंतु इतना निश्चित था कि अंतिम रूप से उसे गाँव से बाहर धकेलने का कार्य पुरोहित ने अपने दण्डधरों द्वारा उसका अपमान करके किया था। किंतु पुरोहित ने ऐसा क्यों किया? अपने अज्ञान के कारण अथवा अपने स्वार्थ के कारण?...अवश्य ही पुरोहित ने अपने स्वार्थ के वशीभूत होकर, जान-बूझकर यह कृत्य किया है। यदि मुर्तू यहाँ रहता तो वह नौकाएँ अवश्य बनाता और उन्हें समुद्र में तैराता भी। लोगों के मन से समुद्र के देवत्व का भ्रम नष्ट होते ही, पुरोहित का साम्राज्य भी नष्ट हो जाता। अपनी सत्ता और आय को बनाए रखने के लिए पुरोहित इस ग्राम को ही नहीं, संपूर्ण वानर-जाति को मूर्ख बना, उनका भ्रम जीवित रखना चाहता था। इसलिए मुर्तू जैसे किसी व्यक्ति के आ जाने से, अज्ञान-भंग की संभावना उत्पन्न होते ही, पुरोहित उस व्यक्ति को वहाँ टिकने नहीं देता। पुरोहित जैसे लोगों का स्वार्थ इस जाति को कभी आगे नहीं बढ़ने देगा।

पर अगस्त्य क्या करते? वानरों का अपने पुरोहित में पीढ़ियों का संचित अटूट विश्वास था। यदि अगस्त्य कहेंगे कि पुरोहित झूठा है और अपने स्वार्थ के कारण सारी जाति की प्रगति में रोड़ा अटकाए बैठा है, तो वानर उनमें पूर्ण आस्था

होते हुए भी सहज ही उनका विश्वास नहीं करेंगे। संभव है कि वे उनसे रुष्ट ही हो जाएँ, अथवा उन्हें संदेह की दृष्टि से देखने लगें। पुरोहित पहले ही उनसे बहुत प्रसन्न नही है। इस संघर्ष से वह उनका पूर्णतः शत्रु हो जाएगा। यूथपति पुरोहित की बुद्धि से चलता है, अतः वह भी उनका विरोधी हो जाएगा। ऐसी स्थिति में वानरों का कुछ भला करना तो दूर, वे स्वयं भी वहाँ टिक नहीं पाएँगे...अगस्त्य जानते थे कि उनके प्रिय वानरों के नेता स्वार्थी थे, उनका देवता मिथ्या था, किंतु उन्हें वानरों की भावना का सम्मान करना होगा। वे उनकी भावना का अपमान नहीं कर सकते।...उन्हें धैर्यपूर्वक उस अवसर की प्रतीक्षा करनी होगी, जब वे वानरों को उनके नेताओं तथा देवताओं की वास्तविकता समझा सकें। इस समय वे लोग वास्तविकता समझने की मनःस्थिति में नहीं थे।

गुरु को अधिक समय एक प्रतीक्षा नहीं करनी पड़ी। उन्हें अपनी गुप्त सैनिक चौकियों से सूचना मिली कि शीघ्र ही राक्षसों का आक्रमण होने वाला है। राक्षसों की सैनिक गतिविधियाँ बहुत बढ़ी हुई थीं। यह आक्रमण लंका की ओर से नहीं, अशिमपुरी के कालकेयों की ओर से था। अशिमपुरी, लंका के उत्तर में, पश्चिमी जंबुद्वीप से जुड़ी हुई द्वीप-नगरी थी। कालकेय द्वीप में थे, अतः उनके आक्रमण से पहले, उन तक जा पहुँचने का अगस्त्य के पास कोई साधन नहीं था। उन्हें आक्रमण की प्रतीक्षा करनी होगी।

सहसा सुतीक्ष्ण रुक गए।

"क्या हुआ?"

"सुतीक्ष्ण मुस्कराए, "जानना चाहता था कि धर्मभृत्य जैसे कथाकार से आधी कथा सुनकर, शेष कथा सीधी-सपाट घटना के रूप में सुनने में कहीं तुम्हारी वितृष्णा तो नहीं जाग रही?"

"नहीं-नहीं!" लक्ष्मण बोले, "कथा चल रही है—ठीक है। सपाट घटना हो या कथाकार की शिल्प में सजी-सँवरी कथा—लक्ष्मण को दोनों ही ग्राह्य हैं। आप सुनाइए।"

सुतीक्ष्ण ने पुनः कथा आरंभ की :

गुरु के लिए यह अच्छा अवसर था। उन्होंने आस-पास के ग्रामों में घोषणा करवा दी तथा यूथपति को भी सूचना भिजवा दी कि उन्हें अपने सूत्रों से ज्ञात हुआ है कि कालकेयों का आक्रमण होने वाला है। अब वानर यह निर्णय कर लें कि उन्हें युद्ध करना है या नहीं, और यदि युद्ध करना है तो किसके नेतृत्व में।

वानरों के लिए यह आश्चर्य का विषय था कि गुरु उनसे पूछ रहे थे कि वे अपने शत्रुओं से लड़ेंगे अथवा नहीं। भला यह भी कोई पूछने की बात थी और युद्ध के समय ऋषि अगस्त्य से उत्तम नेता और कौन हो सकता था?

गुरु ने चेतावनी दी कि शत्रु धूर्त्त तथा साधन-संपन्न है। उससे युद्ध करने के लिए संभवतः अनेक नए साधनों का प्रयोग करना पड़े। यह न हो कि जब युद्ध अपने निर्णायक दौर में हो, तब वानर अगस्त्य को छोड़, किसी अन्य व्यक्ति के नेतृत्व में चलने का निश्चय कर लें।...और जब यूथपति सहित पूरे यूथ ने एक स्वर से शपथपूर्वक गुरु के नेतृत्व में युद्ध करने का प्रण किया तो गुरु ने उन्हें सूचना दी कि कालकेय समुद्र में से होकर आ रहे हैं। समुद्र वानरों का देवता है और कालकेय उनके शत्रु। वानरों को चाहिए कि वे अपने पुरोहित से कहें कि वह अपने देवता की पूजा कर, उससे प्रार्थना करे कि वह वानरों के शत्रुओं की समुद्र पार करने में सहायता न करे।

यूथपति ने पुरोहित को ऐसा करने की आज्ञा दे दी। यूथ के सारे प्रमुख व्यक्तियों ने अपने घुटनों के बल बैठकर, समुद्र देवता के प्रतिनिधि पुरोहित से प्रार्थना की। पुरोहित ने अत्यंत विश्वासपूर्वक सबको वचन दिया कि यदि कालकेयों ने समुद्र पार कर वानरों पर आक्रमण करने का मूर्खतापूर्ण निश्चय किया है, तो समुद्र देवतां उन्हें अवश्य ही नष्ट कर देगा।

गुरु अपनी सैनिक तैयारियों में लगे। उन्होंने निकट और दूर के जितने ग्रामों से संभव हुआ, वानर सैनिक बुलवाकर सागर-तट पर एकत्रित कर लिये। आश्रम की अपनी वाहिनी भी प्रस्तुत थी, उधर यूथपति भी अपने साधनों के साथ सन्नद्ध था।

"युद्ध के वर्णन की तो आवश्यकता नहीं है, सौमित्र?" सुतीक्ष्ण ने कथा रोककर पूछा।

"यह अच्छी रही।" सीता हँस पड़ीं, "कुलपति सौमित्र से पूछ-पूछकर कथा सुना रहे हैं।"

"मुख्य श्रोता को इतना विशेषाधिकार तो होता ही है।" लक्ष्मण हँसे, "नहीं, ऋषिवर! युद्ध-वर्णन की आवश्यकता नहीं है।"

युद्ध के लिए सेना तैयार करने के साथ-साथ, गुरु ने गुप्त रूप से अपने निर्देशन में कुछ तीव्रगामी नौकाएँ बनवाईं। दक्ष नौका-शिल्पियों के अभाव में अनघड़-सी नौकाएँ भी बड़ी कठिनाई से बनीं। उस समय गुरु को मुर्तू की बहुत याद आई। यदि मुर्तू यहाँ होता तो इस समय वह सर्वाधिक उपयोगी व्यक्ति होता। किंतु मूर्ख पुरोहित के अहंकार ने उसे यहाँ टिकने नहीं दिया। अब गुरु को अपनी

क्षमता पर ही निर्भर रहना था और उनकी क्षमता कुछ नौकाओं के निर्माण तक ही सीमित थी। जलपोत बनाने के साधन उनके पास नहीं थे। यह तो अच्छा ही हुआ कि बहुत पहले से ही वे गुप्त रूप से अपने शिष्यों को नौका-निर्माण तथा नौका-परिचालन की शिक्षा देते आए थे।

कालकेयों ने अपने समय से आक्रमण किया, किंतु उन्हें यह देखकर निराशा हुई कि उनके शत्रु उनकी अपेक्षा से कहीं अधिक साधन-संपन्न थे। अब वानरों की स्थिति ऐसी नहीं थी कि कालकेय अपनी इच्छानुसार मार-काट, हत्या-बलात्कार, लूट तथा अग्निकाण्ड कर चलते बनें। वानर सजग थे, सशस्त्र थे तथा व्यूह-बद्ध हो, प्रशिक्षित सेना के समान युद्ध कर रहे थे। कालकेय किसी सेना से युद्ध करने के लिए तैयार होकर नहीं आए थे; वे तो सोये हुए निःशस्त्र, युद्ध-कौशलहीन वानरों को मारने और लूटने आए थे। इस प्रशिक्षित सेना से अधिक समय तक संघर्ष कर पाना उनके लिए संभव नहीं था। थोड़ी ही देर में उनके पैर उखड़ गए और उनके सेनापति ने प्रत्यावर्तन की आज्ञा दे दी।

ऋषि ने भागते हुए कालकेयों का पीछा किया, किंतु उसका विशेष लाभ नहीं हुआ। कालकेय उनसे तीव्रगामी सिद्ध हुए। उनके जलपोत तैयार खड़े थे। नावें समुद्र-तट पर बँधी हुई थीं। थोड़ी ही देर में, वानरों के देखते-देखते कालकेय अपनी नावों में जलपोतों तक पहुँच गए और उनकी आँखों के सम्मुख समुद्र का वक्ष चीरकर अशिमपुरी की ओर लौट गए।

यह गुरु का चिर-प्रतीक्षित क्षण था। समस्त वानर-सेना के सम्मुख उन्होंने तत्काल पुरोहित से निवेदन किया कि वह समुद्र से प्रार्थना कर या तो कालकेयों को समुद्र में डुबो दे, अथवा वानर-सेना के लिए भी समुद्र के मध्य मार्ग प्राप्त करे।

''समुद्र में से मार्ग कैसे मिल सकता है?'' पुरोहित हकलाया, ''यह तो तभी संभव है, जब समुद्र को कोई पी जाए। किंतु समुद्र को कोई कैसे पी सकता है!''

''अर्थात् हम हाथ धरे बैठे रहें और राक्षसों के मन में जब-जब आए, वे हम पर आक्रमण करते रहें। वे अपनी इच्छा से आएँ, हमें मारें और सुरक्षित अपने द्वीप में लौट जाएँ; क्योंकि वानरों का पुरोहित समुद्र को देवता मानता है और उसे पी नहीं सकता।''

पुरोहित ने क्रोध और द्वेष से अगस्त्य को देखा। जब से यह ऋषि वानरों के बीच आकर बस गया था, पुरोहितों की प्रतिष्ठा कम होती गई थी।...और आज अगस्त्य, सीधा उसका विरोध ही नहीं, अपमान करता था।

''पूजा कर देवताओं को प्रसन्न करना पुरोहितों का काम है।'' वह फुफकारता

हुआ बोला, ''किंतु युद्ध करना सेनापतियों का काम है। यदि मैं अक्षम हूँ अथवा देवता मेरा अनुरोध नहीं मानते तो इसका यह अर्थ तो नहीं कि सेनापति युद्ध न करें और शत्रुओं को सुरक्षित निकल भागने दें।...अगस्त्य ने कालकेय का पीछा क्यों नहीं किया?''

अगस्त्य मुस्कराए, ''यदि कालकेय रुककर, सम्मुख युद्ध करने तो अवश्य पराजित होते; किंतु वे वीरों के समान लड़े नहीं। कायरों के समान भाग खड़े हुए।'' तनिक रुककर गुरु पूरे ओज से बोले, ''अगस्त्य इस वानर-सेना के साथ, अब भी कालकेयों का पीछा कर सकता है; किंतु पुरोहित मार्ग में खड़ा है। पुरोहित कहता है कि समुद्र वानरों का देवता है, इसलिए वानर-शत्रु कालकेयों को तो मार्ग देता है, किंतु अपने भक्त वानरों को मार्ग नहीं देता।''

यूथपति की आँखें क्रोध से लाल हो उठीं, ''पुरोहित झूठा है।''

पुरोहित भय से काँप गया, ''मैंने तो कहा है कि समुद्र मार्ग देगा, यदि कोई उसका जल पी जाए।''

''तो अगस्त्य समुद्र को पी जाएगा।'' गुरु बोले, ''हम अभी समुद्र में से होकर अशिमपुरी जाएँगे। समुद्र हमें भी मार्ग देगा।''

उन्होंने नौकाएँ जल में उतारने की आज्ञा दी। स्थिति ऐसी थी कि पुरोहित उन्हें रोक नहीं सकता था। नौकाएँ जल में उतारी गईं और यूथ के चुने हुए धनुर्धारी तथा खड्गधारी आश्रमवाहिनी के साथ उनमें जा बैठे।

तट पर खड़े सहस्रों वानरों ने देखा। पुरोहित ने भी देखा। उनकी आँखें फटी रह गईं। अगस्तय वानर वीरों के साथ, समुद्र के बीच में से जा रहे थे; जैसे समुद्र स्वयं उन्हें मार्ग दे रहा हो, या वहाँ जल ही न हो—सूखी भूमि हो।

''अगस्त्य ने समुद्र पी डाला है।'' पुरोहित के मुखर से अनायास ही निकला।

''अगस्त्य ने समुद्र भी डाला है।'' झुंडों के झुंड वानरों ने दुहराया।

सारा यूथ अगस्त्य की क्षमता पर स्तब्ध खड़ा था।

सुतीक्ष्ण चुप हो गए।

सब लोग उत्सुकता से उनकी ओर देखते रहे।

''जिज्ञासा शांत नहीं हुई?'' सुतीक्ष्ण मुस्कराए, ''कालकेय अपने द्वीप में असावधान सोये पकड़े गए। गुरु ने न केवल उन्हें पराजित किया, वरन् उनका ऐसा नाश किया कि वे पुनः आक्रमण करने योग्य ही न रहें।...अगस्त्य लौटकर जब आश्रम मे आए, तो उन्हें ज्ञात हुआ कि यूथपति ने पुरोहित को 'वानर-शत्रु' की संज्ञा देकर मरवा डाला था और सारे यूथ में अगस्त्य 'समुद्र को पी जाने वाले'

के रूप में प्रसिद्ध हो चुके थे।"

सुतीक्ष्ण ने रुककर एक-एक व्यक्ति को देखा, "अब तो संतुष्ट हो?"

"जी!"

"तो अब सो जाएँ। कल प्रातः कुछ महत्त्वपूर्ण कार्य करने हैं।"

प्रातः सुतीक्ष्ण-आश्रम में प्रत्येक व्यक्ति बहुत व्यस्त था। लगता था, कुलपति ने आश्रम की प्रत्येक गतिविधि को उसके सर्वोत्तम रूप में राम के निरीक्षण के लिए प्रस्तुत करने का संकल्प किया था। ऋषि ने अपनी क्षमता भर, सारे कार्यक्रम के सूक्ष्मतम विवरण की पूर्व-कल्पना कर, पूर्णतम कार्य-विभाजन किया था। एक-एक व्यक्ति को उसका कार्य राई-रत्ती समझा दिया गया था। सुतीक्ष्ण चाहते थे कि एक बार कार्य आरंभ करने का संकेत दें तो प्रत्येक कार्य, स्वतः सुचारु ढंग से होता चला जाए। उनका आयोजन इतना सुंदर था कि निश्चित रूप से सारी गतिविधि उनकी इच्छानुसार ही होती...किंतु कार्यारंभ से पूर्व ही निकट-दूर के अनेक ग्रामों, पुरवों, टोलों बस्तियों तथा आश्रमों से झुंड-के-झुंड अतिथि आ-आकर सुतीक्ष्ण-आश्रम में इकट्ठे होने लगे। आनेवालों में स्त्रियाँ भी थीं; पुरुष भी, बूढ़े भी थे, बच्चे भी। लगता था, जैसे राम के आगमन का समाचार दावाग्नि के समान सारे जनपद में फैल गया था और प्रत्येक व्यक्ति अपने हाथ का काम वहीं छोड़, उठकर सीधा सुतीक्ष्ण-आश्रम की ओर चला आया था। वे लोग राम को देखना चाहते थे, उनसे मिलना चाहते थे, बात करना चाहते थे, उनके विचार सुनना चाहते थे, उनके निकट बैठकर उनका व्यवहार निरखना चाहते थे, उनके साथियों का परिचय पाना चाहते थे...और सुतीक्ष्ण की प्रत्येक व्यवस्था टूट-टूट जा रही थी। उनकी कोई योजना पूरी नहीं हो रही थी। उन्हें स्वयं अपने आयोजन में दोष-ही-दोष दिखाई पड़ने लगे थे। लगता था, उन्होंने एक अत्यंत सुंदर नाटक की रचना की थी, नट-मण्डली को प्रस्तुत करने में ढेरों स्वेद बहाया था और दीर्घ प्रतीक्षा के पश्चात् जब नाटक के मंचन का समय आया तो उन्हें ज्ञात हुआ कि प्रेक्षागृह में उन्होंने दर्शकों के लिए तो कोई स्थान ही नहीं बनाया और दर्शक थे कि धाराप्रवाह उमड़े चले आ रहे थे। उनको बैठाना अनिवार्य था। नाटक का मंचन ही उनके लिए हो रहा था। दर्शकों को बैठाए बिना नाटक प्रस्तुत करना व्यर्थ था। और दर्शकों को बैठाते-बैठाते स्थिति यह हो रही थी कि प्रेक्षागृह भर गया था, मंच भर गया था, मार्ग भर गए थे।...प्रत्येक नट अपना अभिनय छोड़कर, दर्शकों के स्वागत और उनकी व्यवस्था में जा लगा था...

ऋषि को स्पष्ट दीख रहा था कि आज इस जन-सामान्य ने, उनके भीतर

के संकीर्ण और अहंकारी ऋषि को दूसरी बार धिक्कारा था। स्वयं को बुद्धिमान्, मेधावी तथा प्रतिभाशाली समझने वाला चिंतक स्वयं अपनी आँखों से देख रहा था कि वह कितना नासमझ है। उसने अपने चिंतन तथा सिद्धांतों को अपने अहंकार के वृत्त में सीमित रखकर ही पोषित किया था; अपने परीक्षण के लिए इस जन-सागर में डुबकी लगाने का अवसर उन्होंने कभी नहीं आने दिया था। तो फिर खरे-खोटे का निर्णय कैसे होता?...और दूसरी ओर यह राम है, जो वय में उनसे छोटा है, साधना में न्यून है, स्थिति में राजकुमार है—किंतु सारी सीमाओं को तोड़कर वह इस जन-सागर तक जा पहुँचा है। उसके प्रत्येक विचार, प्रत्येक कृत्य की तत्काल परीक्षा हो जाती है; और यह जन-समुदाय उसके सत्यासत्य पर अपना निर्णय दे देता है...सिद्धांत को व्यवहार में परखे बिना सत्य का पद कैसे दिया जा सकता है?...और आश्रमों की सीमाओं में बंदी सिद्धांत व्यवहार के समुद्र तक पहुँचेगा कैसे...

सुतीक्ष्ण अपनी कुटिया में आ बैठे। उनका मन भावों, विचारों तथा धारणाओं का युद्ध-क्षेत्र हो गया था—क्या करें और क्या न करें? आश्रम में आए इस जन-समुदाय की उपेक्षा कर, अपने पूर्व-नियोजित कार्यक्रम के अनुसार चलें अथवा उस कार्यक्रम को स्थापित करने का आदेश दें, अकस्मात् आ गए अतिथि-रूपी इस जन-सागर का ही पूजन करें?...ऋषि का विवेक उन्हें बार-बार चेतावनी दे रहा था—'अब तक जन-सामान्य की उपेक्षा की है, अब यह भूल मत करना, सुतीक्ष्ण! राम का जन-साधारण में और जन-साधारण का राम में विश्वास देखो और अपनी भूल सुधारो। जिस राम के मन को जीतने के लिए, आश्रम के गुणों की प्रदर्शनी लगाना चाहते हो, राम के मन पर, तुम्हारे द्वारा की गई जन-साधारण की उपेक्षा का क्या प्रभाव पड़ेगा?..."

एक लंबे ऊहापोह के पश्चात् अंततः ऋषि ने अपने पूर्व-नियोजित कार्यक्रम को स्थगित करने का निश्चय किया।...उन्होंने अपने पट्टशिष्यों तथा आश्रम के मुनियों को बुलाकर तत्संबंधी आदेश दे दिए। उन्हें आशंका थी कि कहीं इस स्थान से आश्रम-निवासियों को निराशा न हो; किंतु उन्हें यह देखकर सुखद आश्चर्य हुआ कि आदेश सुनकर आश्रम-निवासियों के सिर से जैसे बोझ टल गया। वे उल्लसित मन से आश्रम के सभा-स्थल की ओर चले गए, जहाँ राम, सीता लक्ष्मण तथा मुखर उपस्थित थे।

अपना मन स्थिर करने में ऋषि को थोड़ा समय लगा। अंततः वे भी कुटिया से निकलकर अत्यंत धीमी चाल से सभा-स्थल की ओर आए। ओट से निकलकर वे आगे बढ़े और उनकी दृष्टि सभा-स्थल पर पड़ी। वे पुनः ठिठककर खड़े हो गए।

जो कुछ वे देख रहे थे, वह अविश्वसनीय था। उन्हें पूर्व-सूचना होती थी तो वे बिना अपनी आँखों से देखे, इस दृश्य का विश्वास कभी न करते। सभा-स्थल अनेक छोटे-छोटे कक्ष-खण्डों में बदल गया था और जन-समुदाय छोटी-छोटी टोलियों में। कोई स्त्रियों की टोली थी, कोई बालकों की। पुरुषों की टोलियों में आश्रमवासी और ग्रामीण दोनों ही समान रूप से सम्मिलित थे। वहाँ विभिन्न प्रकार की व्यावहारिक और सैद्धांतिक कक्षाएँ चल रही थीं—आश्रम के मुनि तथा प्रशिक्षित ब्रह्मचारी राम की मण्डली के सदस्यों के निर्देशन में विभिन्न प्रकार के प्रशिक्षण दे रहे थे...

ऋषि के मन में एक आकस्मिक फुँकार उठी—यह सब हो गया और किसी ने मुझसे पूछा तक नहीं। इस आश्रम का कुलपति मैं हूँ, या राम? राम को क्या अधिकार था कि मेरे आश्रम में, मेरी इच्छा तथा अनुमति के बिना अपना कार्यक्रम आरंभ कर देते...और इन आश्रमवासी मुनियों तथा ब्रह्मचारियों को क्या हो गया है? मेरी पूर्ण उपेक्षा कर, ये राम के निर्देशन में इस प्रकार कार्य कर रहे हैं...

किंतु फुँकार की ही आकस्मिकता से ऋषि के मन में विचार का एक शीतल झोंका भी आया—अपनी भूलों की पुनरावृत्ति मत कर, सुतीक्ष्ण! अपने अहंकारों को त्याग! यह जन-समूह राम को अपना नेता मानकर उनके पास आ गया था, तेरे लिए इनमें से एक व्यक्ति नहीं आया। तुझसे ही दीक्षा ग्रहण करनी होती, तो ये लोग वर्षों पूर्व तेरे पास आए होते...तुझसे और राम में बहुत अंतर है। तू अपने मन की बात दमित-शोषित जन-सामान्य पर थोपता है, और राम उसी जन-समुदाय की इच्छा अपने मन पर अंकित करता है...अब भी यदि तू अपनी पद्धति से अपने मार्ग पर चलता गया तो आज का यह क्षणिक एकाकीपन स्थायी हो जाएगा। धारा दूसरी ओर मुड़ जाएगी। ये लोग तुझे छोड़ जाएँगे—ये ग्रामीण, ये ब्रह्मचारी, ये मुनि...उन्हें अपने साथ चलाने का प्रयत्न मत कर, तू उनके साथ चल। उनमें आई निर्माण की गति में विघ्न मत बन...

सुतीक्ष्ण का मन शांत हो गया। वे सहज रूप से राम की ओर चल पड़े।

अपने नये सदस्यों और नये कार्यक्रम को लेकर आश्रम दिन-भर बहुत व्यस्त रहा। ऋषि के सोचे हुए समारोह से भी बहुत बड़ा समारोह अनायास ही संपन्न हो गया। संध्या तक, सारे जनपद के लिए उत्पादन, रक्षा, शिक्षण, संचार इत्यादि का भावी कार्यक्रम निश्चित हो गया। विभिन्न कार्यों के लिए टोलियाँ बन गईं और नेता चुन लिये गए। सब लोग अपना दायित्व, कार्य-क्षमता तथा महत्त्व समझ गए थे। सुतीक्ष्ण के आश्रम में स्वेद-अभिषिक्त इतने प्रसन्न चेहरे एक साथ कभी एकत्रित नहीं हुए थे। सब ओर नये भावी जीवन का आह्लाद था।

अतिथियों को विदा कर, संध्या समय वे लोग एकत्रित हुए तो ऋषि बोले, "दिन-भर बहुत व्यस्त रहे, राम!"

राम हँसे, "हाँ ऋषिवर! आपके निकट बैठने का अवसर ही नहीं मिला। पर एक ही दिन में बहुत सारा कार्य निबट गया, आर्य कुलपति! यदि ये सब लोग अपनी इच्छा से स्वयं ही यहाँ न आ गए होते तो इतना संगठन-कार्य करने में कई मास लग जाते।"

"ठीक कहते हो, राम! मैंने तुम लोगों की क्षमता के विषय में जितना सुना था, उससे कहीं अधिक ही पाया है। सत्य तो यह है कि मैंने भी आज एक दिन में जितना सीखा—उतना एक वर्ष में कभी नहीं सीखा।"

"आज आप केवल प्रशस्ति वचन की भंगिमा में हैं, आर्य कुलपति!" सीता हँसी।

"नहीं, पुत्री! मेरे वचन में तनिक भी अतिशयोक्ति नहीं है।" ऋषि गंभीर थे, "आज मैं अपने अहंकार तथा सत्य में होने वाले युद्ध का तटस्थ साक्षी रहा हूँ। इसके परिणामस्वरूप मैंने बहुत कुछ पाया है। इसलिए निश्छद्म तथा निश्छल मन से एक निवेदन कर रहा हूँ, राम!"

"आप आदेश दें, ऋषिवर!" राम ने सुतीक्ष्ण को देखा—क्या वे कुछ असाधारण कहना चाहते हैं?

"आज से यह आश्रम मुझसे अधिक तुम्हारा है, राम! सुतीक्ष्ण बोले, "मुझे वचन दो कि तुम यहाँ से जाने की जल्दी नहीं करोगें"

राम हँसे, "ऋषिवर! आश्रम व्यक्ति का तो होता नहीं। यह तो सामाजिक संपत्ति है। वैसे हमारी योजना भी संगठन-काल के लिए यहीं निवास करने की थी। क्यों सौमित्र?"

"हाँ, भैया! जब तक संगठन-कार्य चले अथवा अगस्त्य-कथा चले।"

"ओह!" ऋषि अट्टाहस कर उठे, "एक छोटा-सा अंश और है, सौमित्र! वह आज सुन लेना।...किंतु पहले राम अपना भावी कार्यक्रम बता दें।"

"यहाँ का कार्य समाप्त कर, हम ऋषि अग्निजिह्व के आश्रम से होते हुए गुरु अगस्त्य के पास जाना चाहते हैं।"

"इच्छा तो मेरी भी थी, राम!" सतीक्ष्ण का स्वर फिर गंभीर हो गया, "पर सोचता हूँ, मैं तुम्हारे साथ न जाऊँ। तुम्हारे जाने के पश्चात् भी यहीं रुककर, स्वयं को अपने गुरु के मार्ग में पूर्णतः दीक्षित करूँ। तब ही उनके दर्शन करने जाऊँ।" ऋषि की दृष्टि सहसा लक्ष्मण पर पड़ी, वे उत्सुकता से उनकी ओर देख रहे थे, "अच्छा! हाँ, कथा...अगस्त्य कथा..."

यह उन दिनों की बात है, जब वातापि तथा इल्वल नाम के राक्षसों का भयंकर आतंक था। प्रतिदिन कहीं-न-कहीं उनके सैनिकों से मुठभेड़ हो जाती थी; और प्रायः हम सब लोग जानते थे कि किसी-न-किसी दिन भयंकर युद्ध होगा। फिर ऐसी सूचनाएँ भी आने लगी थीं कि वे दोनों राक्षस मिलकर सैन्य-संग्रह कर रहे हैं और लंका तथा अशिमपुरी से भी उनके लिए सहायता पहुँच रही है। गुरु अगस्त्य भी चिंतित हो उठे थे। राक्षसों के पराक्रम से वे भयभीत नहीं थे; किंतु उनके मित्रों, संगठनों, धूर्तता तथा षड्यंत्रों से वे सावधान अवश्य रहना चाहते थे। कुछ दिनों तक निरंतर आत्ममंथन करने के पश्चात् उन्होंने अपनी सैनिक शक्ति में वृद्धि का निश्चय किया। आश्रम के ब्रह्मचारी ग्राम-ग्राम में जाकर लोगों को ऋषि का संदेश दे आए। पास के ग्रामों में तो सैनिक प्रशिक्षण का कार्य चल ही रहा था। इस अभियान का लक्ष्य दूर के ग्रामों के लोगों को भी इसमें सम्मिलित करना तथा निकट के ग्रामों के इच्छुक युवकों को ग्राम छोड़, आश्रमवाहिनी के सैनिक के रूप में ही रहने के लिए सहमत करना था...

संध्या समय एक व्यक्ति ऋषि के पास आया। देखकर उस व्यक्ति के विषय में कुछ भी कहना कठिन था। उसने निर्धन देहातियों के-से वस्त्र पहन रखे थे, किंतु उसकी शरीर-रचना कह रही थी कि उस व्यक्ति ने जीवन में कभी निर्धनता नहीं देखी और वह सुख-सुविधा में पला है। आकृति से वह किसी स्थानीय जाति का सदस्य नहीं लगता था, किंतु वह जिस ग्राम का पता दे रहा था, वह वानर-ग्राम था। उसके खड्ग की धातु भी वन में बनाई गई किसी भट्ठी में ढाली गई नहीं लगती थी।

ऋषि ने उसे प्रश्नवाचक दृष्टि से देखा।

"आर्य! मेरा घर-बार राक्षसों ने लूट लिया है। परिवार सदस्यों की हत्या कर गए हैं। मैं प्रतिशोध की आग में जल रहा हूँ। आपकी शरण आया हूँ कि राक्षसों के अत्याचार के विरुद्ध लड़ सकूँ।"

ऋषि उसे परीक्षक दृष्टि से देखते रहे और प्रश्न पूछते रहे। वह प्रायः प्रश्नों के उत्तर ठीक-ठीक देता गया। अंततः ऋषि ने उसे अपनी जनवाहिनी में सम्मिलित होने की अनुमति दे दी। किंतु उन्हें उसकी बातों पर पूर्ण विश्वास नहीं हुआ। उसे जाने की अनुमति देते ही उन्होंने अपने भाई ऋषि अग्निजिह्व की ओर देखा, "इस व्यक्ति पर दृष्टि रखो। यह कोई घातक षड्यंत्र भी हो सकता है।"

ऋषि का आश्चर्य कुछ बढ़ा, जब थोड़े से विलंब के पश्चात् एक अन्य व्यक्ति ठीक उन्हीं स्थितियों का वर्णन करता हुआ और पहले व्यक्ति जैसे ही हाव-भाव लेकर ऋषि के सम्मुख उपस्थित हुआ। उस संध्या में बारी-बारी चार व्यक्ति आए।

उसी संध्या को नहीं, उसके बाद भी प्रतिदिन वैसे ही व्यक्ति आने लगे। ऋषि का संदेह बढ़ता गया और वे अधिक सावधान होते गए। विभिन्न स्थानों में फैले हुए, आश्रम के गूढ़ पुरुषों की सूचना भी यही थी कि वातापि तथा इल्वल कोई गहरा षड्यंत्र रच रहे हैं। वे सम्मुख-युद्ध से अधिक अपनी गुप्त युद्ध-पद्धति पर निर्भर कर रहे हैं। ऋषि का संदेह पुष्ट होता गया—कहीं ऐसा तो नहीं कि आनेवाले लोग इल्वल और वातापि के ही भेजे हुए हों। वे लोग यहाँ आश्रमवाहिनी के सदस्य के रूप में रहें और जब बाहर से उनकी सेना आक्रमण करे तो वे भीतर से आश्रमवाहिनी की पंक्तियों को काटते हुए, बाहर निकल जाएँ।

ऋषि की दृष्टि और अधिक केंद्रित और सजग हो उठी। नये आने वाले उन समस्त सैनिकों—जिन पर तनिक भी संदेह किया जा सकता था—को एक-दूसरे के निकट के कुटीर दे दिए गए, ताकि उन्हें परस्पर मिलने में सुविधा रहे और ऋषि उनका निरीक्षण करते रह सकें। इससे यथोचित लाभ हुआ। वे लोग पहले से भी अधिक और खुले रूप में परस्पर मिलने लगे। किंतु ऋषि को कोई ऐसा प्रमाण नहीं मिल रहा था, जो संदेह को निश्चित तथ्य में बदल दे। परिणामतः उनकी चौकसी होती रही।

एक संध्या, झुटपुटा हो जाने पर ऋषि को सूचना मिली कि कुछ सशस्त्र व्यक्ति आश्रम के आस-पास के वनों में आए हुए हैं, किंतु उनकी संख्या इतनी नहीं है कि वे आश्रम पर आक्रमण कर सकें। उनकी गतिविधि का लक्ष्य आश्रम ही है, क्योंकि उनकी दृष्टि उसी ओर लगी है। ऐसा लगता था कि वे लोग कोई सूचना देने अथवा प्राप्त करने के लिए, किसी व्यक्ति से संपर्क स्थापित करने का प्रयत्न कर रहे थे...

"कुलपति का भेद-भरी कहानी में रहस्य बनाए रखने का शिल्प कच्चा है।" लक्ष्मण धीरे-से बोले।

"कुलपति तुम्हारे समान रहस्यवादी नहीं हैं।" सीता भी दबे स्वर में बोलीं, "कथा के बीच में गड़बड़ मत करो।"

"क्या बात है, पुत्री?" सुतीक्ष्ण को वार्तालाप की कुछ गंध मिली।

"सौमित्र जानने को उत्सुक हैं कि वे कौन लोग थे?" सीता बोलीं।

"बहुत व्यग्र हैं सौमित्र। अभी बताता हूँ।" सुतीक्ष्ण पुनः कहानी कहने की मुद्रा में आ गए।

सब ओर सतर्कता बढ़ गई। स्वयं ऋषि भी निश्चिंत नहीं बैठ सके।...वही हुआ, जिसकी आशंका थी। अंधकार सघन होते ही आश्रमवाहिनी के नवागत सदस्यों

में तीन व्यक्ति छिपकर आश्रम से निकले और वन की ओर चल पड़े। उनका नेता सबसे पहले आया हुआ व्यक्ति था, जिस पर ऋषि को सर्वप्रथम संदेह हुआ था। वे तीनों व्यक्ति छिपते-छिपाते, उन रहस्यमय सशस्त्र लोगों के वन में जा पहुँचे। लगता था, दिन में ही किसी समय ठीक-ठीक पता लग गया था कि उनके साथी वन में आए हुए हैं।

वन के वृक्षों ने रात के अंधकार को ओर भी सघन कर दिया था। आश्रम के गूढ़ पुरुष वृक्षों की आड़ में उनके एकदम निकट चले गए और उन लोगों का सारा वार्तालाप बड़ी स्पष्टता से सुनने में सफल हुए। आश्रम से छिपकर आए लोगों के नेता को अन्य लोग वातापि कहकर संबोधित करते थे और वह किसी अन्य व्यक्ति को इल्वल कह रहा था। उनकी कार्य-योजना बड़ी स्पष्ट थी। इल्वल वातापि को बता रहा था कि सप्ताह भर में वह रात को अपने सैनिक लेकर आक्रमण करेगा। वातापि को चाहिए कि वह आश्रमवाहिनी की पंक्तियों को फाड़ते हुए, इस प्रकार बाहर निकल आए, जैसे किसी का खाया हुआ भोजन उसका पेट फाड़कर बाहर निकल आता है।

ऋषि को सारी सूचनाएँ निंरतर मिलती रहीं। यह सब कुछ इतनी गोपनीयता से हुआ कि वातापि तथा उसके साथियों को तनिक भी संदेह नहीं हुआ कि उनकी गतिविधियों का निरीक्षण हो रहा है। वे लोग वन से लौटकर निश्चिंत अपने कुटीरों में सो गए और इल्वल अपने साथियों के साथ लौट गया।...ऋषि का मन अशांत हो उठा। वे सो नहीं सके। वे उस षड्यंत्र की भयंकरता पर सोचते रहे। यदि सचमुच इनकी योजना सफल हो जाए?...इल्वल अपनी शस्त्र-सज्जित पूर्ण प्रशिक्षित सेना लेकर आक्रमण कर दे और आश्रमवाहिनी के भीतर से वातापि के सैनिक अपना कार्य आरंभ कर दें, तो बहुत अच्छे शस्त्रों के अभाव में यह अर्द्ध-प्रशिक्षित सामान्य वानरों की सेना, एक साथ हुए भीतरी और बाहरी आक्रमण को कितनी देर झेल पाएगी? और यदि राक्षस जीत गए तो आश्रमवाहिनी के एक-एक सैनिक की हत्या ही नहीं करेंगे, वानरों के ग्राम के ग्राम जला देंगे। इनका धन, संपत्ति, मान, स्त्रियाँ, बच्चे...सोच-सोचकर मन काँप गया...इन क्रूरकर्मी राक्षसों से बचने के लिए क्रूर होना पड़ेगा।

प्रातः गुरु ने वातापि तथा उसके साथियों को शस्त्र-शिक्षा के स्थान पर वन से लकड़ियाँ काटकर लाने का काम सौंपा। उनके शस्त्र आश्रम में ही रखवा लिये गए। उसके साथ आश्रमवाहिनी के भी अनेक सदस्य भेजे गए जिनकी संख्या उनसे बहुत अधिक थी।...दिन-भर वे लोग लकड़ियाँ काटते रहे और संध्या समय तक इतना थक गए कि रात को बेसुध होकर सो गए...तब आश्रमवाहिनी के लोगों ने अपना कार्य आरंभ किया। उन्होंने सोये हुए उन संदेहास्पद सैनिकों में से एक-एक

को अलग ले जाकर उनके वस्त्रों का भली प्रकार निरीक्षण किया और ऋषि ने अपनी आशा के अनुकूल पाया कि उन लोगों ने अपने वस्त्रों में कोई-न-कोई शस्त्र छिपा रखा था।

अच्छी प्रकार परीक्षण कर, और यह प्रमाण मिल जाने पर कि वे वातापि के ही सैनिक हैं तथा षड्यंत्र रचने के लिए ही आश्रमवाहिनी में सम्मिलित हुए हैं, गुरु ने उनके गुप्त वध का आदेश दे दिया।...बड़ी सावधानी से उनका वध किया गया और आश्रमवाहिनी के सैनिकों को इसकी सूचना देते हुए सचेत किया गया कि इस घटना का आभास तक बाहर किसी को नहीं होना चाहिए। साथ ही सायास यह प्रचार किया जाता रहा कि अनेक नवागंतुक सैनिक आकर आश्रमवाहिनी में सम्मिलित हो गए हैं और सैनिकों की इस वृद्धि से गुरु बहुत संतुष्ट एवं प्रसन्न हैं...

इन प्रयत्नों का परिणाम अपेक्षानुकूल ही हुआ। सप्ताह-भर के भीतर-ही-भीतर इल्वल अपने सैनिकों के साथ आ धमका। किंतु उसके अभियान को देखकर यह नहीं लगता था कि वह बहुत सावधान है। उसके सैनिकों के पास अच्छे शस्त्र थे, किंतु वे लोग न तो संख्या में अधिक थे और न वे बहुत सावधान सैनिक लगते थे...उनमें कुछ अतिरिक्त विश्वास झलकता था। वे लोग इस प्रकार युद्ध कर रहे थे, जैसे उनकी विजय प्रत्येक अवस्था में पूर्व-निश्चित हो...

अपनी योजना के अनुसार निश्चित समय पर इल्वल ने पुकारा, "निकल जाओ, वातापि! अब पीछे रहने की आवश्यकता नहीं है।"

ऋषि ने हँसकर पूछा, "वातापि कहाँ है, इल्वल?"

"तुम्हारे पेट में। तुम्हारी सेना के पेट में।" इल्वल अट्टहास कर बोला, "अभी तुम्हारा पेट फाड़कर बाहर आ जाएगा।"

उत्तर में ऋषि ने अट्टाहस नहीं किया। वे शांत भाव से बोले, "यदि वह मेरे पेट में है तो तुम भी समझ लो कि मैं उसे पचा गया हूँ; और अब वह तुम्हारे आह्वान पर कभी नहीं आएगा।"

इल्वल का चेहर विवर्ण हो गया और माथे पर स्वेद उभर आया। फिर भी वह वातापि को पुकारता चला गया, किंतु अनेक बार पुकारने पर भी वातापि नहीं आया तो इल्वल को ऋषि की बात का विश्वास करना पड़ा। उसके पैर उखड़ गए। उसने भागने का प्रयत्न किया किंतु आश्रमवाहिनी ने उसकी सेना को इस प्रकार घेर रखा था कि भागना संभव नहीं था। एक-एक कर उसके सभी सैनिक मारे गए, और ऋषि ने स्वयं अपने हाथों से इल्वल का वध किया।

15

अगस्त्य को देखकर राम का एक बृहत् बरगद का-सा प्रभाव पड़ा, जिसकी छाया में पूरा आश्रम बसा हुआ था। अगस्त्य आश्रम का वातावरण अब तक देखे हुए समस्त आश्रमों से भिन्न था। वहाँ खुलकर शस्त्र-प्रशिक्षण चल रहा था और स्वयं ऋषि भी शस्त्र धारण किए हुए थे। आश्रमवासियों के चेहरों पर विश्वास की आभा थी और व्यवहार बहुत संतुलित तथा व्यवस्थित था।

राम तथा उनके साथियों का आश्रम में हार्दिक स्वागत हुआ। अगस्त्य ने उनका सत्कार इस प्रकार किया, जैसे वे उनके अत्यंत आत्मीय हों और उनसे वर्षों पुराना व्यवहार हो। लोपामुद्रा ने सीता को अपने वक्ष में भींच लिया। सीता के गद्गद कंठ से संबोधन निकला, "ऋषि माँ!"

लोपामुद्रा ने उन्हें बाँहों की दूरी पर रखकर मुग्ध दृष्टि से निहारा और पुनः वक्ष से लगा लिया, "कहाँ से सीख लिया यह संबोधन, मेरी बच्ची!"

मन को व्यवस्थित करने में सीता को थोड़ा समय लगा। बोलीं, "आपके लिए दूसरा कोई संबोधन हो ही कैसे सकता है, माँ! वैसे यह शब्द मैंने मुनि धर्मभृत्य की 'अगस्त्य कथा' में सुना है।"

"मैंने भी सुना है, पुत्री! कि किसी युवा मुनि ने 'अगस्त्य कथा' लिखी है।" लोपामुद्रा मुस्करायीं, "पर उसने इस संबोधन का भी उपयोग किया है, यह मुझे ज्ञात नहीं था। वैसे तो सारा जनपद ही मुझे 'ऋषि माँ' कहता है; किंतु यह संबोधन प्रभा का दिया हुआ है और वही इसको सार्थक भी कर रही है। तुम प्रभा को जानती हो, सीता?"

"उसी कथा से परिचय पाया है।" सीता बोलीं, "वे ही न, जिनका आपने उपचार किया था?"

"वही!" लोपामुद्रा हँसी, "अब वह आश्रम के सभी लोगों के उपचार करती है, और मेरे वृद्ध शरीर का भी।"

"वह छोटी-सी लड़की वैद्य बन गई?" सीता आश्चर्य से बोलीं।

"वैद्य ही नहीं।" लोपामुद्रा बोलीं, "सेनानायक पति की शल्य-चिकित्सक पत्नी भी। प्रत्येक छोटे-बड़े युद्ध के पश्चात् उसका महत्त्व और भी बढ़ जाता है। अनेक लोगों के प्राण उसी के उद्यम से बचते हैं।"

"वह ठीक अर्थों में आपकी पुत्री है।" सीता का स्वर कुछ भावुक हो उठा।

"वह तो मेरी पुत्री है ही। तुम भी मेरी वास्तविक पुत्री हो, सीते।" लोपामुद्रा फिर मुग्ध भाव से बोलीं, "मुझे तो लगने लगा था कि पति के अभियान में साथ

चल पड़ने वाली स्त्रियाँ जैसे अब रहीं ही नहीं। विंध्याचल पार कर एक अगस्त्य के साथ भारद्वाजी लोपामुद्रा आई थी और अब राम के साथ जानकी सीता आई है।''

''अच्छा! इतना सम्मान है मेरे काम का कि मेरी समकक्षता भारद्वाजी भगवती लोपामुद्रा से की जा सके।'' सीता जैसे आत्म-मंथन में लीन थीं, ''मैंने तो कभी सोचा भी नहीं था कि मैंने कुछ असाधारण किया है।''

''यह असाधारण है, पुत्री!'' लोपामुद्रा बोलीं, ''सब कुछ असाधारण है। पति युद्ध में जूझ रहा हो, तो या तो पत्नी भी शस्त्र उठाकर जूझे, या फिर आहतों का उपचार करे। शल्य-चिकित्सकों के बिना युद्ध नहीं जीते जाते। एक अच्छा शल्य-चिकित्सक युद्ध में हुई अपने पक्ष की हानि को आधा कर देता है।''

''सचमुच, ऋषि माँ!'' सीता की आँखें भीग गईं, ''पति के साथ ऐसा साहचर्य-भाव, इतना जाग्रत विवेक और यह वात्सल्य और किसमें होगा।''

''सीते! अपनी माँ की प्रशंसा अपने मुख से नहीं करते।'' लोपामुद्रा ने सीता के सिर पर हाथ फेरा, ''आओ, तुम्हें अपना चिकित्सालय दिखाऊँ और प्रभा से भी मिलाऊँ।''

वे उठीं और आगे-आगे चल पड़ीं। अपने वय की दृष्टि से लोपामुद्रा पर्याप्त स्वस्थ थीं और स्फूर्तिपूर्वक चल रही थीं।

वे दोनों चिकित्सा-कुटीर में पहुँचीं। वातावरण एक प्रकार के ममतामय अनुशासन से भर गया। लोपामुद्रा ने प्रत्येक रोगी के स्वास्थ्य के विषय में पूछा, सबको सांत्वना दी, सबको प्यार किया और सीता को लेकर साथ की कुटिया में आईं। वहाँ अनेक स्त्रियाँ विभिन्न प्रकार की औषधियाँ बनाने में संलग्न थीं। उनको निर्देश दे रही थी प्रभा। सीता ने देखा—प्रभा अब छोटी-सी लड़की नहीं थी। वह अब प्रौढ़ महिला थीं, जो बड़ी दक्षता से अपना कार्य कर रही थीं।

राम के साथ आए हुए लोग क्रमशः लौट गए थे। अतिथियों को भेज आश्रम पुनः अपनी सहज स्थिति में आ गया था। राम, लक्ष्मण, मुखर और सीता आश्रम से भली प्रकार परिचित हो चुके थे। सीता का अधिकांश समय चिकित्सा-कुटीर में लोपामुद्रा और प्रभा के साथ व्यतीत हो रहा था। लक्ष्मण और मुखर का कुछ समय ऋषि अगस्त्य के पास बीतता था और कुछ आश्रम-वाहिनी के व्यायामों में।...और राम जब से आए थे, ऋषि के साथ एक लंबे संवाद में उलझे हुए थे। प्रत्येक भेंट जैसे उस संवाद का एक खण्ड थी। पहला खण्ड दूसरे खण्ड से जुड़ता था और संवाद आगे बढ़ता था—विवाद होता था, मतभेद होता था, अनुकूलन होता था और

फिर विचारों की अभिव्यक्ति और संप्रेषण होता था...

क्रमशः सीता, लक्ष्मण और मुखर भी जान गए कि अगस्त्य और राम का संवाद कोई दार्शनिक अथवा सैद्धांतिक विवाद नहीं था। वह उन दोनों की चिंता का विषय था, जिसके कारण वे लोग अपने-आपसे भी उलझ रहे थे और एक-दूसरे से भी...हाँ! लोपामुद्रा अवश्य इन विवादों से अलग अपने कार्य में लगी रहती थीं—परिणामतः आश्रम का वातावरण अवसादमय नहीं हो पाता था।

"ऋषि और राम के मध्य यह क्या हो रहा है, ऋषि माँ!" सीता ने चिंतित होकर पूछा।

"वे प्रसव-वेदना से तड़प रहे हैं, पुत्री!" लोपामुद्रा हँसीं, "तुम चिंतित मत हो। इनकी वेदना से किसी अद्‌भुत कार्यक्रम का जन्म होगा।"

सीता हँस नहीं सकीं, "किंतु वे लोग कितने चिंतित हैं, ऋषि माँ! मेरे राम तो यहाँ आकर जैसे वे राम ही नहीं रहे।"

"ओह! तुम तो अशांत हो, सीते!" लोपामुद्रा बोलीं, "यह ऋषि की कार्य-पद्धति है। आओ मेरे साथ।"

लोपामुद्रा सीता को लेकर ऋषि की कुटिया में आईं। राम और ऋषि आपने-सामने बैठे थे और ऋषि कुछ कह रहे थे। उन्होंने सीता और लोपामुद्रा को बैठने का संकेत किया और अपनी बात जारी रखी, "...जब सारा मानव-ज्ञान, क्षमता, बुद्धि, प्रयत्न—सब कुछ आकर स्वार्थ पर टिक जाएगा तो स्वार्थ की सीमा भी संकीर्ण होने लगेगी। उसमें ऐसी कोई बात नहीं सुनी जाएगी, जो मनुष्य को स्वार्थ से विमुख कर, मानवता की ओर उन्मुख करती हो। तुम क्या समझते हो कि रावण केवल आर्य अथवा वानर बुद्धिजीवियों की ही हत्याएँ करता है? वह किसी भी जाति, देश अथवा काल के उस बुद्धिजीवी की हत्या कर देगा, जो स्वार्थपरक व्यवस्था का विरोध करेगा। स्वार्थ की सीमा में संकीर्ण होती हुई यह व्यवस्था मात्र 'स्व' को देखती है। उदारता को शत्रुता और जिज्ञासा को विरोध मानती है। स्वयं लंका के सामान्य तथा दुर्बल नागरिक किस प्रकार पिस रहे होंगे, यहाँ बैठकर यह समझ पाना बहुत कठिन है। वे लोग अपनी व्यवस्था के आत्म-विरोध को चरम सीमा तक पहुँचा रहे हैं—एक ओर भौतिक दृष्टि से बहुत संपन्न लोग हैं और दूसरी ओर अत्यंत विपन्न लोग। वैसे सुख भी एक मानसिक स्थिति है, अतः उनके संपन्न लोग भी कितने सुखी हैं—कहना कठिन है। वे लोग अधिक-से-अधिक भौतिक संपन्नता और सुख की ओर बढ़ते हुए, विवेक के सारे बंधन तोड़ चुके हैं। सिवाय 'निज' के, अन्य कोई चिंता उन्हें नहीं है, इसलिए वे लोग आदिम बर्बरता में नहीं, सुख और स्वार्थ की चरम स्थिति में अपने सह-जाति मानव का मांस खाने लगे हैं, और

दूसरी ओर शोषित वर्ग की असहायता की यह सीमा है कि जिसका मांस खाया जाता है—वह कुछ कह सकने की स्थिति में नहीं है। सारे संबंधों को उन्होंने स्वार्थ अर्थात् धन पर टिका रखा है, इसलिए वे धनी तो हैं, किंतु अपनी क्रूरता में मानवता को भूलकर राक्षस हो गए हैं।...यह तो एक अंधकार है, राम! जो सारे आकाश पर छाता जा रहा है और अपने हिंस्र पंजों में धरती को दबोचता जा रहा है। उसके प्रतिकार के लिए तो सूर्य को ही धरती पर उतारना होगा, उससे कम में तो उससे लड़ना कठिन है।"

"ऋषिवर!" राम का गंभीर स्वर गूँजा, "सारा दण्डक वन जाग उठा है। हमने एक-एक ग्राम शस्त्र-बद्ध कर दिया है। स्थान-स्थान पर अनेक राक्षस मारे जा चुके हैं। जो मारे नहीं गए, वे भाग गए हैं। दिन-दो दिनों की बात नहीं कह रहा—हम दस वर्षों से यहाँ भटक रहे हैं और संगठन का कार्य कर रहे हैं!..."

"मैं चालीस वर्षों से यहाँ बैठा हूँ, राम!" ऋषि का स्वर और भी उग्र हो उठा, "तुम दस वर्षों की बात कर रहे हो। मैंने वातापि और इल्वल को समाप्त कर दिया, मैंने कालकेयों को नष्ट किया—किंतु उससे क्या हुआ? राक्षस समाप्त हो गए या राक्षस-शक्ति समाप्त हो गई? उलटे वे और अधिक फैल गए और उन्होंने उन स्थानों को खोज निकाला जहाँ मनुष्य और भी निर्बल, और भी निर्धन तथा और भी असंगठित है। परिणामतः पहले से भी अधिक संख्या और मात्रा में मानव पीड़ित है।' ऋषि कुछ रुके, "तुमने क्या किया, राम? जहाँ-जहाँ लोगों को संगठित किया, वहाँ से राक्षस निकल गए। जानते हो, वे कहाँ गए—वे सब जन-स्थान में रावण के सेनापतियों के पास पहुँचे हैं। वहाँ साम्राज्य की सेना एकत्रित हो रही हैं लंका से वह स्थान बहुत दूर भी नहीं है। तत्काल रावण द्वारा सहायता पहुँचाई जा सकती है। साम्राज्य की ओर से समस्त अधिकारों से युक्त, स्वयं रावण की बहन शूर्पणखा वहाँ विद्यमान है। वह सेना आक्रमण करेगी तो क्या होगा? तुम्हारा कौन-सा संगठन उसे रोक पाएगा? वह ग्रम अथवा वन में बसने वाला राक्षसों का टोला नहीं, उस व्यवस्था की सेना है, जो दसों दिशाओं में राक्षसों को जन्म देती है, उन्हें पोषित करती है और उनको संरक्षण प्रदान करती है। और आक्रमण की स्थिति में उस सेना को रोका नहीं गया, तो वह दण्डक वन ही में नहीं, उसके ऊपर तक ग्रामों, पुरवों, टोलों, पुरों, नगरों को उसी प्रकार उखाड़ती चलेगी, जैसे झंझावात नन्हे पौधों को उखाड़ता है, अथवा हल की फाल गीली धरती को उधेड़ती है। तुम जानते हो, राम! यदि यह विनाश-लीला हुई तो उसके लिए उत्तरदायी तुम होगे—क्योंकि इसके कारण तुम हो, तुमने ही उन्हें उत्तेजना दी है।"

ऋषि का चेहरा देख सीता का मन काँप उठा। कितने उत्तेजित थे गुरु और

कितने उग्र...किंतु राम...

राम की आँखों की गहराई में जैसे हँसी छा गई, "मैं राम हूँ, ऋषिवर! और राम अपने किसी दायित्व से नहीं भागता। यदि यह मेरे ही कारण है तो तनिक भी बुरा नहीं हुआ। यदि मैंने दो जीवन-दर्शनों के विरोधों को इस उग्रता से उभारकर एक-दूसरे के आमने-सामने खड़ा कर दिया है तो क्या हुआ? विनाश-लीला तो होगी, किंतु आप मेरा विश्वास करें कि इस विनाश-लीला में राक्षस-पक्ष अपने अत्याचारों का दण्ड पाएगा—जिस विनाश की कल्पना से आप आशंकित हैं, जन-सामान्य का यह विनाश नहीं हो पाएगा। उनके मरने के नहीं, ढंग से जीने के दिन आ रहे हैं।"

"यह राजकुमारों का आखेट नहीं है, राम!" अगस्त्य का स्वर और भी कटु हो गया, "यह अंधकार और प्रकाश का, जीवन-मरण का संघर्ष है। सुख-सुविधाओं में पले राजकुमारों को यह महँगा पड़ेगा। तुम भूलते हो कि छोटे-मोटे सामान्य राक्षसों की हत्याओं से रावण को एक खरौंच तक नहीं लगती। मैंने कालकेयों का नाश किया तो वह उनकी सहायता को नहीं आया, क्योंकि उनसे वह रुष्ट था, किंतु जन-स्थान में स्वयं उसकी बहन है, उसके अपने सेनापति हैं, तो संबंध की दृष्टि से उसके भाई भी हैं। उनका विरोध होते ही साम्राज्य क्रूर हो उठेगा। वह अपनी समस्त शक्ति से टूट पड़ेगा। उसकी शक्ति को जानते हो? उसके पास भयंकर कवचधारी रथ हैं—तुम्हारे पास एक घोड़ा तक नहीं है। उसके सहस्रों भयंकर शस्त्रधारी राक्षस तुम्हारे छोटे-मोटे आयुधों वाले नौसिखिए सैनिकों को घड़ी-भर में समाप्त कर देंगे। तुम उनकी शक्ति की कल्पना नहीं कर सकते। स्वयं ब्रह्मा तथा शिव जैसी महाशक्तियाँ उसकी संरक्षक हैं। तुम क्या हो—निर्वासित राजकुमार! ऐसा युद्ध होगा कि तुम्हारा भाई और पत्नी भी तुम्हें छोड़ भागेंगे!..."

"नहीं!" अनायास सीता के कंठ से चीत्कार फूटा, "यह झूठ है!"

राम सहज रूप से मुस्कराए, "आप स्वयं देखें, ऋषिवर! मेरी पत्नी ने स्वयं अपना परिचय दिया है, और यह बहुत अच्छा है कि लक्ष्मण और मुखर यहाँ नहीं है, नहीं तो मुझे भय है कि अपनी उग्रता में वे आपका अपमान कर बैठते। और जहाँ तक मेरी बात है..." सहसा राम का मुखमण्डल आरक्त हो उठा, "मैं राम हूँ। राम जब न्याय के पक्ष में बढ़ता है तो शिव, ब्रह्मा, विष्णु जैसे नामों से नहीं डरता। शक्ति इन नामों में नहीं, जन-समान्य में है। मेरा बल जन-सामान्य का विश्वास है। कोई शस्त्र, कोई आयुध, कोई सेना या कोई साम्राज्य जनता से बढ़कर शक्तिशाली नहीं है। आप मेरा विश्वास करें—राम मिट्टी में से सेनाएँ गढ़ता है, क्योंकि वह केवल जन-सामान्य का पक्ष लेता है और न्याय का युद्ध करता है।"

"अब बस करें, ऋषिवर!" राम के चुप होते ही लोपामुद्रा अत्यंत मृदु स्वर में बोलीं, "बहुत परीक्षा हो चुकी। अब बच्चों को अधिक न तपाएँ। इन्हें आशीर्वाद दें—ये समर्थ हैं।"

ऋषि के चेहरे पर आनंद प्रकट हुआ, "तो राम! पंचवटी जाने के लिए मैं तुम्हें नियुक्त करता हूँ और इस सारे भूखण्ड की जन-शक्ति तुम्हारे हाथ में देता हूँ। लोपामुद्रा ने तुम्हें समर्थ कहा है, मैं तुम्हें सफल होने का आशीर्वाद देता हूँ।...न्याय का पक्ष कभी न छोड़ना और जन-विश्वास को अपनी एकमात्र शक्ति मानना।...जाओ, अब विश्राम करो।"

जाते-जाते सीता और राम दोनों ने लोपामुद्रा के चरण छुए, "आशीर्वाद दो, ऋषि माँ!"

"मेरे बच्चों!" लोपामुद्रा ने दोनों को एक साथ अपनी भुजाओं में भर लिया, "अन्याय का विरोध कभी असफल नहीं होता। जिस अंधकार की चर्चा ऋषि ने की है, उसे नष्ट करने के लिए तुम ही सूर्य को धरती पर उतार लाओ, यही मेरी कामना है।..."

अपनी कुटिया में आकर राम जैसे आत्मलीन हो गए। सीता पहले तो कुछ चिंतित हुईं, किंतु फिर लोपामुद्रा की बात स्मरण कर, भीतर-ही-भीतर कुछ हल्की हो गईं—'राम प्रसव-वेदना में तड़प रहे हैं।' उन्होंने मन-ही-मन अट्टहास करने कर प्रयत्न किया...किंतु अट्टहास से पूर्व ही, उसकी अनुगूँज बहुत दूर तक चली गई और सीता के हृदय के किसी कोने को आहत कर गई।...जिसे होनी चाहिए थी, उसे तो कभी प्रसव की वेदना छू तक नहीं गई, और राम के संदर्भ में वे विचारों के जन्म को लेकर प्रसव की बात सोच रही हैं।...लोपामुद्रा के लिए कदाचित् यह पीड़ा का नहीं, परिहास का क्षेत्र था, किंतु सीता को तो इस परिहास के साथ-साथ अपनी सूनी गोद भी याद आ जाती है—अयोध्या में होतीं, तो अब तक एकाधिक संतानों का सुख भोग रही होतीं। एकाधिक बार प्रसव-वेदना भी सही होती। नन्हे-नन्हे बच्चों को गोद से उतर, भूमि पर रेंगते, डगमगाकर पग-पग चलते और फिर दौड़ते हुए देखा होता। उनकी वाँ-वाँ से तोतले बोलों तथा तोतले बोलों से होकर स्पष्ट शब्दों में हठ करते हुए उनकी वाणी को अपने कानों से सुना होता।...किंतु परिस्थितियाँ ही ऐसी रहीं कि न गर्भ धारण कर पाईं, न प्रसव की सुखद पीड़ा झेली, न संतान को गोद में लिया, न स्तन पान कराया, न नहलाया-धुलाया, खिलाया-सुलाया, रुठाया-मनाया, न उनकी क्रीड़ा देखी...

सीता का मन उदास हो गया। मानव-समाज की आवश्यकताएँ बहुत महत्त्वपूर्ण

हैं। संसार में मानव-यातना भी बहुत है—उसे दूर करने का प्रयत्न मनुष्य का पहला कर्तव्य है। मनुष्य की अपनी कोई निजी इच्छा भी होती है या नहीं? सीता के मन में संतान पाने की इच्छा उठती है, तो वे किसी का अहित तो नहीं चाहतीं। यदि वे चाहती हैं कि राम किसी समय उनसे दूर भी हों तो उनका प्रतिरूप—उनकी संतान, सीता के निकट हो, तो इस कामना में क्या दोष है?...सामाजिक लक्ष्य को सामने रखकर चलने वाले जीवन को यह दण्ड तो नहीं मिलना चाहिए कि वह इस प्रकार छोटी-छोटी कामनाओं के लिए तड़पता रहे और अतृप्ति का जीवन जिए...संतान के लिए अयोध्या का राजप्रासाद अनिवार्य तो नहीं, चित्रकूट की कुटिया, मुनि शरभंग का आश्रम, धर्मभृत्य का आश्रम, आनन्दसागर का आश्रम, भीखन का गाँव, सुतीक्ष्ण अथवा अगस्त्य—किसी का भी आश्रम...सीता के बच्चे, किसी भी मिट्टी में रेंगकर बड़े हों—वे सीता के ही बच्चे होंगे...राजकीय वेशभूषा में न सही, तपस्वी वेश में ही सही...बच्चों को देखकर सीता का वात्सल्य संतुष्ट हो जाएगा...

किंतु सहसा सीता की आँखों के सामने अगस्त्य का वृद्ध किंतु तेजस्वी चेहरा उभरा...वे राक्षसी अंधकार का वर्णन कर रहे थे। एक साधारण क्रूर व्यक्ति से लेकर, एक साम्राज्य के शासन-तंत्र तक संगठित व्यवस्था—जिसका एकमात्र लक्ष्य निर्बल मानवता का रक्तपान है।...और उस व्यवस्था से लड़ रहे हैं राम! यदि प्रत्येक घर के राम उस व्यवस्था से नहीं लड़ेंगे, तो वह राक्षसी तंत्र उनके घर में बैठी प्रत्येक सीता की गोद की संतान को अपने क्रूर हाथों में उठा लेगा और उसके कंठ में अपने दाँत गड़ाकर उसका रक्त पी, उसके शव को भूमि पर फेंक देगा...सीता का मन काँप गया...नहीं-नहीं! राम को लड़ना होगा। अपनी अजन्मी संतान के मोह में, सीता जन्म ले चुके असंख्य शिशुओं को राक्षसों के जबड़ों में नहीं धकेल सकतीं।...अपनी छोटी-सी इच्छा भी यदि बाधा के रूप में उभरे तो भयंकर हानि पहुँचा सकती है। चिंतित राम को सीता और अधिक विचलित नहीं करेंगी।...

सहसा लक्ष्मण और मुखर के आने का स्वर सुनकर, वे कुटिया से बाहर निकल आईं। वे दोनों दूर से दो खिलंडरे लड़कों के समान झूमते-झामते आ रहे थे, और आपसी परिहास पर कभी धीमे और कभी उच्च स्वर में हँस रहे थे।

अगस्त्य आश्रम में सीता ने इन दोनों का नया ही रूप देखा था। एक लंबे अंतराल के पश्चात् यहाँ आकर वे दोनों कार्य-मुक्त हुए थे, जैसे कोई बहुत कामकाजी व्यक्ति कुछ दिनों के लिए कहीं छुट्टियाँ मनाने आ जाए। इस आश्रम के वास-काल में न लक्ष्मण पर कोई दायित्व था, न मुखर पर। दोनों ही प्रातः से मुक्त पक्षियों के समान, किसी भी दिशा में निकल जाते थे और अपनी इच्छानुसार लौटते

थे।...

पास आते ही लक्ष्मण उल्लसित स्वर में बोले, "भाभी! आज हमने शतालु को खोज निकाला है। आपको मुनि धर्मभृत्य की अगस्त्य-कथा का शतालु याद है न! पर अब वह बहुत वृद्ध हो गया है। वृद्ध ही सही, पर उससे मिलकर बहुत सुख मिला।"

"किसी कथा के पात्र को वास्तविक जीवन में खोज निकालना सचमुच रोमांचक अनुभव है, दीदी।" मुखर का स्वर प्रसन्न गंभीरता लिये हुए था, "ऐसा अनुभव मुझे पहली बार हुआ है।"

सीता ने देखा, वे लोग सचमुच रोमांच का अनुभव करके आए थे। इस समय उन्हें न ऋषि की चिंता का आभास था, न राम की, न सीता की।

"भास्वर को नहीं खोजा? मुर्तू के पिता को?" सीता ने पूछा।

"मुर्तू के माता-पिता दोनों ही अब खोजे जाने की सीमा लाँघ चुके हैं, दीदी!" मुखर बोला, "मुर्तू के जाने के पश्चात् वे लोग बहुत दिनों तक नहीं जिए।"

"और मुर्तू का कोई अता-पता?"

"नहीं! मुर्तू फिर कभी नहीं लौटा।" लक्ष्मण बोले, "आस-पास के ग्रामों में अब तो मुर्तू को जानने वाले लोग भी बहुत कम हैं। प्रायः लोग उसे भूल चुके हैं।"

"कथा के पात्रों को वास्तविक जीवन में खोज निकालने में तुम लोग बड़े सिद्धहस्त लगते हो। तुम्हें उसके लिए किसी गुरुकुल से उपाधि दिलवा दूँ?" सीता परिहास के स्वर में बोलीं, "ऐसे शोध के लिए पर्याप्त धूल-मिट्टी फाँककर आए प्रतीत होते हो।"

"सच कहती हैं, भाभी!" लक्ष्मण बोले, "आपका ज्ञान भी बड़ा उच्चकोटि का लगता है। आप कितने सहज ढंग से इस निष्कर्ष पर पहुँची हैं कि धूल-मिट्टी फाँकने वाले को गुरुकुल की उपाधि मिलनी चाहिए और सत्य का शोध करने वाले को मार्ग की धूल-मिट्टी।"

"क्यों! तुम्हारा अनुभव इससे विपरीत है क्या, सौमित्र?"

"नहीं, दीदी!" मुखर बीच में बोला, "मैंने तो पाया है, जिस व्यक्ति ने जितनी अधिक धूल-मिट्टी फाँकी है, वह उतना ही बड़ा आचार्य माना जाता है।"

"मैं भी यही सोच रही थी।" सीता मुस्कराई, "तभी तो तुम दोनों अब धनुष-बाण के अभ्यास को त्याग, प्रतिदिन सुबह से ही बड़ा आचार्य बनने के प्रयत्न में निकल जाते हो।"

"अच्छा! ऐसा है, भाभी!" लक्ष्मण ने कुछ गंभीर मुद्रा बनाई, "हमारे आचार्यत्व

का पता भैया को न लगे, नहीं तो वे हमारी नियुक्ति किसी-न-किसी कर्तव्य में कर देंगे और हमारा आचार्यत्व अधूरा ही रह जाएगा।"

"नियुक्ति तो हो गई, सौमित्र!" सीता गंभीर हो गईं, "राम की ऋषि से मिलने की व्यग्रता का कारण मुझे आज ही मालूम हुआ है।"

"कोई महत्त्वपूर्ण बात घट गई दिखती है।" लक्ष्मण ने अपना परिहास का चोला उतारकर पृथक् कर दिया, "क्या बात हुई, भाभी?"

मुखर भी खिसक आया।

सीता बहुत देर तक उन्हें ऋषि के साथ हुई बातचीत के विषय में बताती रहीं।

अगली संध्या, जब वे ऋषि के कुटीर में एकत्रित हुए, तो वातावरण पर्याप्त व्यावहारिक आयोजन का था। आज लक्ष्मण और मुखर भी राम तथा सीता के साथ थे। अगस्त्य और लोपामुद्रा के साथ प्रभा, उसका पति सिंहनाद तथा आश्रमवाहिनी के दो और सेनानायक भी थे।

बात ऋषि ने ही आरंभ की, "राम! मेरे इस आश्रम के निकट समुद्र में जो अशिमपुरी द्वीप है, उससे कालकेयों के पीछे-पीछे अन्य आततायियों के आने की भी पर्याप्त संभावना थी। उनक कारण इस जनपद के लोगों ने कष्ट भी बहुत सहे हैं। किंतु जब से कालकेयों का नाश हुआ है, तब से यह दिशा सुरक्षित हो गई है। मैं तब से जमकर यहीं बैठा हूँ कि इधर से और कोई आक्रांता प्रवेश न करे। इधर तुमने चित्रकूट से आरंभ कर, अत्रि-आश्रम, शरभंग, सुतीक्ष्ण, आनन्दसागर तथा धर्मभृत्य के आश्रमों के बीच का सारा क्षेत्र एक प्रकार से संगठित और शस्त्र-बद्ध कर दिया है। केवल एक ही दिशा असुरक्षित है—जनस्थान की दिशा। इसको राक्षस भी समझते हैं, इसलिए वे लोग अपना ध्यान वहीं केंद्रित कर रहे हैं। उनके सर्वश्रेष्ठ योद्धा वहाँ हैं, उनके उन्नत और विकसित शस्त्र वहाँ हैं। और जहाँ राक्षसों का इतना जमघट होगा, वहाँ जन-सामान्य का पक्ष उतना ही दुर्बल होगा। यदि इस समय राक्षसों को वहीं नहीं रोका गया, तो वह सारा क्षेत्र श्मशान में बदल जाएगा। उनकी सेनाएँ यदि तुम्हारे द्वारा नाकाबंदी किए गए क्षेत्र में घुस आईं तो सारे किए-धरे पर पानी फिर जाएगा। छोटे-छोटे आश्रम अपनी आश्रम-वाहिनियों और ग्राम-वाहिनियों से साम्राज्य का सामना नहीं कर पाएँगे। अतः आवश्यक है कि इस राक्षसी सेना को वहीं रोक रखने के लिए तुम पंचवटी में एक ऐसा सबल व्यूह रचो कि राक्षसी सेना वहीं उलझकर समाप्त हो जाए।"

अपने में डूबे-डूबे राम बड़ी तन्मयता से ऋषि की बात सुन रहे थे। यह

कहना कठिन था कि वे आत्मलीन अधिक थे, अथवा ऋषि की बात सुनने में अधिक तल्लीन। कदाचित् उनमें दोहरी प्रतिक्रिया चल रही थी।

"मैं आपकी योजना भली प्रकार समझ रहा हूँ और उससे सहमत भी हूँ। मुझे लगता है कि अब पंचवटी के इधर के क्षेत्र में मेरी आवश्कयता नहीं है।" राम का एक-एक शब्द आत्मबल से भरपूर था।

"वह तो ठीक है, पुत्र!" ऋषि का स्वर कुछ उदास भी था, "यह बूढ़ा मन तुम्हें वहाँ भेजना भी चाहता है और भेजने से डरता भी है।"

"आप और डर?" लक्ष्मण अनायास ही बोल पड़े।

"वीरता और मूर्खता में भेद है, पुत्र!" ऋषि बोले, "निर्भय होकर तुम लोगों को वहाँ भेजना चाहता हूँ, क्योंकि तुममें वह क्षमता दिखाई पड़ी है, जिस पर भरोसा किया जा सकता है। किंतु कैसे भूल जाऊँ कि वहाँ तुम उन अत्याचारियों का साक्षात्कार करोगे, जिनके मन में न न्याय है, न मानवता। वहाँ स्वयं रावण के भाई, अपने चुने हुए चौदह सहस्त्र सैनिकों के साथ टिके हुए हैं। वहाँ रावण की सगी बहन है—शूर्पणखा, जो भाई के हाथों अपने पति के वध के पश्चात् उद्दण्ड भी हो चुकी है और शक्ति-संपन्न भी। वह रावण के द्वारा संरक्षित भी है और रावण के अनुशासन से मुक्त भी। जनस्थान में वे लोग हैं, जिनसे मुठभेड़ होते ही लंका की सेनाएँ दौड़ी चली आएँगी। शूर्पणखा अथवा उसकी सेना का विरोध करते ही रावण ही नहीं, शिव तथा ब्रह्मा भी चौकन्ने हो उठते हैं। ऐसे शत्रुओं से प्रजा की रक्षा करने के लिए तुम लोगों को भेज रहा हूँ, पुत्र! वैदेही के लिए भी मन में अनेक प्रकार की आशंकाएँ हैं। नारी के प्रति राक्षसों के मन में कोई सम्मान नहीं है। इसीलिए डरता हूँ। बाढ़ में चढ़ी हुई नदी के सम्मुख चार ईंटें रखकर आशा कर रहा हूँ कि वे ईंटें प्राचीर का कार्य करेंगी।"

"आप निश्चिंत रहें, ऋषिवर!" राम अपने आश्वस्त गंभीर स्वर में बोले, "ये ईंटें प्राचीर ही बन जाएँगी और नदी की बाढ़ को बाँध लिया जाएगा।"

"यह मेरी कामना है, राम!" अगस्त्य बोले, "मैं अपने स्थान से हिल नहीं सकता। यहाँ से जमा-जमाया उखड़ गया तो राक्षस पीछे से धक्का मारकर, यह सारा प्रतिरोध बहा देंगे, और अब इस वय में पुनः नये स्थान पर काम करना कठिन लगता है—उसके लिए समय भी चाहिए और ऊर्जा भी। मेरे पास दोनों की मात्रा कम है।" ऋषि ने रुककर राम पर दृष्टि टिकाई, "तुम्हारे पास आत्मविश्वास, बल, साहस, दक्षता तथा योग्य सहयोगी हैं। इस चुनौती को स्वीकार करो।"

"आप निश्चिंत रहें।" राम मुस्कराए।

"तो पुत्र! जाने से पहले कुछ बातें ध्यान में रखो।" ऋषि पुनः बोले, "शस्त्रों

का तुम्हें पर्याप्त ज्ञान है, फिर भी कुछ दिव्यास्त्रों की शिक्षा तुम लोग इस आश्रम से लेकर ही जाना। और पुत्री सीते! तुमने शल्य-चिकित्सा में अपनी रुचि दिखाई है, जहाँ तक यहाँ हो, उसका अभ्यास करती रहना। प्रभा तुम्हारी सहायता करेगी। युद्ध के पश्चात् शल्य-चिकित्सक अनेक घायलों को जीवन-दान देता है। पंचवटी से भी अपने कुछ साथियों को यहाँ प्रशिक्षणार्थ भेज देना, अन्यथा अनेक जीते हुए युद्ध भी, शल्य-चिकित्सक के अभाव में, हाथों से फिसल जाते हैं!" ऋषि क्षण-भर रुककर बोले, "मेरे बच्चो! अब इस विषय में फिर संशय नहीं उठेगा। तुम्हारा जाना निश्चित है। तुम्हारा प्रस्थान तक का समय छोटे-मोटे प्रशिक्षणों, अभ्यास तथा भौगोलिक ज्ञान संचित करने में लगे—यही मेरी इच्छा है।" गुरु के रुक्ष चेहरे पर स्निग्धता प्रकट हुई, "आओ! अब तुम्हें आशीर्वाद दे दूँ।"

राम, सीता, लक्ष्मण और मुखर गुरु के चरणों में झुक गए।

द्वितीय खण्ड

1

चलते-चलते एक लंबा काल बीत गया था।

गुरु अगस्त्य के आश्रम को छोड़ने के पश्चात् मार्ग एक-सा नहीं रहा था। कहीं वन सघन हो जाता था और कहीं सूरजमुखी के पुष्प सहस्रों की संख्या में खिले दिखाई पड़ते थे। कहीं साबर की काँटेदार झाड़ियाँ, लंबे-ऊँचे मनुष्य की ऊँचाई के बराबर उठी खड़ी थीं और कहीं चंपा के छोटे श्वेत पुष्प मुस्कराते दिखाई पड़ते थे। सामान्यतः पीपल, गूलर, आम तथा वट के वृक्षों की संख्या पर्याप्त थी और ऐसे भी चट्टानी क्षेत्र थे जहाँ ऊँचा पेड़ एक भी नहीं था और गवद से ही भूमि ढकी हुई थी।

वे मार्ग में रुकते-रुकते ही चले थे, किंतु गोदावरी के उद्गम के पास पर्वत के ऊपर का उनका पड़ाव कुछ दीर्घकालीन हो गया था। सीधे ऊँचे पर्वत के ऊपर भूमि से फूटते स्रोत के पास एकांतवास के लिए सुंदर स्थान था। पर्वत पर खड़े होकर देखा जाए तो नीचे का क्षेत्र वृत्ताकार पर्वतों से घिरा हुआ एक पात्र दिखाई पड़ता था, जिसमें गोदावरी के निर्मल जल से भरे हुए दो जलाशय थे।

प्रकृति की मनोरमता को देख-देखकर सीता जितनी मुग्ध होती थीं, मुखर

उतना ही गद्गद हो जाता था। वह जैसे बहुत दिनों के पश्चात् अपने घर में लौट आया था। एक-एक वस्तु के विषय में विस्तार से बताता चलता था। उसकी रुचि वहाँ की एक-एक शिला, एक-एक झाड़ी तथा एक-एक जलकण में थी। मुखर इतना प्रसन्न पहले कभी दिखाई नहीं पड़ा था।

राम अधिक देर तक इस प्रकार के अलग-थलग स्थान पर बसने के पक्ष में नहीं थे। इससे उनका सब ओर से संपर्क टूट जाने का भय था। उनकी इच्छा थी कि पंचवटी पहुँचकर ही ठहरने की बात सोची जाए। अब पंचवटी बहुत दूर भी नहीं थी—मुखर के अनुसार दस-बारह कोस से अधिक की दूरी नहीं थी।

पिछली घड़ी-भर से राम को निरंतर लग रहा था कि कोई व्यक्ति दूहों के पीछे-पीछे उनके साथ चल रहा था। जाने कब से वह व्यक्ति उन पर दृष्टि लगाए हुए था। कदाचित् वह उनकी गतिविधियों के विषय में जानकारी चाहता था।

राम ने एक टीले के पास रुकने का संकेत दिया।

शेष लोगों ने उन्हें प्रश्नवाचक दृष्टि से देखा। पिछले पड़ाव के पश्चात् चलते हुए इतनी देर तो नहीं हुई थी कि वे थक गए हों। फिर भी सबके पग थम गए।

वे लोग इस प्रकार बैठ गए, जैसे देर तक सुस्ताने का विचार हो। साथ आए अगस्त्य-शिष्यों में से एक उन्हें बता रहा था, "आर्य! यहाँ की धरती शाक-भाजी के लिए बहुत उपजाऊ है। जहाँ-जहाँ खेती का प्रयत्न किया गया, वहाँ अन्न भी पर्याप्त होता है। फल विशेष नहीं होते, जाने मिट्टी में कोई दोष है अथवा राक्षसों के आतंक के मारे कभी गंभीरतापूर्वक प्रयत्न ही नहीं किया गया।..."

राम की दृष्टि निरंतर टीले के पीछे वाले अस्तित्व की ओर लगी हुई थी। उनके कान मानो उसकी साँस तक की ध्वनि सुन रहे थे और नाक उसकी गंध सूँघ रही थी। उन्होंने अपने संकेतों से अन्य लोगों को भी आभास दे दिया था कि उन्हें टीले के पीछे किसी के छिपे होने का संदेह है।...बातें करते हुए थोड़ा समय बीत गया और उन्हें लगा कि अब तक वह व्यक्ति बातें सुनने के लिए टीले के पीछे, निकटतम दूरी तक आ गया होगा, तो उन्होंने लक्ष्मण और मुखर को संकेत किया। वे दोनों इतनी स्फूर्ति से दो दिशाओं से टीले के पीछे की ओर झपटे कि वह व्यक्ति न भाग पाया और न स्वयं को छिपा ही पाया।

वे उसे लेकर सामने आए तो राम ने देखा—एक साधारण वृद्ध उनके सामने खड़ा था, किंतु उसके शरीर की पेशियाँ घोषणा कर रही थीं कि वह शरीर किसी समय पर्याप्त बलिष्ठ रहा होगा...उसके शरीर पर मात्र एक वस्त्र था, किंतु साथ ही एक खड्ग भी...

"आप कौन हैं?" राम ने पूछा।

"तुम लोग कौन हो?" वह उग्र स्वर में बोला, "मैंने तुम्हें यहाँ पहले कभी नहीं देखा।"

राम शांत भाव से मुस्कराए। सामने खड़ा व्यक्ति वृद्ध चाहे हो, किंतु तेजस्वी था। उसमें साहस तथा निर्भयता थी। निश्चित रूप से वह किसी दुर्भावना से उनकी चौकसी नहीं कर रहा था।

"मैं अयोध्या के चक्रवर्ती दशरथ का पुत्र हूँ—राम।"

वृद्ध के चेहरे पर सुखद विस्मय का भाव उदित हुआ।

"यह मेरा भाई सौमित्र है।" राम ने परिचय आगे बढ़ाया, "यह मेरी पत्नी वैदेही सीता है तथा यह हमारा मित्र एवं सहयोगी मुखर है। ब्रह्मचारीगण गुरु अगस्त्य के आश्रम से हमारी सहायता के लिए साथ आए हैं।...कृपया आप भी अपना परिचय दें।"

"आप यहाँ क्या कर रहे हैं?" वृद्ध ने अपना परिचय नहीं दिया, किंतु इस बार उसके स्वर में उग्रता नहीं थी।

"हम पिता के वचन की रक्षा के लिए चौदह वर्षों का वनवास कर रहे हैं।" राम बोले, "और गुरु अगस्त्य के निर्देश पर पंचवटी में निवास करने आए हैं।"

"अगस्त्य!" वृद्ध कुछ सोचता हुआ बोला, "अगस्त्य ने तुम्हें भेजा है तो अकारण नहीं भेजा होगा। तुम जानते हो, राम! यहाँ से थोड़ी दूर पर गोदावरी है और उसके पार जनस्थान है जहाँ राक्षसों ने अपना विशाल सैनिक स्कंधावार बना रखा है। वहाँ एक बड़े राज्य की रक्षा के लिए पर्याप्त सेना है...।"

"हमें इससे क्या प्रयोजन कि वहाँ क्या-क्या है?" लक्ष्मण बोले।

"किंतु मुझे है!" वृद्ध का स्वर पुनः तीखा हो गया, "तुम दशरथ के पुत्र हो और मैं किसी समय का दशरथ का मित्र हूँ—गृध्र जटायु! मैं और दशरथ शंबर-युद्ध में एक ही पक्ष से लड़े थे।...तब मेरी स्थिति यह नहीं थी।" जटायु ने अपने शरीर की ओर इंगित किया।

"ओह! आप हैं तात जटायु!" राम बोले, "आप यहाँ क्या कर रहे हैं?"

जटायु आकर उनके पास बैठ गए, "यह मेरा प्रदेश है। मेरा गोत्र यहीं रहता था। किसी समय हमारा गोत्र भी समृद्ध था। अनेक गाँव थे, कुछ आश्रम भी थे, जहाँ हमारे बच्चे शिक्षा पाते थे। किंतु इन राक्षसों के मारे कुछ नहीं बचा। उन्होंने आश्रम नष्ट कर दिए। ग्राम उजाड़ डाले। भूमि छीन ली। कुछ लोग मर-खप गए और कुछ वन में इधर-उधर विलीन हो गए। मैं तब से ही खड्ग बाँधे फिरता हूँ। सामान्यतः लोग मुझे सनकी बूढ़ा समझकर मेरे पास नहीं फटकते, किंतु जब कहीं

राक्षसों का अत्याचार बहुत बढ़ जाता है और दो-चार दिल-जले युवक, प्राण हथेली पर लिये उनका विरोध करने के लिए उठते हैं तो मेरे पास आ जाते हैं। राक्षसों से निरंतर प्रत्यक्ष-अप्रत्यक्ष झड़पें होती रहती हैं। तीन दिन पहले राक्षसों की एक टोली ने हमारे कुटीर जला दिए थे। दो साथी मारे गए, तीन भाग गए। तब से अकेला भटक रहा हूँ। तुम लोगों को देख रहा था कि यहाँ क्यों आए हो? तपस्वी वेश देखकर समझ गया कि राक्षस नहीं हो। साथ में बहू वैदेही भी थी—इससे मन में बार-बार प्रश्न उठता था कि कौन लोग हो और यहाँ क्या कर रहे हो?...किंतु ऋषि जानते हैं कि यहाँ कितना संकट है, फिर उन्होंने तुम्हें यहाँ क्यों भेजा है?"

"क्योंकि यहाँ संकट है," राम मुस्कराए, "और संकट से लड़ना हमारा काम है।"

जटायु ने राम को मुग्ध दृष्टि से देखा, "तुम मुझे दशरथ से भी बड़े योद्धा प्रतीत होते हो। तुम लोग यहाँ रहोगे तो मैं भी कुछ दिनों तक टिककर एक स्थान पर रह सकूँगा।"

"तात जटायु!" राम आश्वस्त स्वर में बोले, "हम काफी समय तक यहाँ रहेंगे। आप भी हमारे साथ रहें। अपने पीड़ित संगी-साथियों को भी बुला लें। आप जैसा योद्धा हमारे साथ रहेगा तो हमें भी सुविधा रहेगी। अब राक्षसों के भय से भागते फिरने की आवश्यकता नहीं है।...हमें बताइए कि हम अपना आश्रम कहाँ बनाएँ?"

जटायु को सोचने की आवश्यकता नहीं पड़ी, "जहाँ इन दिनों मेरी कुटिया है, उसके पास का स्थान बहुत सुंदर और सुविधाजनक है। तुम लोग उसके पास ही अपना आश्रम बना लो।"

जटायु उठ खड़े हुए, "आओ, तुम्हें दिखाऊँ।"

क्षण-भर में चलने की तैयारी हो गई। सबने अपनी क्षमता तथा शक्ति के अनुसार शस्त्र उठा लिये। जटायु भी उठाने के लिए झुके तो राम ने टोक दिया, "आप रहने दें, तात! हमारे आगे-आगे चलें और मार्ग दिखाएँ।"

"अभी इतना अक्षम नहीं हूँ, राम।" जटायु मुस्कराए।

"प्रश्न क्षमता का नहीं, आवश्यकता का है।" राम भी मुस्कराए।

वे लोग जटायु के पीछे-पीछे चल पड़े। मुखर विशेष प्रसन्नता तथा उत्साह से चल रहा था। वह राम, सीता और लक्ष्मण से कुछ आगे बढ़कर, जटायु के साथ-साथ, विभिन्न स्थानों तथा वनस्पतियों के विषय में टिप्पणियाँ करता हुआ चल रहा था।

"तुम इस क्षेत्र से पर्याप्त परिचित लगते हो, वत्स!" जटायु बोले, "और

इस परिवेश में विशेष उल्लसित भी।''

''आपने ठीक कहा, आर्य!'' मुखर अपनी प्रसन्नता छिपा नहीं पाया, ''मेरा ग्राम कुछ और दक्षिण-पश्चिम में समुद्र के तट पर था। इसी खर के सैनिकों ने मेरा घर भी उजाड़ा था और परिवार भी। मैं यहाँ से भागकर ऋषि वाल्मीकि के आश्रम तक चला गया था। वहीं भद्र राम से भेंट हुई और तब से उनके साथ हूँ। पिछले कुछ दिनों से लग रहा है कि अपने घर लौट आया हूँ। फिर आपने यह भी बताया है कि गोदावरी के उस पार राक्षसों का सैनिक स्कंधावार भी है। कभी-न-कभी उनसे टक्कर भी होगी ही, तब मैं अपने परिवार पर हुए अत्याचारों का प्रतिशोध ले सकूँगा।''

''मेरी भी राक्षसों से बहुत दिनों से लड़ाई चल रही है, किंतु प्रत्येक झड़प के पश्चात् मैं अकेला पड़ जाता हूँ तथा इधर-उधर छिपता फिरता हूँ।'' जटायु बोले, ''तुम तो इतने निश्चिंत लग रहे हो, जैसे राक्षसों से टक्कर कोई बहुत सुखद घटना होने जा रही है।''

मुखर कुछ क्षण चुपचाप जटायु को देखता रहा, फिर बोला, ''तात! छोटे मुँह बड़ी बात न मानें तो कहूँ कि राक्षसों के साथ युद्ध निश्चित रूप से सुखद घटना होगी। राम की क्षमता और कार्य-पद्धति अद्भुत है। जिधर जाते हैं, जन-सामान्य जागकर उठ खड़ा होता है। और जाग्रत जन को पराजित करना असंभव है। मैंने आज तक राम को पराजित होते नहीं देखा।''

''तुम्हारी वाणी सत्य हो, पुत्र!'' जटायु पुलकित-से बोले, ''मैंने इन राक्षसों के हाथों अब तक लोगों को पीड़ित होकर मरते अथवा भागते ही देखा है।''

जटायु एक टीले के नीचे जाकर रुक गए।

अन्य लोग साथ आ मिले तो वे बोले, ''राम! मेरी दृष्टि में यह यहाँ का सबसे सुंदर तथा सामरिक दृष्टि से महत्त्वपूर्ण स्थान है, विशेष रूप से गुप्त युद्ध के लिए। इस टीले के चारों ओर दूह हैं, जिनके पीछे छिपकर युद्ध किया जा सकता है। सामने के वन के पीछे गोदावरी है। बाईं ओर कपिल गंगा की धारा है। आगे इन दोनों का संगम है। यह संगम हमारे लिए प्राकृतिक सीमा है...और सुंदर तो यह स्थान है ही।''

''बहुत सुंदर स्थान है। मेरा मन तो इसी टीले के ऊपर आश्रम बनाने का हो रहा है।'' सीता बोलीं, ''आश्चर्य है कि इतने सुंदर स्थान पर अभी तक कोई आश्रम क्यों नहीं बना।''

''यहाँ अनेक आश्रम थे, वैदेही!'' जटायु धीरे-से बोले, ''कपिल का, गौतम का...कुछ अन्य ऋषियों का भी। वस्तुतः किसी समय इस स्थान को तपोवन ही

कहा जाता था। किंतु खर-दूषण के सैनिकों ने उनमें से एक भी नहीं रहने दिया।''

''यह तो अपने-आप में ही प्राकृतिक गढ़ है।'' लक्ष्मण ने निरीक्षण के पश्चात् अपना निष्कर्ष बताया।

''आप अद्‌भुत हैं, तात जटायु!'' राम मुस्कराए, ''सब सहमत हैं कि यही स्थान उपयुक्त है।''

राम टीले के ऊपर चढ़ गए। वहाँ से सारा क्षेत्र किसी मानचित्र के समान दिखाई पड़ रहा था। ढूहों तथा टीलों के नीचे विरल वन था, जिसमें अनेक वट तथा पीपल के वृक्ष दिखाई पड़ रहे थे। कदाचित् इन्हीं में कहीं पाँच वट इकट्ठे होंगे, जिसके कारण इस स्थान का नाम किसी ने पंचवटी रख दिया होगा। वन के वृक्षों के उस पार कहीं-कहीं गोदावरी की धारा दिखाई पड़ रही थी। जल बहुत अधिक नहीं था। शिलाओं से टकराता जल बड़े वेग से बह रहा था। इन शिलाओं के कारण इस स्थान पर नौका-चालन संभव नहीं था। बाईं ओर से कपिल गंगा की धारा आकर मिल रही थी...वर्षा में जब गोदावरी भर जाती होगी तो निश्चित रूप से जल इन टीलों के नीचे तक आ जाता होगा...यहाँ से गोदावरी न तो अति निकट थी और न ही दूर...इसके पार कहीं जनस्थान था, राक्षसों का सैनिक स्कंधावार...

राम ने अपने हाथों में पकड़े खड्ग और धनुष भूमि पर रख दिए। कंधों पर टँगे तूणीर भी उन्होंने उतार दिए। शेष लोगों ने भी शस्त्र भूमि पर, वृक्षों के तनों के साथ टिका दिए।

अगले ही क्षण सबके हाथों में कुल्हाड़ियों और कुदाल आ गए। तीव्र गति से कार्य होने लगा। वृक्षों की शाखाएँ कट-कटकर गिरने लगीं। शाखाओं के पत्ते उतारे गए और सुंदर तथा दृढ़ कुटीर आकार लेने लगे।

जटायु एक वृक्ष की छाया में बैठे, उन लोगों का कौशल देख रहे थे। राम, लक्ष्मण और सीता में राजपरिवार वाली कोई कोमलता दिखाई नहीं पड़ रही थी। वे साधारण वनवासियों के समान कार्य कर रहे थे—हाँ, उनकी दक्षता अवश्य असाधारण थी। यह सब उनके दीर्घकालीन वनवास का ही फल हो सकता है। ये लोग कब से वन में रह रहे हैं?...विशेष रूप से सीता को देखकर आश्चर्य हो रहा था। उसने कैसे स्वयं को इस जीवन के अनुकूल बनाया होगा?...

जटायु की आँखों के सामने कुटीर आकार लेते चले गए...बीच में भोजन के समय थोड़ी देर के लिए कार्य रुका था, पर भोजन के पश्चात् कर्म में पुनः गति आ गई। ऋतु ऐसी शीतल नहीं थी कि रात बिना कुटीर के न बिताई जा सके, फिर भी वे लोग अपनी तीव्रगामिता के बल पर संध्या तक अपनी आवश्यकता

के अनुसार कुटीर बना लेंगे—ऐसा अनुमान किया जा सकता था। लक्ष्मण तो इस सहजता से कुटीर बना रहे थे, जैसे जीवन-भर यही कार्य करते रहे हों।

...सहसा जटायु का ध्यान उनके शस्त्रों की ओर गया। कदाचित् शस्त्रों की सुरक्षा के लिए उन्हें कुटीरों की तत्काल आवश्यकता थी। किंतु यदि राक्षसों को सूचना मिल गई तो वे आकर उनके शस्त्र छीनकर ले जाएँगे। शस्त्रों के लिए इन्हें अधिक सावधान...सावधान तो इन्हें सीता के लिए भी रहना चाहिए।...गाँव की किसी किशोरी के रूप की भी तनिक चर्चा होती है तो राक्षस उसका अपहरण कर ले जाते हैं, और सीता का रूप...! जटायु की दृष्टि राम के शरीर पर जा टिकी। ऐसा बलिष्ठ शरीर और ये शस्त्रागार तथा दिव्यास्त्र...कदाचित् सीता के लिए संकट नहीं है...यदि संकट होता तो अगस्त्य राम को चाहे भेज देते, परंतु सीता को यहाँ कभी न आने देते...

और मुखर कैसा प्रसन्न है राम के साथ। जैसे राम का सगा बंधु हो।... जटायु ने सदा यही तो चाहा है कि प्रत्येक साधारण जन इसी प्रकार मुक्त, सुखी, समता तथा सम्मानयुक्त हो...पता नहीं जटायु का स्वप्न कब पूरा होगा, कभी पूरा होगा भी या नहीं...

संध्या तक पाँच कुटीर बन गए थे। अभी उनमें कुछ कार्य शेष था, किंतु उनका उपयोग किया जा सकता था। बीच के कुटीर में शस्त्रास्त्र रखे गए थे और उसके एक ओर का कुटीर राम तथा सीता का और दूसरी ओर का लक्ष्मण का था। लक्ष्मण के साथ वाला कुटीर मुखर का था तथा पाँचवाँ कुटीर अतिथिशाला था।

"आश्रम बन गया?" जटायु ने पूछा।

"आज के लिए तो बन ही गया समझिए।" लक्ष्मण बोले, "शेष काम थोड़ा-थोड़ा कर होता रहेगा।"

वे लोग शस्त्रागार के सम्मुख वृत्त-सा बनाकर बैठ गए और दोपहर के बचे हुए फलों का भोजन करने लगे।

"आर्य जटायु!" राम बोले, "रात्रि के समय सुरक्षा-असुरक्षा की क्या स्थिति है?"

"जनस्थान में राक्षस सैनिकों का स्कंधावार है!" जटायु बोले ,"और चारों ओर विरोधी प्रजा की बस्तिया। इक्का-दुक्का राक्षस कम ही निकलता है। वे जब निकलते हैं तो टोली में निकलते हैं। वह भी रात के समय चोरी-छिपे नहीं, दिन के समय प्रकट रूप से शस्त्रबद्ध होकर। यदि संयोग से अकेले राक्षस का किसी

से झगड़ा हो जाए तो वह चुपचाप लौट जाता है और फिर अपनी टोली लेकर आता है। छोटी टोली पराजित हो जाए तो बड़ी टोली आती है।''

''छोटी टोली की पराजय का क्या अर्थ हुआ?'' लक्ष्मण ने पूछा।

''राक्षसों के चार-पाँच सैनिक हों तो कभी-कभी'', जटायु मुस्कराए, ''इक्का-दुक्का राक्षस सैनिक इस क्षेत्र में जटायु का आतंक मानता है।''

''अर्थात् भूमिका तैयार है।'' मुखर हँसा।

''इसका अर्थ यह भी हुआ कि रात को आप पूरी नींद सो सकेंगे।'' लक्ष्मण बोले, ''विशेषकर ब्रह्मचारी बंधु।''

''हाँ!'' राम कुछ सोच रहे थे, ''हमें रात को जल्दी सो जाना चाहिए। प्रातः ब्रह्मचारी मित्र विदा होंगे। और भूलना मत, मित्रो!'' राम ब्रह्मचारियों से संबोधित हुए, ''गुरु अगस्त्य से कहना कि वे सुतीक्ष्ण, शरभंग, आनन्दसागर, धर्मभृत्य, अग्निजिह्व—सभी आश्रमों में हमारे स्थान की सूचना तुम्हारे पहुँचते ही भिजवा दें। संपर्क शीघ्र स्थापित होना चाहिए...और हमारे शेष शस्त्र भी वे क्रमशः भिजवाते रहें...।''

''अच्छा, राम!'' जटायु बोले, ''एक प्रश्न मुझे पूछना है। संकोच मत करना, अपना स्पष्ट मत देना।''

राम ने जटायु की ओर प्रश्नवाचक दृष्टि से देखा।

''एक युवक है, जो योद्धा नहीं है; शस्त्रों का ज्ञान भी उसे नहीं है, किंतु शरीर से हृष्ट-पुष्ट है। वह जनस्थान में शूर्पणखा के प्रासाद में माली का काम करता था। कुछ कारणों से शूपर्णखा ने उसे यातना देनी आरंभ कर दी। वह वहाँ से भाग आया है। लौटकर वह प्रासाद में जा नहीं सकता। शूर्पणखा के भय से कोई व्यक्ति उसे आश्रय देने को तैयार नहीं हैं। हिंस्र पशुओं द्वारा खदेड़े गए मेमने के समान वह वन में इधर-से-उधर छिपता फिर रहा है। बताओ, उसका उद्धार कैसे होगा?''

''प्रश्न यह है कि वह चाहता क्या है?'' राम बोले।

''क्या चाहेगा? सुरक्षा, ईमानदारी की आजीविका और सम्मानपूर्वक जीवन।''

''उससे कहिए कि वह हमारे पास आ जाए।'' राम बोले, ''राक्षसों से बहुत भयभीत हो तो हमारे आश्रम में कुटीर बना ले, अन्यथा किसी भी दूह पर कुटिया बना ले। यह सारा क्षेत्र अब सुरक्षित है।'' राम मुस्कराए, ''कोई गृहस्थ उसे अपने साथ रखना चाहता हो, किंतु राक्षसों के भय से रख न पाता हो तो उससे कहिए, वह उस युवक को आश्रय दे दे। भय का अब कोई कारण नहीं है।''

जटायु आश्चर्य से राम को देख रहे थे। राम के चेहरे पर न अहंकार था, न गर्व। वहाँ एक दायित्वपूर्ण, और गंभीर आत्मविश्वास था।

2

नींद टूटी तो शूर्पणखा को लगा कि सिर अब भी भारी था और मन पर गहरा अवसाद छाया था। किंतु इस बोझिल मनःस्थिति में भी उसे मध्य-रात्रि की घटना की हल्की-हल्की याद बनी हुई थी...किसी की हल्की-हल्की सुबकियों के स्वर से उसकी नींद उखड़ गई थी। आँखें थीं कि सारे प्रयत्न के बाद भी खुलना नहीं चाहती थीं, जैसे पलकें परस्पर एक-दूसरे से चिपक गई हों। सिर इतना भारी था कि उठाए नहीं उठता था। मन खीझ से भरा हुआ था...और थोड़ी-थोड़ी देर में उभरने वाला सुबकियों का स्वर दुखते हुए सिर की कनपटियों पर हथौड़े के समान बज रहा था।...शूर्पणखा का मन विषाक्त हो उठा। उसने जैसे क्षण-भर रुककर प्रतीक्षा की और अगले ही क्षण दुर्निवार आवेश ने अभ्यस्त हाथों से टटोलकर कशा उठाया और सुबकियों को दे मारा। सुबकियों के स्वर का गला किसी ने बलात् घोंट दिया।

उसके पश्चात् शूर्पणखा को कुछ भी स्मरण नहीं था। पता नही उसने अपनी गहरी नींद में कोई स्वप्न देखा था, या सचमुच ही नींद में विघ्न पाकर, कशा के आघात से उसे चुप करा दिया था।...उसे लगा, उसके मन में खीझ अब भी शेष थी...खीझ ही नहीं, क्रोध भी। यदि वह स्वप्न नहीं था तो किसने शूर्पणखा की नींद में विघ्न डालने का दुस्साहस किया था।...यह संभव है कि वह स्वप्न ही हो...शूर्पणखा का थका-टूटा मन अधिक सोच-विचार नहीं करना चाहता था।...

उसे उठ गई देखकर पारिचारिका भीतर आई।

"स्वामिनी!"

शूर्पणखा ने थके मन और उत्साहशून्य आँखों से उसे देखा। यह वज्रा थी, और वज्रा से प्रसाधन करवाना शूर्पणखा को कभी रुचिकर नहीं लगा।

"मणि कहाँ गई?"

"स्वामिनी। कल रात वह यहाँ आपकी सेवा में थी, और पीछे उसके रुग्ण बालक की मृत्यु हो गई। उसे समाचार मिला तो उसने जाना चाहा, किंतु अंतःपुर की रक्षिकाओं ने उसे जाने नहीं दिया। बाध्य होकर वह यहीं पड़ी रही, किंतु अपनी रुलाई रोक नहीं पाई। उसकी सुबकियों के स्वर से आपकी निद्रा में बाधा पड़ी तो आपने उसे..." वज्रा रुक गई।

शूर्पणखा ने उसे रुष्ट दृष्टि से देखा, "रहस्य क्यों बना रही है? बोलती क्यों नहीं?"

"स्वामिनी! आपने उसे कशा के संकेत से चुप करा दिया।" व्रजा ने भीत

स्वर में कहा।

शूर्पणखा की स्मृति में हल्की-हल्की सुबकियों और कशाघात का दृश्य उभरा, और साथ-ही-साथ उसकी चिड़चिड़ाहट जाग उठी, "मैं पूछ रही हूँ, मणि कहाँ है?"

"स्वामिनी! वह अपने बच्चे के शव को देखने गई है।"

"शूर्पणखा की भृकुटियाँ तन गईं, "वह अपने बच्चे के शव को देखती रहेगी तो मेरा केश-विन्यास कौन करेगा? मेरे प्रसाधन का क्या होगा?" वह पलंग से उठी, "द्वार पर कौन है?"

"स्वामिनी!" रक्षिका ने भीतर आ अभिवादन किया।

"मणि को उसके आवास पर देखो और कहो कि यदि वह अपने शेष बच्चों का जीवन चाहती है, तो तत्काल चली आए। यदि वह आने में आनाकानी करे, तो वह जिस भी अवस्था में हो, उसी अवस्था में उसे यहाँ घसीट लाओ तथा उसके परिवार को बंदी कर अंधकूप में डाल दो।"

"जो आज्ञा!" राधिका बाहर चली गई।

"किंतु शूर्पणखा की उद्विग्नता तनिक भी शांत नहीं हुई। प्रत्येक श्वास के साथ उसका क्रोध बढ़ता जा रहा था—अब इन दासियों-चेटियों का भी यह साहस हो गया है कि वे शूर्पणखा की उपेक्षा का दुस्साहस करें। उसके बच्चे का मर जाना इतना महत्त्वपूर्ण हो गया कि वह भूल ही गई कि प्रातः उठते ही शूर्पणखा के केश-विन्यास के लिए उसका यहाँ रहना आवश्यक है? बच्चा मर गया...चेटियों-दासियों के बच्चों का क्या है...कीट-पतंगों के समान जन्म लेते हैं और मर जाते हैं। यह मर गया तो और जन्म ले लेगा। किसी चेटी के एक बच्चे के मर जाने का अर्थ ही क्या है?...बच्चे का तो बहाना है, मूल बात तो विद्रोह की है...

पिछले कुछ दिनों से यहाँ की हवा बिगड़ती जा रही है।...शूर्पणखा को सब ओर ही विद्रोह होता दिखाई पड़ रहा है। कहाँ से आ रहा है यह साहस?...जिस युवक को माली रखा था, वह खुलेआम कहता फिरता था कि माली तो वह नाम का है, वह तो राजकुमारी का प्रेमी है...कहाँ झूठ कहता था वह!...शूर्पणखा की आँखों के सम्मुख उसका चित्र घूम गया..पुष्ट देह का सुंदर युवक! सुंदर गहरी आँखें, उन्नत नासिका, चौड़ा ललाट, रसभरे अधर, दृढ़ ठुड्डी, चौड़े कंधे, पुष्ट भुजाएँ, क्षीण कटि और दृढ़ मांसपेशियों वाली पुष्ट जंघाएँ।...वह राजकुमारी का प्रेमी ही हो सकता था—प्रेमी ही नहीं, प्रिय भी! किंतु सार्वजनिक रूप से इस तथ्य की घोषणा करने का अधिकार उसे नहीं दिया जा सकता था। उसे देखते ही शूर्पणखा तरल होने लगती थी—उसके आस-पास खड़े संभ्रांत राक्षस कैसे भद्दे और पिलपिले लगते थे, फिर भी मदिरा पीकर बहके हुए मस्तिष्क से वल्गाशून्य जिह्वा को सरपट दौड़ने

की अनुमति शूर्पणखा कैसे देती!...अगली बार प्रेम-क्रीड़ा के पश्चात् शांत मन से शूर्पणखा ने उसे समझाया भी था, किंतु वह सहमत ही नहीं हुआ। बाध्य होकर शूर्पणखा को अपने कशा का उपयोग करना पड़ा...और अगले ही दिन उसे सूचना मिली कि वह राजप्रासाद छोड़कर कहीं चला गया है।...विद्रोह! सब ओर व्रिदोह! गोदावरी के पार किसी नव-स्थापित आश्रम में चला गया...उस आश्रम को भी ध्वस्त करना होगा...

किंतु वह युवक माली! वह फिर शूर्पणखा को नहीं मिलेगा। शूर्पणखा ने कभी उसका नाम भी नहीं पूछा। नाम पूछकर क्या होगा!...शूर्पणखा के इस जीवन में भोग की अनेक वस्तुएँ आईं और गईं।...उनका नाम क्या पूछना!

द्वार की यवनिका एक ओर कर, रक्षिका भीतर आई, "स्वामिनी!"

"मणि को नहीं लाई?"

"वह अपने आवास में नहीं है।"

"कहाँ गई?" शूर्पणखा की भृकुटियाँ वक्र हो उठीं।

"रात को ही अपने मृत बालक के दाह-संस्कार के लिए, परिवार सहित बाहर गई तो लौटकर नहीं आई।"

शूर्पणखा को लगा, क्रोध से उसका सिर फट जाएगा। उसकी आँखों से चिनगारियाँ बरस रही थीं और मुख में झाग आ गया था। उसके स्वर का चीत्कार प्रासाद की दीवारों से टक्करें मारने लगा, "उसे बाहर जाने की अनुमति किसने दी! जाओ, मेरे अंगरक्षकों को आदेश दो—प्रासाद के रात्रि-प्रहरियों को बंदी कर अंधकूप में डाल दें। और मणि तथा उसके परिवार की खोज की जाए। यदि वे मिल जाएँ तो उन्हें नग्न कर, उनके हाथ-पैर बाँध, घसीटते हुए यहाँ लाया जाए। उन्हें जीवित जलाकर, मैं अपनी आँखों से उनमें से एक-एक को तड़प-तड़पकर मरते हुए देखना चाहती हूँ।" शूर्पणखा ने रुककर रक्षिका को देखा, "आज्ञापालन में प्रमाद न हो, अन्यथा तुम लोगों के लिए भी यही दण्ड होगा।"

रक्षिका ने सिर झुकाकर अभिवादन किया और बाहर चली गई।

क्रोध में फुफकारती हुई शूर्पणखा अपने कक्ष में इधर से उधर चक्कर काटती रही। उसके मन की उद्विग्नता किसी भी प्रकार कम नहीं हो रही थी। इच्छा होती थी, सामने आई प्रत्येक वस्तु के टुकड़े-टुकड़े कर दे, प्रत्येक जीव को चीर-फाड़ दे। किंतु सबसे अधिक क्रोध मणि पर आ रहा था। यदि किसी प्रकार एक क्षण के लिए भी मणि उसके सामने पड़ जाती तो वह उसे ऐसी यातना देकर मारती कि सुनने वाले आतंक के मारे प्राण छोड़ देते। क्या समझती है मणि! आज तक शूर्पणखा ने उसे स्नेह से रखा है। कभी कड़वा बोली नहीं, कभी डाँटा-फटकारा नहीं।

जब-तब उसको पुरस्कारस्वरूप धन दिया है। वह जानती है कि शूर्पणखा उससे अपना केश-विन्यास करवाना पसंद करती है, और आज एक बालक के मर जाने पर वह बिना पूछे चली गई। अपनी स्वामिनी की असुविधा का कोई ध्यान ही नहीं। शूर्पणखा के केश-विन्यास से अधिक महत्त्वपूर्ण उसके बालक की मृत्यु हो गई...इस नीच लोगों से भलाई करना ही पाप है...

शूर्पणखा के मस्तिष्क की नसें कुछ ढीली पड़ीं। उसकी चाल धीमी हुई, और अंत में जाकर वह दर्पण के सम्मुख बैठ गई।

"वज्रा! शृंगार कर!" उसने आदेश दिया, "...पहले मेरा कशा लाकर मेरे पास रख दे।"

कशा पास रखते हुए वज्रा का हाथ काँप गया। शृंगार करवाते हुए भी कशा को निकट रखने का अर्थ वह जानती थी। वह यह भी जानती थी कि उसके द्वारा किया गया केश-विन्यास स्वामिनी के मनोनुकूल नहीं हो सकता। किंतु अब चुनाव वज्रा के हाथ में नहीं था। आदेश दिया जा चुका था और कशा सामने था...

शूर्पणखा ने ध्यान से दर्पण में अपने प्रतिबिंब को देखा। यह उसका दैनिक क्रम था, और यहीं से उसका विषाद घनीभूत होने लगता था। समस्त लेपों, सुगंधित चूर्णों तथा औषधियों के लेपन तथा सेवन के पश्चात् भी कपोलों का मांस ढीला पड़ता जा रहा था। त्वचा की कसावट में रेखाएँ उभरने लगी थीं। भुजाओं और जंघाओं का मांस जैसे अस्थियों को छोड़ लटक जाने की तैयारी में था। कंचुक को कितना भी कसकर बाँधो, स्तनों में वह उठान दिखाई नहीं पड़ती थी...

खीझ में भीगा कशा वज्रा पर चल गया और उसके कोमल और चिकने कपोल पर एक नीली धारी उभार गया।

"खाना और ऊँघना ही आता है! अपना काम नहीं आता!" शूर्पणखा की जिह्वा कशा से कम चंचल नहीं थी, "कपाल पर रेखा क्यों दीख रही है?"

अपना चीत्कार दाँतों से ही भींच व्रजा चंदन का लेप लेकर शूर्पणखा के कपाल पर झुक गई।...उस रेखा को छिपाना ही होगा, नहीं तो अनके नीली-नीली धारियाँ वज्रा के मुखण्डल पर उभर आएँगी।

शूर्पणखा ने वज्रा के कपोल पर उभरी हुई नीली धारी को आँख भरकर देखा। उसके मन ने गहरी संतुष्टि का अनुभव किया।...उसने विश्वासघाती यौवन से प्रतिशोध ले लिया। उसके मन में एक तीव्र इच्छा जागी कि वह संसार में प्रत्येक मसृण कपोल पर ऐसी ही नीली धारियाँ उभार दे। ऐसे कपोल शूर्पणखा को बहुत परेशान करते हैं...

जब तक लंका के महामहालय प्रासाद में मात्र मंदोदरी भाभी ही थीं, शूर्पणखा

को वहाँ जाना भला ही लगता था, किंतु जब से मेघनाद की पत्नी सुलोचना तथा अन्य युवती रानियाँ वहाँ आ गई थीं, शूर्पणखा का लंका जाना बहुत कम हो गया था। शूर्पणखा के बाल आज भी घने और लंबे थे। उनकी कालिमा ने अभी बहुत अधिक धोखा नहीं दिया था। उसकी परिचारिकाएँ अपने काले लेपों से केशों पर अंकित होते समय के चिह्नों को बंदी बना लेती थीं। नयनों को काजल तथा अन्य शोभा-लेपों से अब भी आकर्षक बना लिया जाता था, किंतु कपोलों का कोई उपचार नहीं। इस ढीलते हुए मांस को अपने स्थान पर बनाए रखने के लिए उसने विभिन्न देशों के वैद्यों को पुष्कल धन दिया था, किंतु कोई लाभ नहीं हुआ। एक बार सुलोचना के चेहरे के साथ अपना चेहरा दर्पण देखने पर, उसे अपने चेहरे पर चले हुए काल-रथ के चक्र-चिह्न स्पष्ट दीखने लगे थे। केवल कल-रथ के चिह्न ही नहीं, अतिशय भोग के प्रमाण भी...

वज्रा चेहरे का श्रृंगार कर चुकी थी। वस्त्र बदलने के लिए उसने कुंचक खोला तो शूर्पणखा की दृष्टि दर्पण में अपने शरीर के प्रतिबिंब पर पड़ी। आकार अब भी आकर्षक था, किंतु गठन क्षीण होता जा रहा था। मंदोदरी भाभी का शरीर स्थूल हो गया था, किंतु चेहरे पर स्वाभाविक आभा थी—संतुष्टि की। और शूर्पणखा ने शरीर की स्थूलता को दूर भगाने के लिए, स्वयं को सुखा डाला था। चेहरे पर आभा लाने के लिए लंका ही नहीं; उरपुर के भी विशेष लेपों और चूर्णों का प्रयोग करना पड़ता था, किंतु मंददोरी भाभी के मुखमण्डल की आभा और आँखों की संतुष्टि शूर्पणखा को कभी नहीं मिली।...

वज्रा ने सुगंधित द्रव छिड़ककर प्रसाधन की संपन्नता की घोषणा कर दी।

शूर्पणखा ने दर्पण में भली प्रकार अपना निरीक्षण किया। श्रृंगार और वस्त्र उसके मनोकूल थे, किंतु केश-विन्यास उसे नहीं रुचा। वज्रा मणि जैसा केश-विन्यास नहीं कर सकती।

"केश-सज्जा का अभ्यास कर ले, तेरी नियुक्ति मणि के स्थान पर कर दूँगी।" शूर्पणखा जाते-जाते मुड़ी, "किंतु तेरा भी कोई ऐसा बालक तो नहीं है, जिसके मरने पर तू मुझे छोड़ जाए?"

वज्रा का मन काँप गया। कैसे अशुभ वचन थे! क्या स्वामिनी के मन में ममता का कण भी नहीं है!

शूर्पणखा भोजन-कक्ष में आई। परिचारिकाओं ने तत्काल भोजन परोस दिया। किंतु उसे जैसे कुछ खाने की इच्छा ही नहीं थी। आधी घड़ी तक बैठी मधुपान करती रही। भोजन के प्रति अनिच्छा जब मधु में डूब गई तो उसने पशु-मांस की ओर

हाथ बढ़ाया। कदाचित् मृग का मांस था। उसने एक बड़ा-सा खण्ड उठाया और उसमें दाँत गड़ा दिए।

तभी रक्षिका ने आकर अभिवादन किया।

शूर्पणखा ने प्रश्नवाचक दृष्टि से देखा।

"स्वामिनी! अंगरक्षक सूचना लाए हैं कि मणि का परिवार गोदावरी पार कर, जटायु के आश्रम के पास, किसी नव-स्थापित आश्रम में चला गया है। आश्रम के कुलपति का नाम कदाचित् राम है।"

शूर्पणखा ने मांस-खण्ड पटक दिया और रोष में तमतमाई हुई उठ खड़ी हुई, "अंगरक्षकों को आदेश दो कि उस आश्रम पर अभियान के लिए प्रस्तुत हो जाएँ। संध्या तक आक्रमण कर उस आश्रम को अग्निसात् कर दें और उसके अंतेवासियों की हत्या कर दें। भविष्य में किसी को साहस न हो कि शूर्पणखा की इच्छा के विरुद्ध जनस्थान छोड़कर गोदावरी पार कर सके।"

रक्षिका चली गई।

शूर्पणखा अपने स्थान पर बैठ गई, किंतु भूख फिर से मर गई थी..."वह युवक माली भी राम के आश्रम में चला गया था। अब मणि भी चली गई है। वहाँ सबको आश्रय मिल जाता है। कोई यह नहीं सोचता है कि इससे शूर्पणखा रुष्ट होगी। यह राम नाम का दढ़ियल संन्यासी शूर्पणखा से आतंकित नहीं है। खर की सेना से नहीं डरता और रावण की शक्ति को नहीं जानता। उसे समझाना होगा कि इसका फल क्या है।...किंतु रावण दूर बैठा है। खर मदिरा में धुत्त पड़ा होगा। क्या उसे पता नहीं है कि कोई ऐसा संन्यासी गोदावरी में उस पार आ बैठा है, जो प्रत्येक भगोड़े को शरण देकर शेष लोगों को भागने के लिए प्रेरित करता है...यह उसी बूढ़े जटायु की शरारत होगी। वह ही ऐसे कार्य करता रहता है। वह भूल गया है कि खर के सैनिकों ने अनेक बार उसे पीड़ित किया है। उसका आश्रम उजाड़ा है।...किंतु अब उसके लिए भयभीत होने का कारण भी क्या है? खर के हाथ में अब खड्ग के स्थान पर मदिरा का पात्र होता है..." सहसा उसने अपने सिर को झटका दिया, '...न सही खर, शूर्पणखा तो है...!"

उसने परिचारिका की ओर देखा, "मदिरा।"

परिचारिका ने भाँड उठाकर, उसके पात्र में मदिरा ढाली और धीरे-से बोली, "स्वामिनी! सुना गया है कि यह कुलपति राम अयोध्या का राजकुमार है, जो अपना शासन छोड़, राक्षसों से ऋषियों की रक्षा के लिए यहाँ चला आया है। वह अत्यंत बलशाली और युद्ध-कुशल युवक है, और स्वामिनी! वह असाधारण रूप से सुदर्शन पुरुष है...।"

शूर्पणखा ने पात्र रख दिया और आँखें फाड़कर परिचारिका को देखा।

"हाँ, स्वामिनी!"

शूर्पणखा ने तत्काल निश्चय किया।

"अंगरक्षकों से कहो कि अभियान स्थगित कर दें।" वह उठ खड़ी हुई, "शूर्पणखा स्वयं ही अपने अभियान पर जाएगी।"

शूर्पणखा ने अपना रथ गोदावरी के इस ओर ही छोड़ दिया। शिलाविहीन स्थान पर बने घाट पर से नाव में नदी पार की। जैसे ही अंगरक्षकों ने राम के आश्रम की ओर संकेत किया, वह रुक गई।

"तुम लोगों ने राम को देखा है?"

"हाँ, स्वामिनी!"

"वह दढ़ियल संन्यासी है?"

"नहीं, स्वामिनी! वेश चाहे तापसों का-सा ही है किंतु दाढ़ी नहीं है, और वह बहुत सुदर्शन पुरुष है।"

"देखने में कैसा है!"

"स्वामिनी! प्रायः चालीस वर्षों के वय का लंबा तथा हृष्ट-पुष्ट पुरुष है। वर्ण श्यामल है। ऊँचा ललाट है, बड़ी-बड़ी सुंदर गहरी आँखें हैं। नुकीली तथा ऊँची नासिका है और होंठो पर बड़ी मोहक मुस्कान है।"

"तुम लोग जाओ।...रथ में मेरी प्रतीक्षा करना।" वह बोली, "मैं उसे पहचान लूँगी।"

"स्वामिनी! आप अकेली..."

"जाओ!" शूर्पणखा का स्वर कुछ कठोर हो गया, "मत भूलो कि मैं शूर्पणखा हूँ, रावण की बहन।"

अंगरक्षक चले गए और शूर्पणखा पेड़ों के झुरमुट में छिपकर खड़ी हो गई।

आश्रम एक ऊँचे टीले बनाया गया था—कदाचित् सामरिक दृष्टि से ही इस स्थान को चुना गया था। आस-पास अनेक ऊँचे-नीचे टीले थे। उन टीलों के पीछे अनेक सैनिक छिपाए जा सकते थे, जो आश्रम से तो दिखाई पड़ सकते थे, किंतु सामने से आने वाले आक्रमणकारियों को उनमें से एक भी दिखाई नहीं पड़ता।...शूर्पणखा का मन कुछ चंचल हो उठा...इस तथ्य की ओर खर का ध्यान जाना चाहिए। यदि वह स्वयं इस तथ्य को नहीं देख पाता तो उसे दिखाया जाना चाहिए। यदि यह आश्रम सामरिक दृष्टि से ही इस स्थान पर बनाया गया है और इसका यहाँ बनाया जाना संयोग मात्र नहीं है तो इसको बनाने वाला व्यक्ति युद्ध

के भूगोल का विशेषज्ञ होना चाहिए।...और उसने इस स्थान पर आश्रम बनाकर अपने साहस का भी परिचय दिया है। सारे दण्डक वन में ऋषियों-मुनियों के आश्रम फैले हुए हैं, किंतु किसी ने भी जनस्थान के राक्षस-स्कंधावार के इतने निकट आने का साहस नहीं किया। अगस्त्य इतने पराक्रमी ऋषि माने जाते हैं, किंतु वे भी इधर आने की कल्पना नहीं कर सके, यद्यपि उन्होंने अशिमपुरी के कालकेयों का नाश कर दिया था...

शूर्पणखा के मन में जैसे किसी ने पुराना घाव छीलकर हरा कर दिया...कालकेय! शूर्पणखा के प्रिय और रावण के शत्रु कालकेय! रावण को कालकेय विद्युज्जिह्व कभी एक आँख नहीं भाया और शूर्पणखा ने उसी का वरण किया। शूर्पणखा के विद्रोह और विद्युज्जिह्व के साहस को रावण कभी क्षमा नहीं कर सका। परिणामतः रावण ने अशिमपुरी पर आक्रमण कर विद्युज्जिह्व का वध किया और उसके शव के साथ सती होने के लिए चिता पर आरूढ़ शूर्पणखा को भाई के प्रेम की सौगंध देकर उठा लाया।...किंतु शूर्पणखा जानती है कि रावण के मन ने न कभी विद्युज्जह्व को क्षमा किया, न कालकेयों को।...यही कारण था कि जब अगस्त्य कालकेयों का नाश कर रहा था, तब शूर्पणखा के बार-बार कहने पर भी रावण किसी-न-किसी ब्याज से उसे टालता रहा। कालकेयों की सहायता के लिए न तो वह स्वयं गया और न अपनी सेना ही भेजी।

शूर्पणखा को लगा, यदि रावण ने कालकेयों को क्षमा नहीं किया तो वह भी कभी रावण को क्षमा नहीं कर पाई है...

किंतु यह राम कौन है, जो यहाँ इस जोखिम के मुख में आ बसा है? कहीं जटायु ने ही तो उसे अपनी रक्षा और सहयोग के लिए नहीं बुलाया?

सहसा शूर्पणखा की दृष्टि उस ऊँचे टीले, आस-पास के दूहों—चट्टानों, शिलाओं से टकराते झाग उत्पन्न करते गोदावरी के श्वेत जल और उसके तट पर खड़े वन की ओर चली गई। वह स्तब्ध खड़ी देखती रही—कितनी ही बार वह इधर से निकली होगी, किंतु उसकी आँखों ने इस स्थान के सौंदर्य को नहीं पहचाना। इस व्यक्ति—राम—में निश्चय ही कवि का हृदय होगा और उसकी आँखों में सौंदर्य की परख, अन्यथा वह अपने आश्रम के लिए ऐसा स्थान कैसे चुनता? सामरिक महत्त्व की बात भ्रम है—उसने इस स्थल को इसके प्राकृतिक सौंदर्य के लिए चुना होगा...

सहसा शूर्पणखा के कानों से कुछ लोगों के वार्तालाप का हल्का-सा स्वर टकराया। उसने देखा—स्त्री-पुरुषों का एक झुण्ड आश्रम की ओर से आ रहा था।

वह सतर्क हो गई। उसने स्वयं को और भी सावधानी से वृक्षों के पीछे छिपा लिया।

उन लोगों के हाथों में कोई-न-कोई शस्त्र था। शूर्पणखा चौंकी। इस क्षेत्र में लोगों के पास शस्त्र?...वे लोग स्थानीय ग्रामीण अथवा वनवासी थे। शरीर के वर्ण और आकार-प्रकार से वानर, ऋक्ष, गृध्र अथवा भील जातियों के लोग होंगे, किंतु शस्त्र? राक्षसों ने उन्हें कभी शस्त्र छूने तक की अनुमति नहीं दी।...और उनका वार्तालाप?...बातों से भी यही ध्वनित होता था कि वे आश्रम से शस्त्र-प्रशिक्षण प्राप्त कर लौट रहे हैं...

शूर्पणखा का माथा ठनका। तो क्या वे उड़ती-उड़ती सूचनाएँ सत्य थीं? राम क्या सचमुच दण्डकारण्य में घूम-घूमकर इन जंगलियों को अभयदान देता रहा है और उन्हें संगठित करता रहा है? तो क्या यह सच है कि अनेक राक्षस, जन-विद्रोहों के सामने बाध्य होकर अपने स्थान छोड़-छोड़कर भाग गए हैं और दण्डक-वन में अनेक स्थानों पर राक्षस-व्यवस्था छिन्न-भिन्न हो गई है?...उसने तो आज तक इन पर, नशे में सुनी हुई बातों के समान, कभी गंभीरता से सोचा ही नहीं।

रावण और खर ने भी कदाचित् इस पर ध्यान नहीं धरा। या वे स्वयं को बहुत सुरक्षित और शक्तिशाली मानते हैं? किंतु उन्हें इसकी सूचना तो होनी ही चाहिए...शूर्पणखा को लगा उसका सारा मद उड़ गया है।...उसकी नाक के नीचे यह सब क्या हो रहा है? इस प्रकार तो ग्राम के ग्राम शस्त्रबद्ध हो जाएँगे।...और शूर्पणखा इतनी मूर्ख नहीं है कि इसका अर्थ न समझे...

उसके मन में तीव्र इच्छा उठी कि तत्काल लौट जाए और जनस्थान में पहुँचते ही सैनिक अभियान की आज्ञा दे दे...किंतु दूसरे ही क्षण उसके कानों में परिचारिका तथा अंगरक्षकों के विभिन्न वाक्य गूँजने लगे...उन्होंने राम को बहुत बलशाली और सुदर्शन युवक बताया था...

शूर्पणखा के उठे हुए पग रुक गए। वह यहाँ तक आकर राम को देखे बिना नहीं लौट सकती। क्या वह सचमुच वैसा ही है, जैसा उसके विषय में बताया गया है?...शूर्पणखा ने तो अपनी परिचारिका से यह भी नहीं पूछा कि उसे राम के विषय में किसने बताया है? किंतु अंगरक्षकों ने तो स्वयं राम को देखा है। उन्होंने भी तो कहा था, "...वह बहुत सुदर्शन पुरुष है..."

शूर्पणखा खड़ी की खड़ी रह गई। निश्चय ही वह राम को देखे बिना नहीं लौट सकती।

किंतु इतनी देर में आश्रम से ऐसा कोई पुरुष बाहर नहीं आया ,जिसे राम माना जा सके। थोड़ी देर में तपस्वियों का एक और दल आश्रम के टीले पर चढ़ गया। उनके वार्तालाप की जो भनक शूर्पणखा के कानों में पड़ी, उससे यही अनुमान लगाया जा सकता था कि वे लोग किसी दूर के आश्रम से आए हैं और राम के

आश्रम से उनका संपर्क निरंतर बना हुआ है। उनमें से किसी ने यह भी कहा था कि राम ने ऐसी उत्तम संचार-व्यवस्था कर रखी है कि किसी भी आश्रम तक संदेश पहुँचने में तनिक-सी भी असुविधा और विलंब नहीं होता।

शूर्पणखा का मन छटपटाने लगा...राम...राम...सब ओर एक ही नाम है, किंतु वह पुरुष कौन है? कैसा है? उसका मन अपनी व्याकुलता में चीत्कार कर रहा था—'बढ़, शूर्पणखा! चल, आश्रम के भीतर चल।'' किंतु उसका विवेक अभी इतना सुषुप्त नहीं था कि वह ऐसी भूल कर बैठती।

क्रमशः अंधकार छा गया और अब राम के बाहर आने की कोई संभावना नहीं थी। यदि शूर्पणखा को लौटने में कुछ और विलंब हुआ तो उसके अंगरक्षक अग्निकाष्ठ लेकर उसे खोजने आ पहुँचेंगे। तब उसका छिपना संभव नहीं होगा। अनेक विरोधी तथा उत्पाती लोगों के कानों में भी यह बात पहुँचेगी कि राजकुमारी शूर्पणखा वन में रात्रि के अंधकार में छिपी किसी की प्रतीक्षा करती रही थी और वह पुरुष उसके पास कभी नहीं आया।

उसे लौटना ही होगा...

लौटने की बात उठते ही उसका मन डूबने लगा...शरीर जैसे टूटने लगा, किंतु लौटना तो था ही।

वह धीरे-धीरे गोदावरी के घाट की ओर चल पड़ी।

शूर्पणखा को नींद नहीं आ रही थी। उसने आज अपनी सारी संध्या नष्ट कर दी थी, तो भी वह राम को देख नहीं पाई थी...उसका सारा शरीर एक उत्तेजना का अनुभव कर रहा था। रह-रहकर वह अपनी कल्पना में एक बलिष्ठ पुरुष-शरीर का निर्माण कर रही थी, किंतु उसका चेहरा धुँधला तथा अस्पष्ट ही रहता था। वह उसकी रेखाएँ स्पष्ट करने का प्रयत्न करती तो वे युवक माली के चेहरे से मिल जातीं, किंतु अब शूर्पणखा को युवक माली का चेहरा नहीं चाहिए था।... वह राम के मुखमण्डल की कल्पना करने का प्रयत्न कर रही थी...मुखमण्डल स्पष्ट नहीं हुआ तो वह शरीर की ही कल्पना करने लगी...इस्पात की-सी मांसपेशियों वाला शरीर, जो उसे अपनी बाँहों में भरकर वक्ष में भींच ले...किंतु दूसरे ही क्षण उसे लगा कि वह बलिष्ठ शरीर उसे प्रेम और आसक्ति से नहीं, घृणा के आवेश में पकड़े हुए है। वह उसे कामावेश में नहीं भींच रहा, क्रोध से उसका गला दबा रहा है...और उसका दम घुट रहा है।...या जैसे साँस लेने के लिए तड़प उठी। उसने सहायता में अपने हाथ-पैर झटके और जोर-जोर से साँस लेने का प्रयत्न किया—किंतु उसे शांति नहीं मिली। अशांति में उसके भीतर उसका दुर्दमनीय क्रोधोन्माद फुफकारकर उठ खड़ा हुआ।...शूर्पणखा ने अपना कशा उठाया और अपने पलंग को घेरकर, फर्श

पर सोई हुई दासियों को धड़ाधड़ पीटना आरंभ कर दिया।

दासियाँ घबराकर उठ खड़ी हुईं। आतंक, घबराहट और असहायता में बँधी वे यह पूछ भी नहीं सकती थीं कि उनका अपराध क्या है। शूर्पणखा के लिए यह बताना आवश्यक भी नहीं था।...वह धड़ाधड़ उनको पीटती रही। पूरे बल से उन पर प्रहार करती रही। ताक-ताककर उनके कोमल अंगों पर आघात करती रही।...और थोड़ी ही देर में उसे लगा कि उसका क्रोध एक उत्तेजक मद में परिणत हो गया है। उसे अपने सम्मुख खड़ी युवा, सुंदर और कोमल दासियों को पीड़ा पहुँचाने में सुख मिल रहा था। वह क्रोध की यातना में नहीं, एक मादक सुख में निमग्न उन पर आघात करती जा रही थी। प्रत्येक आघात, और परिणामस्वरूप आहत दासी के चीत्कार से उसके रक्त में जैसे मधु घुल जाता; तो उसका मन आँखें बंद कर अपने भीतर सुख में झूमने को आतुर हो उठता।

मारते-मारते हाथ थक गया और सुख में बाधा पड़ने लगी तो उसने हाथ रोककर आदेश दिया, "कक्ष से बाहर चली जाओ! तुममें से किसी का चेहरा दिखाई न पड़े।"

दासियों को मुक्ति मिली। वे एक-दूसरी पर गिरती-पड़ती बाहर निकल गईं।

शूर्पणखा पलंग पर औंधी जा पड़ी और हाँफती रही...जब और कुछ नहीं सूझा तो उसने मदिरा का भाँड उठा लिया।

प्रातः आँखें खुलते ही उसे फिर एक बार मणि की याद आई। किंतु उसका पता पाना भी कठिन था; और शूर्पणखा का प्रसाधन होना ही चाहिए था। रक्षिका को पुकारकर, शूर्पणखा ने वज्रा को बुलाने के लिए कहा। वज्रा आई तो उसे आदेश दिया कि वह अपनी सहायिकाओं को भी बुला ले। आज शूर्पणखा का असाधारण शृंगार होना चाहिए—सर्वश्रेष्ठ वस्त्र, सर्वश्रेष्ठ प्रसाधन और सर्वश्रेष्ठ सुगंध। शूर्पणखा विश्वसुंदरियों की महारानी दिखाई पड़नी चाहिए...

दिन-भर शूर्पणखा का शृंगार होता रहा। उसने आज मदिरा का सेवन नहीं किया। बीच-बीच में जब शरीर और मन ने बहुत परेशान किया तो फलों का मद्य ले लिया। वह भी बहुत अधिक नहीं...उसकी सारी चेतना, दर्पण में दीखते अपने प्रतिबिंब को निहार रही थी। उसमें क्या और कैसा परिवर्तन किया जाए कि जो दृष्टि उस पर पड़े, वह हट न सके...

अपराह्न में वह अपने अंगरक्षकों को लेकर चल पड़ी। रथ और अंगरक्षकों को गोदावरी के इस पार छोड़, अकेले ही नदी पार कर, उस पार राम के आश्रम के सामने के वन में जा पहुँची।

दूर से ही कुछ स्वर सुनाई पड़े। वह वृक्षों में छिप गई। ध्यान से सुना—वृक्षों

पर कुल्हाड़ियाँ चल रही थीं। कदाचित् कुछ लोग लकड़ियाँ काट रहे थे।

शूर्पणखा ने उनका वार्तालाप सुनने का प्रयत्न किया। उनके शब्द बहुत स्पष्ट नहीं थे। या तो वे लोग बोल ही बहुत धीरे-धीरे रहे थे, या फिर शूर्पणखा से उनकी दूरी अधिक थी। फिर वे कितने व्यक्ति थे और कौन थे—यह भी मालूम नहीं हो रहा था। किंतु शूर्पणखा उतनी ही निकट जा सकती थी, जहाँ से उसके देखे जाने की आशंका न हो। अपने अंगरक्षकों के साथ होने पर, वन में इस प्रकार लकड़ियाँ काटते हुए वनवासियों पर टूट पड़ना और उन्हें डराकर भगा देना, मार देना अथवा पसंद आने पर उन्हें दास बनाकर साथ ले आना, शूर्पणखा का प्रिय मनोविनोद था। किंतु इस समय वह न तो उस मनःस्थिति में थी और न ही उसके अंगरक्षक उसके साथ थे।

पेड़ों के पीछे छिपती-छिपती शूर्पणखा निःशब्द आगे बढ़ी। उनके वार्तालाप के स्वर स्पष्ट होते जा रहे थे। एक स्वर कह रहा था, "भद्र राम! हमारी संचार-व्यवस्था प्रायः स्थापित हो गई है। अगस्त्य, सुतीक्ष्ण, शरभंग, धर्मभृत्य, आनंदसागर तथा अन्य आश्रमों से और उनके माध्यम से आस-पास के ग्रामों से हमारा संपर्क बन गया है। समाचार आने-जाने में विलंब नहीं होगा। घड़ी-भर में सूचनाओं का आदान-प्रदान ..."

किंतु शूर्पणखा ने कुछ भी नहीं सुना। उसने केवल एक नाम सुना—'राम'। उसके मन में खलबली मच गई—कौन-सा है इनमें राम? कल से वह उसे खोजने के लिए भटक रही है।...मन की खलबली इतनी बढ़ी कि उसकी इच्छा होने लगी कि वह सारी सावधानियाँ त्याग, सीधी उस दल तक जाकर उनसे पूछे कि उनमें से राम कौन है? किंतु उसी व्याकुल मन के किसी कोने से एक चेतावनी भी उसके भीतर गूँजती रही कि उसे तनिक भी असावधान नहीं होना है। संभव है, देखने के पश्चात् राम उसे प्राप्ति-योग्य पुरुष लगे; और ऐसे पुरुष को अपने असावधान व्यवहार से स्वयं से विरक्त करने का जोखिम वह नहीं उठा सकती।

वह और निकट आई। सावधानी आवश्यक थी—कहीं सूखे पत्तों पर पैर न पड़ जाए, कहीं अपने ही शरीर के आभूषण न खनक पड़ें, कहीं किसी पशु का सामना न हो जाए।

"लो, राम!"

एक तपस्वी ने कुल्हाड़ी राम की ओर बढ़ाई। शूर्पणखा ने देखा, उसकी ओर राम की पीठ थी। साँवले रंग की, पुष्ट और उभरी हुई पेशियों से बनी दृढ़ पीठ, जिससे अपना वक्ष चिपका, दोनों बाँहों से घेर, अपने कपोल रगड़ने को मन तड़प उठा।...शूर्पणखा को अपना मन हारता-सा लगा...उसके विवेक के तनिक-सा भी

ढीला पड़ते ही उसका मन उसे बाध्य कर देता और वह भागती हुई जाती और जाकर उस पीठ से लिपट जाती...

राम ने अपना धनुष एक वृक्ष के तने से टिकाकर खड़ा कर दिया। साथ ही तूणीर भी रख दिया और कुल्हाड़ी पकड़ ली। वह भुजा भी उसी पीठ के अनुरूप थी, जैसे शक्ति का भण्डार हो। और तब राम घूमे—अब शूर्पणखा उनका मुखमण्डल देख सकती थी। शूर्पणखा की दृष्टि फिसलती भी गई और चिपकती भी गई... वह उन्नत ललाट, काली, घनी तथा लंबी भवें और उनके नीचे वे आँखें। राम उसकी ओर देख नहीं रहे थे। आँखें पूर्णरूपेण खुली हुई भी नहीं थीं, किंतु वे खुली और झंपी-सी सुदीर्घ आँखें...शूर्पणखा को लगा, उसका वक्ष फट जाएगा...

राम के अधरों की मुस्कान कितनी सजीव थी...

शूर्पणखा को निकट के वृक्ष का सहारा लेना पड़ा। उसे लगा, वह खड़ी नहीं रह सकती। कहीं ऐसा न हो कि वह गिर पड़े, या भागकर राम के वक्ष से जा लगे...उसकी दृष्टि थी कि फिर-फिर जाकर राम के शरीर से चिपक जाती थी, किंतु वहाँ टिक नहीं पाती...वह ठुड्डी, सीधी तनी हुई पुष्ट ग्रीवा। एक कंधे से दूसरे कंधे तक उभरा हुआ बलिष्ठ, पुष्ट वक्षस्थल और सिंह के समान क्षीण कटि...अधोवस्त्र के नीचे जंघाओं की वह कल्पना ही कर सकती थी...

राम ने अपनी कुल्हाड़ी से वृक्ष पर प्रहार करना आरंभ किया। अभी गिनती के ही प्रहार किए थे कि लगा, राम का शरीर सधता जा रहा है...वह जैसे अपना वास्तविक आकार ग्रहण कर रहा था। पेशियाँ और नसें जैसे उठकर खड़ी हो गईं और सघन रूप लेने लगीं। ऊर्जा, शक्ति और रूप का ऐसा सम्मिश्रण...

शूर्पणखा अपनी चंचलता और आत्मविश्वास खो बैठी—एक-से-एक सुंदर और एक-से-एक बढ़कर बलिष्ठ और शक्तिशाली पुरुष उसने देखे थे, किंतु ऐसा पुरुष तो उसने कभी नहीं देखा। इस पुरुष से खेलने की, इसे पीड़ा पहुँचाने की भावना उसके मन में जैसे जन्मी ही नहीं थी। वह स्वयं ही उसके सम्मुख अवश हो गई थी...

उसने आँखें मूँदकर अपने और राम के रूप की कल्पना की। वह चढ़ते हुए सूर्य के सामने ढलती हुई संध्या थी; उठते हुए ज्वार के सम्मुख उतरता हुआ भाटा थी। यह पुरुष ऐसा नहीं था, जिसे वह अपांग से देखती और वह उसके चरणों पर आ गिरता तथा वह जब चाहती उसका भोग कर, कूड़ा समझ झेंक देती। वह पुरुष कमनीय था, प्राप्य था, संग्रहणीय था...

और इस समय शूर्पणखा स्वेद में नहाई हुई, शृंगार-भ्रष्ट, उड़े हुए वर्ण वाली, घबराई हुई स्त्री थी। यह उसका कमनीय रूप नहीं हो सकता। इस रूप में वह

राम के सम्मुख जाकर, उसके मन में वितृष्णा जगाएगी।...वह राक्षस नहीं है कि किसी स्त्री को देखते ही भूखे पशु-सा उस पर टूट पड़े। कहीं यह उन पुरुषों में से न हो, जो काम आह्वान करने वाली स्त्री को निर्लज्ज मान लेते हैं...शूर्पणखा को त्वरा से बचना होगा। प्रत्येक पग सँभालकर उठाना होगा। राम के विषय में अधिक जानकारी प्राप्त करनी होगी—वह विवाहित है अथवा अविवाहित; पत्नी साथ है अथवा नहीं; काम को वह प्रेम का पर्याय मानता है या भोग का; स्त्री से समर्पण चाहता है अथवा बलात् उसका भोग करता है...पूरी जानकारी के अभाव में यदि वह कोई असावधानी कर बैठी और यह पुरुष उसे न मिला, तो वह स्वयं को कभी क्षमा नहीं कर पाएगी...साथ ही उसे अपने मन को भी टटोलना होगा...वह उसे पाना चाहती है या स्वयं को उसे देना चाहती है? यह अधिकार की भावना है या समर्पण की? वह भोग चाहती है या प्रेम...?

इस बीच जाने कब राम ने वह शाखा काटकर भूमि पर डाल दी थी। उनके साथियों ने लकड़ियाँ सँभालकर बाँध ली थीं और वे लोग लौट जाने की तैयारी में थे। वह सब शूर्पणखा की आँखों के सम्मुख घटा था, और फिर भी उसने कुछ नहीं देखा था। वह जैसे अवश-सी बैठी रह गई थी। वह समझ नहीं पा रही थी कि उसका सारा शरीर आग में जल रहा था या स्वेद में नहा रहा था। राम को अपनी आँखों देख उसका मन जुड़ गया था, या कामना से खण्ड-खण्ड हो रहा था।...

वे लोग अपनी लकड़ियाँ उठाकर चले गए; और शूर्पणखा का स्वप्न भंग हो गया। वह जैसे नींद से जागी। उसकी चेतना लौटी। स्वयं उसके लिए अपना यह रूप एकदम नया था। जनस्थान की स्वामिनी और रावण की बहन शूर्पणखा—इतनी निरीह! केवल एक पुरुष के रूप के हाथों...कैसी विडंबना!...सहसा उसे लगा, वह अपने-आपको पहचान रही है।...इस प्रकार चुपचाप बैठे रह जाना शूर्पणखा का स्वभाव नहीं है। वह अपने आदेश से इस पुरुष को प्राप्त करेगी। जनस्थान से अंगरक्षकों का पूरा एक गुल्म भेजेगी, जो राम को उसकी इच्छा के विरुद्ध भी उठाकर ले जाएगा।...जब तक शूर्पणखा ने राम को देखा नहीं था, तब तक बात और थी; किंतु अब वह उसे वन में इस प्रकार तपस्वी के रूप में रहकर, अपने यौवन को नष्ट करने की अनुमति नहीं दे सकती। यदि राम को अपने रूप और यौवन की आवश्यकता नहीं है तो न सही, शूर्पणखा को उनकी आवश्यकता है। वह उस रूप और यौवन का मूल्य समझती है। मणि का मूल्य तो कोई मणि-व्यवसायी ही समझ सकता है...

शूर्पणखा जैसे अविष्टावस्था में चल रही थी। मस्तिष्क राम के विषय में सोच

रहा था और पग अभ्यासवश ही अपने मार्ग पर चल रहे थे।

...तपस्वी के वेश में राम कैसा सुंदर लग रहा था; किंतु शूर्पणखा उसकी जटाएँ खुलवा देगी। उन कुंतलों का शृंगार होगा। वह कुंतल-मेघ कैसा लगेगा? शरीर पर राजसी वस्त्र और अलंकार होंगे। पुष्पों की सुगंध होगी...कैसा लगेगा राम?

"आपने कुछ पूछा, स्वामिनी?" अंगरक्षक कह रहा था।

"नहीं। रथ चलाओ।"

शूर्पणखा ने आँखें बंद कर लीं। उसने अपनी कल्पना में राम के शरीर का स्वेद अपने आँचल से पोंछ डाला। शरीर पर विशेष सुगंधित चूर्ण का लेप किया। चंदन और कस्तूरी से सुगंधित किया; और प्रशंसावाचक दृष्टि से राम को देखा...उसे लगा, राम ने कुल्हाड़ी उठाकर वृक्ष काटना शुरू कर दिया है। क्षण-भर में उसका शरीर पुनः स्वेद से नहा गया। नयनों में प्रतिवाद का भाव लेकर शूर्पणखा ने राम की ओर देखा तो राम को मुस्कराते पाया—दुर्ललित मुस्कान। दुष्टता और लालित्य से भरी हुई। राम ने जान-बूझकर कुल्हाड़ी उठाई थी, सायास श्रम कर, शूर्पणखा द्वारा किया गया शृंगार अपने स्वेद में बहा दिया था! पुनः अपने सुंदर छँटे हुए कुंतलों की जटाएँ बना, फिर से मस्तक पर जटाजूट बना लिया था। और उस पर मुस्करा रहा था। राम ने उसे चिढ़ाया था और अवश शूर्पणखा समझ नहीं पा रही थी कि कि वह दुष्टतापूर्वक हँस रहा था अथवा लालित्यपूर्वक। शूर्पणखा उस पर मुग्ध हो रही थी, अथवा रोष से जल रही थी। कैसा है यह राम! शूर्पणखा रुष्ट होती है तो रूठने नहीं देता, मुग्ध होती है तो रीझने नहीं देता।...ऐसा खेल तो शूर्पणखा के साथ आज तक किसी पुरुष ने नहीं खेला; कालकेय विद्युज्जिह्व ने भी नहीं। उसने तो वास्तविक वीर पुरुष के समान सुंदरी शूर्पणखा का भोग किया था; शेष जितने भी पुरुष शूर्पणखा के सम्मुख आए थे, वे या तो उसके आतंक से सहमे मूषक के समान लगते थे, अथवा शूर्पणखा के रूप और सौंदर्य को देखकर अवश खुल गए मुख से लार टपकाते...

रथ रुक गया।

शूर्पणखा बिना किसी से कुछ कहे, चुपचाप उतरी और सीधे अपने शयन-कक्ष में जा पहुँची। उसने परिधान बदलने के लिए दासियों की प्रतीक्षा नहीं की। पलंग पर औंधी जा लेटी।

"स्वामिनी! थकी आई हैं—शीतल जल से हाथ-पैर धो दूँ?"

"मुझे कोई मत छूना।" शूर्पणखा बिना आँखें खोले हुई बोली, "तुम लोग सब चली जाओ। मुझे किसी की आवश्यकता नहीं।"

शूर्पणखा नयन मूँद, मन-ही-मन राम के स्वरूप की कल्पना करती तो पहले

उसकी कल्पना में चौड़ी, बलिष्ठ, साँवली, स्वेद-भीगी पीठ उभरती, फिर इस्पात की-सी पेशियों वाली भुजा। और फिर शरीर अपना पूरा आकार ग्रहण करता—बलिष्ठ ग्रीवा, पर्वत जैसा वृक्ष, सिंह की-सी कटि...और जंघाएँ...जंघाएँ...शूर्पणखा की कल्पना थक जाती और उस कल्पित शरीर पर एक सुंदर चेहरा चिपक जाता...गहरी आँखें, तीखी नासिका और मोहक मुस्कान...

"स्वामिनी! भोजन नहीं करेंगी?"

शूर्पणखा ने आँखें खोलीं। आँखों की भयंकरता देख, दासी की हृदय-गति रुकने-रुकने को हुई।

"यहाँ कोई न आए।" शूर्पणखा शुष्क सपाट स्वर में बोली।

"स्वामिनी ने दोपहर का भोजन भी ठीक से नहीं किया।" दासी स्नेह प्रदर्शित करने का दुस्साहस कर बैठी।

"मुझे भूख नहीं है।"

"स्वामिनी अस्वस्थ हैं तो वैद्य...

"जाओ!"

दासी की वाणी थम गई। वह बिना एक भी शब्द और कहे, कक्ष से निकल गई।

शूर्पणखा ने पुनः आँखें मूँद लीं। क्या अधिक आकर्षक है—राम का शरीर अथवा मुखमण्डल? शरीर की दृढ़ता अथवा मुखमण्डल की मुस्कान?...शूर्पणखा का लोलुप मन राम के शरीर की ओर लपक रहा था, और उसकी ममता मुग्ध हो राम की मुस्कान को निहार रही थी...अंगरक्षकों का दल यदि राम को बंदी कर उठा लाया तो उसका शरीर तो आ जाएगा, किंतु वह मुस्कान? अपहृत युवक के मुखमण्डल पर वैसी मुस्कान नहीं आ सकती। अंगरक्षक राम की भुजाओं को जीत भी जाएँ तो उस मुस्कान को नहीं जीत पाएँगे...उसे जीतने के लिए तो स्वयं शूर्पणखा को ही जाना होगा...

शूर्पणखा चौंकी...उसका मन स्वयं ही बदल रहा था।...राम को जीतने के लिए स्वयं शूर्पणखा को जाना होगा। वह आदेश से राम को प्रापत नहीं कर सकती। उसे राम को अपने सौंदर्य पर मुग्ध करना होगा—उसे राम को रिझाना होगा...

वह पलंग से उठ बैठी। वह स्वयं चकित थी कि काम से तपते हुए उसके शरीर में उसका मन कैसा अवश और निरीह हुआ बैठा था। इससे पहले एक ही बार उसका मन ऐसा हुआ था—विद्युज्जिह्व के सम्मुख। किंतु तब शूर्पणखा मुग्धा किशोरी थी। तब उसे न प्रेम का अनुभव था, न काम का, न स्त्री-पुरुष-संबंधों का। उसने तब तक किसी अन्य पुरुष को जाना ही नहीं था।...किंतु अब स्थिति

भिन्न थी। स्त्री-पुरुष-संबंधों को उससे अधिक कोई और क्या जानेगा। किंतु इन संबंधों में उसने प्रेम का शब्द तक कभी नहीं आने दिया। उसे न स्वयं कोई भ्रांति थी, न उसने किसी को यह भ्रांति होने दी—नारी-पुरुष-संबंध उसके लिए निर्भ्रांत रूप से काम-संबंध थे...पर क्या राम से भी वह केवल काम-संबंध ही चाहती है?...शूर्पणखा का मन उसे निश्चित उत्तर नहीं दे रहा था।

वह उठकर दर्पण के सम्मुख आ बैठी। दीपक के धुँधले प्रकाश में वह अपने प्रतिबिंब को निहारती रही।...राम उसे तब मिला जब उसके चेहरे पर काल-रथ अपने चिह्न अंकित कर चुका था...नयनों के नीचे काले अर्धवृत्त घिर आए थे, उभरे हुए कोमल और चिकने कपोल ढुलककर रुक्ष हो चुके थे।...क्या नहीं था शूर्पणखा के पास? रूप-रंग, यौवन-मादकता, धन-संपत्ति, दास-दासियाँ, रथ-घोड़े, सत्ता-अधिकार, सेना-शक्ति...वह सम्राट रावण की बहन थी—शूर्पणखा। किंतु उसका पहला प्रेम उसके अपने भाई के ही द्वारा वध्य घोषित किया गया। क्षति-पूर्ति के रूप में भाई ने उसे अपार वैभव तथा सत्ता दी। शूर्पणखा राक्षस-साम्राज्य की राजकुमारी भी थी और जनस्थान की स्वामिनी थी...किंतु कैसी लुटी बैठी है वह! कितनी अकेली, खँडहरों पर मँडराने वाली किसी प्रेतात्मा के समान!...स्वामिनी शूर्पणखा के पास एक भी ऐसा व्यक्ति नहीं, जिसके सम्मुख वह अपना मन खोलकर रख सके। न दास, न दासी, न मित्र, न बंधु, न प्रेमी, न पति...शूर्पणखा से अधिक निर्धन और असहाय और कौन होगा? किंतु आज उसने उस व्यक्ति को देखा, जिसको पाकर वह सचमुच महारानी हो जाएगी। किंतु अब क्या है उसके पास राम जैसे पुरुष को रिझाने के लिए? यह शरीर, जो खँडहर हो चुका है?...धन-संपत्ति, मणि-माणिक्य—जिन्हें त्यागकर वह तपस्वी बना बैठा है?...

शूर्पणखा की इच्छा हुई, वह अपना सिर दर्पण पर दे मारे और दर्पण के साथ-साथ अपने सिर के भी टुकड़े कर ले। या फिर अपने ही हाथों अपने चेहरे को पीट-पीटकर सपाट कर दे, अपने सिर के बाल नोंच ले और शरीर की बोटियाँ-बोटियाँ कर दे...ऐसी हताश तो शूर्पणखा कभी नहीं हुई थी।

वह पुनः पलंग पर औंधी जा गिरी और बड़ी देर तक तकिए में अपने नाखून गड़ाए पड़ी रोती रही...

चुपचाप पड़े, रोते कुछ समय हो गया, तो शूर्पणखा को लगा कि उसका मन कुछ हल्का हो गया और उसकी हताशा भी छीज गई है। कामना पुष्ट हो गई है और मन हठ पकड़ता जा रहा है। उसकी उग्रता लौट रही है और शरीर कर्म के लिए उद्यत हो रहा है—दर्द-भरा एक वाक्य बार-बार उसके मन में गूँज रहा था—'मैं शूर्पणखा हूँ—जनस्थान की स्वामिनी और रावण की बहन। मैं चाहूँ तो मुझे क्या

नहीं मिल सकता...' कल प्रातः ही वह सर्वाधिक तीव्रगामी रथों को लंका भेज देगी। दो दिनों के भीतर लंका के सर्वश्रेष्ठ वैद्य जनस्थान में पहुँच जाएँगे। वैद्यों के आसवों से, चाहे अस्थायी रूप से ही सही, शूर्पणखा के मांस को उसकी हड्डियों से चिपक जाना होगा। उसके यौवन को लौटना होगा। वह लंका के उत्तमतम प्रसाधन-कर्मियों को बुलाएगी, सर्वश्रेष्ठ वस्त्र आएँगे, लेप, आसव, चूर्ण, सुगंध...संसार के सर्वश्रेष्ठ शृंगार-साधनों को वह जनस्थान में एकत्रित कर देगी...यह सत्ता, शासन, धन-वैभव किस दिन के लिए हैं? यदि वह अपना इच्छित पुरुष प्राप्त नहीं कर सकती तो इस साम्राज्य का क्या करना है?...राम उसे मिलना ही चाहिए, चाहे उसके लिए सारा राक्षस साम्राज्य ध्वस्त हो जाए...शूर्पणखा राम को पाए बिना नहीं मानेगी...

प्रातः आँख खुलते ही शूर्पणखा ने दूषण को बुलवा भेजा।

दूषण ने आने में विलंब नहीं किया। उसने देखा, आज की शूर्पणखा अन्य दिनों से सर्वथा भिन्न थी, अन्यथा संभव नहीं था कि कोई भी व्यक्ति, चाहे वह स्वयं खर अथवा रावण ही क्यों न हो, शूर्पणखा को उसके प्रसाधन से पूर्व देख सकें। सारा प्रासाद जानता था कि प्रातः शूर्पणखा का पहला कार्य प्रसाधन और केश-विन्यास है। संसार के और सारे कार्य चाहे रुक जाएँ, यह कार्य नहीं रुक सकता था।...किंतु आज न तो शूर्पणखा ने प्रसाधन कर रखा था, न रात के पहने हुए वस्त्र ही बदले थे। यही नहीं, लगता था कि उसने रात को सोने से पूर्व भी वस्त्र नहीं बदले थे...

"क्या आदेश है, भगिनी-भर्तृदारिके?"

शूर्पणखा बोली नहीं, उसे ध्यान से देखती रही, "कुछ उद्विग्न हो, भ्राता सेनापति?"

"हाँ, बहन! रात कुछ ऐसा ही घटित हो गया!" वह सायास हँसा, "पर तुम अपनी बात कहो। वह सब तो होता ही रहता है।"

शूर्पणखा ने भी विशेष आग्रह नहीं किया। बोली, "अपनी सेना के तीव्रतम रथों और सारथियों को तुरंत लंका भेज दो। वे लोग कम-से-कम समय में लंका के शृंगार-वैद्यों, अन्य शृंगार-कर्मी-कलाकारों, श्रेष्ठतम वस्त्रों तथा प्रसाधनों को यहाँ उपस्थित करें। मैं कल संध्या तक का समय दे सकती हूँ। परसों सूर्योदय के बाद लौटने वाले सारथियों को तत्काल किसी भी वृक्ष के साथ लटका दिया जाए।"

दूषण की उद्विग्नता कुछ मुखर होकर उसके चेहरे पर लौट आई। वह अपने स्थान पर बैठा रह नहीं सका। खड़ा होकर बोला, "बहन! रुष्ट न होना। किंतु

इस समय यह सर्वथा असंभव है।"

शूर्पणखा ने उसे सर्वथा उष्णताशून्य दृष्टि से देखा, "तुम जानते हो, शूर्पणखा की अवज्ञा का दण्ड क्या होता है? अपराधी चाहे सेनापति दूषण ही क्यों न हो।"

दूषण चुपचाप शूर्पणखा को देखता रहा। वह कह चुकी तो धीरे-से बोला, "थोड़ी देर शांत मन से मेरी बात सुन लो, फिर जो मन में आए, वैसी आज्ञा दे देना।"

शूर्पणखा को अपने मन के संसार से बाहर निकलना पड़ा, "क्या बात है?"

"कल यहाँ एक बहुत बड़ी दुर्घटना हो गई है।" दूषण बोला। शूर्पणखा चुप रही।

"हमारे तीन गुल्म कल आस-पास के ग्रामों में लूट-मार के विचार से गए थे।" उसने क्षण-भर शूर्पणखा को देखा, "यह कोई नई बात नहीं है। तुम जानती हो कि ऐसा होता ही रहता है। आस-पास के ग्रामों तथा आश्रमों के लोग इतने असुरक्षित तथा निर्बल हैं कि हमारे सैनिकों और सैनानायकों का मन उनको मारने और लूट लेने के लिए ललचाता..."

"दुर्घटना की बात करो।" शूर्पणखा ने स्पष्ट अवज्ञा से कहा।

"हाँ!" दूषण सावधान होकर बोला, "वे लोग लूट-मार के लिए गए थे। सदा के समान वे लोग गाँव के पास गए। गाँव के भीतर गए। कुछेक घरों को लूटा भी और एक घर को आग लगाई। तभी सहसा झुण्ड के झुण्ड ग्रामीण उन लोगों पर टूट पड़े। आश्चर्य की बात तो यह भी थी, क्योंकि ये ही ग्रामीण हमारे सैनिकों के आने का समाचार सुनते ही अपने घरों और स्त्रियों-बच्चों तक को छोड़कर भाग जाया करते थे, किंतु उससे भी बड़े आश्चर्य की बात यह थी कि ये सारे के सारे ग्रामीण सशस्त्र थे। उनके पास फरसा, खड्ग अथवा शूल जैसे साधारण शस्त्र तो थे ही, अनेक लोगों के पास धनुष-बाण भी थे, जिसका प्रयोग उन्होंने अत्यंत कौशल पूर्वक किया। परिणामतः हमारे अनेक सैनिक वहीं धराशायी हो गए और शेषभाग खड़े हुए। ग्रामीणों ने भागनेवालों का पीछा किया और उनमें से अनेक को घायल कर दिया।" आगे बोलने के लिए दूषण ने लंबी साँस ली, "लगता यही है कि यह राम इन समस्त ग्रामों को शस्त्र-शिक्षा ही नहीं दे रहा, उन्हें शस्त्र बनाने की विधि भी सिखा रहा है। जो धनुष-बाण केवल राक्षसों के पास हुआ करते थे, अब भीलों और वानरों के हाथों में भी दिखाई पड़ने लगे हैं...हमें राम को समाप्त करना ही..."

"इस दुर्घटना का मेरी आज्ञा से क्या संबंध है, भ्राता सेनापते?" शूर्पणखा वक्र स्वर में बोली।

"संबंध है, बहन! बहुत गंभीर संबंध है।" दूषण अचकचाया, "लंका की बात और है, पर तुम जानती हो कि जनस्थान में हमारे पास रथ अधिक नहीं हैं, और जैसे तीव्रगामी रथ तुम चाहती हो, वैसे तो दो या तीन ही हैं। हम वे तीनों रथ लंका भेज रहे हैं, ताकि वहाँ से शीघ्रातिशीघ्र शल्य-चिकित्सक, औषधियाँ तथा कुछ दिव्यास्त्र मँगाए जा सकें। हमें अपने घायलों के प्राणों की रक्षा भी करनी है और उन ग्रामीणों तथा इस राम को पाठ भी पढ़ाना है। यदि तुम्हारी आज्ञा के अनुसार, उन रथों में शृंगार-कर्मी सुंदरियाँ मँगा ली गईं तो हमारे आहत सैनिक, शल्य-चिकित्सा के अभाव में, मृत्यु को प्राप्त हो जाएँगे।"

"मैंने सब कुछ सुन लिया, दूषण!" शूर्पणखा शुष्क स्वर में बोली, "मैंने पहली बार जाना कि सैनिकों के प्राण तुम्हारे लिए इतने महत्त्वपूर्ण हैं। उनके प्राण बचाने में मुझे कोई आपत्ति नहीं है, किंतु मेरी आज्ञा वही है। तीव्रगामी रथों को तत्काल लंका भेजा जाए। उनमें, जो व्यक्ति और सामान मैंने कहा है, मँगाया जाए। उसके पश्चात् अपनी इच्छानुसार, तुम उन रथों को जहाँ चाहो, भेज देना और जो इच्छा हो मँगवाना, या लंका से अन्य तीव्रगामी रथ प्राप्त कर, उनमें अपनी आकांक्ष्य वस्तुएँ मँगवा लो—किंतु मेरे काम में विलंब न हो।" शूर्पणखा के दाँत भिंच गए, "मेरी दी हुई समय-सीमा का अतिक्रमण न हो। जाओ!"

दूषण भौंचक-सा बैठा हुआ शूर्पणखा को देखता रहा, किंतु उसकी भंगिमा देख, कुछ और कहने का साहस उसे नहीं हुआ। उठा और अभिवादन कर, चुपचाप चला गया।

शूर्पणखा पुनः अपनी उलझनों में लौट आई। अगले दिन की संध्या तक...न सही संध्या...रात्रि तक यदि लंका से शृंगार-कर्मी कलाकार और प्रसाधन का सामान आ जाए, तो वह परसों प्रातः से ही शृंगार करवाना आरंभ कर देगी। अपराह्न तक वह अपनी इच्छानुसार सज्जित होकर राम से मिलने जा सकेगी। लंका के शृंगार-कर्मियों की सहायता के पश्चात् उसे राम के सम्मुख जाने में कोई संकोच नहीं होना चाहिए। और राम कैसा भी गर्विष्ठ पुरुष क्यों न हो, शूर्पणखा की अवहेलना वह कर नहीं पाएगा।

किंतु अभी तो दो दिन और हैं। इन दो दिनों में उसका क्या होगा? ये दो दिन वह बिना राम के कैसे बिताएगी? अभी तो पिछली सारी रात उसने बार-बार ऐंठते हुए अपने शरीर से लड़ते-लड़ते बिताई है। रात को भोजन भी नहीं किया...वह दो दिनों की लंबी अवधि तक बिना राम के नहीं रह सकती...उसे राम को देखने जाना ही होगा, चाहे वह स्वयं को राम के सम्मुख प्रकट न करे...

"द्वार पर कौन है?"

रक्षिका भीतर आई, "स्वामिनी!"

"वज्रा को भेज। उससे कह, कोई दक्ष केश-सज्जक उसकी दृष्टि में हो तो उसे बुला ले।"

वज्रा को आने में अधिक समय नहीं लगा। वह अपनी सहयोगिनियों के साथ आई थी। उसने विभिन्न तापमानों के, विभिन्न सुगंधियों से पूरित जलों से शूर्पणखा को स्नान करवाया। शरीर पर अनेक प्रकार के द्रव्यों का लेप कर, उन्हें घर्षण से शरीर में खपाने का प्रयत्न किया; और शूर्पणखा जब उसके प्रयत्नों से संतुष्ट दिखी तो वज्रा धीरे-से बोली, "स्वामिनी असंतुष्ट न हों तो निवेदन करूँ कि शारीरिक सौंदर्य को बनाए रखने के लिए पौष्टिक भोजन भी अनिवार्य होता है। आपने कल रात भी भोजन नहीं किया और प्रातः से भी..."

शूर्पणखा प्रसन्नतापूर्वक हँसी, "बहुत चतुर हो वज्रा! मणि कार्य-कुशल अवश्य थी, किंतु चतुर नहीं थी।...अच्छा, किसी को भेजकर खाने के लिए कुछ मँगवा ले। क्या मँगवाएगी? फलों का मद्य और थोड़ा-सा भुना हुआ मांस मँगवा ले।"

वज्रा के सिर का बोझ हट गया, "स्वामिनी की अनुकंपा है कि दासी की प्रार्थना स्वीकार की।"

शूर्पणखा का शृंगार चल रहा था और बीच-बीच में दासियाँ उसके सम्मुख मांस के छोटे-छोटे खण्ड और मद्य-पात्र प्रस्तुत कर रही थीं कि रक्षिका ने खर के आने का समाचार दिया।

दासिर्या संभ्रम से उठ खड़ी हुईं, किंतु शूर्पणखा अपने स्थान से तनिक भी नहीं हिली। उसने दासियों को भी बैठने का संकेत किया, "तुम लोग अपना काम करती चलो।" वह रक्षिका की ओर मुड़ी, "भेज दो।"

खर आया तो उसने यह अद्‌भुत दृश्य देखा—शूर्पणखा ने न पूरे वस्त्र पहन रखे थे, न केश-विन्यास ही पूरा हुआ था, न प्रसाधन। अनेक दासियाँ अपने-अपने भाग का कार्य कर रही थीं और शूर्पणखा बीच-बीच में प्रस्तुत खाद्य और पेय स्वीकार करती हुई शृंगार करवा रही थी।

"कोई विशेष आयोजन है?" खर मुस्कराया।

"शूर्पणखा का प्रत्येक आयोजन विशेष ही होता है।" शूर्पणखा पूर्णतः सहज थी, "आने का प्रयोजन कहो।"

खर को जैसे शूर्पणखा के शब्दों ने झँझोड़कर सजग किया। बोला, "अभी-अभी सेनापति दूषण ने सूचना दी है कि तुम जनस्थान के सर्वश्रेष्ठ रथों को लंका भेजकर अपने लिए कुछ मँगवाना चाहती हो।"

"हाँ। इसमें कुछ असाधारण है क्या? क्या मैं अपने अधिकार का अतिक्रमण कर रही हूँ!"

"नहीं, शूर्पणखा!" खर शांत स्वर में बोला, "हमारे सामने कुछ असाधारण सैनिक परिस्थितियाँ आ गई हैं। हम केवल यह निवेदन करना चाहते हैं कि तुम दो-तीन दिन का समय हमें दो।"

"स्थितियाँ मेरे सामने भी बड़ी असाधारण हैं।" शूर्पणखा तिक्त मुस्कान के साथ बोली, "मैं एक क्षण भी नहीं खो सकती।" और सहसा उसका स्वर रुक्ष और रुष्ट हो गया, "मुझे बताया जाए कि अब तक मेरे आदेश का पालन क्यों नहीं हुआ? अब तक रथों को लंका क्यों नहीं भेजा गया? क्या बुद्धिमान खर को भी स्मरण कराना होगा कि शूर्पणखा की अवज्ञा का अर्थ क्या होता है?"

"नहीं, बहन! अवज्ञा की बात नहीं है।" खर शूर्पणखा के स्वर में निहित संकेतों से सिहर उठा, "तुम कदाचित् इस तथ्य से अवगत नहीं हो कि जटायु ने इस बार भंयकर व्यक्ति को अपने पास टिका लिया है। आरंभ में हमने उसे कोई महत्त्व नहीं दिया, किंतु उनका अस्तित्व क्रमशः हमारे लिए संकटपूर्ण होता जा रहा है। पंचवटी और जनस्थान के ढेले और कंकड़ भी सैनिक प्रशिक्षण प्राप्त कर रहे हैं। ऐसी स्थिति में हमारे अपने सैनिकों का जीवन बहुत मूल्यवान हो गया है; अन्यथा तुम्हारे मुख से शब्द उच्चरित होते ही उसका पालन आरंभ हो जाता है—तुम जानती ही हो।"

"तुम क्या चाहते हो?"

"अभी कुछ दिनों के लिए तीव्रगामी सैनिक रथों को, सैनिक प्रयोजनों में ही नियोजित रहने दो।"

"कब तक?"

"राम के वध तक।"

शूर्पणखा की आँखें उठीं तो खर को लगा, उनकी धधकती ज्वाला उसे नष्ट कर डालेगी, "पहले मेरे आदेश का पालन किया जाए।" उसने सीधे खर की आँखों में देखा, "मेरी स्पष्ट आज्ञा है कि अभी राम पर आक्रमण न किया जाए।"

"बहन! इसमें हस्तक्षेप मत करो, यह सैनिक विषय है।"

"सैनिक विषयों को भी शूर्पणखा भली प्रकार समझती है।" शूर्पणखा का स्वर उग्र तथा रुक्ष था, "रावण से कुछ धन प्राप्त करने के लिए झूठे युद्धों का नाटक बंद किया जाए।"

"क्या कहती हो, शूर्पणखे!" खर हल्के आवेश से बोला, "तुम मुझ पर—अपने भाई पर आरोप लगा रही हो। यह झूठे युद्धों का नाटक नहीं है, राक्षसों की सत्ता

के अस्तित्व का प्रश्न है। राम को तनिक भी समय और दिया गया, तो वह अपने पैर इस प्रकार जमा लेगा कि उसे उखाड़ना असंभव हो जाएगा। तुम नहीं जानतीं कि वह अत्यंत भंयकर व्यक्ति है।''

''वह भयंकर नहीं, अत्यंत सुंदर व्यक्ति है—सुदर्शन।''

खर की आँखों में संदेह उतरा, ''तुमने उसे देखा है?''

''नहीं।'' शूर्पणखा सावधान हो गई, ''सुना है। संभव है, वह भयंकर भी हो—मुझे उससे क्या।...जाओ! मेरी आज्ञा का पालन करो। रथों को भेजकर लंका से मेरी आवश्यक वस्तुएँ मँगवाओ। अपनी सैनिक स्थिति को अधिक समर्थ बनाओ, किंतु मेरी अनुमति के बिना कहीं कोई आक्रमण मत करना। यह मेरा निश्चित आदेश है।''

खर अनिश्चित-सी दृष्टि से उसे देखता रहा और फिर असहायता में अपने हाथ झटककर बाहर चला गया।

अगले दो दिन शूर्पणखा के लिए अत्यंत व्याकुलता भरे थे। मन था कि राम को देखे बिना नहीं मानता था; और राम के सम्मुख जाने के लिए, विशेषकर पहले साक्षात्कार के लिए जैसा श्रृंगार वह चाहती थी, वैसा वज्रा और उसकी सहयोगिनियों के लिए संभव नहीं था...

किंतु उससे रुका नहीं गया। जैसा भी संभव हुआ, वह वैसा ही श्रृंगार कर, राम के आश्रम के आस-पास मँडराती रही। पहले तो बहुत समय तक राम आश्रम से बाहर नहीं निकले। शूर्पणखा का मन हताश होने लगा तो उसे राम, ग्रामीणों और ब्रह्मचारियों के छोटे-से दल के साथ बाहर से आते दिखाई दिए। अब शूर्पणखा के लिए, राम के सम्मुख प्रकट होने से स्वयं को रोकना कठिन हो गया। एक व्यक्ति कुछ करना चाहे और दूसरा उसे रोके—यह बात शूर्पणखा की समझ में आ थी; किंतु स्वयं ही मन राम के वक्ष से लग जाना चाहे, स्वयं ही उसे अपनी बाँहों में भींच लेना चाहे; और फिर स्वयं ही स्वयं को रोकता भी रहे—यह क्या प्रक्रिया हुई। स्वयं ही ठेले और स्वयं ही रोके...

शूर्पणखा ने स्वयं को सँभाल लिया। 'जब तक तैयारी पूरी न हो, आक्रमण नहीं करना चाहिए'—उसने स्वयं को समझाया। दो दिन से भी कम का समय है; फिर वह अपने सौंदर्यास्त्र का भरपूर प्रहार राम के वक्ष पर करेगी। राम के सारे दिव्यास्त्र धरे के धरे रह जाएँगे।...तब तक क्या इतना पर्याप्त नहीं है कि वह राम के आस-पास बनी रहे—उसे देखती रहे, उसका स्वर सुनती रहे...

शूर्पणखा ने भरपूर आश्चर्य से, जीवन में पहली बार के अपने इस विकट संयम को देखा। पहले तो उसने कभी स्वयं को इस प्रकार अनुशासित नहीं किया

था—किंतु पहले कभी उसके सम्मुख ऐसा पुरुष भी तो नहीं आया था, जिसके न मिलने पर प्राण निकल जाने की आशंका हो...

राम आज वन तक नहीं आए। वे अपने दल सहित आश्रम के टीले से नीचे उतरकर अन्य चट्टानों और ढूहों के पीछे ही कहीं रुक गए। कुछ देर प्रतीक्षा कर, शूर्पणखा इस निष्कर्ष पर पहुँची कि कदाचित् वे लोग और आगे तक नहीं आएँगे। वह स्वयं ही छिपती-छिपाती आगे बढ़ी।...राम का स्वर सुनते ही वह रुक गई। वे आस-पास के किसी ढूह के पीछे थे और अपने साथियों को युद्ध की स्थिति में इन ढूहों का महत्त्व समझा रहे थे।

"तुम्हें अपने साथियों के साथ ऐसा स्थान खोजना है, मुखर!" वे कह रहे थे, "जहाँ से तुम तो अपने लक्ष्य को देख सको, किंतु वह तुम्हें न देख सके।"

शूर्पणखा मुस्करायी, "ठीक कह रहे हो, प्रियतम! मुझे ऐसा ही स्थान खोजना चाहिए, जहाँ से मैं अपना लक्ष्य देख सकूँ और तुम मुझे न देख सको।"

"समझ गए?" राम कह रहे थे, "अब लक्ष्य तुम्हारे सामने है; किंतु उसे तुम्हारे अस्तित्व का आभास भी नहीं है। वह तुम्हारे प्रहार-क्षेत्र में है और उसका कोई क्षेत्र ही नहीं है। ऐसे में तुम्हें उतावली नहीं करनी चाहिए। उसके निकट आने की धैर्यपूर्वक प्रतीक्षा करो। उसे वहाँ तक आने दो, जहाँ तक तुम चाहते हो। तुम अपनी तैयारी पूरी करो। जब स्थिति यह हो कि वह न लौट सके, न तुम्हारे हाथ से निकल सके, तब स्वयं को प्रकट करो और पूरी निष्ठा से लक्ष्यभेद करो... ।"

शूर्पणखा पुनः मुस्करायी, "अच्छा प्रेममंत्र दे रहे हो, प्रियतम! तुम्हारा आदेश पूर्णतः मानूँगी। तुम्हें वहाँ तक आने दूँगी, जहाँ तक चाहती हूँ। तुम्हें देखती रहूँगी, और तुम्हें मेरे अस्तित्व का आभास तक नहीं होगा। मैं अपनी पूरी तैयारी करूँगी। अपने यौवन, रूप, सौंदर्य और काम के तीक्ष्ण शस्त्रास्त्रों से सज्जित तब तक धैर्य से बैठी रहूँगी, जब तक तुम वहाँ तक न आ जाओ, जहाँ से न तुम्हारा लौटना संभव हो और न मेरा तिरस्कार करना; और फिर पूरी निष्ठा से अपना लक्ष्यभेद करूँगी...मैं पूरी तरह तुम्हारी आज्ञा का पालन करूँगी...पूर्णत..."

शूर्पणखा एक दक्ष बिल्ली के समान पैर दबाए, इधर-से-उधर घूमती रही और अंततः उसने ऐसा स्थान खोज ही लिया, जहाँ से बिना स्वयं को प्रकट किए हुए, वह निश्चिंत होकर राम को देख सकती थी। किंतु फिर भी उसका निरंतर सतर्क रहना बहुत आवश्यक था। राम के दल के लोग आस-पास घूम रहे थे; धनुर्विद्या का अभ्यास कर रहे थे; लक्ष्य-संधान कर रहे थे। उनमें से किसी की भी दृष्टि उस पर पड़ गई तो वह अपनी वेश-भूषा से ही तत्काल पहचान ली जाएगी।...

'बुरी फँसी, शूर्पणखा, तू'—उसने सोचा। यह भी क्या अपने प्रियतम के सम्मुख जाने का ढंग हुआ कि उनके साथी उसे पकड़, हाथ-पैर बाँध, घसीटते हुए ले जाएँ और राम के सम्मुख पटक दें और कहें, 'यह राक्षसी यहाँ छिपी बैठी हमारी गतिविधियों की टोह ले रही थी।' कहाँ वह राम के सामने ऐसे रूप में जाना चाहती है कि उसकी एक झलक देख राम स्तब्ध खड़े रह जाएँ और कहाँ वह इस रूप में प्रस्तुत कि जाए कि केश बिखरे हों, घसीटे जाने के कारण वस्त्र मैले और फटे हुए हों, शरीर स्थान-स्थान से छिला हुआ हो। स्वेद-धूल-मिट्टी और रक्त से सनी, अपराधिनी बनी, ढलते यौवन की एक महिला—राम के मन पर क्या प्रभाव डालेगी?...शूर्पणखा का मन काँप उठा—यह उसने क्या किया?

...किंतु वह क्या करे? राम के बिना अब जनस्थान उसे काटने लगता है। राम को न देखे तो उसके मन में हिंसा, विनाश और क्रूरता की आँधियाँ चलने लगती हैं। यहाँ सामने राम हैं—जोखिम है तो हो!...राम को देखते ही कैसी अवश हो जाती है शूर्पणखा। शरीर की बोटी-बोटी फुँकने लगती है। वक्ष जैसे फटने-फटने को हो जाता है; और शरीर की वह ऐंठन...

राम अपने साथियों को शस्त्राभ्यास कराते रहे और शूर्पणखा कभी राम पर मुग्ध होती रही, कभी उन लोगों पर क्षुब्ध होती रही, जो राम को घेरे हुए थे और जिनके कारण वह राम से दूर रहने को बाध्य थी। वह एक क्षण राम के शस्त्र-कौशल को देख-देखकर रीझती और दूसरे ही क्षण आशंकित हो काँप उठती—यदि राम उसके अनुकूल न हुआ तो? यदि राम ने उसका तिरस्कार किया तो?...

संध्या बीती और राम अपने दल के साथ आश्रम में चले गए तो शूर्पणखा जैसे स्वप्न से जागी।...वह भी जल्दी-जल्दी घाट पर आई और नाव से नदी पार कर रथ में जा बैठी। किंतु उसका मन इस समय दूसरी दिशा में चल रहा था। उसके भीतर की स्त्री जैसे सो गई थी और जनस्थान की स्वामिनी तथा राक्षसी सेना की अधिनायिका जाग उठी—आज उसने जो कुछ देखा, वह क्या था? वन और ग्रामों के सामान्य लोग, जिन्हें राक्षसों ने आज तक अपना भोजन मात्र माना था, जिनके अस्तित्व को वनस्पति से अधिक महत्त्व कभी नहीं दिया गया—वे न केवल जाग उठे थे, वरन् सन्नद्ध होकर खड़े थे। उनके हाथों में शस्त्र थे और वे लाघवपूर्वक उनका संचालन कर रहे थे। वे रणनीति सीख रहे थे। अपने से बहुत अधिक संख्या में आई हुई; शक्ति में बहुत बढ़ी-चढ़ी सेना से प्रभावकारी ढंग से असम्मुख, गुप्त युद्ध करना सीख रहे थे...और उनका नेता था राम! रण-विद्या-विशारद राम?...शूर्पणखा की चेतना में राम का रूप छा गया। राम की मुस्कान ने उसके मस्तिष्क को पूर्णतः आच्छादित कर लिया। वह बैठी, मुग्ध भाव से, अपनी कल्पना में खड़े राम को

देखती रही। किंतु क्रमशः वह उससे उबरी।...यदि राम को और अधिक समय मिला—खर ने ठीक ही कहा था—तो राम यहाँ ऐसा जम जाएगा कि उसे उखाड़ना असंभव हो जाएगा...और संघर्ष की स्थिति में संभव है कि राम राक्षसों की सेना को पराजित कर दे। जनस्थान में खड़े किए गए प्रासादों को वह धूल-धूसरित कर दे, स्कंधावार को अग्निसात् कर दे...

शूर्पणखा ने अपने सिर को झटक दिया...यदि ऐसी संभावना है, तो वह यह कौन-सा खेल खेल रही है? उसे तत्काल रावण को सूचित करना चाहिए। और सेना, अधिक सेनानायक और शस्त्रास्त्र मँगवाने चाहिए। जनस्थान में अपनी स्थिति दृढ़ करनी चाहिए; और राम के आश्रम पर आक्रमण...

रथ रुक गया।

शूर्पणखा अपने कक्ष में आई। वह आसन पर सीधी बैठ गई।

"परिधान परिवर्तन करो।" उसने आदेश दिया, "और भोजन तैयार रखने का संदेश भिजवा दो।"

उसके मस्तिष्क की चिंतन-प्रक्रिया फिर चल पड़ी...राम के आश्रम पर तत्काल आक्रमण किया जाए। समस्त कुटीरों को अग्निसात् कर दिया जाए। एक-एक आश्रमवासी को खड्ग की धार का स्वाद चखाया जाए और राम...उसकी कल्पना में राम का आज का रूप आकर खड़ा हो गया...चंचल, युद्ध-कौशल और सुंदर...शूर्पणखा को लगा, उसके हाथ का खड्ग गिर गया है और वह राम की धनुष-बाणयुक्त भुजाओं में जा समायी है...

वह भोजन-कक्ष में आई।

क्या करे शूर्पणखा—वह किसी निर्णय पर पहुँच नहीं पा रही थी। जिस ढंग से सोचती थी, अंत में पराजित हो जाती थी...न एक मार्ग से अपने गंतव्य तक पहुँच पाती थी, न दूसरे मार्ग से।

उसने मदिरा का पात्र उठा लिया। थोड़ी-सी मदिरा भीतर गई तो उसके सम्मुख उसकी कल्पनाएँ साकार होने लगीं—यदि वह राम को नहीं रोकती तो राम अपनी सेनाएँ लेकर चढ़ आएगा। जनस्थान की सारी सेना को ध्वस्त करेगा; खर, दूषण तथा त्रिशिरा का वध कर देगा। स्कंधावार को आग लगा देगा; और अंत में वह शूर्पणखा के द्वार पर आएगा...उसका मदिरा-पात्र वाला हाथ काँप गया—राम के शरीर पर राक्षसों के रक्त के छींटे होंगे, श्रम का स्वेद होगा, युद्ध क्षेत्र में उड़ी हुई धूल उस पर जम गई होगी—रक्त-स्नात खड्ग से वह शूर्पणखा के द्वार की यवनिका को चीर देगा। वह उसकी ओर बढ़ेगा, भयभीत शूर्पणखा थर-थर काँप रही

होगी...राम की खड्गधारी बलिष्ठ भुजा उठेगी...और शूर्पणखा को अपने अंक में भर लेगी...वह उसे अपनी विजयश्री के रूप में उठा ले जाएगा—शूर्पणखा की शिराओं का सारा रक्त राम के स्पर्श की कल्पना से मानो मदिरा में परिणत हो गया। उसकी आँखें मूँद गईं और सिर मदमाती नागिन के समान एक ओर से दूसरी ओर झूमने लगा...

...रावण को पता चलेगा। वह अपनी सेना लेकर राम पर चढ़ दौड़ेगा। राम अपनी बाईं भुजा में शूर्पणखा को बाँधे, दाएँ हाथ से खड्ग चलाएगा। वह रावण का वध करेगा; मंदोदरी भाभी को पैरों से ठुकराएगा; मेघनाद को बंदी करेगा; और सुलाचना को पड़ी रोती रहने देना...केवल शूर्पणखा को वह अपनी भुजा में बाँधे, वक्ष से चिपकाए रहेगा, केवल शूर्पणखा को...

शूर्पणखा के मन में तीव्र इच्छा का ज्वार उठा कि वह उच्च स्वर में अट्टहास करे और चीखकर कहे—'रावण ने शूर्पणखा के एक प्रेमी का वध किया तो क्या हुआ, शूर्पणखा के दूसरे प्रेमी ने रावण का वध कर दिया...हा-हा-हा...शूर्पणखा! वही पुरुष तेरा प्रेमी होने योग्य है, जो तेरे भाइयों से पराजित न हो और सम्मुख-युद्ध में उनका वध कर सके; अन्यथा तेरे भाई तेरे प्रेमियों के मुण्ड काट-काटकर लंका की प्राचीरों पर सजाते जाएँगे...

शूर्पणखा की आँखें गीली हो गईं और कंठ से जोर-जोर से हँसने का स्वर फूटा। उसने अपना मस्तक अपने घुटनों पर टेक दिया।

दूसरे दिन प्रातः ही शूर्पणखा के मन में जल्दी मच गई। आखिर अपराह्न तक का समय वह इधर-उधर क्यों नष्ट करती है? राम संध्या के समय ही मिले...यह क्यों आवश्यक है? प्रातः भी तो वह आश्रम से निकलता ही होगा। वह प्रातः ही क्यों नहीं चली जाती? यह सारा समय वह शृंगार और कल्पनाओं में ही क्यों लगाए? उसे राम के सम्मुख प्रकट तो होना नहीं है।...आज संध्या नहीं तो रात्रि तक लंका से शृंगार-वैद्य और शृंगारकर्मी कलाकार आ ही जाएँगे। कल वह कामरूपा हो जाएगी। अपना इच्छित रूप बनाकर राम के सम्मुख प्रकट होगी...

थोड़ा-सा मद्य पीकर उसने स्वयं को संतुलित किया; और तत्काल शृंगार का आदेश देकर वह पुनः राम के विषय में सोचने लगी। रात को सोची गई एक-एक बात पुनः उसके मन में आने लगी। राम और रावण के मध्य होने वाला संभावित संबंध...और अतीत में हुआ रावण तथा विद्युज्जिह्न का संबंध...ऐसा क्यों है कि शूर्पणखा अपने प्रेमी के रूप में उसी पुरुष को अंगीकार करती है, जो रावण का शत्रु हो...क्या प्रत्येक श्रेष्ठ पुरुष रावण का शत्रु ही हो सकता है...या शूर्पणखा

ने ही अपने मन में भाई के प्रति वैर पाल रखा है? भाई का वैरी ही क्यों उसे प्रिय लगता है?...

"स्वामिनी? भोजन।"

"भोजन नहीं। रथ तैयार करने के लिए कहो।"

"स्वामिनी कब लौटेंगी?"

"निश्चित नहीं है।" शूर्पणखा रूखे स्वर में बोली, "अपने अधिकार की सीमा समझो। राक्षसों का सम्राट् भी मुझसे इस प्रकार के प्रश्न पूछने का साहस नहीं करता।"

"भूल हुई, स्वामिनी!" परिचारिका अत्यंत नम्र स्वर में बोली, "किंतु इधर स्वामिनी का भोजन बहुत कम हो गया है। दासी की पाक-कला में कोई दूषण..."

"नहीं। भोजन नहीं करने के अन्य कारण हैं।"

शूर्पणखा, राम के आश्रम के सम्मुख, वन में अपने स्थान पर आ छिपी। किंतु आज स्थिति कुछ भिन्न थी। संध्या के समय तक वन में लोगों का आवागमन कम हो जाता है। प्रकाश क्रमशः क्षीण हो रहा होता है। किंतु इस समय तो सूर्य उत्थान की ओर था। प्रकाश प्रखर होगा और लोगों के आवागमन में वृद्धि होगी...किसी की दृष्टि उस पर पड़ गई तो स्थिति बिगड़ जाएगी। उसे अधिक सावधान रहना होगा।

वह आँखें गड़ाए बैठी रही; किंतु आश्रम में से न कोई निकला और न कोई भीतर गया, यद्यपि आश्रम की गतिविधियों की विभिन्न छोटी-बड़ी ध्वनियाँ यहाँ तक आ रही थीं। क्रमशः शूर्पणखा के मन में पश्चात्ताप अंकुरित होने लगा—व्यर्थ ही वह इस समय चली आई। आवश्यक तो नहीं कि राम दिन-भर आश्रम के बाहर, निकट के वनों में इसलिए मँडराता रहे कि शूर्पणखा छिप-छिपकर उसे देख सके...संभवतः वे लोग इस समय और कोई कार्य करते हों...

तभी एक टोली आश्रम से बाहर निकली। उसे लगा, टोली के आगे राम ही था। वैसा ही आकार-प्रकार, वैसे ही हाव-भाव, वैसी ही मुद्रा और भंगिमा...किंतु, फिर भी वह इतना भिन्न क्यों लग रहा है? या दूर से शूर्पणखा को देखने में कठिनाई हो रही है?...आज तक तो पुरुषों को दूर से ही पहचान लेने में उसे कोई कठिनाई नहीं होती...फिर राम इतना भिन्न क्यों लग रहा है?...

वे लोग कुछ और निकट आए। शूर्पणखा ने ध्यान से देखा—राम का वर्ण आज गौर लग रहा था, ऊँचाई भी कुछ कम थी और वह कुछ दुबला भी लग रहा

था...पर रात-भर में उसे यह क्या हो गया?...शूर्पणखा ने अपनी आँखें मलीं...वह राम नहीं था। निश्चित रूप से वह राम नहीं था, पर था राम जैसा ही। गौर वर्ण का गठा हुआ पुष्ट शरीर। लगभग राम जैसा ही चेहरा; किंतु अधरों पर मोहक मुस्कान के स्थान पर उग्र वक्रता थी। आँखों में आक्रामकता थी। वय भी कम थी। राम से प्रायः दस वर्ष कम। तरुण सिंह के समान चलता हुआ कितना सुंदर लगता था...वैसी ही जटाएँ, वैसा ही धनुष-बाण...शूर्पणखा का तन तपने लगा। कौन है यह? इस आश्रम में कैसे-कैसे पुरुष भरे पड़े हैं; और शूर्पणखा लंका तथा उरपुर पर दृष्टि गड़ाए बैठी रही...

किंतु यह है कौन? राम का भाई? यह राम भी क्या अपने सारे कुटुंब को वन में ले आया है? कितने भाई हैं इसके? क्या सब ऐसे ही सुंदर हैं?...

टोली समीप से निकली। वे लोग जल-परिवहन और नौकाओं संबंधी वार्तालाप कर रहे थे। शूर्पणखा भी पेड़ों की आड़ में कुछ दूरी पर चल पड़ी।...

सहसा उनमें से एक व्यक्ति रुक गया।

"क्या हुआ, मुखर?" राम जैसे सुंदर पुरुष ने पूछा।

"तुम्हें नहीं लगा, सौमित्र!" मुखर ने उत्तर दिया, "यहाँ की गंध कुछ बदली हुई है। इधर पेड़ों के पीछे कोई नया पुष्प खिला लगता है।"

शूर्पणखा धक् रह गई। उसे उनके इतने निकट नहीं आना चाहिए था। आज जल्दी में सुगंधित द्रव कुछ अधिक पड़ गया लगता था...

"खिला होगा।" सौमित्र बोला, "पहले नाव और नदी। पुष्प की बात फिर देखी जाएगी।"

मैं अपनी घ्राण-शक्ति का क्या करूँ?" मुखर बोला, "कोई गंध हो, तत्काल मेरे मस्तिष्क में चढ़ जाती है।"

शूर्पणखा ने उन्हें आगे निकल जाने दिया। इनसे दूरी पर रहना ही उचित है। यह मुखर वही व्यक्ति लगता है, जिसे राम कल गुप्त-युद्ध के विषय में बता रहा था। वह अवश्य वानर जाति का होगा, तभी तो ऐसी घ्राण-शक्ति है। इनके पास समय होता, सौमित्र इतनी शीघ्रता में न होता और कहीं ये लोग इस नये पुष्प की खोज में निकल पड़ते...

किंतु यह सौमित्र भी शूर्पणखा के हृदय में गहरा धँसता जा रहा था। उसकी वह तरुणाई। शारीरिक गठन। मुखमण्डल की परिहासयुक्त वक्रता; और कैसा गोरा रंग। शूर्पणखा के शरीर की पेशियाँ जैसे उसे पाने के लिए ऐंठने लगीं—शिराएँ टूटने की सीमा तक खिंच गईं। उसने दोनों हाथों से वक्ष को दबा दिया, "कल तक

धैर्य रख।''

सौमित्र तथा मुखर की टोली वन में गोदावरी के तट पर बढ़ती जा रही थी। कदाचित् वे लोग किसी स्थल विशेष की ओर जा रहे थे। जहाँ वे रुके, वहाँ गोदावरी में शिलाएँ नहीं थीं और जल कुछ गहरा था। जो शिलाएँ थीं भी, वे तट पर थीं और प्राकृतिक प्राचीर का कार्य कर रही थीं।...शूर्पणखा ने कभी इस स्थान की ओर ध्यान नहीं दिया। स्नान के लिए यह घाट किसी सरोवर के समान सुविधाजनक था।...शूर्पणखा ने आज तक यही समझा था कि उसी ने गोदावरी को गुप्त रूप से पार करने के लिए सुविधाजनक स्थान खोज निकाला है...

सौमित्र ने तट पर पड़ी एक नाव सीधी की।...तो जल-परिवहन का ज्ञान इन्हें भी है...शूर्पणखा ने सोचा...नाव को उठाकर उन्होंने जल में उतारा और चप्पू लेकर उसमें जा बैठे। सौमित्र उन्हें काफी देर तक कुछ समझाता रहा, कदाचित् नौका-परिचालन के ही विषय में। कभी वह चप्पू की ओर संकेत करता, कभी नाव और कभी जल की ओर।...अंत में वह स्वयं चप्पू लेकर बैठ गया और नाव चल पड़ी।

शूर्पणखा नाव को दूर तक जाते हुए देखती रही।...अब? सौमित्र तो जाने कहाँ चला गया था और जाने कब लौटेगा। तब तक शूर्पणखा क्या करेगी?...सहसा उसे स्मरण आया, वह यहाँ राम के लिए आई थी, सौमित्र के लिए नहीं। किंतु कैसी विचित्र बात थी कि जब तक सौमित्र सामने रहा—शूर्पणखा को राम की याद तक नहीं आई। वह पिछले तीन दिनों से राम से इतनी अभिभूत रही है कि उसे संसार की किसी अन्य वस्तु की चेतना तक नहीं थी—और सौमित्र ने आते ही राम को ऐसे भुला दिया।

तो वह दोनों में से किसका वरण करेगी?

सौमित्र का रंग-रूप, बल-पौरुष, तेजस्विता-उग्रता, चंचलता...वह तरुणाई, जिसे देखते ही शूर्पणखा का मन कटकटाकर टूट पड़ना चाहता है। और राम की आँखें, राम की मोहक मुस्कान...सौमित्र में तरुणाई थी तो राम में गंभीरता। स्थैर्य।...शूर्पणखा के लिए चुनाव बहुत कठिन था...उन दोनों में से एक को चुनना हो, तो शूर्पणखा किसे चुने?...एक को ही चुनना हो तो कदाचित् राम को ही चुनेगी; किंतु चुनना अनिवार्य क्यों है? शूर्पणखा ने तो कभी एक-पतिव्रत जैसी कोई प्रतिज्ञा नहीं की...उसे तो दोनों की आवश्यकता है...दोनों की...

उसका मन लंबे समय तक उल्लसित रहा—यदि वह आज प्रातः न आई होत तो सौमित्र को न देख पाती। वह तो एक पर ही मुग्ध थी—क्या जानती थी कि मुग्ध होने के लिए और पुरुष भी हैं...

सहसा उसे लगा, उसका उल्लास छीज रहा है। सौमित्र को गए बहुत समय हो गया था और राम आश्रम से बाहर नहीं आया था। पता नहीं, वह बाहर आएगा भी या नहीं और शूर्पणखा प्रतीक्षा में यहाँ टँगी बैठी रहेगी...कब तक बैठी रहेगी...

अंधकार घिर आने पर जब शूर्पणखा अपने प्रासाद में लौटी तो बहुत हताश थी। प्रातः थोड़ी देर के लिए सौमित्र को देख पाने के सिवाय, उसका दिन-भर निरर्थक गया था और लौटते हुए वह एक के स्थान पर दो-दो पुरुषों के विरह से पीड़ित लौटी थी। विरह की यातना के कारण दिन-भर की थकान ने मिलकर उसे पूरी तरह हताश कर दिया था...आज उसने पहली बार अनुभव किया था कि अब उसका वह वय नहीं रहा कि वह दिन-भर बिना कुछ खाये-पिये वन के किसी वृक्ष के नीचे अथवा समुद्र-तट की किसी शिला पर बैठी अपने प्रेमी की प्रतीक्षा करती रहे। अब उसका शरीर हारने लगा था...

वज्रा ने उसे देखा तो स्थिति समझ गई। उसने अनुमति लेने की आवश्यकता नहीं समझी। अपनी सहकर्मिणियों को संकेत किया। शूर्पणखा को सँभाल उन्होंने पंलग पर लेटा दिया। एक बड़े पात्र में ठण्डा जल ले, उसके पैर उसमें डुबो दिए। सिर को ऊँचा कर, तकिए के नीचे पात्र रख, केशों को भी जल में भिगो दिया। माथे पर औषधियों का लेप किया और हथेलियों की मालिश की।

शूर्पणखा का मन कुछ शांत हुआ तो व्रजा ने उसे एक पात्र में दूध दिया। उसे वज्रा के उपचार से इतना लाभ हो रहा था कि उसने दूध का तिरस्कार नहीं किया। दूध पीकर शरीर में कुछ बल आया तो उसने पूछा, "लंका के शृंगार-वैद्यों के आने का कोई समाचार?"

"नहीं, स्वामिनी! अभी तक कोई समाचार नहीं है।"

शूर्पणखा ने मुँह फेर लिया। उसे लगा—उसकी आँखों की कोरों से अजान ही अश्रु बहते जा रहे हैं।

"क्या बात है, स्वामिनी?"

शूर्पणखा ने उसे कुछ इस भाव से देखा, जैसे वह या तो उसकी बात समझ ही नहीं रही, या उसका उत्तर देना अनावश्यक है।

"स्वामिनी बहुत परेशान है?"

"मैं इस साम्राज्य में आग लगा दूँगी।" शूर्पणखा ने रोष और निराशा में अपने दाँतों से होंठ काट लिये।

"दुःखी न हों।" वज्रा ने स्नेह से उसके माथे पर हाथ फेरा, "यह आपकी

भूख और थकान के कारण है। आप थोड़ा भोजन अवश्य कर लें।"

शूर्पणखा कुछ नहीं बोली। वज्रा ने मौन को सहमति मान एक परिचारिका को भोजन लाने के लिए भेज दिया। वह स्वयं पास बैठी सांत्वना देती रही और बीच-बीच में उसका सिर चाँपती और केश सहलाती रही...किंतु वह उसके अश्रुओं को रोक नहीं सकी।

भोजन करा, औषधि की सहायता से वज्रा ने शूर्पणखा को सुला दिया। उसकी निद्रा के प्रति पूर्णतः आश्वस्त हो, वज्रा आज दिन-भर की घटनाओं की सूचना के लिए, खर के प्रासाद की ओर चल पड़ी।

प्रातः नींद टूटते ही शूर्पणखा ने परिचारिका से पहला प्रश्न किया, "लंका से शृंगार-वैद्य आए?"

"स्वामिनी अनुमति दें तो वज्रा को बुला लाऊँ।" परिचारिका बोली, "उसी को सूचना होगी।"

परिचारिका चली गई। शूर्पणखा के मन में पुनः पीड़ा और रोष का उदय हुआ—यदि शृंगार-वैद्य नहीं भी आए, तो शूर्पणखा अब और नहीं रुक सकती...

वज्रा आई।

"स्वामिनी! लंका से शृंगार-वैद्य और शृंगार-कर्मी कलाकार आधी रात को आ पहुँचे हैं। प्रसाधनों तथा रत्नाभूषणों से भरा एक पूरा रथ आया है।"

शूर्पणखा का मन कुछ शांत हुआ। उसे अनाकर्षक रूप में राम और सौमित्र के सम्मुख नहीं जाना होगा। और अब प्रतीक्षा की आवश्यकता नहीं है।

"उन्हें बुला ला!" वह उठकर बैठ गई।

"स्वामिनी, थोड़ा धैर्य रखें।" वज्रा बहुत कोमल ढंग से मुस्कराई, "मुझे अपयश न दिलाएँ। लंका के शृंगार-कर्मियों के सम्मुख जाने से पूर्व, अपनी कला दिखाने का मुझे भी अवसर दें।"

वज्रा ने शूर्पणखा के रात के वस्त्र परिवर्तित करवाए। गुनगुने जल से शरीर को स्वच्छ किया और पिछले दिन के प्रसाधन के सारे अवशेष मिटा दिए। सारे आभूषण उतार लिये और वेणी की खोल, केशों को गीला कर उन्हें एकदम सीधा कर दिया।

तब लंका के शृंगार-कर्मी आए। उनके तीन दल थे। पहला दल शृंगार-वैद्यों का था। उन्होंने शूर्पणखा के शरीर का निरीक्षण किया। उसके चेहरे का वर्ण परखा, आँखों के कोए, पलकों की लालिमा देखी। नाड़ी का परीक्षण किया। जिह्वा का रंग

देखा। नखों की लालिमा देखी। शरीर के विभिन्न अंगों के मांस की सुडौलता देखी और त्वचा की मसृणता का गहन परीक्षण किया। सारे निरीक्षण-परीक्षण के पश्चात् उन्होंने परस्पर विचार-विमर्श किया और तब अनेक औषधियों को अनावश्यक घोषित किया। वैद्यों के सहायकों ने तत्काल वे औषधियाँ प्रस्तुत कीं और उसी क्षण उनका शूर्पणखा को सेवन कराया गया।

दूसरा दल शृंगार-कलाकारों का था। उन्होंने शूर्पणख़ा के रंग, रूप, आकार इत्यादि को देख, उसके अनुरूप-केश-सज्जा, वस्त्रों तथा आभूषणों का प्रस्ताव किया।

तीसरा दल प्रसाधन-कर्मियों का था। उन्होंने वैद्यों और कलाकारों से संपूर्ण स्थिति समझ, उनके निर्देशों के अनुसार कार्य आरंभ किया। उन्होंने शूर्पणखा को आधी घड़ी तक शुद्ध वाष्प-स्नान कराया। उसके पश्चात् विभिन्न सुगंधियों से पूरित जल से स्नान कराया। प्रसाधन औषधियों के मर्दन के पश्चात् चंदन इत्यादि का लेप हुआ और चूर्णों इत्यादि के प्रयोग के पश्चात् उनका वास्तविक कार्य आरंभ हुआ। पैर के नखों से लेकर, सिर के केशों तक प्रत्येक अंग का, रंग तथा सुगंध से शृंगार हुआ। चेहरे के शृंगार का विशेष ध्यान रखा गया। अधरों का आकार, भौहों, पलकों, बरौनियों की बनावट तथा कपोलों की चिकनाहट पर प्रसाधन-कर्मियों ने सबसे अधिक समय लगाया। केश-विन्यास से पहले केशों को धो-पोंछ-सुखाकर, कलाकारों के आयोजन के अनुसार वेणी का शृंगार किया गया और उसे पुष्पों से सुशोभित किया गया। तब वस्त्रों और आभूषणों की बारी आई।...

और जब तैयार हो शूर्पणखा दर्पण के सम्मुख खड़ी हुई तो वह स्वयं ही अपने-आपको पहचान नहीं पाई। उसका वय किसी भी प्रकार तीस वर्ष से अधिक का नहीं लग रहा था, और ऐसा सौंदर्य सारी लंका में ढूँढ़ने पर भी नहीं मिल सकता था।

उसने शृंगार-कर्मियों को प्रशंसा की दृष्टि से देखा, "तुम लोग अपना कार्य दक्षता से कर लेते हो।...अच्छा, अब विश्राम करो।" वह वज्रा की ओर मुड़ी, "इनके लिए अच्छी व्यवस्था कर देना। देखना, इन्हें कोई कष्ट न हो। और सारथी को रथ लाने के लिए कह दे।"

एक-एक कर, सब लोग बाहर चले गए। शूर्पणखा कक्ष में अकेली रह गई। दर्पण के सामने खड़ी बड़ी देर तक वह स्वयं को निहारती रही। यह वय, यह रूप और यह आकर्षण उसे एक बार फिर से मिल जाता तो संसार का ऐसा कौन-सा पुरुष था, जिसका मन जीतने में उसे तनिक भी कठिनाई होती—चाहे वह पुरुष राम ही क्यों न हो...

3

राम जल्दी-जल्दी पग बढ़ाते हुए, आश्रम की ओर लौट रहे थे। आज उन्हें आशा से अधिक विलंब हो गया था। जब विवाद छिड़ जाए, तो उसका निर्णय किए बिना तो नहीं उठा जा सकता। क्या करते, वहाँ विषय ही ऐसा उठ खड़ा हुआ था। फिर मार्ग में उल्लास और उसकी पत्नी मणि को भी देखना था। बेचारे अभी तक अपने मृत बालक का शोक भुला नहीं पाए थे कि दूसरा बालक भी अस्वस्थ हो गया। वे दोनों ही बहुत चिंतित थे। लगता है, राजप्रासाद के विलासी जीवन के पश्चात् अभी वे वनवासी जीवन के अभ्यस्त नहीं हो पाए हैं। और फिर शूर्पणखा की क्रूरता का आतंक अभी तक उनका पीछा कर रहा है...

सहसा वे रुक गए। चार-पाँच पगों की दूरी पर खड़ी शूर्पणखा अत्यंत शालीनता से प्रणाम कर रही थी।

राम ने देखा—अद्भुत शोभा-शृंगार था। ऐसा शृंगार तो किसी अत्यंत समृद्ध, संपन्न और विलासप्रिय राज्य की राजकुमारी ही कर सकती थी। इस वन में ऐसे वस्त्राभूषण, शृंगार और रूप का क्या काम?

"कौन हो, देवि! तुम?"

"मैं कामवल्ली हूँ, राम!"

राम के कान नाम पर अटके और नयन शूर्पणखा की आँखों में दामिनी-सी ऐंठती वासना पर। किसने इस युवती का ऐसा शृंगारिक नाम रखा है? ऐसा नाम व्यावसायिक कारणों से किसी गणिका का तो हो सकता है—या किसी अबोध व्यक्ति की मूर्खता का परिणाम। कोई समझदार माता-पिता अपनी कन्या को ऐसी संज्ञा प्रदान नहीं कर सकते...किंतु यह क्या इसका वास्तविक नाम है? इसकी आँखों की वासना और आमंत्रण? क्या यह इस निर्लज्ज का आत्मनिवेदन मात्र नहीं...

"इस सघन वन में किस प्रयोजन से आई हो, देवि?" राम ने शांत स्वर में पूछा, "यह तुम जैसी सुंदरी के एकाकी भ्रमण के लिए उपयुक्त स्थान नहीं है।"

"प्रताड़ित हूँ, राम!" शूर्पणखा ने अपनी आत्मा की समस्त मादकता अपनी आँखों और अधरों में उँडेलने का प्रयत्न किया, "तुम्हारी शरण में आई हूँ। तुम रक्षा नहीं करोगे तो मेरे प्राण चले जाएँगे।"

राम के मन में आया, उसे फटकार दें—ऐसा शृंगार प्रताड़ितों का नहीं होता। नाटक की नटियाँ भी इतना शृंगार नहीं करतीं। किसी प्रकार के कष्ट अथवा आशंका का एक कण भी इस सारे व्यक्तित्व में राम को दिखाई नहीं पड़ रहा था।...फिर भी उन्होंने धैर्यपूर्वक पूछा, "तुम पर कैसा संकट है, देवि?"

''संकट मेरे प्राणों पर है, राम!'' शूर्पणखा ने चंचल मुस्कान के साथ कहा।

राम ने पुनः निरीक्षण की दृष्टि से देखा—आज तक उन्होंने देखा था, जिनके प्राणों पर किंचित् भी संकट होता था, उनके चेहरे का रंग उड़ जाता था, होंठ काँपते थे, कंठ से स्वर नहीं निकलता था, टाँगें थरथराती थीं और साँस की धौंकनी चल रही होती थी।...और आज उनके सम्मुख एक विगत-यौवना युवती खड़ी थी, जिसने कदाचित् अपने शृंगार में एक सप्ताह लगाया होगा, वह मुस्करा-मुस्कराकर मादक नयनों से देखती हुई अपने प्राणों के संकट की बात कह रही थी...राम के मन में वितृष्णा जागने लगी...

''तुम पर कैसा संकट है, देवि?'' राम ने पुनः पूछा।

''देवी मत कहो, मुझे 'कामवल्ली' कहो।''

''संबोधन चुनने की स्वतंत्रता मुझे दो।'' राम का स्वर कुछ रुक्ष हो गया, ''नाम द्वारा संबोधित किए जाने से तुम्हारा संकट कम नहीं होगा।''

''मुझे बताया गया है कि तुमने असहाय और निर्बल लोगों की अत्याचारों से रक्षा करने का व्रत ले रखा है।'' राम के स्वर की रुक्षता की उपेक्षा करती हुई, शूर्पणखा निकट आती हुई बोली, ''मणि को तुमने संरक्षण दिया है। उसकी स्थिति मुझसे अधिक संकटपूर्ण नहीं है।''

''मणि! मणि का संकट मैं जानता हूँ।'' राम बोले, ''तुम्हारे संकट से अभी अपरिचित हूँ।''

''एक निर्दयी अत्याचारी मेरे पीछे पड़ा है...'' शूर्पणखा का उत्तरीय उसके कंधों से ढलककर नीचे आ गया, ''वह मुझे कहीं भी शांति से बैठने नहीं देता, सोने नहीं देता, भोजन नहीं करने देता।...''

राम को शूर्पणखा के स्वर में पीड़ा से अधिक क्रीड़ा का आभास मिला।

''...जहाँ जाती हूँ, वहीं चला आता है।'' वह कहती जा रही थी, ''आज तक उसे कोई रोक नहीं सका, ऐसा दुर्निवार योद्धा है वह और कितना अत्याचारी। उसका कार्य ही लोगों को सताना है। उसके अस्त्रों की मार से कलेजे छलनी हो जाते हैं, रक्त उफनने लगता है और क्रमशः प्राण क्षीण हो जाते हैं...।''

राम देख रहे थे, अपनी यातना के वर्णन से कामवल्ली के चेहरे पर कैसी विह्वलता गहराती जा रही थी। निश्चित रूप से यह स्त्री किसी के द्वारा उत्पीड़ित नहीं थी...फिर यह सब क्या था? राक्षसों की कोई चाल, अथवा इस स्त्री की दुश्चरित्रता?...

''अत्याचारी का नाम लो, देवि!'' राम बोले, ''यदि उसने तुम्हें वस्तुतः सताया है और राम में तुम्हारी रक्षा की क्षमता है, तो राम पीछे नहीं हटेगा।''

"केवल तुम में ही क्षमता है, राम! केवल तुम में!" शूर्पणखा बोली, "भूलना मत। तुमने मुझे वचन दिया है।"

"मैं अपने वचनों को भूलता नहीं।" राम उदासीना से बोले, "किंतु मुझे मेरे आदर्शों में बाँधने का प्रयत्न मत करो। भ्रमित संदर्भों में दिया गया वचन कोई वचन नहीं होता।...विलंब मत करो। अत्याचारी का नाम लो।"

शूर्पणखा राम के एकदम निकट चली आई, जैसे उनके कंठ में अपनी भुजाएँ डाल देगी। उनकी आँखों में गहरे झाँकते हुए, मुसकराकर बोली, "कामदेव!"

राम का संदेह प्रमाण में बदल गया। धैर्यपूर्वक बोले,"तुम्हारे शत्रु के विरुद्ध कुछ भी करने को वचनबद्ध हूँ, किंतु उसे संतुष्ट करने में पूर्णतः अक्षम हूँ।"

शूर्पणखा की आँखों में ज्वाला झलकी...यह तिरस्कार! इस पुरुष का यह साहस!...इतना शृंगार, प्रसाधन, यह रूप, यौवन...और ऐसा खुला निमंत्रण...सब व्यर्थ! ऐंठती हुई शिराएँ, उफनता हुआ रक्त और तपता हुआ शरीर...

"तुम्हारे वक्ष में हृदय नहीं है, राम?"

"हृदय तो है, किंतु वह किसी के प्रेम में धड़कने के लिए है, किसी स्वेच्छाचारिणी के भक्षण के लिए नहीं।"

"तुम नारी-सौंदर्य का अपमान कर रहे हो!" शूर्पणखा बोली, "यह आर्यरीति तो नहीं हैं।"

"यह अपमान नहीं है, देवि!" राम बोले, "मेरी अक्षमता है। मैं तुम्हें अंगीकार नहीं कर सकता। मैं विवाहित हूँ।"

शूर्पणखा ने चकित दृष्टि से उन्हें देखा, "मैंने तुम्हें स्वयंवर का निमंत्रण नहीं दिया। यह काम-आह्वान है, राम! अंगीकार करने की बात ही कहाँ है?"

"काम-आह्वानों को स्वीकार करना मेरी नैतिकता नहीं है!" राम तटस्थ भाव से बोले, "तुम्हारी आवश्यकता ने ठीक व्यक्ति का चुनाव नहीं किया।"

राम चलने को हुए, "किसी का अकारण अपमान करना मेरी प्रकृति नहीं है। स्त्रियों का तो एकदम ही नहीं। कुछ अनुचित कह दिया हो तो क्षमा चाहूँगा।"

शूर्पणखा ने आगे बढ़कर मार्ग छेक लिया, "तुम समझते क्यों नहीं हो, राम! मैं तुमसे कुछ माँग नहीं रही। मैं तुम पर बोझ नहीं बनूँगी। मैं तो तुम्हें जीवन का वैभव, विलास और संसार का श्रेष्ठतम भोग मुक्तहस्त दान कर रही हूँ। तुम स्वयं को इस प्रकार वंचित क्यों कर रहे हो!"

पहली बार राम की मुस्कान वक्र हुई, "जो भी उपलब्ध हो जाए, वही ग्रहण कर लेना मेरे जीवन का लक्ष्य नहीं है। एक व्यक्ति के लिए जो संसार का श्रेष्ठतम भोग है, किसी अन्य के लिए वह जीवन का बोझ हो सकता है।" राम निरंतर

चलते रहे, "तुमने ठीक स्थान और व्यक्ति नहीं चुना, सुंदरी! यदि तुमने गोदावरी के उस पार जनस्थान के राक्षस स्कंधावार में किसी को कृतार्थ करने का प्रस्ताव रखा होता तो उसका जीवन सार्थक हो गया होता।"

"मेरी भावना को समझने का प्रयत्न करो, राम!" शूर्पणखा साथ-साथ चलती जा रही थी, "मैंने जब से तुम्हें देखा है, दिन-रात तुम्हारे अंकपाश में समा जाने के लिए तड़प रही हूँ। मुझे रात को नींद नहीं आती, दिन में शांति नहीं मिलती। तुम इस प्रकार मेरी अवज्ञा करोगे तो मैं जीवित कैसे रहूँगी..."

राम ने रुककर क्षण-भर शूर्पणखा को देखा, "तुम्हारी भावना मैं अच्छी प्रकार समझता हूँ, किंतु तुम भी मेरी भावना समझो। तुम्हारा यह प्रस्ताव मेरे लिए सुखद घटना नहीं है..."

"क्यों?" शूर्पणखा राम के पीछे-पीछे प्रायः भाग रही थी, "किसी भी पुरुष के लिए यह प्रस्ताव केवल सुखद ही हो सकता है...क्या तुम अपनी पत्नी से भयभीत हो, राम?"

"पत्नी से नहीं," राम मुस्कराए, "मैं तो तुमसे भयभीत हूँ। तुम लौट जाओ, देवि! प्रेम के बिना भोग जीवन की यातना है, और मैं तुमसे प्रेम नहीं करता।"

राम टीले की ऊँचाई चढ़ रहे थे, "लौट जाओ। तुम्हारा प्रस्ताव अनुचित है।"

"राम!" शूर्पणखा ने आगे बढ़, उनकी बाँह पकड़ ली, "एक बार भुजाओं में भरकर मुझे अपने वख से लगा लो, फिर चाहे मेरी हत्या कर देना।"

राम ने कोमलतापूर्वक अपना हाथ छुड़ा लिया, "कामवल्ली! अथवा जो भी तुम्हारा नाम हो, तुमने राम को बहुत गलत समझा है। लगता है, तुमने अब तक केवल पशु ही देखते हैं, मनुष्य नहीं।" वे रुककर बोले, "लौट जाओ! आश्रम के भीतर प्रवेश कदाचित् तुम्हारे लिए ठीक नहीं होगा।"

"मेरे लिए क्या ठीक है, क्या नहीं—यह मैं अच्छी प्रकार जानती हूँ।" शूर्पणखा पहली बार रुष्ट स्वर में बोली, "तुम नहीं जानते कि तुम क्या कह रहे हो, क्योंकि तुम नहीं जानते कि मैं कौन हूँ।"

"तुम कौन हो, देवि?" राम के अधरों पर उनकी मोहक मुस्कान थी।

"मैं शूर्पणखा हूँ—रावण, कुंभकर्ण और विभीषण की बहन! तुम्हें अपने व्यवहार का मूल्य चुकाना होगा।"

राम ने आश्चर्य से उसे देखा, किंतु शूर्पणखा रुकी नहीं। वह तीव्रगति से आश्रम के टीले की ढलान उतरती चली गई।

राम ने पहली बार सारे प्रसंग को गंभीर दृष्टि से देखा—कितनी विचित्र बात है

कि जिस रावण को उन्होंने अपना ही नहीं, समस्त मानवता का शत्रु माना है, उसी की बहन उन पर आसक्त हो—काम-प्रस्ताव लेकर स्वयं ही उनके पास आ गई। और अब वह रुष्ट होकर लौट गई है। कह गई है कि राम को अपने व्यवहार का मूल्य चुकाना होगा। क्या वह अपना रोष लेकर रावण के पास जाएगी? क्या रावण इस बात के लिए अपनी बहन का समर्थन करेगा कि वह उसके शत्रु के पास काम-संदेश लेकर गई...?

''आज लौटने में बहुत विलंब कर दिया?''

राम ने सीता की ओर देखा। अजाने ही उनके मन ने सीता और शूर्पणखा की तुलना की—सीता साकार शांति थीं और शूर्पणखा धधकती ज्वाला।

''हाँ, विलंब हो गया। वार्तालाप कुछ लंबा हो गया। मणि के यहाँ भी समय लग गया और...'' राम मुस्कराए, ''एक आक्रमणकारी से भी जूझता चला आ रहा हूँ।''

''आक्रमणकारी! इस समय?'' सीता चकित थीं, ''कहीं कोई घाव तो नहीं लगा?''

''घायल तो आक्रमणकारी ही हुआ।'' राम बोले, ''इसीलिए तो उसने आक्रमण किया था...''

वार्तालाप के कुछ शब्द हवा में फैल गए। लक्ष्मण और मुखर के साथ-साथ जटायु भी वहीं आ गए।

''क्या बात हुई?''

राम ने सारी घटना कह सुनाई।

''भाभी, आपके लिए चुनौती आ खड़ी है।'' लक्ष्मण बोले।

''हाँ, दीदी! सावधान तो आपको हो ही जाना चाहिए।'' मुखर ने भी टिप्पणी की, ''शूर्पणखा साधारण स्त्री नहीं है।''

सीता हँसीं, ''तुम दो-दो मेरे शुभचिंतक हो तो चिंता किस बात की। फिर आई तो तुममें से किसी एक के हवाले कर दूँगी। वह भी कृतार्थ होगी और तुम भी धन्य हो जाओगे।''

किंतु वृद्ध जटायु घटना सुनकर बहुत गंभीर हो गए, ''यह परिहास की बात नहीं है, पुत्री! यह तो भावी संकट की पूर्व-सूचना है।''

राम ने उसी गंभीरता से जटायु को देखा, ''स्पष्ट कहें, तात जटायु!''

''राम! हम एक प्रकार से अब रावण के आमने-सामने होने की स्थिति में आ रहे हैं। यह उससे पहला संपर्क ही समझो।'

"तात जटायु! यह तो शूर्पणखा का प्रेम-प्रसंग है। यहाँ रावण कहाँ से आ गया!" लक्ष्मण बोले।

"सौमित्र! तुम शूर्पणखा को नहीं जानते।" जटायु उसी गंभीरता से बोले, "जब से शूर्पणखा के पति कालकेय विद्युज्जिह्व का रावण के हाथों वध हुआ है, रावण ने शूर्पणखा को सब प्रकार के अनाचारों की खुली छूट दे रखी है। जनस्थान के राक्षस सैनिक स्कंधावार का अधिपति अवश्य खर है, किंतु वास्तविक स्वामिनी शूर्पणखा है और..." जटायु ने लंबी साँस ली, "इस शूर्पणखा को मैं जानता हूँ। यह पूर्ण राक्षसी है—भोग में, क्रूरता में, अत्याचार में। इसके जीवन मैं शृंगार-प्रसंग क्या अर्थ रखता है, तुम नहीं जानते। इस वय में भी वह कितनी प्रचण्ड है—यह यहाँ का जन-साधारण भी जानता है। उसकी हल्की-सी इच्छा का विरोध भी साम्राज्यों को हिला देता है।" जटायु एक-एक शब्द चबाकर बोले, "मेरी बात मानो तो समस्त आश्रमों में सूचनाएँ भिजवा दो। जन-वाहिनी की टुकड़ियाँ तत्काल यहाँ पहुँचनी आरंभ हो जानी चाहिए। अगस्त्य को भी सूचना भिजवा दो—संघर्ष निकट आ गया है। अगले कुछ ही दिनों में तुम राक्षसों की सैनिक-शक्ति का साक्षात्कार करोगे।"

"अरे नहीं, तात जटायु!" राम मुस्कराए, "आप कुछ अधिक ही आशंकित हो उठे हैं।"

"नहीं, राम! मेरी बात को सच मानो।" जटायु की गंभीरता में कोई अंतर नहीं आया, "शूर्पणखा के आतंक-क्षेत्र में इतना समय बिताने वाले इस वृद्ध की आशंका व्यर्थ नहीं है।"

"किंतु शूर्पणखा के इधर आने की सूचना हमें क्यों नहीं मिली?" मुखर जैसे अपने-आप से ही पूछ रहा था, "हमारी संचार-व्यवस्था..."

"गोदावरी का तट कोई निषिद्ध क्षेत्र तो है नहीं और उसका क्षेत्र एक-आध घाट तक सीमित भी नहीं है।" राम बोले, "इतना लंबा तट है। कोई एक व्यक्ति, वह भी स्त्री, यदि छिपकर इधर आ जाए तो तुम्हें उसकी सूचना कोई कैसे देगा? इक्का-दुक्का आदमी तो कभी भी आ सकता है। तुम्हारी संचार-व्यवस्था ऐसी सूक्ष्म छलनी नहीं है, जिसमें से दो-चार आदमी भी न छन सकें। हाँ, कोई सेना आए, सैनिक टुकड़ी आए, तो देखो मार्ग के ग्रमों और वनों की एक-एक कुटिया टनटनाने लगती है, अथवा नहीं।"

"राम ठीक कह रहे हैं।" सीता बोलीं, "किंतु सौमित्र को क्या हो गया? एकदम मौन धारण किए बैठे हैं। कदाचित् एक स्त्री के प्रेम-निवेदन के उत्तर में सैनिक-अभियानों की बात इनके करुणापूर्ण हृदय को अच्छी नहीं लगी।"

"नहीं।" लक्ष्मण औचक ही मुस्करा पड़े, "किंतु मैं यह अवश्य ही सोच

रहा हूँ कि शूर्पणखा का प्रेम-निवेदन क्या सचमुच इतना संकटपूर्ण है?"

"मेरा अनुभव तो यही कहता है, सौमित्र!" जटायु बोले, "वैसे आस-पास के ग्रामों तथा आश्रमों के युवकों को तो सतर्क कर ही दो और अगले दो-एक दिनों में शूर्पणखा की उग्रता स्वयं परख लो।"

"यह ठीक है।" राम बोले, "इसमें कोई अपत्ति नहीं हो सकती।

"तो कल प्रातः मैं सूचना भिजवा दूँगा।" मुखर बोला।

"सौमित्र! तुम शस्त्र-वितरण भी आरंभ करवा देना। तात जटायु की आशंका अकारण नहीं होगी" राम ने कहा।

"और कल यदि वह पुनः आई तो उसका प्रस्ताव कौन स्वीकार करेगा—सौमित्र या मुखर?" सीता मुस्करायीं, "मुझे भय है, कहीं उसके लिए तुम दोनों परस्पर कलह न कर बैठो।"

"यह स्वयंवर शूर्पणखा पर ही छोड़ दो," राम बोले, "दोनों को उसके सामने खड़ा कर देना, जिसे वह पसंद कर ले।"

"शूर्पणखा परिहास का विषय नहीं है, पुत्री!" जटायु बोले, "अच्छा, मैं अब चल रहा हूँ, किंतु मेरी बात को भुलाना मत।"

जटायु चले गए। भोजन के पश्चात् लक्ष्मण और मुखर भी अपने-अपने कुटीरों में चले गए। अपनी कुटिया में आकर राम को लगा, सीता सहज रूप से सोने की तैयारी नहीं कर रहीं—जैसे उनके मन में कोई बात हो।

"क्या बात है, सीते?"

सीता अनिश्चित-सा भाव लिये राम को देखती रहीं, फिर आकर उनके निकट बैठ गईं। उनका हाथ अपने हाथों में लिया और उसे थपथपाती रहीं। फिर उसे अपनी दोनों हथेलियों में स्नेह से दबाकर, बहुत कोमल स्वर में पूछा, "प्रिये! शूर्पणखा बहुत सुंदर है क्या?"

राम अट्टहास कर उठे।

कुछ देर तक सीता, हँसते हुए राम को देखती रहीं और फिर खीझकर बोलीं, "क्यों? मैं स्त्री नहीं हूँ क्या? या मुझे अपने पति से प्रेम नहीं है अथवा कभी प्रेम आशंकाविहीन भी हुआ है?"

"नहीं, सीते!" राम बोले, "प्रश्न यह नहीं है। प्रश्न यह है कि क्या अपनी पत्नी से सुंदर स्त्री के मिलते ही पति अपनी पत्नी को छोड़ जाएगा? अपनी पत्नी के प्रति पति की ईमानदारी क्या तभी तक है जब तक उसको उससे अधिक सुंदर कोई अन्य स्त्री नहीं मिल जाती?"

"आप ठीक कहते हैं।" सीता का स्वर आश्वस्त था, "किंतु कभी-कभी बहुत स्थिर मन भी आशंकित हो उठता है।"

"किंतु तुम्हारे आशंकित होने का कोई कारण नहीं है।" राम मुस्कराए, "सबसे अधिक आशंकित तो तात जटायु हैं।"

"उनकी चेतावनी को यूँ ही मत टालिए।" सीता बोलीं, "वे ठीक ही कह रहे हैं। व्यक्ति जब निर्बाध सत्ता का भोग करता है तो वह अपनी साधारण-से-साधारण इच्छा को संपन्न करने के लिए साम्राज्यों को झोंक देता है, और यहाँ तो राम को प्राप्त करने की बात है—जो अपने आप में ही बड़े-से-बड़े साम्राज्य से अधिक मूल्यवान है...।"

राम पुनः उच्च स्वर में हँसे, "आज मेरी पत्नी को क्या हुआ है?"

सीता ने अपना सिर, राम के कंधे से टिका दिया, "मुझे बताओ, शूर्पणखा देखने में कैसी है?"

"बड़ा कठिन काम है।" राम बोले, "मैं उसका रूप ठीक से देख नहीं सका।"

"क्यों? आँखें चौंधिया गई थीं?"

"नहीं।" राम हँसे, "उसके प्रसाधन-लेपों के मुखौटे के नीच उसका रूप कैसा था, यह बताना कठिन है।"

"इतना शृंगार किया था उसने?"

"कोई रोम बिना रँगे नहीं छोड़ा था।"

"रँगी सियार!" सीता सशब्द हँसीं।"

शूर्पणखा अपने प्रासाद में लौटी तो उसकी उग्रता अपनी चरम सीमा पर थी। उसका मन हाथ में खड्ग लेकर सम्मुख आने वाले प्रत्येक व्यक्ति का मुण्ड रुण्ड से पृथक् कर देने को तड़प रहा था। जब शूर्पणखा की मनोकामना पूरी नहीं हो सकती तो किसी को भी वह अपनी इच्छानुसार जीने नहीं देगी। उसका मन पुकार-पुकारकर कह रहा था कि वह अपने सैनिकों को आज्ञा दे कि जो पति-पत्नी, जो प्रेमी-प्रेमिका उनको एक साथ दिखाई पड़ें, उनकी हत्या कर दें—किसी भी स्त्री अथवा पुरुष को अपनी इच्छा के स्त्री-पुरुष के निकट जाने की अनुमति नहीं दी जा सकती। जीवन में भोग के नाम पर केवल बलात्कार होगा, जो चाहे अपने बल से, जिसका चाहे भोग कर ले...

सहसा उसका मन रोने-रोने को हो आया—जब शूर्पणखा पुरुषों के मन को विगलित कर सकती थी, जब उसे देखकर पुरुषों के मन का रक्त उफनने लगता था, जिसकी आँखें उसे देख लेतीं, उसी का वध फटने लगता था—तब रावण ने

उसके प्रेमी को अपने फरसे से दो टुकड़े कर डाला और आज उसकी इतनी दुर्दशा हो गई है कि अपने प्रिय के सम्मुख जाने के लिए उसे लंका के शृंगार-शिल्पियों की प्रतीक्षा करनी पड़ती है, उनकी सहायता के बिना वह अपने प्रिय के सामने प्रकट होने का साहस नहीं कर सकती...और जब प्रकट होती भी है तो वह उसके रूप पर रीझता नहीं, उसके चरणों में लोटता नहीं, उल्टे उसके प्रसाधनों के लेप के नीचे से भी उसके वय को देख लेता है और उसे ठोकर मारकर चल देता है...

क्या लाभ है ऐसे शृंगार-शिल्पियों का? उन्हें तो अंधकूप में डलवा देना चाहिए।

"द्वार पर कौन है?"

"स्वामिनी!" रक्षिका प्रकट हुई।

"अंगरक्षकों से कहो कि लंका से आए हुए शृंगार-शिल्पियों..." शूर्पणखा सोच में पड़ गई, "अभी राम उसे मिला नहीं है। कल फिर प्रयत्न करना होगा। तो शृंगार-शिल्पी..."

"स्वामिनी!"

"हाँ। शृंगार-शिल्पियों को संदेश दे कि वे मेरे कल के प्रसाधन की तैयारी कर लें।"

"अंगरक्षकों से संदेश भिजवाऊँ?" रक्षिका चकित थी।

"अच्छा! परिचारिका से ही कहलवा दे।"

"जो आज्ञा।" रक्षिका चली गई।

शूर्पणखा की चिंतन-प्रक्रिया पुनः चल पड़ी—त्रुटि कहाँ रह गई? भूल कहाँ हुई? क्या ऐसा भी कोई पुरुष हो सकता है तो उसका मूल्य भी होगा ही। इस प्रकार हताश अथवा क्षुब्ध होने के स्थान पर उसे राम के मूल्य की खोज करनी होगी। क्या चाहता है वह? उसकी दुर्बलता क्या है? रूप-सौंदर्य? धन-संपत्ति? सत्ता-शक्ति? क्या चाहता है वह?

रूप-सौंदर्य से उसे आकर्षित करना कठिन है। शूर्पणखा ने स्वयं अपना रूप दर्पण में देखा था। उस रूप पर, जो पुरुष मुग्ध होना तो दूर, आकर्षित तक नहीं हुआ—उसकी दुर्बलता रूप, सौंदर्य अथवा यौवन का आकर्षण नहीं हो सकती। यदि संसार की सर्वश्रेष्ठ सुंदरियाँ लाकर उसके चरणों में डाल दी जाएँ तो भी कदाचित् वह विचलित नहीं होगा। पर क्यों? या तो उसके शरीर-निर्माण में कोई अभाव है—उसके पास हृदय नहीं या पुरुष का उष्ण रक्त नहीं, या आँखों में यौवन-सौंदर्य को देखने की क्षमता नहीं, या मस्तिष्क ही प्रतिक्रियाविहीन है? या वह सड़े किस्म का कोई आदर्शवादी है, जो सिवाय अपनी पत्नी के, अन्य किसी स्त्री के कामाह्वान से स्पंदित

ही नहीं होता, अथवा उसके आस-पास ऐसा रूप-सौंदर्य बिखरा हुआ है कि शूर्पणखा के सौंदर्य का उसके लिए कोई महत्त्व ही नहीं है।

तो धन-संपत्ति? शासन-सत्ता?

किंतु उसके विषय में बताया गया था कि वह अयोध्या का राजकुमार है, जो अपना राज्य छोड़कर वनवासी हो गया है। तो उसे धन-संपत्ति का क्या आकर्षण हो सकता है? यदि उसे शासन की इच्छा हो तो शूर्पणखा इसी क्षण जनस्थान की राक्षस सेना उसके अधीन कर देगी—जिससे चाहे युद्ध करे, और जो राज्य चाहे, हस्तगत कर ले...

शूर्पणखा का मन इस बात पर भी टिका नहीं...जो व्यक्ति आपना राज्य छोड़कर आया हो, वह नये राज्य को स्थापित करेगा? कहीं ऐसा न हो कि यह भी आज के रूप-सौंदर्य के उत्कोच के समान व्यर्थ सिद्ध हो। ऐसा प्रस्ताव कर कहीं वह पुनः मूर्ख न बने...

अँधेरे में इधर-उधर छटपटाता मस्तिष्क, अनेक मार्गों पर चला और लौट आया। अनेक प्रश्न उसके मन में उठे और फिर स्वयं ही शांत हो गए। जैसे-जैसे समय बीतता जा रहा था, उसकी व्याकुलता बढ़ती जाती थी...कभी-कभी तो वह स्वयं भी घबरा जाती थी। व्याकुलता इसी प्रकार बढ़ती रही तो वह किसी भी क्षण तर्क का मार्ग छोड़, उग्रता के मार्ग पर चलने लगेगी और तब प्रत्येक समस्या का उसे एक ही समाधान सूझेगा—शस्त्र और सेना।

सहसा उसके मन में एक नया प्रश्न उठा—राम अपना राज्य छोड़, यहाँ वन में क्या करने आया है?

दासी ने बताया था कि राक्षसों से ऋषियों की रक्षा करने आया है...दण्डकवन में कुछ ऐसे संगठन बनाता भी रहा है—यह भी शूर्पणखा ने सुना था। जटायु के पास आकर, उसके सहयोगी के रूप में रुकने का क्या अर्थ हो सकता है? जटायु सदा से राक्षसों द्वारा पीड़ित होता रहा है...तो राम एक लक्ष्य लेकर आया है...कुछ लोग ऐसे भी होते हैं, जिनके सामने लक्ष्य ही प्रधान होता है। उनके लिए जीवन की प्रत्येक सुख-सुविधा नगण्य होती है, प्रत्येक आकर्षण-विकर्षण लक्ष्य के अनुरूप होते हैं...जीवन तथा लक्ष्य पर्याय हो जाते हैं...तो राम ऐसा व्यक्ति है—लक्ष्य और उद्देश्य के प्रति समर्पित...यही उसका मूल्य है...

शूर्पणखा की आँखें चमक उठीं। मन हल्का हो गया। शरीर में स्फूर्ति आ गई।

"द्वार पर कौन है?" उसने गर्दन उठाकर कहा, "भोजन की व्यवस्था के लिए संदेश भिजवा दो।"

प्रातः से ही राम के आश्रम में संदेश-प्रेषण का कार्य आरंभ हो गया। मुखर की व्यस्तता बहुत बढ़ गई। उसके दल के कार्यकर्ता इधर-से-उधर दौड़ रहे थे। थोड़ी-सी देर में ही, अगले पड़ावों से, संदेश-प्राप्ति की सूचनाएँ आने लगी थीं।

दूसरी ओर लक्ष्मण भी सक्रिय हो उठे थे। वे अपने साथियों को लेकर प्रातः ही निकल गए थे और अनेक स्थानों पर बनाए गए शस्त्र-निर्माण-गृहों तथा सुरक्षित स्थानों से शस्त्र वन में बने कुटीरों तथा आस-पास के ग्रामों में पहुँचने लगे थे। पिछले दिनों जिन-जिन ग्रामों पर राक्षस सैनिकों ने छापे मारे थे, वहाँ शस्त्र पहले ही पहुँच चुके थे। उन ग्रामों के लोगों को युद्ध का स्वरूप कुछ-कुछ स्पष्ट हो चला था, शेष लोग अपनी घृणा और आक्रोश में राक्षसों से टकरा जाने की प्रतीक्षा कर रहे थे...लक्ष्मण को सब स्थानों पर उत्साह ही दिखाई पड़ा था। निराशा और हताशा कहीं नहीं थी...

सीता शस्त्र-प्रशिक्षण में लगी रहीं और राम एक ओर बाहर से आए हुए अनेक अभ्यागतों की समस्याओं का समाधान करते रहे तथा दूसरी आरे मुखर एवं लक्ष्मण द्वारा भेजी गई सूचनाओं इत्यादि में उलझे रहे। दिन-भर कहीं जा नहीं पाए, जबकि इस सारे आयोजन में जटायु से विचार-विमर्श उन्हें अनिवार्य लग रहा था, साथ ही उल्लास और मणि के पुत्र के स्वास्थ्य के विषय में भी पूछना था।

संध्या समय वे आश्रम से निकले। टीले से उतर, पहले उल्लास के कुटीर की ओर जाने का निश्चय कर उधर मुड़े ही थे कि उन्हें सामने शूर्पणखा खड़ी मिली। राम ने पहली दृष्टि में देखा—उसका शृंगार कल से किसी भी प्रकार कम नहीं था। परिधान कुछ अधिक ही भड़कीला था—कदाचित् किसी दूर देश में मँगवाए गए, किसी विशिष्ट वस्त्र से बना हुआ।...कल जाते हुए जिस प्रकार वह रुष्ट होकर गई थी, आज वैसी रुष्ट भी नहीं लग रही थी।

उसने बड़े नम्र और शालीन ढंग से अभिवादन किया।

राम सजग हुए। जटायु का विचार ठीक था। शूर्पणखा सहज ही हार स्वीकार करने वाली नहीं थी। कदाचित् आज वह कोई अन्य प्रस्ताव लेकर आई थी।

"आप मुझसे रुष्ट तो नहीं हैं?"

उसका संबोधन आज अधिक सम्मानजनक था, स्वर अधिक कोमल था और व्यवहार अधिक शिष्ट।

राम कुछ नहीं बोले। उसे देखते रहे। कैसे मानेगी यह धृष्ट स्त्री? तर्क सुनने को वह प्रस्तुत नहीं थी। शारीरिक बल अथवा शस्त्र-कौशल यहाँ सार्थक नहीं था...

शूर्पणखा ने राम के बोलने की अधिक प्रतीक्षा नहीं की, जैसे उत्तर की उसे अपेक्षा ही नहीं थी। उसे तो अपनी ही बात कहनी थी, "मैंने कल जाते-जाते आपको बताया था कि मैं रावण, कुंभकर्ण और विभीषण की बहन हूँ। वह मैंने धमकी के रूप में नहीं कहा था। मैंने तो अपना परिचय दिया था।" वह सायास हँसी, "आपने कहीं यह तो नहीं मान लिया कि मैं राक्षसी हूँ और रक्ष-संस्कृति के स्वार्थप्रधान, परपीड़नयुक्त, मानवताविहीन सिद्धांतों को मानती हूँ तथा न्याय-अन्याय की चिंता किए बिना हिंसा तथा उग्रता के बल पर अन्य लोगों को पीड़ित करती रहती हूँ।" उसने अपांग से राम को देखा, "आप यह सोच भी लें तो कुछ भी अस्वाभाविक नहीं है।...पर कल आप जल्दी-जल्दी चले गए थे, मुझे अपनी बात कहने का अवसर ही नहीं मिला। अपने आश्रम में आने से भी आपने मना कर दिया था—यद्यपि यह आर्य-रीति नहीं है।..."

राम को बोलना ही पड़ा, "अकल्याणकारी प्रोत्साहन न देना ही आर्य-नीति है, देवि!"

"आप ठीक कह रहे हैं।" शूर्पणखा ने पुनः बात का सूत्र पकड़ लिया, "पर कल मैं अपनी बात नहीं कह सकी। मैं आपसे कहना चाह रही थी कि मुझे स्वयं यह सब अच्छा नहीं लगता। इसीलिए मैं और विभीषण सदा ही रावण और कुंभकरण का विरोध करते रहे हैं। नहीं तो क्या आवश्यकता थी कि मैं लंका जैसी समृद्ध नगरी को त्याग, यहाँ इस वन के स्कंधावार में पड़ी रहती?...रावण के कृत्य देखकर, उसकी बातें सुनकर मेरा तो दम घुटता है। मैं लंका में रह नहीं सकती। विभीषण बेचारा जाने किन मजबूरियों में लंका में रहता है और कितनी पीड़ा सहता है... ।"

राम आज शूर्पणखा का नया ही रूप देख रहे थे। यह स्त्री कितनी वाग्मी है और दूसरे व्यक्ति को पूर्णतः मूर्ख समझती है। यह मानकर चल रही है कि जो कुछ यह कहेगी, दूसरा व्यक्ति उसको स्वीकार कर ही लेगा।...एक बात स्पष्ट थी कि यह अपनी बात कहे बिना, उन्हें आगे जाने नहीं देगी।

"यदि अन्यथा न मानो," राम बोले, "तो यहाँ बैठकर बात कर लें; शायद वार्तालाप कुछ लंबा चले।"

शूर्पणखा की आँखों में सफलता के स्फुलिंग चमके, कदाचित् राम की रुचि जाग उठी, तभी तो बैठने के लिए कह रहा है...

वह चमक राम ने भी देखी...लगा, भूल हो गई। यह तो सामान्य शिष्टाचार को भी उल्टी दिशा में ले गई। इस स्त्री को इस प्रकार प्रोत्साहित नहीं करना चाहिए था।...किंतु भूल तो हो ही चुकी थी...

"विभीषण के विषय में आपने सुना ही होगा," शूर्पणखा बैठते हुए भी निरंतर बोलती जा रही थी, "सारा संसार जानता है कि उसने रक्ष-संस्कृति को कभी स्वीकार नहीं किया और समय-समय पर यथासंभव उसका विरोध करता ही रहा है...।"

विभीषण के विषय में राम की जिज्ञासा जाग रही थी...कैसा है विभीषण? भरद्वाज ऋषि ने भी विभीषण का नाम लिया था...

"वह तो अपने संबंधों के कारण लंका में पड़ा है," शूर्पणखा कहती जा रही थी, "किंतु मैंने यह स्वीकार नहीं किया। शैशव से ही मुझे विभीषण से स्नेह था और रावण मुझे अच्छा नहीं लगता था। आप जानते ही होंगे कि रावण ने अपने हाथों मेरे पति की हत्या कर दी थी," शूर्पणखा ने सुबकी लेने का अभिनय किया, "क्योंकि विद्युज्जिह्व ने कभी उसकी अधीनता स्वीकार नहीं की। आप ही बताइए, कोई स्त्री अपने पति के हत्यारे को स्नेह की दृष्टि से कैसे देख सकती है, चाहे वह उसका अपना सगा भाई ही क्यों न हो...!" शूर्पणखा को लगा, उसका अपनी पीड़ा का अभिनय, यथार्थ से एकाकार होता जा रहा है। रावण के प्रति कहीं गहरे दबी हुई घृणा उभरकर तल पर आ रही है..., "ऐसे में आप मुझे रावण की बहन और क्रूर राक्षसी मान लें—क्या यह उचित है?"

राम मुस्कराए, "मेरा मानना-न मानना तो बाद की बात है, देवि! कल तुमने ही कहा था कि तुम रावण की बहन हो, अतः मुझे अपने किए का मूल्य चुकाना होगा।"

शूर्पणखा क्षण-भर के लिए भी हतप्रभ नहीं हुई, "कह दिया था तो क्या हुआ। आवेश में व्यक्ति कई बार अनुचित भी कह जाता है; इसीलिए तो आज अपना स्पष्टीकरण देने स्वयं चली आई।"

"पर मुझे स्पष्टीकारण देना क्यों आवश्यक है?" राम उठने को हुए, "मैं चलूँ।"

"इतने कठोर न बनो, राम!" शूर्पणखा ने औचक ही हाथ पकड़कर राम को बैठा लिया, "यदि मेर आचरण राक्षसों जैसा नहीं है तो मुझे ग्रहण करने में तुम्हें क्या आपत्ति है?"

शूर्पणखा की कातरता ने राम की मुस्कान को वक्र कर दिया, "मुझे जल्दी जाना चाहिए, किसी ने मुझे तुमसे बातें करते देख लिया और रावण से कह दिया तो तुम्हारे पक्ष का मानकर रावण मेरा शत्रु हो जाएगा। तब मुझे बचाने न तुम आओगी, न विभीषण आएगा।"

शूर्पणखा झटका खा गई—वह अब तक अपना रावण-विरोध इसलिए स्थापित करती आ रही थी कि राम उसे अपना सके; और राम ने क्षण-भर में ही सारी स्थिति

उलटकर रख दी।...ठीक कह रहा है राम। ऐसी स्त्री को कौन अंगीकार करेगा, जिससे रावण उसका शत्रु हो जाए...

शूर्पणखा अवाक् बैठी रह गई, किंतु अगले ही क्षण उसका मस्तिष्क दूसरी ओर चल पड़ा, "किंतु हमारा विरोध ऐसा तो नहीं है, जिससे हम एक-दूसरे के शत्रु माने जाए।" शूर्पणखा ने अपने अधरों के कंपन को नियंत्रित कर लिया, "रावण ने यदि मेरे पति की हत्या की थी तो उसने अपनी भूल स्वीकार भी कर ली थी। आज तक पश्चाताप कर रहा है। इसीलिए तो मुझे जनस्थान में अनेक विशेषाधिकार दे रखे हैं। वह है तो राक्षसों का सम्राट्, किंतु अवसर ढूँढ़ता रहता है कि कब उसे मेरी कोई छोटी-से-छोटी इच्छा मालूम हो और कब वह उसे पूर्ण कर मुझे प्रसन्न कर सके। यदि मैं तुम्हें अपने पति अथवा प्रेमी के रूप में उसके सम्मुख प्रस्तुत करूँगी तो वह निश्चित रूप से तुम्हारी ओर मैत्री का हाथ बढ़ाएगा। तुम्हें सिर-आँखों पर बैठाएगा। अपनी बहन के पति का वध कितना पीड़ादायक होता है—यह वह जान गया है। दूसरी बार वह अपने बहनोई का अपमान करने की भूल नहीं कर सकता। मेरे साथ विवाह का अर्थ जानते हो, राम!..." शूर्पणखा संभावना से ही उल्लसित हो उठी, "राक्षसराज रावण, महाबली कुंभकर्ण, धर्मात्मा विभीषण तथा यक्षराज कुबेर तुम्हारे साले हो जाएँगे। उनकी समस्त शक्ति और धन-संपत्ति तुम्हारे अधीन होगी। तुम्हारे नाम का डंका सारे शहर में बजेगा। जो राज्य चाहोगे, तुम्हें मिल जाएगा। रावण के बहनोई के नाम से ही विश्व काँप उठेगा..."

राम ने देखा, शूर्पणखा की बुद्धि, उसका तर्क-विवेक—विह्वलता में बह गए थे। उचित-अनुचित का ज्ञान उसे नहीं था। वह व्यक्ति नहीं, एक इच्छा मात्र थी, विवेकहीन इच्छा...

"एक निर्धन तपस्वी के लिए इतने धनी लोगों का संबंधी होना जोखिम की बात है; और तुमने सुना ही होगा, देवि। मैंने अनेक राक्षसों का वध किया है।" राम कोमल स्वर में बोले, "ताड़का और सुबाहु भी मेरे हाथों ही मरे थे। रावण अवश्य ही मुझे अपना शत्रु मानता होगा। संभवतः किसी समय रावण से मेरा आमने-सामने युद्ध हो।"

शूर्पणखा ने राम की पूरी बात भी नहीं सुनी। राम की इच्छा की दिशा पहचानते ही जैसे वह उस ओर बह निकली, "युद्ध होता है तो हो, राम! कोई भय नहीं है। युद्ध किसी से भी हो, पत्नी तो अपने पति की ओर से ही लड़ेगी। तुम्हें कदाचित् ज्ञात न हो कि मैंने अनेक शस्त्रास्त्रों का ज्ञान अपने भाई कुंभकर्ण से पाया है; और योद्धा के रूप में रावण से तनिक भी हीन नहीं हूँ। युद्ध की स्थिति में मेरी सेनाएँ तुम्हारे पक्ष से रावण के विरुद्ध लड़ेंगी। स्वयं मैं तुम्हारी ओर से

लड़ूँगी।..." शूर्पणखा को लगा कि वह रावण से अपने प्रेमी-द्रोह का प्रतिशोध ले रही है, "मैं तुम्हें रावण की वीरता, उसकी सेना, उसके शस्त्रों का एक-एक भेद बताऊँगी। उसकी व्यूह-रचना को खण्ड-खण्ड कर दूँगी। मैं इस राक्षस-साम्राज्य को ध्वस्त कर दूँगी और अपने हाथों से तुम्हें लंका के सिंहासन पर बैठाकर तुम्हारा राज्याभिषेक करूँगी..."

शूर्पणखा का आवेश और उग्रता देखकर राम गंभीर हो गए, यह अभिनय नहीं हो सकता। हर राक्षसी अपनी इच्छा-पूर्ति के लिए कुछ भी कर सकती है—अपने सगे भाइयों की हत्या भी। निश्चित रूप से निजी स्वार्थ की चरम परिणति, इस रक्ष-संस्कृति में पली हुई स्त्री ऐसी ही हो सकती है; जो अपने क्षणिक सुख के लिए अपने भाइयों तक की हत्या को तत्पर हो। उसके इस रूप को देखकर तनिक भी संदेह नहीं हो सकता था कि जो कुछ वह कह रही है, उसे कर डालने में वह तनिक भी संकोच करेगी...

"यह संबंध किसी भी रूप में संभव नहीं है, देवि!" राम उठ खड़े हुए, "मैंने कल ही तुमसे कहा था, मैं विवाहित हूँ।"

"राम!" शूर्पणखा ने राम की भुजा थाम ली। उसकी आँखें गीली हो उठीं। चेहरे के भाव ऐसे थे, जैसे वक्ष पीड़ा से फट रहा हो, "रहने दो विवाह! एक बार मेरा रति-निमंत्रण तो स्वीकार कर लो। एक बार..."

राम के मन में तीव्र इच्छा उठी कि इस साक्षात् वासना को झटककर अपना हाथ छुड़ा लें; किंतु उसकी आँखों का पानी उन्हें कठोर बनने नहीं दे रहा था। भला इस स्त्री को कैसे समझाया जा सकता था, जिसमें न विवेक था, न स्वाभिमान, न संस्कार, न कोई सामाजिक नैतिकता...कितनी कातर और दयनीय हो रही थी, जैसे कोई विवेकहीन पशु अपनी प्राकृतिक भूख की पीड़ा से व्याकुल हो, शिलाओं पर सिर पटकने को तत्पर हो...तो क्या करें राम?...सहसा उनके मन में सीता और लक्ष्मण में हो रहा परिहास जागा...क्या इस ढंग से इसे टाला जा सकता है...?"

"मैं विवाहित हूँ," इनका स्वर पुनः कोमल हो गया, "अतः तुम्हें अंगीकार नहीं कर सकता। किंतु मेरा छोटा भाई अविवाहित है, सौमित्र..."

सौमित्र का नाम सुनते ही शूर्पणखा की आँखों के सम्मुख गौर वर्ण का वह चंचल, उग्र तथा सुंदर युवक साकार हो उठा...तो वह राम का भाई ही है...

राम के पग उठे तो उठते चले गए। उन्होंने पलटकर देखा—शूर्पणखा उनका पीछा नहीं कर रही थी। वह शांतिपूर्वक वहीं बैठी थी, जहाँ राम ने उसे छोड़ा था...कदाचित् वह लक्ष्मण की कल्पना कर रही थी, या...उसने लक्ष्मण को कभी देखा है क्या?

राम समझ नहीं पा रहे थे कि शूर्पणखा के प्रति वे कैसा भाव रखें...उसकी इस मूढ़ पाशविक वासना पर दया करें अथवा क्रोध? पशु की मूढ़ता पर तो दया ही की जा सकती है; किंतु जब वह अपने पशुत्व से न टले, तो क्रोध भी करना पड़ता है...पर क्या किया उन्होंने? शूर्पणखा को लक्ष्मण की ओर प्रेरित करना कहीं सौमित्र के लिए कठिनाई उत्पन्न न करे। अपना पीछा छुड़ाने के लिए किया गया परिहास कहीं कोई और रूप न ले ले...

सहसा राम को जटायु का ध्यान आया...वे ठीक कह रहे थे। शूर्पणखा सचमुच बहुत अविवेकी, स्वार्थी और हठी है। उसका हठ भयंकर भी हो सकता है...जटायु ने ठीक समय पर चेतावनी दी थी...यदि शूर्पणखा अपने हट से नहीं टली और उग्र होती गई तो कोई भी दुर्घटना हो सकती है...

शूर्पणखा लौटकर अपने प्रासाद में आई तो राम का तर्क उसके मन में बहुत दूर तक धँस चुका था।...संभव है कि इन आर्यों में एक विवाह के सिद्धांत का इतनी कठोरता से पालन किया जाता हो कि वह व्यक्ति का संस्कार बन जाता हो; और व्यक्ति के मन में किसी अन्य स्त्री के प्रति कामाकर्षण जागता ही न हो। कहीं राम इस जड़ता का ही तो बंदी नहीं है? यदि ऐसा ही है तो वह सरलता से न शूर्पणखा का समर्पण स्वीकार करेगा और न स्वयं समर्पित होगा। उसकी इस जड़ता को तोड़ना सरल नहीं होगा; और शूर्पणखा प्रतिदिन अपने आयोजन में असफल होकर, अपने रूप और यौवन को कोसती रहेगी तथा अपने शृंगार-शिल्पियों से रुष्ट होती रहेगी...किंतु इन लोगों का यही जड़ संस्कार सौमित्र को प्राप्त करने में सहायक हो सकता है...

उसकी आँखों के सम्मुख सौमित्र का रूप उभरा। वह राम से कुछ कम बलिष्ठ लगता है, पर वय में भी तो उससे कितना छोटा है। उसकी तरुणाई में एक और ही आकर्षण है, जो राम के पौरुष में नहीं है।...अधखिले पुष्प को मसलने का भी एक आनंद होता है...

वह है भी अविवाहित! और यौन-संबंधों की एकनिष्ठता के अपने संस्कारों के कारण कदाचित् अभी तक उसने काम-संबंधों का सुख भी कभी नहीं पाया होगा। ऐसे व्यक्ति की भूख को जगाना, उसे अपनी ओर आकर्षित करना तथा उसे वासना में बाँधकर रखना पर्याप्त सरल होगा। राम ने पत्नी-सुख भोगा है। वह जानता है कि स्त्री और स्त्री-सुख क्या है—उसके लिए उसमें कुछ नया नहीं है—वह इस लोभ का प्रतिरोध कर सकता है। सौमित्र स्त्री-सुख से विहीन है। उसे देखते ही सौमित्र का मन चंचल हो उठेगा, शरीर तपने लगेगा—कैसे रोक पाएगा वह स्वयं को! और

शूर्पणखा प्रौढ़ नायिका के समान मुग्ध नायक को खेला-खेलाकर मारेगी। वह उसके सम्मुख काम-सुख के नये-से-नये क्षेत्र उद्‌घाटित करेगी। एक बार वह उसका स्पर्श करेगा तो पिघले बिना नहीं रह सकेगा...और एक बार सौमित्र विचलित हो गया तो वह शूर्पणखा के फँदे से निकल नहीं पाएगा...शूर्पणखा सदा के लिए उससे चिपक जाएगी।

उसके मन में अनेक सुखद कल्पनाएँ प्रफुल्लित हो उठीं...सौमित्र की पत्नी, प्रेमिका, भोग्या—कुछ भी बनकर रहे, रहेगी वह राम के निकट ही। निकट रहेगी तो सदा राम को भी लुभाती और ललचाती रहेगी। देखेगी, कब तक राम उससे भागता है? सदा राम को भी लुभाती और ललचाती रहेगी। देखेगी, कब तक राम उससे भागता है? कब तक उसका प्रतिरोध टूटता नहीं है?...वह सौमित्र के माध्यम से अंत में राम तक भी पहुँचेगी। राम को प्राप्त करेगी ही...

उसे लगा, सुख की कल्पना से उसका कलेजा फट जाएगा—यह तो उसकी अपनी उपेक्षा और कामना से भी बढ़कर हुआ। उसने तो केवल राम को माँगा था, उसे तो राम और लक्ष्मण दोनों ही मिल रहे हैं।

सहसा वह चौंकी। राम ने उसे सौमित्र की ओर प्रेरित क्यों किया? यदि वह उसे लुभा नहीं पाई थी, तो फिर उसे उसने सौमित्र तक जाने को इंगित क्यों किया? कैसी मूर्खा है शूर्पणखा! इतनी-सी बात भी वह अभी तक समझ नहीं पाई। अपने सामाजिक नियमों के अनुसार राम उसका समर्पण स्वीकार नहीं कर सकता...अतः उसने सौमित्र की आड़ में उसे अंगीकार करने का नाटक रचा है...कैसा चतुर है राम! और मूर्ख शूर्पणखा समझती रही कि वह उसे रिझा नहीं पाई। वह अपने रूप और यौवन को कोसती रही—अपने शृंगार-शिल्पियों को अंधकूप में डलवाने की योजनाएँ बनाती रही...राम उस पर न रीझा होता तो दूसरे दिन भी संध्या समय उसे, उसी समय, उसी स्थान पर क्यों मिलता? उसके निकट शिला पर बैठकर उसकी बातें क्यों सुनता? उसके प्रत्येक तर्क को काट, वक्रता से क्यों मुस्कराता और अंत में सौमित्र के माध्यम से स्वयं तक पहुँचने का मार्ग क्यों बताता...

ओह शूर्पणखा! तू कितनी मूर्ख है! काम और प्रेम के व्यवहार को भी उसके प्रत्यक्ष, स्थूल रूप में स्वीकार करती है। तेरा कभी किसी चतुर काम-रसिक से संपर्क ही नहीं हुआ...

''ओ सखी वज्रा!'' शूर्पणखा वज्रा से लिपट गई, ''तुझे क्या बताऊँ, कितनी प्रसन्न हूँ मैं! जा, भोजन में विशेष व्यंजनों का प्रबंध कर। तीखी मदिराओं की व्यवस्था कर। अपना सुख भुला न पाई तो प्रसन्नता से मर जाऊँगी। शृंगार-शिल्पियों

से भी कह दे--कल के शृंगार के लिए विशेष प्रबंध करें। कल मुझे अभिसार के लिए जाना है। और सुन! अंगरक्षकों को कह दे, आस-पास के ग्रामों का सारा दूध लाकर मेरे स्नान-सरोवर में डाल दें, कल मैं दुग्ध-स्नान करूँगी।''

वज्रा कुछ भी समझ नहीं पाई। वह मात्र फटी-फटी आँखों से उसे देखती रही।

राम के आश्रम में प्रातः से ही विभिन्न आश्रमों तथा ग्रामों के जन-सैनिकों की टोलियाँ पहुँचना आरंभ हो गईं। सैनिकों के साथ उनके शस्त्र भी थे और साथ ही अन्न-भण्डार भी। कई टोलियाँ तो अपनी आवश्यकता से कहीं अधिक अन्न लाई थीं, ताकि यदि अन्य टोलियों के पास अन्न का अभाव हो तो उसकी पूर्ति की जा सके। सबसे अधिक अन्न भीखन के गाँव से आया लगता था।

आज से आश्रम का दायित्व सीता पर था। लक्ष्मण, मुखर और जटायु—बाहर से आए जन-सैनिकों की व्यवस्था में व्यस्त हो गए थे। उचित स्थान देख, अस्थायी कुटीरों का निर्माण कर, उनके आवास का प्रबंध हो रहा था। उसमें परस्पर संपर्क और संचार की व्यवस्था करनी थी। स्थानीय जन-सैनिकों के नेतृत्व में आस-पास के भूगोल का ज्ञान प्राप्त करने का प्रबंध करना था...और यद्यपि शस्त्रों और अन्न की मात्रा पर्याप्त थी, तथापि उनके सम्यक् वितरण की देख-भाल करनी थी।

आवास-प्रबंध के प्रधान जटायु थे। राम ने उन्हें रण-नीति समझा दी थी। आश्रम के चारों ओर के टीलों तथा ढूहों का प्रयोग दुर्ग के रूप में किया जाना था। सैनिकों को उन ढूहों के एक ओर इस प्रकार बसाया जाना था कि वे आश्रम से तो दिखाई पड़ें, किंतु विपरीत दिशा से आने वाले व्यक्ति की दृष्टि उन पर न पड़ सके। जिस टोली को जहाँ ठहराया जा रहा था, उसे वहीं रहना था और वहीं से युद्ध करना था, ताकि युद्ध के समय न उन्हें व्यूह-बद्ध होना पड़े, न कहीं आना-जाना पड़े। उन्हें अपने-अपने ढूह के पीछे छिपकर अपनी रक्षा करते हुए, शत्रु की अधिक-से-अधिक क्षति करनी थी।

संचार-व्यवस्था मुखर के पास थी। प्रत्येक ढूह के लिए दोहरी संचार-व्यवस्था का प्रबंध था—एक ओर अपने आस-पास के ढूहों से परस्पर संपर्क तथा दूसरी ओर आश्रम से सीधा संपर्क, ताकि सूचनाओं तथा आदेशों के आने-जाने में कोई विघ्न न पड़ सके।

शस्त्रों तथा अन्न-भण्डारों की व्यवस्था लक्ष्मण देख रहे थे। प्रत्येक टोली के पास उसकी आवश्यकता के अनुसार अन्न तथा शस्त्र हों। आवश्यकता होने पर, किस प्रकार उस तक और अन्न तथा शस्त्र पहुँचाए जाएँ और पीछे हटने अथवा

ढूह खाली करने की स्थिति में कैसे अन्न और शस्त्र वहाँ से हटाए जाएँ। विपरीत दिशा से आते हुए शत्रुओं से निकट पड़ने वाले ढूहों पर कम दूरी तक मार करने वाले धनुष तथा धनुर्धारी हों तथा आश्रम के निकट और शत्रुओं से दूर पड़ने वाले ढूहों पर दूर तक मार करने वाले धनुष तथा धनुर्धारी। अन्य छोटी-मोटी समस्याएँ भी उठ खड़ी होती थीं। लक्ष्मण उनमें उलझे हुए थे।

राम आश्रम में अपनी कुटिया के सम्मुख ही आसन जमाए बैठे थे। उनके पास निरंतर सूचनाएँ पहुँच रही थीं...कहाँ-कहाँ अन्न तथा शस्त्रों का निरीक्षण हो चुका है। कहाँ-कहाँ तक संचार-व्यवस्था स्थापित हो गई है।...वे अपने सम्मुख पंचवटी क्षेत्र का बड़ा-सा मानचित्र बिछाए बैठे थे। जिस-जिस ढूह पर सैनिक बसते जा रहे थे, उसे वे चिह्नित करते जाते थे...

प्रत्येक नई सूचना को वे बड़ी ललक के साथ ग्रहण करते थे, फिर भी उनके मन में अभी एक प्रतीक्षा बनी हुई थी...

अगली सूचना लाने वाले की ओर उन्होंने देखा—यह उल्लास था, मणि का पति।

"एक सूचना लाया हूँ!" अभिवादन के पश्चात् वह बोला।

"मेरे ज्ञान के अनुसार, तुम आज के संदेश-वाहकों में से नहीं हो।"

"नहीं हूँ। किंतु यह कुछ अन्य सूत्रों से प्राप्त भिन्न सूचना है।"

"बच्चे का स्वास्थ्य कैसा है?" राम ने पूछा।

"पहले से बहुत सुधरा है।" वह मुस्कराया, "किंतु सूचना बच्चे के विषय में नहीं है।"

"बोलो।"

"प्रातः से अब तक तीन ग्रामों में ग्रामीणों तथा शूर्पणखा के अंगरक्षकों में सशस्त्र झड़पें हो चुकी हैं। यह संयोग है कि लक्ष्मण ने कल ही इन सब ग्रामों में शस्त्र-वितरण का कार्य समाप्त किया और आज शूर्पणखा के अंगरक्षक वहाँ आ पहुँचे।"

"क्या वे शस्त्र छीनने आए हैं?"

"नहीं!" उल्लास बोला, "वे लोग उनका दूध छीन रहे हैं। ग्रामीणों ने दूध देना अस्वीकार किया तो अंगरक्षकों ने शस्त्र निकाल लिये। अब तक ग्रामीणों के पास शस्त्र नहीं थे, वे भयभीत हो जाया करते थे, किंतु आज वे भी सशस्त्र थे, अतः संघर्ष हो गया।"

"कोई घायल हुआ?"

"अनेक! दो अंगरक्षक मारे भी गए हैं।"

राम ने संदेशवाहकों की टोली की ओर देखा। एक संदेशवाहक निकट आया।

"मुखर से कहो कि निकट के समस्त ग्रामों को सूचित कर दे कि शूर्पणखा के अंगरक्षक उनसे बलात् दूध छीनने आएँगे। अतः वे लोग सन्नद्ध रहें। जाओ।"

दूसरे संदेशवाहक को उन्होंने संदेश दिया, "लक्ष्मण से कहो, जन-वाहिनी की दो टोलियाँ ग्रामों के आस-पास फैला दें और संघर्ष की स्थिति में वे तत्काल ग्रामीणों की सहायता करें—आदेश की प्रतीक्षा न करें। लक्ष्मण से यह भी कहो कि वे पहले से ही देख लें कि इन ग्रामों में शस्त्रों की कमी न हो।"

तीसेर संदेशवाहक से बोले, "जिन ग्रामों में संघर्ष हुए हैं, वहाँ के हताहतों को उठवाकर यहाँ लाने का प्रबंध करवाओ, तुरंत।"

चौथे को उन्होंने कहा, "सीता से कहो, शल्य-चिकित्सा की तत्काल व्यवस्था करें। अनेक घायलों की पट्टी करनी होगी।"

चारों संदेशवाहकों को भेजकर वे उल्लास की ओर मुड़े, "दूध का क्या झगड़ा है? वर्षों से प्रतिदिन ढेरों दूध शूर्पणखा के अंगरक्षक निःशुल्क ले जाते हैं—अब क्या झगड़ा है?"

"मैंने पता लगाया है।" उल्लास बोला, "पहले दूध की एक निश्चित मात्रा जाती थी, किंतु आज वे सारा-का-सारा दूध छीन रहे हैं। यहाँ तक कि बच्चों के लिए भी थोड़ा-सा दूध वे छोड़ना नहीं चाहते।"

"बात क्या है?" राम जैसे अपने-आपसे पूछ रहे थे, "हमें ऐसी कोई सूचना नहीं मिली, जिससे आभास हो कि स्कंधावार में सैनिकों की संख्या बढ़ गई है या किसी अन्य कारण से उन्हें दूध की अधिक आवश्यकता है।..." सहसा वे उल्लास से संबोधित हुए, "तुमने मणि से पूछा कि इसका क्या कारण हो सकता है?"

"मैं तो सीधा आपको सूचना देने चला आया।" उल्लास बोला, "मणि से मेरी बात ही नहीं हुई।"

"अच्छा, तो ऐसा करो", राम कुछ सोचते हुए बोले, "एक तो तुम मणि से पूछो, दूसरे आदित्य से। आदित्य को जानते हो न, वह सुंदर और बलिष्ठ युवक, जिसे शूर्पणखा ने माली बना रखा था। वह आर्य जटायु की टोली में होगा। आशा है, इन दोनों में से किसी से दूध की आवश्यकता का कारण मालूम हो जाएगा। यह सूचना हमारे लिए बहुत महत्त्व की है।"

उल्लास चला गया और राम पुनः अपने काम में लग गए। सूचनाओं का प्रवाह बढ़ता जा रहा था। जैसे-जैसे दिन चढ़ता जा रहा था, कार्य का विस्तार भी वृद्धि पा रहा था।

सीता की ओर से सूचना आ गई थी कि घायलों के उपचार की समुचित

व्यवस्था है—रोगियों के आते ही उपचार हो जाएगा। ग्राम से लौटे हुए संदेशवाहक ने भी बताया कि घायलों को लेकर लोग चल चुके हैं—थोड़ी देर तक वे लोग आश्रम में आ पहुँचेंगे।

...और इस सब के मध्य भी, बार-बार राम के मन में प्रश्न उठता था कि शूर्पणखा को आज इतने अधिक दूध की आवश्यकता क्यों पड़ी?...अधिक अतिथि आ गए हैं? नये व्यंजन बनने हैं? लंका से नई सैनिक टुकड़ियाँ आई हैं? अथवा यह अत्याचारियों की सनक मात्र है?...

तभी संदेशवाहक के मुख से नई आने वाली टोली के नायक का नाम सुनकर राम चौंके, "कौन अनिंद्य?"

"हाँ, आर्य!"

"धर्मभृत्य के आश्रम के साथ वाली धातु-खान वाली बस्ती से?"

"हाँ, आर्य!"

आर्य जटायु को सूचित करो कि अनिंद्य और उसकी टोली को यहाँ मेरे पास भेज दिया जाए। उन्हें वहाँ न बसाया जाए।"

थोड़ी ही देर में अनिंद्य अपने साथी सैनिकों के साथ उनके सम्मुख खड़ा था।

राम ने खड़े होकर उनके अभिवादन का उत्तर दिया और गद्गद कंठ से कहा, "मेरी जन-सेना की पहली टुकड़ी के वीरो! तुम्हारा स्वागत है।"

कुशल-मंगल के प्रश्नोत्तरों के आदान-प्रदान के पश्चात् राम मूल समस्या पर आए, "अनिंद्य! तुम्हारी टोली को एक कठिन कार्य सौंपा है।"

"आदेश दें!"

"तुम लोग आश्रम में रहोगे और केंद्रीय जल-व्यवस्था तुम्हारे पास होगी।" राम बोले, "तुम्हें तथा तुम्हारे साथियों को युद्ध की अवधि में भी सैनिकों तक जल पहुँचाने के लिए जाना होगा। गोदावरी के उन घाटों को किसी भी मूलय पर अपने अधिकार में रखना होगा, जो आश्रम के निकट पड़ते हैं; अथवा जहाँ से स्वच्छ जल प्राप्त करना हमारे लिए सुविधाजनक है। काम कठिन है; और संभव है, राक्षस सेना कभी घेराबंदी करे—तब तुम्हारा कार्य कठिनतर हो जाएगा। सोच लो।"

अनिंद्य मुस्कराया, "कठिन कार्य सौंपकर, आपने हमारे प्रति अपने विश्वास और स्नेह का प्रमाण दिया है; और जहाँ तक कठिनाई की बात है, आप निश्चिंत रहें—हमें चुनौतियों का साक्षात्कार करने का प्रशिक्षण सीधे राम से प्राप्त करने का गर्व है।"

राम हँसे, "युद्ध-कौशल के साथ-साथ तुमने वाक्-चातुर्य भी अर्जित किया

है।''

अनिंद्य भी हँसता हुआ उठ गया।

उल्लास, मणि तथा आदित्य से मिलकर लौट आया।

''क्या समाचार लाये?''

''कुछ समझ नहीं पाया, राम!'' वह बोला, ''मणि का कहना है कि सैनिकों की किसी भी आवश्यकता की पूर्ति के लिए खर के सैनिक जाते हैं, शूर्पणखा के अंगरक्षक नहीं। दूध प्राप्त करने के लिए अंगरक्षक गए हैं तो उसका अर्थ है कि दूध शूर्पणखा की निजी आवश्यकता के लिए चाहिए। शूर्पणखा की निजी आवश्यकता क्या हो सकती है? वह इतना दूध पी नहीं सकती। मणि का कहना है कि शूर्पणखा जब अपनी कामेच्छा के हाथों उन्मादिनी हो जाने की सीमा तक पीड़ित होती है, तब असाधारण श्रृंगार की पूर्व-भूमिका के रूप में दुग्ध-स्नान करती है।'' उल्लास साँस लेने के लिए रुका, ''आदित्य कोई सूचना तो नहीं दे सका, किंतु इस बात पुष्टि उसने अवश्य की है कि शूर्पणखा के प्रासाद में दुग्ध-स्नान के लिए एक सरोवर अवश्य बना हुआ है।''

राम कुछ सोचते रहे और फिर मुस्कराए, ''ठीक है! बात स्पष्ट है। आज शूर्पणखा का विशिष्ट श्रृंगार-समारोह है। वह आज दुग्ध-स्नान करेगी।''

''किंतु क्यों?''

''उसे रहने दो।'' राम बोले, ''तुम सौमित्र को सूचित करो कि संभवतः आज शूर्पणखा उनसे भेंट करने आए। वे मनोबल और शस्त्रबल से तैयार रहें।''

''कोई विशेष बात है?'' उल्लास ने चकित होकर पूछा।

''विशेष ही समझो।'' राम मुस्कराए, ''तुम सौमित्र को सूचित कर दो; और यदि कुछ असाधारण न हो तो आज का शेष समय अपने परिवार के साथ ही बिताओ। जाओ।''

शूर्पणखा ने जी भरकर दुग्ध-स्नान किया। उसकी दासियों ने दूध से मल-मलकर उसके अंग धोए। उसे यह सूचना मिल चुकी थी कि अनेक ग्रामों में दूध प्राप्त करने के लिए उसके अंगरक्षकों को शस्त्र-प्रयोग करना पड़ा है और चार अंगरक्षक इन्हीं संघर्षों में मारे गए हैं अन्य कुछ घायल भी हुए हैं। किंतु इस समय वह इन छोटी-मोटी बातों की ओर ध्यान नहीं देना चाहती थी। आज वह इसी धुन में थी कि उसका श्रृंगार ऐसा होना चाहिए; जैसे सारे विश्व में पहले कभी किसी का नहीं हुआ। उसे आज सौमित्र से मिलने जाना था—ऐसा कुछ न रह जाए, जिसके कारण सौमित्र को आकर्षित करने में उसे कठिनाई हो।

लंका से आए हुए, शृंगार-वैद्य अपने आसव और औषधियाँ उसे निरंतर पिला रहे थे। आज प्रसाधन में शृंगार-शिल्पियों ने कुछ असाधारण कर दिखाने का संकल्प कर रखा था। शृंगार की प्रक्रिया कुछ इतनी वैविध्यपूर्ण और दीर्घकालीन सिद्ध हुई कि स्वयं शूर्पणखा भी ऊबने लगी; किंतु उसने निश्चय कर रखा था कि शृंगार-शिल्पियों को पूरी तरह अपने मन की करने देगी, ताकि बाद में वे यह उपालंभ न दे सकें कि शूर्पणखा ने उन्हें समय नहीं दिया।

शृंगार-संपन्न होकर शूर्पणखा ने स्वयं को दर्पण में देखा—वस्तुतः आज का शृंगार असाधारण था। उसके मन में तत्काल आक्रोश जागा—उस दिन ऐसा शृंगार क्यों नहीं हुआ, जब वह राम से मिलने जा रही थी। किंतु, अगले ही क्षण, उसने स्वयं को शांत कर लिया—उस दिन नहीं हुआ, न सही। आज इसका लाभ उठाना चाहिए।

वह गोदावरी के पास पहुँची तो समय कुछ अधिक हो चुका था। थोड़ी ही देर में संध्या ढलने वाली! झुटपुटा धरती पर उतर आने को जैसे तैयार बैठा था।...किंतु शूर्पणखा को इन बातों की चिंता नहीं थी—उसकी आँखें सौमित्र को खोज रही थीं।

उसे अधिक प्रतीक्षा नहीं करनी पड़ी। थोड़ी ही देर में सौमित्र आश्रम की ओर लौटते दिखाई दिए; और संयोग से वे एकदम अकेले थे।

वह जाकर उनके एकदम सम्मुख खड़ी हो गई, "सौमित्र!"

लक्ष्मण ने देखा तो आश्चर्य से उनकी आँखें फैल गईं। इस वन में यह रूप और यह शृंगार! धरती फोड़कर यह सुंदरी कहाँ से निकल आई?

"कौन हो, देवि! तुम?"

"मैं शूर्पणखा हूँ..."

लक्ष्मण को राम द्वारा भिजवाया गया संदेश याद हो आया और शूर्पणखा संबंधी घटना भी मन में जीवंत हो उठी...तो यह है शूर्पणखा! भैया को छोड़, अब वह उन पर कृपालु हुई है क्या?

लक्ष्मण ने ध्यान से देखा—भैया ने ठीक ही कहा था, "विगत यौवना युवती।" ...पचास वर्ष का वय और अठारह वर्ष की तरुणी का वेश। लक्ष्मण का इस विसंगति में परिहास के सिवाय और कुछ भी नहीं सूझ रहा था।

"क्या चाहती हो, देवि?"

"सौमित्र! मैं जनस्थान की स्वामिनी हूँ, रावण की बहन—शूर्पणखा।" वह बोली, "तुम नहीं जानते, किंतु मैंने छिपकर तुम्हें देखा था; और जिस क्षण से देखा है, उसी क्षण से तुममें अनुरक्त हूँ। मुझे ग्रहण करो।"

लक्ष्मण के मन में आया, जी खोलकर उच्च स्वर में हँसें, किंतु हँसे नहीं। स्वयं को मर्यादित कर शांत स्वर में बोले, "देवि! अनुरक्त तो आप मुझमें थीं, किंतु समर्पण भैया को करने गई थीं। जनस्थान की स्वामिनी का अनुराग तो अद्भुत है।"

"ठीक कह रहे हो।" शूर्पणखा तनिक भी विचलित नहीं हुई, "सोचा था, बड़े भाई के अविवाहित रहते, तुम विवाह नहीं करोगे। अतः उन्हीं से विवाह कर, तुम्हारे निकट रहूँगी।"

"और अब मुझसे विवाह कर, किसके निकट रहना चाहती हो?" लक्ष्मण मुसकराए।

"कैसे दुष्ट हो तुम!" शूर्पणखा ने इठलाकार, उन्हें अपांग से देखा, "तुमसे विवाह करूँगी तो तुम्हारे निकट रहूँगी; किसी और के निकट रहने क्यों जाऊँगी!"

"मैंने सोचा, शायद तुम लोगों की ऐसी कोई रीति हो कि जिसके निकट रहना हो, विवाह उससे न कर उनके निकट के किसी अन्य व्यक्ति से किया जाए।"

शूर्पणखा झूम-झूमकर हँसी, जैसे लक्ष्मण ने कोई अत्यंत सुखद विनोद किया हो।

"अच्छा, तुम हँसो। मुझे बहुत काम है।" लक्ष्मण चलने को हुए।

"अरे, जा कहाँ रहे हो?" शूर्पणखा उनके मार्ग में खड़ी हो गई, "विचित्र पुरुष हो! एक सुंदरी एक सौ सोलह शृंगार किए, समर्पण के लिए तत्पर तुम्हारे मार्ग में खड़ी है, और तुम्हारे मन में बढ़कर उसे थाम लेने का पौरुष ही नहीं जागता।"

"दोष उसी सुंदरी का है; उसने समर्पण के लिए ऐसा पौरुषहीन पुरुष ही क्यों चुना।" लक्ष्मण चल पड़े, "तुम्हें कोई ऐसा पुरुष नहीं मिला, जिसका पौरुष तुम्हें देखते ही खौल उठे।"

"जब मेरा मन ही तुम पर आया है, तो दूसरा पुरुष कैसे मिल सकता है।" शूर्पणखा लक्ष्मण के साथ-साथ चलने लगी।

"कहाँ जाओगी?"

"तुम्हारे साथ!"

"मैं तो अपने आश्रम में जा रहा हूँ। वहाँ जाओगी तो लोग तुम्हारे इन कुंतलों का जटाजूट बना देंगे; और ठण्डे जल के स्नान से तुम्हारा सारा रूप-यौवन निखार देंगे।"

"तो क्या हुआ!" शूर्पणखा की आँखों में मादकता उतरी, "ऐसा क्या है, जो तुम्हें पाने को मैं नहीं कर सकती।"

"सब कुछ कर सकती हो?"

"हाँ!"

"तो मेरा कहा मानो।"

"कहो।"

"गोदावरी में डूब मरो।"

शूर्पणखा फिर जोर से हँसी, "प्रेम की परीक्षा लेना चाहते हो? मैं डूब भी मरूँगी, अपनी हठ की बड़ी पक्की हूँ।" वह किसी षोडशी के समान इठलाई, "आओ मेरे साथ! देख लो, तुम्हारे कहने पर डूब मरती हूँ या नहीं।"

आश्रम निकट आ गया था और लक्ष्मण की समझ में नहीं आ रहा था कि उससे मुक्ति कैसे पाएँ। जिस ढंग से वह चलती जा रही थी, उससे तो लगता था कि वह आश्रम तक ही नहीं, आश्रम के भीतर भी जाएगी।

"अच्छा, ऐसा करो। इस समय चली जाओ।" लक्ष्मण बोले, "कल प्रातः गोदावरी-तट पर आ जाना, फिर देखूँगा कि तुम मेरे कहने से डूब मरती हो या नहीं। यदि डूब मरोगी तो मैं तुमसे विवाह कर लूँगा।"

"डूब मरूँगी तो विवाह कर लोगे?"

"कर लूँगा।"

"पक्की बात?"

"पक्की।"

"तो विवाह कर लो। मैं तुम्हारे प्रेम में डूबकर, तुम पर मर चुकी हूँ।"

"ठीक है।" लक्ष्मण मुस्कराए, "विश्वास हो गया कि तुम मर चुकी हो, अब तुम्हारा क्रिया-कर्म कर लूँ, फिर जो कन्या पसंद आएगी, उससे विवाह कर लूँगा। तुम अब जाओ।"

"तुम बहुत रोचक बातें करते हो।" वह हँसी, "मैं तुमसे विवाह किए बिना नहीं जाऊँगी।"

वे लोग आश्रम के टीले पर चढ़ते-चढ़ते काफी ऊपर आ गए थे। लक्ष्मण सावधान थे कि जिस मार्ग से वे लोग आ रहे हैं, उसके साथ के दोनों ओर के ढूहों पर जन-सैनिकों के कुटीर हैं; किंतु शूर्पणखा पीछा ही नहीं छोड़ रही थी—अब उसे टीले से धक्का दे दें, अथवा स्वयं कूद जाए?...

अंत में तंग आकर बोले, "देखो, देवि! मैं तो भैया राम का अनुचर हूँ—दास। उनकी अनुमति के बिना मैं पेड़ से फल तक नहीं तोड़ता। विवाह तो दूर की बात है।"

"फल मत तोड़ना।" शूर्पणखा धृष्टता से मुस्कराई, "विवाह कर लो। तुम्हारे भैया से अनुमति मैं ले चुकी हूँ। उन्होंने कहा था कि सौमित्र स्त्रीविहीन है—उससे

विवाह कर लो।"

"स्त्रीविहीन हूँ, बुद्धिविहीन तो नहीं कि तुमसे विवाह कर लूँ।" लक्ष्मण झल्लाकर बोले, "अब तुम जाती हो या सचमुच तुम्हें टीले से नीचे धक्का दे दूँ!"

"धक्का-मुक्की प्रेम की प्रौढ़ स्थिति है।" शूर्पणखा ने अपनी भँवें नचाईं, "अभी तो केवल विवाह कर लो।"

वे आश्रम के भीतर प्रवेश कर चुके थे और लक्ष्मण का रोष चरम सीमा पर था। स्वयं को ऐसा विवश उन्होंने कभी नहीं पाया था। कैसे छुटकारा पाएँ...

सामने अपनी कुटिया के बाहर राम बैठे थे। लक्ष्मण समझ नहीं पा रहे थे—वे भैया के सामने कैसे जाएँगे, और साथ ही भाभी के कटाक्ष...

एक अपरिचित सुंदरी को लक्ष्मण के पीछे जाते देख, मुखर और अनिंद्य की उत्सुकता भी जाग उठी थी। वे भी उधर ही देख रहे थे...

किंतु, लक्ष्मण से पूर्व ही, शूर्पणखा झपटकर राम के सम्मुख पहुँची, "राम! तुमने कहा था कि सौमित्र स्त्रीविहीन..."

तभी कुटिया से सीता बाहर निकलीं

शूर्पणखा ने सीता को देखा—पूर्ण-यौवना। असाधारण सुंदरी स्त्री। साधारण वनवासी वेश। मुखमण्डल पर कैसी सौम्यता! मुक्त प्राकृतिक सौंदर्य ने जैसे नारी का रूप धारण कर लिया हो—कोई श्रृंगार नहीं, कोई प्रसाधन नहीं; और फिर भी ऐसा रूप। शूर्पणखा की कल्पना ने श्रृंगार से पूर्व दर्पण में देखा गया अपना रूप लाकर सीता के मुखमण्डल के साथ रख दिया—उसे अपना चेहरा कंकाल के समान दिखाई दे रहा था...

तो यह कारण है! वह अब समझ पाई थी कि क्यों राम और सौमित्र उसका इस प्रकार उपहास करते रहे हैं। जिसकी ऐसी पत्नी हो, वह राम शूर्पणखा को क्यों स्वीकार करेगा; और जिसकी ऐसी भाभी हो, वह लक्ष्मण अपनी पत्नी के रूप में शूर्पणखा की कल्पना भी कैसे करेगा...यही है वह स्त्री, जिसके कारण शूर्पणखा आज तक गले पड़ी वस्तु के समान ठुकरायी जाती रही है। यह स्त्री उसके अपमान का कारण तो है ही—यही उसके मार्ग की बाधा भी है। इसके रहते हुए शूर्पणखा को कभी सुख नहीं मिल सकता; राम अथवा सौमित्र में से कोई भी उसे नहीं अपनाएगा...इस स्त्री को नहीं रहना चाहिए, इसे मर जाना चाहिए, इसे जीवित रहने का कोई अधिकार नहीं है...

शूर्पणखा का क्रोध छिपा नहीं रहा, उसकी हिंस्र वृत्ति उसके चेहरे पर प्रकट होने लगी...उस पर जैसे उन्माद छा गया। उसके लिए देश-काल जैसे शून्य में विलीन हो गया। वह केवल शूर्पणखा थी, और सामने थी सीता। वह भूल गई कि

वह कहाँ खड़ी है, उसके आस-पास कौन है...उसे तो केवल अपने मार्ग की बाधा दिखाई पड़ रही थी...बाधा...

शूर्पणखा ने आविष्टावस्था में अपना उत्तरीय अलग फेंका और झटके से अपनी रसना में से कटार निकाली। सीता पर छलाँग लगाने के लिए उसकी एड़ियाँ उठी ही थीं कि लक्ष्मण का खड्ग आकर उसकी कटार से लग गया। प्रहार से पूर्व ही लक्ष्मण उसे धकेलते हुए परे ले गए।

लक्ष्मण अपने खड्ग पर शूर्पणखा का दबाव अनुभव कर रहे थे...अपने वय की स्त्री की दृष्टि से शूर्पणखा का बल असाधारण था...लक्ष्मण ने झटके से अपना खड्ग हटाया तो शूर्पणखा अपने ही जोर में धरती पर आ रही; किंतु असाधारण स्फूर्ति से वह उठी और पुनः उठ खड़ी हुई। इस बार उसने लक्ष्मण पर प्रहार किया। लक्ष्मण ने उसे सीधे खड्ग पर रोका और धक्का देने से पूर्व, क्षण-भर शूर्पणखा के रूप को देखा—उसके शृंगार का सारा वैभव लुट चुका था। केश खुलकर बिखर गए थे। वस्त्र मिट्टी से मैले हो गए थे। सुगंधित द्रवों पर धूल ने कीचड़ बना दिया था। अनेक स्थानों से शरीर छिल गया था। स्वेद और धूल ने चेहरे के लेपों को विकृत कर दिया था; और उसके हृदय के विकृत भाव—हिंसा, घृणा, उग्रता आकर उसके चेहरे पर चिपक गए थे। वह राक्षसी अत्यंत घृणित और भयंकर रूप धारण किए हुए थी...

लक्ष्मण के झटके से शूर्पणखा की कटार पुनः हवा में उछल गई और वह स्वयं भूमि पर जा गिरी। लक्ष्मण ने खड्ग की नोक उसके वक्ष से जा लगाई, "न्याय के अनुसार तो तेरा दण्ड सिवाय मृत्यु के और कुछ नहीं हो सकता; किंतु तू निःशस्त्र स्त्री है और हमारे आश्रम में अकेली है, इसलिए तेरा वध नहीं करूँगा। पर अदण्डित तू नहीं जाएगी। ले दण्ड के चिह्न...!"

और लक्ष्मण ने क्षण-भर में अपने कौशल से उसकी नासिका और श्रवणों पर खड्ग की एक-एक सूक्ष्म रेखा बना दी, जिनसे रक्त की बूँदें टपक रही थीं।

लक्ष्मण पीछे हट गए, "उठ! और चली जा।"

शूर्पणखा सहमी-सी उठी। उसने आशंका भरी दृष्टि से लक्ष्मण को देखा और और फिर झटके से पलटकर भागी।

सब कुछ जैसे क्षण-भर में ही हो गया था। सीता अभी तक आकस्मिकता के झटके से ही नहीं उबरी थीं। बिना यह जाने कि बाहर कौन है और क्या स्थिति है—वे असावधान-सी सहज रूप में बाहर आई थीं। इससे पहले कि वे शूर्पणखा को देखतीं और समझतीं कि वह कौन है तथा क्या चाहती है—शूर्पणखा उन पर आघात कर

चुकी थी। वह तो सौमित्र की ही स्फूर्ति थी, जिसने उन्हें बचा लिया; अन्यथा जाने क्या अघटनीय घटता...

क्षण-भर स्तब्धता रही और तब राम बोले, "आर्य जटायु की बात सत्य हुई। शूर्पणखा की उग्रता अब उग्रतर ही होगी। रावण को चुनौती भेजी जा चुकी है। कल से संघर्ष के लिए प्रस्तुत रहो।"

4

शूर्पणखा असहनीय मानसिक पीड़ा, तथा आक्रोश की स्थिति में टीले की ढलान पर भागती जा रही थी। जिस स्थिति से वह बचना चाह रही थी, वही स्थिति उसके सम्मुख आ गई। उसने कब चाहा था कि वह धूल-धक्कड़ में अटी, स्वेद में नहाई, उड़े हुए बालों के साथ अपने शरीर से रक्त बहाती राम के सामने प्रकट हो, किंतु इस सौमित्र के कारण वही हुआ। शूर्पणखा राम पर रीझी थी तो ठीक ही रीझी थी। उस व्यक्ति की आँखों में शील है और मन में धैर्य। उससे इतनी बार भेंट हुई—शूर्पणखा ने अपने मन की बात बड़े खुले और स्पष्ट शब्दों में कही, किंतु उसने एक भी अपशब्द नहीं कहा। और इस सौमित्र ने पहली ही बार उसके सामने गोदावरी में डूब मरने का प्रस्ताव रख दिया।...वह सीता पर झपटी थी...जिसकी पत्नी थी, वह तो शांति से बैठा रहा और वह सौमित्र बीच में कूद पड़ा, नहीं तो सीता की मृत्यु के पश्चात, राम कितना भी क्षुब्ध क्यों न होता—शूर्पणखा उसे अपने रूप-जाल में फाँस ही लेती...

भागती हुई शूर्पणखा का ध्यान मार्ग में पड़ने वाले दूहों पर बने कुटीरों पर चला गया। लगा, कुटीरों का ही एक वन उग आया है—पहले तो यहाँ कुछ भी नहीं था। इस सारे क्षेत्र में बसने, एक छोटा-सा कुटीर बनाने से पहले व्यक्ति सौ बार सोचता था। कई बार तो खर की सैनिक टुकड़ियों और उसके अपने अंगरक्षकों की क्रीड़ा-ही-क्रीड़ा में बसे-बसाएँ गाँव उजड़ गए। किंतु अब राम के आश्रम की छाया में लोग कैसे बसते जो रहे हैं।

जैसे राक्षसी आतंक का कोई अस्तित्व ही न हो...कैसा निर्भय कर दिया है राम ने उन्हें।

लोग निर्भय होते जा रहे हैं—शूर्पणखा सोचती जा रही थी—और वह स्वयं इस समय कितनी भयभीत है। कितना अभिमान था शूर्पणखा को अपने बल और रण-कौशल का—सौमित्र ने क्षण-भर में ही सब कुछ मिट्टी में मिला दिया। कैसा

बल? सौमित्र के प्रत्येक धक्के से वह भूमि पर आ गिरी। प्रत्येक आघात पर उसकी कटार हाथ से निकल गई...क्या अब कभी शूर्पणखा उनके आश्रम में घुसकर उनमें से किसी पर आधात करने का साहस करेगी?

उसे लगा, उस स्थिति के विषय में सोचते हुए भी उसकी रीढ़ की हड्डी काँपने लगती है।

उसका सारा साहस ही जैसे चुक गया था—इसीलिए तो अब वह सौमित्र का रक्त पी जाना चाहती है। इतनी हिंस्र वह पहले कभी भी नहीं थी। इस समय उसकी एक ही इच्छा थी—उसका अपमान करने वाले सौमित्र तथा उसके मार्ग की बाधा सीता की हत्या...तभी उसके अपमान का कलंक धुल सकता है, और तभी राम उसे मिल सकता है।

रथ रुका तो वह कुछ संकुचित हुई। ऐसे वेश में वह प्रासाद के भीतर कैसे जाएगी? दास-दासियों का सामना कैसे करेगी?...किंतु कोई विकल्प नहीं था। जाना तो था ही...

उसे देख दासियाँ हतप्रभ रह गईं, किंतु पूछने का साहस किसी को नहीं हुआ। वे स्तब्ध खड़ी उसे देखती रहीं।

जाते ही शूर्पणखा पलंग पर गिर पड़ी और निकट आई परिचारिका की ओर देखे बिना ही बोली, "वज्रा को बुलाने के लिए किसी को भेज दे, तत्काल!...और मदिरा!"

वज्रा ने आने में तनिक भी विलंब नहीं किया, "यह क्या, स्वामिनी?"

"एक हिंस्र पशु से मुठभेड़ हो गई।" शूर्पणखा मदिरा पीती रही, "घाव धोकर कोई औषधि लगा दे और परिधान बदल दे।"

वज्रा के मन के प्रश्न मन में ही रह गए।...वह पूछना चाह रही थी कि "तुमसे भी अधिक हिंस्र कोई पशु इस वन में है, स्वामिनी? और उस हिंस्र पशु के पंजे नहीं थे क्या? वह हाथ में करवाल लकर आया था?"...वह देख रही थी—सारे शरीर पर कहीं नखों के चिह्न नहीं थे। शरीर ऐसे छिला था, जैसे कोई भूमि पर गिरे अथवा शिलाओं पर घिसटे। हाँ, नाक तथा कानों पर खड्ग की नोंक से खींची गई रेखाएँ थीं...

शूर्पणखा मदिरा पीती रही। इन राम तथा सौमित्र से तो वह युवा माली ही अच्छा था। न सही उनकी समता का, परंतु बुरा भी क्या था। सुंदर था, पुष्ट था और सबसे बड़ी बात—शूर्पणखा के लिए वह व्यक्ति नहीं, वस्तु था। वह उसका जो चाहती, करती; तब भी कशा हाथ में रखती थी...इनके पास गई तो उल्टे यह

उपहार ले आई...

उनका इतना साहस ही कैसे हुआ कि वे शूर्पणखा के प्रस्तावों को ठुकराएँ...स्पष्टतः यह सब खर की अयोग्यता और असावधानी के कारण है...खर अपना आतंक बनाए रखता तो किसका साहस था कि शूर्पणखा के साथ वह ऐसा व्यवहार करता, किंतु प्रश्न यह है कि शूर्पणखा अब क्या करे? खर के पास जाए? मद्यप खर उससे पचासों प्रश्न पूछेगा। उसने पहले उसे सूचना क्यों नहीं दी? वहाँ गई थी तो साथ अंगरक्षक लेकर क्यों नहीं गई?...

इन सारे प्रश्नों का उत्तर देने से क्या अच्छा है कि वह स्वयं ही उनसे निबट ले? कल अपने अंगरक्षकों की टुकड़ी क्यों न भेज दे? वे लोग वन के किसी एकांत में सौमित्र को घेरकर छलपूर्वक उसकी हत्या कर दें।...शूर्पणखा के मन में पुनः आशा का संचार हुआ—एक बार सौमित्र मारा जाए तो किसी प्रकार वह सीता की भी हत्या करवा देगी...सीता के लिए उसे दुःख भी होता है। सीता ने उसका क्या बिगाड़ा है? और कैसी सुंदर है वह! एक बार खर अथवा रावण उसे देख ले तो शूर्पणखा को कुछ कहने अथवा करने की आवश्यकता ही नहीं होगी—वे स्वयं ही राम और सौमित्र का वध कर उसका हरण कर ले जाएँगे। किंतु शूर्पणखा राम का वध नहीं चाहती। वह जीवित राम चाहती है—जीवित। राम का शरीर, राम का मन, राम की शक्ति, राम की धधकती वासना में वह जलना चाहती है...और यदि संभव हो तो उसे अपनी वासना में जलाना चाहती है...

प्रातः शूर्पणखा ने लंका से आए शृंगार-शिल्पियों को न केवल अपने शृंगार के लिए बुलाए जाने का निषेध कर दिया, वरन् उन्हें बिना पुरस्कार दिए ही लंका लौट जाने का आदेश भिजवा दिया। अब शूर्पणखा को उनकी कोई आवश्यकता नहीं थी।...उनकी सहायता से राम उसे नहीं मिल सकता था...

रक्षिका को बुलाकर उसने अंगरक्षकों के नायक को अपनी पूरी क्षमता के साथ तत्काल अभियान के लिए प्रस्तुत होने की आज्ञा दी।

और जब वज्रा उसका शृंगार करने आई तो शूर्पणखा ने रत्नाभरणों तथा सुगंधित द्रव्यों को परे हटा दिया, "युद्ध-वेश सजा, वज्रा! आज अभियान पर जा रही हूँ।"

"कोई कटाक्षों से ही मर जाए तो उसे खड्ग से क्यों मारती हैं, स्वामिनी?" वज्रा हँसकर बोली।"

"इस बार शिला-वक्ष से पाला पड़ा है, वज्रा! उस पर न कटाक्षों का प्रभाव होता है, न मुस्कानों का। उसे तो खुला और स्पष्ट रति-निमंत्रण भी नहीं रिझा पाया।" शूर्पणखा का उदास स्वर रोषपूर्ण हो उठा, "अब उसे मैं खड्ग से ही हस्तगत करूँगी।"

वज्रा ने स्वामिनी को और कुरेदना उचित नहीं समझा। कहना कठिन था कि कब वह भड़क उठे और अपना रोष यहीं प्रकट करना आरंभ कर दे।

शस्त्रास्त्रों से सज्जित होकर शूर्पणखा अपने अंगरक्षकों के साथ चली। आरंभ में उसका रथ सबसे आगे चल रहा था, किंतु जैसे-जैसे गोदावरी का तट निकट आता जा रहा था, शूर्पणखा के मन के आवेग के साथ-साथ उसके रथ का वेग भी कम होता जा रहा था...उसकी कल्पना में हाथ में करवाल लिये क्रुद्ध सौमित्र खड़ा था। उसकी आँखों की उग्रता शूर्पणखा से सही नहीं गई। यदि वह फिर उसी सौमित्र से युद्ध करने जा रही है तो उसे क्या उपलब्ध होगा?...उसे लगा, उसके मन में कहीं गहरे सौमित्र का भय बैठ गया है। जैसे-जैसे आश्रम निकट आता जा रहा था, उसका भय उसके सम्मुख प्रकट होता जा रहा था...और जब साथ ही राम भी अपना धनुष तानकर खड़े हो गए तो शूर्पणखा के प्राण भी नहीं बचेंगे...

गोदावरी के तट पर पहुँचकर उसने अपना रथ एक ओर हटाकर खड़ा कर लिया।

"मैं यहाँ खड़ी हूँ।" वह नायक से बोली, "तुम लोग जाओ। सौमित्र तथा सीता का वध करो। राम को जीवित पकड़ने का प्रयत्न करो और सारा आश्रम अग्निसात् कर दो।" सहसा उसका स्वर अत्यंत क्रूर हो उठा, "असफल होकर मत लौटना, अन्यथा तुम मेरी प्रकृति से परिचित हो।"

नायक ने आश्चर्य से शूर्पणखा को देखा—यह वह शूर्पणखा थी, जो प्रत्येक अभियान में, रक्तपात और अग्निदाह में सबसे आगे होती थी, जिसका खड्ग किसी भी अन्य सैनिक के खड्ग से अधिक क्रूर होता था और जो युद्ध में भयंकर कृत्या के समान, नाश की लपट के समान चलती थी। किंतु आज वह एक किनारे खड़ी हो गई थी...शूर्पणखा राम और लक्ष्मण से भयभीत थी, अथवा अपने हृदय से बाध्य?...

प्रश्न करना नायक के अधिकार में नहीं था। उसने खड्ग उठाकर माथे से लगाया, "स्वामिनी की आज्ञा का पालन किया जाएगा।"

उसी खड्ग से उसने अपने सैनिकों को आदेश दिया, "बढ़ो!"

गोदावरी पार कर वे लोग राम के आश्रम के सम्मुख आए। नायक ने देखा—कहीं कोई व्यक्ति नहीं था। उन्हें सीधे आश्रम में घुस जाना था और सौमित्र तथा सीता का वध कर राम को बाँध लेना था।

नायक अपने सैनिकों को लिये पूर्ण आत्मविश्वास के साथ बढ़ता जा रहा था। जैसे-जेसे वह आगे बढ़ रहा था, उसका आश्चर्य भी वर्धमान हो रहा था—स्वामिनी

किस बात से डर गईं? आश्रम में राम और लक्ष्मण केवल दो ही योद्धा थे। अन्य वनवासियों और ग्रामीणों को तो वे लोग अपनी हुँकार मात्र से भगा देंगे...वैसे नायक भी मन-ही-मन कहीं मान रहा था कि स्थिति अब पहले जैसी नहीं रह गई थी। पिछले दिनों कुछ ग्रामीणों ने भी शस्त्र लेकर अंगरक्षकों का प्रतिरोध किया था। कुछ अंगरक्षक मारे भी गए थे—फिर भी ऐसी स्थिति नहीं थी कि वे लोग इन तपस्वियों और ग्रामीणों से भयभीत हो जाएँ।

उसने अपने सैनिकों की ओर देखा—वे लोग संख्या में पूरे एक सौ थे। दो व्यक्ति कितने भी युद्ध-कुशल क्यों न हों—वे सौ सैनिकों से नहीं लड़ सकते थे। और फिर ये सौ सैनिक भी कैसे—जिन्होंने लंका के श्रेष्ठ योद्धाओं से रण-विद्या सीखी थी...

नायक बढ़ता जा रहा था और चकित होता जा रहा था—कैसे मूर्ख हैं ये वनवासी! कितनी असुरक्षित और कितने अज्ञानी! इतना प्रबंध भी नहीं है कि कोई सूचना दे कि एक सेना तुम्हारे आश्रम में घुस आई है और वे लोग तुम्हारे टुकड़े-टुकड़े करके फेंक देंगे...

केंद्रीय कुटियों के वृत्त में प्रवेश करते ही नायक रुक गया—उसके ठीक सामने राम अपना धनुष ताने खड़े थे। नायक ने अचकचाकर अपने चारों ओर देखा—न केवल सामने, वरन् उनके पीछे भी धनुर्धारी इस भाँति तैयार खड़े थे, जैसे उन्हें अंगरक्षकों की गतिविधि की क्षण-क्षण की सूचना हो। उसके सैनिकों के पास खड्ग, करवाल, शूल इत्यादि शस्त्र थे और उनके चारों ओर धनुर्धारी-ही-धनुर्धारी खड़े थे...अंगरक्षक हिले कि चारों ओर से बाणों की वर्षा हुई...

"क्या करने आए हो?" राम ने पूछा।

नायक ने अपना आत्मबल समेटा, "हम राजकुमारी शूर्पणखा की आज्ञा से सौमित्र तथा सीता को मृत्युदण्ड देने तथा तुम्हें बंदी करने आए हैं।"

"तो आज्ञा का पालन क्यों नहीं करते?" राम मुस्कराए, "जानते ही हो कि आज्ञा-पालन किए बिना लौटोगे तो पुरस्कार में मृत्युदण्ड पाओगे।"

नायक सिहर उठा—राम ठीक कह रहे थे। लड़ना ही होगा। फिर भय किसका? ये लोग वनवासी ही तो हैं—हाथों में धनुष-बाण पकड़ लेने से सैनिक तो नहीं हो जाएँगे...

"चलो, वीरो, बढ़ो।" नायक ने आदेश दिया और साथ ही स्वयं भी झपट पड़ा।

किंतु तभी चारों ओर से बाणों की एक बौछार पड़ी। सारे सैनिक तितर-बितर हो गए। नायक समझ नहीं पा रहा था कि वह कहाँ है और उसके सैनिक कहाँ

हैं। उसके अपने शरीर में अनेक बाण घुस आए थे और उसे असहनीय पीड़ा हो रही थी। अन्य तथ्यों का ज्ञान धूमिल हो जाने पर भी एक बात उसके मन में अत्यंत स्पष्ट थी कि उसने एक भी पग आगे बढ़ाया तो बाणों की ऐसी ही बौछार और होगी तथा अंततः उसका एक भी सैनिक जीवित नहीं बचेगा।...यह युद्ध नहीं था—आत्महत्या थी। अपने सैनिकों को इस प्रकार मरवाना सैनिक धर्म नहीं था।

अनायास ही उसके कंठ से आदेश फूटा, "सैनिको! अपने प्राण बचाने के लिए लौट चलो।"

नायक के मुख से शब्द फूटते ही सैनिकों में भगदड़ मच गई—एक अंधी दौड़। वे इस प्रकार भागे कि किसी ने पलटकर भी नहीं देखा कि कौन कहाँ है। वे अपने हाथों के शस्त्र उठा-उठाकर चीत्कार कर रहे थे, जैसे किसी पर अघात करने जा रहे हों, किंतु वस्तुतः वे आश्रम से निकल भागने के लिए, उजाले में आ गए उल्लू के समान, पंख फड़फड़ा रहे थे।

नायक यह देखकर पूर्णतः आश्वस्त था कि उनका पीछा नहीं किया जा रहा था और भागने की उन्हें खुली छूट थी...

वे लोग आकर शूर्पणखा के सामने रुके तो उन्हें अपनी वास्तविक स्थिति का ज्ञान हुआ। उनमें से एक भी सैनिक ऐसा नहीं था, जो घायल न हुआ हो, और कदाचित् चौदह अंगरक्षकों के शव वे आश्रम में ही छोड़ आए थे...

शूर्पणखा ने बिना एक भी शब्द कहे, स्थान-स्थान से घायल अपने नायक से अभियान का वर्णन सुना और नायक के मौन होते ही अपना खड्ग उसकी पसलियों में धँसा दिया, "यह लो अपना पुरस्कार!"

"चलो, सारथि!" नायक के रक्त से सने अपने खड्ग को लहराते हुए उसने आदेश दिया। उसने पलटकर यह भी नहीं देखा कि नायक का शव कहाँ और कैसे गिरा है तथा अन्य सैनिकों की क्या स्थिति है।

इस बार शूर्पणखा ने तनिक भी संकोच नहीं किया। अब संकोच का अवकाश नहीं था। वह सीधी खर के स्कंधावार में पहुँची, और बिना किसी प्रकार की सूचना भिजवाए, चलती हुई स्वयं खर के सामने जा खड़ी हुई।

खर अपने सामने मदिरा के भाँडों तथा पात्रों का जमघट लगाए बैठा, उनसे खेल रहा था और उसके चारों ओर प्रायः नग्न दासियों का घेरा था, किंतु शूर्पणखा को देखते ही उसकी चेतना लौट आई, "आओ, भगिनी भर्तृदारिके!"

"तुम लोग जाओ।" शूर्पणखा ने दासियों को आदेश दिया।

एकांत हो जाने पर खर ने पूछा, "क्या है, शूर्पणखा! कोई विशेष बात है

क्या?"

शूर्पणखा एक मंच घसीटकर उसके एकदम सामने बैठ गई।

"ध्यान से मेरी ओर देखो!" वह बोली, "मेरी नाक और कानों पर तुम्हें कुछ दिखाई पड़ता है?"

खर ने आँखें झपकाकर देखा, "घाव हुआ है क्या?"

"यह खड्ग का घाव है!" शूर्पणखा बोली।

लगा, खर की चेतना पूर्णतः लौट आई है। उसकी आँखों में समझदारी का भाव झलकने लगा, "यह कैसे हुआ?"

शूर्पणखा ने पूरी घटना सुना दी।

"तुम अंगरक्षकों को साथ लेकर क्यों नहीं गई?"

"व्यर्थ की बातें मत करो।" शूर्पणखा का स्वर कुछ ऊँचा हो गया, "आज तक शूर्पणखा क्या अंगरक्षकों को साथ लेकर प्रेम-क्रीड़ाएँ करने जाती रही है? अपनी बात क्यों नहीं कहते कि मदिरा में डूबे रहकर तुमने इस क्षेत्र को राक्षसों के लिए असुरक्षित बना दिया है। यदि तुम्हारी सेना का आतंक बना रहता तो कोई विद्रोही यहाँ पग रखने का साहस नहीं करता, और जो पग रखता वह इस प्रकार मेरा अनादर नहीं कर सकता। क्या तुमने कभी देखा कि यहाँ की परिस्थितियाँ कैसे बदल रही हैं? तुम्हें मालूम हुआ कि तुम्हारे सैनिकों और मेरे अंगरक्षकों का कहाँ-कहाँ ग्रामीणों तथा तपस्वियों से संघर्ष हुआ..."

"अब रहने भी दो, राजकुमारी!" खर ने बीच में ही बात काट दी, "जब मैंने तुम्हें बताया था कि एक संघर्ष में सैनिक घायल हुए हैं और वे मृतप्राय हैं, तो तुमने सैनिक तीव्रगामी रथ लंका से अपने श्रृंगार-शिल्पी मँगाने के लिए छीन लिये, जबकि हमें शल्य-चिकित्सकों की अपरिहार्य आवश्यकता थी। फिर मैं कैसे मान लेता कि सैनिक आवश्यकताओं का तुम्हारी दृष्टि में कोई भी मूल्य था। अब जो कुछ भी तुम कह रही हो—सच कहना, यह राजनीतिक आवश्यकताओं से कह रही हो अथवा..."

"कारण जो भी हो—इस विवाद से कोई लाभ नहीं है।" शूर्पणखा ने भी उसकी बात पूरी नहीं सुनी, "प्रश्न तो यह है कि सम्राट् को इन घटनाओं की सूचना मिलेगी, तो वे क्या करेंगे। मैं असावधान ही सही, किंतु मेरा अपमान लंका के राजपरिवार का अपमान है, क्या सम्राट् इसे सहन कर लेंगे? यदि वह कुपित हुए..."

"द्वार पर कौन है?" खर ने पुकारा।

"स्वामी!" द्वार-रक्षक भीतर आया।

"सेनापति को बुलाओ।"

"अब तक जो कुछ घटित हुआ, वह लंका के सम्राट के लिए कम अपमानजनक नहीं है। द्वार-रक्षक के जाने के पश्चात् शूर्पणखा बोली, "और उसके लिए दोषी तुम ठहराए जाओगे। मैं यहाँ हूँ—किंतु मेरी स्थिति भिन्न है। राक्षस आधिपत्य तथा आतंक बनाए रखने का दायित्व मुझ पर नहीं, तुम पर है।"

"तो अब क्या करूँ?" खर चिंतित हो उठा।

"अभी भी कुछ नहीं बिगड़ा," शूर्पणखा पहली बार मुस्कराई—एक क्रूर मुस्कान, "राम की पत्नी सीता अद्वितीय सुंदरी है। सम्राट् के अंतःपुर में वैसी एक भी सुंदरी नहीं है। यदि तुम सीता जैसी भेंट सम्राट् के सम्मुख प्रस्तुत कर दो तो वे तुम्हारी प्रत्येक भूल क्षमा कर देंगे—यह मेरा निश्चित मत है। उत्कोच से बड़ी-बड़ी समस्याएँ सुलझ जाती हैं—आवश्यकता उत्कोच के ठीक रूप को पहचानने की है।" खर का चेहरा तनिक विशद हुआ, जैसे उसकी चिंता कुछ कम हो गई हो।

तभी दूषण ने भीतर प्रवेश किया। वह अभिवादन कर, एक मंच पर बैठ गया।

"दूषण! युद्ध के लिए सेना कितनी देर में प्रयाण कर सकती है?"

दूषण सकपका गया, "युद्ध? सेना तो लूट-मार, हत्याएँ, बलात्कार तथा अग्निदाह का काम करती आ रही है। युद्ध किए तो बहुत दिन हुए..."

"बकवास मत करो!" शूर्पणखा झपटकर बोली, "सेनापति के रूप में ठीक-ठीक उत्तर दो। तुम्हारी सेना राम तथा उसके संगी तापसों से युद्ध के लिए कितनी देर में प्रयाण कर सकती है? तुम जानते हो कि तुम्हारी सेना यहाँ राक्षसों और सम्राट् के सम्मान की रक्षा के लिए रखी गई है। अब यदि हम कुछ तपस्वी सैनिकों को पाठ नहीं पढ़ा सके तो उसके लिए सम्राट् के सम्मुख उत्तरदायी कौन होगा?"

दूषण ने स्वयं को सँभाला, "राजकुमारी! बहुत दिन हुए, सेना का स्वरूप लुटेरों और हत्यारों की टोली में बदल गया है, पर अब आप कहती हैं तो वे युद्ध के लिए प्रस्तुत हो जाएँगे।...वैसे जहाँ तक राम के साथ युद्ध की बात है—यह बहुत कठिन नहीं होगा।" वह कुछ सोचकर बोला, "जहाँ तक मैं जानता हूँ, राम और सौमित्र को अच्छे धनुर्धर अवश्य माना जाता है, किंतु उनके पास कोई नियमित सेना नहीं है। उन्होंने कुछ तपस्वियों को शस्त्र पकड़ने अवश्य सिखा दिए हैं, किंतु शस्त्र पकड़ लेने से कोई सैनिक तो नहीं हो जाता...!"

"तुम्हारी बुद्धि की बलिहारी!" शूपर्णखा कटु स्वर में बोली, "वे कैसे सैनिक हैं, यह मुझसे पूछो। मेरे एक सौ अंगरक्षक उनकी हत्या करने गए थे। उनमें से चौदह के शव आश्रम में पड़े है। और शेष में से एक भी ऐसा नहीं है, जिसे दो-चार घाव न लगे हों। कह नहीं कहती कि उनमें से कितने जीवित बचेंगे।"

"वे राजकुमारी के अंगरक्षक हैं।" दूषण कटाक्षपूर्वक मुस्कराया, "हमारे पास चौदह सहस्र सैनिक हैं। यदि राम के आश्रम को चारों ओर से घेर लें तो दो दिनों में अन्न-जल के अभाव में, वे स्वयं नाक रगड़ने आ जाएँगे।" उसके स्वर का गर्व प्रत्यक्ष हुआ, "अंगरक्षक धावा करने गए थे, किंतु यदि मुझे अधिकार दिया गया तो व्यूह-बद्ध युद्ध करूँगा। मेरा विचार है कि अपराह्न में प्रयाण किया जाए तो संध्या तक हम लंका के सम्राट के लिए तीन सुंदर मुण्डों का उपहार प्राप्त कर सकते हैं।"

"मुण्ड केवल एक ही चाहिए—सौमित्र का। सीता का जीवित शरीर सम्राट् को उपहार-स्वरूप भेंट किया जाएगा।" शूपर्णणा बोली, "और स्मरण रहे—राम की आवश्यकता मुझे है।"

"जाओ! सेना को तैयार करो!" खर ने आदेश दिया।

5

आश्रम में एक ओर विभिन्न आश्रमों से जन-सैनिक पहुँच रहे थे और दूसरी ओर से जनस्थान में होने वाली सैनिक तैयारियों की सूचनाएँ। राम युद्ध की अपनी योजना पहले ही बना चुके थे। जन-सैनिकों के कुटीरों के निर्माण का कार्य उसी दृष्टि से किया गया था। शरभंग, सुतीक्ष्ण तथा अगस्त्य के आश्रमों से भी वाहिनियाँ आ चुकी थीं, और समाचार था कि अगस्त्य भी पीछे-पीछे आ ही रहे हैं।

जन-सेना को अपनी योजना के अनुसार व्यूह-बद्ध कर, राम ने अपना ध्यान जनस्थान से आने वाली सूचनाओं की ओर लगाया। राक्षसों ने यह सोचा भी नहीं होगा कि उनका कोई समाचार राम तक पहुँच रहा है, किंतु उनके आस-पास की सारी जनसंख्या का एक बच्चा भी जो कुछ देख और सुन रहा था, वह मुखर तक पहुँच रहा था और वहाँ से वह राम तक संप्रेषित हो रहा था।

प्रातः भी, होने वाले धावे की सूचना, राम को पहले ही मिल चुकी थी। उसके लिए वे पूर्णतः सन्नद्ध थे। अंगरक्षकों को, गोदावरी के किनारे के पहले ही ढूहों के पास रोका जा सकता था, किंतु राम के ही निर्देश के कारण जन-वाहिनी ने आक्रमण नहीं किया और अंगरक्षकों को सीधे आश्रम के भीतर तक आने दिया गया...

किंतु अब जो सूचनाएँ आ रही थीं—वे भिन्न थीं। खर ने अपने पूर्ण सेना को रण-सज्जित होने का आदेश दिया था, और अपराह्न तक उनका अभियान होने

वाला था। अभियान का सेनापति स्वयं खर था, उसके अधीन दूषण, त्रिशिरा तथा महाकपाल, तीन ओर से आक्रमण करने वाले थे। सेनापति और उपसेनापति रथारूढ़ होकर युद्ध करने वाले थे। उनकी सेना पूर्णतः शस्त्र-सज्जित थी और शस्त्रों का अभाव उन्हें नहीं था। शस्त्रों में उनकी सेना के पास त्रिशूल, करवाल, तोमर, चक्र, काल-पाश, गदा, परशु, बरछे, वक्रदण्ड, भाले, भूशुंडि, मूसल, कुंतक तथा कुलिश इत्यादि थे। सेना में चौदह सहस्र सैनिक थे और उनकी प्रहारक-शक्ति अत्यंत भयंकर थी।

राम अपनी जन-वाहिनी के विषय में सोच रहे थे...जन-वाहिनी में तीन सहस्र से अधिक सैनिक नहीं थे, किंतु वे सब खड्गों अथवा शूलों के साथ-साथ धनुष-बाणों से सज्जित थे। आमने-सामने हाथों-हाथ युद्ध की संभावना कम ही थी।...अब तक राक्षस सैनिक उन्नत शस्त्रास्त्रों से सज्जित हो, निःशस्त्र तपस्वियों तथा ग्रामीणों से लड़ते रहे थे। कदाचित् जनस्थान की राक्षस सेना के लिए यह प्रथम अवसर होगा जबकि वे सशस्त्र प्रतिपक्षियों से लड़ें, और धनुष-बाण निश्चित रूप से, उनके शस्त्रों से अधिक प्रहारक सिद्ध होंगे। संख्या में जन-सैनिक बहुत कम थे, किंतु अपने ढूहों की आड़ में होने के कारण निश्चित रूप से वे दुर्ग की-सी सुविधा से रक्षित थे...फिर भी संख्या बड़ी निर्णायक शक्ति होती है। राक्षस सैनिक व्यवसाय से ही सैनिक हैं और युद्धों के अभ्यस्त हैं। जन-सैनिक आत्म-रक्षा के लिए लड़ रहे थे—लड़ना तो दूर, इतना बड़ा युद्ध उन्होंने पहले कभी देखा भी नहीं होगा। अब तक उन्होंने छोटी-छोटी टोलियों में होनेवाली झड़पों में ही भाग लिया था...इस युद्ध में यदि कहीं पराजय हुई?...किंतु राम का मन जैसे इस प्रश्न को सुनना ही नहीं चाहता था...

राम ने आत्मलीनता से बाहर निकलकर देखा—सामने मणि खड़ी थी।

"तुम इस समय कैसे, मणि?" वे चकित थे, "बच्चों को किसके पास छोड़कर आई हो, उल्लास के पास?"

"नहीं।" मणि बोली, "उल्लास को तो मुखर भैया ने कहीं काम पर भेजा है। बच्चे तो प्रातः से ही आश्रम की बाल-बाड़ी में हैं।"

"तो?..."

"मैं एक सूचना लाई हूँ, भद्र रम!" मणि धीरे-से बोली, "यद्यपि मेरे बच्चों के स्वास्थ्य की स्थिति को देखते हुए मुझे कोई भी कार्य नहीं सौंपा गया, किंतु यह कार्य मैंने अपनी इच्छा से किया है। शूर्पणखा के प्रासाद में मेरी अनेक सखियाँ हैं, हमने एक लंबा दुःखभरा काल एक साथ बिताया है, अतः उन्हें मुझसे स्नेह है और मैं उन पर विश्वास कर सकती हूँ।"

"कहो, मणि!" राम दत्तचित्त थे, "मैं सुन रहा हूँ।"

"शूर्पणखा के प्रासाद की दासियों की सूचना है आर्य! कि यद्यपि खर चौदह सहस्र सैनिकों को लेकर युद्ध के लिए आ रहा है, किंतु शूर्पणखा की युद्ध में विशेष रुचि नहीं है।"

"क्यों?" राम चौंके।

"उसकी सर्वाधिक रुचि दीदी के अपहरण में है।"

"सीता के अपहरण में?"

"हाँ, आर्य! उसने खर को सारा अभियान इस प्रकार संपन्न करने के लिए कहा है," मणि बोली, "कि उसका अपमान करने से दण्ड-स्वरूप सौमित्र का वध हो, रावण को उपहार में देने के लिए दीदी का अपहरण हो तथा युद्ध की उपलब्धि के रूप में शूपर्णखा को राम मिले—बंदी अथवा दास के रूप में। इसके लिए चाहे चौदह सहस्र सैनिकों में से एक-एक को मरना पड़े। और यदि दीदी का अपहरण संभव हुआ तो वे युद्ध के स्थान पर अपहरण को ही वरीयता देंगे...।"

राम चिंतन-मग्न दृष्टि से मणि को देखते रहे और सहसा मुस्करा पड़े, "मुखर ने सघन जाल फैला रखा है अपने गूढ़ पुरुषों का; किंतु ऐसा समाचार तो कोई नहीं लाया, मणि! तुम तो वस्तुतः मणि हो, मानव-मणि। तुम्हारी उपयोगिता सबने ही कम आँकी है। तुमने कितना बड़ा काम किया है, बहन! कदाचित् स्वयं तुम भी नहीं जानतीं..."

"मैं यदि आपके किसी भी काम आ सकूँ..." मणि की आँखों में पानी झलकने लगा, "आपने मुझे, मेरे पति और बच्चों को कितनी यातनाओं और अंततः मृत्यु से बचाया है।"

"मणि!" राम के होंठों पर स्निग्ध मुस्कान थी।

मणि आँखें पोंछकर मुस्करायी, "नहीं कहूँगी।"

वह उठ खड़ी हुई, "चलूँ।"

थोड़ी देर तक राम एकांत में सोचते रहे और फिर उन्होंने संदेशवाहक भेजकर लक्ष्मण को उनके शस्त्रागार तथा सीता को चिकित्सा-कुटीर से बुलवा भेजा। वे दोनों तत्काल ही उपस्थित हो गए।

"सौमित्र!" राम का स्वर अत्यंत स्निग्ध और कोमल था, "युद्ध की घड़ी है, अतः मेरी बात को अन्यथा न मानना।"

"क्या बात है, भैया?" लक्ष्मण कुछ चिंतित हो उठे।

राम ने मणि की सूचना दुहरा दी।

"वे मेरा वध नहीं कर सकते।" लक्ष्मण निर्द्वंद्व भाव से बोले। उनके स्वर में चिंता का लेश-मात्र भी नहीं था।

"इसका मुझे भी पूर्ण विश्वास है।" राम बोले, "किंतु मैं नहीं चाहता कि तुम या सीता उन्हें किसी ऐसे स्थान पर मिल जाओ, जहाँ से वे अपने संख्या-बल पर, अपनी पूरी सेना के मूल्य पर भी अपनी इच्छा पूर्ण कर सकें और मेरी विजय भी पराजय के समान हो जाए।..."

"तो?"

"मैं चाहता हूँ कि व्यूह में कुछ परिवर्तन किया जाए।" राम बोले, "सीता को चिकित्सा-कुटीर और पीछे हटाकर पर्वत की कंदराओं में पहुँचा दिया जाए और तुम उसकी सुरक्षा के लिए उसके साथ रहो। तुम्हारी वाहिनी तुम्हारे साथ रहेगी। सहायता के लिए अगस्त्य-आश्रम की वाहिनी का नायक सिंहनाद भी तुम्हारे साथ रहेगा।" राम रुककर बोले, "मैं बहुत आशंकित नहीं हूँ; फिर भी युद्ध में सभी संभावनाओं पर विचार कर लेना चाहिए। विजय हमारी है—यह निश्चितप्राय है; किंतु यदि कोई ऐसी स्थिति आ गई कि हमारी पराजय हुई और मैं युद्ध में खेत रहा तो सीता को लेकर तुम सीधे गोदावरी-तट की ओर बढ़ना। घाट पर नावें तुम्हें तैयार मिलेंगी—ऐसी व्यवस्था मैंने कर रखी है...।"

"भैया!" लक्ष्मण बोले, "इसका अर्थ यह है कि मैं युद्ध में भाग ही न लूँ और आप अकेले ही शत्रुओं से जूझें।"

"युद्ध में भाग तुम भी लोगे।" राम बोले, "संभव है, तुम्हें ही अधिक भाग लेना पड़े। यदि राक्षसों को हम अपने व्यूह में न बाँध पाए, उन्हें आगे बढ़ने से न रोक सके और उन्हें तुम्हारा और सीता का स्थान ज्ञात हो गया तो निश्चित रूप से वे सभी मोर्चे छोड़कर अपनी पूरी शक्ति से तुम पर और सीता पर टूट पड़ेंगे। तब वास्तविक युद्ध तुम्हारा ही होगा—हम बाहर से सहायक मात्र रह जाएँगे। मैं तुम्हें युद्ध से निरस्त्र नहीं कर रहा—तुम्हें सबसे बड़ा दायित्व सौंप रहा हूँ—जिस लक्ष्य को लेकर राक्षसों का आक्रमण हो रहा है, उस लक्ष्य की रक्षा का दायित्व।"

"किंतु आपका संकट..." सीता ने कहना चाहा।

"मेरा संकट अपनी जगह है; किंतु इस समय मैं ही सबसे अधिक सुरक्षित भी हूँ।" राम मुस्कराए, "शूर्पणखा मेरा वध नहीं चाहती और जीवित रहते मैं उसके हाथ आ नहीं सकता।"

"क्या ऐसा संभव नहीं है कि हम तीनों यहीं एक साथ रहें?" सीता बोलीं, "जिएँ तो साथ, मरें तो साथ।"

राम हँसे, "मरने की बात मत करो, और जिएँगे तो साथ-ही-साथ। तुम्हें

युद्ध भी करना है और युद्ध की अवधि में घायलों की चिकित्सा भी करनी है। हमारी सेना की एकमात्र शल्य-चिकित्सक तुम हो। तुम्हारा यहाँ मेरे पास रहने का अर्थ होगा—घायलों को युद्ध के केंद्र में लाना, अर्थात् तुम्हारी तथा घायल सैनिकों की असुरक्षा।''

सीता चिंता-मग्न हो गईं।

''अब सोचो तुम।'' राम बोले, ''जाओ, सौमित्र! तुरंत व्यूह परिवर्तन करना है। तुम्हारी वाहिनी के स्थान पर मैं दूसरे लोगों को भेज रहा हूँ। शीघ्रता करो। अपराह्न तक राक्षसों के आक्रमण की सूचना है।''

सीता और लक्ष्मण चले गए तो राम ने जन-वाहिनी की अनेक टुकड़ियों को स्थान-परिवर्तन के संदेश भिजवाए; और अंत में अनिंद्य को बुला भेजा।

अनिंद्य आया तो बहुत उल्लसित था, ''सारी व्यवस्था हो गई है, भद्र राम! अब कोई संकट भले आए, अपने सैनिकों को जल का संकट मैं नहीं आने दूँगा।''

''साधु, अनिंद्य!'' राम बोले, ''अब एक अतिरिक्त दायित्व सँभालो।''

''आदेश दें।''

''जिस मार्ग को तुम्हें तथा तुम्हारे साथियों को निष्कंटक रखना है, उसका संकट की स्थिति में जल लाने के अतिरिक्त एक उपयोग और करना है।''

अनिंद्य ने गहरी दृष्टि से राम को देखा।

''सीता तथा उनका चिकित्सा-कुटीर आश्रम के पीछे की छिपी कंदराओं में भिजवा दिया गया है। सौमित्र अपनी वाहिनी के साथ रक्षा के लिए वहीं हैं।''

''कोई विशेष बात?'' अनिंद्य ने पूछा और अगले ही क्षण सकपकाकर बोला, ''यदि यह कोई गोपनीय बात न हो तो।''

''तुम्हारे लिए गोपनीय नहीं है,'' राम बोले, ''राक्षस सीता का अपहरण करना चाहते हैं और सौमित्र का वध।''

अनिंद्य थोड़ा विचलित हुआ, किंतु तुरंत सँभलकर बोला, ''मुझे क्या करना होगा?''

''यदि कोई ऐसी अवस्था आई कि सीता तथा लक्ष्मण को अपनी सुरक्षा के लिए गोदावरी के मार्ग से यात्रा करनी पड़े तो तुम्हारे द्वारा रक्षित मार्ग— किसी भी स्थिति में गोदावरी तक जाने के लिए उपलब्ध होगा।''

''ऐसा ही होगा।'' अनिंद्य निष्कंप स्वर में बोला, ''आप मेरा विश्वास करें, राम! आपके आदेश के एक-एक शब्द का पालन होगा।''

''जाओ, मित्र!'' राम शांत थे, ''मेरी सूचनाओं के अनुसार, अब युद्ध में अधिक विलंब नहीं है।''

युद्ध-वेश में सज्जित राम अपनी कुटिया के सम्मुख खड़े थे। उन्होंने वक्ष पर कवच धारण कर रखा था और हाथों की हथेलियों में गोह के चमड़े के दस्ताने थे। कटि में खड्ग बँधा था। कंधों पर तूणीर थे और हाथों में धनुष। चेहरे पर चिंता की एक भी रेखा नहीं थी, जैसे जो चिंतन-मनन, सोच-विचार होना था, वह हो चुका, अब केवल कर्म था—संशय-रहित शुद्ध कर्म।

पल-पल में सूचनाएँ पहुँच रही थीं। राक्षस-सेना गोदावरी के दूसरे तट पर आ चुकी थी। सेना के आगे-आगे तथा दोनों ओर नगाड़ों का गगन भेदी घोष था। चौदह सहस्र सैनिकों की पंक्तियाँ एक के पश्चात् एक बढ़ती चल रही थीं। उनके कवच और अस्त्र-शस्त्र चमक रहे थे औरर वे लोग हिंस्र पशुओं के समान कोलाहल मचा रहे थे। वह एक अनुशासित सेना के स्थान पर बर्बर पशुओं की भीड़ लग रही थी—जो स्वयं को अधिक-से-अधिक भयंकर तथा हिंस्र प्रमाणित करने में ही अपना गौरव मान रही थी।

सेना के आगे, खर अपने चार चितकबरे घोड़ों वाले मूल्यवान रथ पर चल रहा था। उसके रथ के दोनों ओर श्येनगामी, पृथुग्रीव, यज्ञशत्रु, विहंगम, दुर्जय, करवीराक्ष, परुष, कालकार्मुक, हेममाली, महामाली, सर्पास्य तथा रुधिराशन—बारह महारथी खर को घेरकर चल रहे थे। खर के पीछे रथ पर दूषण था और उसके पीछे महाकपाल, स्थूलाक्ष, प्रमाथी तथा त्रिशिरा अपने-अपने रथों पर चल रहे थे। उनके पीछे सारी पैदल सेना थी।

खर की सेना आकर राम के आश्रम के सम्मुख खड़ी हो गई। खर ने गर्वपूर्वक अपनी सेना के विशाल विस्तार को देखा और तब आश्चर्य से दूर टीले पर खड़े रथविहीन एकाकी राम को देखा। उसे शूर्पणखा की बात याद आ गई—राम को जीवित बाँधकर शूर्पणखा के लिए ले जाना था...किंतु सीता और सौमित्र कहीं दिख नहीं रहे थे। कहाँ गए वे? भाग गए क्या? वह वध किसका करेगा और रावण के लिए उपहार स्वरूप किसे भेजेगा? वनवासी और ग्रामीण कहाँ गए? छिप गए?.
..और सहसा उसे लगा, अकेले व्यक्ति से—चाहे वह कितना ही वीर क्यों न हो—युद्ध करने के लिए चौदह सहस्र सैनिकों को लेकर आना, उसके लिए कोई गौरव की बात नहीं थी।...किंतु शूर्पणखा ने इतना डरा दिया था कि वह इससे कम तैयारी के साथ आना ही नहीं चाहता था...

खर के साथ दो सहस्र सैनिकों ने आगे बढ़कर राम और खर के बीच की भूमि को पाट दिया। दूषण अपने पाँच सहस्र सैनिकों को लेकर, खर के दाहिनी ओर फैल गया। महाकपाल, स्थूलाक्ष तथा प्रमाथी के अधीन पाँच सहस्र सैनिक बाईं ओर फैल गए तथा त्रिशिरा अपने दो सहस्र सैनिकों के साथ पीछे से खर

की सेना की रक्षा करने के लिए तत्पर हो गया।

राम ने देखा—खर एक ही मोर्चे पर लड़ने की तैयारी कर रहा था, कदाचित् राम के आश्रम को घेरने की योजना उसके मन में नहीं थी। राम ने संकेत किया—ढूहों के पीछे छिपे जन-सैनिकों ने गुप्त रूप से अपने स्थान बदले। भीखन, धर्मभृत्य तथा आनन्दसागर—उसके साथ के ढूहों के पीछे अपने सैनिकों के साथ व्यूह बाँधकर बैठ गए। मुखर उनकी दाहिनी ओर का क्षेत्र सँभाल रहा था और जटायु उनकी बाईं ओर थे।

युद्धारंभ की घोषणा खर ने की। उसने अपने आगे के सैनिकों को आगे बढ़ने का संकेत करते हुए आदेश दिया, "राम को घेरकर जीवित पकड़ना है।"

राक्षस आगे बढ़े ही थे कि राम ने संकेत किया और भीखन, धर्मभृत्य तथा आनन्दसागर के जन-सैनिकों ने बाणों की बौछार आरंभ कर दी। खर को स्थिति समझने में अधिक समय नहीं लगा। निश्चित रूप से राम सर्वथा अकेला नहीं था—किंतु उसके साथियों की न तो संख्या ज्ञात हो सकती थी और न उनकी गतिविधि का पता लग सकता था। राक्षस सैनिक अपनी संख्या के दंभ में अंधाधुध आगे बढ़े थे और बाणों की पहली ही बौछार में आधे से अधिक खेत रहे थे। जो खेत नहीं रहे थे, वे राम के सैनिकों की पंक्तियों के बीच आ फँसे थे और दोहरी मार झेलकर धराशायी हो रहे थे...

खर के लिए यह स्थिति अप्रत्याशित भी थी और असह्य भी। उसने अपने सारथी को आगे बढ़ने का संकेत किया। रथ के आगे बढ़ते ही खर ने अपने धनुष से दक्षतापूर्वक भल्ल, नीलीक, नाराच तथा विकर्णी बाणों की वर्षा आरंभ की।

राम मुसरकाए। निश्चित रूप से खर धनुर्धारी था। राम ने भी अपना धनुष सँभाला। कानों तक धनुष की प्रत्यंचा खींची और बाण छोड़ दिया। उसके पश्चात् खर के लिए यह देखना कठिन हो गया कि राम कब तूणीर से बाण खींचता है, कब प्रत्यंचा पर रखता है, कब प्रत्यंचा खींचता है और कब बाण छोड़ देता है...ऐसी स्फूर्ति खर ने आज तक किसी धनुर्धारी में नहीं देखी थी। जिस क्षण राम की ओर देखो—राम बाण छोड़ता हुआ ही दिखाई पड़ता था। खर ने क्रुद्ध होकर अपने धनुष पर नाराच रखे और एक के पश्चात् एक प्रहार करते हुए, पूरा तूणीर शेष कर दिया...रुककर उसने देखा—कवच होने पर भी, राम के शरीर पर अनेक घाव हुए थे और उनसे रक्त बह रहा था।

राम ने भी देखा—अपने बारह महारथियों से घिरे होने के कारण खर अभी तक आहत नहीं हुआ था, किंतु उसके सैनिक प्रायः खप चुके थे। उन दोनों के बीच रुण्ड-मुण्डों का ढेर लग चुका था। रक्त तथा कीचड़ में जैसे कोई अंतर नहीं

रह गया था...और अब बीच के सैनिकों के अभाव में खर, राम के एकदम आमने-सामने था...

जटायु और मुखर दोनों ही बार-बार अपने स्थानों से हटकर, राम की सुरक्षा-पंक्ति में आने का हठ कर रहे थे। कदाचित् वे राम के शरीर से बहते रक्त को देखकर विह्वल हो गए थे—किंतु राम ने उन्हें वहीं बने रहने का आदेश दिया।

सहसा दूषण की दृष्टि खर की स्थिति पर गई। राम के पक्ष की कितनी क्षति हुई थी, कोई क्षति हुई भी थी अथवा नहीं—यह जानना बड़ा कठिन था; किंतु खर के दो सहस्र सैनिकों में से कोई भी शत्रु से लोहा लेता दिखाई नहीं पड़ रहा था। जो मरे नहीं थे, वे घायल पड़े थे और जो घायल नहीं थे अथवा घायल होते हुए भी चलने-फिरने की स्थिति में थे—वे युद्ध-क्षेत्र छोड़कर भाग चुके थे। इस समय राम, दूहों के पीछे बैठे अपने सैनिकों के साथ, यदि अपने टीले से नीचे उतर आए तो उसका संपूर्ण प्रहार अकेले खर पर होगा—सोचने के लिए अधिक समय नहीं था। दूषण तुरंत अपने पाँच सहस्र सैनिकों के साथ आगे बढ़ा और खर तथा राम के बीच के शून्य क्षेत्र को उसने तुरंत पाट दिया। उसके आते ही राम तथा खर का सीधा संपर्क पुनः टूट गया और खर को साँस लेने का अवसर मिल गया।

किंतु पहले ही आघात में इतनी सक्षम सेना के दो सहस्र सैनिकों का इस प्रकार खप जाना किसी भी सेना के लिए साधारण क्षति नहीं थी। राक्षस सेनापतियों के मन में अपने सैनिकों के प्राणों के लिए चाहे तनिक भी मोह न हो, किंतु इतनी बड़ी क्षति की सहज ही उपेक्षा नहीं की जा सकती थी। उनके सैनिकों के मनोबल पर भी इसका दुष्प्रभाव अत्यंत प्रत्यक्ष था। उनके उत्साह का आवेश उसी प्रकार वापस लौट रहा था, जैसे समुद्र की लहर आगे बढ़कर पीछे लौटती है।...यदि एक प्रबल आघात कर राम की इस गुप्त सेना का शमन नहीं किया गया तो जनस्थान की इस राक्षस-सेना तथा उसके सेनापतियों का वर्षों के परिश्रम से प्राप्त किया गया यश एक घड़ी में ही धूल में मिल जाएगा।

दूषण ने अपने सैनिकों को अर्द्ध-वृत्ताकार लहर के रूप में आगे बढ़ने का आदेश दिया। वह स्वयं उनके केंद्र में था। उसने राम को घेरकर बाणों से छलनी कर देने की योजना बनाई थी; किंतु राम के सामने से ही जब इतनी अधिक सुरक्षा का प्रबंध था तो वह पीछे से भी असुरक्षित नहीं होगा। ऐसे में अपनी सेना को अधिक फैलाकर, उसकी शक्ति क्षीण करना और राम की सेना के पृष्ठ भाग को भी युद्ध में घसीट लाना बुद्धिमत्ता नहीं थी।...उसके मन में शूर्पणखा के आदेश अत्यंत स्पष्ट रूप से अंकित थे—राम का वध नहीं करना था। शूर्पणखा को राम की आवश्यकता थी। किंतु इस समय यदि राम को न मारा गया तो वह राक्षसों

की सारी सेना का नाश कर देगा...

दूषण के सैनिक आगे बढ़े। उसने तीन ओर से आघात किया, किंतु तीनों ओर से उन्हें उत्तर भी मिला। दूषण क्षण-भर के लिए हतप्रभ खड़ा रह गया—यह जानना संभव नहीं था कि उन दूहों के पीछे कितने सैनिक थे। और पहली बार दूषण के सम्मुख उसकी मूर्खता प्रत्यक्ष हुई। उसके सैनिक जिन शस्त्रों से सज्जित थे, वे आमने-सामने होने वाले हाथों-हाथ युद्ध में ही सहायक हो सकते थे, जबकि राम की सेना में सब धुनर्धारी ही दिखाई पड़ रहे थे। उनकी ओर से अभी तक सिवाय बाणों के दूसरे किसी शस्त्र का प्रयोग नहीं किया गया था। उनके बाणों की बौछार इतनी प्रबल थी कि दूषण के सामने स्थिति स्पष्ट हो गई। उसके सैनिक बिना प्रहार किए ही कटते जा रहे थे। दूषण ने खड्ग छोड़कर धनुष उठाया...

राम ने मुस्कराकर देखा—दूषण ने धनुष उठाया था और तूणीर से बाण निकाल प्रत्यंचा को खींच रहा था। उन्होंने तीखा क्षुरबाण ताककर मारा और दूषण अपनी धनुष की कटी हुई प्रत्यंचा को झूलते हुए देखता रहा। राम ने एक अर्द्ध-चंद्राकार बाण मार, उसके सारथी का मुण्ड, रुण्ड से पृथक् कर दिया।

रथ और धनुष दोनों को ही व्यर्थ हुए देख, दूषण क्षुब्ध हो उठा। उसने शस्त्रों में से लोहे का एक भयंकर परिघ खींचा, जिसके चारों ओर लोहे की तीखी नुकीली कीलें लगी हुई थीं और उसका प्रहार सहकर जीवित रहने की क्षमता किसी मानव में नहीं हो सकती थी। परिघ को हाथ में लिये हुए उसने विकट हुँकार भरी और रथ से कूद भूमि पर आ खड़ा हुआ। उसके साहस का उसके सैनिकों पर भी प्रभाव पड़ा। उनके बढ़ते हुए वेग को देखकर लगा कि वे बाणों की अनवरत वर्षा में से भी पार होकर राम तक जा पहुँचेंगे।

भीखन, धर्मभृत्य तथा आनन्दसागर की वाहिनियों के लिए बड़ा विकट समय उपस्थित हुआ था। इस धावे को यदि न रोका गया, यदि वह व्यूह टूट गया तो राम पूरी तरह घिर जाएँगे; और पीछे से लहर पर लहर के समान आने वाली राक्षसी सेना को रोकना असंभव हो जाएगा...

राम ने निमिष-भर के अंतराल में दो बाण खींचकर मारे और दूषण की दोनों भुजाएँ कटकर भूमि पर आ गिरीं। जब तक दूषण समझ पाए कि उसके साथ क्या घटित हुआ है—राम ने धनुष की प्रत्यंचा कान तक खींचकर उसके वक्ष में बाण दे मारा।

दूषण के गिरते ही उसकी सेना अनियंत्रित हो उठी। आगे बढ़ने के स्थान पर वह पलटकर पीछे भागी। अपनी ही सेना के भागते पैरों के नीचे, उनकी टुकड़ियाँ-की-टुकड़ियाँ कुचली गईं...सेना की त्रस्त दशा देखकर महाकपाल, स्थूलाक्ष

तथा प्रमाथी अपने पाँच सहस्र सैनिकों के साथ दूषण का स्थान लेने के लिए आगे बढ़े।

खर के बाईं और दाईं ओर की सेनाएँ हट चुकी थीं। राम ने संकेत किया। मुखर तथा जटायु भी अपने सैनिकों के साथ सिमट आए। प्रत्यक्ष सामने भीखन, धर्मभृत्य तथा आनन्दसागर की वाहिनियाँ थीं; और वे लोग अब तक बड़ी सफलता से राक्षसी सेना के धावे को रोक रहे थे। मुखर, जटायु के निकट आ जाने से उन्हें और भी बल मिला तथा उनका प्रतिरोध सघनतर हो गया।

महाकपाल अपना भयंकर शूल लेकर आगे बढ़ा। वह इतने अधिक रोष में था कि स्वयं ही अपने सैनिकों को कुचलता हुआ सबसे आगे निकल आया। दूसरी ओर से स्थूलाक्ष अपना पट्टिश लहराता हुआ अपने सैनिकों के साथ आगे बढ़ा। तीसरी दिशा से प्रमाथी अपना भयंकर परशु लिये हुए चढ़ दौड़ा।

जटायु तथा धर्मभृत्य स्थूलाक्ष को लक्ष्य किए हुए थे। मुखर और आनन्दसागर की दृष्टि प्रमाथी पर थी। भीखन अपनी वाहिनी को महाकपाल की गति रोकने पर लगाए हुए थे। किंतु महाकपाल भयंकर गति से आगे बढ़ा था और संभव था कि वह अपने शूल से विकट संहार करता हुआ टीले पर चढ़ आता कि इतने में राम ने अर्द्ध-चंद्राकार बाण मार, उसका सिर काट दिया था। उसका ऊपर उठा हुआ शूलधारी हाथ झूल गया और शरीर पीछे आते हुए अपने ही सैनिकों के पैरों तले रौंदा गया।

स्थूलाक्ष तथा उसके सैनिक जटायु तथा धर्मभृत्य के बाणों को झेलते हुए आगे बढ़ने के लिए जूझ रहे थे। राम ने उनकी दोनों आँखों को शूल जैसे दो बाणों से बींध डाला...प्रमाथी ने अपने सहयोगी सेनापतियों को इस प्रकार धराशायी होते देखा तो वह सीधा राम पर झपटा; किंतु तब तक उसके शरीर में इतने बाण चुभ चुके थे कि परशु का प्रहार करने से पूर्व ही उसकी आँखें बंद हो गईं।

सेनानायकों को इस प्रकार मरते और सेना को विशृंखल होते देख, खर अपने बारह महारथियों के साथ आगे बढ़ा। अपने सैनिकों के शवों को कुचलता हुआ उसका रथ आगे आया। उसकी सेना सावधान हो उठी। खर के जीवित रहते, उन्हें राम का विशेष भय नहीं था। किंतु थोड़ी ही देर में स्पष्ट हो गया कि राम के कर्णिबाणों के सम्मुख खर तथा उसके महारथियों का भी ठहरना कठिन था।

स्थिति के अधिक बिगड़ने से पूर्व ही त्रिशिरा अपने दो सहस्र सैनिकों के साथ, खर की पृष्ठभूमि को छोड़ आगे बढ़ आया। उसने अन्य सेनानायकों की भाँति अपने सारे सैनिकों को सीधे राम पर आक्रमण करने के लिए झोंकने के बदले तीन टोलियों में बाँट दिया। राम पर सीधे आक्रमण करना अपने लिए अधिक-से-अधिक

क्षति को आमंत्रित करना था। एक तो राम की असाधारण क्षमता, उसका युद्ध-कौशल तथा धुनर्विद्या की चरम पूर्णताः दूसरी ओर उसकी सेना की अपने प्राण देकर भी राम को बचा लेने की निष्ठा—सीधे आक्रमण के लिए अत्यंत घातक थी। राम से राक्षस-सैनिक नहीं लड़ सकते थे। उनसे तो स्वयं त्रिशिरा को ही लड़ना था।

दाईं ओर से त्रिशिरा की जो सेना बढ़ी, उसे रोकने का भार मुख्यतः मुखर पर था। मुखर ने उन्हें स्वतंत्र रूप से आगे व्यूह की ओर बढ़ते देखा तो उसके मन के गहन तलों में सोया हुआ आक्रोश जागा। वह वही सेना थी, जिसने उसका घर उजाड़ा था, उसके संबंधियों को यातना दे-देकर मारा था। कोई अन्य युद्ध किसी का भी हो, किंतु यह युद्ध उसका अपना है।...उसने युद्ध से पहले ही राम से आग्रह किया था कि राम उसे या तो अपने साथ रखें, अथवा अपने सामने वाले दूहों में से किसी व्यूह का स्वतंत्र नेतृत्व उसे दें, किंतु राम ने यह कहकर उसे बाईं ओर रखा था कि मध्य में वे स्वयं होंगे। किनारों को काटकर, यदि राक्षस आगे बढ़ गए तो वे सीधे चिकित्सा-कुटीर वाली कंदराओं में जा पहुँचेंगे—वहाँ सीता हैं।...वह दीदी की रक्षा के विचार से बाईं ओर के व्यूह पर चला आया था। वैसे वह भी जानता था कि राम उसके आक्रोश तथा आवेश से पूर्णतः परिचित थे, अतः उन्होंने नहीं चाहा होगा कि वह अपने रोष के कारण स्वयं को अतिरिक्त जोखिम में डाले...

किंतु अब वह राक्षसी सेना ठीक उसके सामने थी—उसे रोकने का दायित्व उस पर था। यदि वह एकदम ही असफल न हुआ तो राम अथवा किसी अन्य नायक को उसकी सहायता के लिए आने की आवश्यकता नहीं पड़ेगी...वह केवल उसी का युद्ध था—निजी और स्वतंत्र...उसे राम से पाई शस्त्र-विद्या की सार्थकता सिद्ध करनी थी, अपना प्रतिशोध लेना था, अन्यायी को दण्ड देना था, और अपने इस भू-क्षेत्र को राक्षसी अत्याचारों से मुक्त करना था...

राम ने उसे धनुर्विद्या का ही सर्वाधिक अभ्यास करवाया था...कितना उपयुक्त आयुध था धनुष ऐसे युद्ध के लिए। ऊँचे दूह के पीछे छिपे हुए धनुर्धरों के साथ वह पूर्णतः सन्नद्ध था, और नीचे से राक्षस-सेना अपने शस्त्र चमकाती पशुओं के समान कोलाहल करती उनकी ओर भागी आ रही थी। उन्हें अपने शूलों, परिघों, तोमरों और करवालों का गुमान था। अपनी शक्ति के मद में वे पशु हो गए थे। निःशस्त्र और असंगठित, निर्धन और अज्ञानी लोगों की हत्याएँ करते फिरते थे. ..हिंस्र पशु..! राम जानते हैं इनका उपचार। तभी तो राम ने निर्बल और दीन लोगों को संगठित कर उनके हाथ में धनुष जैसा अस्त्र दिया, जो इन राक्षसों पर भी भारी पड़े।

राक्षस दूह से दस पग की दूरी तक आ गए तो मुखर ने अपने सैनिकों को संकेत किया, "प्रहार!"

बाणों की झड़ी लग गई। राक्षसों की जो पंक्ति आगे बढ़ती, वह ऐसे गिरती जैसे कगार तक पहुँच कोई नीचे जा गिरता है। मुखर को इतने से संतोष नहीं हो रहा था। वह स्वयं भी तीखा से तीखा बाण चला रहा था। उसे अपने वास्तविक धनुकौशल का ज्ञान स्वयं भी आज ही हुआ था। एक-एक राक्षस के गिरने पर जैसे उसे कोई अगाध सुख मिलता था। हृदय का उत्ताप शांत होता था...

थोड़ी देर में राक्षसों की अंधी पशु-दौड़ बंद हो गई। एक तो उनकी संख्या बहुत कम हो गई थी, दूसरे अपनी इस विधि की निस्सारता वे देख चुके थे। थोड़ी-थोड़ी देर में उनकी ओर से फेंका गया कोई अस्त्र दूह से टकराकर युद्ध का आभास मात्र दे रहा था...

मुखर तृषित ही रह गया। उसे अपने वक्ष की जलन को शांत करने का पूर्ण अवसर नहीं मिला था। जो राक्षस आगे नहीं बढ़ रहे, क्या वे ऐसे ही जीवित लौट जाएँगे...जिन लोगों ने उसके माता-पिता के शरीर के खण्ड-खण्ड कर डाले थे, जिन्होंने उसके परिवार की स्त्रियों को अपमानित कर आत्महत्या के लिए बाध्य किया था, जिन्होंने बच्चों को ऐसे जीवित जला दिया था जैसे कोई अहेर किए गए मृत पशु को भी नहीं जलाता...वे राक्षस केवल इसलिए जीवित बच जाएँगे, क्योंकि वे आगे बढ़कर उसकी टोली पर आक्रमण नहीं कर रहे और दूह से बाहर निकलकर राक्षसों पर आक्रमण करना आज की युद्ध-नीति के अनुकूल नहीं है...

मुखर का रक्त जैसे उफन-उफनकर वाष्प बनने लगा...मस्तिष्क जड़ होने लगा—उसे तो प्रतिशोध लेना था। आज चूका तो फिर अवसर कहाँ आएगा...

मुखर दूह के ऊपर चढ़ गया। अब राक्षस सेना उसे देख सकती थी—किंतु वह भी उन्हें देख सकता था।...उसने अपने सैनिकों को आदेश देने आरंभ किए—"बाएँ से...दाएँ...आगे बढ़ो...पीछे..."

...एक राक्षस सैनिक अपना त्रिशूल उस पर फेंकने के प्रयत्न में था। मुखर की दृष्टि उस पर पड़ी और उसने एक गाँठदार वक्र बाण उसके वक्ष में दे मारा। सैनिक अपने शूल सहित धराशायी हो गया...किंतु राक्षस सैनिकों की दृष्टि उस पर पड़ चुकी थी। राक्षसों ने एक के पश्चात् एक अस्त्र फेंकने आरंभ कर दिए। कुछ अस्त्रों को मुखर ने मार्ग में ही अपने बाणों से काटा भी, किंतु इस विद्या का उसे पूर्ण अभ्यास नहीं था...एक शूल उसके बाएँ कंधे से टकराया...कंधे में घाव हो गया और रक्त बह-बहकर शरीर पर गिरने लगा। मुखर ने अपना कंधा

देखा...पीड़ा भी थी और अशक्तता का भी आभास होने लगा था...उसने दृष्टि उठाकर आश्चर्य से राम को देखा—दूर, अपने टीले पर अप्रतिहत खड़े वे निरंतर, पूरी स्फूर्ति से बाण चला रहे थे। सारे शरीर पर रक्त की क्षीण और स्फीत धारियाँ बह-बहकर यह भी पता नहीं लगने दे रही थीं कि शरीर पर कितने घाव थे...मुखर को घाव ही गहरा लगा है या उसे अभी घाव खाकर रक्त बहाने का अभ्यास नहीं है...

मुखर ढूह से नीचे उतर आया। उसे लगा, वह खड़ा नहीं रह सकेगा। वह बैठ गया, "पानी!"

एक सैनिक ने उसे पानी दिया।

"नायक! आपको चिकित्सा-कुटीर तक पहुँचा दें?" भूलर ने पूछा।

पानी पीकर मुखर को कुछ बल मिला। वह उठ खड़ा हुआ, "नहीं। जब संज्ञाशून्य हो जाऊँ, तब चिकित्सा-कुटीर में छोड़ आना।" वह अपना धनुष उठाते हुए बोला, "हमें शिथिल नहीं होना है, नहीं तो राम पर राक्षसों का दबाव बढ़ जाएगा।"

त्रिशिरा की सेना का बायाँ खण्ड बाईं ओर दूर तक चलता ही चला गया। जटायु अपने सहायक नायकों शुभबुद्धि और कृतसंकल्प के साथ हतप्रभ-से खड़े रह गए। कहाँ जा रही है राक्षसों की यह सेना? यह युद्ध से भाग रही है, अथवा ढूहों को पार कर, दीर्घ वृत्त बनाकर वह राम पर पीछे से आक्रमण करना चाह रही थी? कहीं ऐसा तो नहीं कि उन्हें यह ज्ञात हो गया हो कि सीता चिकित्सा-कुटीर और लक्ष्मण की वाहिनी पीछे की कंदरा में हैं। ये उन्हीं पर आक्रमण करने तो नहीं जा रहे?

जटायु के समाने निर्णय की विकट घड़ी थी। यदि वे अपना व्यूह छोड़कर उस सेना के पीछे जाते हैं तो बाईं ओर से राम असुरक्षित हो जाएँगे, और यदि वे अपने स्थान पर टिके रहते हैं तो राक्षसों की वह सेना बिना किसी रोक-टोक के, अपनी पूरी क्षमता से लक्ष्मण पर आक्रणम करेगी और अकेले लक्ष्मण घिर जाएँगे...

जटायु ने कृतसंकल्प को राम के पास भेजा। वह संदेश लेकर लौटा, "तात जटायु अपने स्थान पर ही रहें। वह सेना बहुत बड़ी नहीं है। यदि वह लक्ष्मण पर आक्रमण करने का प्रयत्न करेगी तो लक्ष्मण, सिंहनाद तथा अनिंद्य की वाहिनियों के बीच घिर जाएगी। हाँ, उसे और सहायता पहुँचाने के लिए यदि कोई टुकड़ी जाए तो अपना व्यूह छोड़कर भी उसे रोका जाए। ऐसी स्थिति में तात जटायु के स्थान पर भीखन अपनी सेना लेकर आ जाएगा।"

जटायु उस सेना की गतिविधि देखते रहे...आज यह विचित्र युद्ध हो रहा

था। खर की सेना से यह उनकी पहली भिड़ंत नहीं थी। अनेक बार खर के सैनिकों ने उनके द्वारा रक्षित बस्तियों को उजाड़ा था। अनेक बार जटायु ने उन पर गुप्त आक्रमण किए थे, किंतु ऐसा योजना बद्ध युद्ध करने के साधन वे आज तक नहीं जुटा पाए थे। राम ने यह अद्‌भुत व्यूह रचा था। कहाँ-कहाँ से जन-सैनिक राम की सहायता के लिए आ गए थे—जैसे सारे क्षेत्र का प्रत्येक बच्चा शस्त्र-बद्ध हो, राम का सैनिक हो गया हो। और सबको सुरक्षित स्थानों पर, ओट में छिपा, राम संपूर्ण राक्षसी सेना के सम्मुख अकेले खड़े हैं तथा खर को आक्रमण के लिए उकसा रहे हैं। खर की सेना जब राम को एकाकी और निरीह जानकर झपटती है तो घास और पत्तों, ढूहों और ढेलों में छिपे, राम के जन-सैनिक, अपने बाणों से छलनी कर, सेना को पीछे लौटा देते हैं...कब से आवश्यकता थी इस क्षेत्र के जन-जन को एक-एक धनुष की। वही धनुष राम ने प्रजा के हाथों में पकड़ा दिया है। सारी राक्षसी सेना को उसके समस्त आयुधों के होते हुए भी, वह धनुष खा जाएगा...जटायु को पूर्ण विश्वास है कि इस क्षेत्र में अब राक्षस पनप नहीं पाएँगे.

त्रिशिरा की सेना की वह टुकड़ी ढूहों के पीछे न जाकर, ढूहों की ओर ही पलटी। जटायु के सम्मुख, राक्षसों की योजना स्पष्ट हो गई। वे लोग स्वयं जटायु की वाहिनी पर ही आक्रमण करने आ रहे थे। उनका प्रयत्न उन पर पिछली ओर से आक्रमण करने का था...

जटायु ने तत्काल शुभबुद्धि की टुकड़ियों को वहाँ से हटाया, वे राक्षस सेना के एकदम सामने पड़ रहे थे और कृतसंकल्प को आगे बढ़ने का संकेत किया।...सहसा जटायु के रक्त में जैसे कोई मद्य घुल गया—इस टुकड़ी का एक भी सैनिक जीवित बचकर नहीं जाएगा—वे निश्चिंत थे। आज इनसे इनके द्वारा उजाड़ी गई बस्तियों और ग्रामों का प्रतिशोध लिया जाएगा...

राक्षस बहुत सावधानी से बढ़ रहे थे। यह उनका भिन्न प्रकार का अभियान था, नहीं तो वे भयंकर चीत्कारों और कोलाहल के साथ आक्रमण करते थे। इस बार उन्होंने अपने शस्त्र भी नहीं चमकाए थे। कदाचित् उनका विचार था कि उन्हें किसी ने देखा नहीं है और वे लोग आकस्मिक आक्रमण करने में सफलता पा सकेंगे।

वे ढूह के निकट पहुँचे तो उनकी पीठ पर शुभबुद्धि की टुकड़ी ने आक्रमण किया। आकस्मिक गुप्त आक्रमण करने की योजना से आगे बढ़ते हुए राक्षसों के लिए यह इतना अप्रत्याशित था कि वे लोग स्वयं को गुप्त नहीं रख सके और अपने अभ्यास के अनुसार कोलाहल करते हुए पलटे, किंतु उनके पलटते ही कृतसंकल्प

की टुकड़ियाँ उनकी पीठ पर प्रकट हो गईं। राक्षसों में अव्यवस्था फैलाने के लिए यह पर्याप्त था। उनकी स्थिति को देखते हुए लगता था कि उनमें कोई कुशल नेता भी नहीं था। वे लुटेरों के गिरोह के ही समान युद्ध कर सकते थे, किसी सेना से योजनाबद्ध युद्ध कदाचित् उनके वश का नहीं था।

विश्रृंखलता तथा अव्यवस्था की पराकाष्ठा पर पहुँच, जब उनका प्रत्येक सैनिक उचक-उचककर दोनों ओर लड़ने का प्रयत्न कर रहा था, तब जटायु ने अपनी टुकड़ियों को आघात करने का संकेत किया।...स्वयं जटायु को बाण छोड़ते हुए तनिक भी आभास नहीं हो रहा था कि वे कोई युद्ध कर रहे हैं। प्रत्येक राक्षस के गिरने के पश्चात् जैसे उन्हें कहीं कुछ उदात्त घटित होने का-सा आभास हो रहा था। उन हत्याओं में कोई ऐसा पवित्र तत्त्व था कि जटायु को युद्ध-कर्म पुण्य के समान प्रतीत हो रहा था...

उनकी योजना सफल हुई थी। उनकी ओर बढ़ी हुई राक्षस सेना का एक भी सैनिक जीवित नहीं बचा था। तब जटायु का ध्यान अपने सैनिकों और स्वयं अपनी ओर गया। उन्होंने अपने शरीर में धँसे दो-एक बाणों को झटके से निकालकर फेंक दिया और बोले, "शुभबुद्धि! भाई कृतसंकल्प! अपने सैनिकों को देखो। जिसे गहरा घाव आया हो, उसे चिकित्सा-कुटीर में भिजवा दो।"

तीसरी टुकड़ी के साथ स्वयं त्रिशिरा, राम की ओर बढ़ा। अपने सैनिकों को राम की गुप्त सेना से उलझा, स्वयं सीधे राम से जूझ पड़ा। जब तक कि राम उसकी क्षमता का कुछ आभास पाएँ, उसने तीन बाण राम के शरीर में धँसा दिए।

राम सावधान हुए। यह राक्षस बहुत विकट था। यह इस प्रकार बढ़ता रहा तो घातक भी हो सकता है। राम ने पहले चार बाणों से उनके घोड़े बींध दिए और अगले दो बाणों से उसके सारथी के प्राण ले लिये।...किंतु त्रिशिरा अब भी बाण चलाता जा रहा था। राम ने एक के पश्चात एक चौदह बाण उसके वक्ष में मारे, अंततः त्रिशिरा अपने धनुष समेत, अपने टूटे हुए रथ पर ही लटक गया।

त्रिशिरा के गिरते ही राक्षस सेना में भयंकर हाहाकार हुआ और अव्यवस्था जैसे अपनी चरम सीमा पर जा पहुँची। खर ने भी देखा, अब सेना रुक नहीं सकती। उसने अपना रथ आगे बढ़ाया, "लौटो!" उसने अपने सैनिकों को ललकारा, "नहीं तो अपने हाथों से तुम्हारा वध कर दूँगा। जो सैनिक युद्ध-क्षेत्र से भागेगा, उसकी संपत्ति उससे छीन ली जाएगी और उसके परिवार की युवतियाँ विजयी सैनिकों में उपहार स्वरूप वितरित कर दी जाएँगी..."

किंतु खर की घोषणाओं से राम के बाण अधिक प्रभावी सिद्ध हो रहे थे। सैनिको में कोई विशेष प्रतिक्रिया नहीं हुई। बहुत थोड़े से सैनिक पलटे, शेष गोदावरी की ओर भागते ही चले गए।

खर क्रोध में जलता हुआ, आगे बढ़ा। उसके अंगरक्षक बारह महारथी—श्येनगामी, पृथुग्रीव, यज्ञशत्रु, विहंगम, दुर्जय, करवीराक्ष, परुष, कालकार्मुक, हेममाली, महामाली, सर्पास्य, रुधिराशन—अब भी उसके रथ को घेरे हुए थे। उसके पक्ष में लड़ने वाले दो-ढाई सौ से अधिक सैनिक शेष नहीं थे।

राम ने मुस्कराकर देखा—खर सामने था। जनस्थान की राक्षसी शक्ति का मेरुदण्ड! इस व्यक्ति ने स्वयं तो जो अत्याचार किए थे, वे किए ही थे—इस संपूर्ण क्षेत्र में रावण की शक्ति के प्रतिनिधि के रूप में समस्त अत्याचारों को प्रश्रय देने का कार्य इसने किया था। इसने मुखर के परिवार जैसे असंख्य परिवारों को नष्ट किया था। जटायु के साथियों की निंरतर हत्याएँ की थीं, आस-पास के सैकड़ों ग्रामों के अबोध बालक इसके आतंक के कारण अपने खेतों का अन्न नहीं खा सके, अपनी वाटिकाओं के फल नहीं खा सके और अपने ही पशुओं का दूध नहीं पी सके। शूर्पणखा जैसी चुड़ैल इसकी सैनिक शक्ति के बल पर मणि जैसी अनेक स्त्रियों के अबोध बच्चों को खाती गई, आदित्य जैसे युवकों के यौवन का शोषण करती रही...और आज वह राम के सम्मुख खड़ा था...।

खर ने अपना धनुष उठाया और राम पर बाण छोड़ा। बाण राम की जंघा में लगा। राम ने भी प्रत्यंचा खींची और बाण छोड़ा...बाण खर के अंगरक्षकों में उलझकर रह गया। तब तक खर का दूसरा बाण राम के धनुष की प्रत्यंचा काट गया। जब तक राम दूसरे धनुष की ओर झुके, खर ने अपनी अद्भुत क्षमता का परिचय देते हुए, एक के पश्चात् एक सात बाण राम को मारे; और राम का कवच काटकर पृथ्वी पर फेंक दिया।

कवच और धनुष से विहीन राम, एकाकी, बिना किसी ओट के भूमि पर खड़े थे और सामने अपने बारह महारथियों से रक्षित, सैकड़ों शस्त्रास्त्रों से भरे, अपने मूल्यवान रथ में अरूढ़, खर धनुष ताने खड़ा था।

राम की सेना में विकट हलचल हुई और अगले ही क्षण मुखर, जटायु, भूलर, धर्मभृत्य, आनन्दसागर, भीखन, कृतसंकल्प, शुभबुद्धि तथा अनेक छोटे-बड़े नायक सघन प्राचीर की भाँति बीच में धँस आए और उनके अनेक धनुषों की स्फूर्तिपूर्ण आकस्मिक टंकार ने खर की गति अवरुद्ध कर दी।

राम अपने साथियों का कौशल देखकर मुस्कराए। इस बीच उन्हें पर्याप्त समय मिल गया था। वे अगस्त्य ऋषि द्वारा दिए गए वैष्णवी धनुष से सज्जित हो उठे

थे। कंधे के तूणीर परिवर्तित कर लिये थे; और अब राम का, धनुर्विद्या-प्रदर्शन का समय आया था। राम ने पहले बाणों से खर के रथ का जुआ काट डाला। अगले झटके में उन्होंने उसके चारों चितकबरे घोड़े मार डाले। खर, अपने डोलते हुए रथ पर जब तक सँभलता, उन्होंने उसका सारथी मार डाला और तीन तीक्ष्ण बाणों से रथ का त्रिवेणु काट, अगले क्षुरबाण से खर के धनुष के टुकड़े कर दिए. ..

राम के साथियों के बाणों की अजस्र वर्षा खर के महारथियों को सँभलने का अवसर ही नहीं दे रही थी। और धनुषविहीन खर, टूटे हुए रथ पर खड़ा एक के पश्चात् एक आघात सह रहा था। सहसा उसने रथ के शस्त्रालय से एक भयंकर गदा खींची और रथ से कूदकर भूमि पर आ गया। इससे पहले कि वह राम की आरे लपकता, राम ने दो बाणों से उसकी जंघाओं को अक्षम कर दिया। खर ने वहीं से खड़े होकर अपनी गदा राम पर चला दी। राम के बाणों ने गदा को मार्ग में ही जा लिया और दो तीक्ष्ण बाण खर के वक्ष में जा लगे...

राक्षसों का स्वमाी मुख से रक्त थूकता, अपने चितकबरे घोड़ों के साथ ही भूमि पर जा गिरा।

युद्ध समाप्त होते ही, अगले ही दिन से एक साथ कई प्रकार के काम आ पड़े थे। सारे जन-सैनिकों को दो भागों में बाँट दिया गया था—पहला वर्ग उनका था जो इस युद्ध में से बिना एक भी घाव खाए निकल आए थे; और दूसरे वे, जो किसी-न-किसी रूप में घायल हुए थे। पूर्णतः स्वस्थ सैनिकों को व्यवस्था का सारा दायित्व सौंपा गया था। युद्ध में खेत रहे, अपने तथा शत्रु के सैनिकों के शवों की अंत्येष्टि सबसे आवश्यक कार्य था; और मृत शत्रु सैनिकों के शस्त्रास्त्रों को एकत्रित कर, विभिन्न प्रकार के शस्त्रों को वर्गीकृत कर, उसे शस्त्रागार में उचित प्रकार से रखना अथवा शस्त्रविहीन जन-सैनिकों में उसका वितरण कर देना भी कम महत्त्व का कार्य नहीं था।

युद्ध की अवधि में लक्ष्मण, सिंहनाद तथा अनिंद्य अपने साथियों के साथ अपने कर्तव्य को युद्ध-दायित्व के रूप में ही पालते रहे थे, किंतु युद्ध-समाप्ति पर, उनमें खेद का-सा भाव ही शेष रह गया था—उन्हें लग रहा था कि इतने भयंकर युद्ध में भी उन्होंने कोई महत्त्वपूर्ण योगदान नहीं किया। परिणामतः राम ने युद्धोत्तर कार्यों का नेतृत्व उन्हें ही सौंप दिया था।

दूसरा कार्य घायल सैनिकों का उपचार तथा शल्य-चिकित्सा थी। इसकी मुखिया सीता ही थीं। चिकित्सा-कुटीर को पुनः आश्रम के बीच स्थापित किया गया था और सीता आकंठ अपने कार्य में डूबी हुई थीं। उनकी सहायता के लिए कुछ तो

जन-सैनिक ही थे, जो घाव पर औषध लगा, पट्टी बाँधने इत्यादि का कार्य कर लेते थे तथा कुछ विभिन्न ग्रामों की स्त्रियाँ आ गई थीं। वे स्त्रियाँ आईं तो सहयोग के भाव से ही थीं—किंतु सीता ने उसे उपचार-प्रशिक्षण का अवसर बना, उन्हें अपने साथ लगा लिया था।

मध्याह्न तक अगस्त्य ऋषि भी आ गए। उनके साथ लोपामुद्रा, प्रभा तथा सुतीक्ष्ण मुनि भी थे। प्रभा का पति सिंहनाद पहले से ही लक्ष्मण के साथ काम में लगा हुआ था। प्रभा के आ जाने से सीता का कार्य विशेष सरल हो गया। एक तो घायलों का उपचार शीघ्र हो गया—दूसरे कुछ जटिल शस्त्रों के घावों का शल्य-चिकित्सा भी प्रभा ने कर दी।

राम को इस युद्ध में उन्नीस घाव लगे थे, जिनमें कुछ गंभीर भी थे। रक्त भी बहुत बहा था। किंतु न तो वे दुर्बलता का अनुभव कर रहे थे और न उन्होंने कार्य करना ही छोड़ा था। पट्टियाँ बँधवा, वे बैठे हुए कोई-न-कोई व्यवस्था करते ही जा रहे थे।...मुखर के कंधे का घाव भी गंभीर था; उसकी पट्टी कर सीता ने उससे कम-से-कम पूरा एक दिन शैया पर पड़े रहने का अनुरोध किया था। 'दीदी' के अनुरोध की रक्षा के लिए वह मान भी गया था, अन्यथा वह अब भी लक्ष्मण के साथ कार्य करने का आग्रह कर रहा था। वृद्ध जटायु के शरीर पर भी तीन घाव आए थे, जिनसे वे निढाल हो गए थे। भूलर, शुभबुद्धि, भीखन, कृतसंकल्प, धर्मभृत्य आनन्दसागर—सभी को कोई-न-कोई घाव लगा ही था। युद्ध का चिह्न प्रायः सबने ही अपने शरीर पर सगर्व वहन किया था।

राक्षसों की पराजय तथा खर के वध की सूचना जहाँ-जहाँ पहुँचती थी—वहीं से झुण्ड-के-झुण्ड लोग राम से मिलने के लिए आ रहे थे। आश्रमों की वाहिनियाँ पहले ही आई हुई थीं। जैसे-जैसे उन्हें समाचार मिल रहे थे, युद्धोत्तर सहयोग के रूप में वे सामग्री तथा प्रतिनिधि भेजते जा रहे थे। आश्रम में मेले का-सा वातावरण बना हुआ था।

संध्या समय राम की कुटिया के सम्मुख प्रायः सभी प्रमुख लोग एकत्रित हुए। प्रभा, सीता तथा उनके साथ कार्य करने वाले स्त्री-पुरुष चिकित्सा-कुटीर छोड़कर नहीं आ सकते थे, अतः वे नहीं आए।

"साधु, राम!" अगस्त्य बोले, "मैं तुम्हारा अभिनंदन करता हूँ। तुमने वह कार्य कर दिखाया है, जिसे करने का स्वप्न हम वर्षों से देख रहे थे। मैं यह जानता हूँ कि तुम्हें सब लोगों का सहयोग मिला है—मैं किसी का भी श्रेय नहीं छीनना चाहता; पर फिर भी कहता हूँ कि यह युद्ध तुमने अकेले ही जीता है।"

उपस्थित लोगों ने हर्ष-ध्वनि की, "ऋषि ठीक कहते हैं। हम सब मानते हैं कि युद्ध अकेले राम ने जीता है।"

"यह युद्ध तो जीत लिया, पुत्र! यह क्षेत्र अत्याचार से मुक्त हुआ। किंतु भविष्य के लिए क्या सोचा है, राम? क्या तुम्हारा लक्ष्य पूरा हो गया?"

राम हँसे, "यह तो आरंभ है, ऋषिवर! वास्तविक युद्ध तो अभी होना है।"

"राम ठीक कहते हैं।" जटायु बोले, "मैं स्वयं यही कहना चाह रहा था—इसे अंतिम युद्ध न समझा जाए। आप लोग यदि अपना संघर्ष आगे न भी चलाना चाहें तो भी युद्ध होगा ही। यहाँ की पराजय की सूचना रावण तक पहुँचेगी। संभव है कि अब तक पहुँच भी गई हो। इसका प्रतिशोध लेने के लिए रावण स्वयं आएगा। इस बार साम्राज्य की सेना आएगी—लंका से। हमें उस युद्ध के लिए भी तैयारी करनी है, अन्यथा प्रतिशोध की ज्वाला में जलती लंका की सेना इस सारे क्षेत्र को श्मशान बना देगी। उसके प्रतिशोध के लिए तैयारी, हमें बिना एक भी दिन खोए आरंभ कर देनी चाहिए।"

"मैं भी यही सोच रहा था।" राम गंभीर हो गए, "यदि साम्राज्य की सेना आएगी, तो न तो एक मोर्चे का युद्ध होगा, न एक दिन का। उसके लिए हमें अधिक सैनिकों की भी आवश्यकता होगी तथा अधिक शस्त्रों की भी। अतः हमें तुरंत तैयारी आरंभ कर देनी चाहिए। अत्यंत व्यापक धरातल पर युद्ध-प्रशिक्षण आरंभ होना चाहिए; किंतु साथ-ही-साथ इस मुक्त हुए क्षेत्र की रक्षा की व्यवस्था तथा उसके नवनिर्माण का कार्य आरंभ होना चाहिए। केवल मुक्ति तो किसी काम की नहीं होती। मनुष्य को मुक्ति चाहिए ताकि वह अपने जीवन का समता और न्याय के आधार पर स्वतंत्र रूप से विकास कर सके। निर्माण-विहीन मुक्ति थोड़े ही समय में सड़ने लगती है और उच्छृंखलता एवं अराजकता को जन्म देती है। अतः निर्माण का कार्य भी तुरंत आरंभ होना चाहिए।"

"राम ठीक कहते हैं।" मुखर बोला, "जब तक सामान्य जीवन सुविधा तथा सम्मान से पूर्ण नहीं होगा, तब तक सामान्य-जन को यह अनुभूति कैसे होगी कि अब राक्षसों का आतंक समाप्त हो गया है। प्रत्येक ग्राम में प्रशासकीय तथा निर्माण समितियाँ बन जानी चाहिए। वे समितियाँ योजनाएँ बनाएँ और उन्हें कार्यान्वित करें। और हम यथासंभव उनके कार्य में सहायता करें।"

"तीन शब्द याद रखो, पुत्र!" अगस्त्य बोले, "सुरक्षा, उत्पादन तथा शिक्षा। आवश्यकतानुसार इनका क्रम बदल देना। पर तीनों को समान महत्त्व देना।"

"ठीक कहते हैं, गुरुवर!" लक्ष्मण पहली बार बोले, "मेरा विचार है, पहले हम सुरक्षा संबंधी नीति और कार्यक्रम पर विचार कर लें। इस समय यहाँ एक जन-सेना है और प्रायः आश्रमों तथा अनेक ग्रामों के प्रतिनिधि हैं। यह जन-वाहिनी

यहीं बनी रहे या अपने-अपने स्थान पर लौट जाए? सैनिक स्थिति दृढ़ करने के लिए क्या और कैसी व्यवस्था हो? यदि निकट भविष्य में रावण का आक्रमण हो—जो कि निश्चय ही होगा, हमारी युद्ध-नीति क्या हो?"

"कहो, राम!" अगस्त्य बोले।

"तात जटायु! आपका क्या विचार है?" राम ने पूछा।

"मैं समझता हूँ कि सारे जन-सैनिकों को अनिश्चित काल तक पंचवटी में रोके रखना व्यवहारिक नहीं होगा।" जटायु बोले, "पहली बात तो यह है कि इतने लोगों को अनिश्चित काल तक अपने यहाँ टिकाए रखने की व्यवस्था हमारे पास नहीं है। दूसरे, यदि उनके आश्रमों तथा ग्रामों से उनके लिए अन्न इत्यादि की व्यवस्था करनी पड़े और वे लोग खेतों में अन्न के उत्पादन में भाग भी न ले सकें तो ग्रामों तथा आश्रमों पर अनावश्यक बोझ पड़ेगा। युद्ध की स्थिति में तो यह उचित हो सकता है, किंतु अनिश्चित प्रतीक्षा के लिए नहीं।" वे क्षण-भर रुककर चिंतनशील स्वर में बोले, "और घायल सैनिकों की देख-भाल की दृष्टि से भी इतने सैनिक इस आश्रम में सुविधापूर्वक नहीं रह सकेंगे। जो गंभीर रूप से आहत हैं और यात्रा के सर्वथा अयोग्य हैं, उन्हें तो यहीं रहना चाहिए; किंतु जो यात्रा कर सकें, उन्हें अपने-अपने आश्रमों में भेज दिया जाए, तो वहाँ उनकी देख-भाल और अच्छी प्रकार हो सकेगी।"

"एक बात और है।" लक्ष्मण बोले, "यदि जन-सेना का इतना बड़ा भाग पंचवटी में ही रहेगा तो इस समस्त जनपद में नये सैनिकों के प्रशिक्षण की भी भारी क्षति होगी; जन-सामान्य के मनोबल पर भी घातक प्रभाव होगा और जन-सैनिक स्वयं को सामान्य-जन का अंग न मान, एक पृथक् वर्ग के रूप में देखने लगेंगे।"

लक्ष्मण मौन हो गए। अन्य कोई व्यक्ति नहीं बोला। राम ने दो-एक क्षण प्रतीक्षा की और बोले, "इसका अर्थ यह हुआ कि सभी लोग इस विषय में सहमत हैं कि जन-सैनिकों को अनावश्यक रूप से पंचवटी में न रोका जाए।"

"मैं भी सहमत हूँ।" अगस्त्य बोले, "किंतु एक सावधानी बरतनी होगी कि हमारी सूचना-व्यवस्था तथा संपर्क-व्यवस्था अत्युत्तम श्रेणी की होनी चाहिए, ताकि राक्षसों की एक भी सैनिक टुकड़ी इस दिशा में बढ़े तो तत्काल राम को सूचना मिल जाए; और शीघ्रातिशीघ्र न केवल समस्त आश्रमों, ग्रामों तथा अन्य केंद्रों से संबंध स्थापित किया जा सके, वरन् वहाँ से समय पर सैनिक यहाँ एकत्रित भी हो सकें।"

"ऋषि ठीक कहते हैं।" जटायु बोले, "यह बहुत आवश्यक है।"

"मेरा विचार है कि सबसे पहले हम इस बात पर विचार कर लें कि रावण की सेना आने में कितना समय लगने की संभावना है?" राम बोले, "तभी शेष

योजनाओं के संबंध में निश्चित रूप से कुछ कहा जा सकता है।''

''सेना के शीघ्र आने की संभावना नहीं है।'' अगस्त्य बोले, ''क्यों, जटायु!''

''मेरा भी यही विचार है।'' जटायु ने अपना मत दिया, ''खर की जो सेना यहाँ पराजित हुई है, उसकी सैनिक-संख्या चौदह सहस्र थी। रावण इतना तो मान ही लेगा कि इस बीच हम अपनी सैनिक-शक्ति और बढ़ा लेंगे। अतः यदि वह विजय चाहता है तो खर की सेना से कम-से-कम चौगुने सैनिक लाने होंगे।''

''हाँ, इससे कम में उनकी विजय की संभावना नहीं हो सकती।'' सुतीक्ष्ण ने कहा।

''उनकी विजय की संभावना तो है ही नहीं।'' लक्ष्मण मुस्कराए, ''चाहे वे कितनी ही सेना लेकर क्यों न आएँ।''

''हम दोनों बातों पर विचार कर लें।'' राम मुस्कराए, ''हमारी दृष्टि से उनकी विजय की संभावना नहीं है। उनकी दृष्टि से विजय के लिए उन्हें कम-से-कम छप्पन सहस्र सैनिकों की आवश्यकता पड़ेगी। अब प्रश्न यह है कि छप्पन सहस्र सैनिकों को तैयार करने, उनके वस्त्र-अन्न की आपूर्ति तथा युद्ध के लिए उपयुक्त स्थिति में उनके यहाँ तक परिवहन में कितना समय लगेगा?''

''छह मास से कम में इतना बड़ा काम संभव नहीं है।'' अनिंद्य ने अपना मत दिया।

''नहीं, ऐसी बात नहीं है।'' भूलर बोला, ''यह चार मास में भी संभव हो सकता है।''

''चार से छह मास, कुछ भी लगें। उससे पहले वर्षा आरंभ हो जाएगी, नदियों में बाढ़ आ जाएगी, मार्ग में कीचड़ हो जाएगा। सैनिक प्रयाण—विशेष रूप से एक साम्राज्य की सेना का प्रयाण वर्षा-ऋतु में नहीं होगा।'' भीखन बोला, ''हमारी बात और है। हम अपने अस्तित्व और सम्मान के लिए लड़ते हैं। इसलिए लंगोटी बाँधे, नंगे पैर, वर्षा में भीगते हुए, कीचड़-कादों में भी चल पड़ेंगे। पर वे लोग तो सम्राज्य के सैनिक हैं। रावण और उसके संबंधियों के लिए विलास के लिए अन्य लोगों का शोषण करने हेतु लड़ते हैं। वे तब तक नहीं चलेंगे, जब तक आकाश मेघों से शून्य नहीं हो जाएगा, मार्ग स्पष्ट और स्वच्छ नहीं हो जाएँगे। उनकी मदिरा के भाँड ढोने के लिए रथों का निर्माण नहीं हो जाएगा।''

''भीखन ठीक कहता है।'' अगस्त्य बोले, ''रावण की सेना किसी भी रूप में वर्षा-ऋतु की समाप्ति से पहले नहीं चलेगी।''

''तब तो हम बरखा होते ही खेत में जोत-बो लेंगे।'' कृतसंकल्प ने अपना मत दिया, ''युद्ध के समय न हमें अन्न की कमी रहेगी, न पीछे घर पर बच्चों को कठिनाई होगी।''

"तुम कुछ नहीं बोल रहे, धर्मभृत्य!" राम बोले, "तुम भी तो कुछ सोचते होगे।"

"ऋषिवर अगस्त्य को देखकर इन्हें अपनी अधूरी लिखी अगस्त्य-कथा का स्मरण हो आया है।" लक्ष्मण मुस्कराए, "सोच रहे होंगे, इस वर्षा-ऋतु में यह कार्य संपन्न हो जाना चाहिए।"

"सौमित्र ने ठीक याद दिलाया।" धर्मभृत्य मुस्कराया, "मुझे यही कार्य पूर्ण कर लेना चाहिए। ऐसी कुछ बातें, जिनका मुझे ज्ञान नहीं है—गुरुदेव से पूछ भी लूँगा।"

"अवश्य-अवश्य!" अगस्त्य मुसकराए, "मैं स्वयं सुनने को उत्सुक हूँ कि तुमने मेरे विषय में क्या लिखा है। कई बार साहित्यकार अपने पात्रों को उनके वास्तविक अस्तित्व से बहुत ऊँचा बना देता है।"

"मेरे विषय में भी कुछ लिखा है या नहीं?" लोपामुद्रा मुस्करायीं, "अगृहस्थ संन्यासी हो, कहीं पत्नी का महत्त्व क्षीण मत कर देना।"

"नहीं-नहीं!" धर्मभृत्य कुछ संकुचित हो गया, "मैं किसी दिन आपको सुनाऊँगा।"

अगस्त्य हँसे, "हाँ, राम! अपने विषय की ओर लौटो।"

"हाँ! हम लोग सहमत हैं कि रावण यदि मूर्ख नहीं है तो पहले वह लंका की सुरक्षा का प्रबंध करेगा और तब कम-से-कम छप्पन सहस्र सैनिकों की सेना लेकर, वह वर्षा-ऋतु के पश्चात् प्रस्थान करेगा। इसलिए हमें जन-सैनिकों को पंचवटी में रोके रखना नहीं चाहिए। उन्हें अपने-अपने क्षेत्रों में लौट जाना चाहिए। वहाँ सैनिक अभ्यास तथा प्रशिक्षण का कार्य करना चाहिए, अन्न-उत्पादन तथा शस्त्र-निर्माण करना चाहिए तथा अन्य क्षेत्रों में निर्माण और सामान्य शिक्षा का कार्यक्रम चलाना चाहिए।"

"ठीक है।"

"यदि यह निश्चित है कि जन-सैनिक अपनी-अपनी सुविधानुसार यथाशीघ्र अपने क्षेत्रों की ओर प्रस्थान करेंगे," लक्ष्मण बोले, "तो आपको यहीं सूचित कर दूँ कि राक्षस-सेना के जितने शस्त्र हमने प्राप्त किए हैं, वे सब वर्गीकृत होकर वितरण के लिए प्रस्तुत हैं। जाने से पूर्व सभी नायक अपनी टुकड़ियों की आवश्यकतानुसार शस्त्र लेते जाएँ उनका अभ्यास अपने क्षेत्रों में कराएँ।"

"एक बात और," राम बोले, "ये शस्त्र अधिकांशतः प्रशिक्षण और अभ्यास के लिए हैं—अपने-अपने क्षेत्रों में आप जन-क्रांति के लिए उनका उपयोग भी कर सकते हैं; किंतु रावण की सेना के साथ आने वाले युद्ध के लिए हमारा शस्त्र धनुष-बाण ही है।"

सबने अपनी सहमति दी।

"जब सब लोग कह ही रहे हैं तो एक बात मैं भी कह दूँ।" लोपामुद्रा मुस्करायीं, "तुम लोग बड़े-बड़े युद्धों की तैयारियाँ कर रहे हो तो प्रत्येक नायक अपनी टुकड़ी में एक चिकित्सक तथा शल्य-चिकित्सक भी तैयार करे। मेरी बेटियाँ बड़े युद्धों के सहस्रों आहतों का उपचार नहीं कर सकेंगी।"

अगस्त्य हँसे, "प्रभा और सीता को अपनी जान खपाते देख, लोपामुद्रा को बहुत कष्ट होता है; फिर भी बात वे ठीक कह रही हैं। सैनिक के साथ उनके प्राण बचाने वाले शल्य-चिकित्सक का महत्त्व भी हमें ध्यान में रखना चाहिए।"

"तो मित्रो! आज की बात यहीं तक!" राम मुस्कराए।

6

खर को सेना सहित विदा कर, शूर्पणखा अपने शयन-कक्ष में जा लेटी।...स्थिति कहाँ-से-कहाँ तक जा पहुँची—वह सोच रही थी—कहाँ उसने सोचा था कि अपने रूप-वैभव से राम को मुग्ध करेगी, और कहाँ आज खर को अपने समस्त सेनापतियों तथा चौदह सहस्र सैनिकों की विशाल सेना लेकर राम पर आक्रमण करने के लिए जाना पड़ गया है।...किंतु क्या सचमुच इसकी आवश्यकता थी?...शूर्पणखा का मन निश्चय नहीं कर पा रहा था...क्या सचमुच इसकी आवश्यकता थी? दो तापस धनुर्धारियों और उनके कुछ सहायकों को दण्डित करने के लिए जनस्थान के समस्त सेनापतियों, महारथियों और संपूर्ण सेना का जाना आवश्यक था क्या?...पर जब दूषण ने राम की शक्ति का तिरस्कारपूर्वक उल्लेख किया था, तो स्वयं शूर्पणखा ने ही उसका विरोध कर, उेस आवेश दिलाया था...नहीं तो कोई भी व्यक्ति कितना भी युद्ध-कौशल क्यों न हो, कितने ही दिव्यास्त्रों का ज्ञान उसे क्यों न हो—उसके लिए इतनी बड़ी, साधन-संपन्न सेना का जाना...

...चलो, कोई बात नहीं—उसने सोचा—सैनिक पड़े-पड़े आलसी ही तो हो गए थे, उनका व्यायाम हो जाएगा और राम तथा सौमित्र के सम्मुख राक्षसों का शक्ति-प्रदर्शन हो जाएगा।

सहसा वह चौंककर उठ बैठी—अभी घड़ी-दो घड़ी में खर बंदी राम, अपहृत सीता और मृत सौमित्र के साथ यहाँ आ पहुँचेगा; और वह ऐसे बैठी है, जैसे कुछ होना ही न हो...

"द्वार पर कौन ह?"

"स्वामिनी!"

"वज्रा को भेज!" शूर्पणखा बोली, "और कापालिका को भी आने के लिए

कह दे।"

"जो आज्ञा।"

शूर्पणखा दर्पण के सामने बैठ गई—खर राम को बंदी करने गया है। अब राम मेरे भोग्य पदार्थ के रूप में यहाँ रहेगा। उसे लुभाना अब आवश्यक नहीं है—अब उसकी नहीं, मेरी इच्छा चलेगी। वह मुझे लुभाने का प्रयत्न करेगा। अपनी इच्छा से मेरे अंगों को नहीं सहलाएगा तो मेरे कशाघातों के कारण अपने शरीर को सहलाता रहेगा। स्वयं को कष्टों से बचानों के लिए, अधिक सुविधाएँ पाने के लिए, अपने जीवन के छोटे-छोटे सुखों के लिए, मुझ पर रीझने का नाटक करेगा, घटिया चाटुकारों के समान मेरी स्तुति करता फिरेगा, मेरे भ्रू-संकेतों पर नाचेगा...

"आदेश दें, स्वामिनी!" वज्रा ने आकर अभिवादन किया।

"काम-क्रीड़ा के अनुकूल मेरा प्रसाधन कर दे।" शूर्पणखा ने दर्पण में अपना मुखड़ा देखते हुए कहा, "और परिधान बदल दे।"

वज्रा सखियों के साथ अपने काम में लग गई।

राम को साथ वाले कक्ष में बंदी कर रखना पड़ेगा—शूर्पणखा सोच रही थी—उसके लिए आरंभ में तो प्रहरियों की भी व्यवस्था करनी पड़ेगी। बहुत उत्पात करेगा तो—शूर्पणखा को रोष उद्दीप्त हो उठा—उसे पैरों में शृंखलाएँ पहनाकर रखना पड़ेगा। शांति से रहेगा तो वह उसे अपने कक्ष में भी रख सकती है...

और उस सीता को—उसके मन में प्रश्न उठा—उसे सीधे रावण को भेंट कर दिया जाय...या उसकी हत्या कर दी जाए?...नहीं! हत्या अधिक लाभकारी नहीं है। रावण वैसी स्त्री पाएगा तो शूर्पणखा का आभार मानेगा। तब वह उससे कुछ अधिक सुविधाएँ पा सकेगी। उसे तो शीघ्रातिशीघ्र रावण के पास पहुँचा देना चाहिए...किंतु वह सौमित्र! उसकी हत्या तो खर युद्ध-क्षेत्र में ही कर देगा। वह भी कमनीय पुरुष था...

"आज्ञा दें, स्वामिनी!" कापालिका उपस्थित हुई।

"साथ के कक्ष में एक प्रिय पुरुष के रहने की व्यवस्था कर दे।" शूर्पणखा ने आदेश दिया, "इस कक्ष का रंग-रूप ठीक कर दे। एक अतिरिक्त व्यक्ति के सोने की व्यवस्था कर—वह व्यक्ति पुरुष है। आस्तरण और यवनिकाएँ बदल दे। कक्ष नया, सुंदर और स्वच्छ लगे।"

"जो आज्ञा।"

...कमनीय था सौमित्र भी—शूर्पणखा ने सोचा—किंतु धृष्ट निकला। उसकी बात मान जाता, तो वह दोनों भाइयों को अपने पास रख लेती। संग्रहणीय पुरुष हों तो एक से दो अधिक सुखकर होते हैं...

शूर्पणखा का मन क्रीड़ाओं की कल्पनाएँ करने लगा था।

सहसा रक्षिका कक्ष के भीतर आई, "स्वामिनी! द्वार पर गूढ़ पुरुषों का नायक

अकंपन खड़ा है। आपके दर्शन करना चाहता है। तुरंत! इसी समय!"

"उससे कह दो, मैं इस समय केवल एक पुरुष से ही मिल सकती हूँ और वह पुरुष अकंपन नहीं है।"

"वह हठ कर रहा है। कह रहा है, समय नष्ट नहीं होना चाहिए।"

शूर्पणखा ने घूरकर रक्षिका को देखा, किंतु फिर कुछ सोचकर बोली, "आने दो।"

अंकपन भीतर आया। लगता था, दूर से भागता चला आ रहा है—धूल-धक्कड़ से अटा हुआ, स्वेद में नहाया हुआ। वह हाँफ रहा था।

"क्या है?"

"स्वामिनी!" अंकपन उसके सम्मुख भूमि पर घुटनों के बल बैठ गया, "स्वामिनी! अघटनीय घट गया है। सर्वनाश का क्षण निकट ही है।"

"क्या हुआ?" शूर्पणखा ने उत्तेजित स्वर में पूछा, "क्या राम निकल भागा?"

"राम से युद्ध करती हुई हमारी सेना ध्वस्त हो चुकी है। त्रिशिरा और दूषण का वध हो चुका है। खर के अंगरक्षक महारथियों में से केवल चार बचे हैं। और युद्ध चल रहा है..."

शूर्पणखा को विश्वास नहीं हुआ।

"यह कैस संभव है?"

"यही सत्य है।" अंकपन उठ खड़ा हुआ, "मुझे खर के जीवन की कोई आशा नहीं है। मैं सीधा लंका जा रहा हूँ ताकि सम्राट् को सूचित कर सकूँ। आपका भी यहाँ रहना सुरक्षित नहीं है। खर का वध कर राम यहाँ आएगा। संभव है, वह इन प्रासादों को अग्निसात् कर दे। आप यथाशीघ्र अपने अंगरक्षकों के साथ लंका के लिए प्रस्थान करें।"

अंकपन अभिवादन कर बाहर चला गया।

शूर्पणखा स्तंभित खड़ी रह गई—कहाँ राम को बंदी कर, उसे अपनी भोग्य वस्तु के रूप में कशा से आहत करने की बात...किंतु यह कैसे संभव है? मुट्ठी-भर तपस्वी चौदह सहस्र सैनिकों का वध कर दें—यह क्या विश्वास करने योग्य समाचार है? किंतु अंकपन झूठ नहीं बोल सकता। उसकी सूचना असत्य नहीं हो सकती। वह गूढ़ पुरुषों का नायक है, उसके द्वारा दी गई सूचनाओं के आधार पर साम्राज्य की नीतियाँ बनती हैं।...सत्य ही अघटनीय घट गया है।...निश्चय ही अपनी विजय के पश्चात्, राम आए न आए, सौमित्र अवश्य इधर आएगा। उसके हाथ में खड्ग होगा, संभव है खड्ग के स्थान पर परशु ही हो। वह प्रासाद में प्रवेश करेगा...और जिसे सामने पाएगा, उसका सिर धड़ से पृथक् करता जाएगा...

शूर्पणखा का रथ लंका की ओर तीव्र गति से भागता जा रहा था। उसके अंगरक्षकों

के घोड़े रथ के दाएँ-बाएँ और पीछे चल रहे थे। शूर्पणखा के लिए रात्रि-भर के लिए जनस्थान में रुकना कठिन हो गया था। उसने संध्या के समय ही प्रासाद छोड़ दिया था। अपनी दासियाँ-चेटियाँ तथा भरा-पूरा प्रासाद वैसा का वैसा ही छोड़ आई थी—न किसी व्यक्ति को साथ लेने का समय था, न किसी वस्तु को। उनसे यही कह आई थी कि वे वहाँ रहने, प्रासाद छोड़ कहीं अन्यत्र चले जाने अथवा राम का आश्रय स्वीकार करने के लिए स्वतंत्र थीं। वह जब पुनः साम्राज्य की सेना के साथ लौटेगी, तब सोचेगी कि उसे किस व्यक्ति को कहाँ खोजना है...

साम्राज्य की सेना के बिना उसका लौटना असंभव था—वह जानती थी। किंतु साम्राज्य की सेना उसके साथ आएगी क्या?...विद्युविज्जह्व के वध के पश्चात् से, उसके मन में रावण के प्रति गहरा अविश्वास जम गया था। यद्यपि उस घटना के बाद, रावण ने कभी उससे एक कठोर शब्द भी नहीं कहा और उसकी प्रत्येक इच्छा पूर्ण की; किंतु शूर्पणखा को सदा यही लगा है कि रावण का संपूर्ण प्रेम ऊपरी दिखावा है। मन-ही-मन वह शूर्पणखा के सुख का विरोधी है।...ऐसे में यदि वह कहेगी कि रावण साम्राज्य की सेना के साथ आए और जनस्थान पर अधिकार स्थापित कर, समस्त शत्रुओं को दूर कर, राम और लक्ष्मण उसको सौंप दे—तो क्या रावण आएगा? उससे शूर्पणखा का सुख देखा जाएगा?...नहीं-नहीं! वह कभी नहीं आएगा—शूर्पणखा का मन चीत्कार करने लगा—वह केवल अपना सुख चाहता है। कामुक और मद्यप! दूसरे किसी के सुख से उसे क्या लेना। नहीं तो वह विद्युज्जिह्व की ही हत्या क्यों करता? कालकेयों का नाश क्यों होने देता?...उसे तो अपने शासन और अपनी सेना की भी चिंता नहीं है, बस सुंदरियों का अपहरण करता फिरता है...नहीं तो क्या पंचवटी में होने वाली अपनी सेना की दुर्दशा की सूचना उसे नहीं मिलनी चाहिए थी? उसे खर की सहायता के लिए नहीं आना चाहिए था?

सहसा शूर्पणखा सीधी होकर बैठ गई...वह क्यों यह कहे कि उसे राम और लक्ष्मण चाहिए? वह रावण के ही स्वार्थ की बात क्यों न कहे? अपने स्वार्थ के लिए तो वह जाएगा ही—रावण और राम का युद्ध होना ही चाहिए...रावण ने राम को बंदी कर लिया तो शूर्पणखा को भोग के लिए जनस्थान का राज्य और राम तथा लक्ष्मण की प्राप्ति होगी, राम-लक्ष्मण मारे गए तो शूर्पणखा के तिरस्कार का प्रतिशोध होगा...और यदि कहीं रावण पराजित हुआ तथा मारा गया तो वह विद्युज्जिह्व के वध का प्रतिशोध होगा...राम के संदर्भ में कदाचित् कुछ भी असंभव नहीं है। जो खर की सेना को पराजित कर सकता है, वह रावण का वध भी कर सकता है...

सीता ने एक-एक कर राम के घाव धोए और उन पर औषध लगा दी। प्रायः घाव सूख चले थे, किंतु माथे पर लगे त्रिशिरा के बाण तथा कवच को काटते समय

खर द्वारा बाएँ कंधे पर मारे गए नाराच का घाव अभी पीड़ा दे रहा था। उन्हें सूखने के लिए समय चाहिए था।

"कितने घाव खाए हैं आपने!" सीता बोलीं, "वह शूर्पणखा का प्रतिशोध है। आपने उसे कामाहत किया, उसने आपको बाणाहत करवा दिया।"

राम हँसे, "मैंने तो समझा था कि हम सबने मिलकर कोई बड़ा काम किया है, तुमने उसे काम-बाण और लौह-बाण के आदान-प्रदान तक सीमित कर दिया।"

"बड़ा काम तो आप सबने किया ही है।" सीता गंभीर हो गईं। वे राम के कंधे और माथे के घावों के आस-पास अपना स्नेह-भरा हाथ निरंतर फिरा रही थीं, "सारा जनपद राक्षसों से शून्य हो गया है। अब यहाँ आश्रमों तथा ग्रामों का जीवन कैसा है—आप जानते भी हैं?"

"कैसा है?"

"उन्मुक्त। सुखद।" सीता बोलीं, "दिन-भर में कितनी ही स्त्रियाँ मेरे पास आती हैं। निरंतर आपकी प्रशंसा करती रहती हैं। अपने पिछले कष्टों को स्मरण करती हैं; टूट गए बंधनों की चर्चा करती हैं, भविष्य के सपनों की कथा कहती हैं।...और मैं मन में एक ही खेद पालती रहती हूँ कि उस युद्ध में मैंने स्वयं तो भाग ही नहीं लिया, मेरे कारण बेचारे सौमित्र तथा सिंहनाद भी बँध गए।"

"तुमने भाग लिया तो।" राम स्नेहसिक्त स्वर में बोले, "जितने घायल जन-सैनिकों को तुमने अपनी औषधि से प्राण-दान दिया है, उतने लोगों के प्राण तो मैंने भी अपने शस्त्रों से नहीं बचाए।" राम ने सीता को उनके कंधों से थाम लिया और उनकी आँखों में झाँका, "मन में ऐसी भावना मत पालो। स्वयं को निरर्थक मत समझो। तुमने एक ऐसा मोर्चा सँभाला है जिस पर लड़ने के लिए हमारे पास कोई सैनिक नहीं था।" राम धीमे से आश्वस्त स्वर में हँसे, "निकट भविष्य में ही निर्णायक युद्ध की संभावना है—सौमित्र को भी युद्ध का पूर्ण अवसर मिलेगा।"

"और मुझे?"

"अभी से क्या कहूँ, सीते! जाने तुम्हें कितना बड़ा और कैसा मोर्चा सँभालना पड़े—युद्ध का अथवा उपचार का।" राम हँसे, "अच्छा, यह बताओ, जो स्त्रियाँ तुम्हारे पास आती हैं, वे इन राक्षसों के विषय में क्या बताती हैं?"

"ओह, प्रिय!" सीता बोलीं, "उनके पास सुनाने के लिए अत्याचार और यातना की इतनी कथाएँ हैं कि उनका अंत नहीं। उन्हें सुनकर यही इच्छा होती है कि इन राक्षसों को पुनः जीवित किया जाए और पुनः उनका वध किया जाए। एक बार की मृत्यु तो कोई बात ही नहीं है, उन्हें तो सैकड़ों बार मृत्युदण्ड मिलना चाहिए। और साधारण मृत्यु नहीं—यातनापूर्ण मृत्यु।...मणि ने अपनी कथा मुझे विस्तारपूर्वक सुनाई..."

"क्या बताया मणि ने?"

''कह रही थी कि साधारणतः तो शूर्पणखा कामुक, विलासिनी, स्वार्थी तथा क्रूर स्त्री थी ही; किसी अन्य का सुखी गार्हस्थ्य तथा दांपत्य जीवन भी नहीं देख सकती थी। जहाँ किसी ने अपने पति अथवा संतान के अस्वस्थ होने अथवा उनकी किसी असुविधा की बात की कि शूर्पणखा के भीतर चुड़ैल जाग उठती थी। उसका वश चलता तो वह संसार में किसी स्त्री का न पति जीवित रहने देती, न कोई संतान।...अपनी इसी वृत्ति के कारण यह चुड़ैल उसका एक बालक खा गई।'''

''जिसकी मृत्यु के पश्चात् मणि यहाँ आई थी?'' राम ने कहा।

''हाँ, वही।'' सीता का स्वर करुणायुक्त हो उठा, ''वह बालक कई दिनों से अस्वस्थ चल रहा था, किंतु उस दिन उसकी अवस्था बहुत गंभीर हो गई थी। मणि का कार्य शूर्पणखा का केवल केश-विन्यास करना था। उसने प्रातः केश-सज्जा कर, अपने रुग्ण पुत्र के पास जाने की अनुमति चाही। यद्यपि उसका कार्य समाप्त हो चुका था, किंतु शूर्पणखा ने उसे इसलिए अवकाश नहीं दिया, क्योंकि वह अपने रुग्ण पुत्र के पास जाना चाहती थी। इधर मणि को बलात् अनावश्यक रूप से व्यर्थ के कामों में उलझाकर अपने पास रोके रखा, और उधर उल्लास को कोई संदेश देकर, किसी दूर स्थान के लिए भेज दिया। दिन-भर बेचारी मणि छटपटाती रही। संध्या समय पुनः केश-सज्जा करने के पश्चात् उसने अनुमति चाही तो उसे रात-भर के लिए वहीं रोक लिया। भोजन तक के लिए उसे अपने घर नहीं जाने दिया। रात को शूर्पणखा के सो जाने के पश्चात् मणि ने जाने का प्रयत्न किया तो रक्षिकाओं ने उसे बलात् भीतर धकेल दिया। उन्हें स्वामिनी की आज्ञा थी कि मणि को रात-भर बाहर न जाने दिया जाए, क्योंकि प्रातः स्वामिनी को अपनी केश-सज्जा के लिए उसकी आवश्यकता होगी।...''

''फिर वह वहाँ से निकली कैसे?''

''आधी रात के पश्चात् जब बालक के देहांत का समाचार आया तो रक्षिकाएँ भी द्रवित हो गईं। तब मणि और उल्लास ने भोर की प्रतीक्षा नहीं की। बालक की अन्त्येष्टि के व्याज से सारा परिवार प्रासाद से निकल आया। अन्त्येष्टि के पश्चात् वे लोग यहाँ न चले आए होते तो इस अपराध के लिए शूर्पणखा उन्हें यातना दे-देकर मार डालती।''

''मैंने भी इस प्रकार की अनेक घटनाएँ सुनी हैं।'' राम उदास हो गए, ''समझ में नहीं आता कि कोई इतना क्रूर कैसे हो सकता है। इनके मस्तिष्क में कोई विकार है, अथवा प्रकृति ने इनके कपाल में हिंस्र पशु का मस्तिष्क डाल दिया है, अथवा अपनी शक्ति का अबाध भोग ही इतना भयंकर मद बनकर मानव-मस्तिष्क को विकृत कर देता है कि उसमें कोई कोमल भावना शेष नहीं रहती, विवेक नहीं रहता, मानवीय तर्क उसकी समझ में ही नहीं आता।'' राम ने रुककर क्षण-भर सीता को देखा, ''आदित्य ने मुखर को अपनी कथा सुनाई थी। वह किसी आजीविका की

खोज में उधर भटक रहा था कि शूर्पणखा की दृष्टि उस पर जा पड़ी। उसने उसे बुला लिया। वह आया तो उससे कहा कि उसके उपयुक्त कोई कार्य उस समय नहीं था। जब तक कोई उपयुक्त कार्य नहीं मिलता, वह वाटिका में कुछ काम कर दिया करे। उपयुक्त अवसर मिलते ही उसकी नियुक्ति किसी अच्छे स्थान पर हो जाएगी। आदित्य को माली के रूप में अपनी नियुक्ति समझ में नहीं आई, क्योंकि वह तो बुनकर था—वाटिका का उसे रंचमात्र भी ज्ञान नहीं था।...किंतु संध्या समय उसे अपनी नियुक्ति का भेद मालूम हो गया। उसका शरीर बलिष्ठ था और रूप सुंदर। उसे शूर्पणखा ने अपने आमोद-प्रमोद की वस्तु के रूप में नियुक्त किया था। इस सूचना से वह इतना आहत हुआ कि अत्यधिक मात्रा में मदिरा पीकर लोगों से कहता फिरा कि वह प्रासाद की वाटिका का माली नहीं, राजकुमारी का प्रेमी है। शूर्पणखा ने इस बात को यहीं रोकने के लिए अपने वैद्य से यह घोषणा करवाई कि आदित्य किसी मानसिक विकृति से पीड़ित है, अतः उपचार-स्वरूप उसे कशाओं से पीटा गया। वह वहाँ से भाग न आता तो जाने उसका क्या होता...और आदित्य एकमात्र ऐसा युवक नहीं है। मुझे ज्ञात हुआ है कि बीसियों नवयुवकों ने शूर्पणखा से इसी प्रकार की नियुक्तियाँ पाई हैं।''

''जबकि ये नवयुवक उसके पुत्र के-से वय के हैं...'' सहसा सीता की दृष्टि राम के घाव पर बँधी पट्टी की ओर चली गई, ''बातों में यह गाँठ ढीली ही बँधी है।''

सीता ने गाँठ खोल, पट्टी पुनः सँवारकर बाँधी।

''मुखर और आर्य जटायु के घावों की क्या स्थिति है?'' राम ने पूछा।

''अब ठीक-से ही हैं।'' सीता बोलीं, ''तात जटायु के घाव गंभीर नहीं हैं, किंतु उनका वय अधिक होने के कारण वे निढाल हो गए हैं। मुखर को गहरा घाव लगा है, भारी शस्त्र का। वह मात्र अपनी संकल्प-शक्ति और जिजीविषा के बल पर उसे झेल गया है, नहीं तो बड़ी विकट स्थिति होती।''

बाहर किसी की पग-ध्वनि हुई, ''मैं आ जाऊँ, भैया!''

''आओ, सौमित्र!'' सीता द्वार तक जा, अगवानी कर लाईं।

''क्या-क्या हो गया, सौमित्र?''

सौमित्र एक आसन पर बैठ गए, ''बहुत सारा काम हो गया। जनस्थान के प्रासाद तो सारे क्षेत्र की गतिविधि के कार्यालयों की आवश्यकता से भी बड़े हैं।''

''अच्छा है।'' सीता बोलीं, ''स्थान का अभाव नहीं रहेगा।''

''काम क्या-क्या हुआ?'' राम ने पुनः पूछा।

''सुरक्षा, उत्पादन तथा शिक्षा के लिए केंद्रीय समितियाँ बन गई हैं। अब वे लोग प्रत्येक ग्राम-बस्ती, पुरवे-टोले में वैसी ही समितियाँ स्थापित करेंगे। तरुण टोली, शिशु टोली, महिला संघ इत्यादि संस्थाएँ बन गई हैं। ग्राम-पंचायतों की स्थापना

कर दी है। भूमि-वितरण की व्यवस्था हो गई है। कृषि के इच्छुक प्रत्येक व्यक्ति को उसकी आवश्यकतानुसार भूमि मिलेगी। प्रथम वर्ष के लिए किसी से कोई कर नहीं लिया जाएगा। ग्राम-पंचायतों तथा अन्य संस्थाओं का व्यय राक्षसों द्वारा छोड़े गए धन से चलेगा।''

''बहुत कुछ कर आए।'' राम बोले, ''पर अभी बहुत कुछ शेष है। कृषि के लिए अच्छे बीजों और अच्छे पशुओं की व्यवस्था करनी होगी। राक्षसों द्वारा प्रचारित यह व्यापक मदिरापान की लत छुड़ानी होगी। दासता की प्रथा, वेश्यावृत्ति, बहुपतित्व तथा बहुपत्नीत्व इत्यादि के विरुद्ध भी अभियान चलाना होगा।''

''मैंने चर्चा की थी।'' लक्ष्मण बोले, ''आदित्य, उल्लास, मणि इत्यादि बहुत उत्साह से इस दिशा में काम करना चाह रहे हैं। मणि की एक सखी है वज्रा। वह शूर्पणखा की प्रसाधिका थी। एक कापालिका नाम की भी महिला है। ये तथा इनकी सखियाँ, इनके परिवार, सब ही परिवर्तन के लिए कार्य करने को आतुर थे।''

''फिर तो विशेष कठिनाई नहीं होगी।'' सीता बोलीं।

''आर्य जटायु ने सैनिक प्रशिक्षण के लिए नवयुवक भी चुन लिये हैं। वे अपने घावों के बावजूद काम आरंभ कर रहे हैं।''

''उनको समझाना पड़ेगा।'' सीता चिंतित स्वर में बोलीं, ''इस वय में घावों की उपेक्षा नहीं होनी चाहिए।''

''मेरे घाव की तो चर्चा नहीं हो रही, दीदी?'' मुखर भी आ गया।

''चर्चा तो तुम्हारे घाव की भी थी।'' सीता बोलीं, ''पर तुम थे कहाँ? संध्या समय पट्टी करवाने भी नहीं आए?''

''अपने अतिथियों को विदा कर रहा था।'' मुखर बोला, ''अब स्थिति यह है कि दूसरे आश्रमों अथवा ग्रामों से आए हुए सभी जन-सैनिक, नायक, ऋषि-मुनि, अतिथि-अभ्यागत सब विदा हो चुके हैं। इस समय आश्रम में केवल आश्रमवासी ही हैं।''

''किंतु अंतिम अभ्यागत तो दोपहर को ही विदा हो गए थे।'' सीता बोलीं।

''यहाँ से तो विदा हो गए थे, किंतु आश्रम से तो वे अब विदा हुए हैं।'' मुखर हँसा।

''इस युद्ध के पश्चात् जितना प्रसन्न मुखर दिखाई पड़ता है, उतना प्रसन्न और कोई नहीं है।'' सीता बोलीं, ''इतना विकट घाव खाकर भी।''

''मैं आपको बता नहीं सकता, दीदी! कि मैं कैसा और कितना प्रसन्न हूँ। मेरे भीतर की घृणा का सारा विष इस युद्ध ने निकाल दिया है। मेरी आत्मा जैसे विशद हो गई है। मेरा जीवन सार्थक हो गया है। मैंने अपना प्रतिशोध ले लिया है। अब अपना जीवन मेरे लिए एक सुंदर पुष्प है, जिसे निर्माण की वेदी पर धीरे-से

रख देना चाहता हूँ।..."

"युद्ध के पश्चात् उदास तो मैं हूँ।" लक्ष्मण धीरे-से बोले, "जिसके शस्त्र चलाए बिना ही युद्ध समाप्त भी हो गया।"

"तुम्हारी पीड़ा मैं समझता हूँ।' राम बोले, "किंतु कभी-कभी ऐसे पीड़ापूर्ण दायित्व भी स्वीकार करने पड़ते हैं।"

"बार-बार ऐसा कष्ट न ही दें, भैया!" लक्ष्मण कुछ गंभीरता और कुछ परिहास में बोले।

"अच्छा! भाभी की रक्षा का दायित्व तुम्हारे लिए पीड़ा है।" सीता ने धमकाया, "बड़े दुष्ट हो तुम, सौमित्र!"

"क्षमा, भाभी! क्षमा!" लक्ष्मण ने दोनों कानों को हाथ लगा दिए।

लंका में रावण के महामहालय के एक सुसज्जित कक्ष में शूर्पणखा पलंग पर लेटी हुई थी। अनेक दासियाँ उसकी सेवा में नियुक्त थीं। दो दासियाँ मिलकर उसके पैरों को गुनगुने पानी में धो-धोकर उसे आराम पहुँचाने का प्रयत्न कर रही थीं। दो दासियाँ उसके कपाल और केशों पर शीतल जल में भिगो-भिगोकर वस्त्र फिरा रही थीं। चंदन तथा अन्य प्रकार की औषधियाँ लेकर अनेक दासियाँ खड़ी थीं। दो दासियाँ उसके शरीर को हल्के-हल्के हाथों से चाँप रही थीं।

...किंतु न तो शूर्पणखा के शरीर की थकान उतर रही थी, न मन का ताप। जनस्थान से एक बार चलकर वह मार्ग में कहीं नहीं रुकी थी। मार्ग में स्थान-स्थान पर स्थापित अश्वशालाओं में अश्व अवश्य बदले गए थे। सारथी ने कई बार कहा भी कि वे लोग संकट-क्षेत्र पार कर चुके है। और राम की सेना अब उन्हें नहीं पकड़ सकती—किंतु शूर्पणखा ने न थमने का नाम लिया, न ठहरने का। अश्वों की गति धीमी होती तो वह सारथी को अपने कशा से कोंचने लगती। रथ के घोड़े तो कई स्थानों पर बदले गए थे, किंत उन अश्वशालाओं में इतने घोड़े नहीं होते थे कि सारे अंगरक्षक भी नया वाहन प्राप्त कर सकते। अंगरक्षक और उनके घोड़े बहुत थक गए थे। मार्ग में अनेक घोड़े संज्ञाशून्य होकर गिर भी पड़े, किंतु शूर्पणखा ने पलटकर उनकी ओर न तो सवयं देखा और न किसी को देखने दिया।

लंका के द्वार पर उसकी अगवानी के लिए अनेक लोग उपस्थित थे। अंकपन के पहले आ जाने से, शूर्पणखा के लंका में किसी भी क्षण पहुँचने की प्रतीक्षा थी। अगवानी के लिए आने वाले लोगों में स्वयं नाना सुमाली तथा भाभी मंदोदरी भी थीं। किंतु उसका कोई भाई वहाँ उपस्थित नहीं था।

नये रथ में बैठाकर भाभी मंदोदरी उसे अपने साथ महामहालय में ले आई थीं। उन्होंने मार्ग में ही बता दिया था कि अंकपन से उन लोगों को जनस्थान में होने वाली सारी घटनाओं की सूचनाएँ मिल गई थीं। यद्यपि वह खर के वध

से पहले ही जनस्थान से चल पड़ा था, किंतु उसके चरों के माध्यम से खर के वध तथा राक्षसों की अंतिम पराजय की सूचनाएँ भी लंका में पहुँच चुकी थीं। इस समय शूर्पणखा के तीनों भाई राज-सभा में उपस्थित थे। उसके भैया रावण ने ही अपने मंत्री नाना सुमाली को यह संदेश देकर भेजा था कि वे लोग जाकर शूर्पणखा की अगवानी करें। अपना कार्य समाप्त कर सम्राट् भी यथाशीघ्र आ जाएँगे।

तब से अब तक मंदोदरी, शूर्पणखा की क्लांति दूर करने का भरसक प्रयत्न कर रही थीं; किंतु शूर्पणखा के मन में जाने कैसी उथल-पुथल मची हुई थी कि उसे न नींद आ रही थी, न चैन पड़ता था। थोड़ी-थोड़ी देर में उसकी आँखें क्रोध से रक्तिम हो उठती थीं और थोड़ी-थोड़ी देर में उसका मन रोने-रोने को हो उठता।

शूर्पणखा की अवस्था सुधरती न देख, मंदोदरी ने दासियों को हटा दिया। वे स्वयं उसके सिरहाने आ बैठीं और उसका सिर दबाने लगीं...अपनी इस छोटी ननद की गतिविधियाँ मंदोदरी को कभी नहीं भायी थीं, किंतु जब-तब उसकी पीड़ा देखकर उनका मन अवश्य पसीजा था। जब विद्युज्जिह्व की मृत्यु के पश्चात् शूर्पणखा लंका में लाई गई थी तो खड़ी-खड़ी पछाड़ खाकर गिर पड़ा करती थी। उसकी यातना देख-देखकर मंदोदरी का हृदय फटने-फटने को होता था और कष्ट की सबसे बड़ी बात यह थी कि उसके पति का हत्यारा स्वयं उसका भाई था...

मंदोदरी को रह-रहकर वे ही दिन याद आ रहे थे। आज फिर शूर्पणखा जैसे अपनी पीड़ा से निढाल हुई पड़ी थी। तब वह अपने पति का वध देख विधवा होकर आई थी, आज शत्रु से काम की असफल याचना कर, अपने चौदह सहस्र सैनिकों का वध करवा, अपने भाइयों और सेनापतियों को काल के मुख में धकेल, अपने प्रासादों और अधिकृत क्षेत्र को शत्रु के हाथों सौंप—लुटी-पुटी उसके सामने पड़ी थी...

"जब तुमने लंका के शृंगार-शिल्पियों और प्रसाधकों को बुलाया था, तो हमें स्थिति का तनिक भी ज्ञान नहीं था।" मंदोदरी ने धीरे-से कहा, "यदि किंचित् भी आभास होता तो हम उनके साथ-ही-साथ लंका की सेना भी अवश्य भेजते। तब कदाचित् यह स्थिति न आती..."

"स्थिति तब भी यही आती, भाभी!" शूर्पणखा कर्कश स्वर में बोली, "जब राजा शस्त्र छोड़कर, अपने हाथ मदिरा-पात्रों और नर्तकियों की कटियों में उलझा देता है, तो उसकी कोई सेना विजयी नहीं होती।"

"क्या कह रही हो, शूर्पणखा?" मंदोदरी हतप्रभ रह गई, "अपने विश्वविजयी भाइयों के रहते हुए तुम्हें ऐसी बात मुख से नहीं कहनी चाहिए।"

शूर्पणखा ने भवें चढ़ाकर भाभी को देखा, "बड़ा मदिरा-पात्र लिये बैठा होगा, दूसरा कहीं सोया होगा और तीसरा किसी ग्रंथ में डूबा होगा।" उसका स्वर तीखा हो गया, "ऐसे ही विश्वविजयी भाई होते तो मेरी यह दुर्दशा न होती।"

मन्दोदरी को लगा, यही दशा रही तो थोड़ी ही देर में बातचीत असहनीय हो जाएगी। पर दूसरे ही क्षण उन्होंने स्वयं को सँभाला—शूर्पणखा इस समय अत्यंत पीड़ित मनःस्थिति में थी। इतने बड़े धक्के से व्यक्ति का मानसिक संतुलन डोल जाता है। उसकी बातों को गंभीरतापूर्वक स्वीकार नहीं करना चाहिए...पीड़ित व्यक्ति अनेक बार अनर्गल बातें कर जाता है...

"तुम चिंता न करो, शूर्पणखा!" मन्दोदरी ने सायास स्नेह-सिक्त स्वर में कहा, "औरों के विषय में मैं कुछ नहीं जानती, किंतु तुम्हारे बड़े भैया अवश्य ही तुम्हारे अपमान का प्रतिशोध लेंगे।"

शूर्पणखा के तीखे स्वर ने मन्दोदरी की बात बीच में ही काट दी, "वाली ने मायावी का वध किया। क्यों नहीं गए भैया प्रतिशोध लेने? बोलो! मायावी तुम्हारा भाई नहीं था, या उसका वध तुम्हारा अपमान नहीं था?"

मन्दोदरी ने आहत आँखों से शूर्पणखा को देखा—शूर्पणखा शूर्पणखा ही थी। किसी का भी हृदय अपने शूर्प जैसे नखों से किसी भी क्षण छील सकती थी... तनिक भी मोह-माया नहीं, किसी से कोई ममता नहीं। जीवन का लक्ष्य ही जैसे संपर्क में आए प्रत्येक व्यक्ति को आहत-पीड़ित करना हो।...भाई ने ऐसी भयंकर घटना को भी चुपचाप अनदेखा कर मन्दोदरी का कम अपमान किया था कि अब बहन उपालंभ दे रही है। किस अपराध का दण्ड दे रहे हैं ये लोग उसे? इसका कि मन्दोदरी घर में सुख-शांति चाहती है। वह क्लेश नहीं चाहती...वह शूर्पणखा को कष्ट में सांत्वना देने आई थी—और शूर्पणखा ने उसका वह घाव छीलकर उसके सामने रख दिया, जिसे भूल जाने का वह कब से प्रयत्न कर रही थी।

"तुम विश्राम करो, शूर्पणखा!" सहसा मन्दोदरी उठ खड़ी हुई और उन्होंने दासियों को संकेत दिया, "देखना! राजकुमारी को कोई कष्ट न हो।"

शूर्पणखा अपनी आँखों में एक संतोष लिये, भाभी को जाते देखती रही। उसके मन का उत्ताप जैसे कुछ हल्का पड़ा। होंठों पर क्रूर मुस्कान उभरी...मेरे तो पति की हत्या कर दी और स्वयं दांपत्य सुख उठा रहे हैं...थोड़ी देर में दासी ने सूचना दी कि राजकुमारी विभीषण अपनी रानी के साथ पधारे हैं। शूर्पणखा द्वार की ओर देखती रही, मुख से कुछ नहीं बोली। वह उन्हें आने से रोक नहीं सकती, किंतु विभीषण का आना उसके लिए तनिक भी सुखकर नहीं होगा।

विभीषण और सरमा आकर पलंग के निकट रखे मंचों पर बैठ गए—"कैसी हो, बहन?"

शूर्पणखा ने विभीषण को तीखी दृष्टि से देखा, "तुम्हें कोई सूचना नहीं मिली कि कैसी हूँ?"

विभीषण सायास मुस्कराया, "समझ गया। वैसी ही हो, जैसी थी। जनस्थान की सारी राक्षस-सेना को नष्ट करवा; खर, दूषण तथा त्रिशिरा का वध करवाकर

भी अभी तुमने कुछ नहीं सीखा, बहन।''

''तुम मुझे अपमानित करने आए हो, विभीषण?'' शूर्पणखा का स्वर कुछ ऊँचा उठा।

सरमा ने चुपके से पति का हाथ दबाया, ''शांत रहो।''

विभीषण ने उसकी ओर ध्यान नहीं दिया, ''मैं अपमान करने नहीं आया। दुःख की घड़ी में अपनी बड़ी बहन को सांत्वना देने आया हूँ। किंतु देखता हूँ कि बहन अभी पर्याप्त शक्तिमती है। अभी तो उसमें लंका की सेना को भी कटवा डालने का उत्साह बना हुआ है।''

''अपनी अपमानित और पीड़ित बहन को सांत्वना देने का यही ढंग है, विभीषण?'' शूर्पणखा बोली, ''क्या इसी व्यवहार को पाने के लिए मैं जनस्थान से भागी हुई यहाँ आई हूँ? जनस्थान में यदि राम के हाथों राक्षस-सेना मारी गई तो क्या मेरा दोष है? मेरे अपमान का प्रतिशोध लेने लंका की सेना जाए और नष्ट हो जाए तो उसके लिए भी क्या मैं दोषी होऊँगी?''

विभीषण की हँसी वक्र हो गई, ''मैंने असत्य तो नहीं कहा था कि अभी मेरी बहन में लंका की सेना को भी कटवा डालने का उत्साह है।'' सहसा उसका स्वर तीखा हो गया, ''जनस्थान की सेना का नाश किसने करवाया? तुम्हारे अत्याचारों और क्रूरताओं की प्रतिध्वनियों से लंका की प्राचीर भी काँप रही है, बहन! आततायी तो अपने ही पाप से मारा जाता है। अकेला बेचारा राम क्या कर सकता था, यदि तुमने और खर ने अपने कृत्यों से जनस्थान का एक-एक ढेला अपना शत्रु न बना लिया होता।''

''राम अकेला नहीं है।'' शूर्पणखा भी तीखे स्वर में बोली, ''उसकी ओर से लड़ने वाले अनेक लोग हैं।''

''लोग हैं। सेना तो नहीं है।'' विभीषण ने उत्तर दिया, ''बताओ, उनमें से किसी ने भी ढंग से सैनिक प्रशिक्षण पाया हो, किसी ने पहले कोई युद्ध किया हो। वहाँ तो राम का भाई लक्ष्मण तक नहीं लड़ा कि हम कह सकें कि दो योद्धा तो थे...।''

''क्यों! जटायु भी उनकी ओर से लड़ा।''

''हाँ-हाँ! जटायु भी।'' विभीषण बोलता गया, ''कल तक तो यही जटायु तुम्हारे लिए एक बूढ़ा गिद्ध मात्र था, जो छिपकर घायल और मृत सैनिकों को खा सकता था। आज वह भी योद्धा हो गया। आदिम जातियों के अबोध-अज्ञानी नवयुवक प्रशिक्षित सेना में कैसे बदल गए? उन्हें राम ने सैनिक बनाया अथवा तुम्हारे अत्याचारों ने?'' विभीषण निमिष-भर रुका, ''तुमने उन्हें इतना पीड़ित न किया होता तो वे जातियाँ सौ वर्षों तक यह भी न जान पातीं कि धनुष किसे कहते हैं। इसीलिए कह रहा हूँ कि अब भी चेत जाओ।''

शूर्पणखा ने धधकती आँखों से विभीषण को देखा, "जो बहन शत्रुओं के हाथों अपने नाक-कान कटवाकर आई है, जिसकी सेना नष्ट हो गई है, स्कंधावार छिन गया है—तुम उसके प्रति यह सहानुभूति जता रहे हो?"

"हाँ! सहानुभूति न होती तो तुम्हारे पास न आता।"

"क्यों आए हो? तुम्हें कोई बुलाने गया था?"

"अपने सगे-संबंधियों का प्रेम बुलाने गया था।" विभीषण का स्वर शांत था, "इसीलिए कहने आया हूँ—अपने नाक-कान कटा आई हो, अब अपने भाइयों पर कृपा करो; उनके नाक-कान मत कटवाओ। जनस्थान तो उजड़ गया, अब लंका को श्मशान मत बनाओ। यदि अब भी तुमने स्वयं को नहीं सँभाला तो तुम देखोगी कि शोषित जातियाँ जब उठ खड़ी होती हैं तो उनका प्रतिशोध कितना भयंकर होता है...।"

"देख रही हूँ, तुम्हें अपनी बहन से अधिक तो उन लोगों के साथ सहानुभूति है, जिन लोगों ने तुम्हारी बहन के नाक-कान काटे हैं।" शूर्पणखा क्रोध में धधकती हुई बोली, "यदि संसार में सब भाई तुम्हारी जाति के हो जाएँ, तो किसी स्त्री के चेहरे पर नाक-कान बचेंगे?"

"बहन हो, इसलिए सहानुभूति तो तुम्हारे ही प्रति है।" विभीषण अपने संतुलित स्वर में बोला, "किंतु उसने तुम्हारे नाक और कान को केवल शस्त्रचिह्नित किया है। निश्चित रूप से वह बहुत न्यायप्रिय और उदार व्यक्ति है।"

"तुम जाओगे या मैं तुम्हारा मुँह नोचने के लिए उठूँ?" शूर्पणखा सचमुच उठने को हुई।

"नहीं। कष्ट मत करो।" विभीषण उठकर द्वार की ओर बढ़ा, "मैं स्वयं ही जा रहा हूँ।"

सरमा चुपचाप विभीषण के पीछे-पीछे द्वार से बाहर चली गई।

विभीषण के जाते ही शूर्पणखा ने दासियों के हाथ परे झटक दिए। पैर धोने वाली दासियों को पैरों के प्रहार से दूर कर दिया तथा औंधी लेटकर अपना मुख तकिए में छिपा लिया। उसकी दसों अँगुलियों के नख तकिए में गड़ गए थे और आँखों से गर्म-गर्म अश्रु बहकर तकिए की रूई में लीन होते जा रहे थे।

दासियों, परिचारिकाओं तथा अंगरक्षकों की हलचल से उसने अनुमान लगाया कि सम्राट् आ रहे हैं।...वह सीधी होकर लेट गई और आँखें पोंछ डालीं।

रावण ने कक्ष में प्रवेश किया। दासियाँ सावधान होकर उठ खड़ी हुईं। रावण ने उन्हें बाहर जाने का संकेत किया। कक्ष में एकांत हो गया।

रावण आकर शूर्पणखा के पास बैठ गया, "मैंने सब कुछ सुन लिया, शूर्पणखे! अकंपन ने विस्तार से मुझे बताया है।...देखूँ तेरे नाक-कान!"

रावण पास खिसक आया। उसने बड़े ध्यान से नाक और कान के औषध लगे घावों को देखा।

"घाव तो गंभीर नहीं हैं।" रावण बोला, "उन्होंने घाव करना भी नहीं चाहा होगा। यह तो अपमान करने के लिए था। पीड़ा तेरे अंगों में नहीं, मन में है।"

शूर्पणखा का मन कुछ शांत हुआ। रावण के प्रति मन का विरोध भी कुछ क्षीण हुआ। धीमे स्वर में बोली, "ठीक कह रहे हो, भैया!"

"अब तू मुझे बता, मेरी बहना!" रावण ने अत्यंत स्नेह से कहा, "मैं तेरे लिए क्या करूँ—तपस्वियों का वध कर, तेरे प्रतिशोध की अग्नि को शांत करूँ अथवा उन्हें बाँधकर तुझे ला दूँ ताकि तू अपने तन का ताप शांत कर ले?"

शूर्पणखा सावधान होकर बैठ गई, "भैया! इतना सरल नहीं है।"

"तू अपनी बात कह।" रावण मुस्कराया, "रावण के लिए कुछ भी कठिन नहीं है।...कैसे हैं तपस्वी? बहुत सुंदर हैं?"

शूर्पणखा ने सायास अपनी मुस्कान रोकी, "मैं नहीं जानती कि अकंपन ने आपको क्या-क्या बताया है। सुंदर तो वे दोनों हैं। मैंने उनकी कामना भी की थी। किंतु अब स्थिति बदल गई है।"

"अब क्या स्थिति है?"

"उन्होंने मेरे काम-आह्वान का तिरस्कार किया—यह ठीक है," शूर्पणखा बोली, "किंतु जब तक मैंने उन्हें अपना परिचय नहीं दिया, उन्होंने मेरा अपमान करने का साहस नहीं किया था। मेरा अपमान उन्होंने तब किया, जब मैंने उन्हें बताया कि मैं राक्षसराज रावण की बहन हूँ। वस्तुतः उन्होंने राक्षसराज का ही अपमान करने के लिए मेरे साथ ऐसा व्यवहार किया है।"

रावण के अहंकार पर सीधी चोट पड़ी।...उन्होंने एक कामुक स्त्री को दण्ड नहीं दिया, रावण की बहन का अपमान किया है...उन्होंने यह जानते हुए भी कि जनस्थान की सेना रावण की सेना है, उसका नाश किया है...

"उन्होंने मेरी क्षति भी की है और मेरा अपमान भी।" रावण बोला, "कल ही से सैनिक अभियान की तैयारी होगी।...इन तपस्वियों—राम और लक्ष्मण के टुकड़े होंगे, सारे जनपद के आश्रम जला डाले जाएँगे। उनका पक्ष लेने वाले ग्रामीणों और तपस्वियों का मांस लंका के हाट में बिकेगा। रावण उनसे ऐसा प्रतिशोध लेगा कि भविष्य में लोग रावण के नाम से ही थर्रा उठेंगे। कोई दो-चार झोंपड़ियाँ डाल ले, आश्रम बना ले—कोई बात नहीं, किंतु रावण अपने विरुद्ध राजनीतिक शक्तियाँ खड़ी नहीं होने देगा।" वह क्रूरता से मुस्कराया, "इन लोगों को कदाचित् यह मालूम नहीं कि राजनीति का खेल कितना भयंकर होता है। प्रचार मौखिक विरोध अथवा इनके रचे काव्यों की रावण चिंता नहीं करता; किंतु जब कोई वास्तविक राजनीतिक शक्ति को हस्तगत करने के लिए पग उठाता है तो रावण उस पग को उठने से

पहले ही काट डालता है तथा पग उठाने की बात सोचने वाले मस्तिष्क को उसके मस्तक से बाहर निकाल देता है।" वह शूर्पणखा की ओर घूमा, "तुम चिंता न करो। लंका की सेना शीघ्रातिशीघ्र प्रस्थान करेगी।"

"भैया!" शूर्पणखा का मुख गंभीर हो गया, "एक बात कहूँ, बुरा तो नहीं मानोगे?"

"कहो।" रावण दत्तचित्त हो गया, "कोई विशेष बात है?"

"लंका की सेना को पंचवटी मत भेजो।" शूर्पणखा शांत स्वर में बोली, "युद्ध में राम को पराजित करना असंभव है।"

रावण अट्टहास कर उठा, "रावण के लिए कुछ भी असंभव नहीं। आज समस्त देव, दैत्य और मानव शक्तियाँ रावण के आतंक से थर्राती हैं। राम कैसा भी योद्धा क्यों न हो—उसके पास सेना नहीं है, रथ नहीं हैं, दिव्यास्त्र नहीं हैं, सेना के पोषण के लिए धन नहीं है, राजनीतिक शक्ति नहीं है। और रावण के पास न व्यक्तिगत शौर्य की कमी है, न धन की, न शस्त्रों की, न राजनीतिक सत्ता की। और सबसे बड़ी बात है, शूर्पणखे!" रावण ने भेद बताने के-से स्वर में कहा, "ब्रह्मा और शिव जैसी महाशक्तियाँ मेरे पक्ष में हैं। तुम देखोगी, न्याय तथा स्वार्थ में स्वार्थ सदा शक्तिशाली होता है। और कोई बड़ी शक्ति नहीं चाहती कि ये वानर-भालुओं के समान जीने वाले आदिम यूथ अपना विकास कर उन शक्तियों से टक्कर ले सकने में सक्षम हो जाएँ। बड़ी शक्तियाँ इन अविकसित-अर्द्धविकसित जातियों का अपने स्वार्थ के लिए दूसरी शक्तियों के विरुद्ध प्रयोग तो कर सकती हैं, किंतु इन्हें स्वयं अपने-आप में 'शक्ति' नहीं बनने देंगी।"

शूर्पणखा तनिक भी विचलित नहीं हुई, "इस प्रकार की भ्रांतियाँ मैं भी अपने मन में पालती रही थी। किंतु आज कह कहती हूँ कि यह सब होने पर भी लंका की सेना पंचवटी में राम को पराजित नहीं कर सकती—मैं पिछले युद्ध के आधार पर इस निष्कर्ष पर पहुँची हूँ।"

"किंतु क्यों? क्या है राम के पास? ऐसी कौन-सी शक्ति है उसके पास? रावण कुछ क्षुब्ध स्वर में बोला।

"पंचवटी और जनस्थान के प्रदेशों में पत्ता-पत्ता, कण-कण राम का है। जनस्थान त्यागते हुए, अंतिम समय मुझे ज्ञात हुआ कि जिन्हें मैं बहुत अपना मानती थी, वे दास-दासियाँ, सेवक-चेटियाँ—सब राम के थे, जबकि मैं उनकी स्वामिनी थी और राम उनका कुछ नहीं था।"

"उससे क्या होगा?"

"मैंने यह भी देखा कि धन, राजनीति और शस्त्रों से भी एक बड़ी शक्ति होती है, वह है जन-शक्ति। वह पंचवटी में राम के पास है; और वह जानता है कि उसका उपयोग कैसे करना है। शत्रु की सेना की एक टुकड़ी भी वहाँ पहुँचती

है, तो एक-एक झोंपड़ी इस समाचार से गूँजने लगती है और उससे राम का आश्रम सक्रिय हो उठता है। राम के आश्रम से यह सूचना प्रत्येक आश्रम और प्रत्येक गाँव में पहुँचती है; तथा प्रत्येक घर से शस्त्रबद्ध सैनिक निकलकर युद्ध के लिए सज्जित हो उठते हैं। राम अपनी सुविधा के प्राकृतिक तथा मानवीय व्यूह बनाकर लड़ता है। वहाँ ऐसा व्यूह है कि साम्राज्य की बड़ी-से-बड़ी सेना उसमें खप जाएगी; और राम के जन-सैनिकों को कदाचित् खरोंच तक न आए।''

''पर राम के पास इतने सैनिक आए कहाँ से?''

''वहाँ कोई सैनिक नहीं है; किंतु प्रत्येक पुरुष, प्रत्येक स्त्री, प्रत्येक बालक—सभी सैनिक हैं।''

''इतना कुछ हो गया और मुझे उसकी सूचना तक नहीं मिली।'' रावण चिंतित हो उठा।

''इसी से तुम अपने साम्राज्य की शक्ति का मूल्यांकन कर सकते हो, भैया!'' शूर्पणखा कटुता से मुस्कराई, ''मैं जनस्थान में बैठी थी और मुझे कोई सूचना नहीं मिली।''

''कारण?''

''हमारे गुप्तचर मदिरा में डूबे थे,'' शूर्पणखा बोली, ''और हम मदिरा तथा अहंकार में।''

रावण चिंतित मुद्रा में उठ खड़ा हुआ। वह कक्ष में एक सिरे से दूसरे सिरे तक टहलता रहा, जैसे कुछ सोच रहा हो।

शूर्पणखा उसकी चिंता को सुखी मुद्रा में देखती रही, जैसे उसका मनोवांछित घट रहा हो।

''तुम्हारा क्या विचार है?'' सहसा रावण ने अपना टहलना स्थगित कर पूछा, ''राम को पंचवटी में पराजित नहीं किया जा सकता अथवा कहीं भी पराजित नहीं किया जा सकता?''

''पंचवटी उसका मोर्चा है!'' शूर्पणखा बोली, ''वहाँ विजय उसी की होगी, किंतु यदि उसे वहाँ से किसी प्रकार उखाड़ दिया जाय तथा किसी ऐसे मोर्चे पर युद्ध के लिए बाध्य किया जाए, जहाँ मोर्चा हमारा हो, जन-शक्ति हमारी हो—जैसे हमारी लंका; तो राम अपने युद्ध-कौशल तथा दिव्यास्त्रों के ज्ञान के होते हुए भी पराजित होगा।''

''पर वह पंचवटी छोड़, हमसे लड़ने के लिए लंका क्यों आएगा!''

''आएगा।'' शूर्पणखा मुस्कराई, ''तुम उसे लाओगे, भैया!''

''कैसे?''

''क्या तुम्हें अकंपन ने यह नहीं बताया कि राम के साथ कौन-कौन हैं?''

''बताया था।'' रावण बोला, ''उसका भाई तथा उसकी पत्नी।''

"उसने बताया कि राम की पत्नी कैसी है?"

"कह रहा था, अतीव सुंदरी है।"

"सुंदरी!" शूर्पणखा जैसे भावावेश में बोली, "वैसी सुंदरी सारे संसार में नहीं है। तुम्हारे अंतःपुर की रानियाँ-महारानियाँ उसकी दासियाँ होने योग्य नहीं हैं।"

"इतनी सुंदर है?" रावण की आँखों में लोलुप चमक जागी।

"उसका रूप-सौंदर्य तथा उसका यौवन!" शूर्पणखा जैसे अपनी कल्पना में उस सौंदर्य को साकार देख रही थी, "उसे देखकर मुझे मद चढ़ आया, तुम तो पुरुष हो। उसका चंपक वर्ण, झील-सी गहरी कजरारी आँखें। मनुष्य एक बार देख भर ले, तो मन का सारा उत्ताप शांत हो जाए। उसके काले, लंबे और घने केश—लंका के श्रेष्ठतम प्रसाधक भी कभी वैसे कृत्रिम केश तैयार नहीं कर पाए। उसके अधर, जैसे मद ही मद हो। क्या-क्या वर्णन करूँ! अभी तो मेरे पास न पुरुष की दृष्टि है, न पुरुष का मन। पुरुषार्थ उसी का सार्थक है, जिसके अंक में सीता जैसी स्त्री है। भैया! तुम स्वयं उसका हरण करने मत जाना।"

"क्यों?" शूर्पणखा के अंतिम वाक्यों से रावण का मद जैसे टूट गया।

"उसे देखते ही कहीं अचेत हो गए तो?"

"इतनी सुंदर है?" रावण फिर से आत्मलीन हो गया।

शूर्पणखा समझ गई—रावण का मन उसकी मनोवांछित दिशा में गतिशील हो चुका था। अब उसकी गति बढ़ाने की आवश्यकता थी।

"सीता को हरण करवा लो।" शूर्पणखा रावण के कानों में फुफकारी, "तुम निश्चिंत हो अपनी लंकानगरी में उसका भोग करना और राम उसके विरह में या तो स्वयं ही तड़प-तड़पकर मर जाएगा अथवा उसे खोजता-खोजता, धक्के खाता हुआ—असहाय और निरुपाय, बिना जन-शक्ति, सेना और व्यूह के, तुम्हारे द्वार पर अपनी पत्नी की भीख माँगने आएगा। तब उसका किसी प्रहरी के हाथों वध करवा देना।"

रावण मौन बैठा, सोचता रहा। फिर बोला, "क्या यह आवश्यक है कि वह उसे खोजता हुआ लंका आए ही! मान लो कि वह पत्नी को भुलाकर, पंचवटी में ही जमा बैठा रहे।"

शूर्पणखा ने उपेक्षा-भरी दृष्टि से रावण को देखा और उपहासपूर्वक मुस्कराई, "एक बार सीता को देख आओ, फिर यही कहना।" उसका स्वर ऊँचा हुआ, "जिस पुरुष ने एक बार सीता को सकाम दृष्टि से देख लिया, वह उसके बिना जीवित नहीं रह सकता—फिर राम तो उसका पति है, इतने वर्षों से उसके साथ रहा है।..." वह पुनः मुस्कराई, "और मान लो कि वह न भी आया, तो भी तुम घाटे में नहीं रहोगे। सीता को पाकर तुम अपने साम्राज्य को भी तुच्छ न समझने लगे तो मुझे कहना।"

रावण के मन ने जैसे अकस्मात् ही निश्चय कर लिया। उसकी मुख मुद्रा बदल गई। एक आश्वस्त मुस्कान के साथ उसने शूर्पणखा का हाथ अपने हाथों में लेकर थपथपाया, "तू निराश न हो, बहन! रावण अपनी बहन के अपमान का क्रूरतम प्रतिशोध लेगा।...ते अब विश्राम कर।" उसने पुनः मुस्कराकर शूर्पणखा को देखा, स्नेहपूर्वक सिर हिलाया और कक्ष से बाहर निकल गया।

शूर्पणखा चपुचाप मुस्कराती-सी, रावण को बाहर जाते हुए देखती रही।...रावण चला गया और कक्ष का द्वार बंद हो गया तो उसने जैसे सुख की साँस ली...अब सीता महामहालय में आएगी तो मंदोदरी पटरानी से दासी हो जाएगी।...घर में कलह मचेगा, दांपत्य-सुख विलीन हो जाएगा...और राम दीन-हीन दशा में लंका के द्वारों पर सिर मारने के लिए आएगा।...तब तक रावण सीता के यौवन के मद में आकंठ डूबा होगा, और शूर्पणखा आँख के एक संकेत से ही राम को अपने लिए माँग लेगी...

7

शूर्पणखा को आश्वासन देकर रावण स्वयं चिंतित हो उठा था—यह सब कैसे संभव हुआ? जनस्थान में कुछ पिछड़ी हुई वन्य-जातियाँ रहती हैं। कुछ ऋषि-मुनि और ब्रह्मचारी रहते हैं। वे लोग किसी को देख लें अथवा रावण का नाम ही सुन लें तो संज्ञाशून्य होकर गिर पड़ते हैं। युद्ध की तो वे लोग बात भी नहीं सोच सकते। और अकेले राम ने उन्हीं वनवासियों की सहायता से, संपूर्ण राक्षस सेना के साथ खर, दूषण तथा त्रिशिरा जैसे तीन महत्त्वपूर्ण राक्षस सेनापतियों का वध कर दिया। रावण इसे सच मान ले? पर अकंपन ने भी यही बताया था और अब शूर्पणखा से वार्तालाप के पश्चात् इसमें संदेह के लिए कोई अवकाश ही नहीं रह जाता...

कौन है यह राम? अनेक वर्ष पहले ताड़कावन में इसी राम ने ताड़का की हत्या की थी। किंतु वह वीरता नहीं थी। अकस्मात् सामने से प्रकट होकर राम ने ताड़का के वक्ष में बाण दे मारा था। बलवान से बलवान शत्रु को असावधान अवस्था में सुविधा से मारा जा सकता है।...सुबाहु की हत्या असावधानी में नहीं हुई थी, किंतु सुबाहु और मारीच दोनों ही मूर्ख थे। जब उन्हें ज्ञात था कि आश्रम में धनुर्धारी आए हुए हैं तो उन्हें खड्ग लेकर जाने की क्या आवश्यकता थी। खड्ग से धनुष-बाण का सामना नहीं किया जा सकता। और शस्त्रों के गलत चुनाव के कारण अच्छे-से-अच्छे योद्धा भी मूर्खों के समान ही मारा जाता है। मारीच भी मूर्ख के समान ही भागा था। भयभीत कुत्ते के समान दुम दबाकर भागा तो भागता

चला गया। न रुका, न अन्य राक्षसों से परामर्श लिया...न किसी से सहायता माँगी...

इतने-से कार्य के लिए राम को असाधारण वीर और योद्धा नहीं माना जा सकता।...किंतु जनस्थान के युद्ध को क्या समझा जाए? अकेले राम ने समस्त राक्षस योद्धाओं का नाश कर दिया—अकेले राम ने। उसके साथ के वनवासियों को, रावण योद्धा मानने को तैयार नहीं। वनवासियों को योद्धा मानना योद्धाओं का अपमान करना है।...या फिर क्या शूर्पणखा की बात सत्य है! क्या सत्य ही वन्य-जातियों तथा वनवासी तापसों को जिन्हें आज तक राक्षस मात्र निरीह जंतुओं तथा वनस्पति के समान अपना खाद्य ही मानते रहे हैं, राम ने युद्ध-कौशल सिखाकर, एक प्रशिक्षित सैन्य में परिणत कर दिया है? है राम में इतना सामर्थ्य? क्या वह ऐसा विकट प्रशिक्षक तथा ऐसा असाधारण संगठनकर्त्ता है, जिसने मिट्टी में से सशस्त्र सेना का निर्माण किया है?...कदाचित् ऐसा ही है। आर्यों का यही आदर्श है। आर्य आश्रमों में वशिष्ठ की कथा बहुत प्रचलित है। वे लोग बड़े गर्व से कहते हैं कि विश्वामित्र की राजसी प्रशिक्षित सेना से युद्ध करने के लिए वशिष्ठ ने शून्य में से सेना उत्पन्न की थी। क्या था वह शून्य? वह शून्य भी तो वनवासी कोल-भील थे—वे वन्य जातियाँ ही थीं, जिन्हें आर्य कुछ नहीं गिनते थे...और वही वशिष्ठ इस राम का कुल-गुरु है। वह समस्त परंपरा राम को उत्तराधिकार में मिली है। इतना ही नहीं, इसे तो वशिष्ठ के विरोधी विश्वामित्र से भी अपने लड़कपन में दीक्षा मिल चुकी है...

शूर्पणखा की बात को सत्य मानना होगा...दण्डकारण्य में राम ने तपस्वियों और स्थानीय जातियों का ऐसा व्यूह संगठित किया है, जो राक्षस सेना का काल है। यदि लंका से अपनी राक्षसी सेना ले जाकर रावण, राम के उस व्यूह से टकराएगा तो उसकी स्थिति भी खर, दूषण तथा त्रिशिरा की-सी होगी। यह कृत्य शशक का सिंह की गुफा में जाकर लड़ने के समान होगा...

रावण विक्षिप्त हो उठा।...जगद्विजयी रावण की अपनी बहन ने आज यह घोषित कर दिया है कि एक असहाय और निर्वासित राजकुमार ने सर्वथा एकाकी ही दण्डकारण्य में ऐसी प्राचीर गढ़ दी है, जिसे रावण अपनी समस्त सेना, वीर सेनापतियों, योद्धा-पुत्रों और भाइयों के बल की सहायता पाकर भी पार नहीं कर सकता। कीट-पतंगों जैसे नगण्य जीवों में संगठन के आधार पर उसने रावण को दण्डकारण्य से इधर-उधर ही बंदी कर दिया है। बाहर से जाकर दण्डाकरण्य में युद्ध करना किसी के लिए भी संभव नहीं है। वहाँ की प्रजा सचेत, जागरूक, संगठित तथा सशस्त्र है...

दण्डकारण्य में अब युद्ध नहीं होगा...रावण के मस्तिष्क में कोई चीत्कार कर रहा था...युद्ध होगा तो दण्डकारण्य से इधर-उधर ही होगा। ठीक कहती है

शूर्पणखा–रावण केवल मदिरापान कर, रमणियों में घिरा संज्ञा-शून्य पड़ा रहा है। नहीं तो जनस्थान में, उसकी नाक के नीचे इतना कुछ घटित होता रहता और उसके कान पर जूँ तक नहीं रेंगती? वह तो लंका में पड़ा था, किंतु खर, दूषण और त्रिशिरा तथा स्वयं शूर्पणखा जनस्थान में बैठे क्या कर रहे थे?...उसके मन में कोई अट्टहास कर उठा–शूर्पणखा ने स्वयं स्वीकार किया है कि वे जनस्थान में वही कर रही थे, जो स्वयं वह लंका में कर रहा था। ऐसे में किसी को किसी बात की सुध कहाँ रहती है।

रावण हताश हो उठा। उसके मन में आया कि वह अपना सिर दीवार से दे मारे और उसे चूर-चूर कर दे।...किंतु उसका मन यह भी जानता था कि प्रत्येक दीवार सिर मारने से चूर-चूर नहीं होती; नहीं तो क्या वह राम द्वारा निर्मित दीवार पर सिर न दे मारता? सहसा उसके चिंतन का प्रवाह थम गया...आखिर वह शूर्पणखा की प्रत्येक बात को ठीक उसी रूप में मानकर क्यों चल रहा है, जिस रूप से शूर्पणखा ने उसे उसके सम्मुख रखा है? वह स्वयं जाकर क्यों नहीं देखता कि जनस्थान में स्थिति क्या है? उसने बिना युद्ध किए ही क्यों यह मान लिया कि राक्षस सेना जनस्थान में जीत नहीं पाएगी? क्या सत्य ही उसका मन दुर्बल हो गया है?

बड़ी देर तक चुपचाप बैठा रावण अपने पूर्वतन कृत्यों को याद करता रहा, स्वयं को धैर्य बँधाता रहा, किंतु उसका प्रत्येक प्रयास रेत की भित्ति ही सिद्ध हो रहा था। जगद्विजयी रावण का मन बार-बार चीत्कार कर रहा था–उसका बल, शासन, वीरता, अधिकार–सब केवल इसीलिए था, क्योंकि जनस्थान में संगठन नहीं था। आज राम ने उन्हें संगठन दे दिया है। लंका की राक्षस सेना का सारी पृथ्वी पर इतना आतंक है कि उसका नाम सुनते ही शत्रु अपने आप भाग खड़े होते हैं। इसी आतंक के कारण उसका यश है। यदि रावण उस सेना को ले जाकर पंचवटी में युद्ध करे और उस सेना की भी वही गति हो, जो खर-दूषण की सेना की हुई, तो फिर उस यश की...और उस यश की ही क्यों, लंका की भी रक्षा कौन करेगा? रावण इतना बड़ा संकट मोल नहीं ले सकता...

सहसा रावण का उद्धत रूप जागा। उसके मन में अपने लिए ही जैसे एक धिक्कार उठा–वह भयभीत है। एक साधारण, निर्वासित, वनवासी युवक से रावण भयभीत है। उसका बल, विक्रम, साहस, वीरता, शौर्य–सब कुछ भ्रम मात्र था क्या...यदि वह अपनी सेना को जोखिम से बचाना चाहता है, तो क्यों नहीं वह अकेला जाकर राम को द्वंद्व-युद्ध के लिए ललकारता?...पर दूसरे ही क्षण उसका आक्रोश क्षीण हुआ। उसका संतुलित, शांत विवेक उदित हुआ। आक्रोश तथा आवेश का नाम युद्ध नहीं है। युद्ध बुद्धि, कौशल, अभ्यास तथा प्रहारक बल के संयोजन का नाम है। अकेला रावण राम को जा ललकारे और उसके युवा हाथों की शक्ति और कौशल में घिरकर प्राण दे दे–तो इतने बड़े इस राक्षस साम्राज्य का क्या होगा?

युद्ध का परिणाम सदा अनिश्चित होता है। निश्चित विजय की बात सोचना मूर्खता है। रावण यदि अपनी सेना को संकट में नहीं डालना चाहता तो वह स्वयं अपने-आपको—लंका के महाराजाधिराज को, ऐसे घातक संकट के मुख में कैसे धकेल सकता है।...

उसे अपनी और अपने साम्राज्य की प्रतिष्ठा के लिए प्रत्यक्ष युद्ध न कर, छद्म-युद्ध करना होगा। गुप्त प्रहार। युद्ध में सब कुछ न्याय-संगत है, सब कुछ धर्म-संगत। और फिर राक्षस-नीति तो है ही विजय-नीति। विजय जहाँ भी मिले, जिस पर भी मिले, जैसे भी मिले, जितनी भी क्षति कर मिले...और राम ने भी तो गुप्त युद्ध ही किया है। उससे लड़ने के लिए, उसी की युद्ध-नीति अपनानी पड़ेगी. ..

रावण के मन में सीता के प्रति जिज्ञासा जागी। कैसी है यह राम की पत्नी, जिसके पीछे उसने शूर्पणखा का प्रेम-प्रस्ताव ठुकरा दिया? शूर्पणखा कहती है कि सीता अद्वितीय सुंदरी है।...क्यों न वह शूर्पणखा की बात मान ले और सीता को धोखे से हर लाये? यदि वह सचमुच अनिंद्य सुंदरी हुई तो उसे वह अपने अंतःपुर में रखेगा; और यदि वह उसे न भायी तो किसी भी समय उसका वध कर, उसका मांस खाया जा सकता है। कोमलांगी आर्य राजकुमारी का मांस खाने में कम स्वादिष्ट नहीं होगा।

सीता-हरण का राम पर क्या प्रभाव होगा?...

माँ-बाप ने उसे घर से निकाल दिया है। उसने प्रचार तो यही कर रखा है कि पिता के सत्य की रक्षा के लिए, वह चौदह वर्षों का वनवास कर रहा है; पर रावण ऐसे 'सत्य' और 'वनवास, को भली प्रकार समझता है। ये लोग ऐसी कथाएँ गढ़ने और ढकोसले पालने में बहुत दक्ष हैं। जब माँ-बाप ने घर से निकाल ही दिया है तो क्या कहे बेचारा। रावण ने सुना था कि चित्रकूट में राम का सौतेला भाई सेना लेकर उसको मनाकर अयोध्या लौटा ले जाने के लिए आया था। क्यों नहीं लौट गया वह अयोध्या? ढोंगी कहीं का! चित्रकूट को छोड़, पंचवटी क्यों चला आया? ऐसे प्रश्नों का उत्तर रावण अच्छी तरह समझता है। सेनाएँ लेकर कोई किसी को मनाने नहीं जाता। उल्टे अयोध्या से और भी दूर भाग आया...

अयोध्या से राम को कोई सहायता नहीं मिल सकती। अतः वनवासियों और तपस्वियों का संगठन करता फिर रहा है। किसके लिए? अयोध्या से लड़ने के लिए अथवा राक्षसों से भिड़ने के लिए? किसी के लिए भी हो, पर अभी उसमें उत्साह है। उसके उत्साह को तोड़ना होगा। उसे हतोत्साहित करना होगा। शूर्पणखा के अपमान का प्रतिशोध तो लेना ही है। साथ-ही-साथ उसके उत्साह तथा संगठन को यदि तोड़ा न गया तो वह राक्षसों के लिए बहुत बड़ी परेशानी का कारण हो सकता है।

यदि सीता-हरण हो जाए तो भी वह इसी प्रकार का उत्साही रहेगा? क्या तब भी वनवासियों का संगठन करता फिरेगा? सीता के प्रति अपने प्रेम के कारण, उसकी अनुपस्थिति में वह दीन और हतप्रभ नहीं हो जाएगा! और पत्नी के अपहरण के अपमान के आधात से पागल होकर, वन के वृक्षों से अपना सिर नहीं मारता फिरेगा?

...कदाचित् यही होगा। शूर्पणखा भी यही कहती है। यही सरल मार्ग है। दण्डकवन में से किसी एक स्त्री का अपहरण रावण के लिए तनिक भी कठिन नहीं होता। एक तो वहाँ जनसंख्या इतनी विरल है कि एक आश्रम में घटित घटनाओं का समाचार दूसरे आश्रम तक पहुँचने में महीनों निकल जाते हैं। फिर वहाँ कोई नागरिक-सुरक्षा-व्यवस्था नहीं है। शूर्पणखा और अकंपन दोनों ने ही राम की संचार-व्यवस्था की प्रशंसा की है किंतु वह सैनिक गतिविधियों के लिए है। एक-दो व्यक्तियों के आवागमन पर किसका ध्यान जाएगा। और फिर उनकी संचार-व्यवस्था के क्षेत्र में रावण को रहना ही कितना देर है। जनस्थान से बाहर निकलते ही वह उनकी पकड़ से दूर हो जाएगा।...यदि किसी प्रकार राम और लक्ष्मण को आश्रम से हटाकर कहीं दूर ले जाया जा सके, तो आश्रम में ही सीता की हत्या की जा सकती है; आश्रम से कुछ दूर ले जाकर उसका वध किया जा सकता है; अथवा उसे उठाकर लंका लाया जा सकता है। रावण के पास वेगवान वाहन हैं; इतने वेगवान कि दण्डकवासी जातियों के लिए यह अविश्वसनीय है। उन्होंने अभी यातायात-व्यवस्था की बात तक नहीं सोची और राक्षसों ने तीव्रगामी अश्वों की व्यवस्थित चौकियाँ तथा शक्तिशाली एवं क्षिप्रगामी नौकाओं का प्रबंध कर रखा है। रावण निरंतर चलता हुआ एक दिन में बिना किसी कठिनाई के सीता को लंका में ला सकता है।

...पर वह यह सब सोच रहा है तो दण्डकवन में राम के आश्रम में राम और लक्ष्मण का वध कर आने की बात क्यों नहीं सोचता!...रावण ने अपने मन के सारे स्तर, सारी तहें उलट-पलट डालीं; पर राम तथा लक्ष्मण से ससैन्य युद्ध अथवा द्वंद्व का विचार वहाँ कहीं भी नहीं था। रावण उनसे लड़ना नहीं चाहता था...क्यों? क्या वह उनसे भयभीत है?...रावण अपने-आप पर खीझ उठा—इसमें डर और भय की बात कैसे आ गई? यह तो नीति है। यदि एक स्त्री के हरण मात्र से ही उसका उद्देश्य पूरा हो जाता है, तो वह व्यर्थ का रक्तपात क्यों करे?

बड़ी देर के बार रावण ने पहचाना कि उसके मन के भीतर बैठा यह अन्य व्यक्ति कौन था, जो बार-बार उसकी वीरता पर संदेह करता था। यह भी एक अन्य रावण था—प्रतिरावण—जो ऐसे प्रत्येक अवसर पर, जब वह प्रकट वीरता छोड़, कपट-युद्ध की बात सोचता था, उसके भीतर प्रकट होकर, उस पर कटाक्ष करने लगता था।

रावण अपने मन में बैठे विद्रूप से मुस्कराते उस अन्य रावण को साफ-साफ

देख रहा था। उसकी वक्र मुस्कान कह रही थी—'मैं जानता हूँ, तुम उनसे लड़ना क्यों नहीं चाहते...

रावण उसकी उपेक्षा कर गया—बकने दो उसे! युद्ध से अधिक श्रेयस्कर हरण है। सीता का अपहरण! शूपर्णखा के साथ किए गए दुर्व्यवहार का प्रतिशोध; शत्रु के संगठन तथा उत्साह का नाश; भोग के लिए एक सुंदर आर्य स्त्री।...रावण अपहरण ही करेगा।

किंतु उसके चिंतन-प्रवाह में फिर बाधा पड़ी। इस बार बाधा देने वाला प्रतिरावण नहीं था। इस बार मन्दोदरी का विचार था। कन्याओं के हरण को लेकर मन्दोदरी ने रावण से बहुत कुछ कभी नहीं कहा। आरंभ में तो कभी नहीं कहा। किंतु इधर महारानी इस अपहरण-व्यवसाय का विरोध अत्यंत प्रबल ढंग से करने लगी हैं। यदि अपहृत कन्या सुंदरी हो तो महारानी अपने विरोध में प्रचण्ड हो जाती हैं। महारानी अब पहले के समान रावण के क्रुद्ध हो जाने से भयभीत नहीं होतीं। वे साम्राज्य की साम्राज्ञी हैं, उनके युवा-पुत्र साम्राज्य को अपने कंधों पर उठाए हुए हें। उन्हें अब रावण से भयभीत हो काँपने की कोई आवश्यकता नहीं है।...और सीता को देखने वालों ने कहा है कि वह असाधारण सुंदरी है। क्या सीता का लंका में लाया जाना महरानी सह लेंगी...?

यदि सीता तनिक साधारण हुई तो वह उसका वध कर देगा, जिसमें महारानी को कोई आपत्ति न होगी; और यदि वह असाधारण हुई...रावण का मन जैसे पीड़ा से कराहने लगा...असाधारण सुंदरी! रावण किसी असाधारण सुंदरी को नहीं छोड़ सकता...किसी के भी भय से नहीं—न राम के भय से, न मन्दोदरी के भय से।...उसके मन में मन्दोदरी के विरुद्ध आक्रोश संचित होने लगा। मन्दोदरी अपने बेटों पर इतना गुमान न करे। रावण अभी जीवित है और हाथ में खड्ग ले साम्राज्य के लिए युद्ध भी कर सकता है तथा अभिचार के लिए वेदी पर बलि भी दे सकता है।...रावण सीता का हरण अवश्य करेगा...

किंतु विभीषण?

विभीषण की किसको चिंता है। रावण ने अपने कंधे झटक दिए।

उसके मन का द्वंद्व मिट गया। वह निर्णय कर चुका था। और रावण के निर्णय को कोई नहीं हिला सकता...मन्दोदरी का विचार विलीन हो गया...प्रतिरावण भी मौन हो गया...

रावण के मस्तिष्क ने अजाने ही हरण की पद्धति पर विचार करना आरंभ कर दिया।...उसने सोच तो लिया कि किसी प्रकार राम और लक्ष्मण को आश्रम से दूर हटा ले जाया जाए, किंतु कौन हटाएगा उनको? कैसे हटाएगा? संभव है, वे दोनों एक साथ आश्रम कभी न छोड़ते हों...तो फिर कौन है ऐसा व्यक्ति, जो यह कार्य कर सके! उसमें साहस हो, वाक्-चातुर्य हो, प्रत्युत्पन्नमतित्व हो और

वह व्यक्ति राम का घोर शत्रु हो...?

कौन जाएगा हरण करने? साम्राज्य के स्वामी, स्वयं रावण को जाने की क्या आवश्यकता है—किसी अन्य व्यक्ति को भी तो भेजा जा सकता है...किंतु दूसरे ही क्षण रावण ने स्वयं ही यह विचार त्याग दिया। चौदह सहस्र सैनिकों को तो राम ने बिना बात के ही समाप्त कर दिया। अब दो-चार व्यक्तियों को भेजा तो हरण तो वे क्या करेंगे, अपनी मूर्खता के कारण अपने प्राण भी खोएँगे और सीता-हरण की योजना का भी भंडाफोड़ कर आएँगे। यदि राम को संदेह हो गया तो वह सीता की सुरक्षा का कदाचित् कोई और प्रबंध कर लेगा...नहीं-नहीं! सुंदरियों के अपहरण के संदर्भ में रावण किसी अन्य व्यक्ति पर विश्वास नहीं कर सकता।...उसे स्वयं ही जाना होगा...किंतु सहायक? साथ कौन होगा? जिसमें साहस हो, वाक्-चातुर्य हो, प्रत्युत्पन्नमतित्व हो और...और...राम का शत्रु भी हो...

सहसा रावण को मारीच याद आया—मामा मारीच। रावण की माँ का चचेरा भाई। वह करेगा यह सब। यद्यपि उसने सिद्धाश्रम से भागकर पर्याप्त कायरता दिखाई है, किंतु उसमें साहस की कमी नहीं है। उससे पूर्व ताड़कावन और उसके आस-पास उसने अनेक पराक्रम दिखाए हैं। सिद्धाश्रम से पलायन के पूर्व वह अपने प्रकार का एक ही दुस्साहसी व्यक्ति माना जाता था। तभी तो सिद्धाश्रम पर आक्रमण के समय सुबाहु उसे अपने साथ ले गया था।...फिर मारीच के मन में राम के प्रति शत्रुता, विरोध तथा वैर भी पर्याप्त होना चाहिए। राम के कारण ही मारीच को सिद्धाश्रम से भागना पड़ा; और मारीच जो किसी समय ताड़कावन में स्थापित राक्षसों के राज्य का राजा अथवा सेनापति हो सकता था, आज तक समुद्रतट पर एक छोटी-सी कुटिया बनाकर संन्यासी का वेश बनाए, इधर-उधर आने-जाने वाले यात्रियों से छोटी-मोटी ठगी करता हुआ, अपना जीवन व्यतीत कर रहा है।

मारीच के प्रति रावण के मन में भी पर्याप्त क्रोध था—उसने न केवल सिद्धाश्रम से भागकर कायरता दिखाई थी—रावण से न मिलकर उसने राक्षसों के प्रति घोर अपराध भी किया था। नहीं तो महाराजाधिराज रावण का एक भूतपूर्व सेनाधिकारी इस प्रकार छोटी-मोटी ठगी कर जीवन व्यतीत करता। सिद्धाश्रम से भागा ही था तो कोई बात नहीं। यदि वह रावण के पास आता और राम के विरुद्ध सैनिक अभियान के लिए सहायता माँगता तो रावण सहर्ष उसकी सहायता करता और उसके सुख का पूरा ध्यान रखता; किंतु वह रावण के पास आया ही नहीं...

...पर क्या अकेले मारीच का राम और लक्ष्मण के पास जाना जोखिम का काम नहीं होगा? वे लोग उसे पहचान भी सकते हैं। उसे पहचानते ही वे उसका वध कर देंगे। यदि न भी पहचानें तो भी तनिक-से संदेह पर वे उसके प्राण ले लेंगे। जिन लोगों ने जनस्थान की सारी राक्षस सेना का संहार कर डाला, उनके लिए मारीच का नाश क्या कठिन होगा...रावण को लगा, उसके मन में मारीच के

लिए रंचमात्र भी करुणा नहीं है। जिस कायरता का काम मारीच ने किया है, वह राक्षसों के लिए कलंक है। सीता-हरण में सहायता देकर या तो मारीच को उस कलंक को धोना होगा, अथवा राम के हाथों मरकर अपने अपराध का प्रायश्चित करना होगा...

रावण का मन क्रमशः कठोर होता गया। निश्चय दृढ़ होता गया। रावण अपनी उद्धतता के लिए प्रसिद्ध था। निर्णय कर लेने के पश्चात् न तो उसमें परिवर्तन हो सकता था, न पुनर्विचार।

'मारीच को यह करना ही होगा।' रावण ने अपने ही सम्मुख, अपने निर्णय की घोषणा की।

राम के आश्रम की सीमा दिखाई पड़ते ही रावण रुक गया। उसे रुकते देख मारीच के भी पैर ठिठक गए। क्षण-भर में उसके मस्तिष्क में सारी योजना जीवंत हो उठी और उसके रोम भय से सिहर गए। रावण उसे चारा बनाकर, सिंह से भी भयंकर तथा शक्तिशाली राम एवं लक्ष्मण का आखेट खेलने आया था। संभव था, वह सिंह का आखेट कर भी ले, किंतु उतनी देर में चारा तो नष्ट ही हो जाएगा...

रावण ने मारीच के चेहरे पर उभर आए उसके मन के भय को पढ़ लिया। उसकी आँखें क्रोध से लाल हो गईं, "देखना! विश्वासघात किया अथवा कायरता दिखाई तो जिस यातना से तुम मारे जाओगे, वह मृत्यु से भी भयंकर होगी।"

रावण न भी कहता तो भी मारीच यह जानता था। उसे या तो रावण का काम करते हुए प्राण देने होंगे अथवा रावण के हाथों मरना होगा। मृत्यु से बचने का एक मार्ग था कि वह सफलतापूर्वक रावण का कार्य कर दे और पुरस्कार में रावण से प्राण-दान पाये।...या फिर दूसरा मार्ग राम की शरण जाने का था। हाँ, यह भी एक मार्ग था। वह जाकर रावण की योजना के संबंध में सब कुछ राम को बता दे और बदले में राम से अपनी रक्षा का वचन ले।...पर राम उसकी रक्षा क्यों करेंगे? वह राक्षस है। रावण का संबंधी है। किसी समय उसने राम तथा विश्वामित्र की हत्या के लिए सिद्धाश्रम पर किए गए अभियान का नेतृत्व किया था। क्या राम उस घटना का प्रतिशोध नहीं लेंगे? अथवा उसकी मैत्रीपूर्ण बातों को उसका छल नहीं मानेंगे? किस आधार पर वे उसका विश्वास करेंगे? वह था मारीच! छल-छद्म और ठग-विद्या के लिए प्रसिद्ध राक्षस!...और यदि किसी प्रकार राम उसका विश्वास कर भी लें, उसकी रक्षा का वचन दे भी दें, तो अपनी समस्त शक्ति और युद्ध-कौशल के रहते हुए भी वे मारीच की रक्षा कर पाएँगे? पग-पग पर राक्षस बस्तियाँ, शिविर तथा चौकियाँ हैं। स्थान-स्थान पर रावण के अनुचर हैं। राम कहाँ-कहाँ उसकी रक्षा करेंगे? राक्षस उसे कहीं भी पकड़कर चीर-फाड़ खाएँगे! यदि मरना ही है तो राम

के हाथों उसकी मृत्यु कम यातनापूर्ण होगी...नहीं! उसके पास कोई विकल्प नहीं है। उसे रावण की बात माननी ही होगी। उसके सामने एक ही मार्ग है। रावण की इच्छा के अनुसार—राम से छल! असफल होने पर राम के हाथों मृत्यु और सफल होने पर रावण द्वारा क्षमा और पुरस्कार!

मारीच ने अपने वेश पर दृष्टि डाली। वे दोनों ही—वह और रावण—संन्यासियों का वेश बनाकर आए थे। राम ने मारीच को जब सिद्धाश्रम में देखा था, तब संभ्रांत राक्षसों के समान उसके केश सुंदर ढंग से कटे हुए थे, दाढ़ी नहीं थी और यत्न से बढ़ाई हुई हल्की मूँछें थीं। यहाँ से भागकर इन पिछले वर्षों में संन्यासी रूप में जीवनयापन करने के कारण उसके केश तो बढ़ गए थे, किंतु प्रकृति की प्रतिकूलता के कारण दाढ़ी-मूँछों में कोई विशेष वृद्धि नहीं हुई थी। इसीलिए आज उसे कृत्रिम दाढ़ी की सहायता लेनी पड़ी थी। यदि किसी समय राम अथवा लक्ष्मण को उसकी दाढ़ी की अकृत्रिमता पर संदेह हो गया तो अवश्य ही उसके प्राण जाएँगे।

चारों ओर सतर्क दृष्टि से देखते हुए मारीच टीले की चढ़ाई चढ़ गया। उसे किसी विशेष सुरक्षा-प्रबंध का आभास नहीं मिला। कदाचित् खर-दूषण की मृत्यु के पश्चात् परस्पर संगठित आश्रमों को असुरक्षा का विशेष भय नहीं था।...मारीच के मन में रावण के प्रति क्रोध जागा। क्यों नहीं वह अपनी सेना के साथ आक्रमण करता और राम-लक्ष्मण का वध कर, सीता को उठा ले जाता? व्यर्थ का एक कीड़ा मस्तिष्क में पाल लिया। एक तर्कहीन-सी योजना बना ली और सुख से बैठ मारीच को उसके आश्रम में से उठाकर ला मृत्यु के मुख में पटक दिया।...किंतु दूसरे ही क्षण उसका क्रोध शांत हो गया। वह अपने मन में बैठे राम के भय को साक्षात् देख रहा था और समझ रहा था कि उसी भय के कारण वह चाहता था कि जोखिम का काम रावण करे—और कदाचित् राम के इसी भय के कारण रावण चाहता था कि जोखिम का काम मारीच करे।

आश्रम के फाटक पर ही एक युवक ने उसे टोक दिया, "आप कौन हैं, आर्य? किससे मिलना चाहते है?"

मारीच ने गहरी दृष्टि से उस युवक को देखा—वह आश्रम के विद्यार्थी ब्रह्मचारियों के वेश में था; किंतु खड्ग और धनुष-बाण से युक्त था। आकृति से वह आर्य नहीं, वानर लगता था। उसके कंधे पर पट्टी बँधी हुई थी, जैसे कोई गहरा घाव लगा हो।

अपनी खीझ और कौतूहल को मारीच बड़ी कुशलता से छिपा गया, "तुम कौन हो, भद्र? और आश्रमों में यह सशस्त्र प्रहरियों की व्यवस्था कब से हो गई?"

युवक हँसा, "मैं मुखर हूँ, आर्य! सशस्त्र प्रहरी नहीं हूँ, एक साधारण आश्रमवासी हूँ। राक्षसों के उपद्रव के कारण राम ने प्रत्येक ब्रह्मचारी को शस्त्रबद्ध कर रखा है। हमारे शस्त्र अन्याय के विरुद्ध आत्म-रक्षा के लिए हैं, किसी के दमन के लिए

नहीं। आप शंका न करें। अपना परिचय दें।"

"भद्र! मैं राम से मिलने आया हूँ।" मारीच ने अत्यंत दीन होने पर अभिनय किया, "पीड़ित हूँ, और राम से सहायता माँगने आया हूँ। इससे अधिक परिचय क्या दूँ।"

"आएँ, आर्य!" मुखर ने और कुछ न पूछा, "राम के आश्रम के द्वार प्रत्येक पीड़ित के लिए सदा खुले हैं।"

मारीच मुखर के पीछे-पीछे चल पड़ा। उसने समझ लिया था—यद्यपि प्रत्येक आश्रमवासी के शस्त्रबद्ध होने की बात मुखर ने कही थी, किंतु प्रहरी व्यवस्था नहीं थी, अन्यथा मुखर फाटक से हटकर उसके साथ न चला आता। आश्रम की सीमा से कुलपति तक किसी ब्रह्मचारी द्वारा मार्गदर्शन आश्रमों की साधारण व्यवस्था थी।

दूर से ही कुछ लोगों में घिरे बैठे राम को मारीच ने पहचान लिया। आश्रम में बैठी एक मण्डली में हो रही चर्चा का यह एक सामान्य दृश्य था। इसमें कुछ भी असाधारण नहीं था...किंतु दूसरी दिशा में दृष्टि पड़ते ही मारीच सन्न रह गया—वहाँ लक्ष्मण कुछ युवकों तथा युवतियों को बाण-संधान का अभ्यास करा रहे थे। धुनर्धारी लक्ष्मण को देखते ही मारीच को देश-काल का बोध विस्मृत हो गया। उसे लगा जैसे वह सिद्धाश्रम में खड़ा है और सम्मुख धनुष ताने लक्ष्मण खड़े हैं—यद्यपि तब के बालक लक्ष्मण अब युवक हो चुके थे...अभी राम भी उठेंगे और उस पर मानवास्त्र का प्रहार करेंगे। उसके रक्त-बिंदुओं में वह पीड़ा फिर से जाग उठी, जो मानवास्त्र से उत्पन्न हुई थी। और फिर वह घायल अवस्था में भूखा-प्यासा, थका-हारा भागता ही चला जाएगा। कदाचित् इस बार भागकर सागर-तट पर भी उसे शांति नहीं मिलेगी...

विकट प्रयास कर उसने अपने मन को शांत किया। अपने आस-पास देखा—मुखर वहाँ नहीं था। वह आश्रम के मुख्य द्वार की ओर लौट चुका था। ...तो उसकी घबराहट किसी ने नहीं देखी थी। किसी को उस पर संदेह नहीं हुआ होगा। वह निश्चिंत होकर राम तक जा सकता था।

वह अपनी टाँगों के कंपन को बड़ी कठिनाई से साधता हुआ, राम की अध्ययन-मण्डली तक आया।

एक नवागंतुक संन्यासी को देखकर राम मौन हो गए। उन्होंने अपने स्थान पर खड़े होकर हाथ जोड़े, "आर्य! मैं राम आपको नमस्कार करता हूँ और अपने आश्रम में आपका स्वागत करता हूँ।"

अध्ययन-मण्डली के युवकों ने भी उसी प्रकार नमस्कार किया।

मारीच ने आशीर्वाद की मुद्रा में हाथ उठा दिया, "कल्याण हो, भद्र राम! मैं बहुत दूर से अपनी पीड़ा सुनाने आया हूँ। सुना है कि राम के आश्रम से प्रत्येक पीड़ित को सदा सहारा मिला है। किंतु..." उसने राम के शरीर पर बँधी पट्टियों

की ओर संकेत किया, "किंतु आप तो आहत हैं।"

राम मुस्कराए, "निश्चिंत हो आसन ग्रहण करें, आर्य! इन घावों तथा पट्टियों की चिंता न करें। ये राम के मार्ग में बाधा नहीं बनते। आपकी पीड़ा दूर करने के लिए राम अपनी शक्ति, बुद्धि और कौशल भर कार्य करने का आपको वचन देता है। आप अपनी कठिनाई कहें।"

"भद्र राम! अन्यथा न मानना।" मारीच ने संकुचित होने का अभिनय किया, "मैं अपनी बात पूर्ण एकांत में ही कह सकूँगा।" उसने दृष्टि घुमाकर युवकों को देखा,"इसमें किसी के प्रति कोई अविश्वास नहीं है, किंतु मेरी बात ही ऐसी है।"

"आप संकोच न करें, आर्य!" एक युवक बोला, "हमारी शंकाओं का समाधान हो चुका है। हम जा ही रहे हैं। आप निश्चिंत हो अपनी बात कहें।" उसने हाथ जोड़ दिए, "आर्य राम! हम अपने ग्राम की अध्ययन-मण्डली में इन बातों पर विचार-विमर्श करेंगे और तब अपना कार्यक्रम निश्चित करेंगे। कोई कठिनाई होने पर फिर आपको कष्ट देंगे।"

"अवश्य, मित्र!" राम बोले, "वैसे भी सौमित्र तुम्हारे ग्राम जाएँगे ही। मैंने यह कभी नहीं चाहा कि मेरी बात, अथवा किसी की भी कोई बात बिना समुचित विचार-विमर्श के स्वीकार कर ली जाए। यह बहुत अच्छी बात है कि तुम लोगों में परस्पर विचार-विमर्श की प्रवृत्ति है। तुम्हारे गाँव की पाठशाला अच्छी प्रकार चल रही है और बच्चों के साथ वयस्क पुरुष और नारियाँ भी अक्षर-ज्ञान प्राप्त कर अध्ययन की ओर प्रवृत्त हो रहे हैं—यह मेरे लिए बहुत बड़ा प्रोत्साहन है। जब इच्छा हो, आओ। तुम्हारा स्वागत है।"

युवक लक्ष्मण की टोली की ओर बढ़ गए। शस्त्र-प्रशिक्षण भी रुक गया और शस्त्र-प्रशिक्षार्थी भी अध्ययन-मण्डली के साथ ही आश्रम के मुख्य द्वार की ओर चले गए।

लक्ष्मण उन्हें विदा कर राम और मारीच के पास आ खड़े हुए।

"यह मेरे छोटे भाई हैं—सौमित्र!" राम ने कहा, "और ये नवागंतुक संन्यासी हैं, सौमित्र! किसी दूरस्थ स्थान से अपनी कठिनाई में सहायता लेने आए हैं।"

राम ने आसन की ओर संकेत किया, "बैठें, आर्य!"

मारीच ने फिर संकुचित होने का अभिनय किया, "क्षमा करना, राम! अपने एक संकल्प के कारण मैं किसी अन्य व्यक्ति द्वारा दिए गए आसन पर नहीं बैठता। अपना आसन साथ लिये चलता हूँ। इसमें किसी की अवमानना नहीं है, यह मेरा अपना संकल्प है।"

"कोई बात नहीं, आर्य! आप अपने आसन पर ही बैठें।"

मारीच ने अपनी गठरी टटोली और उसमें से एक मृगछाल निकाली।

राम और लक्ष्मण दोनों की दृष्टि मृग-चर्म पर जम गई। यह असाधारण मृग-चर्म

था। स्वर्णिम मृग-चर्म। सोने की पृष्ठभूमि पर जैसे गहरे नीले रंग के नीलम जड़े हुए हों।...यह मृग-चर्म नहीं हो सकता। यह तो धातु को गलाकर किसी दक्ष कारीगर द्वारा उसमें नीलम जड़े हुए थे। ऐसा मृग तो उन्होंने कभी नहीं देखा। यह मृग-चर्म नहीं है...

किंतु मारीच बड़े सहज भाव से उसे साधारण मृग-चर्म के समान झाड़कर, भूमि पर बिछाकर उस पर बैठ गया।

राम और लक्ष्मण उसके सम्मुख अपने आसनों पर बैठ गए।

मारीच ने अपने संपूर्ण अभिनय-कौशल का आह्वान कर, अत्यंत पीड़ित मुद्रा बनाई, "भद्र राम! सुदूर दक्षिण में समुद्र-तट पर मेरा आश्रम है। कभी-कभी जब समुद्र से जोर का ज्वार आता है, सागर की लहरें मेरे आश्रम का आँगन भी धो जाती हैं..."

तभी कुटिया से सीता बाहर आईं। उन्हें बाहर किसी अतिथि के आने की सूचना नहीं थी। एक अपरिचित व्यक्ति को देख चकित हुईं; और फिर उनकी दृष्टि उस अतिथि के आसन-रूप में बिछे मृग-चर्म पर पड़ी। सीता की आँखें विकट आश्चर्य से फैल गईं—ऐसा मृग-चर्म...

मारीच ने भी दृष्टि उठाकर सीता को देखा—यह है वैदेही। रावण इसका हरण करना चाहता है। अद्‌भुत था सीता का रूप। रावण ने सीता को अभी तक देखा नहीं था, शूर्पणखा से केवल उसका वर्णन भर सुना था। उसने यदि एक बार सीता को देख लिया तो वह उसे प्राप्त करने के लिए लंका की समस्त राक्षसी सेना को कटवा देने में भी संकोच नहीं करेगा...

"यह मेरी पत्नी है...सीता।" राम ने परिचय दिया, "और यह सुदूर दक्षिण से आए एक अतिथि संन्यासी..."

मारीच ने अपनी बात आगे बढ़ाई, "मैं अत्यंत सुख-शांति से उस आश्रम में रह रहा था। कुछ अपनी साधना करता था, कुछ ब्रह्मचारियों को शिक्षा देता था; और जो हो सकता था, जन-कल्याण का प्रयत्न करता था। किंतु राम, मेरे आश्रम से कुछ दूरी पर राक्षसों का एक पत्तन है। उनके जलपोतों तथा नौकाओं का आवागमन वहाँ लगा ही रहता है। एक दिन उस पत्तन से कुछ राक्षस मेरे आश्रम में आए। उन लोगों ने मुझे बताया कि वे रावण की जल-सेना के अधिकारी हैं। उन्हें अपनी नौकाओं और जलपोतों को चलाने के लिए दासों की आवश्यकता है। अतः वे लोग रावण की आज्ञा से मेरे आश्रम के ब्रह्मचारियों को पकड़कर ले गए।

"मैं विवश, अक्षम संन्यासी उनके विरुद्ध कुछ नहीं कर सका। अपने शिष्यों के भाग्य पर दुःखपूर्वक विचार करता हुआ दिन व्यतीत करता रहा। सहसा एक दिन ब्रह्मचारियों में से एक मेरे पास आया। उसने मुझे बताया कि वह किसी प्रकार राक्षसों के चंगुल में छूट भागा है। शेष ब्रह्मचारी पशुओं के समान शारीरिक और

मानसिक क्लेश तथा यातना भुगतते हुए भूखे-प्यासे नौकाएँ चलाने का कार्य करते हैं। जिस दिन उनमें से कोई कार्य करने में अक्षम हो जाता है, उस दिन उसे मारकर राक्षस खा जाते हैं। आधे से अधिक खाए जा चुके हैं , और शेष खाए जाने की प्रतीक्षा में हैं।

"यह सूचना पाकर मैं कितना पीड़ित हुआ हूँगा, आप कल्पना कर सकते हैं।...तभी वे राक्षस जल-सेनाधिकारी फिर से आ धमके। मेरे आश्रम को जन-शून्य पाकर वे बहुत क्रुद्ध हुए। उन्होंने मुझे विशेष शारीरिक पीड़ा तो नहीं दी, किंतु यह आदेश दे गए हैं कि मैं ग्राम-ग्राम घूमकर, अपने आश्रम के लिए विद्यार्थी इकट्ठे करूँ। वे लोग अगली बार आकर, उन विद्यार्थियों को भी अपनी नौकाओं के लिए ले जाएँगे।

"उस गुरु के मन की स्थिति की कल्पना करो, राम! जो राक्षसों के भय से अपने आश्रम को बलि-पशुओं का बाड़ा बनाने को बाध्य हो। वह विद्यार्थियों का पालन-पोषण इसलिए करे कि राक्षस आएँ और उसके प्राणों से भी प्रिय विद्यार्थियों को पशुओं के समान हाँककर ले जाएँ। उन्हें मारें, पीटें और अंत में उन्हें चीर-फाड़कर खा जाएँ।

"मैं विद्यार्थी इकट्ठे करने के बहाने से भागकर तुम्हारे पास आया हूँ, राम! अब मुझे बताओ, मैं क्या करूँ?"

मारीच मौन हो गया।

"राक्षसों के अत्याचारों की विभिन्न कथाएँ हमें सुनने को मिल रही हैं; और जितना ही लंका की दिशा में बढ़ते जाएँ, उतनी ही मात्रा में उनके अत्याचार भी बढ़ते जाते हैं।" राम बोले, "हम लोगों ने प्रत्येक अत्याचार के प्रतिरोध का संकल्प किया है। इस अत्याचार का विरोध भी किया जाएगा, इसका मैं आपको वचन देता हूँ। किंतु कब और कैसे, इस पर हमें मिलकर विचार करना होगा।"

मुखर आकर उन लोगों के पास खड़ा हो गया। उसकी आँखें मारीच के आसन पर पड़ गईं। सीता की दृष्टि, मुखर के इस प्रकार देखने से प्रोत्साहित होकर, फिर उस मृग-चर्म पर रुक गई।

उन दोनों के इस प्रकार देखने से लक्ष्मण को भी बल मिला। उनका स्वर आवेशभरा था, "आर्य संन्यासी! आपने जो कुछ बताया, वह अत्यंत कष्टप्रद है। आपकी बात सुनकर अपने आक्रोश में कोई भी क्षत्रिय शस्त्र उठाकर राक्षसों से युद्ध करने के लिए आपके साथ चल पड़ सकता है। किंतु मेरी एक जिज्ञासा है. .."

"क्या?" मारीच ने सशंक दृष्टि से लक्ष्मण को देखा।

"राक्षसों ने यह सब क्यों किया? वे पारिश्रमिक देकर नाविक प्राप्त कर सकते थे। धन देकर अन्न अथवा पशु क्रय कर खा सकते थे..."

"धन के ही तो लोभी हैं राक्षस। वे धन व्यय किए बिना सब कुछ प्राप्त करना चाहते हैं।" मारीच जल्दी-जल्दी बोला।

"तो फिर संन्यासी-श्रेष्ठ! वे आपके पास क्यों स्वर्ण छोड़ गए, जिससे आप आसन बनवाते फिरें!" लक्ष्मण का स्वर व्यंग्यपूर्ण हो उठा।

किंतु मारीच तनिक भी नहीं घबराया। अब बातचीत उसके इष्ट विषय की ओर जा रही थी।

"यह स्वर्ण नहीं है, सौमित्र!" वह पूर्णतः शांत था, "यह मृग-चर्म है। कदाचित् तुमने ऐसा कोई स्वर्ण-मृग देखा नहीं है। अयोध्या के आस-पास ऐसे मृग होते भी नहीं हैं, इसलिए तुम इसे स्वर्ण-निर्मित मान बैठे हो। समुद्र-तट पर ऐसे स्वर्ण-मृगों के झुण्ड-के-झुण्ड घूमते-फिरते हैं।"

सीता की आँखें मुखर की ओर उठ गईं, "क्या यह सत्य है?"

मुखर अस्वीकार की हँसी हँसा, "आर्य! मेरा ग्राम भी समुद्र-तट पर था किंतु मैंने उस प्रदेश में ऐसा सुनहरा मृग कभी नहीं देखा, जिसके चर्म को देखकर स्वर्ण और मणियों का भ्रम हो।"

राम चुपचाप उन सबकी मुद्राएँ देख रहे थे—लक्ष्मण द्वारा उठाए गए विवाद से क्या निष्कर्ष निकलता है?

मुखर के अस्वीकार से मारीच ने अपमानित होकर आक्रोश में आने का जीवंत अभिनय किया, "मैं नहीं जानता कि यह बालक कौन है और यह क्यों झूठ बोल रहा था। या तो यह सागर-तट के ग्राम का निवासी नहीं है, या फिर स्वर्ण-मृग देखकर भी यह झूठ बोल रहा है।"

"आप हमारे आश्रम के अतिथि हैं, आर्य!" मुखर किंचित् रोष से बोला, "अतः मैं कुछ नहीं कहता, अन्यथा आपको ज्ञात करा देता कि मुखर पर असत्यवादी होने का आरोप लगाना कितना महँगा पड़ता है?"

इससे पहले कि मारीच मुखर की बात का उत्तर देता, राम ने बात का सूत्र सँभाल लिया, "आर्य अतिथि! इस प्रकार आप किसी को मिथ्यावादी कहें और कोई आपको असत्यवादी—इससे हम किसी निष्कर्ष पर नहीं पहुँचेंगे। और अब, जब इस स्वर्ण-मृग के अस्तित्व पर विवाद उठ खड़ा हुआ है, हमारे लिए आवश्यक है कि हम इस बात को अंतिम छोर तक पहुँचाकर छोड़ें। या तो आप यह प्रमाणित करें कि स्वर्ण-मृग जैसा कोई जंतु होता है अन्यथा यह माना जाएगा कि जिस प्रदेश और अश्रम की बात आपने कही है वह कपोल-कल्पित है। ऐसी स्थिति में हमें भी सोचना पड़ेगा कि आपने ऐसा आचरण क्यों किया?"

मारीच के लिए यही उपयुक्त अवसर था। यदि इस समय वह चूक जाता तो निश्चय वह अपने उद्देश्य में असफल होता और रावण के हाथों मारा जाता।

उसने असाधारण आक्रोश का अभिनय किया, "तुम सब लोग मिलकर मुझे

झूठा ठहरा रहे हो, राम! यह व्यवहार आर्य आश्रमों की मर्यादा के अनुरूप नहीं है।''

मारीच के आक्रोश से कोई भी प्रभावित नहीं हुआ। सबकी भंगिमाओं में अविश्वास का भाव पर्याप्त व्यक्त था। परिहास के-से स्वर में सीता बोलीं, ''संन्यासी श्रेष्ठ! यदि सचमुच वहाँ ऐसे स्वर्ण-मृग के झुण्ड-के-झुण्ड फिरा करते हैं, तो मैं भी ऐसा ही एक मृग-चर्म प्राप्त करना चाहूँगी। ताकि जब कभी आप जैसा कोई सम्मानित अतिथि आए, तो मैं उसके बैठने के लिए ऐसा सुंदर मृर्ग-चर्म बिछा सकूँ।''

''देवि! परिहास मत करो।'' मारीच उसी प्रकार आवेश में बोला, ''मैं सर्वथा सत्य कह रहा हूँ। यदि सत्य ही तुम्हें ऐसा मृग-चर्म चाहिए तो तुम्हें सागर-तट तक जाने की आवश्यकता भी नहीं है। तुम्हें यह मृग-चर्म यहाँ भी मिल सकता है। मैंने अभी आते हुए आश्रम से दक्षिण-पूर्ण के वन में ऐसा ही एक मृग देखा भी है। किंतु यह मृग अत्यंत फुर्तीला होता है। ऐसा मृग-चर्म उसी स्त्री को मिल सकता है, जिसका पति असाधारण धर्नुधारी हो। मृग की गति से दौड़ सके और एक ही बाण में भागते हुए मृग को धराशायी कर सके। साधारण धनुर्धारी की पत्नी तो तुम्हारे समान ऐसे मृग को कल्पना ही मान ले तो श्रेयस्कर है।''

''आर्य संन्यासी!'' लक्ष्मण भभक उठे, ''देवि वैदेही के पति कैसे धनुर्धर हैं, यह तो सारा आर्यावर्त जानता है। किंतु अभी उनकी परीक्षा का समय नहीं आया। मैं आपके साथ चलता हूँ–देखूँ तो कैसा है यह स्वर्ण-मृग!''

लक्ष्मण ने धनुष उठाने के लिए हाथ बढ़ाया तो राम ने उनकी बाँह थाम ली, ''ठहरो, सौमित्र! तुम आश्रम में ही रुको। मैथिली ने स्वर्ण-मृग माँगा है तो उसके पति को ही यह परीक्षा देने दो।'' राम उठ खड़े हुए, ''उठिए, अतिथि संन्यासी! किंतु चलने से पूर्व अच्छी प्रकार सोच लीजिए कि आपने स्वर्ण-मृग आश्रम के दक्षिण-पूर्व में देखा है अथवा उत्तर-पूर्व में। और यह भी स्मरण कर लीजिए कि वह स्वर्ण-मृग जो आपने देखा है, कहीं लँगड़ा तो नहीं है। राम के बाण को भी यह परखना है कि कौन-सा मृग असाधारण धावक है।''

मारीच के लिए बड़ा कठिन समय था। प्रत्येक क्ष्चण उसका भेद खुल जाने का भय था। और यदि भ्रम खुला तो उसकी हत्या अनिवार्य थी। वे लोग उस पर खुला संदेह कर रहे थे; किंतु अपनी शालीनतावश उसके झूठ को प्रमाणित कर दिखाना चाह रहे थे। यदि कहीं राक्षसों ने उस पर संदेह किया होता तो अब तक उसके शरीर के टुकड़े-टुकड़े कर दिए होते...

''आओ, राम! मारीच रुष्ट स्वर में बोला, ''निश्चय ही आज मेरे ग्रह अत्यंत प्रतिकूल हैं, अन्यथा इस प्रकार मुझे मिथ्यावादी बताने वाला कोई व्यक्ति आज तक मुझे नहीं मिला।''

अपने भय को नकली आवेश में छिपाता हुआ मारीच प्रायः भागता हुआ आश्रम के मुख्य द्वार की ओर चला। राम ने मुस्कराकर लक्ष्मण, सीता तथा मुखर की ओर देखा और वेगपूर्वक मारीच के पीछे चले गए।

भयभीत मारीच शीघ्रातिशीघ्र आश्रम से दूर हो जाने के उद्देश्य से भागता चला जा रहा था। उसे दृष्टि में बनाए रखने के लिए राम को काफी प्रयत्न करना पड़ रहा था। उस संन्यासी की आरंभिक बातचीत से ही उसके सत्य पर उन्हें संदेह हो गया था। संभव है कि वह मूलतः संन्यासी ही न हो। इस वन में इस प्रकार का छल-प्रपंच, षड्यंत्र अथवा माया कोई बहुत बड़ी बात नहीं थी। आश्रम में सबके आक्रोश के कारण बातचीत ने जो दिशा पकड़ी थी—वह राम की अभीप्सित दिशा नहीं थी। उनके मन में आरंभ से ही स्पष्ट था कि यदि शांति से प्रश्नोत्तर चलते रहते तो संन्यासी अपना भेद अधिक देर तक छिपा नहीं सकता। किंतु अब तो एक ही मार्ग शेष था कि संन्यासी के सम्मुख उसका झूठ प्रमाणित किया जाए।. ..किंतु वह तो भागा चला जा रहा था। कहीं ऐसा न हो कि वह घने वन में खो जाए और राम उसे खोजते रह जाएँ। ऐसी स्थिति में उसका भेद कभी नहीं खुल पाएगा। संन्यासी ने स्वर्ण-मृग की प्रशंसा अवश्य की थी, किंतु यह नहीं कहा था कि स्वयं भी स्वर्ण-मृग के समान भागता है...

वन सघन होता गया और संन्यासी को दृष्टि में बनाए रखने के लिए राम को अधिक-से-अधिक प्रयत्न करना पड़ रहा था।....उनके मन में अनके विचार आ-जा रहे थे—इस गहन वन में इस वेग से भागने वाला संन्यासी सामान्य संन्यासी नहीं हो सकता। पेड़ों की बाधा जैसे उसके लिए कोई बाधा ही नहीं थी। वृक्ष उसके लिए पारदर्शी हो गए थे। वह तो इस प्रकार चलता जा रहा था, जैसे उसका मार्ग पहले से ही निश्चित था। इस प्रदेश के लिए अपरिचित संन्यासी क्या इस प्रकार भाग सकता है? निश्चय ही यह व्यक्ति वह नहीं है, जो उसने बताया है। उसकी वास्तविकता और ही है। कौन है वह? छद्म-वेश में वह आश्रम में क्या करने आया था? क्या वह सफल हुआ?...सहसा राम चौंके...कहीं उन्हें आश्रम से दूर हटा ले जाने के प्रयत्न में ही तो उसने यह सब नहीं किया?...किंतु यदि उसका उद्देश्य राम को आश्रम से हटाना मात्र ही था तो वह मूर्ख था। आश्रम में अभी लक्ष्मण थे, सीता थीं, मुखर था—और सब ही सशस्त्र तथा द्वंद्व-युद्ध में सक्षम थे। फिर आश्रम की सीमा के साथ ही आर्य जटायु की कुटिया थी...

राम के विचारों की शृंखला टूट गई। संन्यासी वृक्षों के पीछे कहीं ओझल हो गया था। सचमुच राम उतने वेगवान धावक सिद्ध नहीं हुए थे, जितना वह संन्यासी रूपी स्वर्ण-मृग था...

तभी राम का हृदय धक् रहा था। उन वृक्षों के पीछे से, जहाँ वह संन्यासी ओझल हुआ, कोई करुण स्वर में चीत्कार कर रहा था—"हा लक्ष्मण!..."

राम स्तंभित रह गए।

"हा लक्ष्मण...!"

तत्काल सारी गुत्थी सुलझ गई। पुकारने वाले का स्वर स्वयं उनके अपने स्वर से इतना मिलता-जुलता था कि आश्रम में सौमित्र तथा सीता को यही लगेगा कि स्वयं राम उन्हें पुकार रहे हैं। निश्चित रूप से यह सारा षड्यंत्र राम को आश्रम से दूर हटाने के लिए ही था और अब लक्ष्मण को भी पुकारा जा रहा था। अवश्य ही किसी दुष्ट की दृष्टि आश्रम में रखे शस्त्रास्त्रों अथवा स्वयं वैदेही पर लगी हुई है...मणि ने कहा था—शूर्पणखा सीता का अपहरण करवाना चाहती थी...

स्वर राम से बहुत दूर नहीं था। राम ने अपना धनुष उठा लिया। इस बार पत्ता भी हिला तो छद्म संन्यासी अपने प्राण गँवा बैठेगा...किंतु संन्यासी के वध से क्या होगा? इस षड्यंत्र का रहस्य तो नहीं खुल पाएगा...जीवित संन्यासी को पकड़ा जा सके तो उसके मन का भेद मालूम हो...

दो बार पुकारकर सन्यासी मौन हो चुका था और भागता ही चला जा रहा था। धनुष ताने हुए राम भी उसके पीछे भागे जा रहे थे; किंतु संन्यासी वस्तुतः असाधारण धावक था।

वे लोग भागते हुए आश्रम से इतनी दूर निकल आए थे कि पुकारने पर संन्यासी का स्वर आश्रम तक पहुँच भी नहीं सकता था। कदाचित् यही कारण था कि अब संनयासी पुकार भी नहीं रहा था।...किंतु अब राम खाली हाथ लौट भी नहीं सकते थे। जाने कौन था यह संन्यासी और क्या चाहता था। उसे पाये बिना आश्रम में लौटना व्यर्थ था। चाहे संध्या तक भागते ही क्यों न जाना पड़े, राम उसे लेकर ही जाएँगे...वह षड्यंत्र रचकर राम को आश्रम से निकाल लाया था और पुकारकर लक्ष्मण को भी आश्रम से हटाने का प्रयत्न उसने किया था। किंतु लक्ष्मण इतने मूर्ख नहीं थे कि उसकी इतनी-सी-चाल समझ न पाएँ। लक्ष्मण जानते हैं कि राम कभी भी इस प्रकार दीन होकर सहायतार्थ नहीं पुकारेंगे...फिर वे अपने भाई का स्वर भी पहचान लेंगे...कोई कितना ही पुकारे, वे सीता को अकेली छोड़कर नहीं जाएँगे...चिंता की कोई बात नहीं है। इस षड्यंत्रकारी को दण्ड देना ही होगा—चाहे उसकी हत्या ही क्यों न करनी पड़े...

राम को लगा, वे कई कोस दौड़ चुके हैं और अब उनका शरीर थकने लगा है। यदि यह संन्यासी-मृग इसी प्रकार भागता रहा तो राम कदाचित् और न भाग सकें। ऐसे में वह उनके हाथ से बचकर निकल जाएगा। उसका रहस्य तो वे नहीं ही पा सकेंगे, उसे दण्डित भी नहीं कर पाएँगे...संन्यासी की गति में भी वह वेग नहीं रह गया था। अब उसके भागने की कोई निश्चित दिशा भी नहीं रही थी; जैसे उसका लक्ष्य पूरा हो गया हो और अब वह मात्र प्राण बचाने के लिए, छटपटाता हुआ, कोई आश्रय ढूँढ़ रहा हो। वह किसी भी प्रकार राम की दृष्टि से ओझल हो

जाना चाह रहा था...

अब राम उसे जीवित नहीं पकड़ पाएँगे...वह निकल भागेगा।

सहसा संन्यासी, वृक्ष की ओट से बाहर निकला और राम ने अपना बाण छोड़ दिया।

एक चीत्कार के साथ कोई गिरा। प्रहार की मुद्रा में धनुष धारण किए हुए, राम उसी ओर भागे।...सामने संन्यासी भूमि पर पड़ा तड़प रहा था। बाण उसके वक्ष में लगा था और अपनी पीड़ा में उसने अपनी दाढ़ी नोच डाली थी। राम ने ध्यान से देखा...समय का झीना-सा परदा उठ गया; राम ने पहचाना—मानवास्त्र का घाव खाकर बच निकलने वाले मारीच का शव उनके सामने पड़ा था, यद्यपि इतने वर्षों के अंतराल ने उसे प्रौढ़ कर दिया था।

संन्यासी के असहज व्यवहर और राम को इस त्वरा में उसके पीछे जाते देख, सीता का मन विचलित और सशंक हो उठा। उन्होंने घबराहट भरी दृष्टि से लक्ष्मण की ओर देखा—लक्ष्मण भी सहज नहीं थे। वे अपना उग्र वेश उतारकर, चिंतित लग रहे थे। सदा आश्वस्त मुखर भी इस समय घबराया हुआ था।

तीनों की दृष्टियाँ परस्पर मिलीं।

"देवर! यह सब क्या था?" सीता बोलीं।

"था नहीं, भाभी! है!" लक्ष्मण गंभीर स्वर में बोले, "वैसे तो भैया के बल-विक्रम पर मुझे इतना अधिक विश्वास है कि शत्रुओं द्वारा उन्हें कष्ट दिए जाने की संभावना की कल्पना भी मेरे मन में नहीं है। किंतु बल-विक्रम युद्ध में काम आता है। षड्यंत्रों में फँसकर कभी-कभी बल-विक्रम व्यर्थ हो जाता है..."

"तो कहीं ऐसा तो नहीं, सौमित्र! कि वे लोग छल से प्रिय को ऐसे स्थान पर ले जाएँ, जहाँ पहले से व्यूह रचा गया हो; और उस व्यूह में घेरकर प्रिय का अहित करने का प्रयत्न करें।"

"यह भी हो सकता है, दीदी!" मुखर बोला, "कि वे लोग आर्य राम को इसलिए आश्रम से हटाकर ले गए हों कि पीछे से आश्रम पर आक्रमण कर सारा शस्त्रागार उठा ले जाएँ..."

"लक्ष्मण ध्यान से मुखर को देखते रहे। फिर बोले, "मुझे लगता है कि संभावनाएँ दोनों प्रकार की हो सकती हैं। बाहर वन में भी व्यूह रचा गया हो सकता है, जहाँ भैया को ले जाया गया है; और व्यूह यहाँ आश्रम के चारों ओर भी हो सकता है, जहाँ से भैया को हटाया गया है। इसलिए हमें दोनों स्थानों पर सन्नद्ध रहना चाहिए। यहाँ भी और वहाँ भी...किंतु व्यूह किसने रचा? राक्षसों की एक भी सैनिक टुकड़ी इधर आई होती, तो हमें उसकी सूचना अवश्य मिल जाती।"

"बाहर वन में राम हैं," सीता सौमित्र के आत्मचिंतन की उपेक्षा करती हुई

बोलीं, "और यहाँ शस्त्रागार है। इन दोनों में किसकी रक्षा अधिक आवश्यक है, सौमित्र?"

"इन दोनों में से तो भैया की रक्षा ही अधिक आवश्यक है, भाभी!" सौमित्र बोले, "भैया सकुशल रहेंगे तो ऐसे अनेक शस्त्रागारों का निर्माण करेंगे। किंतु भाभी! आश्रम में केवल शस्त्रागार ही नहीं है; यहाँ आप भी हैं। मेरे लिए बाहर वन में भैया हैं और आश्रम में भाभी हैं। दोनों की रक्षा समान रूप से आवश्यक है। भैया अपनी रक्षा में सक्षम हैं, आप इतनी सक्षम नहीं हैं। ऐसी स्थिति में आपकी रक्षा का प्रबंध पहले करना होगा। अकेला घायल मुखर षड्यंत्रों में धँसने अथवा व्यूहों को तोड़ने में समर्थ नहीं है। ऐसी स्थिति में न उसे अकेला भैया की सहायता के लिए वन में भेज सकता हूँ और न आपकी रक्षा का भार उस पर छोड़कर जा सकता हूँ..."

सहसा उन सबके कान खड़े हो गए—मृत्यु की-सी यातना भरा स्वर पुकार रहा था, "हाँ, लक्ष्मण!..."

स्वर उसी दिशा से आ रहा था, जिस दिशा में राम गए थे। स्वर था भी उन्हीं का-सा।

तीनों ने एक-दूसरे की ओर देखा।

"मैं जाता हूँ।" मुखर बोला, "आप दोनों यहीं ठहरें।"

"ठहरो, मुखर!" लक्ष्मण ने उसे रोक दिया, "जहाँ तक मैं अपने भाई को जानता हूँ, वे किसी भी स्थिति में इतने दीन नहीं हो सकते। हमें सोच-समझकर पग उठाना चाहिए। यह स्वर राक्षसों की माया भी हो सकता है।"

"देवर!" सीता कुछ घबराई हुई-सी बोलीं, "तुम समझदार भी हो और बुद्धिमान भी। ऐसी परिस्थितियों को भी तुम मुझसे अधिक भली प्रकार समझते हो। किंतु एक तो मैं स्त्री हूँ, फिर राम से बहुत प्रेम करती हूँ। प्रेम करने वाला मन अधीर भी होता है और शंकालु भी। इस समय मेरा मन स्थिर नहीं है। मैं विवाद कर पाने तथा निर्णय-अनिर्णय की स्थिति में नहीं हूँ। इस समय मेरा मन शरीर को चीरकर, बाहर निकलना चाह रहा है। या तो मुझे राम की सहायता के लिए जाने दो—अथवा तुम स्वयं जाओ। अपनी और शस्त्रागार की रक्षा मैं मुखर की सहायता से कर लूँगी। फिर आर्य जटायु भी यहाँ से अधिक दूर नहीं हैं, उन्हें संदेश भिजवा, मैं पास के ग्राम से जन-सैनिक बुलवा लूँगी..."

तभी, पहले के समान, पीड़ा से भरा हुआ स्वर फिर से आया, "हा लक्ष्मण!"

अंत तक आते-आते स्वर टूट गया। चीत्कार करने वाले का कंठ जैसे अवरुद्ध हो गया हो। टूटा-सा स्वर वन के वृक्षों से टक्करें मारता, जैसे भटकता फिरता था, पत्तियों और शाखाओं से सिर धुनता चलता था..."हा लक्ऽऽऽमण..."

सीता ने तुरंत कटि से खड्ग बाँधा। तूणीर उठाया और कंधे पर रख, धनुष

की ओर हाथ बढ़ाया।

"देवर! या तो आश्रम की रक्षा मुझ पर छोड़कर तुम जाओ, अथवा आश्रम में तुम ठहरो और मुझे जाने दो।"

लक्ष्मण के चेहरे पर, मन में हो रहे भीषण द्वंद्व के लक्षण थे। वे निर्णय नहीं कर पा रहे थे—"भाभी! सबसे सरल मार्ग तो यह है कि हम तीनों ही भैया की सहायता के लिए चलें। किंतुम उसमें दो बातें आपत्तिजनक हैं—प्रथम तो हम शस्त्रागार को सर्वथा असुरक्षित छोड़ रहे हैं और दूसरे, वन के व्यूह की स्थिति जाने बिना, भैया की अनुमति के अभाव में, मैं आपको जोखिम के स्थान पर ले जा..."

"मेरे पास ऊहापोह के लिए समय नहीं है, सौमित्र!" सीता अत्यंत व्यग्र स्वर में बोलीं, "जल्दी निश्चय करो। या तुम जाओ, या मुझे जाने दो...मेरी मानसिक स्थिति ठीक नहीं है, देवर! मैं बहुत व्यग्र हूँ। ऐसा न हो..."

"कैसा न हो, भाभी?"

"कि तुम्हारे अनिर्णय, अकर्म और विलंब से मेरे इस अस्थिर मन में तुम्हारे प्रति कोई दुर्भावना जागे...भाभी की रक्षा की आड़ में बार-बार अपने दायित्व से पलायन करना..."

लक्ष्मण का मुखमण्डल तमतमा गया, जैसे किसी ने चाँटा मार दिया हो। बलात् स्वयं को बाँध, उन्होंने सूक्ष्म दृष्टि से सीता की ओर देखा...सीता का संकेत क्या खर से हुए युद्ध की ओर है? क्या वे कहना चाहती हैं कि लक्ष्मण जान-बूझकर युद्ध से हट गए थे? क्या वे लक्ष्मण पर कायरता का आरोप लगा रही हैं?...शायद वे यही कहना चाह रही हैं।...तब भी सौमित्र कंदरा में छिपे रहे थे और भैया अकेले ही शत्रुओं से जूझे थे...अब भी लक्ष्मण आश्रम में सुरक्षित बैठे थे और भैया वन में शत्रुओं से जूझ रहे थे...

"भाभी!..."

"मैं बाध्य हूँ, सौमित्र! मेरा मन स्वस्थ नहीं है।"

लक्ष्मण के मन में आक्रोश और पीड़ा के समान उग्रता से विस्फोट हुआ।

"अच्छी बात है, भाभी!" लक्ष्मण का स्वर दृढ़ हो गया, "यह आपात्काल है। इस समय मैं आपको, मुखर को और शस्त्रागार को—तीनों को ही छोड़ रहा हूँ। आर्य जटायु को सूचना भिजवा दीजिए कि समीपस्थ ग्राम से जन-सैनिक बुलवा लें। यद्यपि यहाँ कोई षड्यंत्र ही रचा गया है, किंतु षड्यंत्रकारी संख्या में अधिक नहीं होंगे; नहीं तो उनके आने की सूचना हमें अवश्य मिलती। अपनी तथा शस्त्रागार की रक्षा कीजिएगा...अपनी कुटिया में शस्त्रागार के द्वार पर स्वयं रहिएगा और शस्त्रागार के दूसरे द्वार पर मेरी कुटिया में मुखर को रखिएगा। आर्य जटायु यथासंभव आपकी सहायता करेंगे।...जन-सैनिक तो हमने स्वयं विदा किए थे, किंतु आज विचित्र संयोग है कि आश्रम में कोई ब्रह्मचारी, जिज्ञासु अथवा अतिथि तक नहीं है। उल्लास

और आदित्य भी नहीं हैं—संदेश केवल आर्य जटायु के माध्यम से ही जा सकता है..."

"जाओ, देवर! जल्दी..."

"भाभी! कुटिया के भीतर रहिएगा। खुले में मत आइएगा। शस्त्रागार से दूर मत जाइएगा।"

निर्देश देते-देते ही लक्ष्मण वेग से भागते हुए, स्वर की दिशा में बढ़ गए।

सीता का मन कुछ संतुलित हुआ। लक्ष्मण राम की सहायता के लिए चले गए थे। राम अब अकेले नहीं थे।...वे स्वयं आश्रम में मुखर के साथ अकेली थीं। राम की सुरक्षा के लिए, इससे अधिक अब कुछ नहीं किया जा सकता था। अब भी यदि शत्रु का पक्ष भारी पड़ता है, तो सिवाय वीरगति के और कोई उपाय नहीं।...आश्रम का दायित्व अब उन्हीं पर था। वैसे तो मुखर पुरुष था, शस्त्रास्त्रों की शिक्षा उनके साथ ही ले रहा था। किंतु वय में छोटा था और राम का शिष्य था। सीता वय में भी बड़ी थीं, गुरु-पत्नी भी थीं और कुलपति की पत्नी भी। मुखर उनकी आज्ञा का पालन भी करेगा। कर्म का आदेश सीता ही देंगी।

"मुखर!" सीता कंधे पर तूणीर बाँधती हुई बोलीं, "तुमने सौमित्र की बात सुनी ही है। जब तक राम और लक्ष्मण सशकुल लौटकर आश्रम में नहीं आ जाते, तब तक हमें व्यूह-बद्ध रहना हैं मैं अपनी कुटिया में, तुम सौमित्र की कुटिया में। खुले में नहीं आना है। शस्त्रागार के निकट रहने से शस्त्रों का अभाव भी नहीं होगा और कुटिया की ओट में शत्रु हमें देख भी नहीं पाएगा।...अब भैया! भागते हुए जाओ और आर्य जटायु को सूचना देकर लौटो तथा अपना स्थान सँभालो। आगे संदेश भेजने का कार्य आर्य जटाुय स्वयं कर लेंगे।"

"अच्छा, दीदी! मैं अभी गया और आया।"

मुखर जटायु की कुटिया की ओर भागा।

सीता स्फूर्ति से अपनी कुटिया में आईं; द्वार भीतर से बंद किया और गवाक्ष पर अपना धनुष टिकाकर खड़ी हो गईं।...उन्हें केवल तीन ही दिशाएँ दिखाई पड़ रही थीं। चौथी ओर से वे सर्वथा असुरक्षित थीं। आक्रमणकारी पीछे से भी आ सकता था। आर्य जटायु आएँगे तो उन्हें वे पीछे का ध्यान रखने के लिए कहेंगी...

मुखर भागा जा रहा था, अभी वह सीता की दृष्टि से ओझल नहीं हुआ था। आर्य जटायु की कुटिया का मोड़ मुड़ते ही वह अदृश्य हो जाएगा...

तभी पास के वृक्ष से कोई मुखर पर कूदा। वह भारी-भरकम शक्तिशाली जीव था। रंग काला था और संन्यासियों के समान दाढ़ी और केश। किंतु वह संन्यासी नहीं था। उसके हाथ में दीर्घाकार खड्ग था।

सीता ने अनायास ही चीत्कार किया...मुखर आक्रमण की ओर से सर्वथा असावधान था। आक्रमणकारी आकार में उससे कहीं बृहद् तथा शक्ति में श्रेष्ठतर

लग रहा था। उसके हाथ में भयंकर नग्न खड्ग था और मुखर के हाथ में धनुष-बाण, जिसका वह इतने निकट से प्रयोग नहीं कर सकता था। खड्ग निकालने का उसे अवसर ही नहीं मिलेगा...वैसे भी मुखर अपने कंधे के घाव के कारण...

सीता ने बाण चला दिया। किंतु पता ही नहीं चला कि वह आक्रमणकारी को लगा नहीं, अथवा उसके शरीर पर उसका कोई प्रभाव नहीं हुआ...

अब तक मुखर भी स्थिति समझ चुका था। उसने अपना खड्ग खींच लिया था और प्रहार करने जा रहा था। किंतु आक्रमणकारी उससे कहीं अधिक फुर्तीला और दक्ष था। उसका खड्ग पहले घूमा। मुखर के हाथ से उसका खड्ग निकल गया। वह निःशस्त्र था। आक्रमणकारी का खड्ग भयंकर गति से ऊपर उठकर नीचे गिरा। मुखर धराशायी हो गया...उसका शरीर निःस्पंद था।

सीता ने काँपते हाथों से दूसरा बाण चलाया, किंतु आक्रमणकारी इस बार बाणों की ओर से सावधान भी था। उसने खड्ग के वार से बाण काट डाला। वह उसी स्फूर्ति से कुटिया की ओर बढ़ा।...

सीता के प्राण उनके बाणों में समा गए। राम-लक्ष्मण वन में थे, मुखर कदाचित् मारा जा चुका था, अथवा गंभीर रूप से आहत था। आर्य जटायु को कोई सूचना नहीं थी। वैसे भी वे वृद्ध थे और इन दिनों घायल भी। कानों से ऊँचा सुनते थे, ऐसी संभावना कम ही थी कि चीत्कार सुनकर वे स्वयं ही सहायता को आ जाएँगे। ...राम से विचार-विमर्श करने अथवा लक्ष्मण से शस्त्र-विद्या सीखने वाले ग्रामीण युवक भी जा चुके थे—अब तो सीता का यह धनुष और वह आक्रमणकारी था। सीता को स्वयं ही निर्णय करना था।

सीता ने पूरी शक्ति से तीसरा बाण छोड़ा।

आक्रमणकारी फुर्ती से एक ओर हटकर बाण को बचा गया। उसने क्षण-भर रुककर, बाण की दिशा और स्थान को भाँपा और दूसरे ही क्षण सारी स्थिति का विश्लेषण कर, अपनी नीति निर्धारित कर ली।...

इससे पहले कि सीता अगला बाण छोड़तीं, आक्रमणकारी लक्ष्मण की कुटिया की दिशा में भागा।

सीता का हृदय धक् रह गया—यदि वह लक्ष्मण की कुटिया में घुस गया तो वह सुरक्षित हो जाएगा और सीता तथा शस्त्रागार दोनों असुरक्षित हो जाएँगे। उसे लक्ष्मण की कुटिया में घुसने से रोकना होगा—किंतु वह इस गवाक्ष से संभव नहीं था।...लक्ष्मण ने आड़ छोड़, खुले में आकार युद्ध करने से मना किया था, किंतु अब आक्रमणकारी को रोकने के लिए कुटिया से बाहर आना ही होगा...

सीता ने कुटिया का द्वार खोल दिया और ईषत् कोण में खींचकर बाण मारा। इस बाण को आक्रमणकरी बचा नहीं पाया। वह उसकी बाईं भुजा में जा घुसा था। किंतु उसने बड़ी लापरवाही से बाण खींचकर फेंक दिया और अपने भागने की दिशा

बदल दी। वह सीधा सीता की ओर आ रहा था...

सीता का हाथ काँप गया—वह व्यक्ति साधारण योद्धा नहीं था। अब तक का उसका प्रत्येक कृत्य उच्चकोटि के दक्ष योद्धा का था—किंतु साहस छोड़ने से बात नहीं बनेगी...सीता ने धनुष खींचा...

झन्न् की ध्वनि के साथ सीता के धनुष की प्रत्यंचा कट गई। आक्रमणकारी का वार बड़ा सधा हुआ था। उसने सीता के हाथ का धनुष खींचकर फेंक दिया...और पहली बार उसने रुककर सीता को निहारा...

भयभीत सीता की आँखों ने देखा—उस भयंकर पुरुष के चेहरे पर भी कोमल भाव आए। वह मुस्कराया।

"मैं लंकापति रावण हूँ, मैथिली! तुम्हारा हरण करने आया हूँ।"

सीता के मुख से स्वर नहीं निकला। कंठ अवरुद्ध हो गया, आँखें पथरा गईं, शरीर अक्षम हो गया—केवल मस्तिष्क कार्य कर रहा था, वह भी मात्र दृष्टा का—सामने वह व्यक्ति खड़ा था, जिसका आतंक संपूर्ण जंबू-द्वीप में फैला हुआ था। यह सारा षड्यंत्र उसी का रचा हुआ था और अब वह सीता का अपहरण कर रहा था...

रावण ने झपटकर सीता को उनकी कटि से पकड़कर उठा लिया और अपने कंधे पर डालकर कुटिया की पिछली दिशा में, आश्रम के प्रवेश-द्वार के ठीक विपरीत मार्ग की ओर भागा...

सीता का स्तंभन टूटा। उनके मुख से चीत्कार फूटा और हाथ-पैर छूटने के लिए संघर्ष करने लगे। उन्होंने रावण की दाढ़ी नोंच डाली। सिर के केश पूरी शक्ति से उखाड़ने का प्रयत्न किया। जहाँ-तहाँ नखों तथा दाँतों से नोंच-काट डाला, किंतु रावण की गति में विघ्न नहीं पड़ा। वह भागता ही चला गया।

हाथ-पैरों के साथ सीता का मस्तिष्क भी सक्रिय हो उठा था—राम और लक्ष्मण जिस दिशा में गए थे, रावण उसकी विपरीत दिशा में भाग रहा था। मार्ग में संयोग से राम-लक्ष्मण के मिल जाने की कोई संभावना नहीं थी। अब यदि कोई सीता का सहायक हो सकता था तो वह केवल आर्य जटायु ही थे। रावण उन्हीं की कुटिया की दिशा में बढ़ रहा था।...

सीता की इच्छा हुई, वे पूरी शक्ति से चीत्कार करें—शायद आस-पास कोई हो और उनका स्वर सुनकर आ जाए। यदि कोई आ जाए तो रावण से चाहे उनकी रक्षा वह न कर सके, किंतु राम को समाचार तो दे ही सकेगा...किंतु रावण ने उन्हें इस प्रकार पकड़ रखा था कि उसका बायाँ हाथ उनके मुँह पर था। न वह हाथ हटता था और न वह चीत्कार कर सकती थीं। ऐसा ही तब हुआ था, जब विराध ने उनका अपहरण करने का प्रयत्न किया। शारीरिक शक्ति में कम होने के कारण शस्त्र-विद्या भी व्यर्थ जा रही थी।...फिर भी उनका प्रयत्न निरंतर चल रहा था; किंतु इतना तो स्पष्ट ही था कि रावण की पकड़ से छूट पाना संभव नहीं

था। संघर्ष संघर्ष के लिए ही था।...संभव था, मार्ग में जटायु मिल जाएँ। यद्यपि वृद्ध जटायु, रावण से लड़ने के लिए, उपयुक्त योद्धा नहीं थे, किंतु इस समय तो सीता की एकमात्र आशा उन्हीं पर टिकी हुई थी। अपनी कुटिया के बाहर बैठे जटायु ने देखा—एक विशालकाय साँवला पुरुष एक स्त्री को बलात् उठाए लिये भागा जा रहा है।...जटायु ने आँखों पर हथेली रखकर देखना चाहा—क्या सचमुच वही हो रहा है, जो वे देख रहे हैं; या वह उनकी वृद्ध आँखों का भ्रम है। किंतु उनकी आँखें अभी ऐसी तो नहीं हुई हैं कि शून्य में काल्पनिक दृश्य देखा करें, अन्यथा खर के साथ हुए युद्ध में वे भाग कैसे लेते...पर अब तो बहुत दिनों से इस वन में इस प्रकार की घटनाएँ नहीं होतीं। राम के आने के साथ ही यहाँ प्रायः शांति हो गई थी...

वे अपने द्वार से उठकर, पगडण्डी के बीच आ खड़े हुए।

वह पुरुष उन्हीं की दिशा में बढ़ रहा था...उसकी भी दृष्टि सहसा जटायु पर पड़ी और वह अचकचाकर रुक गया। कदाचित् उसकी पकड़ी भी ढीली पड़ गई और स्त्री को अवसर मिल गया।

"तात जटायु!" सीता अपनी पूरी शक्ति से चिल्लाई।

सीता को पहचानने में जटायु को क्षण-भर भी नहीं लगा। उनकी शिथिलता विलीन हो गई, असमंजस समाप्त हो गया। वे अपनी अवस्था भूल गए, पिछले दिनों युद्ध में खाए अपने घावों का ध्यान उन्हें नहीं रहा। तनकर खड़े हो गए, "कौन है, दुष्ट तू?"

और फिर जैसे उनकी स्मरण-शक्ति की धूल झड़ गई। बहुत दिनों के पश्चात् देख रहे थे, किंतु वे भूल नहीं कर सकते थे—यह अवश्य ही रावण था।

"दुष्ट! निर्लज्ज! पापी!" जटायु दाँत पीस-पीसकर कह रहे थे। उनकी मुट्ठियाँ भिंच-भिंच जा रही थीं। वू भूल गए कि उनके सम्मुख रावण खड़ा है, जिसका नाम सुनते ही बिश्व के बड़े-बड़े योद्धाओं के हाथों से शस्त्र छूटकर गिर जाते हैं।... उनकी आँखों के सम्मुख मुक्त होने के लिए छटपटाती हुई सीता थीं; और एक दुष्ट राक्षस था, जो सीता को छोड़ नहीं रहा था...

"अपना जीवन चाहता है तो सीता को छोड़ दे, दुष्ट!' जटायु झपटकर उसकी ओर बढ़े।

रावण को निश्चय करने में निमिष-भर से अधिक समय नहीं लगा। उसने झपटते हुए जटायु के सम्मुख से तनिक एक ओर हटकर, किनारे से प्रबल धक्का दिया। उसका अनुमान ठीक था...जटायु अपनी रक्षा के लिए प्रस्तुत नहीं थे। वे असावधानी में भूमि पर जा गिरे।

किंतु वृद्ध जटायु ने चामत्कारिक स्फूर्ति का परिचय दिया। अगले ही क्षण वे उठकर खड़े हो गए और पुनः रावण की ओर झपटे।...रावण उनके आगे-आगे

भागता जा रहा था। सीता अब भी उन्हें सहायतार्थ पुकार रही थीं और छूटने के लिए पूरी शक्ति से हाथ-पैर चला रही थीं...जटायु की दृष्टि रावण के लक्ष्य पर पड़ी तो उनका सारा रक्त जैसे जम गया...वृक्षों के झुरमुट के पीछे, रावण का गधे सरीखे घोड़ों से जुता हुआ रथ तैयार खड़ा था। रावण एक बार रथ तक पहुँच गया तो फिर उसे पकड़ना असंभव हो जाएगा। वह चारों ओर से बंद इस रथ में सीता को बंदी कर, पवन गति से रथ हाँककर ले जाएगा और कुछ देख भी नहीं पाएगा कि रथ में कौन है...

जटायु अपने प्राणों का सारा बल लगाकर भागे। इस गति से शायद कभी वे अपनी युवावस्था में भी नहीं भागे थे...रावण रथारूढ़ हो ही रहा था कि जटायु ने उसे पकड़ लिया। और कुछ न सूझा तो पूरी शक्ति से अपने दाँत उसकी टाँग में गड़ा दिए...शस्त्र का अभाव उन्हें जीवन-भर कभी इतना नहीं खला था।

एक ओर सीता रावण की पकड़ से निकल जाने के लिए छटपटा रही थीं और दूसरी ओर से वृद्ध जटायु ने उसकी टाँग में दाँत गड़ा दिए थे...रावण ने दाहिनी हाथ का भरपूर मुक्का जटायु के मुख पर मारा।...जटायु दूसरी बार गिरे और सीता ने देखा, उनकी नाक से रक्त बह आया था। सीता के कंठ से चीख निकल गई...

किंतु इस बार रावण थमा नहीं, वह भूमि पर गिरे हुए जटायु को पैरों, घुटनों और मुक्कों से निरंतर पीटता चला गया। किंतु जटायु ने भी संघर्ष नहीं छोड़ा। आघात-पर-आघात सहकर भी वे हताश नहीं हुए। जाने कैसे उन्होंने रावण की दाहिनी भुजा पकड़ ली और फिर उससे चिपक गए।...रावण ने झटकने के लिए भुजा उठाई, तो वे उसके साथ उठते गए और उसके कंठ में बाँहें डाल, अपने पूरे बल से उसके साथ लटककर, पुनः अपने दाँत उसके कंधे में गड़ा दिए।

सीता के लिए भी यही अवसर था। उन्होंने रावण की बाईं भुजा में अपने दाँतों से काटा...किंतु इससे पहले कि उसकी पकड़ शिथिल होती, रावण ने दाएँ हाथ से खड्ग निकाल जटायु के पेट में धँसा दिया। एक हल्की कराह के साथ जटायु, रावण को छोड़, भूमि पर गिर पड़े। उनके मुख से स्वर नहीं निकला, केवल खुली आँखों में बेबसी का भाव लिये चुपचाप पड़े रहे...उसी अर्ध-मूर्च्छावस्था में उन्होंने देखा कि रावण ने सीता को जोर से रथ में पटका और रस्सियों से जकड़ दिया। रथ का द्वार बंद किया और रथ को हाँक दिया...जटायु की संज्ञा जैसे लौटी। रथ चला गया तो क्या होगा?—वे उचके और उन्होंने रथ को पकड़ लिया। वे यह भी नहीं समझ पा रहे थे कि रथ का कौन-सा भाग उनके हाथ में आया था और भागते हुए रथ को पकड़कर वे क्या करेंगे?...रथ चलता जा रहा था और जटायु साथ लटके हुए थे...यदि वे एक बार रथ पर चढ़ पाएँ...पर क्या करेंगे रथ पर चढ़कर...?

सहसा एक झटका लगा और जटायु भूमि पर आ गिरे। उन्होंने अपनी बंद होती हुई बूढ़ी आँखों से देखा कि रावण का रथ पूरे वेग से भागता जा रहा था...

8

रावण ने अपने कक्ष में प्रवेश किया तो देखा, मंदोदरी वहाँ पहले से बैठी हुई थी।

सामान्यतः जब रावण किसी यात्रा से लौटता था तो रथ के रुकते ही मंदोदरी उसका स्वागत महल के मुख्य द्वार पर आरती के थाल के साथ किया करती थी। किंतु आज न तो किसी को यह ज्ञात था कि वह कहाँ गया है, न उसके लौटने का समय ही नियत था; इसलिए यदि महारानी द्वार पर अपने पति का स्वागत नहीं कर पाई तो कोई बात नहीं। किंतु इस समय भी उसने स्वागत का कोई प्रयत्न नहीं किया। रावण को देखकर उसने न उल्लास प्रकट किया, न आश्चर्य। वह उसी प्रकार निश्चल मुद्रा में बैठी रही, जैसे रावण सदा से महल में ही हो, बाहर कहीं गया ही न हो।

रावण ने ध्यान से देखा—मंदोदरी के चेहरे पर ऊपरी शांति के भीतर से आवेश का हल्का-सा आभास फूट रहा था।

"क्या बात है? आज साम्राज्ञी कुछ असंतुष्ट दीख रही हैं।"

"सम्राट तो संतुष्ट हैं न!" मंदोदरी का स्वर शुष्क था, "सुना है, सम्राट् अपनी बहन के अपमान का प्रतिशोध लेने गए थे।"

"हाँ, गया था शूर्पणखा के अपमान का प्रतिशोध लेने।" रावण मंदोदरी का व्यवहार समझ नहीं पा रहा था।

"क्या शूर्पणखा की दुश्चरित्रता के लिए उसका प्रताड़न करने वालों का वध कर आए?" मंदोदरी का स्वर शुष्कता छोड़ वक्र हो उठा।

"मंदोदरी!" रावण का क्रोध संयत नहीं रह सका, "मेरी बहन को दुश्चरित्र कहने का साहस कर रही हो तुम!"

"सम्राट् को बुरा लगा।" मंदोदरी का स्वर अधिक वक्र तथा उपहासपूर्ण हो गया, "मुझे मालूम नहीं कि सम्राट् किसे दुश्चरित्र कहते हैं। शूर्पणखा का विवाह हमारे विवाह से पहले हुआ था। वय में वे मुझसे बड़ी नहीं तो विशेष छोटी भी नहीं हैं। मेरा इन्द्रजीत जैसा पुत्र तथा सुलोचना जैसी पुत्रवधू है। शूर्पणखा के पति का वध न हुआ होता अथवा उसने उन्मुक्त काम-विहार न कर पुनर्विवाह कर लिया होता तो आज उसकी संतानें वय में उन वनवासियों से बड़ी होतीं, जिनका उसने कामाह्वान किया था। ठीक है कि किसी संतान को जन्म न देने के कारण वे अपने

वय से कम दीखती हैं; किंतु अपने पुत्र-योग्य वय के पुरुषों को रति-निमंत्रण देना सच्चरित्रता का आदर्श तो नहीं!''

''मंदोदरी! तुम जानती हो कि राक्षसों ने सच्चरित्रता के इन आदर्शों को कभी मान्यता नहीं दी। शूर्पणखा स्वतंत्र है। वह किसी से भी काम-प्रस्ताव कर सकती है।''

''तो वे वनवासी भी स्वतंत्र थे। उन्होंने काम-प्रस्ताव ठुकरा दिया। शूर्पणखा को क्या अधिकार था कि वह उनके साथ की स्त्री के प्राण लेने का प्रयत्न करती।'' मंदोदरी ने क्षण-भर रुककर जैसे शक्ति एकत्रित की, ''सम्राट् अपने मुख से कह दें कि यह असत्य नहीं है कि सीता जैसी रूपवती युवती देखकर शूर्पणखा अपने रूप और यौवन की विदाई की अनुभूति से पीड़ित हो उठी थी। वह ईर्ष्या से जल उठी थी, इसलिए उसने सीता पर आक्रमण किया था।...उसका वश चले तो वह प्रत्येक सुंदरी युवती के टुकड़े-टुकड़े कर दे। उसे स्वयं मेरी पुत्र-वधुएँ एक आँख नहीं भातीं।''

''मंदोदरी!'' रावण का चीत्कार गूँजा, ''घर के झगड़े अन्य बात है और बाहरी शत्रुओं द्वारा मेरे किसी संबंधी का अपमान किया जाना अन्य बात है। रावण न्याय-अन्याय और औचित्यानौचित्य नहीं देखता। वह संबंधों को देखता है। कोई मेरे संबंधियों का अपमान करेगा, उनका विरोध करेगा, उन्हें हानि पहुँचाएगा तो मैं उसका प्रतिशोध अवश्य लूँगा।''

''किसी भी संबंधी का?''

''हाँ, किसी भी संबंधी का। राक्षसराज रावण आज विश्व की सबसे बड़ी शक्ति है। उसके संबंधियों की इच्छाओं का विरोध करने वाले को प्राण दण्ड के लिए प्रस्तुत रहना चाहिए।''

''तो सम्राट्!'' मंदोदरी का स्वर अत्यंत शांत था, ''जब मेरे भाई मायावी का वध वाली ने वन्य-पशु के समान कर डाला था तो सम्राट् उसका प्रतिशोध लेने क्यों नहीं गए? मायावी राक्षसराज का संबंधी नहीं था क्या? या वाली की पत्नी सीता के समान सुंदरी और युवती नहीं थी, जिसके अपहरण के लिए राक्षसराज लालायित हो उठते!''

''साम्राज्ञी!'' लगा, रावण का स्वर फट जाएगा।

''यह तो विचित्र प्रतिशोध है।'' मंदोदरी अपने शांत स्वर में बोलती गई, ''एक स्त्री के अपमान का प्रतिशोध दूसरी स्त्री के अपमान से लेना, राक्षसराज की विचित्र नीति है...राक्षसराज ने न वाली का वध किया, न उस वनवासी का। वाली का वध क्यों नहीं किया? राक्षसराज उससे भयभीत थे? या उन्हें अपनी मदिरा तथा गणिकाओं से अवकाश नहीं था? या साम्राज्ञी का भाई होने के कारण मायावी सम्राट् का संबंधी नहीं था...?''

"मंदोदरी!" रावण का स्वर कोमल हो गया, "समझने का प्रयत्न करो। वाली मेरा मित्र है। उसेन आज तक राक्षसों के कार्यों में हस्तक्षेप नहीं किया।"

"अर्थात् उसने वानर-कन्याओं के हरण और वानरों के दास बनाकर बेचे जाने अथवा उनका वध कर लंका के हाटों में उनका मांस बेचने का विरोध नहीं किया।"

"अनेक राजनीतिक कारण हैं।" रावण ने पुनः समझाने का प्रयत्न किया, "वह आर्य ऋषियों को अपने राज्य में घुसने नहीं देता। वह वानरों को शिक्षा प्राप्त करने का अवसर नहीं देता। वह सशस्त्र सेनाओं का निर्माण नहीं करता, नहीं तो लंका की नाक पर एक राजनीतिक प्रतिद्वंद्वी खड़ा हो जाएगा।"

"यदि वाली सम्राट् के भाई का वध कर देता, तब भी सम्राट् यही कहते?" मंदोदरी ने अपांग से रावण को देखा, "या यह तर्क केवल साम्राज्ञी के भाई के वध के लिए है?"

"तुम क्या चाहती हो, मंदोदरी?" रावण खीझकर बोला, "कि मैं वाली से युद्ध ठानूँ? उसे अपना शत्रु बना लूँ और इतनी बड़ी वानर-जाति को समर्थ बनाने में सहायता देकर उन्हें देव-जातियों के पक्ष में धकेल दूँ?...यदि में वाली की हत्या कर दूँगा तो उसका भाई सुग्रीव शासक बने या उसका पुत्र अंगद—किष्किंधा का शासन राक्षसों के लिए शुभ नहीं होगा।"

"तो सम्राट् का विचार है कि सीता का इस प्रकार कायरतापूर्ण अपहरण राक्षसों के लिए शुभ होगा!" मंदोदरी का धैर्य जैसे समाप्त हो चुका था। उसका स्वर ऊँचा हो गया, "सीता उस व्यक्ति की पत्नी है, जिसने अकेले ही खर-दूषण की समस्त सेना को ध्वस्त कर दिया। सम्राट् का विचार है कि निःशस्त्र और पिछड़ी हुई, पूर्णतः असभ्य वानर-जाति की शत्रुता तो राक्षसों के लिए भयंकर हो सकती है, किंतु दिव्यास्त्रों में प्रशिक्षित उन दोनों भाइयों—जिन्होंने दण्डकारण्य की धूल-मिट्टी से साम्राज्य ध्वस्त करने वाली सेना खड़ी कर दी—की शत्रुता राक्षसों के लिए हितकर होगी?"

"उनकी शत्रुता का क्या अर्थ है?" रावण स्पष्ट खीझ के साथ बोला, "पिता द्वारा घर से निष्कासित, अपने राज्य, बंधु-बाँधवों से इतनी दूर, अकेले दो वनवासी तरुण, रावण के साम्राज्य का क्या बिगाड़ सकते हैं। उनके सहायक जो दो-बार संन्यासी हैं भी, वे भी रावण का नाम सुनते ही भाग जाएँगे। अपनी स्त्री का हरण हुआ जानकर राम का मन और साहस दोनों टूट जाएँगे। बहुत होगा तो वह आत्महत्या कर लेगा। उसका छोटा भाई भी रो-रोकर प्राण दे देगा।...रावण यहाँ बैठा है, समुद्र से घिरी लंका में। एक तो वे जीवित ही नहीं रहेंगे, जीवित रहेंगे तो उन्हें पता नहीं होगा कि सीता कहाँ है, और पता लगेगा तो राम समुद्र पार कर नहीं पाएगा, और यदि पार कर भी गया तो रावण के हाथों मारा जाएगा।"

"इतने ही निरीह वे हैं तो सम्राट् राम और लक्ष्मण का ही वध कर आते।

सीता को उठा लाने की क्या आवश्यकता थी?"

इस बार रावण हँस पड़ा, "कहीं ऐसा तो नहीं कि शूर्पणखा पर लगाया गया आरोप साम्राज्ञी पर भी लागू होता हो। सीता का यौवन और रूप-सौंदर्य साम्राज्ञी के लिए भी असह्य है?"

"निश्चित रूप से सीता अनिंद्य सुंदरी है।" मन्दोदरी शांत स्वर में बोली, "और अभी पूर्ण यौवना है। मन्दोदरी के लिए सीता का अपहरण ईर्ष्या का नहीं, लज्जा का विषय हो रहा है। मन्दोदरी के मन में सीता के लिए कोई स्पर्धा नहीं है, किंतु मैं यह सोच-सोचकर दुखी हूँ कि सम्राट् आज तक अपनी मर्यादा की रक्षा नहीं कर पाए। असंख्य सुंदरियों का हरण कर, अपनी पत्नी का मन तो सदा दुखाते ही रहे, अब आप अपने पुत्रों के सम्मुख ऐसे आदर्श प्रस्तुत कर अपनी पुत्र-वधुओं को भी पति-सुख से वंचित करेंगे।"

"तुम क्या पति-सुख से वंचित रही हो, मन्दोदरी!" रावण ने आश्चर्य प्रकट किया।

"सम्राट् समझते हैं कि मैं सुखी रही हूँ।" मन्दोदरी तीखे स्वर में बोली, "जिसका पति नित्यप्रति युद्ध, आक्रमण, लूटपाट और बलात्कारों के लिए विदेशों में घूमता रहे लौटकर घर आए तो विजय के चिह्न के रूप में अपहृत कन्याओं की सेना साथ लाए और विजय-पर्व के नाम पर उन निरीह बालिकाओं के साथ बलात्कार करता रहे—वह पत्नी क्या सुखी कही जा सकती है?"

"तो साम्राज्ञी अपने पति को छोड़ जाने को स्वतंत्र थीं।..."

"मेरे तथा सम्राट् की बहन के संस्कार पर्याप्त भिन्न हैं, सम्राट्!"

रावण को लगा, क्रोध के मारे उसका मुख तो खुल गया है, किंतु कोई स्वर नहीं निकल रहा। बड़ी कठिनाई से वह कह सका "मन्दोदरी...!"

किंतु मन्दोदरी कहती गई, "और फिर जो पुरुष अन्य स्त्रियों को अपने पतियों के साथ नहीं रहने देता, वह अपनी पत्नी को किसी अन्य पुरुष के साथ देख सकता!...मैं कहती हूँ, अब भी समय है, सम्राट्!"

"किस बात का?"

"सम्राट् अपनी काम-लिप्सा को संयत करें।"

"साम्राज्ञी अपने पति को कामुक कह रही हैं!"

"सम्राट् ने इस विशेषण को सदा गर्वपूर्वक अंगीकार किया है।...किंतु अब हममें से किसी को भी वह विशेषण गौरवमय नहीं लगता। मैं नहीं चाहती कि यह कीर्ति फैले कि सम्राट् किसी भी युवा सुंदरी को देख स्वयं को वश में नहीं रख पाते; और परिणामतः सम्राट् की पुत्र-वधुएँ भी स्वयं को इस राजप्रासाद में असुरक्षित मानें..."

"मन्दोदरी!" रावण का क्रोध उफन पड़ा, "तुम साम्राज्य के प्रतिशोध को

अत्यंत कलुषित रूप में प्रस्तुत कर रही हो।''

''सम्राट् के क्रुद्ध होने का मैं कोई कारण नहीं देखती।'' इस बार मन्दोदरी ने अपनी आँखों में रोष भरकर रावण को देखा, ''यदि यह साम्राज्य का प्रतिशोध ही है तो सम्राट् सीता को महल से हटाकर अशोक वाटिका में बंदिनी बनाकर रखें। और प्रतिशोध के नियम के अनुसार, यदि आप उसके पति का वध करते तो भी उसे पति-शोक को भूलने के लिए एक वर्ष का समय दिया जाता। यद्यपि उसका पति जीवित है, फिर भी उसे एक वर्ष की अवधि दें कि वह अपने पति को भूलने का प्रयास करे। एक वर्ष के पश्चात् उसे पुनर्वरण का अवसर दें। तब यदि वह आपको अपना पति स्वीकार कर ले तो उसे अपनी सपत्नी मानने में मुझे कोई आपत्ति नहीं होगी।''

''यह नहीं होगा।'' रावण उठ खड़ा हुआ।

''यही होगा, सम्राट्!'' मन्दोदरी के स्वर में आदेश था, ''यह न भूलें कि मन्दोदरी भी इस साम्राज्य की साम्राज्ञी है।''

रावण के नेत्र क्रोध से आरक्त हो उठे, ''अपनी सीमा पहचानो, मन्दोदरी! सम्राट् की इच्छा का विरोध दण्डनीय है; और दण्ड का निर्णय मैं करता हूँ।''

मन्दोदरी के मुख पर सहज उपेक्षा प्रकट हुई, ''सीमाएँ सबकी होती हैं, सम्राट्! यह साम्राज्य अकेले रावण की भुजाओं पर खड़ा होता तो कब का ध्वस्त हो गया होता।''...मन्दोदरी क्षण-भर रुककर बोली, ''मैं इस निर्णय की सूचना इन्द्रजित को भी भेज रही हूँ और विभीषण को भी। यदि आपने अपने अहंकार में मनमानी करने का प्रयत्न किया तो आप देखेंगे, साम्राज्य को उलट देने की शक्ति मन्दोदरी में भी है...!''

मन्दोदरी के मुख पर ऐसी दृढ़ता रावण ने शायद ही पहले कभी देखी थी...

मन्दोदरी चली गई और रावण अपने कक्ष में बैठा रह गया। कहाँ वह अपने सफल अभियान पर उल्लसित लौटा था और कहाँ यह स्थिति हो गई, जैसे न मन में कोई उत्साह है और न शरीर में प्राण।...जब कभी वह हरण कर किसी कन्या को लाया, मन्दोदरी ने अपनी अप्रसन्नता जताई थी; किंतु साथ ही उस रूपगर्विता ने यह भी संकेत दिया था कि रावण किसी भी अन्य सुंदरी से बँधकर नहीं रह सकता।...और कहाँ आज वह...

रावण को लगा, वह सच कहती है—रावण का अब वह वय नहीं रहा। मायावी का वध सुनकर वह एक बार क्रोध प्रकट कर मौन ही रहा। शूर्पणखा के अपमान की बात सुनकर भी उसने राम और लक्ष्मण का वध नहीं किया—उनकी अनुपस्थिति में सीता को अपहृत कर लाया; और आज फिर इन्द्रजित तथा विभीषण की धमकी दी है मन्दोदरी ने, और रावण अपना खड्ग निकाल उसका सिर धड़ से पृथक् नहीं

कर सकता...क्या सत्य ही रावण वृद्ध हो गया है?...किंतु कैसी वृद्धावस्था? सीता को देखते ही रावण के रोम-रोम में बिजलियाँ तड़प उठी थीं। अकेला रावण, इतनी दूर से सीता का हरण कर, रथ दौड़ता हुआ भागा आया है। यह क्या वृद्धावस्था का लक्षण है?...सीता का तो रूप ही ऐसा है कि रावण चिता पर से उठकर भी आकाश तक छलाँग लगा सकता है।...कितनी दूर-दूर तक धावे मारे हैं रावण ने और कैसी-कैसी सुंदरियों का हरण कर, उनके साथ बलात्कार भी किया है...किंतु सीता! सीता जैसी सुंदरी उसने आज तक देखी ही नहीं।...अब मन्दोदरी उसे कैसा दण्ड देना चाहती है। रावण अपनी इच्छा से सीता को अपने प्रासाद से निकालकर अशोक-वाटिका में ठहरा दे और स्वयं दिन-रात उसकी कल्पना में तड़पता रहे...उसे भुलाने के लिए मदिरा में डुबकियाँ लगाता रहे...जीते-जी जलते रहने का दण्ड दे रही है मन्दोदरी! कैसे सहेगा रावण का मन? उसने तो सोचा था कि वहाँ वन में सीता के वियोग में राम तड़पता फिरेगा; और यहाँ मन्दोदरी ने सारी चाल पलटकर रख दी।...वह राम क्या तड़पेगा, जो सीता से इतनी दूर है। तड़पेगा तो रावण—सीता जिसकी भुजाओं में घिरी तो है, किंतु वह उसका स्पर्श नहीं कर सकता।...ओह मन्दोदरी! तूने अपने जीवन-भर तड़पने का प्रतिशोध एक ही बार में ले लिया...

किंतु क्यों बाध्य है रावण! वह सम्राट् है—लंका का अधिपति! राक्षसों का अधीश्वर! उसके मुख से निकला शब्द विधान है, उसकी इच्छा विश्व-भर के लिए आदेश है। वह मन्दोदरी के सम्मुख बाध्य क्यों है?...जो कुछ आज मन्दोदरी ने रावण से कहा है, यदि वह इन्द्रजित से भी कह देगी तो पुत्र का हृदय माँ की पीड़ा जानकर पिघल नहीं जाएगा? तब क्या इन्द्रजित अपने पिता का विरोध नहीं करेगा?...इन्द्रजित! रावण के साम्राज्य का सबसे समर्थ और विश्वसनीय योद्धा!...रावण उसका विरोध नहीं चाहता...ओह! पुत्रों के वयस्क हो जाने पर माँ कितनी समर्थ हो जाती है। कैसा मूर्ख है पिता भी! स्वयं अपने विरोधियों को जन्म देता है, उनका पालन-पोषण करता है; और जब वे वयस्क हो जाते हैं, तो उनके सम्मुख आत्म-समर्पण कर देता है...

...विभीषण का नाम भी लिया है मन्दोदरी ने! विभीषण से रावण तनिक भी नहीं डरता; किंतु लंका में विभीषण के भी अनेक अनुयायी हैं। लंका में भी कुछ लोग अब रावण की पद्धति का विरोध करने लगे हैं। विभीषण उनका अगुआ बन बैठा है।...विभीषण से रावण नहीं डरता, किंतु वह नहीं चाहता कि विभीषण और इन्द्रजित मिलकर उसके विरुद्ध एकजुट हो जाएँ...

पता नहीं, शत्रु का वध कर उसकी पत्नी के हरण की पद्धति की चर्चा मन्दोदरी ने जान-बूझकर की है, या असावधानी में ही उसके मुख से बात निकल गई है...यदि कहीं वह सीता को लौटा देने की हठ पकड़ लेती तो रावण की स्थिति

क्या होती?...सीता को रावण लौटा नहीं सकता और मन्दोदरी का दमन अब संभव नहीं है।...मन्दोदरी ने उसे सीता को एक वर्ष की अवधि देने को कहा है और उसके पश्चात् पुनर्वरण की स्वतंत्रता।...सीता को पुनर्वरण की स्वतंत्रता दी जाएगी तो क्या वह स्वेच्छा से रावण का वरण करेगी?...नहीं! शायद नहीं! यदि वह पुनर्वरण के लिए मान भी गई तो क्या उसकी दृष्टि अन्य युवा राक्षसों पर नहीं पड़ेगी ...इन्द्रजित पर या रावण के किसी अन्य पुत्र पर...

रावण का मस्तक झनझना उठा। नहीं। सीता किसी और का वरण नहीं कर सकती। वह या तो स्वेच्छा से रावण का वरण करेगी या रावण स्वयं अपने चन्द्रहास खड्ग से उसके टुकड़े-टुकड़े कर देगा...किंतु मन्दोदरी द्वारा लगाया गया एक वर्ष का प्रतिबंध! रावण क्या जानता था कि मन्दोदरी नागिन बनकर उसे इस प्रकार मर्म पर डसेगी।

मन्दोदरी आकर अपने पलंग पर लेटी तो उसे लगा, जैसे पेट की गहराई में रह-रहकर पीड़ा की लहर उठ रही है...विवाह के आरंभिक कुछ वर्षों को छोड़कर रावण कभी भी पूर्णतः मन्दोदरी का नहीं रहा। मन्दोदरी ने सदा इस पीड़ा को झेला है और प्रतिवाद किया है। किंतु तब रावण का फैला हुआ यश था, बढ़ता हुआ साम्राज्य था, प्रतिदिन नये युद्ध थे और पराजित तथा अपहृत युवतियों की सेनाएँ थीं। दो-चार दिन वे रावण की आँखों में चढ़ी रहती थीं। फिर चाहे किसी सेनापति अथवा सामंत को प्रदान कर दी जाती थीं, अथवा मन्दोदरी की दासियाँ बनाकर प्रासाद-रूपी कारागार में डाल दी जाती थीं। मन्दोदरी तब युवती थी, उसे अपनी अप्सरा माँ से रूप का भंडार मिला था। उन अपहृत युवतियों के पीछे मदांध हुए रावण को देखती तो उसे उस पर दया आ जाती। मन्दोदरी जैसी पत्नी होते हुए भी उन साधारण युवतियों पर मुग्ध होने वाले व्यक्ति की बुद्धि पर दया ही की जा सकती है...किंतु शायद रावण को बलात्कार में ही सुख मिलता था। स्त्री का आत्मसमर्पण अथवा परस्पर सहमति से रति-सुख रावण को आकर्षक नहीं लगता था...और मन्दोदरी यही सोचती रही कि रावण अपने इस व्यवहार से स्वयं ही वंचित हो रहा है, और मन्दोदरी ने क्या खोया...

किंतु पिछले कुछ वर्षों से मन्दोदरी का अक्षय रूप भी क्षीण हो रहा था। दर्पण देखना उसके लिए बहुत सुखद नहीं रह गया था।...ठीक कहा था रावण ने, शूर्पणखा पर लगाया गया मन्दोदरी का आरोप स्वयं उस पर भी लागू हो सकता था।...सीता को देखते ही न केवल मन्दोदरी की आँखें चौंधिया गई थीं, उसे अपना क्षीण यौवन-रूप बहुत पीड़ित भी कर गया था। उसे पहली बार लगा था कि उसके पति को उससे स्थायी रूप से छीनने वाली स्त्री इस घर में आ गई है। सीता का रूप और यौवन अभी वर्षों तक बना रहेगा और रावण को कभी पलटकर मन्दोदरी को देखने की

न आवश्यकता होगी, न अवकाश। मन्दोदरी के मन में तभी झंझावात उठ खड़ा हुआ था...किसी भी प्रकार सीता को रावण से दूर रखना होगा। पहले मन्दोदरी ने सीता के वध की बात सोची थी, फिर उसे लौटा देने के लिए रावण को बाध्य करने की...किंतु ये दोनों ही उसे उसका पति नहीं लौटा सकते थे। मन्दोदरी रावण को जानती है—सीता का रूप और रावण का मद! यदि सीता को रावण से छीनने का प्रयत्न किया जाएगा तो लंका का यह साम्राज्य जलकर क्षार हो जाएगा...मन्दोदरी यह नहीं कर सकती।...तभी उसके मन में सीता को रावण से दूर करने की युक्ति आई थी...सीता अपनी इच्छा से कभी रावण का वरण नहीं करेगी, कभी आत्मसमर्पण नहीं करेगी, और मन्दोदरी उसे बलात्कार करने नहीं देगी...

रावण की समझ में नहीं आ रहा था कि वह क्या करे। मन्दोदरी की बात माने या न माने? सीता के अपहरण से राम से शत्रुता होगी—यह तो वह जानता था। उसका उसे भय भी नहीं था। पर अपने घर के भीतर से विरोध? आज तक वह इन्द्रजित का बल-विक्रम देख-देखकर प्रसन्न हुआ करता था, किंतु आज मन्दोदरी की धमकी ने उसके सामने उसका एक और भी पक्ष प्रस्तुत कर दिया था। इन्द्रजित की बढ़ती हुई शक्ति प्रत्येक दशा में, रावण की शक्ति की वृद्धि नहीं है...सीता-हरण के प्रसंग में कौन उसका साथ देगा—मन्दोदरी, इन्द्रजित, विभीषण...कोई नहीं; शायद कुंभकर्ण भी नहीं। केवल शूर्पणखा ही उसका पक्ष लेगी। वह जानती है अपने भाई की प्रकृति। उसी ने तो सुझाया भी था। शूर्पणखा की ही प्रवृत्ति भाई से मिलती है।

शूपर्णखा गई थी राम को प्राप्त करने...और प्राप्त हो गई रावण को सीता!...किंतु वहाँ राम क्या कर रहा होगा? पत्नी को न पाकर, शिलाओं पर सिर पटक रहा होगा—पंचवटी में गोदावरी की गोद में शिलाएँ हैं भी बहुत सारी।...अथवा सैन्य-संगठन कर रहा होगा। अद्भुत संगठनकर्ता है राम...उसकी गतिविधि की सूचनाएँ मिलती रहनी चाहिए...

"द्वार पर कौन है?" उसने पुकारा, "अकंपन को तुरंत यहाँ आने के लिए कहो।"

अकंपन आया, "सम्राट्!"

"तुम्हारे अधीन कोई गूढ़-पुरुष है, या अयोग्य-जनों की ही सेना बना रखी है?"

अकंपन का वर्ण पीला पड़ गया, "मुझसे कोई भूल हुई, सम्राट्!"

"भूलें तो तुमसे बहुत हुई हैं।" रावण बोला, "किंतु इस समय उनकी चर्चा के लिए तुम्हें नहीं बुलाया। एक अत्यंत दायित्वपूर्ण कार्य सौंपना चाहता हूँ।"

"सम्राट् आदेश दें।"

"कुछ चुने हुए योग्य गूढ़-पुरुषों को जनस्थान में भेज दो। वे लोग अपनी पहचान छिपाकर साधारण जनों के सामन वहाँ रहें। संभव हो तो राम की सेना में सम्मिलित हो जाएँ। हमें राम की गतिविधियों की निरंतर सूचना मिलती रहनी चाहिए। यदि वह सैन्य-संगठन का प्रयत्न करता है तो तुरंत हमें बताया जाए।"

"आपके आदेश का पालन होगा।" अकंपन चला गया।

किंतु रावण का मन शांत नहीं हो पा रहा था। सीता को वह ले आया था और मन्दोदरी...क्या कहती मन्दोदरी? यही तो कि सीता अपनी इच्छा से उसका वरण करे। तो यही होगा...

रावण संकल्प और निश्चय के साथ उठ खड़ा हुआ। कक्ष से बाहर निकल, परिचारकों को मार्ग दिखाने का आदेश दिए बिना ही बढ़ता चला गया। परिचारक और अंगरक्षक सहमे-से-पीछे चल रहे थे। वे समझ रहे थे कि सम्राट् आवेश में हैं, और इस समय कुछ भी पूछना विपत्ति का कारण हो सकता है।

रावण उस खण्ड के अंतिम कक्ष के सम्मुख जाकर रुक गया।

द्वार-रक्षकों ने द्वार खोल दिया और वह भीतर प्रविष्ट हुआ—सामने एक मंच पर सिर झुकाए सीता बैठी थीं।

सीता ने दृष्टि उठाकर रावण को देखा। इस समय न उनके चेहरे पर घबराहट थी, न आँखों में भय। संकट को निश्चित जानकर उससे साक्षात्कार करने का संकल्प उनके चेहरे पर था। मुद्रा यद्यपि उदास थी, किंतु एक प्रकार की कठोरता का आभास मिलता था।

"वैदेही!"

सीता की आँखें जैसे पूरी खुल गईं।

रावण उस सौंदर्य को निहारता खड़ा रहा। फिर बोला, "मैं जानता हूँ कि तुम बहुत दुःखी हो; किंतु दुःख से मुक्त होने का उपकरण तुम्हारे अपने हाथ में है। मैंने अपने प्रेम के कारण तुम्हारा अपहरण किया है। मैं तुम्हारा अनिष्ट नहीं चाहता, तुम्हें कष्ट देना नहीं चाहता, तुम्हें दुःखी देखना नहीं चाहता। संसार का सारा ऐश्वर्य मैं तुम्हारे आँचल में डाल देना चाहता हूँ..."

"ऐश्वर्य मुझे नहीं चाहिए।" सीता शुष्क और कठोर स्वर में बोली।

"तो क्या चाहिए तुम्हें?"

"एक खड्ग, अथवा धनुष-बाण।"

"क्या करोगी?"

"तुम्हारा वध!"

रावण ने सकपकाकर सीता को देखा—किस मिट्टी की बनी है यह नारी! धीरे-से बोला, "तुम यहाँ से मुक्त नहीं हो सकतीं, मैथिली! व्यर्थ का हठ छोड़ दो।

मैं तुमसे प्रेम करता हूँ। स्वेच्छा से मुझे स्वीकार करो तो लंका का साम्राज्य तुम्हारा है।''

''कभी किसी स्त्री ने स्वेच्छा से किसी चोर को भी स्वीकार किया है?''

''मैथिली! रावण लंका का सम्राट् है।''

''रावण कायर और चोर है।''

''इस बकवाद का परिणाम जानती हो?'' रावण का रोष उभर रहा था।

''तुम अपने कृत्य का परिणाम जानते हो?'' सीता तीखे स्वर में बोलीं, ''तुमने सारी लंका के लिए मृत्यु का प्रबंध कर दिया है। तुम्हारी सेना, सेनापतियों तथा संबंधियों के सिर पशु तक भी पैरों से ठुकराएँगे।''

''लंका की सेना जनस्थान की सेना नहीं है कि राम उसे अपने तापस साथियों की सहायता से नष्ट कर दे। तुम्हारा पति—वह राज्य-निष्कासित, अपने ही परिवार द्वारा प्रताड़ित, निर्धन, पदाति तापस यदि यहाँ आने का साहस करेगा तो लंका का कोई भी प्रहरी उसकी बोटियाँ कर पशुओं को खिला देगा। तुम लंका की शक्ति से परिचित नहीं हो।''

''जनस्थान की सेना ने राम से युद्ध करने का साहस तो किया था।'' सीता तड़पकर बोलीं, ''लंका की सेना क्या लड़ेगी, जिसका सम्राट्, पत्नी का अपहरण करने से पहले, पति के साथ द्वंद्व-युद्ध का भी साहस नहीं कर सका। तुम जैसे नीच और कायर व्यक्ति को मारना राम के गौरव के अनुकूल नहीं है, किंतु तुमने याचना की है तो तुम्हें मृत्यु अवश्य मिलेगी।''

''तुम निश्चय कर चुकी हो?''

''हाँ!''

''स्वेच्छा से मेरा वरण नहीं करोगी?''

''न स्वेच्छा से, न अनिच्छा से।''

''ठीक है!'' रावण का क्रोध छलका, ''अंतिम अवसर दे रहा हूँ। तुम्हें एक वर्ष की अवधि दी जाती है। इस अवधि में जब मेरे वरण की इच्छा हो मुझे बुला लेना, अन्यथा एक वर्ष के पश्चात् तुम्हारी हत्या कर दी जाएगी। अपने जीवन की अवधि अब स्वयं निश्चित कर लो।''

रावण ने संकेत दिया। अनेक सशस्त्र रक्षिकाएँ कक्ष में आ गईं।

''इसे ले जाकर अशोक-वाटिका में बंदी कर दो। मेरी अनुमति के अभाव में इससे कोई मिल नहीं सकेगा—साम्राज्ञी भी नहीं। जब यह मुझे बुलाने की प्रार्थना करे, मुझे सूचना दी जाए।...ले जाओ! और सावधान! किसी भी प्रकार का कोई शस्त्र इसके हाथ न लगे।''

शूर्पणखा की व्याकुलता किसी भी प्रकार शांत नहीं हो रही थी।...उसने क्या चाहा था और घटनाओं ने क्या मोड़ ले लिया। वह गई थी राम और लक्ष्मण, दोनों को प्राप्त करने और रावण को सीता मिल गई। विद्युज्जिह्व से उसे पृथक् करने वाले को सीता दिलाने में वह स्वयं माध्यम बन गई...सीता को लाने के पश्चात् शूर्पणखा ने रावण को देखा था। क्या कहीं तनिक-सा भी आभास इस बात का था कि सम्राट् अपनी बहन के अपमान के प्रतिशोधस्वरूप उस स्त्री का हरण करके लाए हैं?...लगता था, सम्राट् जैसे किसी स्वप्न लोक में जी रहे हैं। सीता की चर्चा करते ही उनकी आँखों की चमक बढ़ जाती है, और फिर जैसे वे किसी ताप में जलने लगते हैं...यदि यही स्थिति रही तो सीता रावण के प्राणों का नियंत्रण करने लगेगी। उसकी इच्छा लंका में सर्वोपरि हो जाएगी। सीता चाहेगी तो रावण शूर्पणखा का वध वैसे ही कर देगा, जैसे उसने विद्युज्जिह्व का वध किया था...शूर्पणखा का मन काँप गया...कैसा भयंकर काम कर बैठी है वह! राम को पाने की लालसा में वह अपनी सबसे बड़ी शक्ति को अपने शत्रु के हाथों में सौंप बैठी है।...यह सब न भी हुआ, तो भी सीता जैसी अलौकिक सुंदरी तो रावण के हाथ लग गई...शूर्पणखा जब-जब यह सोचती है, उसका मन तड़प-तड़प जाता है...जिस रावण के कारण वह जीवन-भर जलती रही, वही रावण उसके कारण सुख पाए, वह भी ऐसा सुख...

शूर्पणखा को लगा, जैसे वह आग के बीच खड़ी जल रही है...भीतर-बाहर आग-ही-आग...यह अग्नि-दाह...

द्वार पर किसी ने हल्की-सी थाप दी।

"आ जाओ।"

आने वाली त्रिजटा थी।

"आओ, जित्रटा!" शूर्पणखा उठकर बैठ गई, "बड़ी देर से प्रतीक्षा कर रही हूँ।"

"क्षमा करें, राजकुमारी!" त्रिजटा धीरे-से बोली, "मार्ग में अनेक बाधाएँ हैं।"

"क्या समाचार है?"

"अनेक समाचार हैं, राजकुमारी!" त्रिजटा मुस्कराई, "लगता है कि सीता के आने से लंका का संपूर्ण राज-परिवार डोल गया है।"

"क्या हुआ?" शूर्पणखा की रुचि जाग गई।

"सम्राट् ने गुप्त आदेश भिजवाया है कि सीता को डराया-धमकाया जितना भी जाए, किंतु उन्हें कष्ट कोई न हो। उनके शारीरिक और मानसिक आराम की पूरी देख भाल की जाए।"

शूर्पणखा की आँखों से क्रोध झलका...यही होगा। अब रावण सीता के मोहपाश से मुक्त नहीं होगा। धमकियाँ वह जितनी भी दे, किंतु सीता की इच्छा के प्रतिकूल वह नहीं चल पाएगा...ओह शूर्पणखा! तुझे पहले ही सोचना चाहिए था...

"और राजकुमारी!" त्रिजटा रहस्यपूर्ण ढंग से बोली, "साम्राज्ञी ने तकंटका से कहा है कि यदि सम्राट् एक क्षण के लिए भी सीता से मिलने अकेले आएँ, तो उन्हें तत्काल सूचित किया जाएँ।"

इनके दांपत्य में भी सीता के आने से दरक पड़ेगी—शूर्पणखा सोच रही थी—साम्राज्ञी भी सचेत हो गई हैं...

"राजकुमार विभीषण..."

"विभीषण क्या?" शूर्पणखा व्यग्र भाव से बोली।

"अभी ठीक-ठीक मुझे ज्ञात नहीं हो पाया, राजकुमारी!" त्रिजटा बोली, "किंतु यह मालूम हुआ है कि राजकुमार विभीषण भी इस विषय में रुचि ले रहे हैं। अशोक-वाटिका के प्रहरियों में कुछ राजकुमार के निजी अनुचर हैं। उन्हें राजकुमार का आदेश है कि सीता की रक्षा उन्हें अपने प्राण देकर भी करनी है..."

सिद्धांतवादी—शूर्पणखा ने सोचा—बिना स्वार्थ के भी टाँग अड़ाएगा। सदा से यही करता आया है। रावण को रुष्ट भी करेगा और उपलब्धि कोई नहीं होगी नहीं...

"उन गूढ़-पुरुषों का क्या हुआ, जिन्हें सम्राट ने जनस्थान की गतिविधियों का समाचार भेजने के लिए कहा था?" शूर्पणखा ने पूछा।

"वे लोग अभी तक लंका के ही मदिरालयों-वेश्याओं में देखे गए हैं।" त्रिजटा ने बताया, "यहाँ से खिसकेंगे तो कहीं और चले जाएँगे।...आजकल यही होता है, राजकुमारी!" उसका स्वर और भी धीमा हो गया, "सम्राट् अपने विरुद्ध कोई सत्य सुनना नहीं चाहते, तो उनके सेवकों के हाथ भी उन्हें प्रसन्न करने की सरल कला आ गई है। वे लोग मदिरालयों में बैठे-बैठे समाचार भेजते रहेंगे कि राम रो रहा है, भटक रहा है अस्वस्थ है, मरने वाला है...और सम्राट् इन समाचारों को पाकर प्रसन्न होते रहेंगे...

शूर्पणखा कुछ सोचती रही, जैसे उसने त्रिजटा की बात ही न सुनी हो। त्रिजटा चुप हुई तो शूर्पणखा बोली, "तुझे एक विशेष प्रयोजन से बुलाया है, सखि!"

"आदेश करें, राजकुमारी।"

"तुम्हें निरंतर यह प्रयत्न करना है कि सीता का आत्मबल कम न हो। उसे सांत्वना देती रहो। ढाढस बँधाएँ चलो। उसे राम के, सेना-सहित आने का विश्वास दिलाती चलो।" शूर्पणखा बोली, "किसी भी प्रकार वह सम्राट् की शक्ति से भयभीत

न हो, उनकी सत्ता से अभिभूत न हो। वह हताश न हो—न आत्महत्या की बात सोचे, न आत्मसर्पण की। उसका साहस और जिजीविषा बनी रहे।'' वह मुस्कराई, ''तुम्हें भरपूर पुरस्कार मिलेगा, सखि!''

''मुझे विश्वास है, राजकुमारी!'' त्रिजटा बोली, ''आपकी प्रत्येक आज्ञा का पालन होगा। बस, आप यह देख लें कि मेरी स्थायी नियुक्ति सीता की रक्षिकाओं में ही रहे। मुझे कहीं और भेज दिया गया...।''

''तुम वहीं रहोगी।'' शूर्पणखा मुस्कराई, ''विश्वास रखो।''

त्रिजटा अभिवादन कर, बाहर चली गई।

शूर्पणखा उसे जाते हुए देखती रही; और सहसा उसके अधरों पर एक मुस्कान फैल गई—विनाश की मुस्कान।